ERP供应链管理系统实训教程

（用友U8V10.1版）

韦兰英／主编
刘捷萍 张乐 黄秋萍／副主编

图书在版编目(CIP)数据

ERP 供应链管理系统实训教程：用友 U8V10.1 版 / 韦兰英主编. —上海：立信会计出版社，2020.4
ISBN 978 - 7 - 5429 - 6401 - 4

Ⅰ. ①E… Ⅱ. ①韦… Ⅲ. ①企业管理—供应链管理—计算机管理系统—教材 Ⅳ. ①F274 - 39

中国版本图书馆 CIP 数据核字(2020)第 058137 号

策划编辑　　赵新民
责任编辑　　赵新民
封面设计　　南房间

ERP 供应链管理系统实训教程(用友 U8V10.1 版)
ERP Gongyinglian Guanli Xitong Shixun Jiaocheng

出版发行　立信会计出版社
地　　址　上海市中山西路 2230 号　　邮政编码　200235
电　　话　(021)64411389　　传　　真　(021)64411325
网　　址　www.lixinaph.com　　电子邮箱　lixinaph2019@126.com
网上书店　http://lixin.jd.com　　http://lxkjcbs.tmall.com
经　　销　各地新华书店

印　　刷　上海天地海设计印刷有限公司
开　　本　787 毫米×1092 毫米　1/16
印　　张　23.5
字　　数　615 千字
版　　次　2020 年 4 月第 1 版
印　　次　2020 年 4 月第 1 次
印　　数　1—2 100
书　　号　ISBN 978 - 7 - 5429 - 6401 - 4 / F
定　　价　48.00 元

前　言

在“互联网+信息化”高度发展的21世纪，随着各种业务平台和财务软件的开发和推广，企业加强了对财务业务信息化的全面应用。由于企业信息化和大数据挖掘分析的需要，国家倡导的业财税一体化引发了新一轮企业信息化人才的需求高潮。企业资源计划系统（简称ERP管理系统）精细化、专业化的管理体系，是大中型企业和财务共享中心的数据管理的必要工具，也是新时代财务人员必须掌握的工作技能。

本书顺应时代的需要，以用友ERP软件为操作实例，以企业实际常规业务为主线，以一个企业单位的经济业务为原型，逐步突出企业进销存过程中各种特殊业务的操作，重点介绍了在ERP管理系统下企业业务部门供应环节管理的处理方法和处理流程。本书有以下几大特色。

1. 具有前瞻性

紧跟2019年4月全国税制改革的步伐，本书以2020年1月份的案例资料为中心，将新税收改革中的最新财务知识融入书中。作者在咨询了相关行业专家、院校教师和软件实施顾问后，结合企业市场的用人需求调研，以及多年在企业中运用ERP软件的工作经验和近十年高校电算化教学的积累，精心编写了本书。本书既有理念体系贯穿其中，又有大量实用技能案例展示，体现了ERP管理系统蕴含的先进管理思想。

2. 教学资源丰富

为了更好地服务于广大师生，本书提供了全方位立体化的教学支持。本书为读者量身定制了二十几个实验，并提供了相应的实验结果账套和PPT课件，每个实验既环环相扣，又可以独立运作，还针对其中的每一项业务处理制作了相应的操作视频和微课视频。学生若在学习过程中遇到问题，可以直接打开对应视频进行练习。

3. 实用性强

作者从企业应用的实际出发，精心策划、开发了用友ERP管理系列实验用书，本书即为其中之一。本书融2019年4月税制改革最新税法知识和最新财务管理政策为一体，收集了企业在供应环节可能涉及的典型业务案例，既可以用作用友ERP认证培训教材，也可以用作普通高等院校本科和专科所开设的ERP管理系统的实验用书，还可以作为企业ERP供应链管理系统操作人员的实际操作指导工具书。

4. 条理性强

本书将企业实际工作中经常发生的常规核算业务和特殊核算业务、不常发生但又有难度的特别业务进行分类归集，每个业务的发生都有业务流程和岗位操作流程图进行指导，通俗易懂，便于操作。学习者通过业务分类轻松入手，可以熟练掌握ERP应用技术，提高利用ERP管理系统管理企业全盘业务的能力。

5. 提供了错误修改的逆向流程操作

为了让学习者知其错并知其所以错,本书专门设置了错误的逆向操作业务,适应了不同层次教学的需要,解决了教学过程中学生操作失误的问题。

本书共分为三个模块九个项目,以用友 ERP-U8 V10.1 软件为实验平台,以一个单位一个月的经济业务贯穿始终,分别介绍了 ERP 供应链管理系统中的企业建账基础信息设置、企业日常业务处理、企业期末业务处理三大模块。其中重点介绍了企业日常供应链环节中采购管理、销售管理、库存管理、存货核算管理、应收款管理、应付款管理六个子系统的应用方法,以及期末业务报表的运用和分析。每个实验项目的内容都包括业务描述、业务解析、岗位操作说明、业务流程、操作指引几个方面。

业务描述:主要介绍各个业务的原始单据和业务具体内容。

业务解析:主要说明该实验应该掌握的知识点,明确该笔业务归属的业务类型。

岗位操作说明:通过操作流程图展示各岗位人员的具体操作步骤和工作任务。

业务流程:指出该业务在各模块中的操作步骤及应完成的工作任务。

操作指引:针对实验要求和实验资料,具体描述完成实验的操作步骤的截图,并且给出了操作中应该注意的重难点问题。

本书内容及结构由企业资深财务人员和高校教师按企业需要和学生的学习需求集体讨论而确定。张乐编写模块一的项目一到项目三,并进行微课视频的制作;韦兰英编写模块二中项目一到项目四;黄秋萍编写模块三的项目一到项目二;刘捷萍作为总统筹负责整本书的统筹策划。此外,参加编写工作的还有杨智慧、庄燕娜、蔡锦钿、史艳利、龚纯、陈金英、张思敏、杨保祥、黄华英、陈紫晴、周嘉惠等。本书在编写过程中得到了新道科技股份有限公司的大力支持和立信会计出版社编辑的专业指导,在此表示衷心的感谢。希望该系列教材的出版,能与广大师生互动、教学相长,为会计信息化普及贡献一己之力。

限于作者水平,书中难免存在缺点和不妥之处,我们诚挚地希望读者对本书的不足之处给予批评指正,服务邮箱:531402190@qq.com。

编　者

2020 年 4 月

Contents 

模块一

企业建账基础信息设置

项目一　企业建账电算化处理

任务一　企业基本情况介绍及建立企业账套

企业基本情况介绍及建立企业账套

一、企业基本情况介绍

广州欣欣电子商贸有限公司(以下简称欣欣电子)是一家专门从事电子产品批发、零售的商业企业,公司法人代表为张明明。其具体情况如表 1-1-1 所示。

表 1-1-1　企业基本情况

公司开户银行	中国工商银行广州市上元大街支行
银行账号	6220987022300068
公司纳税人识别号	914404002586UE06
公司地址	广州市天河区上元大街 18 号
电话	020-61168868

二、核算操作要求

(一)科目设置及辅助核算要求

日记账:库存现金、银行存款。

银行账:银行存款/工行存款(人民币)、银行存款/工行存款(美元)。

客户往来:应收票据/银行承兑汇票、应收票据/商业承兑汇票、应收账款/人民币、应收账款/美元、预收账款/人民币、预收账款/美元。

供应商往来:在途物资、应付票据/商业承兑汇票、应付票据/银行承兑汇票、应付账款/一般应付账款、应付账款/暂估应付账款(其中,一般应付账款设置为受控于应付系统,暂估应付账款设置为不受控于应付系统)、预付账款/人民币、预付账款/美元、其他应付款/其他单位往来、受托代销商品款。

(二)会计凭证的基本规定

录入或生成【记账凭证】均由指定的会计人员操作,含有库存现金和银行存款科目的记账凭证均需出纳签字。采用单一格式的复式记账凭证。对已记账的凭证修改,只采用红字冲销法。为保证财务与业务数据的一致性,能在业务系统中生成的记账凭证不得在总账系统直接录入。根据原始单据生成记账凭证时,除特殊规定外不采用合并制单。出库单与入库单原始凭证以软件系统生成的为准。除指定业务外,收到发票同时支付款项的业务使用现付功能处理,开出发票同时收到款项的业务使用现结功能处理。

(三)结算方式

公司采用的结算方式包括现金、支票、托收承付、委托收款、银行汇票、商业汇票、电汇等。收、付款业务由财务部门根据有关凭证进行处理,在系统中没有对应结算方式时,其结算方式为【其他】。

（四）外币业务的处理

公司按业务发生当日的即期汇率记账，期末时汇率按月计算汇兑损益。

（五）存货业务的处理

公司存货主要包括大家电、小家电等，按存货分类进行存放（代销商品除外）。各类存货按照实际成本核算，采用永续盘存制。对库存商品采用数量进价金额核算法，发出存货成本计价采用先进先出法，采购入库存货对方科目全部使用【在途物资】科目，委托代销商品成本使用【发出商品】科目核算，受托代销商品使用【受托代销商品】科目核算。存货按业务发生日期逐笔记账并制单，暂估业务除外。同一批出入库业务合并生成一张记账凭证。采购、销售业务必有订单（订单号与合同编号一致），出入库业务必有发货单和到货单。存货核算制单时不允许勾选【已结算采购入库单自动选择全部结算单上单据，包括入库单、发票、付款单，非本月采购入库按蓝字报销单制单】选项。新增客户或供应商编码采用连续编号方式。

（六）财产清查的处理

公司每年年末对存货及固定资产进行清查，根据盘点结果编制【盘点表】，并与账面数据进行比较，由库存管理员审核后进行处理。

（七）坏账损失的处理

除应收账款外，其他的应收款项不计提坏账准备。期末按应收账款余额百分比法计提坏账准备，提取比例为0.5%。

（八）损益类账户的结转

每月月末将各损益类账户余额转入【本年利润】账户，结转时按收入和支出分别生成凭证。

三、建立企业账套

账套信息如表1-1-2所示。

表1-1-2　账套信息

项目	内容
账套号	800
账套名称	广州欣欣电子商贸有限公司
启用日期	2020年01月01日
企业类型	商业企业
行业性质	2007年新会计制度科目
基础信息	存货、客户、供应商是否分类（是），有无外币算（有）
编码方案	科目编码级次4-2-2-2，客户/供应商分类编码级次1-2-3，存货编码级次2-2-3，收发类别编码级次1-2，其他采用系统默认
数据精度	采用系统默认

启用总账、采购管理、销售管理、库存管理、存货核算、应收管理、应付管理系统。

〖操作指引〗

1. 登录系统管理

（1）执行【开始】【所有程序】【用友ERPU8V10.1】【系统服务】【系统管理】命令，启动系统管理。执行【系统】【注册】命令,打开【登录】窗口。

(2) 在【登录】窗口中输入服务器,此处为默认;输入操作员名称【admin】;密码为空;选择系统默认账套【(default)】,单击【确定】按钮,以系统管理员身份进入系统管理,如图 1-1-1 所示。

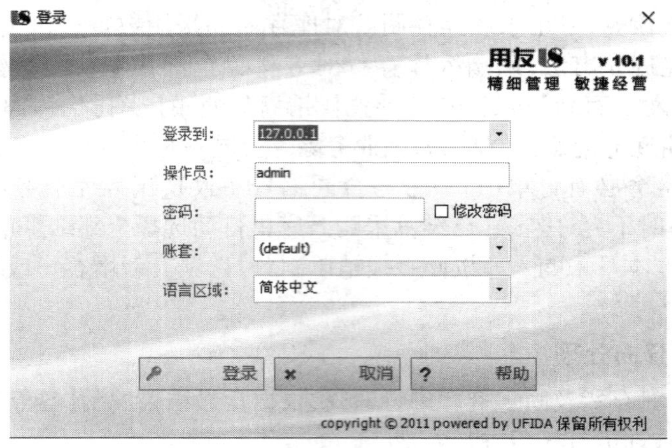

图 1-1-1 【系统登录】对话框

2. 建立账套

(1) 以系统管理员身份注册进入系统管理,执行【账套】【建立】命令,打开【建账方式】对话框,选择【新建空白账套】,单击【下一步】。

(2) 在【账套信息】对话框中,输入账套号【800】,账套名称为【广州欣欣电子商贸有限公司】,启用会计日期为【2020 年 1 月】,如图 1-1-2 所示。

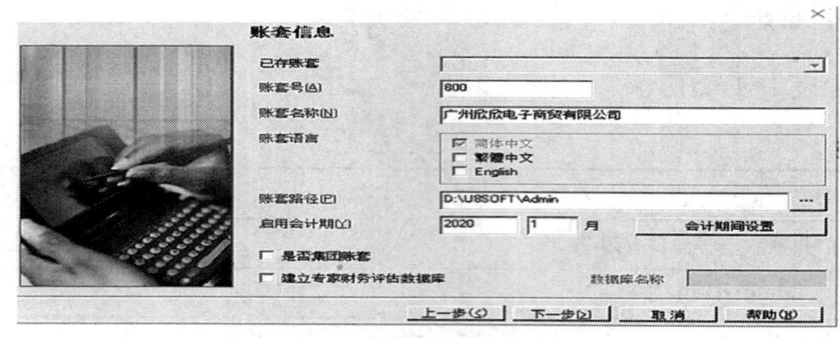

图 1-1-2 【创建账套—账套信息】对话框

(3) 单击【下一步】按钮,打开【单位信息】对话框,依次输入单位名称、单位简称、单位地址等信息,如图 1-1-3 所示。

(4) 单击【下一步】,打开【核算类型】对话框,选择企业类型【商业】,行业性质选择【2007 年新会计制度科目】,科目预置语言选择【中文(简体)】,从【账套主管】下拉列表中选择【[demo]demo】,勾选【按行业性质预置科目】复选框,如图 1-1-4 所示。

(5) 单击【下一步】按钮,打开【基础信息】对话框。分别勾选【存货是否分类】【客户是否分类】【供应商是否分类】【有无外币核算】复选框,如图 1-1-5 所示。

(6) 单击【下一步】按钮,打开【开始】对话框,如图 1-1-6 所示。

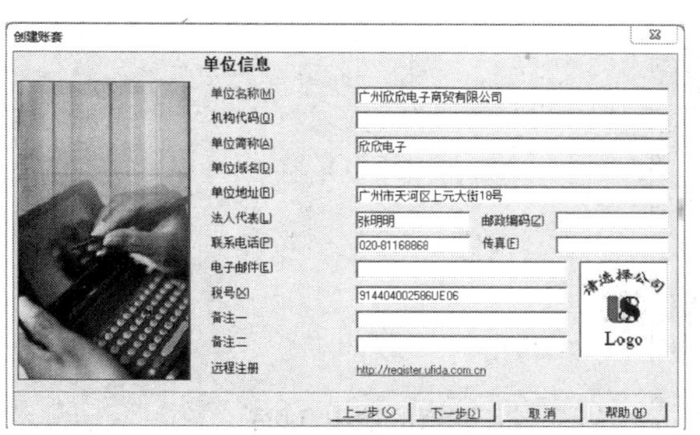

图 1-1-3 【创建账套—单位信息】对话框

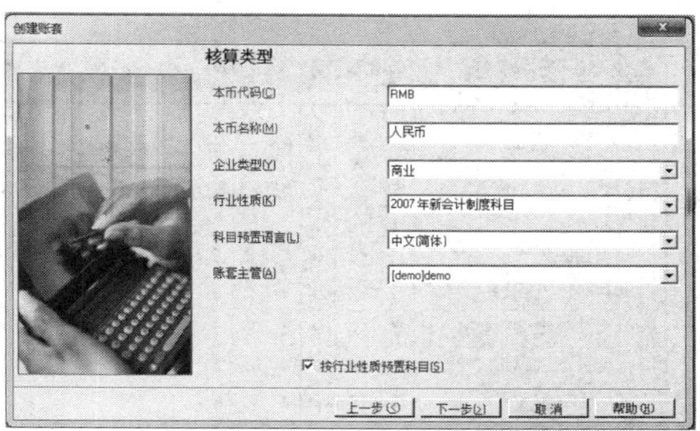

图 1-1-4 【创建账套—核算类型】对话框

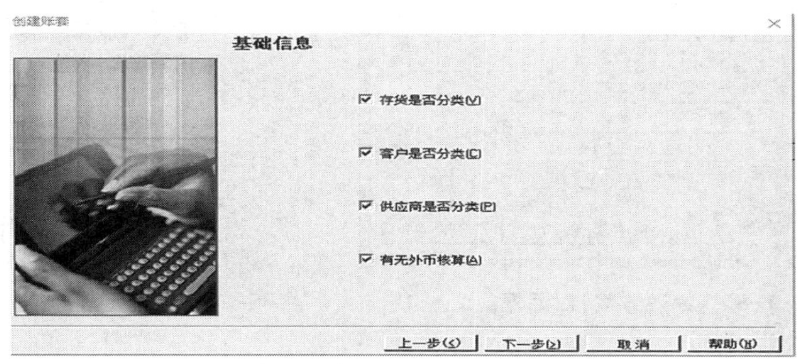

图 1-1-5 【创建账套—基础信息】对话框

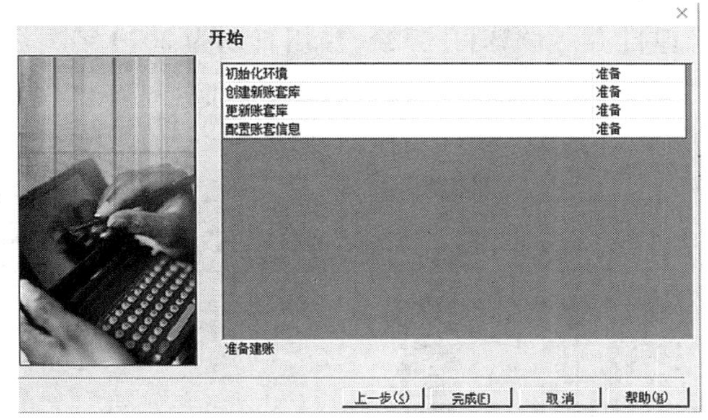

图 1-1-6 【创建账套—开始】对话框

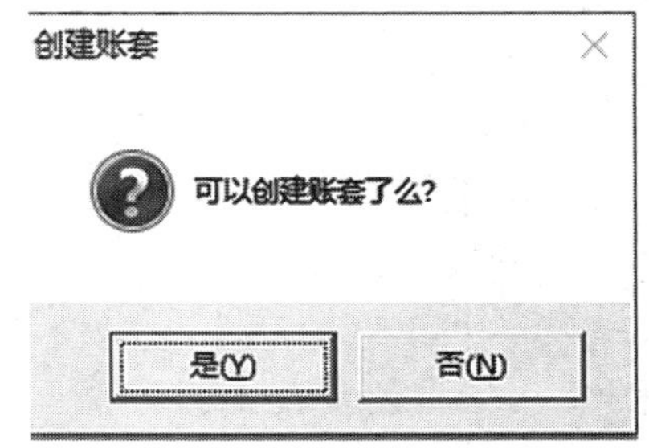

图 1-1-7 【创建账套】提示框

(7) 单击【完成】按钮,系统提示【可以创建账套了么?】,单击【是】按钮,如图 1-1-7 所示。

(8) 系统自动进行创建账套的工作。建账需要一段时间,请耐心等候。建账完成后,系统会自动打开【编码方案】对话框,按照账套资料修改分类编码方案,如图 1-1-8 所示。

(9) 单击【确定】按钮,再单击【取消】按钮,进入【数据精度】对话框,如图 1-1-9 所示。

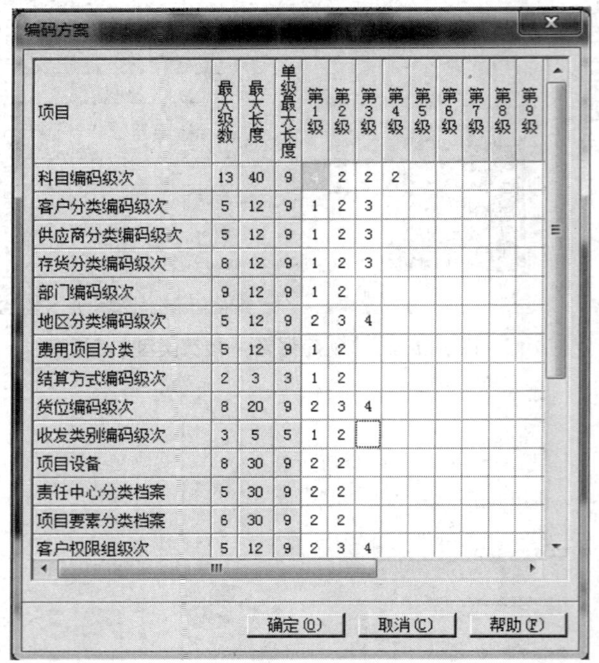

项目	最大级数	最大长度	单级最大长度	第1级	第2级	第3级	第4级	第5级	第6级	第7级	第8级	第9级
科目编码级次	13	40	9	4	2	2	2					
客户分类编码级次	5	12	9	1	2	3						
供应商分类编码级次	5	12	9	1	2	3						
存货分类编码级次	8	12	9	1	2	3						
部门编码级次	9	12	9	1	2							
地区分类编码级次	5	12	9	2	3	4						
费用项目分类	5	12	9	1	2							
结算方式编码级次	2	3	3	1	2							
货位编码级次	8	20	9	2	3	4						
收发类别编码级次	3	5	5	1	2							
项目设备	8	30	9	2	2							
责任中心分类档案	5	30	9	2	2							
项目要素分类档案	6	30	9	2	2							
客户权限组级次	5	12	9	2	3	4						

图 1-1-8 【编码方案】对话框

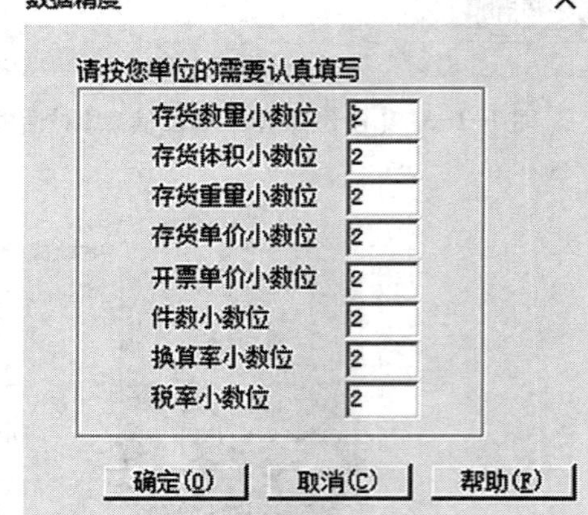

图 1-1-9 【数据精度】对话框

(10) 数据精度采用系统默认,单击【取消】按钮后,系统会提示【[800]建账成功】和【现在进行系统启用的设置?】,如图 1-1-10 所示。

(11) 单击【是】按钮,打开【系统启用】对话框,依次勾选【总账】【应收款管理】【应付款管理】【销售管理】【采购管理】【库存管理】【存货核算】子系统,启用日期为 2020 年 1 月 1 日,如图 1-1-11 所示。

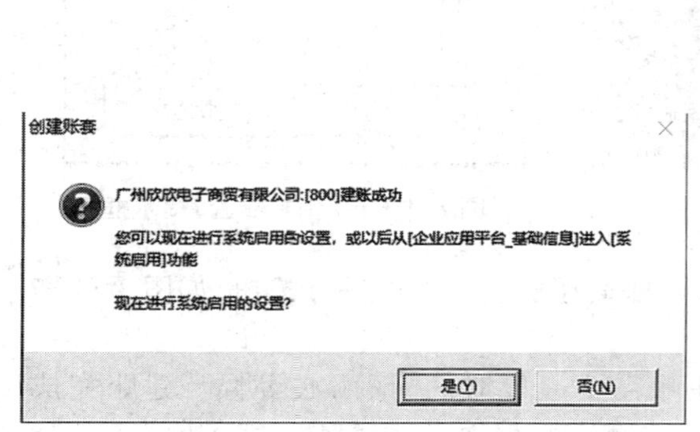

图 1-1-10 【创建账套—建账成功】提示框

系统编码	系统名称	启用会计期间	启用自然日期	启用人
☑GL	总账	2020-01	2020-01-01	admin
☑AR	应收款管理	2020-01	2020-01-01	admin
☑AP	应付款管理	2020-01	2020-01-01	admin
☐FA	固定资产			
☐NE	网上报销			
☐NB	网上银行			
☐WH	报账中心			
☐SC	出纳管理			
☐CA	成本管理			
☐PM	项目成本			
☐FM	资金管理			
☐BM	预算管理			
☐CM	合同管理			
☐PA	售前分析			
☑SA	销售管理	2020-01	2020-01-01	admin
☑PU	采购管理	2020-01	2020-01-01	admin
☑ST	库存管理	2020-01	2020-01-01	admin
☑IA	存货核算	2020-01	2020-01-01	admin

图 1-1-11 【系统启用】对话框

任务二　用户设置及授权

操作员及权限分工表如表 1-1-3 所示。

表 1-1-3　　操作员及权限分工

操作员编码	操作员姓名	隶属部门	职务	操作分工
A01	张明明	总经办	总经理	账套主管,负责初始化设置权限
W01	蓝　英	财务部	财务经理	账套主管,负责凭证审核、记账等权限
W02	王思敏	财务部	会计	负责总账(填制、查询凭证、账表、期末处理)、应收款和应付款管理(不含收付款单填制、选择收款和选择付款权限)、存货核算的所有权限
W03	韦宝宝	财务部	出纳	负责收付款单填制、选择收款和选择付款权限、票据的登记、出纳签字、银行对账
G01	刘　明	采购部	采购员	负责采购管理的所有权限
X01	王丽华	销售部	销售员	负责销售管理的所有权限
C01	刘芳芳	仓储部	仓管员	负责公共单据、库存管理的所有权限

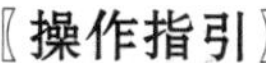
〖操作指引〗

1. 增加用户

(1) 以系统管理员身份进入系统管理,执行【权限】【用户】命令,打开【用户管理】窗口。

(2) 单击工具栏中的【增加】按钮,打开【操作员详细情况】对话框,按表 1-1-3 中的资料依次输入用户的编号、姓名、所属部门等信息,勾选对应的角色编码及角色名称后,单击【增加】按钮完成添加用户的操作,如图 1-1-12 所示。

(3) 单击【增加】按钮,重复以上步骤,增加所有操作员信息,如图 1-1-13 所示。

2. 设置操作员权限

(1) 在系统管理,执行【权限】命令,打开【操作员权限】窗口。

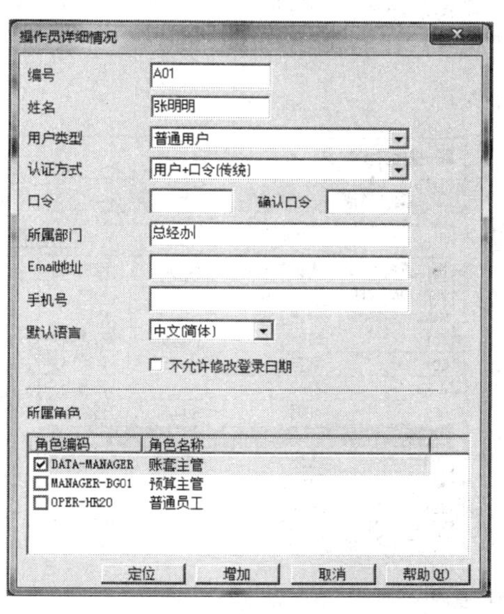

图 1-1-12　【操作员详细情况】对话框

用户管理

输出　增加　批量　删除　修改　定位　转授　刷新

是否打印/输出所属角色

用户编码	用户全名	部门	手机号	用户类型	认证方式	状态	创建时间
A01	张明明	总经办		普通用户	用户+口令(传统)	启用	2020-01-01 09:29:37
admin	admin			管理员用户	用户+口令(传统)	启用	
C01	刘芳芳	仓储部		普通用户	用户+口令(传统)	启用	2020-01-01 09:18:26
G01	刘明	采购部		普通用户	用户+口令(传统)	启用	2020-01-01 09:30:39
W01	蓝英	财务部		普通用户	用户+口令(传统)	启用	2020-01-01 09:17:17
W02	王思敏	财务部		普通用户	用户+口令(传统)	启用	2020-01-01 09:17:47
W03	韦宝宝	财务部		普通用户	用户+口令(传统)	启用	2020-01-01 09:18:05
X01	王丽华	销售部		普通用户	用户+口令(传统)	启用	2020-01-01 09:31:16

图 1-1-13　【用户管理】窗口

(2) 在右边的下拉列表中,选择【[800]广州欣欣电子商贸有限公司】账套,时间为【2020—2020】,如图 1-1-14 所示。

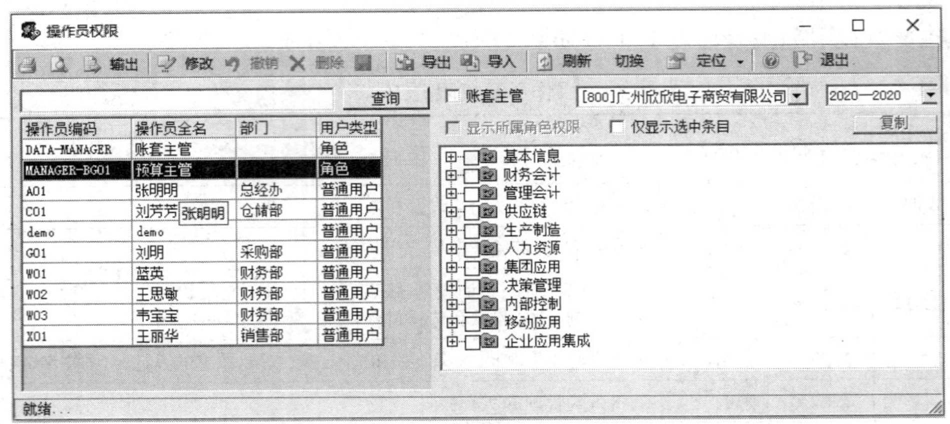

图 1-1-14 【W01 操作员权限】窗口一

(3) 在左侧的操作员列表中,选中【W01 蓝英】操作员,单击【修改】按钮。

(4) 在右侧窗口,按照表 1-1-3 的资料设置操作员权限,单击【保存】按钮,如图 1-1-15 所示。

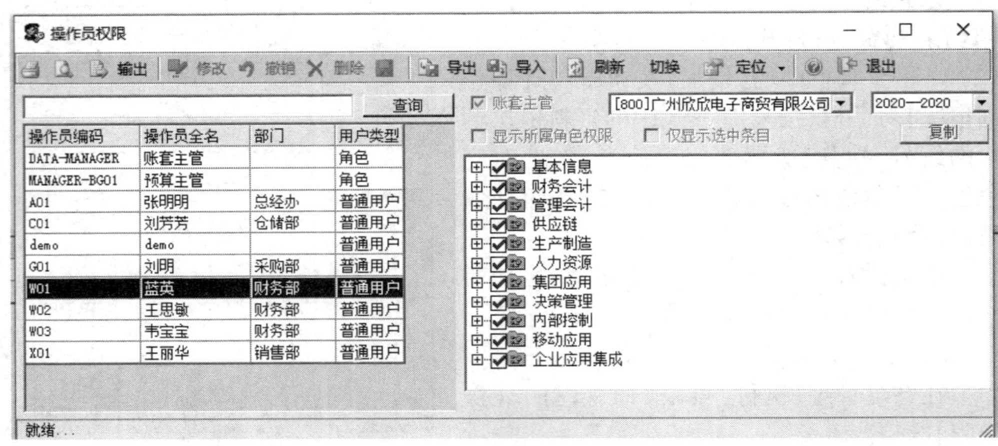

图 1-1-15 【W01 操作员权限】窗口二

(5) 按以上操作方法,依次设置其他操作员的权限。

任务三 系统日常维护

系统日常维护

对账套进行备份的操作如下。

(1) 在 D 盘中新建【1-1】文件夹。

(2) 在系统管理中,执行【账套】【输出】命令,打开【账套输出】对话框,如图 1-1-16 所示。

(3) 单击【账套号】栏的下三角按钮,选择【[800]广州欣欣电子商贸有限公司】,单击【确定】按钮,打开【选择账套备份路径】对话框。

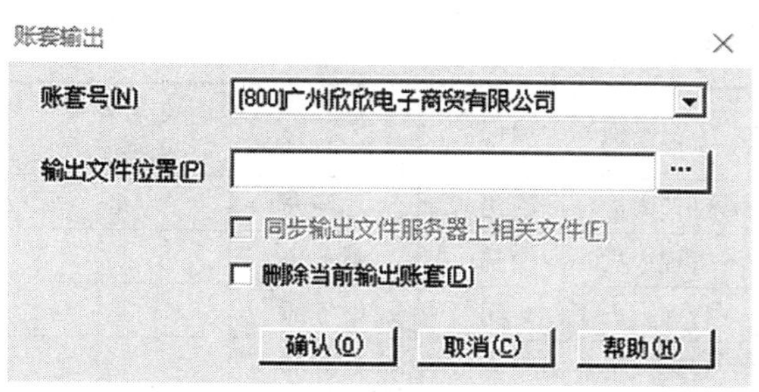

图 1-1-16 【账套输出】对话框

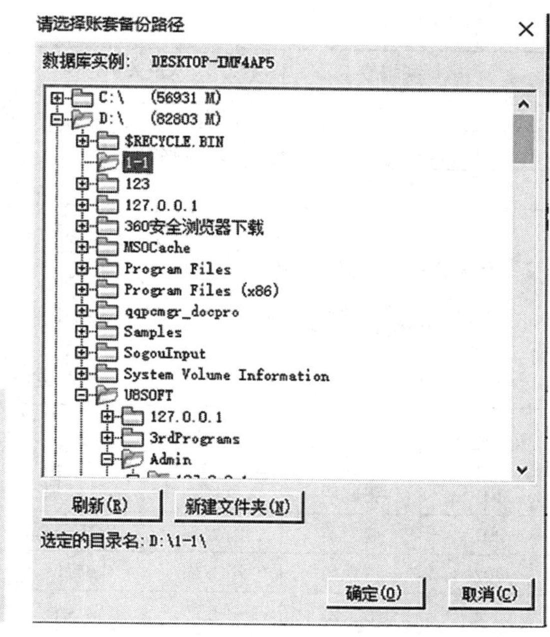

图 1-1-17 【请选择账套备份路径】对话框

（4）在【请选择账套备份路径】对话框中，打开【D:\1-1】文件夹，单击【确定】按钮，如图 1-1-17 所示。

（5）系统弹出【输出成功】信息提示框，单击【确定】按钮，完成账套备份。

项目二 企业基础信息设置

任务一 机构人员档案设置

一、部门档案设置

机构人员档案设置

广州欣欣电子商贸有限公司的部门档案信息如表 1-2-1 所示。

表 1-2-1 部门档案信息

部门编码	部门名称	部门编码	部门名称
1	总经办	4	销售部
2	财务部	5	仓储部
3	采购部	6	运输部

二、人员类别设置

广州欣欣电子商贸有限公司的人员类别信息如表 1-2-2 所示。

表 1-2-2　　　　人员类别信息

一级档案编号	人员类别	二级档案编号	档案名称
101	正式工	10101	管理人员
101	正式工	10102	采购人员
101	正式工	10103	销售人员

三、人员档案设置

广州欣欣电子商贸有限公司的人员档案信息如表 1-2-3 所示。

表 1-2-3　　　　人员档案信息

人员编码	姓名	行政部门名称	职务	人员类别	性别	业务或费用部门名称	是否业务员/操作员
101	张明明	总经办	总经理	管理人员	男	总经办	是
201	蓝　英	财务部	财务经理	管理人员	男	财务部	是
202	王思敏	财务部	会计	管理人员	男	财务部	是
203	韦宝宝	财务部	出纳	管理人员	女	财务部	是
301	刘　明	采购部	采购员	采购人员	男	采购部	是
401	王丽华	销售部	销售员	销售人员	女	销售部	是
501	刘芳芳	仓储部	仓管员	管理人员	女	仓储部	是
601	陈丽丽	运输部	运输员	管理人员	女	运输部	是

〖操作指引〗

1. 设置部门档案

执行【基础设置】【基础档案】【机构人员】【部门档案】,打开【部门档案】窗口。按表 1-2-1 的资料输入部门档案信息,操作结果如图 1-2-1 所示。

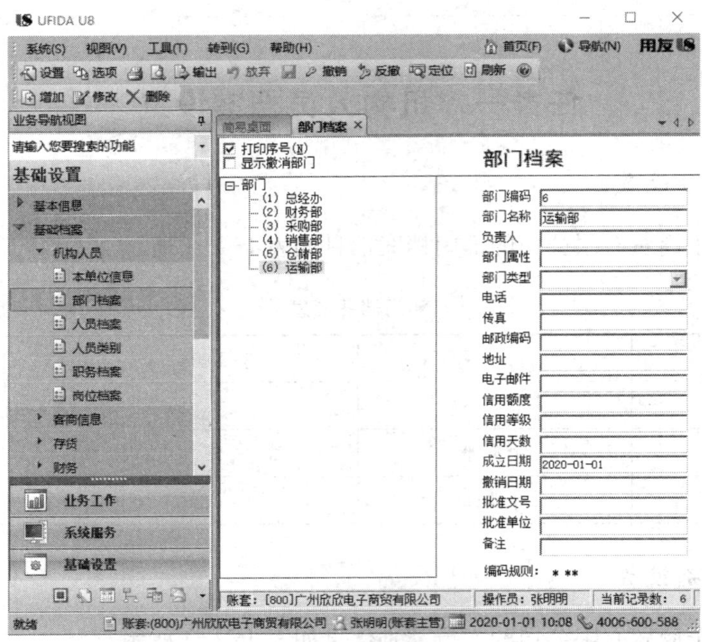

图 1-2-1　【部门档案】窗口

2. 设置人员类别

执行【基础设置】【基础档案】【机构人员】【人员类别】命令，打开【人员类别】窗口。按表 1-2-2 的资料输入人员类别信息，操作结果如图 1-2-2 所示。

人员类别

人员类别(HR_CT000)
正式工
管理人员
采购人员
销售人员
合同工
实习生

序号	档案编码	档案名称	档案简称	档案简拼	档案级别	上级代码	是否自…	是否有下级	是否显示	备注
1	10101	管理人员	管理人员	GLRY	1	101	用户	否	是	
2	10102	采购人员	采购人员	CGRY	1	101	用户	否	是	
3	10103	销售人员	销售人员	XSRY	1	101	用户	否	是	

图 1-2-2 【人员类别】窗口

3. 设置人员档案

执行【基础设置】【基础档案】【机构人员】【人员档案】命令，打开【人员列表】窗口。按表 1-2-3 的资料输入人员档案信息，操作结果如图 1-2-3 所示。

人员列表

选择	人员编码	姓名	行政部门名称	雇佣状态	人员类别	性别	出生日期	业务或费用部门名称	审核标志
	101	张明明	总经办	在职	管理人员	男		总经办	未处理
	201	蓝英	财务部	在职	管理人员	男		财务部	未处理
	202	王思敏	财务部	在职	管理人员	男		财务部	未处理
	203	韦宝宝	财务部	在职	管理人员	女		财务部	未处理
	301	刘明	采购部	在职	采购人员	男		采购部	未处理
	401	王丽华	销售部	在职	销售人员	女		销售部	未处理
	501	刘芳芳	仓储部	在职	管理人员	女		仓储部	未处理
	601	陈丽丽	运输部	在职	管理人员	女		运输部	未处理

图 1-2-3 【人员列表】窗口

客商信息设置

任务二 客商信息设置

一、地区分类设置

广州欣欣电子商贸有限公司的地区分类信息如表 1-2-4 所示。

表 1-2-4 地区分类信息

地区分类编码	地区分类
01	广州
02	珠海
03	美国

二、客户分类信息

广州欣欣电子商贸有限公司客户分类信息如表 1-2-5 所示。

表 1-2-5　　客户分类信息

客户分类编码	客户分类	客户分类编码	客户分类
1	超市类	3	零售商店
2	商贸类	4	服务类

三、客户档案设置

广州欣欣电子商贸有限公司的客户档案信息如表 1-2-6 所示。

表 1-2-6　　客户档案信息

客户编码	客户名称	客户分类	纳税人识别号	地址电话	开户银行	银行账号	信用期限	信用额度
0001	广州市天河区家乐福超市有限公司	超市类	91440400321098739102	广州市白下区洪武路88号,020-84782888	中国工商银行广州市洪武路支行	3222000065322106	30	100 000
0002	广州市天河区金润发超市有限公司	超市类	91440401321067731209	广州市玄武区丹凤街39号,020-84586688	中国银行广州市丹凤街支行	6222021000255321	30	5 000
0003	广州市天河区华润苏果有限公司	超市类	91440402321067317608	广州市建邺区南湖路58号,020-86424632	中国建设银行广州市南湖路支行	2353670188600024	30	
0004	广州市天河区沃尔玛超市有限公司	超市类	91440403321066315618	广州市白下区龙蟠中路260号,020-84585656	中国农业银行广州市白下路支行	4180903457821082	60	200 000
0005	阳光进出口贸易公司	商贸类	914404003325689K8861	美国加利福尼亚州			60	
0006	广州市天河区金联强商贸有限公司	商贸类	91440404321066314568	广州市天河区中央北路120号,020-84227728	中国工商银行广州市中央北路支行	6209860912456418	30	6 000
0007	广州市海珠区恒鑫商贸有限公司	商贸类	91440405321056436126	广州市海珠区双七路中兴西湖花园22号,020-64267412	中国建设银行广州市西湖花园支行	6277620185600022	30	
0008	广州市白云区日新商贸有限公司	商贸类	91440406321067218126	广州市白云区上城区开元路19号,020-87014880	中国农业银行广州市上城区开元路支行	6210890611200268	30	
0009	广州市天河区花园街专卖店	零售商店	91440407321067218335	广州市天河区天河北路100号,020-85610089				
0010	广东美淯电器有限责任公司	服务类	9144040068989P897	广州市海珠区西区169号,020-85556878	中国建设银行广州市海珠区支行	2300600236934526		

四、供应商分类设置

广州欣欣电子商贸有限公司的供应商分类信息如表 1-2-7 所示。

表 1-2-7　　供应商分类信息

供应商编码	供应商分类	供应商编码	供应商分类
1	空调	3	大家电
2	小家电	4	电视
		9	其他

五、供应商档案设置

广州欣欣电子商贸有限公司的供应商档案信息如表 1-2-8 所示。

表 1-2-8　　供应商档案信息

供应商编码	供应商名称	供应商分类名称	纳税人识别号	地址电话	开户银行	银行账号
0001	珠海格力空调股份有限公司	空调	914404005689K8861	珠海市香洲区第二工业区886号,0756-23294071	中国工商银行珠海市香洲区支行	6222000025532490
0002	广州美的电器股份有限公司	小家电	91440400898TK8698	广州市天河区石牌西路36号,020-85556888	中国银行广州市天河区支行	6210060059793452
0003	广东美满电器有限责任公司	大家电	9144040068989P897	广州市海珠区西区169号,020-85556878	中国建设银行广州市海珠区支行	2300600236934526
0004	广东长虹电视有限责任公司	电视	91440400568HV1256	中山市南头镇黄甫大道88号,0760-86125986	中国工商银行中山市南头支行	6372310182600024
0005	美国 OK 智能家电公司	小家电		美国纽约	中国建设银行广州市海珠区支行	2300600236934528
0006	广州市海珠区恒鑫商贸有限公司	大家电	91440405321056436	广州市海珠区双七路中兴西湖花园22号,020-64267412	中国建设银行广州市中兴西湖花园支行	6277620185600022
0007	广州速达运输有限公司	其他	9144040068954Y235	广州市天河区黄甫路52号,020-67412426	中国建设银行广州市黄甫支行	9345263006002361

〖**操作指引**〗

1. 设置地区分类

执行【基础设置】【基础档案】【客商信息】【地区分类】命令,打开【地区分类】窗口。按表 1-2-4 的资料输入地区分类信息,操作结果如图 1-2-4 所示。

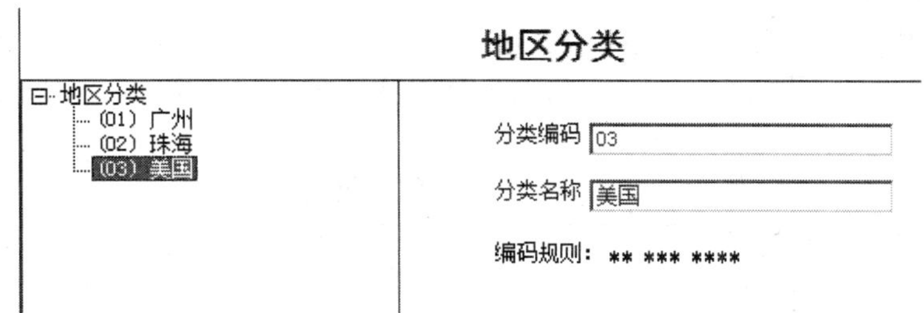

图 1-2-4　【地区分类】窗口

2. 设置客户分类

执行【基础设置】【基础档案】【客商信息】【客户分类】命令,打开【客户分类】窗口,按表

1-2-5 的资料输入客户分类信息,操作结果如图 1-2-5 所示。

客户分类

客户分类
(1) 超市类
(2) 商贸类
(3) 零售商店
(4) 服务类

分类编码 4
分类名称
编码规则: * ** ***

图 1-2-5 【客户分类】窗口

3. 设置客户档案

(1) 执行【基础设置】【基础档案】【客商信息】【客户档案】命令,打开【客户档案】窗口。窗口分为左右两部分,左窗口显示已经设置的客户分类,选中某一客户分类,则在右窗口显示该分类下所有的客户列表。

(2) 单击【增加】按钮,打开【增加客户档案】窗口。窗口中包括 4 个选项卡,即【基本】【联系】【信用】和【其他】,用于对客户不同的属性分别进行归类记录。

(3) 单击窗口中的【银行】按钮,系统弹出【客户银行档案】窗口。将表 1-2-6 资料中的开户银行及账号信息输入到上述窗口中,其中【所属银行】和【默认值】是参照录入的,操作结果如图 1-2-6 所示。

客户档案 ×

☑ 打印序号(N)

客户档案

客户分类
(1) 超市类
(2) 商贸类
(3) 零售商店
(4) 服务类

序号	选择	客户编码	客户名称	客户简称	发展日期	联系人	电话	专营业务...	分管部...
1		0001	广州市天河区家乐福超市有限公司	家乐福超市	2020-01-01		020-84782888	王丽华	销售部
2		0002	广州市天河区金润发超市有限公司	金润发超市	2020-01-01		020-84586688	王丽华	销售部
3		0003	广州市天河区华润苏果有限公司	华润苏果	2020-01-01		020-86424632	王丽华	销售部
4		0004	广州市天河区沃尔玛超市有限公司	沃尔玛超市	2020-01-01		020-84585656	王丽华	销售部
5		0005	阳光进出口贸易公司	阳光进出口	2020-01-01			王丽华	销售部
6		0006	广州市天河区金联强商贸有限公司	金联强商贸	2020-01-01		020-84227728	王丽华	销售部
7		0007	广州市海珠区恒鑫商贸有限公司	恒鑫商贸	2020-01-01		020-64267412	王丽华	销售部
8		0008	广州市白云区日新商贸有限公司	日新商贸	2020-01-01		020-87014880	王丽华	销售部
9		0009	广州市天河区花园街专卖店	花园街专卖店	2020-01-01		020-85610089	王丽华	销售部
10		0010	广东美满电器有限责任公司	美满电器	2020-01-01		020-85556878	王丽华	销售部

账套:(800)广州欣欣电子商贸有限公司 张明明(账套主管) 2020-01-01 13:52 4006-600-588

图 1-2-6 【客户档案】窗口

4. 设置供应商分类

执行【基础设置】【基础档案】【客商信息】【供应商分类】命令,打开【供应商分类】窗口。按表 1-2-7 的资料输入供应商分类信息,其操作结果如图 1-2-7 所示。

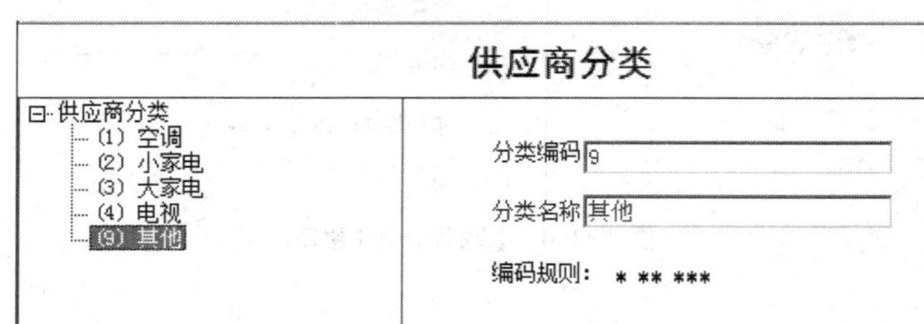

图 1-2-7 【供应商分类】窗口

5. 设置供应商档案

（1）执行【基础设置】【基础档案】【客商信息】【供应商档案】命令，打开【供应商档案】窗口。窗口分为左右两部分，左窗口显示已经设置的供应商分类，选中某一供应商分类，则在右窗口显示该分类下所有的供应商列表，单击【增加】按钮，打开【供应商档案】窗口。

（2）按表 1-2-8 的资料输入供应商档案信息，操作结果如图 1-2-8 所示。

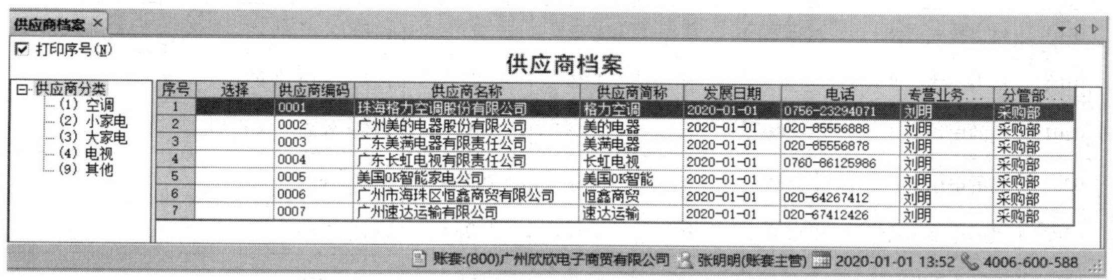

序号	选择	供应商编码	供应商名称	供应商简称	发展日期	电话	专营业务...	分管部...
1		0001	珠海格力空调股份有限公司	格力空调	2020-01-01	0756-23294071	刘明	采购部
2		0002	广州美的电器股份有限公司	美的电器	2020-01-01	020-85556888	刘明	采购部
3		0003	广东美满电器有限责任公司	美满电器	2020-01-01	020-85556878	刘明	采购部
4		0004	广东长虹电视有限责任公司	长虹电视	2020-01-01	0760-86125986	刘明	采购部
5		0005	美国OK智能家电公司	美国OK智能	2020-01-01		刘明	采购部
6		0006	广州市海珠区恒鑫商贸有限公司	恒鑫商贸	2020-01-01	020-64267412	刘明	采购部
7		0007	广州速达运输有限公司	速达运输	2020-01-01	020-67412426	刘明	采购部

图 1-2-8 【供应商档案】窗口

任务三 存货信息设置

一、存货分类设置

存货信息设置

广州欣欣电子商贸有限公司的存货分类信息如表 1-2-9 所示。

表 1-2-9 存货分类信息

分类编码	分类名称	分类编码	分类名称
01	空调	04	电视
02	小家电	08	赠品
03	大家电	09	其他

二、存货计量单位信息设置

广州欣欣电子商贸有限公司的存货计量单位信息如表 1-2-10 所示。

表 1-2-10 存货计量单位信息

计量单位编码	计量单位名称	计量单位类别	计量单位编码	计量单位名称
01	自然单位	无换算率	01	台
01	自然单位	无换算率	02	个
01	自然单位	无换算率	03	千米
01	自然单位	无换算率	04	次
01	自然单位	无换算率	05	对

三、存货档案设置

广州欣欣电子商贸有限公司的存货档案信息如表 1-2-11 所示。

表 1-2-11　　　　存货档案信息

存货编码	存货名称	存货分类名称	计量单位	税率	规格型号	存货属性
0101	格力立式空调	空调	台	13%	3P	内销、外销、外购
0102	格力立式空调	空调	台	13%	4P	内销、外销、外购
0103	格力挂式空调	空调	台	13%	1P	内销、外销、外购
0104	格力挂式空调	空调	台	13%	2P	内销、外销、外购
0201	美的电饭煲	小家电	个	13%	6L	内销、外购
0202	美的电磁炉	小家电	个	13%	2000W	内销、外购
0203	美的电烧水壶	小家电	个	13%	1000W	内销、外购
0204	美的电高压锅	小家电	个	13%	5L	内销、外购
0205	智能洗碗机	小家电	个	13%		内销、外销、外购
0301	美满电热水器	大家电	台	13%	40L	内销、外购、受托代销
0302	美满电热水器	大家电	台	13%	50L	内销、外购、受托代销
0303	美满电热水器	大家电	台	13%	60L	内销、外购、受托代销
0401	长虹电视	电视	台	13%	32 寸	内销、外购
0402	长虹电视	电视	台	13%	40 寸	内销、外购
0403	长虹电视	电视	台	13%	42 寸	内销、外购
0801	小音箱	赠品	对	13%		内销、外购
0901	运输费	其他	次	9%		内销、外购、应税劳务
0902	代理手续费用	其他	次	6%		内销、外购、应税劳务
0903	折扣与折让	其他	次	13%		内销、外购、应税劳务

〖**操作指引**〗

1. 设置存货分类

执行【基础设置】【基础档案】【存货】【存货分类】命令,打开【存货分类】窗口。按表 1-2-9 中的资料输入存货分类信息,操作结果如图 1-2-9 所示。

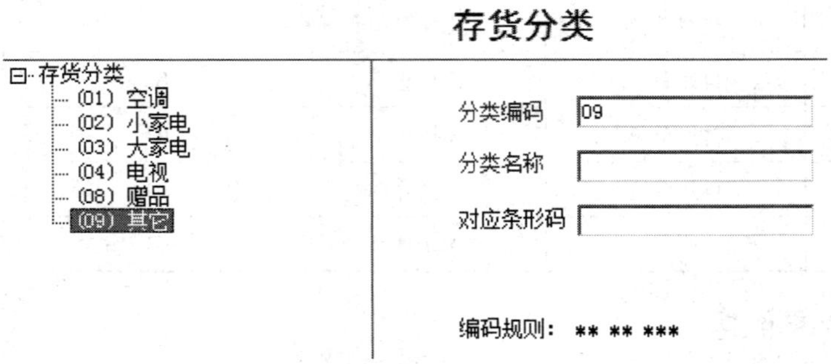

存货分类

存货分类
(01) 空调
(02) 小家电
(03) 大家电
(04) 电视
(08) 赠品
(09) 其它

分类编码 09
分类名称
对应条形码

编码规则: ** ** ***

图 1-2-9 【存货分类】窗口

2. 设置存货计量单位

（1）执行【基础设置】【基础档案】【存货】【计量单位】命令，打开【计量单位】窗口。

（2）单击【分组】按钮，打开【计量单位组】窗口。

（3）单击【增加】按钮，按表 1-2-10 资料输入计量单位组的编码、名称和类别等信息，单击【保存】按钮，如图 1-2-10 所示。

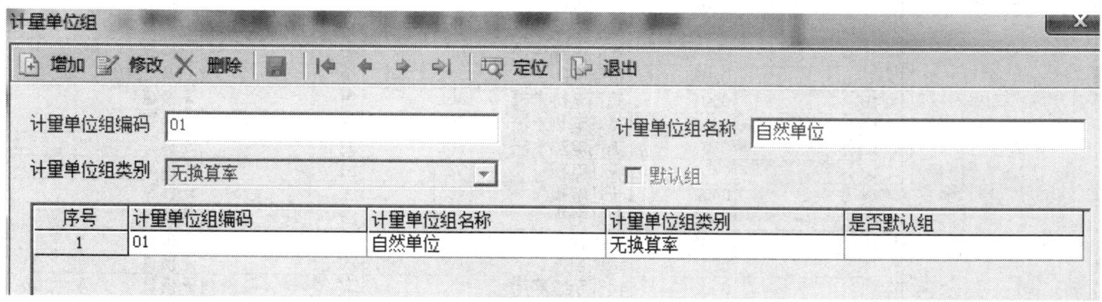

图 1-2-10　【计量单位组】窗口

（4）单击【单位】按钮，再单击【增加】按钮，按表 1-2-10 中的资料依次输入计量单位编码和计量单位名称，单击【保存】按钮。操作结果如图 1-2-11 所示。

计量单位

计量单位组
(01) 自然单位<无换算率>

序号	计量单位编码	计量单位名称	计量单位名称	计量单位类别
1	01	台	自然单位	无换算率
2	02	个	自然单位	无换算率
3	03	千米	自然单位	无换算率
4	04	次	自然单位	无换算率
5	05	对	自然单位	无换算率

图 1-2-11　【计量单位】窗口

3. 设置存货档案

（1）执行【基础设置】【基础档案】【存货】【存货档案】命令，打开【存货档案】窗口。

（2）选中【(01)空调】存货分类。

（3）单击【增加】按钮，打开【增加存货档案】窗口。

（4）根据表 1-2-11 中的资料填制【0101 格力立式空调 3P】存货档案的【基本选项卡】，单击【保存】按钮。

（5）打开采购管理系统【选项】，勾选【受托代销业务】复选框，将存货档案依次按表 1-2-11 中的资料全部输入存货档案，操作结果如图 1-2-12 所示。

存货档案 ×

☑ 打印序号(N)

存货档案

- 存货分类
  - (01) 空调
  - (02) 小家电
  - (03) 大家电
  - (04) 电视
  - (08) 赠品
  - (09) 其它

序号	选择	存货编码	存货名称	规格型号	主计量单位名称	计量单位组名称
1		0101	格力立式空调	3p	台	无换算
2		0102	格力立式空调	4P	台	无换算
3		0103	格力挂式空调	1P	台	无换算
4		0104	格力挂式空调	2P	台	无换算
5		0201	美的电饭煲	6L	个	无换算
6		0202	美的电磁炉	2000W	个	无换算
7		0203	美的电烧水壶	1000W	个	无换算
8		0204	美的电高压锅	5L	个	无换算
9		0205	智能洗碗机		个	无换算
10		0301	美满电热水器	40L	台	无换算
11		0302	美满电热水器	50L	台	无换算
12		0303	美满电热水器	60L	台	无换算
13		0401	长虹电视	32寸	台	无换算
14		0402	长虹电视	40寸	台	无换算
15		0403	长虹电视	42寸	台	无换算
16		0801	小音箱		对	无换算
17		0901	运输费		次	无换算
18		0902	代理手续费用		次	无换算
19		0903	折扣与折让		次	无换算

图 1-2-12 【存货档案】窗口

财务信息设置

任务四 财务信息设置

一、外币设置

广州欣欣电子商贸有限公司的外币类型设置为【美元】,币符为【USD】,汇率类型为【固定汇率】,2020 年 1 月 1 日美元兑换人民币的汇率为 6.85。

二、会计科目设置

广州欣欣电子商贸有限公司的新增或修改会计科目信息如表 1-2-12 所示。

表 1-2-12 会计科目信息

科目编码	科目名称	外币币种	辅助账类型	账页格式	方向	受控系统	备注
1012	其他货币资金			金额式	借		
101201	信用证存款			金额式	借		增加
1121	应收票据		客户往来	金额式	借	应收系统	修改
112101	银行承兑汇票		客户往来	金额式	借	应收系统	增加/修改
112102	商业承兑汇票		客户往来	金额式	借	应收系统	增加/修改
1122	应收账款		客户往来	金额式	借	应收系统	修改
112201	国内客户		客户往来	金额式	借	应收系统	增加/修改
112202	国外客户	美元	客户往来	金额式	借	应收系统	增加/修改
1123	预付账款		供应商往来	金额式	借	应付系统	修改
1321	受托代销商品			金额式	借		修改

（续表）

科目编码	科目名称	外币币种	辅助账类型	账页格式	方向	受控系统	备注
2201	应付票据		供应商往来	金额式	贷	应付系统	修改
220101	银行承兑汇票		供应商往来	金额式	贷	应付系统	增加/修改
220102	商业承兑汇票		供应商往来	金额式	贷	应付系统	增加/修改
2202	应付账款		供应商往来	金额式	贷	应付系统	修改
220201	一般应付款		供应商往来	金额式	贷	应付系统	增加/修改
22020101	国内供应商		供应商往来	金额式	贷	应付系统	增加/修改
22020102	国外供应商	美元	供应商往来	金额式	贷	应付系统	增加/修改
220202	暂估应付款		供应商往来	金额式	贷		增加/修改
2203	预收账款		客户往来	金额式	贷	应收系统	修改
220301	人民币		客户往来	金额式	贷	应收系统	增加/修改
220302	美元	美元	客户往来	金额式	贷	应收系统	增加/修改
220303	销售定金		客户往来	金额式	贷		增加/修改
2211	应付职工薪酬			金额式	贷		
221101	非货币性福利			金额式	贷		增加
2221	应交税费			金额式	贷		
222101	应交增值税			金额式	贷		增加
22210101	进项税额			金额式	借		增加
22210102	已交税金			金额式	贷		增加
22210104	转出未交增值税			金额式	贷		增加
22210106	销项税额			金额式	贷		增加
22210107	进项税额转出			金额式	贷		增加
222102	未交增值税			金额式	贷		增加
2314	受托代销商品款		供应商往来	金额式	借	不受控应付系统	增加
6601	销售费用			金额式	借		
660101	广告费			金额式	借		增加
660102	赠品费用			金额式	借		增加
660103	代销手续费用			金额式	借		增加
660104	折旧与折让费用			金额式	借		增加
660105	职工工资			金额式	借		增加
660106	职工福利费			金额式	借		增加
660109	其他			金额式	借		增加
6602	管理费用			金额式	借		
660201	办公费			金额式	借		增加

（续表）

科目编码	科目名称	外币币种	辅助账类型	账页格式	方向	受控系统	备注
660202	职工工资			金额式	借		增加
660203	职工福利费			金额式	借		增加
660209	其他			金额式	借		增加
6603	财务费用			金额式	借		
660301	利息支出			金额式	借		增加
660302	手续费用			金额式	借		增加

三、指定科目设置

指定库存现金为现金科目，银行存款为银行科目。

四、凭证类别设置

广州欣欣电子商贸有限公司凭证类别设置为【记账凭证】。

〖操作指引〗

1. 设置外币

（1）执行【基础设置】【基础档案】【财务】【外币设置】命令，打开【外币设置】窗口。

（2）单击【增加】按钮，选择【固定汇率】，输入【币符】为【USD】，【币名】为【美元】，单击【确认】按钮，如图 1-2-13 所示。

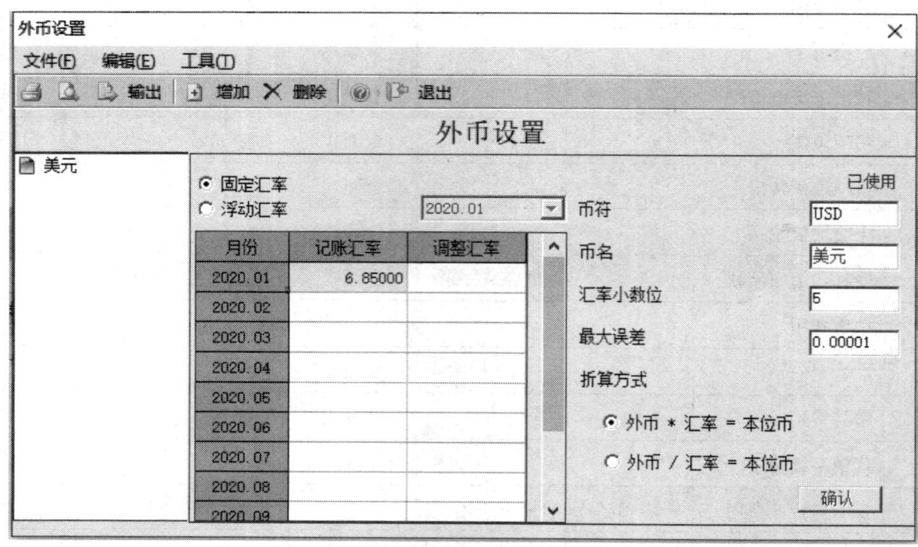

图 1-2-13 【外币设置】窗口

2. 设置会计科目

（1）执行【基础设置】【基础档案】【财务】【会计科目】命令，打开【会计科目】窗口。

（2）在【会计科目】窗口，单击【增加】，打开【新增会计科目】对话框，输入科目编码和科目名称，勾选窗口右侧的【客户往来】辅助项，选择受控系统为【应收系统】，如图 1-2-14 所示。

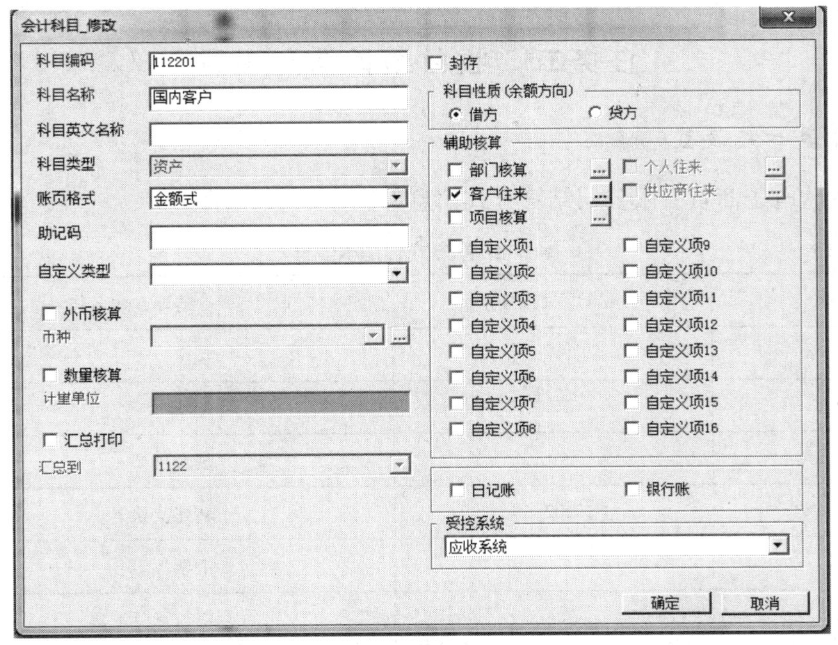

图 1-2-14　【会计科目_修改】对话框

（3）单击【确定】按钮，依次修改会计科目、增加会计科目。

3. 设置指定科目

（1）执行【基础设置】【基础档案】【财务】【会计科目】命令，打开【会计科目】窗口。

（2）执行【编辑】【指定科目】命令，打开【指定科目】窗口，选择【现金科目】为【1001】，【银行科目】为【1002】，单击【确定】按钮，如图 1-2-15 所示。

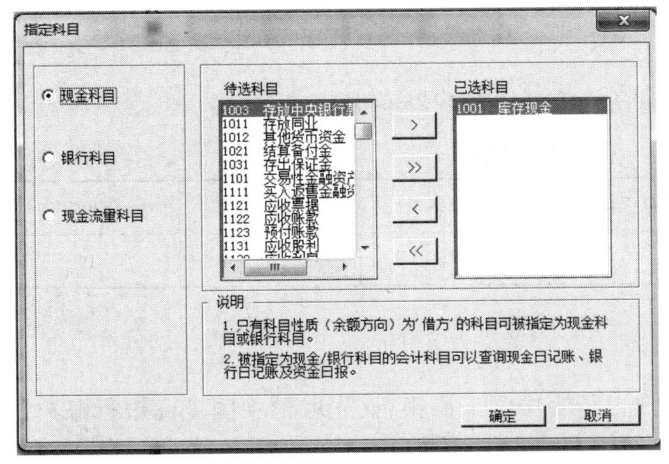

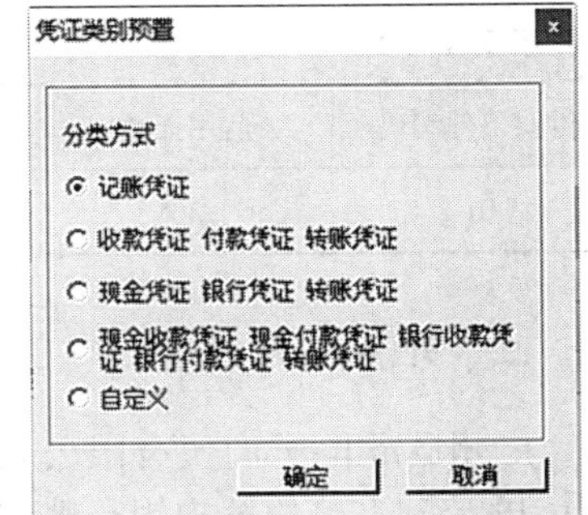

图 1-2-15　【指定科目】对话框

图 1-2-16　【凭证类别】对话框

4. 设置凭证类别

（1）执行【基础设置】【基础档案】【财务】【凭证类别】命令，打开【凭证类别预置】对话框。

（2）在【凭证类别预置】窗口，选中【记账凭证】，单击【确定】按钮，如图 1-2-16 所示。

任务五 收付结算信息设置

收付结算信息设置

一、结算方式设置

广州欣欣电子商贸有限公司结算方式信息如表1-2-13所示。

表 1-2-13 结算方式信息表

序号	结算方式编码	结算方式名称
1	1	现金
2	2	支票
3	201	现金支票
4	202	转账支票
5	3	汇票
6	301	银行承兑汇票
7	302	商业承兑汇票
8	4	电汇
9	5	支付宝
10	6	微信
11	9	其他

二、付款条件设置

广州欣欣电子商贸有限公司付款条件信息如表 1-2-14 所示。

表 1-2-14 付款条件信息表

付款条件编码	信用天数	优惠天数 1	优惠率 1	优惠天数 2	优惠率 2
01	30	10	2%	20	1%

三、开户银行设置

广州欣欣电子商贸有限公司开户银行为中国工商银行,先取消中国工商银行账户【定长】,再录入本单位开户银行账户信息,如表 1-2-15 所示。

表 1-2-15 开户银行信息表

项目	内容
开户银行编码	01
开户银行名称	中国工商银行广州市上元大街支行
银行账号	6220987022300068

（续表）

项目	内容
户名	广州欣欣电子商贸有限公司
所属银行名称	中国工商银行
所属银行编码	01

〖操作指引〗

1. 设置结算方式

（1）执行【基础设置】【基础档案】【收付结算】【结算方式】命令，打开【结算方式】窗口，按表 1-2-13 中的资料输入结算方式，操作结果如图 1-2-17 所示。

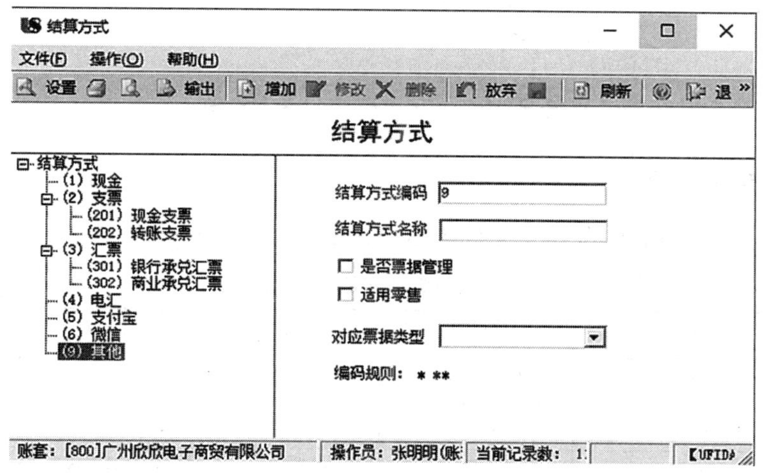

图 1-2-17　【结算方式】窗口

2. 设置付款条件

（1）执行【基础设置】【基础档案】【收付结算】【付款条件】命令，打开【付款条件】窗口，按表 1-2-14 中的资料输入付款条件，操作结果如图 1-2-18 所示。

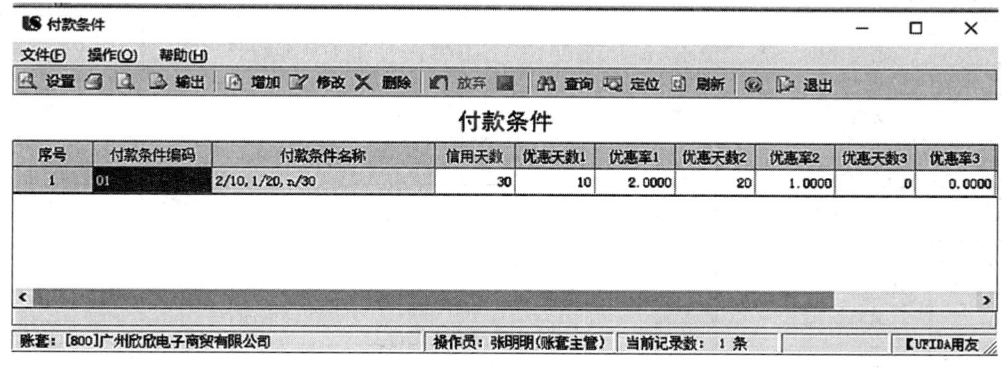

图 1-2-18　【付款条件】窗口

3. 设置开户银行信息

（1）执行【基础设置】【基础档案】【收付结算】【银行档案】命令，选择【中国工商银行】

【企业账户规则】,取消【定长】。

(2) 执行【基础设置】【基础档案】【收付结算】【本单位开户银行】命令,打开【本单位开户银行】窗口,按表 1-2-15 中的资料输入开户银行信息,操作结果如图 1-2-19 所示。

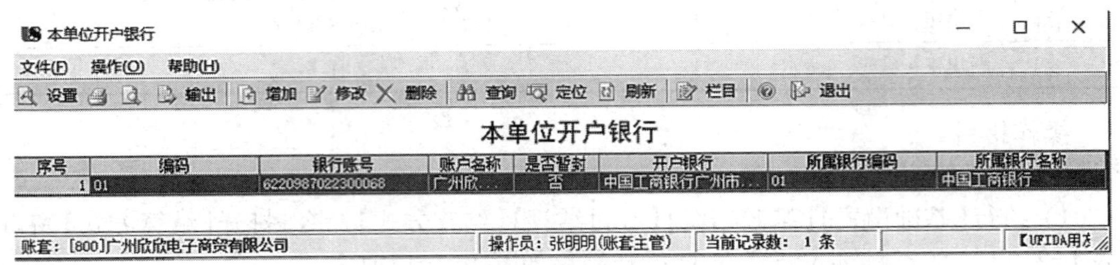

图 1-2-19 【本单位开户银行】窗口

任务六 业务信息设置

业务信息设置

一、仓库档案设置

广州欣欣电子商贸有限公司仓库档案信息如表 1-2-16 所示。

表 1-2-16 仓库档案信息

仓库编码	仓库名称	计价方式	仓库编码	仓库名称	计价方式
01	空调仓	先进先出法	04	电视仓	先进先出法
02	小家电仓	先进先出法	05	赠品仓	先进先出法
03	大家电仓	先进先出法	06	受托代销仓	先进先出法

二、收发类别设置

广州欣欣电子商贸有限公司收发类别信息如表 1-2-17 所示。

表 1-2-17 收发类别信息

收发类别编码	收发类别名称	收发标志	收发类别编码	收发类别名称	收发标志
1	入库	收	2	出库	发
101	采购入库	收	201	销售出库	发
102	采购退货	收	202	销售退货	发
103	盘盈入库	收	203	盘亏出库	发
104	其他入库	收	204	委托代销出库	发
105	受托代销入库	收	205	赠品出库	发
			206	受托代销出库	发
			207	其他出库	发

三、采购和销售类型设置

广州欣欣电子商贸有限公司采购和销售类型信息如表 1-2-18 所示。

表 1-2-18　　采购和销售类型信息

	采购类型编码	采购类型名称	入库类别		销售类型编码	销售类型名称	出库类别
采购类型	01	普通采购	采购入库	销售类型	01	普通销售	销售出库
	02	采购退货	采购退货		02	委托代销	委托代销出库
	03	受托代销	受托代销入库		03	销售退货	销售退货
					04	直运销售	销售出库

四、费用项目设置

广州欣欣电子商贸有限公司费用项目信息如表 1-2-19 所示。

表 1-2-19　　费用项目信息

费用项目分类编码	费用项目分类名称	费用项目编码	费用项目名称
0	无分类	01	运输费
0	无分类	02	委托代销手续费
0	无分类	03	销售折扣与折让

五、非合理损耗类型设置

广州欣欣电子商贸有限公司非合理损耗类型信息如表 1-2-20 所示。

表 1-2-20　　非合理损耗类型信息

非合理损耗类型编码	非合理损耗类型名称
01	运输部门责任

〖操作指引〗

1. 设置仓库档案

（1）执行【基础设置】【基础档案】【业务】【仓库档案】命令，打开【仓库档案】窗口，按表 1-2-16 中的资料输入企业仓库档案信息，操作结果如图 1-2-20 所示。

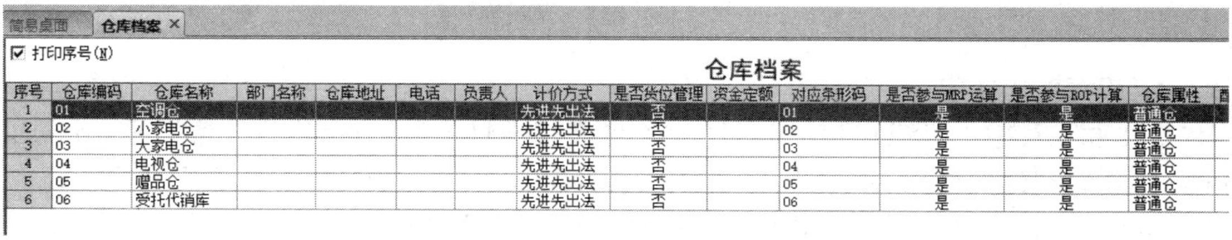

简易桌面　仓库档案 ×

☑ 打印序号(N)

仓库档案

序号	仓库编码	仓库名称	部门名称	仓库地址	电话	负责人	计价方式	是否货位管理	资金定额	对应条形码	是否参与MRP运算	是否参与ROP计算	仓库属性
1	01	空调仓					先进先出法	否		01	是	是	普通仓
2	02	小家电仓					先进先出法	否		02	是	是	普通仓
3	03	大家电仓					先进先出法	否		03	是	是	普通仓
4	04	电视仓					先进先出法	否		04	是	是	普通仓
5	05	赠品仓					先进先出法	否		05	是	是	普通仓
6	06	受托代销库					先进先出法	否		06	是	是	普通仓

图 1-2-20　【仓库档案】窗口

2. 设置收发类别

(1) 执行【基础设置】【基础档案】【业务】【收发类别】命令,打开【收发类别】窗口。按表 1-2-17 中的资料输入收发类别信息,操作结果如图 1-2-21 所示。

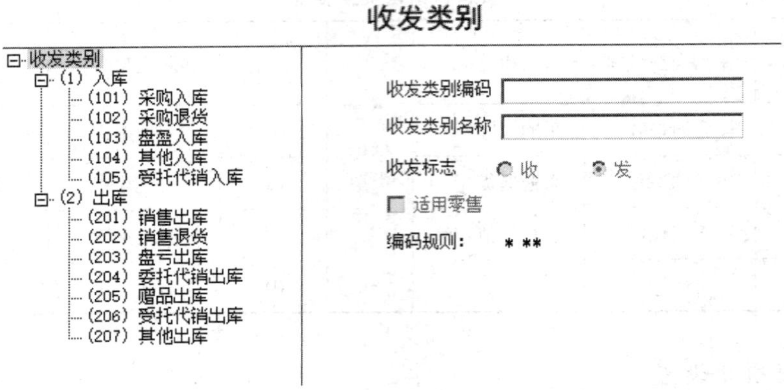

收发类别

收发类别
(1) 入库
(101) 采购入库
(102) 采购退货
(103) 盘盈入库
(104) 其他入库
(105) 受托代销入库
(2) 出库
(201) 销售出库
(202) 销售退货
(203) 盘亏出库
(204) 委托代销出库
(205) 赠品出库
(206) 受托代销出库
(207) 其他出库

收发类别编码
收发类别名称
收发标志 收 发
适用零售
编码规则: * **

图 1-2-21 【收发类别】窗口

3. 设置采购和销售类型

(1) 执行【基础设置】【基础档案】【业务】【采购类型】命令,打开【采购类型】窗口,按表 1-2-18 中的资料输入采购类型信息,操作结果如图 1-2-22 所示。

采购类型

序号	采购类型编码	采购类型名称	入库类别	是否默认值	是否委外默认值	是否列入MPS/MRP计划
1	01	普通采购	采购入库	否	否	是
2	02	采购退货	采购退货	否	否	是
3	03	受托代销	受托代销入库	否	否	是

图 1-2-22 【采购类型】窗口

(2) 执行【基础设置】【基础档案】【业务】【销售类型】命令,打开【销售类型】窗口,表 1-2-18 中的资料输入销售类型信息,操作结果如图 1-2-23 所示。

销售类型

序号	销售类型编码	销售类型名称	出库类别	是否默认值	是否列入MPS/MRP计划
1	01	普通销售	销售出库	否	是
2	02	委托代销	委托代销出库	否	是
3	03	销售退货	销售退货	否	是
4	04	直运销售	销售出库	否	是

图 1-2-23 【销售类型】窗口

4. 设置费用项目

(1) 执行【基础设置】【基础档案】【业务】【费用项目分类】命令,打开【费用项目分类】窗口。设置编号为【0】的【无分类】项目,操作结果如图 1-2-24 所示。

(2) 执行【基础设置】【基础档案】【业务】【费用项目】命令,打开【费用项目】窗口,按表 1-2-19 中的资料输入费用项目,操作结果如图 1-2-25 所示。

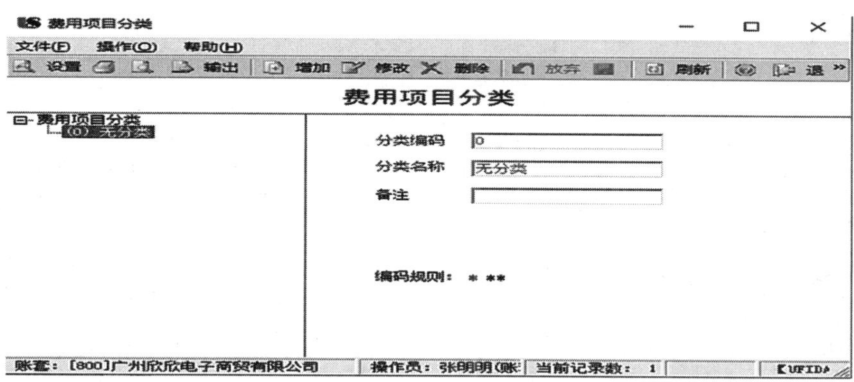

图 1-2-24 【费用项目分类】窗口

费用项目

日- 费用项目分类
(0) 无分类

序号	费用项目编码	费用项目名称	费用项目分类...	盈亏项目	销项税率(%)	会计科目名称	备注
1	01	运输费	无分类				
2	02	委托代销手续费	无分类				
3	03	销售折扣与折让	无分类				

图 1-2-25 【费用项目】窗口

5. 设置非合理损耗类型

（1）执行【基础设置】【基础档案】【业务】【非合理损耗类型】命令，打开【非合理损耗类型】窗口。按表 1-2-20 中的资料输入非合理损耗类型，操作结果如图 1-2-26 所示。

非合理损耗类型

序号	非合理损耗类型编码	非合理损耗类型名称	是否默认值	备注
1	01	运输部门责任	否	

图 1-2-26 【非合理损耗类型】窗口

任务七　相关单据设置

一、单据格式设置

〖操作指引〗

1. 修改销售订单、销售专用发票、发货单表头汇率可编辑的操作

（1）执行【基础设置】【单据设置】【单据格式设置】命令，打开【单据格式设置】对话框，修改【销售订单】的表头项目【汇率】，取消其【禁止编辑】选项，单击【保存】按钮，如图 1-2-27 所示。

（2）依次取消销售专用发票、发货单表头汇率的【禁止编辑】选项，单击【保存】按钮。

2. 修改销售专用发票表体

执行【基础设置】【单据设置】【单据格式设置】命令，打开【单据格式设置】对话框，修改【销售专用发票】的表体项目【数量】，取消其【必输】选项，增加【退补标志】表体项目，单击【保存】按钮，如图 1-2-28 所示。

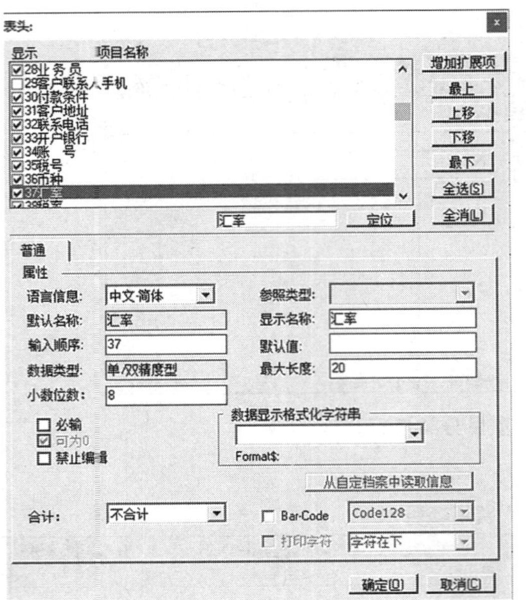

图 1-2-27 【单据格式设置—表头】对话框

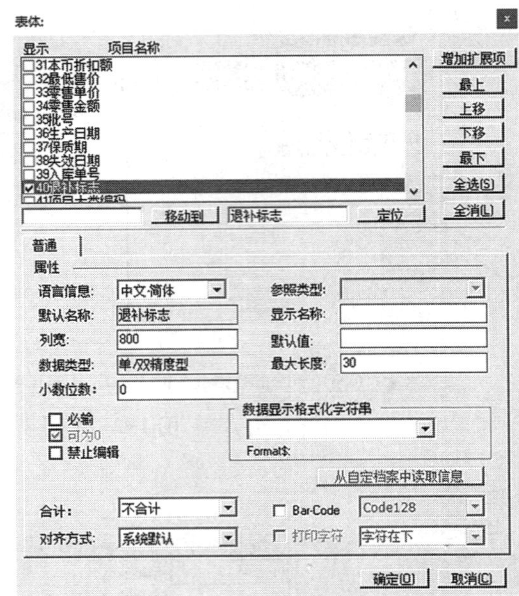

图 1-2-28 【单据格式设置—表体】对话框

3. 增加委托代销结算单【发票号】表头

执行[基础设置]【单据设置】【单据格式设置】命令,点击【销售管理】按钮,选择【委托代销结算单】,单击【显示】按钮,打开【单据格式设置】对话框,增加【发票号】表头项目,单击【保存】按钮,如图 1-2-29 所示。

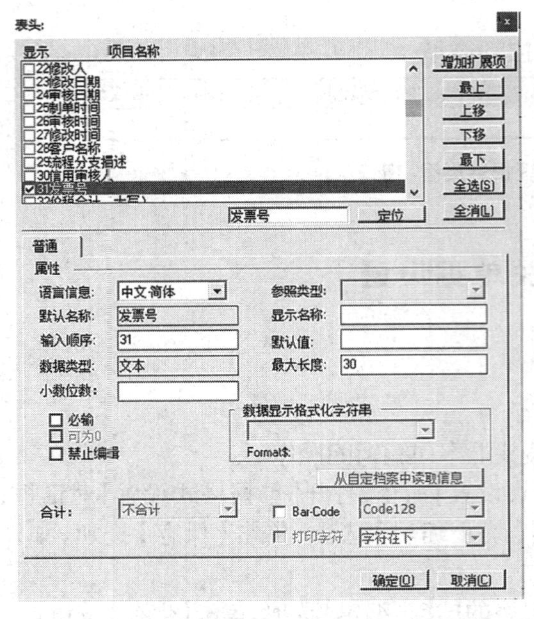

图 1-2-29 【单据格式设置—表头】对话框

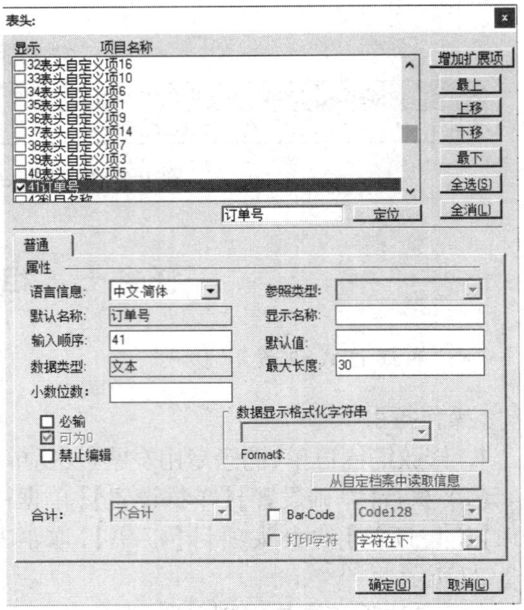

图 1-2-30 【单据格式设置—表头】对话框

4. 增加应收收款单【订单号】表头

执行【基础设置】【单据设置】【单据格式设置】命令,打开【单据格式设置】对话框,增加表头项目【订单号】,单击【保存】按钮,如图 1-2-30 所示。

二、单据编号设置

〖操作指引〗

（1）执行【基础设置】【单据设置】【单据编号设置】命令，打开【单据编号设置】窗口。

（2）选择【单据类型】【采购管理】【采购订单】选项，单击【修改】按钮，选中【完全手工编号】复选框，如图 1-2-31 所示。

（3）单击【保存】按钮，再单击【退出】按钮，完成采购订单的手工编码设置。

（4）按以上操作步骤，依次设置其他单据编号的完全手工编号设置，并保存修改设置。

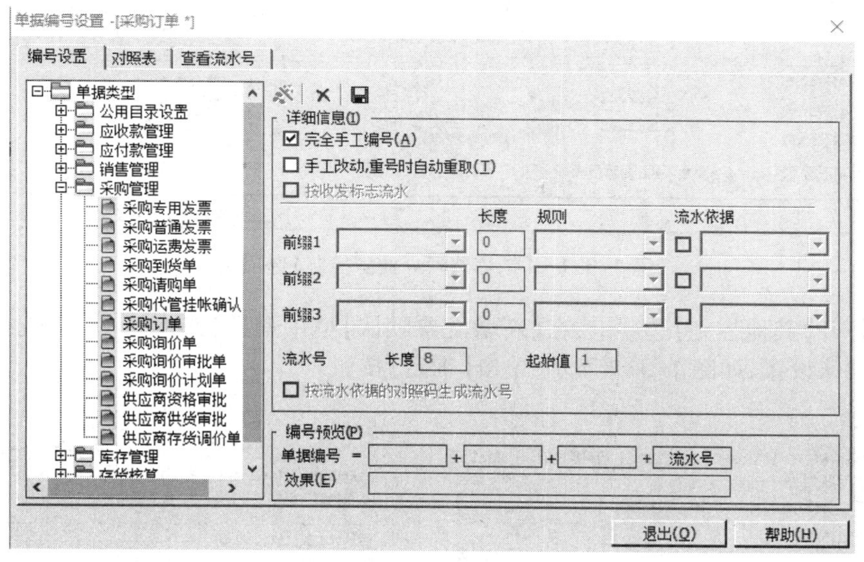

图 1-2-31　【单据编号设置】窗口

项目三　企业各模块期初设置

任务一　销售与应收账款期初设置

一、销售管理初始设置

销售与应收账款期初设置

在销售管理子系统中启用有零售日报业务、有分期收款业务、有委托代销业务、有直运销售业务、有销售调拨业务；取消勾选销售生成出库单；新增发票默认参照。

〖操作指引〗

设置销售选项：

（1）执行【业务工作】【供应链】【销售管理】【设置】命令，打开【销售选项】对话框。

（2）打开【业务控制】选项，取消勾选【销售生成出库单】复选框，勾选【有零售日报业务】【有销售调拨业务】【有委托代销业务】【有分期收款业务】【有直运销售业务】复选框，如图 1-3-1 所示。

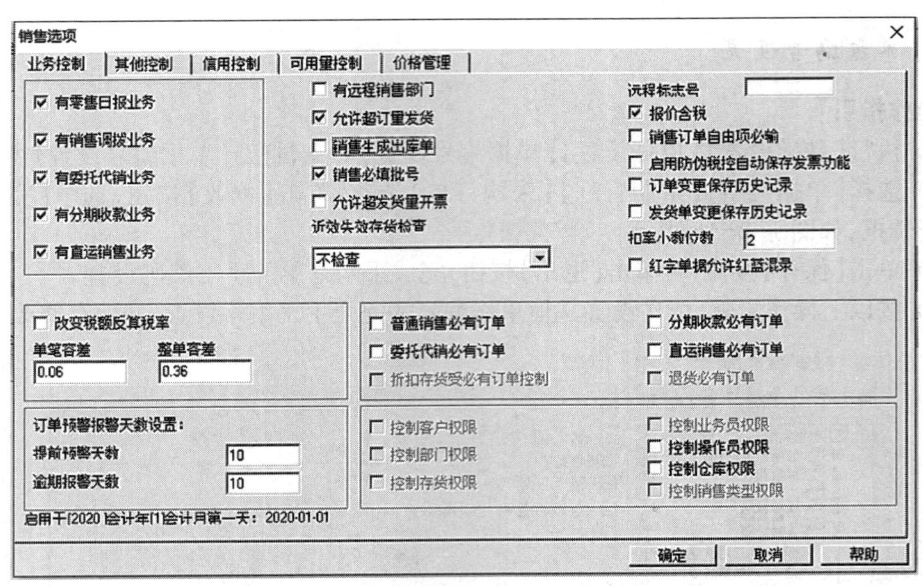

图 1-3-1 【销售选项—业务控制】选项卡

(3) 打开【其他控制】选项卡,在【新增发票默认】框中勾选【参照订单】复选框,其他的选项按照默认设置,如图 1-3-2 所示,单击【确定】按钮。

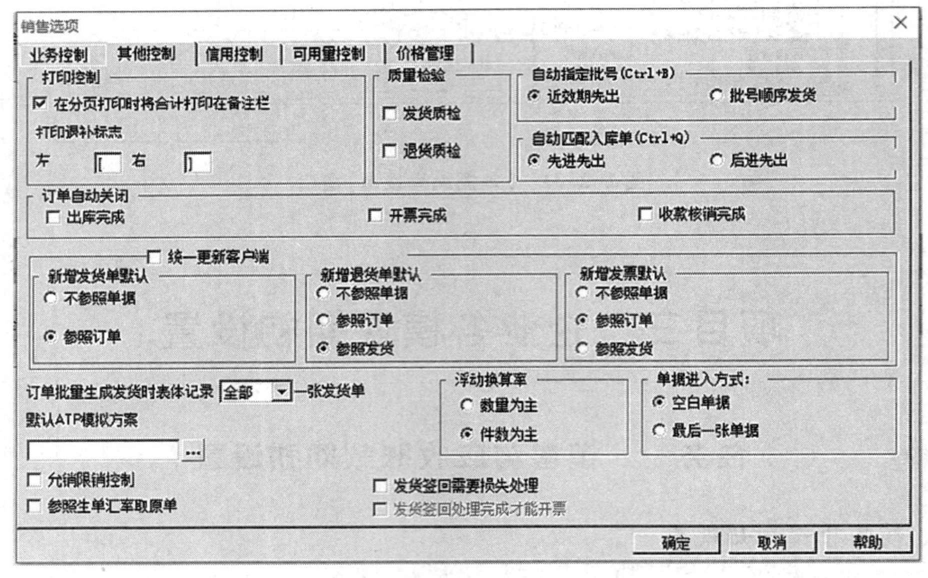

图 1-3-2 【销售选项—其他控制】选项卡

二、应收账款管理初始设置

(一) 参数设置

在应收账款管理子系统中,常规选项卡的单据审核日期依据【单据日期】,坏账处理方式为【应收账款余额百分比法】,勾选【自动计算现金折扣】复选框,凭证选项卡的受控科目制单方式【明细到单据】,销售科目依据【按存货】,权限与预警取消【控制操作员权限】,其他参数为系统默认。

（二）科目设置

（1）基本科目设置：应收科目为 112201；预收科目为 220301；税金科目为 22210106；销售收入科目为 6001；销售退回科目为 6001；现金折扣科目为 660301；坏账入账科目为 1231；银行承兑科目为 112101；商业承兑科目为 112102；销售定金科目为 220303。

（2）控制科目设置：国内客户的应收科目为 112201，预收科目为 220301；阳光进出口公司应收科目为 112202，预收科目为 220302。

（3）产品科目：产品科目信息如表 1-3-1 所示。

表 1-3-1　　产品科目信息

存货编码	存货名称	规格型号	销售收入科目	应交增值税科目	销售退回科目
0101	格力立式空调	3P	6001	22210106	6001
0102	格力立式空调	4P	6001	22210106	6001
0103	格力挂式空调	1P	6001	22210106	6001
0104	格力挂式空调	2P	6001	22210106	6001
0201	美的电饭煲	6L	6001	22210106	6001
0202	美的电磁炉	2000W	6001	22210106	6001
0203	美的电烧水壶	1000W	6001	22210106	6001
0204	美的电高压锅	5L	6001	22210106	6001
0205	智能洗碗机		6001	22210106	6001
0301	美满电热水器	40L	220202	22210106	220202
0302	美满电热水器	50L	220202	22210106	220202
0303	美满电热水器	60L	220202	22210106	220202
0401	长虹电视	32 寸	6001	22210106	6001
0402	长虹电视	40 寸	6001	22210106	6001
0403	长虹电视	42 寸	6001	22210106	6001
0801	小音箱		660102	22210106	660102
0901	运输费		6051	22210106	6051
0902	代理手续费		6051	22210106	6051
0903	折扣与折让		6001	22210106	6001

（4）结算方式科目设置：现金、微信、支付宝和其他，对应科目：库存现金 1001；现金支票、转账支票、电汇、银行承兑汇票、商业承兑汇票，对应科目：银行存款 1002。

（5）坏账准备设置：提取比例为 0.5%，坏账准备期初余额为 1 200.00 元，坏账准备科目为 1231，对方科目为 6701。

（6）账期内账龄区间设置为：30 天、60 天、90 天、180 天、360 天、361 天以上。

（三）期初数据录入

（1）应收账款科目的期初余额资料如表 1-3-2 所示。

表 1-3-2　　应收账款(1122)期初余额

单据日期	客户	摘要	科目	方向	余额(元)
2019-12-09	广州市天河区家乐福超市有限公司	销售格力立式空调 80 台,规格 3P,每台含税单价为 6 780 元/台,票号为 52625982	112201	借	542 400
2019-12-03	广州市天河区沃尔玛超市有限公司	销售美满电热水器 60 台,规格 40L,每台含税单价为 2 486 元/台,票号为 54263891	112201	借	149 160

(2) 预收账款科目的期初余额资料如表 1-3-3 所示。

表 1-3-3　　预收账款(2203)期初余额

单据日期	客户	摘要	科目	方向	余额(元)	结算方式
2019-12-15	广州市天河区金润发超市有限公司	收到金润发超市预付的货款,票号为 56389486	220301	贷	40 000	转账支票

(3) 应收票据科目的期初余额资料如表 1-3-4 所示。

表 1-3-4　　应收票据(112101)期初余额

单据日期	客户	摘要	科目	方向	余额(元)	单据类型
2019-12-19	广州市天河华润苏果有限公司	销售美满电热水器 4 台,规格为 60L,每台含税单价为 4 068 元/台,收到华润苏果由中国建设银行签发的银行承兑汇票,签发日期为 2019 年 11 月 01 日,到期日为 2020 年 01 月 31 日,票号为 61231923	112101	借	16 272	银行承兑汇票

〖操作指引〗

1. 设置参数

(1) 执行【业务工作】【财务会计】【应收款管理】【设置】【选项】命令,打开【账套参数设置】对话框。

(2) 点击【常规】选项卡,单击【编辑】按钮,使所有参数处于可修改状态。【单据审核日期依据】选择【单据日期】,【坏账处理方式】选择【应收余额百分比法】,勾选【自动计算现金折扣】复选框,其他参数为系统默认,如图 1-3-3 所示。

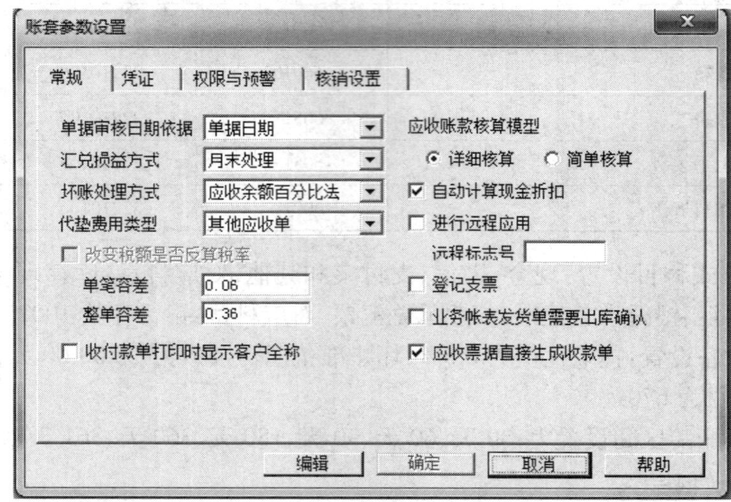

图 1-3-3　【账套参数设置—常规】选项卡

（3）点击【凭证】选项卡，【受控科目制单方式】选择【明细到单据】，【销售科目依据】选择【按存货】，其他参数为系统默认，如图 1-3-4 所示，单击【确定】按钮。

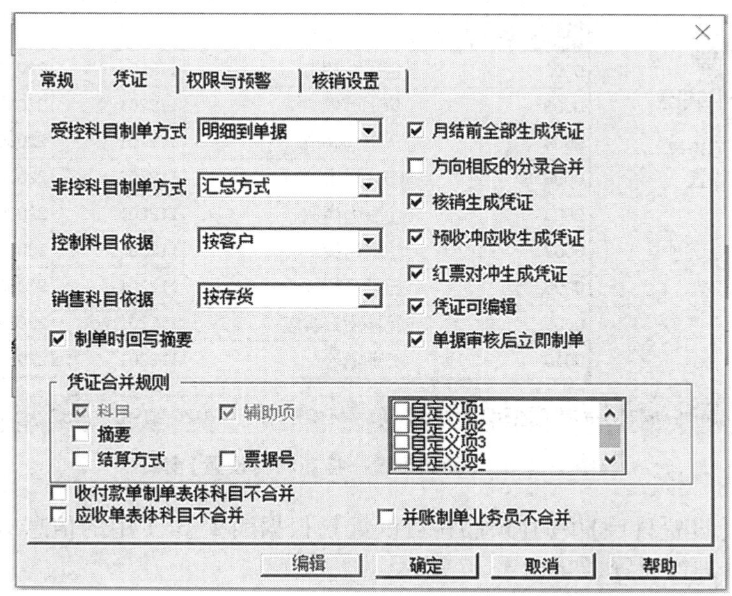

图 1-3-4 【账套参数设置—凭证】选项卡

（4）点击【权限与预警】选项卡，取消【控制操作员权限】。

2. 设置科目

（1）执行【业务工作】【财务会计】【应收款管理】【设置】【初始设置】命令，打开【初始设置】窗口。单击【设置科目】中的【基本科目设置】，根据要求对应收款管理系统的基本科目进行设置，如图 1-3-5 所示。

设置科目
基本科目设置
控制科目设置
产品科目设置
结算方式科目设置
坏账准备设置
账期内账龄区间设置
逾期账龄区间设置
报警级别设置
单据类型设置
中间币种设置

基础科目种类	科目	币种
应收科目	112201	人民币
预收科目	220301	人民币
税金科目	22210106	人民币
销售收入科目	6001	人民币
销售退回科目	6001	人民币
现金折扣科目	660301	人民币
坏账入账科目	1231	人民币
银行承兑科目	112101	人民币
应收科目	112202	美元
商业承兑科目	112102	人民币
销售定金科目	220303	人民币

图 1-3-5 【初始设置—基本科目设置】窗口

（2）执行【业务工作】【财务会计】【应收款管理】【设置】【初始设置】命令，打开【初始设置】窗口。单击【设置科目】中的【控制科目设置】，根据要求对应收账款管理系统的控制科目进行设置，如图 1-3-6 所示。

（3）执行【业务工作】【财务会计】【应收款管理】【设置】【初始设置】命令，打开【初始设

初始设置

客户编码	客户简称	应收科目	预收科目
0001	家乐福超市	112201	220301
0002	金润发超市	112201	220301
0003	华润苏果	112201	220301
0004	沃尔玛超市	112201	220301
0005	阳光进出口	112202	220302
0006	金联强商贸	112201	220301
0007	恒鑫商贸	112201	220301
0008	日新商贸	112201	220301
0009	花园街专卖店	112201	220301
0010	美满电器	112201	220301

账套:(800)广州欣欣电子商贸有限公司 张明明(账套主管) 2020-01-01 13:52 4006-600-588

图 1-3-6 【初始设置—控制科目设置】窗口

置】窗口。单击【设置科目】中的【产品科目设置】,根据表 1-3-1 中的信息对应收账款管理系统的产品科目进行设置,如图 1-3-7 所示。

存货编码	存货名称	存货规格	销售收入科目	应交增值税科目	销售...
0101	格力立式空调	3P	6001	22210106	6001
0102	格力立式空调	4P	6001	22210106	6001
0103	格力挂式空调	1P	6001	22210106	6001
0104	格力挂式空调	2P	6001	22210106	6001
0201	美的电饭煲	6L	6001	22210106	6001
0202	美的电磁炉	2000W	6001	22210106	6001
0203	美的电烧水壶	1000W	6001	22210106	6001
0204	美的电高压锅	5L	6001	22210106	6001
0205	智能洗碗机		6001	22210106	6001
0301	美满电热水器	40L	220202	22210106	220202
0302	美满电热水器	50L	220202	22210106	220202
0303	美满电热水器	60L	220202	22210106	220202
0401	长虹电视	32寸	6001	22210106	6001
0402	长虹电视	40寸	6001	22210106	6001
0403	长虹电视	42寸	6001	22210106	6001
0801	小音箱		660102	22210106	660102
0901	运输费		6051	22210106	6051
0902	代理手续费		6051	22210106	6051
0903	折扣与折让		6001	22210106	6001

图 1-3-7 【初始设置—产品科目设置】窗口

(4) 执行【业务工作】【财务会计】【应收款管理】【设置】【初始设置】命令,打开【初始设置】窗口。单击【设置科目】中的【结算方式科目设置】,根据要求对应收账款管理系统的结算方式科目进行设置,如图 1-3-8 所示。

(5) 执行【业务工作】【财务会计】【应收款管理】【设置】【初始设置】命令,打开【初始设置】窗口。单击【坏账准备设置】,分别录入【提取比率】【坏账准备期初余额】【坏账准备科目】【对方科目】的信息,单击【确定】按钮,如图 1-3-9 所示。

图 1-3-8 【初始设置—结算方式科目设置】窗口

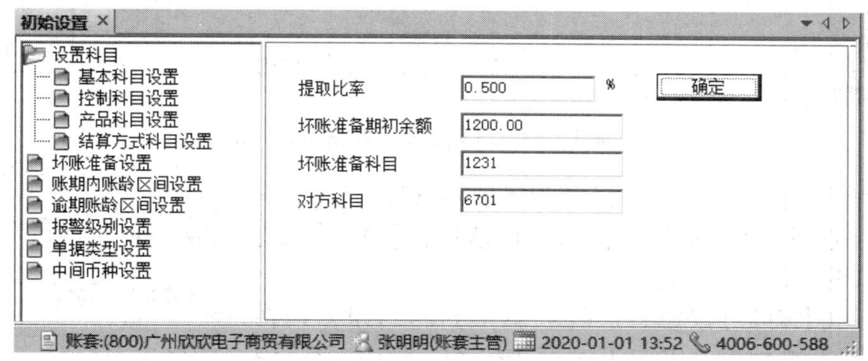

图 1-3-9 【初始设置—坏账准备设置】窗口

（6）执行【业务工作】【财务会计】【应收款管理】【设置】【初始设置】命令，打开【初始设置】窗口。单击【账期内账龄区间设置】的【总天数】栏中分别录入【30】【60】【90】【180】【360】，如图 1-3-10 所示。

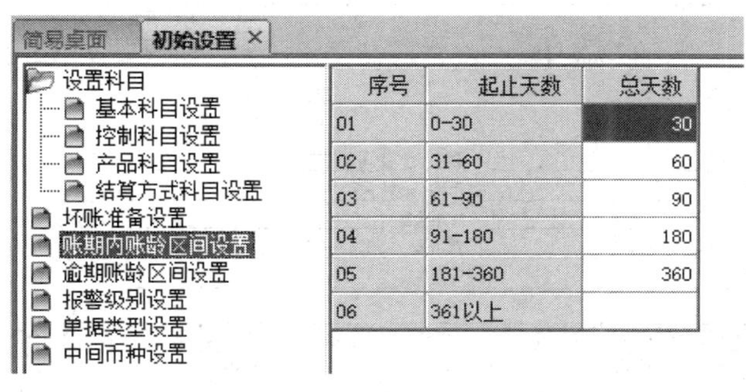

图 1-3-10 【初始设置—账期内账龄区间设置】窗口

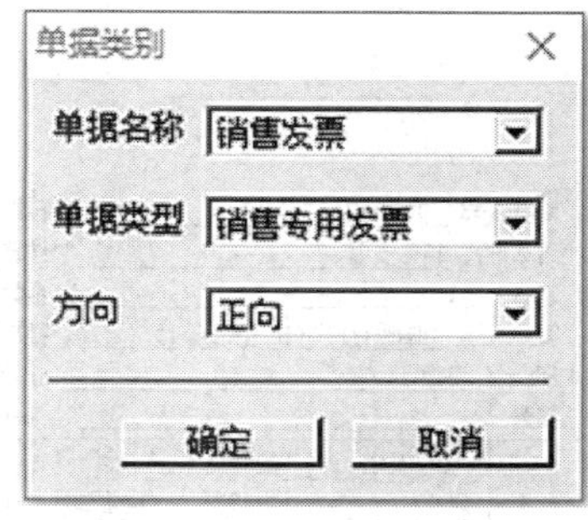

图 1-3-11 【单据类别】对话框

3. 录入期初数据

（1）执行【业务工作】【财务会计】【应收款管理】【设置】【期初余额】命令，打开【期初余额—查询】窗口，单击【确定】按钮，系统打开【期初余额】窗口，单击【增加】按钮，打开【单据类别】对话框，【单据名称】选择【销售发票】，【单据类型】选择【销售专用发票】，【方向】选择【正向】，如图 1-3-11 所示。

(2) 单击【确定】按钮,打开【销售专用发票】窗口,录入期初【应收账款——人民币】的信息,单击【保存】按钮,如图 1-3-12 所示。再录入第二张销售专用发票信息,单击【保存】按钮。

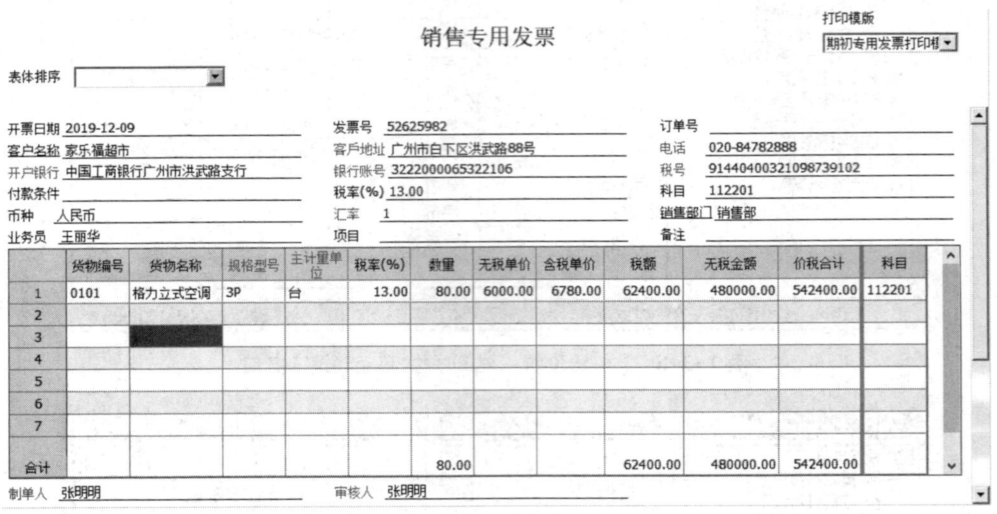

销售专用发票

打印模版 期初专用发票打印模

表体排序

开票日期 2019-12-09　发票号 52625982　订单号

客户名称 家乐福超市　客户地址 广州市白下区洪武路88号　电话 020-84782888

开户银行 中国工商银行广州市洪武路支行　银行账号 3222000065322106　税号 91440400321098739102

付款条件　税率(%) 13.00　科目 112201

币种 人民币　汇率 1　销售部门 销售部

业务员 王丽华　项目　备注

	货物编号	货物名称	规格型号	主计量单位	税率(%)	数量	无税单价	含税单价	税额	无税金额	价税合计	科目
1	0101	格力立式空调	3P	台	13.00	80.00	6000.00	6780.00	62400.00	480000.00	542400.00	112201
2												
3												
4												
5												
6												
7												
合计						80.00			62400.00	480000.00	542400.00	

制单人 张明明　审核人 张明明

图 1-3-12 【销售专用发票】窗口

(3) 单击【增加】按钮,打开【单据类别】对话框,【单据名称】选择【预收款】,【单据类型】选择【收款单】,【方向】选择【正向】,如图 1-3-13 所示。

(4) 单击【确定】按钮,打开【收款单】窗口,录入期初【预收账款】的信息,单击【保存】按钮,如图 1-3-14 所示。

(5) 单击【增加】按钮,打开【单据类别】对话框,【单据名称】选择【应收票据】,【单据类型】选择【银行承兑汇票】,【方向】选择【正向】,如图 1-3-15 所示。

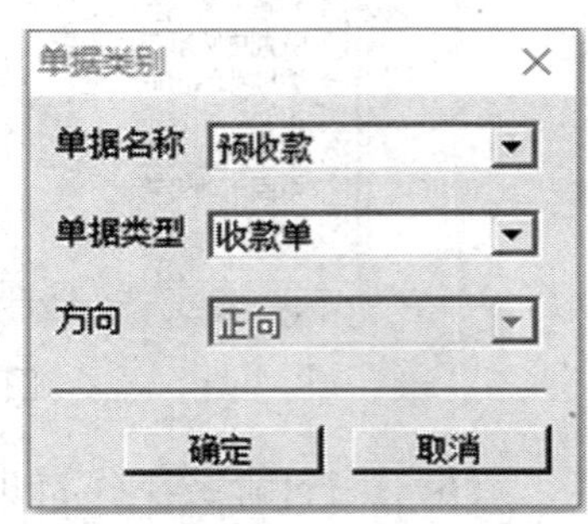

图 1-3-13 【单据类别】对话框

收款单

打印模版 应收收款单打印模

表体排序

单据编号 0000000001　日期 2019-12-15　客户 金润发超市

结算方式 转账支票　结算科目 1002　币种 人民币

汇率 1　金额 40000.00　本币金额 40000.00

客户银行 中国银行广州市丹凤街支行　客户账号 6222021000255321　票据号 56389486

部门 销售部　业务员 王丽华　项目

摘要　订单号

	款项类型	客户	部门	业务员	金额	本币金额	科目	项目	本币余额	余额
1	预收款	金润发超市	销售部	王丽华	40000.00	40000.00	220301		40000.00	40000.00
2										
3										
4										
5										
6										
7										
合计					40000.00	40000.00			40000.00	40000.00

录入人 张明明　审核人 张明明　核销人

图 1-3-14 【期初收款单】窗口

图 1-3-15 【单据类别】对话框　　　　图 1-3-16 【期初票据】窗口

（6）单击【确定】按钮，打开【期初票据】窗口，录入期初【应收票据——银行承兑汇票】的信息，单击【保存】按钮，如图 1-3-16 所示。

采购与应付账款期初设置

任务二　采购与应付账款期初设置

一、采购管理初始设置

（一）采购选项设置

公共及参照控制：默认税率修改为【13】，其他设置：系统默认。

（二）期初采购入库单录入

2019 年 12 月 18 日，采购部【G01 刘明】采购 32 寸长虹电视 20 台，不含税单价3 500元/台，已入电视仓，业务类型为普通采购，入库类别为采购入库，购自广东长虹电视有限责任公司，采购发票未到，货款未付。

（三）采购期初记账

〖操作指引〗

1. 设置采购选项

（1）执行【业务工作】【供应链】【采购管理】【设置】【采购选项】命令，打开【采购系统选项设置—请按照贵单位的业务认真设置】对话框。

（2）打开【业务及权限控制】选项卡，对本单位需要的参数进行选择后，单击【确定】按钮，保存系统参数的设置，如图 1-3-17 所示。

2. 录入期初采购入库单

（1）执行【业务工作】【供应链】【采购管理】【采购入库】【入库单】命令，打开【期初采购入库单】窗口。

（2）单击【增加】按钮，按资料要求录入期初采购入库单，操作结果如图 1-3-18 所示。

（3）单击【保存】按钮，保存期初采购入库单信息。

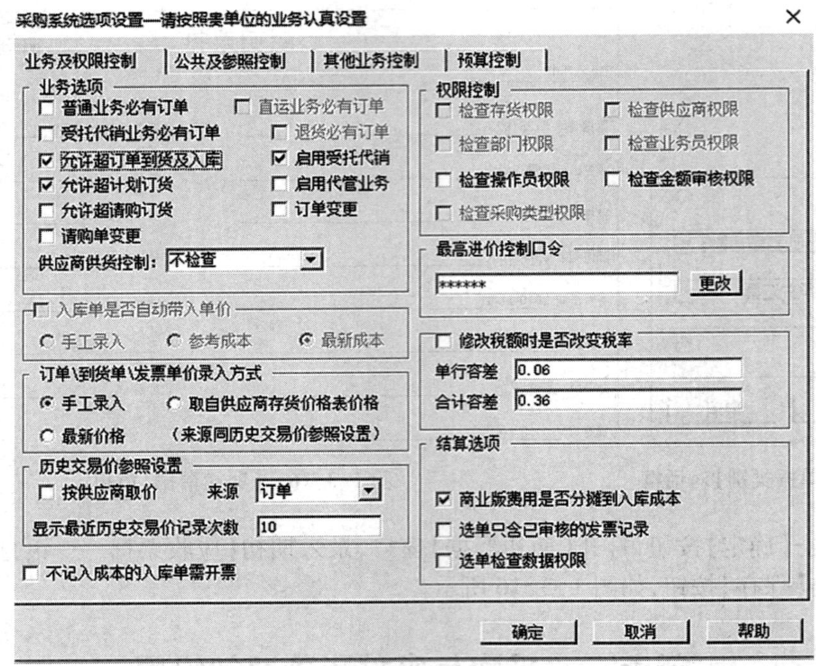

图 1-3-17 【采购系统选项设置】对话框

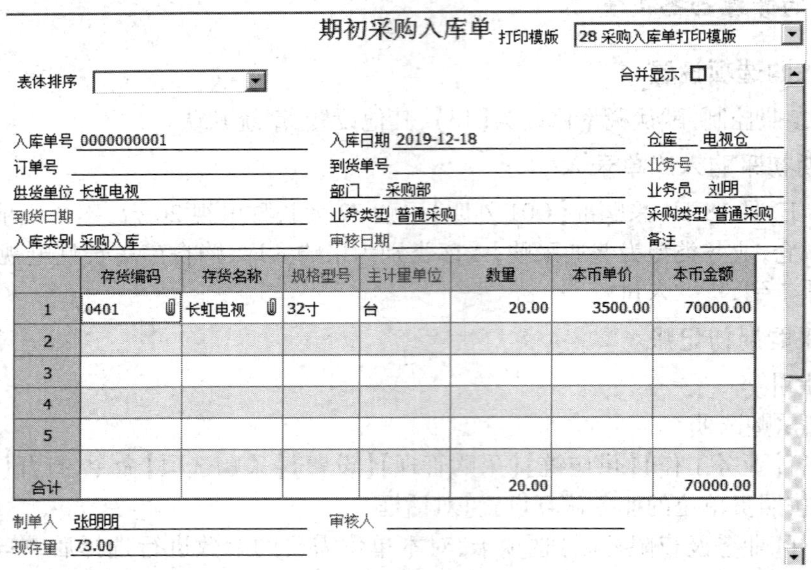

图 1-3-18 【期初采购入库单】窗口

3. 采购期初记账

(1) 执行【业务工作】【供应链】【采购管理】【设置】【采购期初记账】命令,打开【期初记账】对话框。

(2) 单击【记账】按钮,如图 1-3-19 所示。

(3) 弹出【期初记账完毕!】提示框,单击【确定】按钮,如图 1-3-20 所示,完成采购管理系统期初记账。

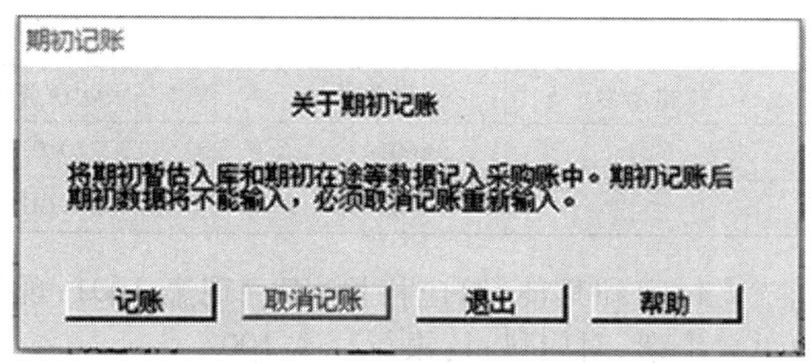

图 1-3-19 【期初记账】提示框

图 1-3-20 【期初记账完毕】提示框

二、应付账款管理初始设置

（一）参数设置

应付账款管理子系统中单据审核日期依据【单据日期】，勾选【自动计算现金折扣】，受控科目制单方式为【明细到单据】，采购科目依据【按存货】，权限与预警取消【控制操作员权限】，其他参数为系统默认。

（二）科目设置

（1）基本科目设置：应付科目为 22020101；预付科目为 1123；税金科目为 22210101；采购科目为 1402；现金折扣科目为 660301；银行承兑科目为 220101；商业承兑科目为 220102。

（2）控制科目设置：国内供应商应付科目均为 22020101；美国 OK 智能应付科目为 22020102；预付科目均为 1123。

（3）产品科目设置：产品科目信息如表 1-3-5 所示。

表 1-3-5 产品科目信息

存货编码	存货名称	规格型号	采购科目	产品采购税金科目
0101	格力立式空调	3P	1402	22210101
0102	格力立式空调	4P	1402	22210101
0103	格力挂式空调	1P	1402	22210101
0104	格力挂式空调	2P	1402	22210101
0201	美的电饭煲	6L	1402	22210101
0202	美的电磁炉	2000W	1402	22210101
0203	美的电烧水壶	1000W	1402	22210101
0204	美的电高压锅	5L	1402	22210101
0205	智能洗碗机		1402	22210101
0301	美满电热水器	40L	220202	22210101
0302	美满电热水器	50L	220202	22210101
0303	美满电热水器	60L	220202	22210101
0401	长虹电视	32 寸	1402	22210101
0402	长虹电视	40 寸	1402	22210101
0403	长虹电视	42 寸	1402	22210101
0801	小音箱		1402	22210101
0901	运输费		1402	22210101

(续表)

存货编码	存货名称	规格型号	采购科目	产品采购税金科目
0902	代理手续费		660103	22210101
0903	折扣与折让		1405	22210101

(4) 结算方式科目设置:现金、微信、支付宝和其他,对应科目:库存现金 1001;现金支票、转账支票、电汇、银行承兑汇票、商业承兑汇票,对应科目:银行存款 1002。

(5) 账期内账龄区间设置为:30 天、60 天、90 天、180 天、360 天、361 天以上。

(三) 期初余额录入

(1) 应付账款——一般应付款科目的期初余额资料如表 1-3-6 所示。

表 1-3-6　应付账款——一般应付款(220201)期初余额

日期	供应商	摘要	科目	方向	余额(元)
2019-12-25	珠海格力空调股份有限公司	购入格力挂式空调 50 台,规格为 1P,每台含税单价为 3 390 元/台,票号为 55698564	22020101	贷	169 500
2019-12-21	广东长虹电视有限责任公司	购入长虹电视 40 台,规格为 32 寸,每台含税单价为 4 068 元/台,票号为 59765294	22020101	贷	162 720

(2) 预付账款科目的期初余额资料如表 1-3-7 所示。

表 1-3-7　预付账款(112301)期初余额

日期	供应商	摘要	科目	方向	余额(元)	结算方式
2019-12-09	广州美的电器股份有限公司	预付美的电器货款,票号为 52615368	1123	借	50 000	电汇

(3) 应付票据科目的期初余额资料如表 1-3-8 所示。

表 1-3-8　应付票据(220102)期初余额

日期	供应商	摘要	科目	方向	余额(元)	结算方式
2019-12-15	广东长虹电视有限责任公司	购入长虹电视 50 台,规格为 40 寸,每台含税单价为 4 520 元/台,签发商业承兑汇票一张,票号为 00643202,到期日为 2020 年 3 月 14 日,金额为 226 000 元	220102	贷	226 000	商业承兑汇票

(4) 应付账款——暂估应付款的期初余额资料如表 1-3-9 所示。

表 1-3-9　应付账款——暂估应付款(220202)期初余额

日期	供应商	摘要	科目	方向	余额(元)	结算方式
2019-12-18	广东长虹电视有限责任公司	购入长虹电视 20 台,规格为 30 寸,每台不含税单价为3 500元/台,金额为 70 000 元	220202	贷	70 000	电汇

〖操作指引〗

1. 设置参数

(1) 执行【业务工作】【财务会计】【应付款管理】【设置】【选项】命令,打开【账套参数设置】对话框。

(2) 打开【常规】选项卡,单击【编辑】按钮,使所有参数处于可修改状态。【单据审核日期依据】选择【单据日期】,勾选【自动计算现金折扣】复选框,其他参数为系统默认,如图1-3-21 所示。

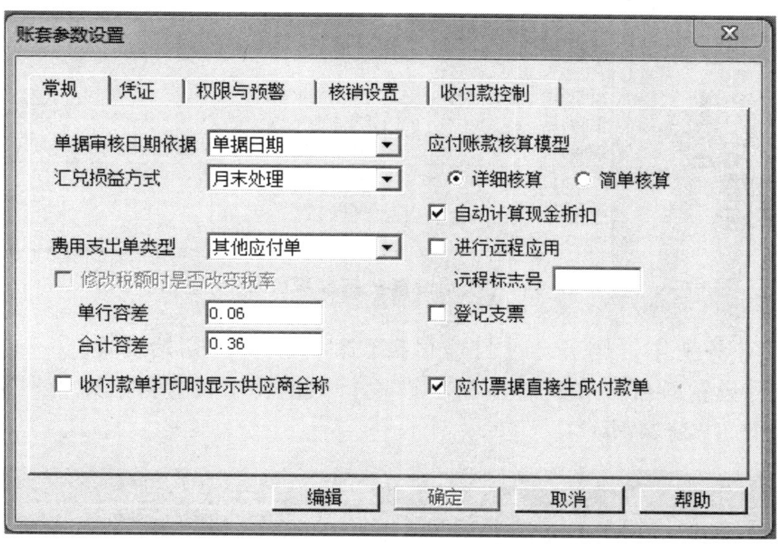

图 1-3-21　【账套参数设置—常规】选项卡

（3）打开【凭证】选项卡，单击【编辑】按钮，使所有参数处于可修改状态。【受控科目制单方式】选择【明细到单据】，【采购科目依据】选择【按存货】，其他参数为系统默认，如图1-3-22所示。

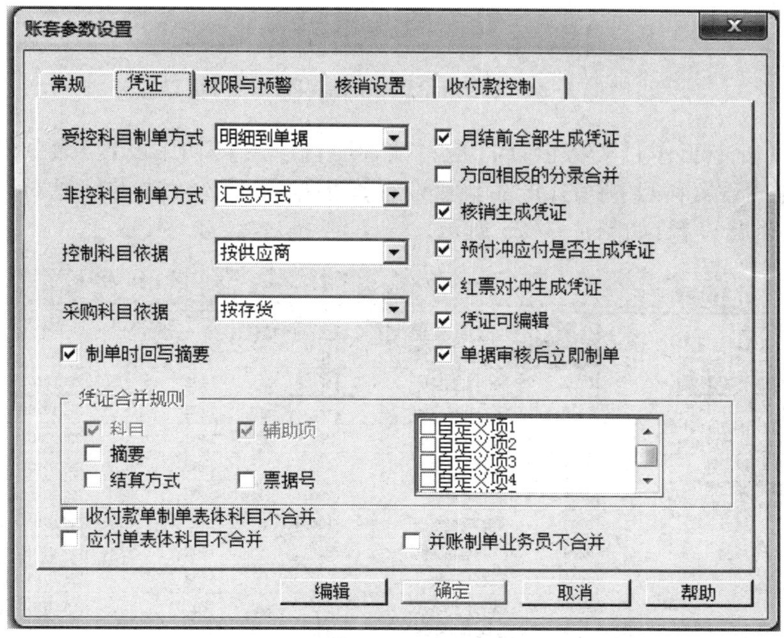

图 1-3-22　【账套参数设置—凭证】选项卡

（4）单击【确定】按钮，保存应付款管理系统参数的设置。

2. 设置科目

（1）执行【业务工作】【财务会计】【应付款管理】【设置】【初始设置】命令，打开【初始设置】窗口。单击【设置科目】中的【基本科目设置】，根据要求对应付款管理系统的基本科目进行设置，如图 1-3-23 所示。

设置科目
基本科目设置
控制科目设置
产品科目设置
结算方式科目设置
账期内账龄区间设置
逾期账龄区间设置
报警级别设置
单据类型设置
中间币种设置

基础科目种类	科目	币种
应付科目	22020101	人民币
预付科目	1123	人民币
税金科目	22210101	人民币
采购科目	1402	人民币
现金折扣科目	660301	人民币
银行承兑科目	220101	人民币
商业承兑科目	220102	人民币

图 1-3-23 【初始设置—基本科目设置】窗口

(2) 执行【业务工作】【财务会计】【应付款管理】【设置】【初始设置】命令,打开【初始设置】窗口。单击【设置科目】中的【控制科目设置】,根据要求对应付账款管理系统的控制科目进行设置,如图 1-3-24 所示。

简易桌面 初始设置 ×

设置科目
基本科目设置
控制科目设置
产品科目设置
结算方式科目设置
账期内账龄区间设置
逾期账龄区间设置
报警级别设置
单据类型设置
中间币种设置

供应商编码	供应商简称	应付科目	预付科目
0001	格力空调	22020101	1123
0002	美的电器	22020101	1123
0003	美满电器	22020101	1123
0004	长虹电视	22020101	1123
0005	美国OK智能	22020102	1123
0006	恒鑫商贸	22020101	1123
0007	速达运输	22020101	1123

图 1-3-24 【初始设置—控制科目设置】窗口

(3) 执行【业务工作】【财务会计】【应付款管理】【设置】【初始设置】命令,打开【初始设置】窗口。单击【设置科目】中的【产品科目设置】,根据表 1-3-5 中的信息对应付款管理系统的产品科目进行设置,如图 1-3-25 所示。

简易桌面 初始设置 ×

设置科目
基本科目设置
控制科目设置
产品科目设置
结算方式科目设置
账期内账龄区间设置
逾期账龄区间设置
报警级别设置
单据类型设置
中间币种设置

存货编码	存货名称	存货规格	采购科目	产品采购税...
0101	格力立式空调	3P	1402	22210101
0102	格力立式空调	4P	1402	22210101
0103	格力挂式空调	1P	1402	22210101
0104	格力挂式空调	2P	1402	22210101
0201	美的电饭煲	6L	1402	22210101
0202	美的电磁炉	2000W	1402	22210101
0203	美的电烧水壶	1000W	1402	22210101
0204	美的电高压锅	5L	1402	22210101
0205	智能洗碗机		1402	22210101
0301	美满电热水器	40L	220202	22210101
0302	美满电热水器	50L	220202	22210101
0303	美满电热水器	60L	220202	22210101
0401	长虹电视	32寸	1402	22210101
0402	长虹电视	40寸	1402	22210101
0403	长虹电视	42寸	1402	22210101
0801	小音箱		1402	22210101
0901	运输费		1402	22210101
0902	代理手续费		660103	22210101
0903	折扣与折让		1405	22210101

图 1-3-25 【产品科目设置】窗口

（4）执行【业务工作】【财务会计】【应付款管理】【设置】【初始设置】命令，打开【初始设置】窗口。单击【设置科目】中的【结算方式科目设置】，根据要求对应付账款管理系统的结算方式科目进行设置，如图 1-3-26 所示。

结算方式	币　种	本单位账号	科　目
1 现金	人民币		1001
201 现金支票	人民币	6220987022300068	1002
202 转账支票	人民币	6220987022300068	1002
301 银行承兑汇票	人民币	6220987022300068	1002
302 商业承兑汇票	人民币	6220987022300068	1002
4 电汇	人民币	6220987022300068	1002
5 支付宝	人民币		1001
6 微信	人民币		1001
9 其他	人民币		1001

图 1-3-26　【结算方式科目设置】窗口

3. 设置期初余额

（1）执行【业务工作】【财务会计】【应付款管理】【设置】【期初余额】命令，打开【期初余额查询】窗口，单击【确定】按钮，系统打开【期初余额】窗口，单击【增加】按钮，打开【单据类别】对话框，【单据名称】选择【采购发票】，【单据类型】选择【采购专用发票】，【方向】选择【正向】，如图 1-3-27 所示。

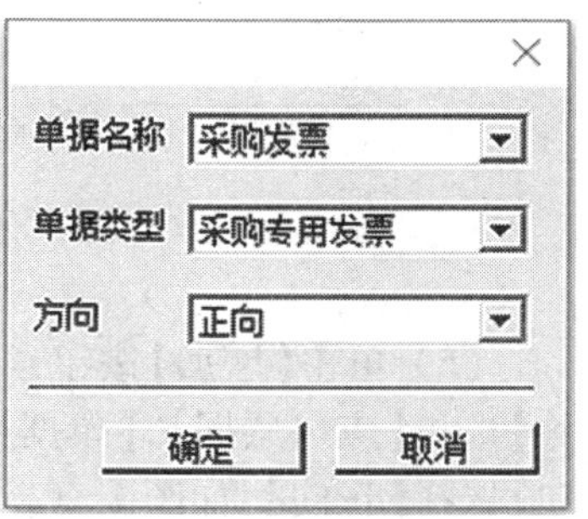

图 1-3-27　【单据类别】对话框

（2）单击【确定】按钮，打开【采购专用发票】窗口，根据表 1-3-6 中的信息录入期初【应付账款——一般应付款】的信息，单击【保存】按钮，如图 1-3-28 所示。再录入第二张采购专用发票，单击【保存】按钮。

	存货编码	存货名称	规格型号	主计量	税率(%)	数量	原币单价	原币金额	原币税额	原币价税...	科目
1	0103	格力挂式...	1P	台	13.00...	50.00	3000.000	150000.00	19500.00	169500.00	22020101
2											
3											
4											
5											
6											
7											
合计						50.00		150000.00	19500.00	169500.00	

图 1-3-28　【采购专用发票】窗口

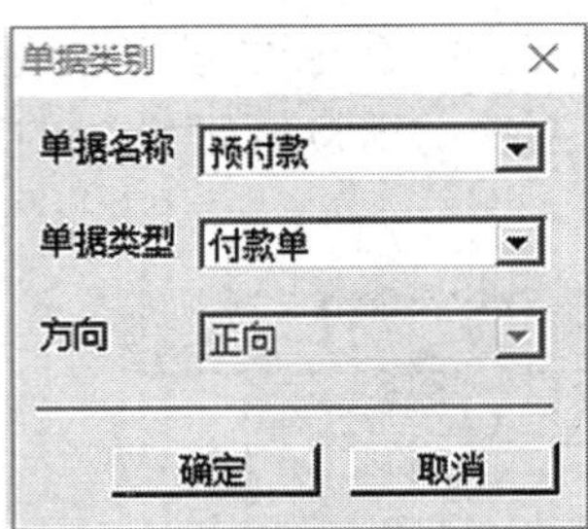

图 1-3-29 【单据类别】对话框

(3) 单击【增加】按钮,打开【单据类别】窗口,【单据名称】选择【预付款】,【单据类型】选择【付款单】,【方向】选择【正向】,如图 1-3-29 所示。

(4) 单击【确定】按钮,打开【付款单】,根据表 1-3-7 的信息录入期初【预付账款】的信息,单击【保存】按钮,如图 1-3-30 所示。

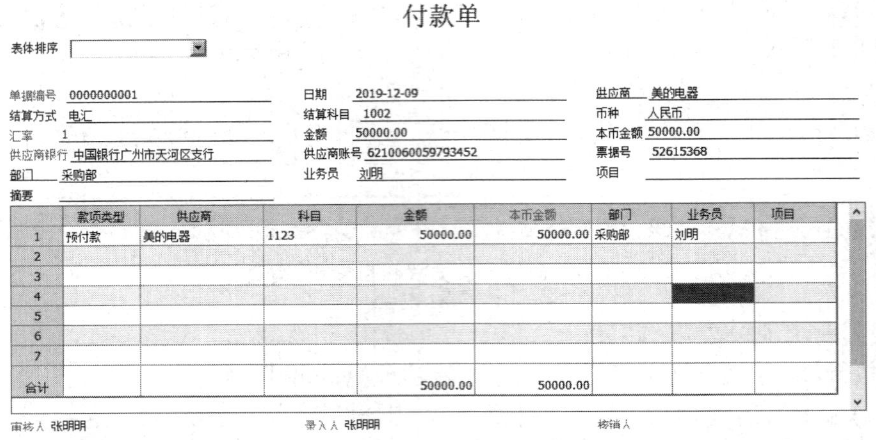

付款单

表体排序

单据编号 0000000001　日期 2019-12-09　供应商 美的电器
结算方式 电汇　结算科目 1002　币种 人民币
汇率 1　金额 50000.00　本币金额 50000.00
供应商银行 中国银行广州市天河区支行　供应商账号 6210060059793452　票据号 52615368
部门 采购部　业务员 刘明　项目
摘要

	款项类型	供应商	科目	金额	本币金额	部门	业务员	项目
1	预付款	美的电器	1123	50000.00	50000.00	采购部	刘明	
2								
3								
4								
5								
6								
7								
合计				50000.00	50000.00			

审核人 张明明　录入人 张明明　核销人

图 1-3-30 【付款单】窗口

(5) 单击【增加】按钮,打开【单据类别】对话框,【单据名称】选择【应付票据】,【单据类型】选择【商业承兑汇票】,【方向】选择【正向】,如图 1-3-31 所示。

(6) 单击【确定】按钮,打开【期初票据】窗口,根据表 1-3-9 的信息录入期初【应付票据——商业承兑汇票】的信息,单击【保存】按钮,如图 1-3-32 所示。

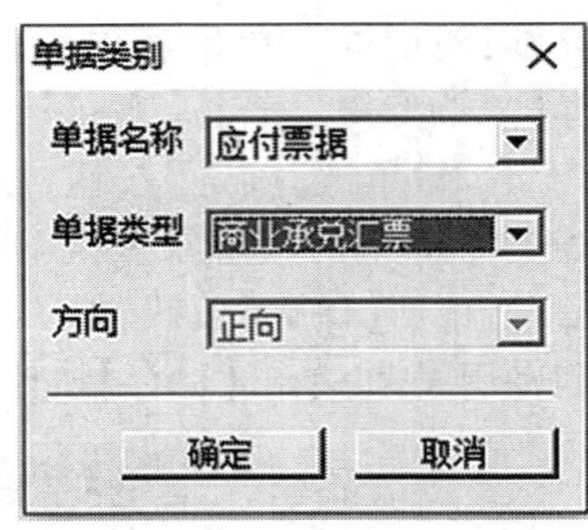

图 1-3-31 【单据类别】对话框

期初票据

打印模版 期初应付票据打印模板

币种 人民币

票据编号 00643202　收票单位 长虹电视
承兑银行　科目 220102
票据面值 226000.00　票据余额 226000.00
面值利率 0.00000000　签发日期 2019-12-15
到期日 2020-03-14　部门 采购部
业务员 刘明　项目
摘要

图 1-3-32 【期初票据】窗口

任务三　库存与存货核算期初设置

一、库存管理初始设置

库存与存货核算期初设置

（一）库存选项设置

库存管理子系统，通用设置中启用【有无受托代销业务】和【有无委托代销业务】，修改【现存量时点】为【采购入库审核时】【销售出库审核时】和【其他出入库审核时】；专用设置中，自动带出单价的单据：勾选其他入库单、其他出库单、盘点单，库存期初资料如表1-3-10所示。

表 1-3-10　　库存期初资料

仓库编码	仓库	分类编码	所属类别	存货编码	存货名称	规格型号	计量单位名称	数量	单价（元）	金额（元）
01	空调仓	001	空调	0101	格力立式空调	3P	台	30	6 000	180 000
01	空调仓	001	空调	0102	格力立式空调	4P	台	25	4 600	115 000
01	空调仓	001	空调	0103	格力挂式空调	1P	台	30	3 000	90 000
01	空调仓	001	空调	0104	格力挂式空调	2P	台	10	4 000	40 000
02	小家电仓	002	小家电	0201	美的电饭煲	6L	个	30	150	4 500
02	小家电仓	002	小家电	0202	美的电磁炉	2000W	个	20	300	6 000
02	小家电仓	002	小家电	0203	美的电烧水壶	1000W	个	30	95	2 850
02	小家电仓	002	小家电	0204	美的电高压锅	5L	个	26	120	3 120
06	受托代销仓	003	大家电	0301	美满电热水器	40L	台	35	2 200	77 000
06	受托代销仓	003	大家电	0302	美满电热水器	50L	台	50	3 000	150 000
06	受托代销仓	003	大家电	0303	美满电热水器	60L	台	50	3 600	180 000
04	电视仓	004	电视	0401	长虹电视	32 寸	台	23	3 500	80 500
04	电视仓	004	电视	0402	长虹电视	40 寸	台	10	4 000	40 000
04	电视仓	004	电视	0403	长虹电视	42 寸	台	25	5 000	125 000
合计								394		1 093 970

（二）库存期初数据录入

〖操作指引〗

1. 设置库存选项

（1）执行【业务工作】【供应链】【库存管理】【初始设置】【选项】命令，打开【库存选项设置】对话框。

（2）在【通用设置】选项卡中，勾选【采购入库审核时改现存量】【销售出库审核时改现存量】【其他出入库审核时改现存量】【有无委托代销业务】和【有无受托代销业务】，如图1-3-33 所示。

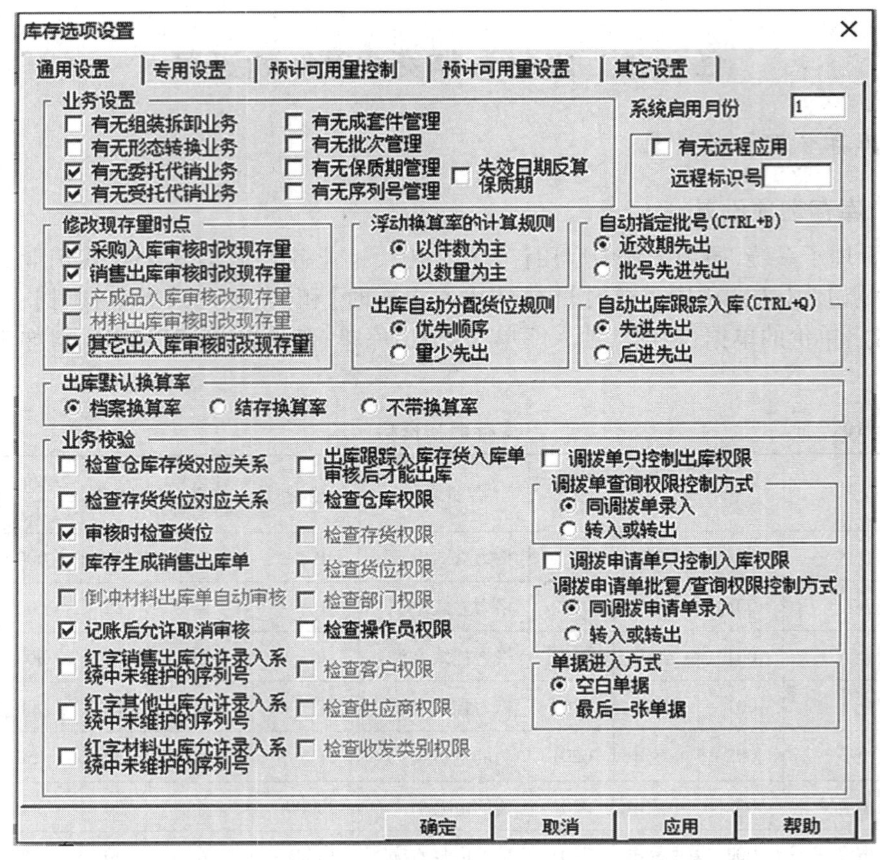

图 1-3-33 【库存选项设置—通用设置】选项卡

(3) 在【专用设置】选项卡中,自动带出单价的单据:勾选【其他入库单】【其他出库单】和【盘点单勾选】,单击【确定】按钮。

2. 录入期初数据

(1) 执行【业务工作】【供应链】【库存管理】【初始设置】【期初结存】命令,打开【库存期初数据录入】窗口。

(2) 在【库存期初】窗口中,选择仓库为【(01)空调仓】。

(3) 单击【修改】按钮,单击存货编码栏中的参照按钮,【存货名称】选择【0101 格力立式空调 3P】,在【数量】栏中输入【30.00】,在【单价】栏中输入【6 000.00】。

(4) 依次输入【(01)空调仓】的其他库存期初结存数据(见表 1-3-10)。单击【保存】按钮,保存录入存货信息,单击【批审】按钮,如图 1-3-34 所示。

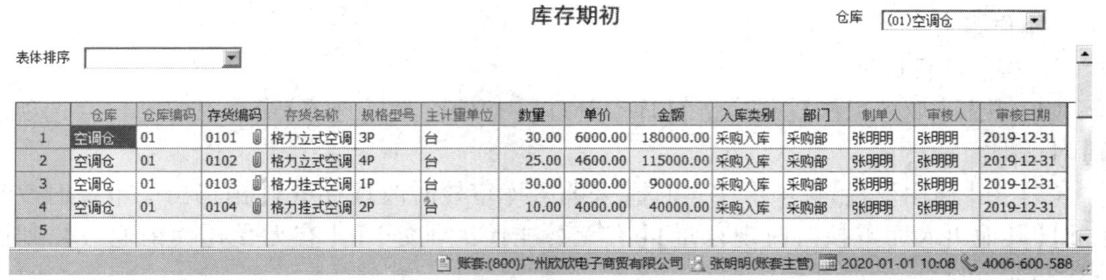
库存期初

仓库 (01)空调仓

表体排序

	仓库	仓库编码	存货编码	存货名称	规格型号	主计量单位	数量	单价	金额	入库类别	部门	制单人	审核人	审核日期
1	空调仓	01	0101	格力立式空调	3P	台	30.00	6000.00	180000.00	采购入库	采购部	张明明	张明明	2019-12-31
2	空调仓	01	0102	格力立式空调	4P	台	25.00	4600.00	115000.00	采购入库	采购部	张明明	张明明	2019-12-31
3	空调仓	01	0103	格力挂式空调	1P	台	30.00	3000.00	90000.00	采购入库	采购部	张明明	张明明	2019-12-31
4	空调仓	01	0104	格力挂式空调	2P	台	10.00	4000.00	40000.00	采购入库	采购部	张明明	张明明	2019-12-31
5														

账套:(800)广州欣欣电子商贸有限公司 张明明(账套主管) 2020-01-01 10:08 4006-600-588

图 1-3-34 【库存期初数据录入—(01)空调仓】窗口

(5) 在【库存期初】窗口中,选择仓库为【(02)小家电仓】。单击【修改】按钮,依次输入表1-3-10中【(02)小家电仓】的库存期初结存数据并保存,单击【批审】按钮,如图1-3-35所示。

库存期初

仓库 (02)小家电仓

表体排序

	仓库	仓库编码	存货编码	存货名称	规格型号	主计量单位	数量	单价	金额	入库类别	部门	制单人	审核人	审核日期
1	小家电仓	02	0201	美的电饭煲	6L	个	30.00	150.00	4500.00	采购入库	采购部	张明明	张明明	2019-12-31
2	小家电仓	02	0202	美的电磁炉	2000W	个	20.00	300.00	6000.00	采购入库	采购部	张明明	张明明	2019-12-31
3	小家电仓	02	0203	美的电烧水壶	1000W	个	30.00	95.00	2850.00	采购入库	采购部	张明明	张明明	2019-12-31
4	小家电仓	02	0204	美的电高压锅	5L	个	26.00	120.00	3120.00	采购入库	采购部	张明明	张明明	2019-12-31
5														

账套:(800)广州欣欣电子商贸有限公司 张明明(账套主管) 2020-01-01 10:08 4006-600-588

图1-3-35 【库存期初数据录入—(02)小家电仓】窗口

(6) 在【库存期初】窗口中,选择仓库为【(04)电视仓】。单击【修改】按钮,依次输入表1-3-10中【(04)电视仓】的库存期初结存数据并保存,单击【批审】按钮,如图1-3-36所示。

库存期初

仓库 (04)电视仓

表体排序

	仓库	仓库编码	存货编码	存货名称	规格型号	主计量单位	数量	单价	金额	入库类别	部门	制单人	审核人	审核日期
1	电视仓	04	0401	长虹电视	32寸	台	23.00	3500.00	80500.00			张明明	张明明	2019-12-31
2	电视仓	04	0402	长虹电视	40寸	台	10.00	4000.00	40000.00			张明明	张明明	2019-12-31
3	电视仓	04	0403	长虹电视	42寸	台	25.00	5000.00	125000.00			张明明	张明明	2019-12-31
4														
5														

账套:(800)广州欣欣电子商贸有限公司 张明明(账套主管) 2020-01-01 10:08 4006-600-588

图1-3-36 【库存期初数据录入—(04)电视仓】窗口

(7) 在【库存期初】窗口中,选择仓库为【(06)受托代销仓】。单击【修改】按钮,依次输入表1-3-10中【(06)受托代销仓】的库存期初结存数据并保存,单击【批审】按钮,如图1-3-37所示。

库存期初

仓库 (06)受托代销仓

表体排序

	仓库	仓库编码	存货编码	存货名称	规格型号	主计量单位	数量	单价	金额	入库类别	部门	制单人	审核人	审核日期
1	受托代销仓	06	0301	美满电热水器	40L	台	35.00	2200.00	77000.00	采购入库	采购部	张明明	张明明	2019-12-31
2	受托代销仓	06	0302	美满电热水器	50L	台	50.00	3000.00	150000.00	采购入库	采购部	张明明	张明明	2019-12-31
3	受托代销仓	06	0303	美满电热水器	60L	台	50.00	3600.00	180000.00	采购入库	采购部	张明明	张明明	2019-12-31
4														
5														

账套:(800)广州欣欣电子商贸有限公司 张明明(账套主管) 2020-01-01 10:08 4006-600-588

图1-3-37 【库存期初数据录入—(06)受托代销仓】窗口

二、存货核算初始设置

(一) 参数设置

存货核算子系统中,核算方式为【按仓库核算】,暂估方式为【单到回冲】,销售成本核算方式为【销售发票】,委托代销【按发出商品核算】,其余默认系统提供参数。

(二)科目设置

1. 设置存货科目

空调仓、小家电仓、大家电仓、电视仓、赠品仓的存货科目为【1405 库存商品】;空调仓、小家电仓、大家电仓、电视仓、赠品仓的发出商品科目为【1406 发出商品】;空调仓、小家电仓、大家电仓、电视仓、赠品仓的直运科目为【1402 在途物资】;受托代销库的存货科目为【1321 受托代销商品】,发出商品科目为【1406 发出商品】。

2. 设置存货对方科目

采购入库的对方科目为【1402 在途物资】,暂估科目为【220202 应付账款——暂估应付款】;采购退货的对方科目为【1402 在途物资】;盘盈入库的对方科目为【1901 待处理财产损溢】;受托代销入库的对方科目、暂估科目均为【2314 受托代销商品款】;销售出库、销售退货、委托代销出库的对方科目均为【6401 主营业务成本】;盘亏出库的对方科目为【1901 待处理财产损溢】;赠品出库的对方科目为【660102 赠品费用】;受托代销结算出库的对方科目【2314 受托代销商品款】。

(三)存货期初数据录入

从库存管理系统中取数。

(四)存货期初记账

〖操作指引〗

1. 设置存货核算参数

(1)执行【业务工作】【供应链】【存货核算】【初始设置】【选项】【选项录入】命令,打开【选项录入】对话框。

(2)在【核算方式】选项卡中设置核算参数。核算方式选择【按仓库核算】,暂估方式选择【单到回冲】,销售成本核算方式选择【销售发票】,委托代销成本核算方式选择【按发出商品核算】,如图 1-3-38 所示,单击【确定】按钮。

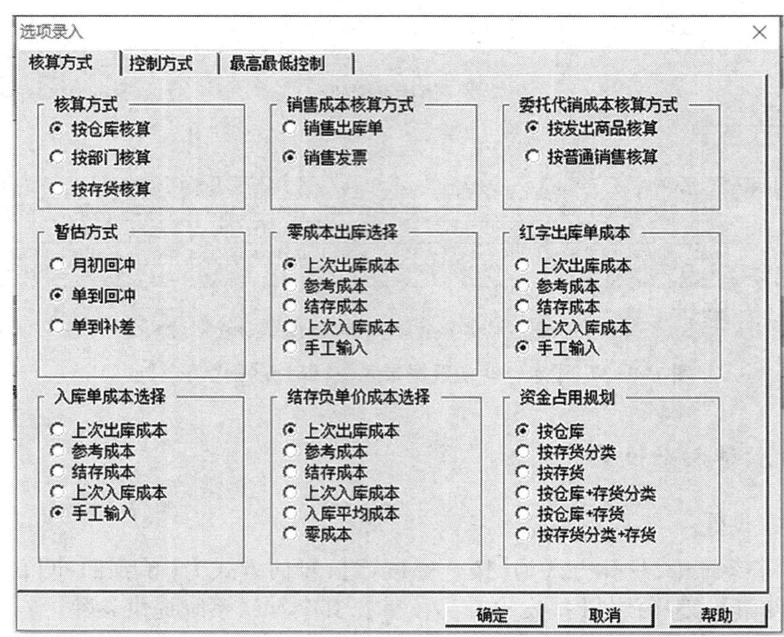

图 1-3-38 【选项录入—核算方式】选项卡

2. 设置科目

（1）执行【业务工作】【供应链】【存货核算】【初始设置】【科目设置】【存货科目】命令，打开【存货科目】窗口，单击【增加】按钮，选择【01】仓库，【存货科目】选择【1405 库存商品】，【委托代销发出商品科目】选择【1406 发出商品】，【分期收款发出商品科目】选择【1406 发出商品】，依次设置其他仓库存货科目，单击【保存】按钮，如图 1-3-39 所示。

存货科目

仓库编码	仓库名称	存货科目编码	存货科目名称	分期收款发出商品科目编码	分期收款发出商品科目名称	委托代销发出商品科目编码	委托代销发出商品科目名称	直运科目编码	直运科目名称
01	空调仓	1405	库存商品	1406	发出商品	1406	发出商品	1402	在途物资
02	小家电仓	1405	库存商品	1406	发出商品	1406	发出商品	1402	在途物资
03	大家电仓	1405	库存商品	1406	发出商品	1406	发出商品	1402	在途物资
04	电视仓	1405	库存商品	1406	发出商品	1406	发出商品	1402	在途物资
05	赠品仓	1405	库存商品	1406	发出商品	1406	发出商品	1402	在途物资
06	受托代销仓	1321	受托代销商品	1406	发出商品	1406	发出商品		

图 1-3-39 【存货科目】窗口

（2）执行【业务工作】【供应链】【存货核算】【初始设置】【科目设置】【对方科目】命令，打开【对方科目】窗口，单击【增加】按钮，【收发类别】选择【101】，【对方科目】选择【1402 在途商品】，【暂估科目】选择【220202 应付账款——暂估应付款】，依次设置其他收发类别的对方科目，单击【保存】按钮，如图 1-3-40 所示。

对方科目

收发类别编码	收发类别名称	存货分...	对方科目编码	对方科目名称	暂估科目编码	暂估科目名称
101	采购入库		1402	在途物资	220202	暂估应付款
102	采购退货		1402	在途物资		
103	盘盈入库		1901	待处理财产损溢		
105	受托代销入库		2314	受托代销商品款	2314	受托代销商品款
201	销售出库		6401	主营业务成本		
202	销售退货		6401	主营业务成本		
203	盘亏出库		1901	待处理财产损溢		
204	委托代销出库		6401	主营业务成本		
205	赠品出库		660102	赠品费用		
206	受托代销出库		2314	受托代销商品款		

图 1-3-40 【对方科目】窗口

3. 录入存货期初数据

（1）执行【业务工作】【供应链】【存货核算】【初始设置】【期初数据】【期初余额】命令，打开【期初余额】窗口，仓库选择【空调仓】，单击【取数】按钮，系统自动从库存管理系统取出该仓库的存货信息，如图 1-3-41 所示。

（2）仓库选择【小家电仓】，单击【取数】按钮，系统自动从库存管理系统取出该仓库的存货信息，如图 1-3-42 所示。

（3）仓库选择【电视仓】，单击【取数】按钮，系统自动从库存管理系统取出该仓库的存货信息，如图 1-3-43 所示。

（4）仓库选择【受托代销仓】，单击【取数】按钮，系统自动从库存管理系统取出该仓库的存货信息，如图 1-3-44 所示。

期初余额

年度 2020 仓库 01 空调仓 计价方式：先进先出法 存货分类排列

存货编码	存货名称	规格型号	计量单位	数量	单价	金额	售价	售价金额	存货科目编码	存货科目
0101	格力立式空调	3P	台	30.00	6,000.00	180,000.00			1405	库存商品
0102	格力立式空调	4P	台	25.00	4,600.00	115,000.00			1405	库存商品
0103	格力挂式空调	1P	台	30.00	3,000.00	90,000.00			1405	库存商品
0104	格力挂式空调	2P	台	10.00	4,000.00	40,000.00			1405	库存商品
合计:				95.00		425,000.00				

图 1-3-41 【期初余额—空调仓】窗口

期初余额

年度 2020 仓库 02 小家电仓 计价方式：先进先出法 存货分类

存货编码	存货名称	规格型号	计量单位	数量	单价	金额	售价	售价金额	存货科目编码	存货科目
0201	美的电饭煲	6L	个	30.00	150.00	4,500.00			1405	库存商品
0202	美的电磁炉	2000W	个	20.00	300.00	6,000.00			1405	库存商品
0203	美的电烧水壶	1000W	个	30.00	95.00	2,850.00			1405	库存商品
0204	美的电高压锅	5L	个	26.00	120.00	3,120.00			1405	库存商品
合计:				106.00		16,470.00				

图 1-3-42 【期初余额—小家电仓】窗口

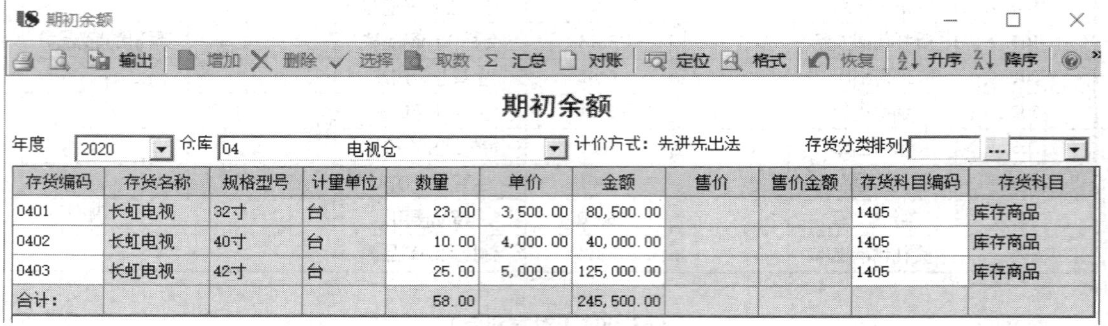

期初余额

年度 2020 仓库 04 电视仓 计价方式：先进先出法 存货分类排列

存货编码	存货名称	规格型号	计量单位	数量	单价	金额	售价	售价金额	存货科目编码	存货科目
0401	长虹电视	32寸	台	23.00	3,500.00	80,500.00			1405	库存商品
0402	长虹电视	40寸	台	10.00	4,000.00	40,000.00			1405	库存商品
0403	长虹电视	42寸	台	25.00	5,000.00	125,000.00			1405	库存商品
合计:				58.00		245,500.00				

图 1-3-43 【期初余额—电视仓】窗口

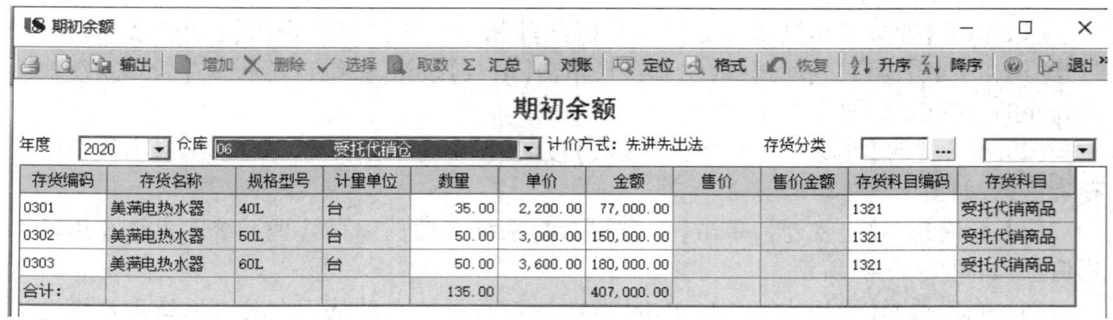

期初余额

年度 2020 仓库 06 受托代销仓 计价方式：先进先出法 存货分类

存货编码	存货名称	规格型号	计量单位	数量	单价	金额	售价	售价金额	存货科目编码	存货科目
0301	美满电热水器	40L	台	35.00	2,200.00	77,000.00			1321	受托代销商品
0302	美满电热水器	50L	台	50.00	3,000.00	150,000.00			1321	受托代销商品
0303	美满电热水器	60L	台	50.00	3,600.00	180,000.00			1321	受托代销商品
合计:				135.00		407,000.00				

图 1-3-44 【期初余额—受托代销仓】窗口

(5) 单击【对账】按钮,选择所有仓库,系统自动对存货核算与库存管理系统的存货数据进行核对,如果对账成功,系统提示【对账成功!】,如图 1-3-45 所示,单击【确定】按钮。

4. 存货期初记账

执行【业务工作】【供应链】【存货核算】【初始设置】【期初数据】【期初余额】命令,打开【期初余额】窗口,单击【记账】按钮,系统提示【期初记账成功!】,单击【确定】按钮,完成存货期初记账工作,如图 1-3-46 所示。

图 1-3-45　【对账成功】提示框

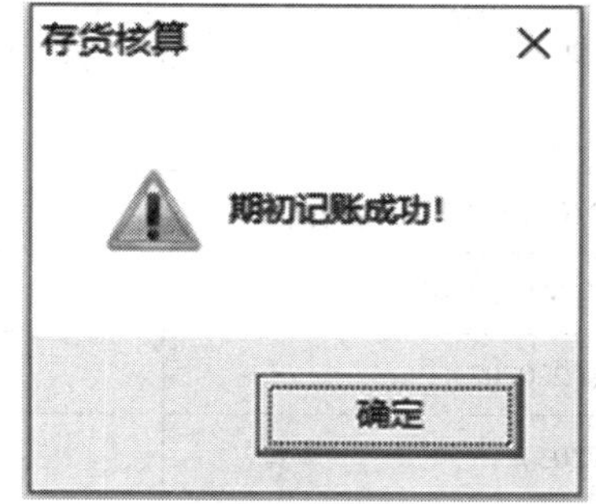

图 1-3-46　【期初记账成功】提示框

任务四　总账期初设置

总账期初设置

一、总账参数设置

在总账子系统中,取消【制单序时控制】,取消【允许修改、作废他人填制的凭证】。

二、总账期初余额录入

(1) 总账账户期初余额资料如表 1-3-11 所示。
(2) 辅助核算账户期初余额资料如表 1-3-12 至表 1-3-18 所示。

表 1-3-11　总账账户期初余额

科目名称及编码	方向	金额(元)
库存现金(1001)	借	98 562.65
银行存款(1002)	借	2 507 054.60
应收票据(1121)	借	16 272.00
其中:银行承兑汇票(112101)	借	16 272.00
应收账款(1122)	借	691 560.00
预付账款(1123)	借	50 000.00
坏账准备(1231)	贷	1 200.00
库存商品(1405)	借	1 093 970.00

(续表)

科目名称及编码	方向	金额(元)
固定资产(1601)	借	847 000.00
累计折旧(1602)	贷	156 503.40
资产合计		5 146 715.85
短期借款(2001)	贷	200 000.00
应付票据(2201)	贷	226 000.00
其中:商业承兑汇票(220102)	贷	226 000.00
应付账款(2202)	贷	402 220.00
其中:一般应付款(220201)	贷	332 220.00
暂估应付款(220202)	贷	70 000.00
预收账款(2203)	贷	40 000.00
实收资本(4001)	贷	1 200 000.00
资本公积(4002)	贷	95 940.00
利润分配(4104)	贷	2 982 555.85
负债及所有者权益		5 146 715.85

表 1-3-12　　应收账款(1122)期初余额

单据日期	客户	摘要	科目	方向	余额(元)
2019-12-09	广州市天河区家乐福超市有限公司	销售格力立式空调 80 台,规格为 1P,每台含税单价为 6 780 元/台,票号为 52625982	112201	借	542 400
2019-12-03	广州市天河区市沃尔玛超市有限公司	销售美满电热水器 60 台,规格为 40L,每台含税单价为 2 486 元/台,票号为 54263891	112201	借	149 160

表 1-3-13　　预收账款(2203)期初余额

单据日期	客户	摘要	科目	方向	余额(元)	结算方式
2019-12-15	广州市天河区金润发超市有限公司	收到金润发超市预付的货款,票号为 56389486	220301	贷	40 000	转账支票

表 1-3-14　　应收票据(112101)期初余额

单据日期	客户	摘要	科目	方向	余额(元)	单据类型
2019-12-19	广州市天河区市华润苏果有限公司	销售美满电热水器 4 台,规格为 60L,每台含税单价 4 068 元/台,并收到华润苏果签发的银行承兑汇票,签发日期为 2019 年 11 月 01 日,到期日为 2020 年 1 月 31 日,票号为 61231923	112101	借	16 272	银行承兑汇票

表 1-3-15 应付账款——一般应付款(220201)期初余额

日期	供应商	摘要	科目	方向	余额(元)
2019-12-25	珠海格力空调股份有限公司	购入格力挂式空调 50 台,规格为 1P,每台含税单价为 3 390 元/台,票号为 55698564	22020101	贷	169 500
2019-12-21	广东美满电器有限责任公司	购入美满电热水器 40 台,规格为 60L,每台含税单价为 4 068 元/台,票号为 59765294	22020101	贷	162 720

表 1-3-16 预付账款(112301)期初余额

日期	供应商	摘要	科目	方向	余额(元)	结算方式
2019-12-09	广州美的电器股份有限公司	预付美的电器货款,票号为 52615368	1123	借	50 000	电汇

表 1-3-17 应付票据(220102)期初余额

日期	供应商	摘要	科目	方向	余额(元)	结算方式
2019-12-15	广东长虹电视有限责任公司	购入长虹电视 50 台,规格为 40 寸,每台含税单价为 4 520 元/台,签发商业承兑汇票一张,到期日为 2020 年 3 月 14 日,金额为 226 000 元	220102	贷	226 000	商业承兑汇票

表 1-3-18 应付账款——暂估应付款(220202)期初余额

日期	供应商	摘要	科目	方向	余额(元)	结算方式
2019-12-18	广东长虹电视有限责任公司	购入长虹电视 20 台,规格为 30 寸,不含税单价为3 500元/台,金额为 70 000 元	220202	贷	70 000	电汇

〖**操作指引**〗

1. 设置参数

(1) 执行【业务工作】【财务会计】【总账】【选项】命令,打开【选项】对话框,选择【凭证】选项卡,取消【制单序时控制】选项。

(2) 选择【权限】选项卡,取消【允许修改、作废他人填制的凭证】。

2. 录入期初余顿

(1) 执行【业务工作】【财务会计】【总账】【设置】【期初余额】命令,打开【期初余额录入】窗口。

(2) 在【期初余额录入】窗口,依次录入会计科目的期初余额,如图 1-3-47 所示。

(3) 单击【试算】按钮,生成【期初试算平衡表】,操作结果如图 1-3-48 所示。

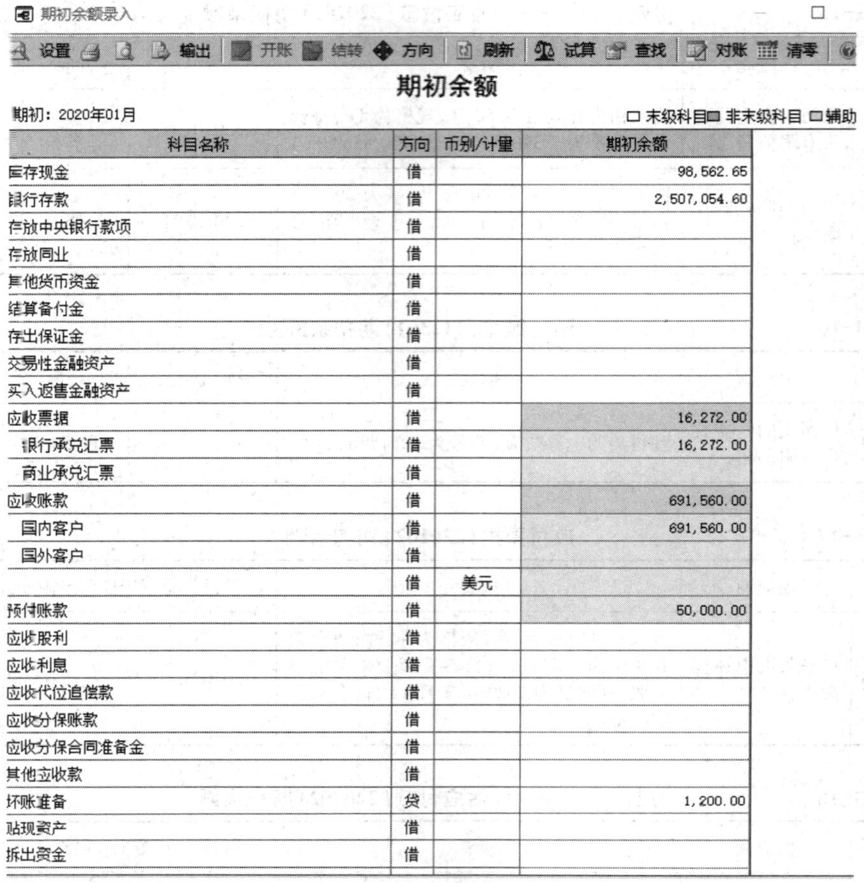

期初余额录入

设置 输出 开账 结转 方向 刷新 试算 查找 对账 清零

期初余额

期初：2020年01月 □末级科目□非末级科目 □辅助

科目名称	方向	币别/计量	期初余额
库存现金	借		98,562.65
银行存款	借		2,507,054.60
存放中央银行款项	借		
存放同业	借		
其他货币资金	借		
结算备付金	借		
存出保证金	借		
交易性金融资产	借		
买入返售金融资产	借		
应收票据	借		16,272.00
银行承兑汇票	借		16,272.00
商业承兑汇票	借		
应收账款	借		691,560.00
国内客户	借		691,560.00
国外客户	借		
	借	美元	
预付账款	借		50,000.00
应收股利	借		
应收利息	借		
应收代位追偿款	借		
应收分保账款	借		
应收分保合同准备金	借		
其他应收款	借		
坏账准备	贷		1,200.00
贴现资产	借		
拆出资金	借		

图 1-3-47 【期初余额录入】窗口

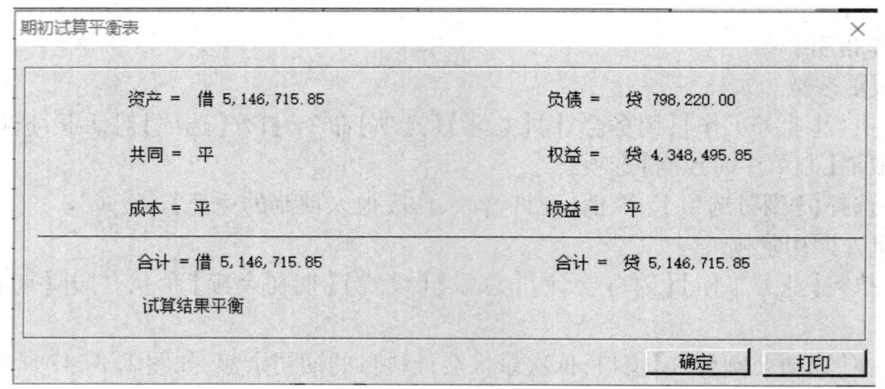

图 1-3-48 【期初试算平衡表】窗口

三、账套备份

〖操作指引〗

(1) 在 F 盘中建立【3-4】文件夹。

(2) 将账套输出【F:\3-4】文件夹中。

模块二

企业日常业务处理

项目一　采购与应付账款日常业务处理

任务一　常规采购日常业务处理

业务一　现付采购业务

常规采购日常业务处理

〖业务描述〗2020 年 1 月 1 日，采购部【G01 刘明】与珠海格力空调股份有限公司签订购销合同，采购格力立式空调一批，当日以电汇方式付款。取得与该业务相关的凭证如图 2-1-1 至图 2-1-4 所示（限于篇幅，本书未列示增值税专用发票抵扣联）。

购 销 合 同

合同编号 C2020-01-001

购货单位（甲方）：　广州欣欣电子商贸有限公司

供货单位（乙方）：　珠海格力空调股份有限公司

根据《中华人民共和国合同法》及国家相关法律、法规之规定，甲乙双方本着平等互利的原则，就甲方购买乙方货物一事达成以下协议。

一、货物的名称、数量及价格：

货物名称	规格型号	单位	数量	含税单价	金额	税率	价税合计
格力立式空调	3P	台	50	6,780.00	300,000.00	13%	339,000.00
格力立式空调	4P	台	100	5,198.00	460,000.00	13%	519,800.00
合计（大写）　捌拾伍万捌仟捌佰元整							858,800.00

二、交货方式和费用承担：交货方式：　销货方送货　，交货时间：2020年01月01日　前，交货地点：广州市天河区上元大街18号　，运费由　供货方　承担。

三、付款时间与付款方式：　2020年1月1日付款，以电汇方式结算

四、质量异议期：订货方对供货方的货物质量有异议时，应在收到货物后＿＿＿＿内提出，逾期视为货物质量合格。

五、未尽事宜经双方协商可作补充协议，与本合同具有同等效力。

六、本合同自双方签字、盖章之日起生效；本合同壹式贰份，甲乙双方各执壹份。

甲方（签章）：	乙方（签章）：
授权代表：陈翼明	授权代表：
地　　址：广州市天河区上元大街18号	地　　址：珠海市香洲区第二工业区886号
电　　话：020-61168868	电　　话：0756-23294071
日　　期：2020 年 01 月 01 日	日　　期：2020 年 01 月 01 日

图 2-1-1　【购销合同】凭证

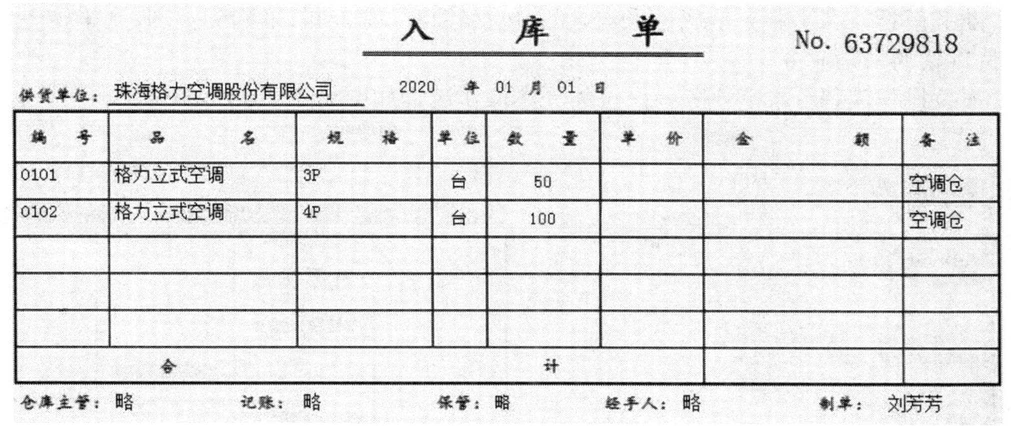

入　库　单

No. 63729818

供货单位：珠海格力空调股份有限公司　　2020 年 01 月 01 日

编　号	品　名	规　格	单位	数　量	单　价	金　额	备　注
0101	格力立式空调	3P	台	50			空调仓
0102	格力立式空调	4P	台	100			空调仓
合		计					

仓库主管：略　记账：略　保管：略　经手人：略　制单：刘芳芳

图 2-1-2 【入库单】凭证

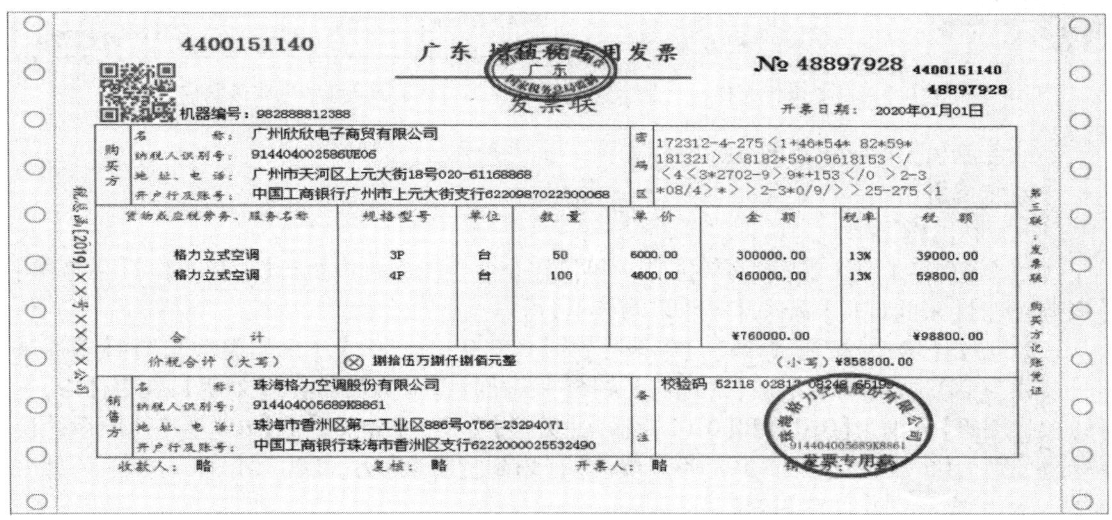

4400151140

广东增值税专用发票

发票联

№ 48897928　4400151140　48897928

机器编号：982888812388　　开票日期：2020年01月01日

购买方	名称：广州欣欣电子商贸有限公司 纳税人识别号：914404002586UE06 地址、电话：广州市天河区上元大街18号020-61168868 开户行及账号：中国工商银行广州市上元大街支行6220987022300068	密码区	172312-4-275 <1+46*54* 82*59* 181321> <8182*59*09618153 </ <4 <3*2702-9> 9*+153 </0 >2-3 *08/4>*> >2-3*0/9/> >25-275 <1

货物或应税劳务、服务名称	规格型号	单位	数量	单价	金额	税率	税额
格力立式空调	3P	台	50	6000.00	300000.00	13%	39000.00
格力立式空调	4P	台	100	4600.00	460000.00	13%	59800.00
合　计					¥760000.00		¥98800.00
价税合计（大写）	⊗捌拾伍万捌仟捌佰元整				（小写）¥858800.00		

销售方	名称：珠海格力空调股份有限公司 纳税人识别号：914404005689K8861 地址、电话：珠海市香洲区第二工业区886号0756-23294071 开户行及账号：中国工商银行珠海市香洲区支行6222000025532490	备注	校验码 52118 0281[illegible] 08248 6519[illegible]

收款人：略　复核：略　开票人：略　销售方：（章）

税总函[2019]××号××××公司

第三联：发票联　购买方记账凭证

图 2-1-3 【增值税专用发票】凭证

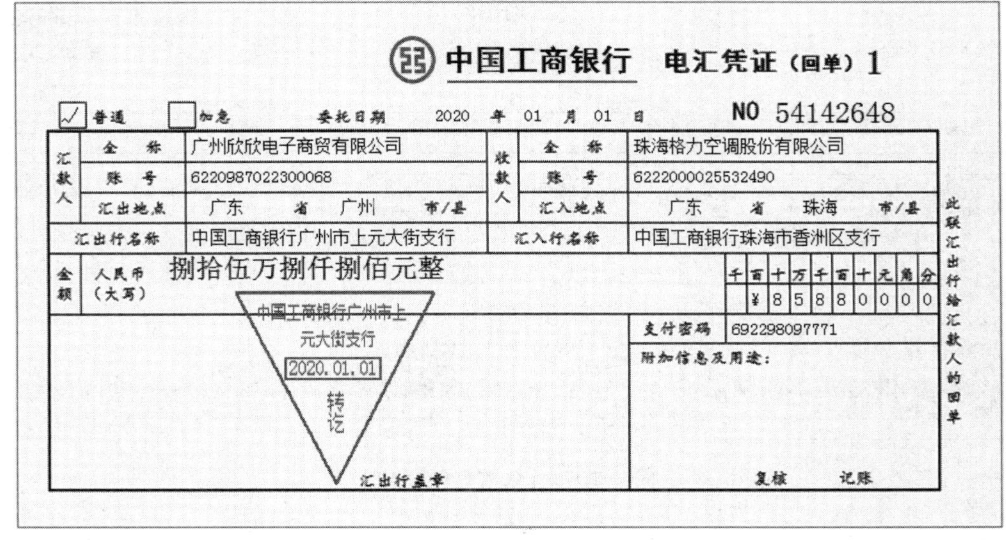

中国工商银行　电汇凭证（回单）1

☑普通　☐加急　委托日期 2020 年 01 月 01 日　NO 54142648

汇款人	全称	广州欣欣电子商贸有限公司	收款人	全称	珠海格力空调股份有限公司
	账号	6220987022300068		账号	6222000025532490
	汇出地点	广东 省 广州 市/县		汇入地点	广东 省 珠海 市/县
汇出行名称		中国工商银行广州市上元大街支行	汇入行名称		中国工商银行珠海市香洲区支行
金额	人民币（大写）	捌拾伍万捌仟捌佰元整		千百十万千百十元角分	¥85880000
		中国工商银行广州市上元大街支行 2020.01.01 转讫		支付密码	692298097771
				附加信息及用途：	
		汇出行盖章		复核　记账	

此联汇出行给汇款人的回单

图 2-1-4 【银行电汇】凭证

〖**业务解析**〗本笔业务是现付采购业务,包括签订采购合同、采购到货、收到采购专用发票并付货款的采购业务。

〖**岗位操作流程**〗本笔业务各岗位的具体操作流程如图 2-1-5 所示。

G01 刘明
采购管理
填写采购订单(审核)
生成到货通知单(审核)
C01 刘芳芳
库存管理
生成采购入库单(审核)
G01 刘明
采购管理
生成采购专用发票
(现付/自动结算)
W02 王思敏
应付款管理
应付款单据审核与制单
借：在途物资
应交税费——应交增值税(进项税额)
贷：银行存款
W02 王思敏
存货核算
确认采购成本
借：库存商品
贷：在途物资

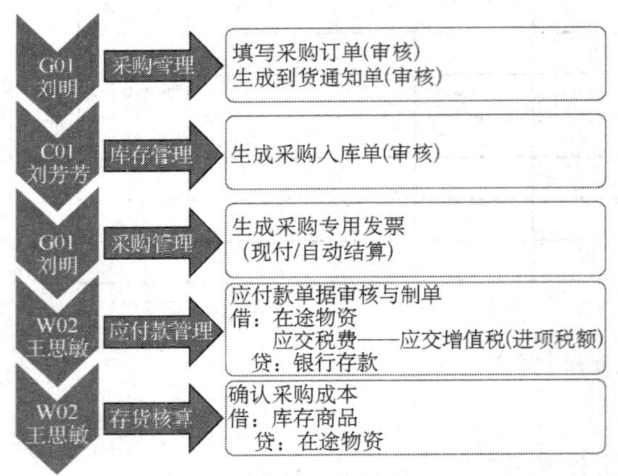

图 2-1-5　岗位操作流程

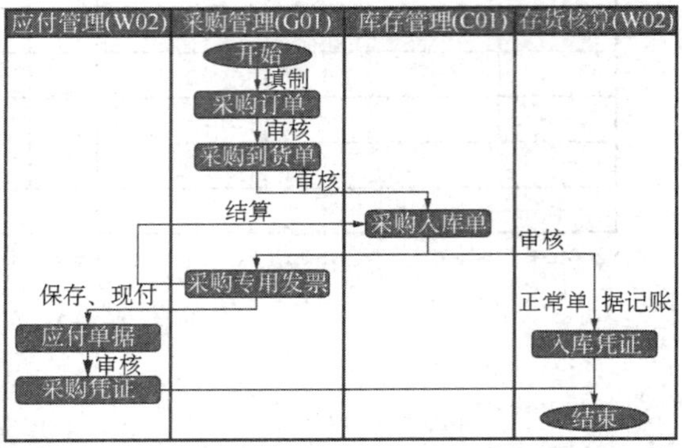

应付管理(W02)
采购管理(G01)
库存管理(C01)
存货核算(W02)
开始
填制
采购订单
审核
采购到货单
审核
结算
采购入库单
审核
采购专用发票
保存、现付
应付单据
审核
采购凭证
正常单
据记账
入库凭证
结束

图 2-1-6　业务流程

〖**业务流程**〗本笔业务的业务流程如图 2-1-6 所示。

〖**操作指引**〗

1. 填制采购订单

(1) 2020 年 1 月 1 日,采购部【G01 刘明】在企业应用平台中执行【业务工作】【供应链】【采购管理】【采购订货】命令,打开【采购订单】窗口。

(2) 单击【增加】按钮,修改【订单编号】为【C2020-01-001】,【采购类型】选择【普通采购】,【供应商】选择【格力空调】,【部门】选择【采购部】,【业务员】选择【刘明】;在表体中,选择【存货编码】分别为【0101】和【0102】,输入【数量】分别为【50.00】和【100.00】,【原币含税单价】分别为【6 780.00】和【5 198.00】,修改【计划到货日期】为【2020-01-01】,其他信息由系统自动生成,单击【保存】按钮。

(3) 单击[审核]按钮,审核填制的采购订单,如图 2-1-7 所示。

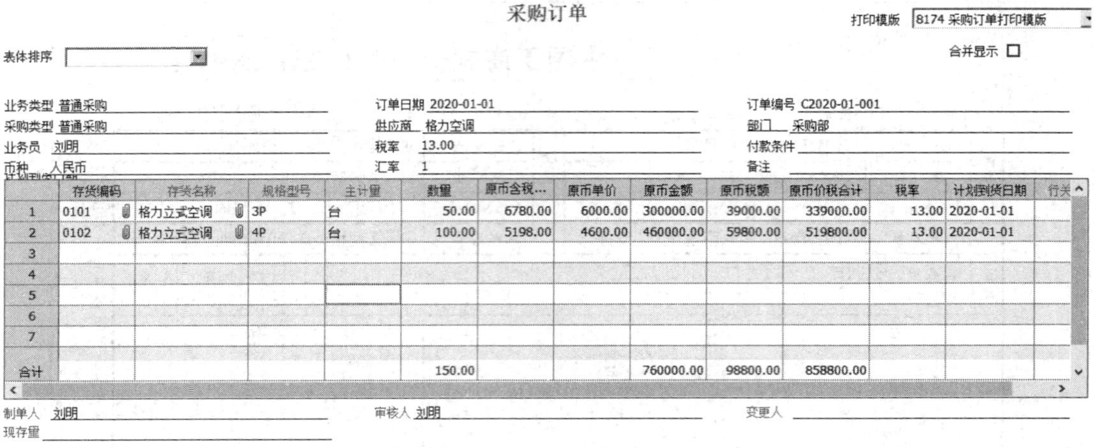

采购订单

打印模版 8174 采购订单打印模版

表体排序　　合并显示 □

业务类型 普通采购　订单日期 2020-01-01　订单编号 C2020-01-001
采购类型 普通采购　供应商 格力空调　部门 采购部
业务员 刘明　税率 13.00　付款条件
币种 人民币　汇率 1　备注

	存货编码	存货名称	规格型号	主计量	数量	原币含税…	原币单价	原币金额	原币税额	原币价税合计	税率	计划到货日期	行关
1	0101	格力立式空调	3P	台	50.00	6780.00	6000.00	300000.00	39000.00	339000.00	13.00	2020-01-01	
2	0102	格力立式空调	4P	台	100.00	5198.00	4600.00	460000.00	59800.00	519800.00	13.00	2020-01-01	
3													
4													
5													
6													
7													
合计					150.00			760000.00	98800.00	858800.00			

制单人 刘明　审核人 刘明　变更人
现存量

图 2-1-7　【采购订单】窗口

2. 生成采购到货单

（1）2020 年 1 月 1 日，采购部【G01 刘明】在企业应用平台中执行【业务工作】【供应链】【采购管理】【采购到货】命令，打开【到货单】窗口。

（2）单击【增加】按钮，执行【生单】【采购订单】命令，打开【查询条件选择—采购订单列表过滤】窗口，单击【确定】按钮，如图 2-1-8 所示。

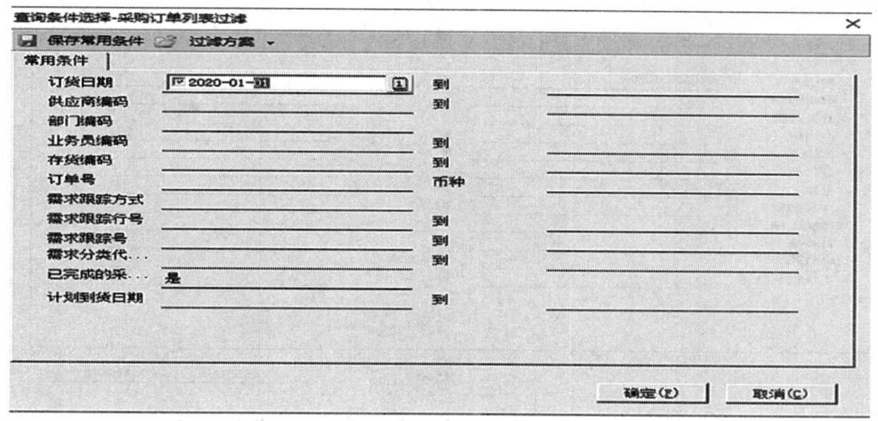

图 2-1-8 【查询条件选择—采购订单列表过滤】窗口

（3）系统弹出【拷贝并执行】窗口，选中所要拷贝的采购订单，如图 2-1-9 所示，单击【确定】按钮，系统自动生成到货单，单击【保存】按钮。

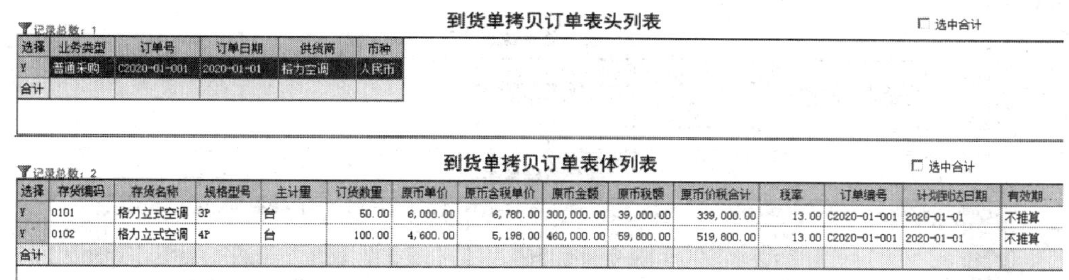

到货单拷贝订单表头列表

记录总数：1　　□ 选中合计

选择	业务类型	订单号	订单日期	供货商	币种
Y	普通采购	C2020-01-001	2020-01-01	格力空调	人民币
合计					

到货单拷贝订单表体列表

记录总数：2　　□ 选中合计

选择	存货编码	存货名称	规格型号	主计量	订货数量	原币单价	原币含税单价	原币金额	原币税额	原币价税合计	税率	订单编号	计划到达日期	有效期…
Y	0101	格力立式空调	3P	台	50.00	6,000.00	6,780.00	300,000.00	39,000.00	339,000.00	13.00	C2020-01-001	2020-01-01	不推算
Y	0102	格力立式空调	4P	台	100.00	4,600.00	5,198.00	460,000.00	59,800.00	519,800.00	13.00	C2020-01-001	2020-01-01	不推算
合计														

图 2-1-9 【拷贝并执行】窗口

（4）单击【审核】按钮，根据采购订单生成的采购到货单，如图 2-1-10 所示。

到货单

打印模版 8170 到货单打印模版

表体排序　　合并显示 □

业务类型 普通采购　单据号 0000000001　日期 2020-01-01
采购类型 普通采购　供应商 格力空调　部门 采购部
业务员 刘明　币种 人民币　汇率 1
运输方式　税率 13.00　备注

	存货编码	存货名称	规格型号	主计量	数量	原币含税单价	原币单价	原币金额	原币税额	原币价税合计	税率	订单号
1	0101	格力立式空调	3P	台	50.00	6780.00	6000.00	300000.00	39000.00	339000.00	13.00	C2020-01-001
2	0102	格力立式空调	4P	台	100.00	5198.00	4600.00	460000.00	59800.00	519800.00	13.00	C2020-01-001
3												
4												
5												
6												
7												
合计					150.00			760000.00	98800.00	858800.00		

制单人 刘明　现存量 25.00

图 2-1-10 【到货单】窗口

3. 生成采购入库单

(1) 2020 年 1 月 1 日,仓储部【C01 刘芳芳】在企业应用平台中执行【业务工作】【供应链】【库存管理】【入库业务】命令,打开【采购入库单】窗口。

(2) 执行【生单】【采购到货单(蓝字)】命令,打开【查询条件选择—采购到货单列表】窗口,单击【确定】按钮,如图 2-1-11 所示。

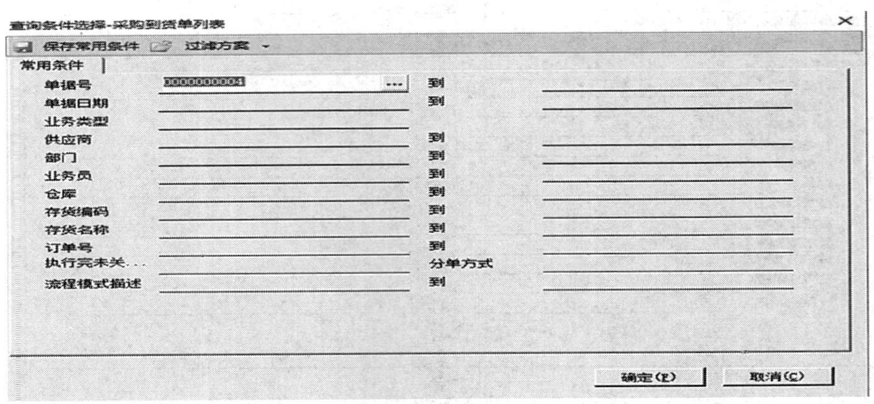

图 2-1-11 【查询条件选择—采购到货单列表】对话框

(3) 打开【到货单生单列表】,如图 2-1-12 所示,选择相应的【到货单生单表头】,单击【确定】按钮,系统自动生成采购入库单,修改【仓库】为【空调仓】,单击【保存】按钮,单击【审核】按钮,如图 2-1-13 所示。

到货单生单表头　　□ 选中合计

记录总数:1

选择	单据号	单据日期	供应商	部门	业务员	制单人
Y	0000000001	2020-01-01	格力空调	采购部	刘明	刘明
合计						

到货单生单表体　　□ 选中合计

记录总数:2

选择	仓库编码	仓库	存货编码	存货名称	规格型号	主计量单位	批号	失效日期	入库单号	应入库数量	已入库数量
Y			0101	格力立式空调		台				50.00	0.00
Y			0102	格力立式空调	4P	台				100.00	0.00
合计										150.00	

图 2-1-12 【到货单生单列表】窗口

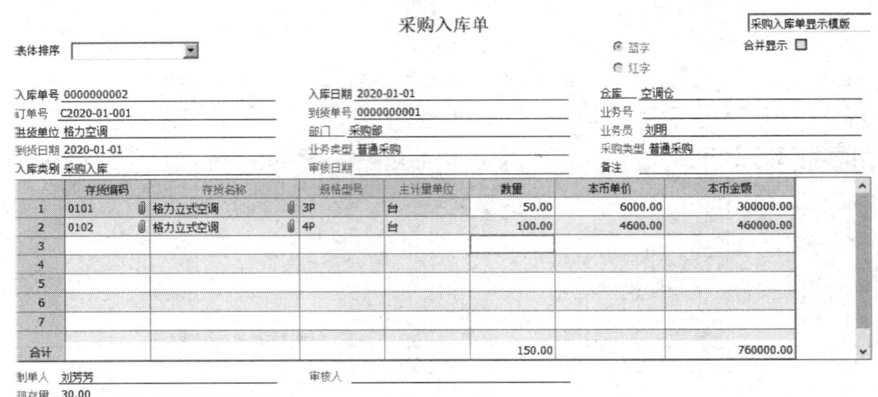
采购入库单

采购入库单显示模版

表体排序　　◉ 蓝字　◎ 红字　　合并显示 □

入库单号 0000000002　入库日期 2020-01-01　仓库 空调仓

订单号 C2020-01-001　到货单号 0000000001　业务号

供货单位 格力空调　部门 采购部　业务员 刘明

到货日期 2020-01-01　业务类型 普通采购　采购类型 普通采购

入库类别 采购入库　审核日期　备注

	存货编码	存货名称	规格型号	主计量单位	数量	本币单价	本币金额
1	0101	格力立式空调	3P	台	50.00	6000.00	300000.00
2	0102	格力立式空调	4P	台	100.00	4600.00	460000.00
3							
4							
5							
6							
7							
合计					150.00		760000.00

制单人 刘芳芳　审核人

现存量 30.00

图 2-1-13 【采购入库单】窗口

4. 填制采购专用发票

（1）2020 年 1 月 1 日，采购部【G01 刘明】在企业应用平台中执行【业务工作】【供应链】【采购管理】【采购发票】命令，打开【采购专用发票】窗口。

（2）单击【增加】按钮，执行【生单】【入库单】命令，打开【查询条件选择—采购入库单列表过滤】对话框，单击【确定】按钮，如图 2-1-14 所示。

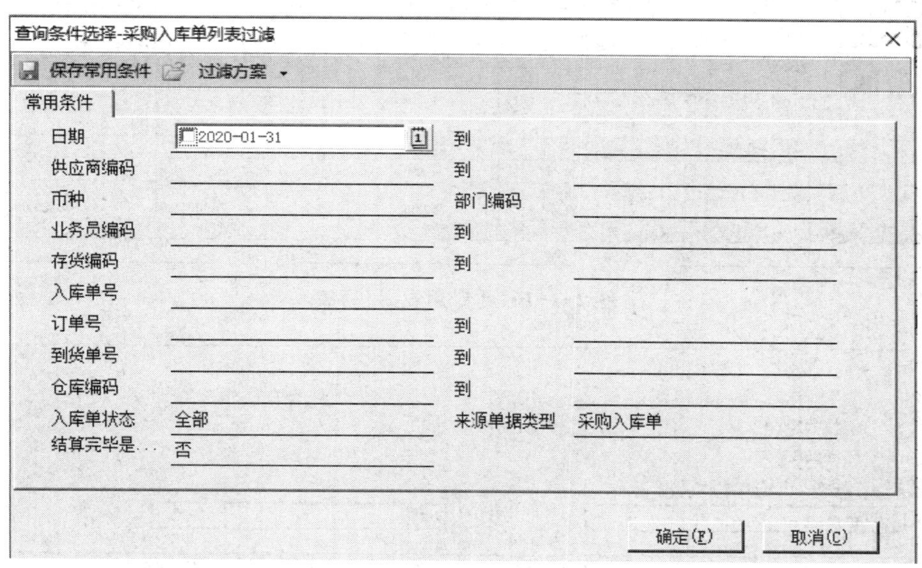

图 2-1-14 【查询条件选择—采购入库单列表过滤】对话框

（3）系统弹出【拷贝并执行】窗口，选中所要拷贝的采购入库单，如图 2-1-15 所示，单击【确定】按钮，系统自动生成采购专用发票，修改【发票号】为【48897928】，单击【保存】按钮，如图 2-1-16 所示。

（4）单击【现付】按钮，打开【采购现付】对话框。输入结算方式为【电汇】，结算金额为【858 800.00】，票据号为【54142648】，如图 2-1-17 所示。单击【确定】按钮，采购专用发票提示【已现付】，如图 2-1-18 所示。

发票拷贝入库单表头列表

记录总数：2

选择	入库单号	入库日期	供货商	币种	到货单号	单据名称
	0000000001	2019-12-18	长虹电视	人民币		采购入库单
Y	0000000002	2020-01-01	格力空调	人民币	0000000001	采购入库单
合计						

发票拷贝入库单表体列表

记录总数：2

选择	存货编码	存货名称	规格型号	主计量	数量	已结算数量	原币含税单价	原币单价	原币金额	原币税额	原币价税合计	税率	入库单号	订单号
Y	0101	格力立...	3P	台	50.00	0.00	6,780.00	6,000.00	300,000.00	39,000.00	339,000.00	13.00	0000000002	C2020-01-001
Y	0102	格力立...	4P	台	100.00	0.00	5,198.00	4,600.00	460,000.00	59,800.00	519,800.00	13.00	0000000002	C2020-01-001
合计														

图 2-1-15 【拷贝并执行】窗口

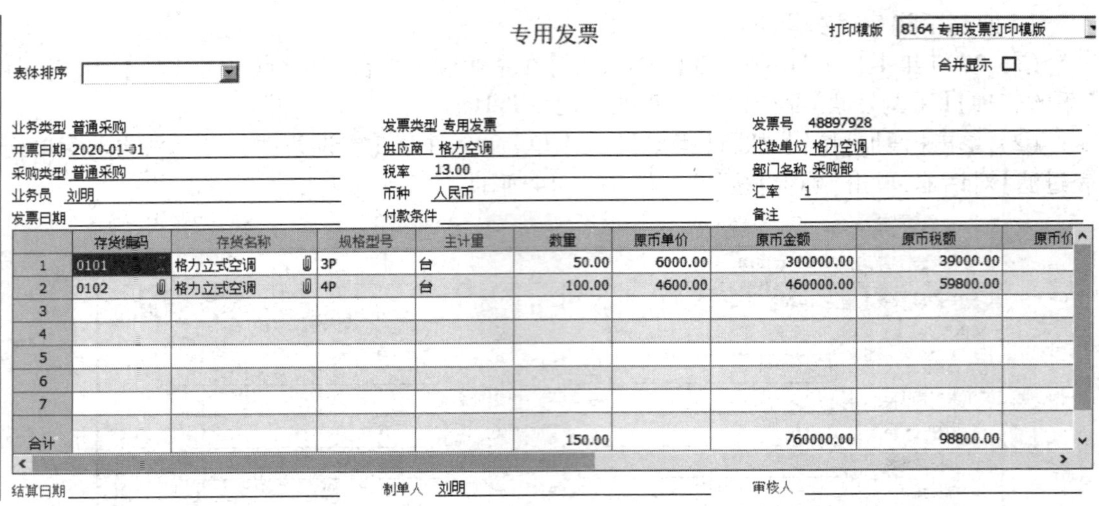

图 2-1-16 【专用发票】窗口

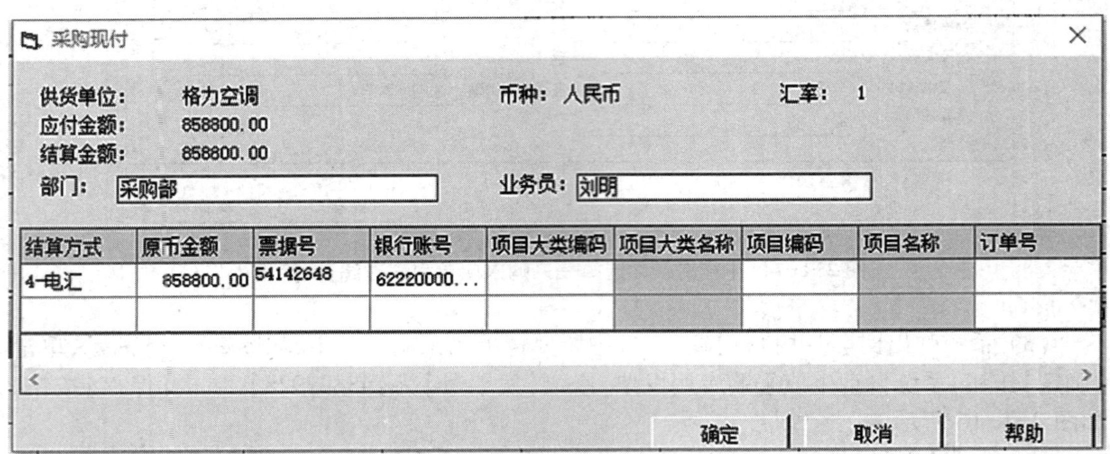

图 2-1-17 【采购现付】对话框

已现付

专用发票

打印模版 8164 专用发票打印模版

表体排序

合并显示

业务类型 普通采购　　发票类型 专用发票　　发票号 48897928

开票日期 2020-01-01　　供应商 格力空调　　代垫单位 格力空调

采购类型 普通采购　　税率 13.00　　部门名称 采购部

业务员 刘明　　币种 人民币　　汇率 1

发票日期　　付款条件　　备注

	存货编码	存货名称	规格型号	主计量	数量	原币单价	原币金额	原币税额	原币价
1	0101	格力立式空调	3P	台	50.00	6000.00	300000.00	39000.00	
2	0102	格力立式空调	4P	台	100.00	4600.00	460000.00	59800.00	
3									
4									
5									
6									
7									
合计					150.00		760000.00	98800.00	

结算日期　　制单人 刘明　　审核人

图 2-1-18 【专用发票】窗口

5. 采购结算(自动结算)

(1) 2020 年 1 月 1 日,采购部【G01 刘明】在企业应用平台中执行【业务工作】【供应链】【采购管理】【采购结算】【自动结算】命令,打开【查询条件选择—采购自动结算】对话框,如图 2-1-19 所示。

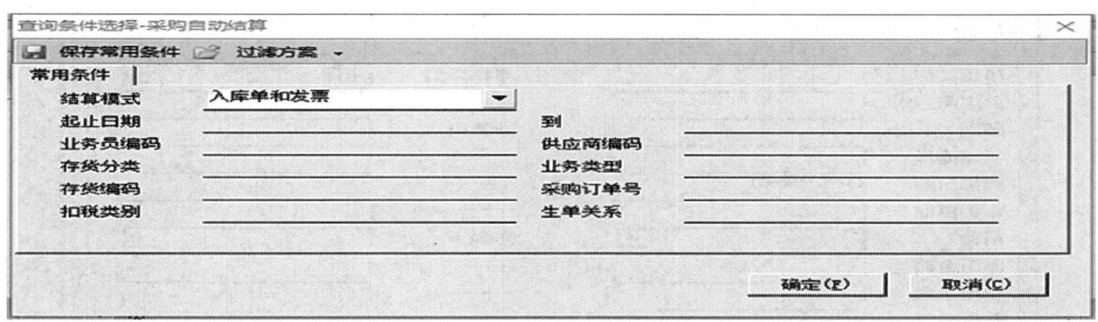

图 2-1-19　【查询条件选择—采购自动结算】对话框

(2) 根据需要输入结算过滤条件和结算模式,如单据的起止日期、单据和发票的结算模式,单击【确定】按钮,系统自动进行结算。如果存在完全匹配的记录,则系统弹出信息提示窗口,如图 2-1-20 所示;如果不存在完全匹配的记录,则系统弹出【状态:没有符合条件的红蓝入库单和发票】信息提示框。

(3) 结算完成后,系统提示采购发票已结算,如图 2-1-21 所示。

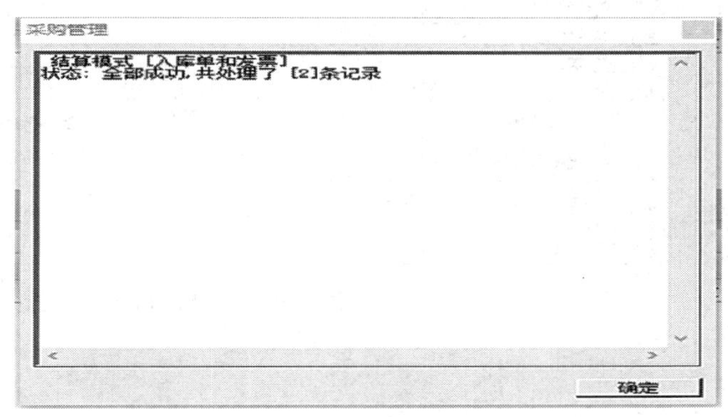

图 2-1-20　【采购管理】提示框

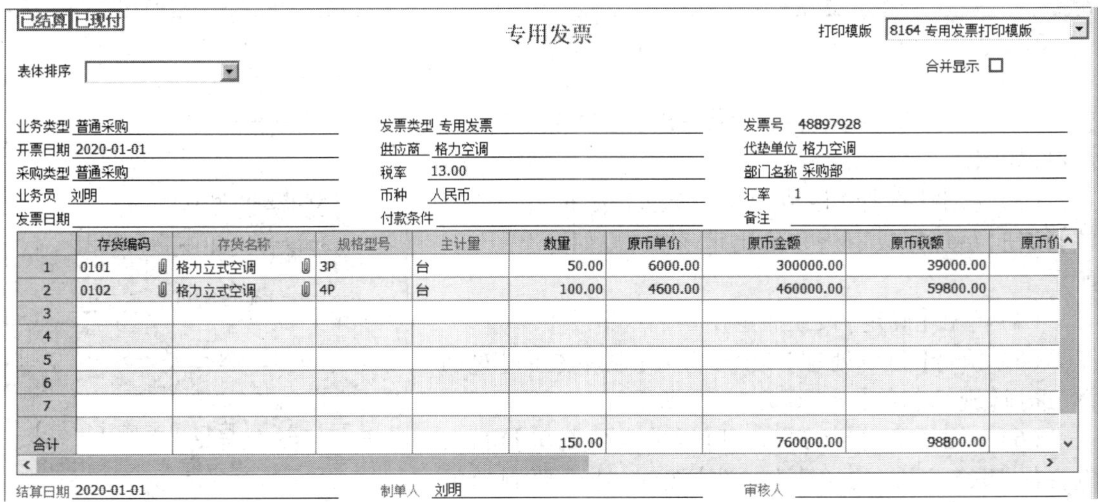

已结算 已现付

专用发票

打印模版 8164 专用发票打印模版

表体排序

合并显示 □

业务类型 普通采购　发票类型 专用发票　发票号 48897928

开票日期 2020-01-01　供应商 格力空调　代垫单位 格力空调

采购类型 普通采购　税率 13.00　部门名称 采购部

业务员 刘明　币种 人民币　汇率 1

发票日期　付款条件　备注

	存货编码	存货名称	规格型号	主计量	数量	原币单价	原币金额	原币税额	原币价
1	0101	格力立式空调	3P	台	50.00	6000.00	300000.00	39000.00	
2	0102	格力立式空调	4P	台	100.00	4600.00	460000.00	59800.00	
3									
4									
5									
6									
7									
合计					150.00		760000.00	98800.00	

结算日期 2020-01-01　制单人 刘明　审核人

图 2-1-21　【专用发票】窗口

6. 应付单据审核与制单

(1) 2020 年 1 月 1 日,财务部【W02 王思敏】在企业应用平台中执行【业务工作】【财务会计】【应付款管理】【应付单据处理】【应付单据审核】命令,打开【应付单据查询条件】对话框,勾选【包含已现结发票】复选框,如图 2-1-22 所示。

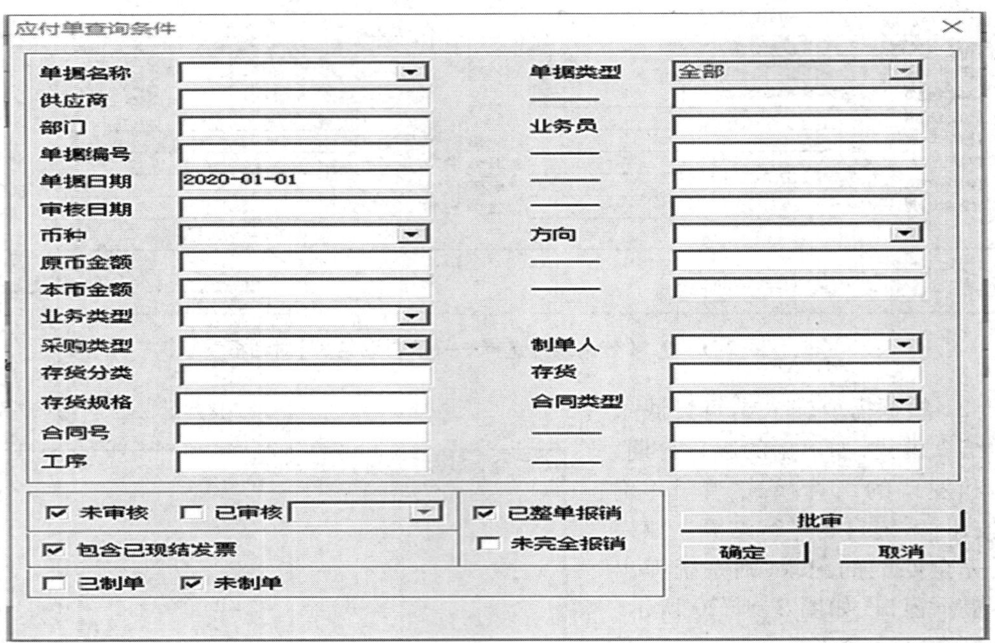

图 2-1-22 【应付单据查询条件】对话框

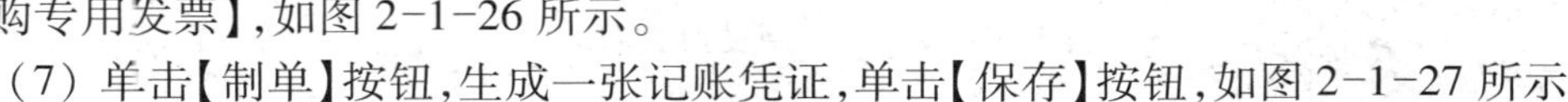
应付单据列表

记录总数：1

选择	审核人	单据日期	单据类型	单据号	供应商名称	部门	业务员	制单人	币种	汇率	原币金额	本币金额	备注
Y		2020-01-01	采购专...	48897928	珠海格力空调股份有限公司	采购部	刘明	刘明	人民币	1.00000000	858,800.00	858,800.00	
合计											858,800.00	858,800.00	

图 2-1-23 【应付单据列表】窗口

(2) 单击【确定】按钮,系统弹出【应付单据列表】窗口,如图 2-1-23 所示。

(3) 双击【选择】栏或单击【全选】按钮,单击【审核】按钮,系统完成审核并给出审核报告,如图 2-1-24 所示。

(4) 单击【确定】按钮后退出。

(5) 执行【制单处理】命令,打开【制单查询】对话框,选择【现结制单】,如图 2-1-25 所示。

(6) 单击【确定】按钮,打开【采购发票制单】窗口,选择【记账凭证】,再单击【全选】按钮,选中要制单的【采购专用发票】,如图 2-1-26 所示。

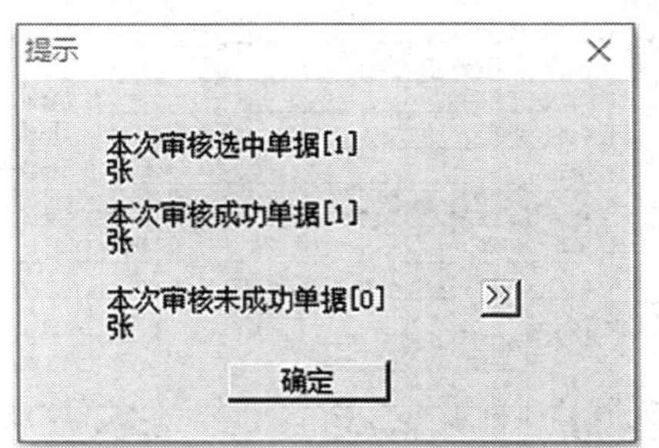

图 2-1-24 【应付单据成功审核】提示框

(7) 单击【制单】按钮,生成一张记账凭证,单击【保存】按钮,如图 2-1-27 所示。

图 2-1-25 【制单查询】对话框

应付制单

凭证类别 记账凭证　　制单日期 2020-01-01　　共 1 条

选择标志	凭证类别	单据类型	单据号	日期	供应商编码	供应商名称	部门	业务员	金额
1	记账凭证	现结	0000000002	2020-01-01	0001	珠海格...	采购部	刘明	858,800.00

图 2-1-26 【应付制单】窗口

已生成

记 账 凭 证

记 字 0001　　制单日期：2020.01.01　　审核日期：　　附单据数：1

摘要	科目名称	借方金额	贷方金额
现结	在途物资	76000000	
现结	应交税费/应交增值税/进项税额	9880000	
现结	银行存款		85880000
票号 日期	数量 单价 合计	85880000	85880000

备注 项 目　　部 门
个 人　　客 户
业务员

记账　　审核　　出纳　　制单 王思敏

图 2-1-27 【记账凭证】窗口

7. 核算采购成本

(1) 2020 年 1 月 1 日,财务部【W02 王思敏】在企业应用平台中执行【业务工作】【供应链】【存货核算】【业务核算】【正常单据记账】命令,打开【查询条件选择】窗口。

(2) 单击【确定】按钮,打开【正常单据记账列表】窗口。

(3) 双击选择第 1、第 2 条记录,如图 2-1-28 所示。

正常单据记账列表

记录总数:2

选择	日期	单据号	存货编码	存货名称	规格型号	单据类型	仓库名称	收发类别	数量	单价	金额
Y	2020-01-01	0000000002	0101	格力立式空调	3P	采购入库单	空调仓	采购入库	50.00	6,000.00	300,000.00
Y	2020-01-01	0000000002	0102	格力立式空调	4P	采购入库单	空调仓	采购入库	100.00	4,600.00	460,000.00
小计									150.00		760,000.00

图 2-1-28 【正常单据记账列表】窗口

(4) 单击【记账】按钮,将采购入库单记账,系统提示【记账成功】,单击【确定】按钮。

(5) 执行【财务核算】【生成凭证】命令,单击左上角【选择】按钮,打开【查询条件】对话框,如图 2-1-29 所示。

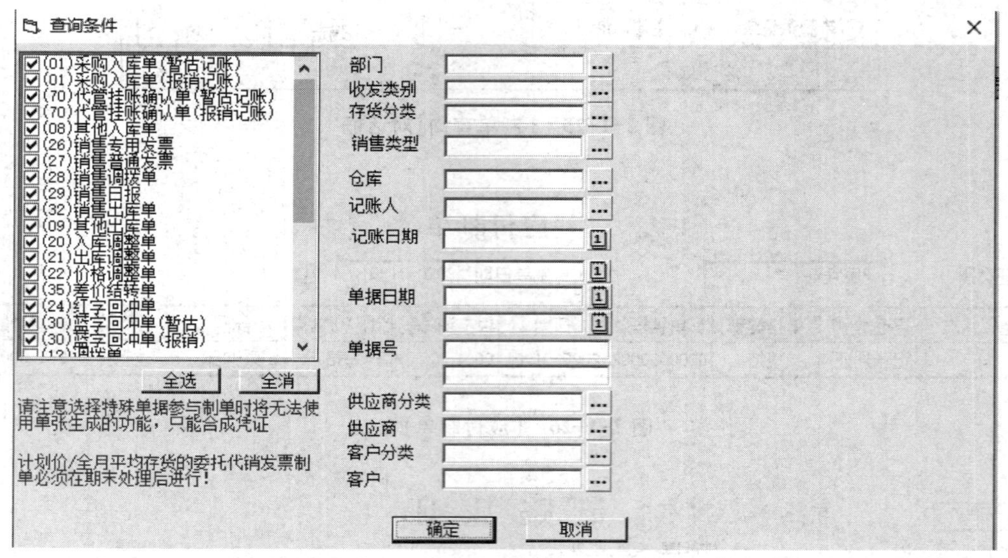

图 2-1-29 【查询条件】对话框

(6) 单击【全选】或【全消】按钮后按需要勾选对应的项目,单击【确定】按钮,打开【未生成凭证单据一览表】窗口。

(7) 单击【选择】按钮或单击【全选】按钮,选中待生成凭证的单据,单击【确定】按钮。

(8) 单击【生成】按钮,生成一张记账凭证,单击【保存】按钮,如图 2-1-30 和图 2-1-31 所示。

业务二 预付款采购业务

〖**业务描述**〗2020 年 1 月 3 日,采购部【G01 刘明】与珠海格力空调公司签订购销合同,采购格力挂式空调一批,预付 100 000 元,2020 年 1 月 10 日交货并付尾款。取得与该业务相关的凭证如图2-1-32 和图 2-1-33 所示。

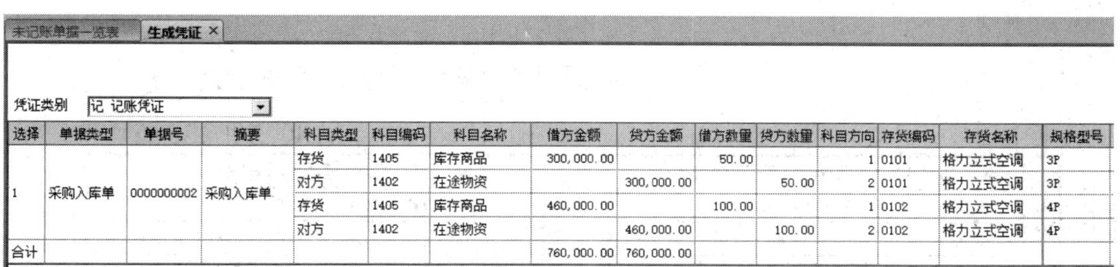

未记账单据一览表　生成凭证 ×

凭证类别　记 记账凭证

选择	单据类型	单据号	摘要	科目类型	科目编码	科目名称	借方金额	贷方金额	借方数量	贷方数量	科目方向	存货编码	存货名称	规格型号
1	采购入库单	0000000002	采购入库单	存货	1405	库存商品	300,000.00		50.00		1	0101	格力立式空调	3P
				对方	1402	在途物资		300,000.00		50.00	2	0101	格力立式空调	3P
				存货	1405	库存商品	460,000.00		100.00		1	0102	格力立式空调	4P
				对方	1402	在途物资		460,000.00		100.00	2	0102	格力立式空调	4P
合计							760,000.00	760,000.00						

图 2-1-30　【生成凭证】窗口

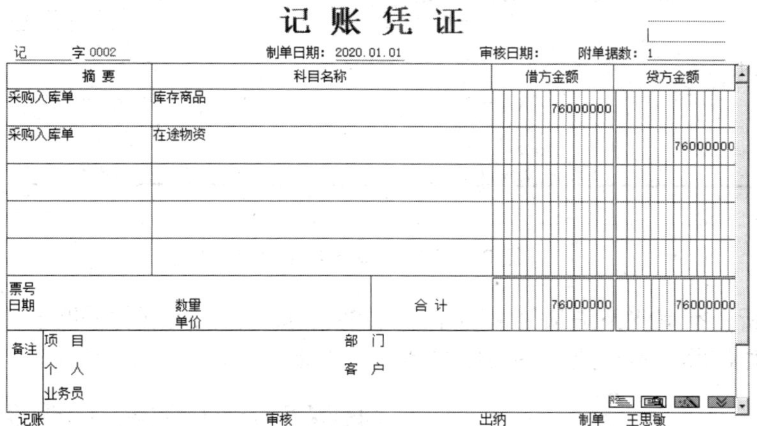

记账凭证

记　字 0002　　制单日期：2020.01.01　　审核日期：　　附单据数：1

摘要	科目名称	借方金额	贷方金额
采购入库单	库存商品	76000000	
采购入库单	在途物资		76000000
票号 日期　数量 单价	合计	76000000	76000000

备注　项目　　部门
个人　　客户
业务员

记账　　审核　　出纳　　制单　王思敏

图 2-1-31　【记账凭证】窗口

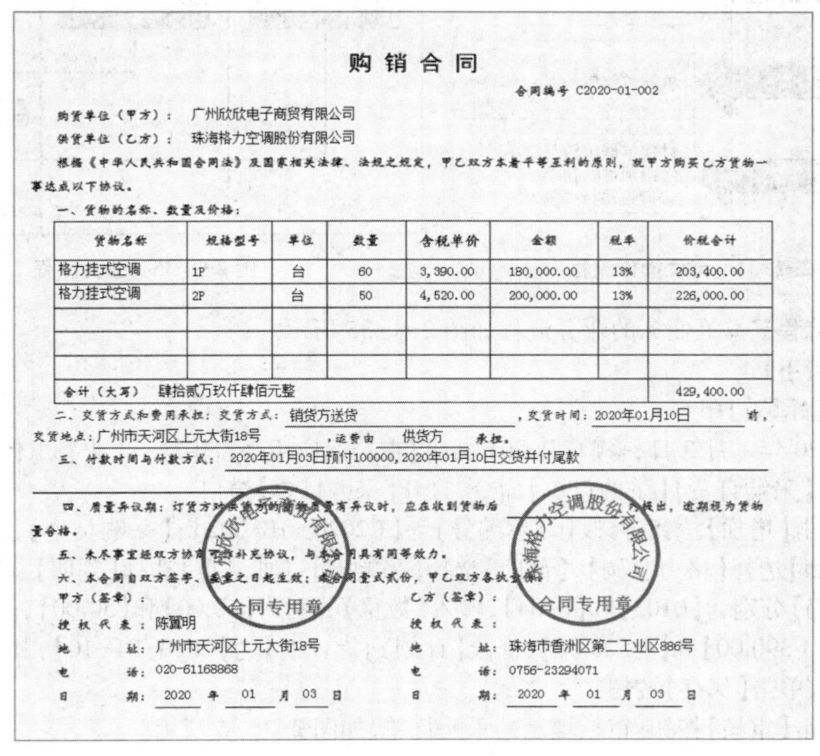

购销合同

合同编号 C2020-01-002

购货单位（甲方）：　广州欣欣电子商贸有限公司

供货单位（乙方）：　珠海格力空调股份有限公司

根据《中华人民共和国合同法》及国家相关法律、法规之规定，甲乙双方本着平等互利的原则，就甲方购买乙方货物一事达成以下协议。

一、货物的名称、数量及价格：

货物名称	规格型号	单位	数量	含税单价	金额	税率	价税合计
格力挂式空调	1P	台	60	3,390.00	180,000.00	13%	203,400.00
格力挂式空调	2P	台	50	4,520.00	200,000.00	13%	226,000.00
合计（大写）　肆拾贰万玖仟肆佰元整							429,400.00

二、交货方式和费用承担：交货方式：销货方送货　，交货时间：2020年01月10日　前，交货地点：广州市天河区上元大街18号　，运费由　供货方　承担。

三、付款时间与付款方式：2020年01月03日预付100000，2020年01月10日交货并付尾款

四、质量异议期：订货方对供货方的货物质量有异议时，应在收到货物后＿＿内提出，逾期视为货物质量合格。

五、未尽事宜经双方协商可作补充协议，与本合同具有同等效力。

六、本合同自双方签字、盖章之日起生效；本合同壹式贰份，甲乙双方各执壹份。

甲方（签章）：　　乙方（签章）：

授权代表：陈翼明　　授权代表：

地址：广州市天河区上元大街18号　　地址：珠海市香洲区第二工业区886号

电话：020-61168868　　电话：0756-23294071

日期：2020 年 01 月 03 日　　日期：2020 年 01 月 03 日

图 2-1-32　【购销合同】凭证

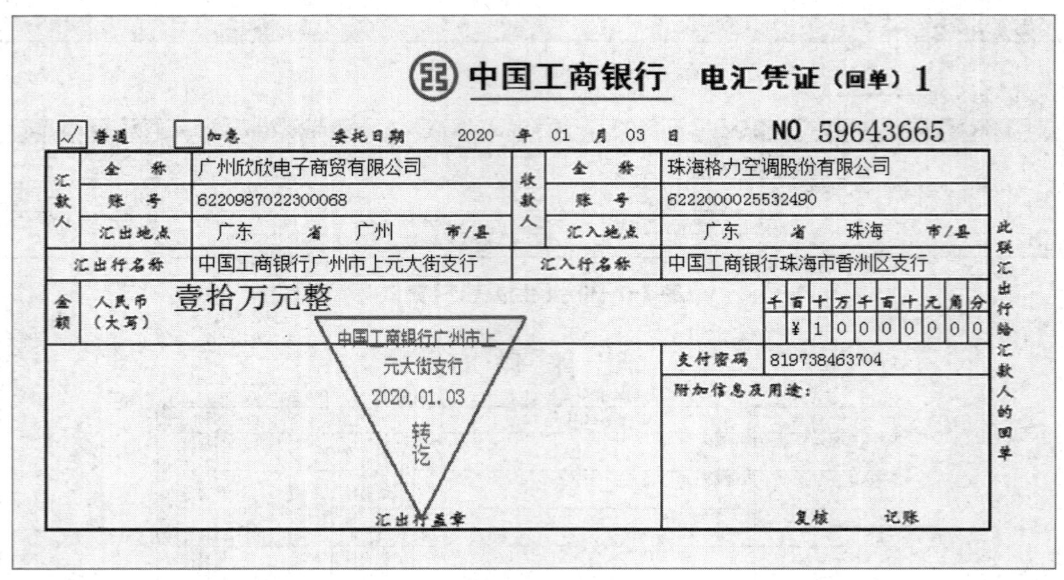

中国工商银行　电汇凭证（回单）1

☑普通　☐加急　委托日期 2020 年 01 月 03 日　NO 59643665

汇款人	全　称	广州欣欣电子商贸有限公司	收款人	全　称	珠海格力空调股份有限公司
	账　号	6220987022300068		账　号	6222000025532490
	汇出地点	广东 省 广州 市/县		汇入地点	广东 省 珠海 市/县
汇出行名称		中国工商银行广州市上元大街支行	汇入行名称		中国工商银行珠海市香洲区支行
金额	人民币（大写）	壹拾万元整		千百十万千百十元角分	¥10000000
				支付密码	819738463704
				附加信息及用途：	

中国工商银行广州市上元大街支行 2020.01.03 转讫

汇出行盖章　　复核　　记账

此联汇出行给汇款人的回单

图 2-1-33 【银行电汇】凭证

〖**业务解析**〗本笔业务是预付采购业务，再签订采购合同后预付采购款。

〖**岗位操作流程**〗本笔业务各岗位的具体操作流程如图 2-1-34 所示。

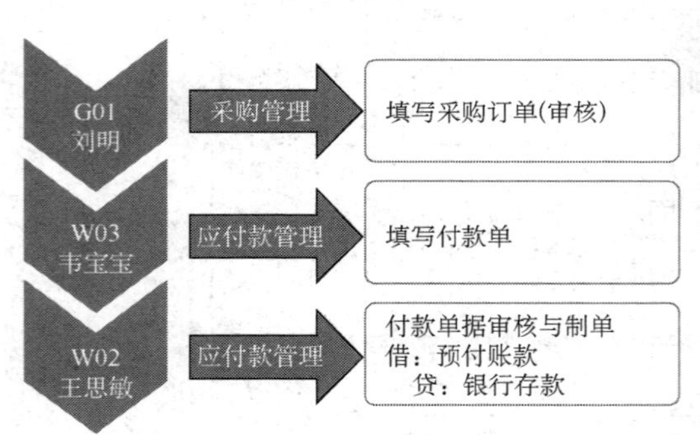

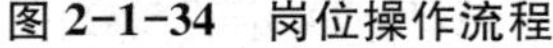
图 2-1-34 岗位操作流程

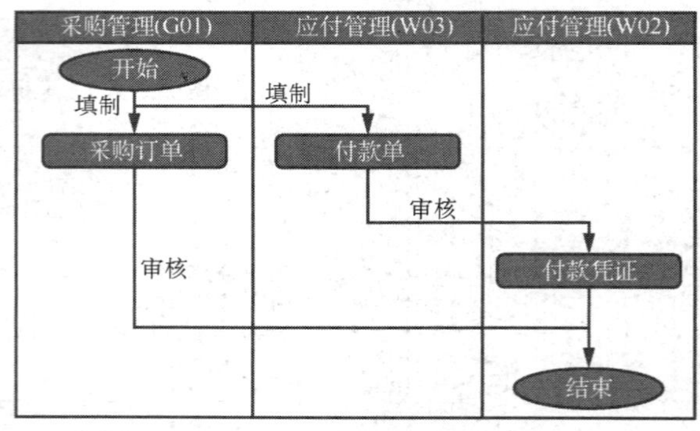

图 2-1-35 业务流程

〖**业务流程**〗本笔业务的业务流程如图 2-1-35 所示。

〖**操作指引**〗

1. 填制采购订单

(1) 2020 年 1 月 3 日，采购部【G01 刘明】在企业应用平台中执行【业务工作】【供应链】【采购管理】【采购订货】【采购订单】命令，打开【采购订单】窗口。

(2) 单击【增加】按钮，修改【订单编号】为【C2020-01-002】，【采购类型】选择【普通采购】，【供应商】选择【格力空调】，【部门】选择【采购部】，【业务员】选择【刘明】；在表体中，选择【存货编码】分别为【0103】和【0104】，输入【数量】分别为【60.00】和【50.00】，【原币含税单价】分别为【3 390.00】和【4 520.00】，修改【计划到货日期】为【2020-01-10】，其他信息由系统自动带出，单击【保存】按钮。

(3) 单击【审核】按钮，审核填制的采购订单，如图 2-1-36 所示。

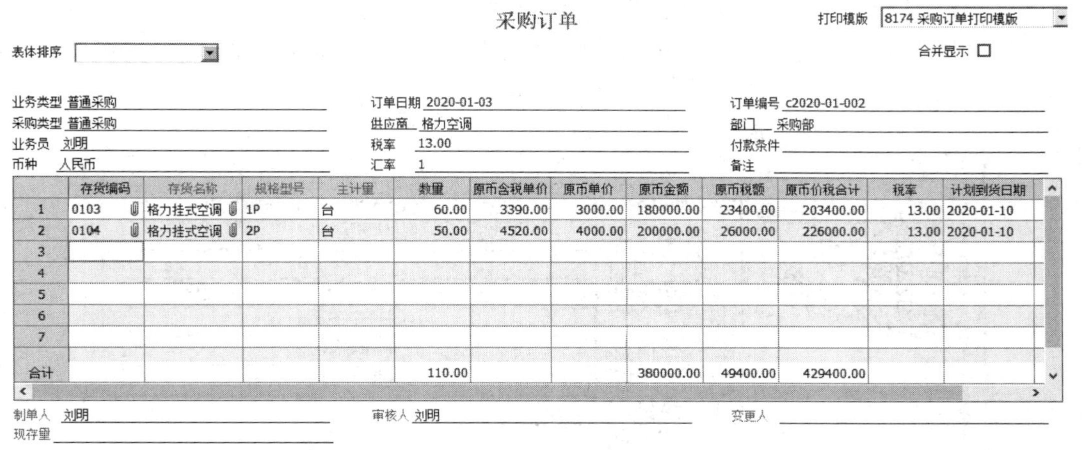

采购订单

打印模版 8174 采购订单打印模版

表体排序

合并显示 □

业务类型 普通采购　　订单日期 2020-01-03　　订单编号 c2020-01-002

采购类型 普通采购　　供应商 格力空调　　部门 采购部

业务员 刘明　　税率 13.00　　付款条件

币种 人民币　　汇率 1　　备注

	存货编码	存货名称	规格型号	主计量	数量	原币含税单价	原币单价	原币金额	原币税额	原币价税合计	税率	计划到货日期
1	0103	格力挂式空调	1P	台	60.00	3390.00	3000.00	180000.00	23400.00	203400.00	13.00	2020-01-10
2	0104	格力挂式空调	2P	台	50.00	4520.00	4000.00	200000.00	26000.00	226000.00	13.00	2020-01-10
3												
4												
5												
6												
7												
合计					110.00			380000.00	49400.00	429400.00		

制单人 刘明　　审核人 刘明　　变更人

现存量

图 2-1-36 【采购订单】窗口

2. 填制付款单

（1）2020 年 1 月 3 日，财务部【W03 韦宝宝】在企业应用平台执行【业务工作】【财务会计】【应付款管理】【付款单据处理】【付款单录入】命令，打开【付款单】窗口。

（2）单击【增加】按钮，【供应商】选择【格力空调】，【结算方式】选择【电汇】，录入金额为【100 000.00】，录入票据号【59643665】；在表体中，选择【款项类型】为【预付款】，单击【保存】按钮，如图 2-1-37 所示。

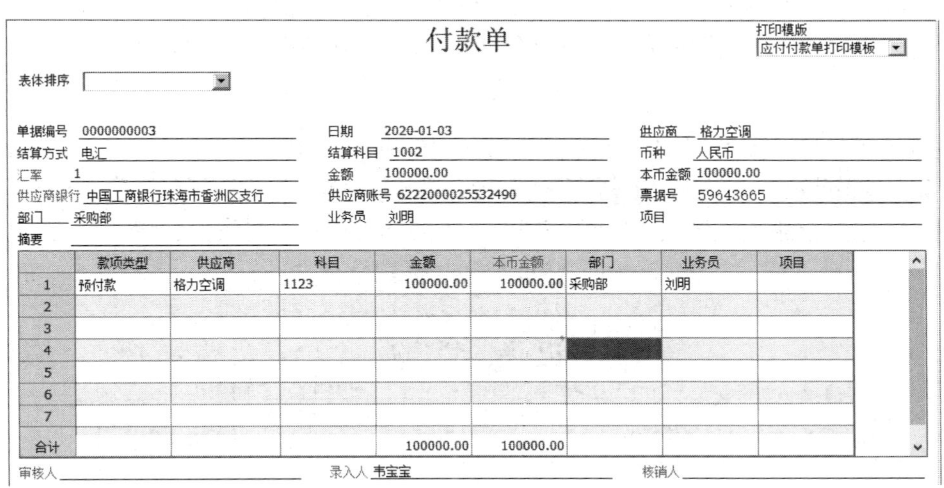

付款单

打印模版 应付付款单打印模板

表体排序

单据编号 0000000003　　日期 2020-01-03　　供应商 格力空调

结算方式 电汇　　结算科目 1002　　币种 人民币

汇率 1　　金额 100000.00　　本币金额 100000.00

供应商银行 中国工商银行珠海市香洲区支行　　供应商账号 6222000025532490　　票据号 59643665

部门 采购部　　业务员 刘明　　项目

摘要

	款项类型	供应商	科目	金额	本币金额	部门	业务员	项目
1	预付款	格力空调	1123	100000.00	100000.00	采购部	刘明	
2								
3								
4								
5								
6								
7								
合计				100000.00	100000.00			

审核人　　录入人 韦宝宝　　核销人

图 2-1-37 【付款单】窗口

3. 付款单审核与制单

（1）2020 年 1 月 3 日，财务部【W02 王思敏】在企业应用平台执行【业务工作】【财务会计】【应付款管理】【付款单据处理】【付款单审核】命令，打开【付款单查询条件】对话框。

（2）单击【确定】按钮，系统弹出【收付款单列表】窗口，单击【全选】按钮，如图 2-1-38 所示。

收付款单列表

记录总数：1

选择	审核人	单据日期	单据类型	单据编号	供应商	部门	业务员	结算方式	票据号	币种	汇率	原币金额	本币金额
Y		2020-01-03	付款单	0000000003	珠海格力空调股份有限公司	采购部	刘明	电汇	59643665	人民币	1.00000000	100,000.00	100,000.00
合计												100,000.00	100,000.00

图 2-1-38 【收付款单列表】窗口

(3) 单击【审核】按钮,系统提示【单据成功审核】。

(4) 执行【制单处理】命令,打开【制单查询】对话框,选择【收付款单制单】,如图 2-1-39 所示。

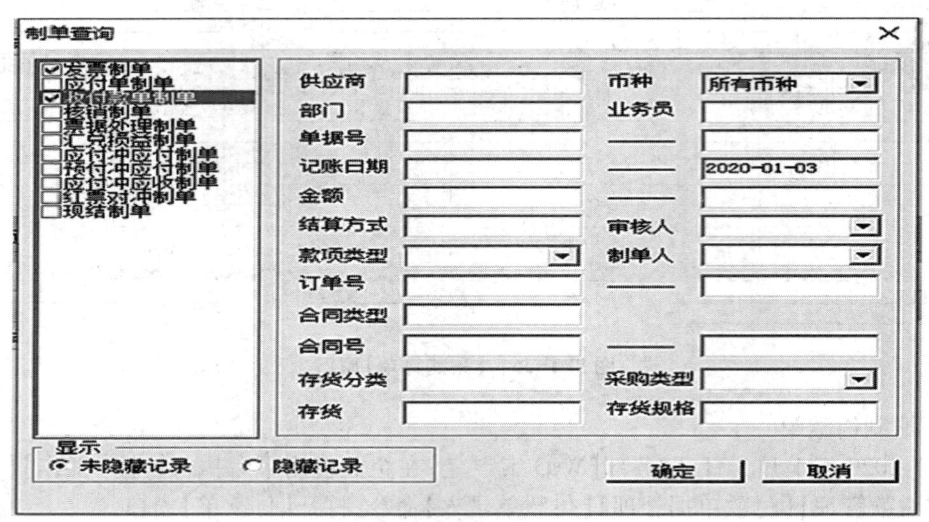

图 2-1-39 【制单查询】对话框

(5) 单击【确定】按钮,打开【收付款单制单】窗口,选择【记账凭证】,再单击【全选】按钮,选中要制单的【付款单】,如图 2-1-40 所示。

(6) 单击【制单】按钮,生成一张记账凭证,单击【保存】按钮,如图 2-1-41 所示。

应付制单

凭证类别 记账凭证　　制单日期 2020-01-03　　共 1 条

选择标志	凭证类别	单据类型	单据号	日期	供应商编码	供应商名称	部门	业务员	金额
1	记账凭证	付款单	0000000003	2020-01-03	0001	珠海格...	采购部	刘明	100,000.00

图 2-1-40 【应付制单】窗口

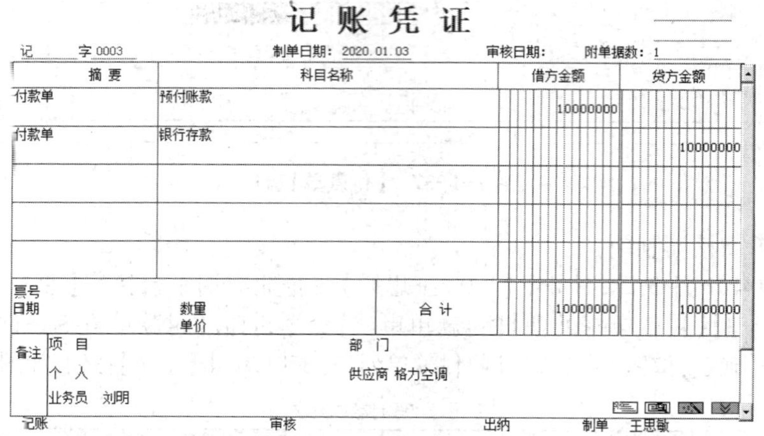

记 账 凭 证

记 字 0003　　制单日期: 2020.01.03　　审核日期:　　附单据数: 1

摘 要	科目名称	借方金额	贷方金额
付款单	预付账款	10000000	
付款单	银行存款		10000000
票号 日期	数量 单价 合 计	10000000	10000000

备注　项 目　　部 门

个 人　　供应商 格力空调

业务员 刘明

记账　　审核　　出纳　　制单 王思敏

图 2-1-41 【记账凭证】窗口

业务三　赊销采购业务(一)

〖业务描述〗2020 年 1 月 05 日，采购部【G01 刘明】与广州美的电器股份有限公司签订购销合同，采购美的电饭煲与美的电磁炉一批，2020 年 1 月 15 日以电汇方式付款，取得与该业务相关的凭证如图 2-1-42 至图 2-1-44 所示。

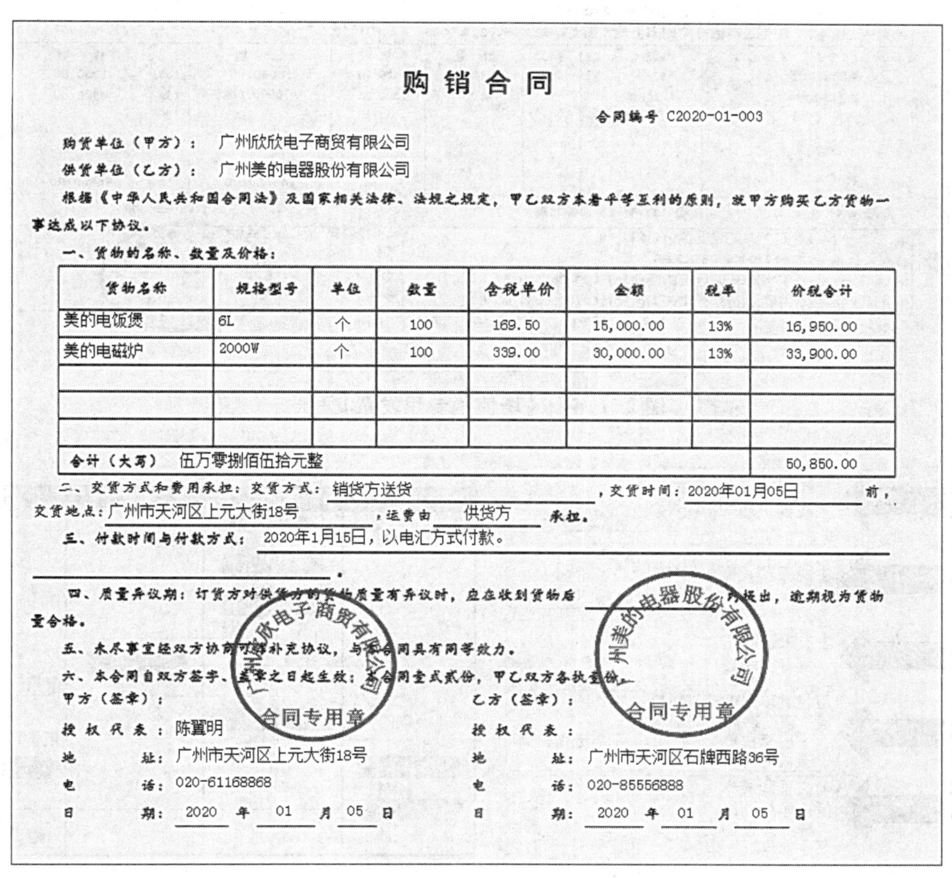

购销合同

合同编号 C2020-01-003

购货单位（甲方）：广州欣欣电子商贸有限公司

供货单位（乙方）：广州美的电器股份有限公司

根据《中华人民共和国合同法》及国家相关法律、法规之规定，甲乙双方本着平等互利的原则，就甲方购买乙方货物一事达成以下协议。

一、货物的名称、数量及价格：

货物名称	规格型号	单位	数量	含税单价	金额	税率	价税合计
美的电饭煲	6L	个	100	169.50	15,000.00	13%	16,950.00
美的电磁炉	2000W	个	100	339.00	30,000.00	13%	33,900.00
合计（大写）	伍万零捌佰伍拾元整						50,850.00

二、交货方式和费用承担：交货方式：销货方送货，交货时间：2020年01月05日前，交货地点：广州市天河区上元大街18号，运费由供货方承担。

三、付款时间与付款方式：2020年1月15日，以电汇方式付款。

四、质量异议期：订货方对供货方的货物质量有异议时，应在收到货物后＿＿内提出，逾期视为货物质量合格。

五、未尽事宜经双方协商可签补充协议，与本合同具有同等效力。

六、本合同自双方签字、盖章之日起生效；本合同壹式贰份，甲乙双方各执壹份。

甲方（签章）：（广州欣欣电子商贸有限公司 合同专用章）
授权代表：陈翼明
地址：广州市天河区上元大街18号
电话：020-61168868
日期：2020 年 01 月 05 日

乙方（签章）：（广州美的电器股份有限公司 合同专用章）
授权代表：
地址：广州市天河区石牌西路36号
电话：020-85556888
日期：2020 年 01 月 05 日

图 2-1-42　【购销合同】凭证

入库单　No. 77650014

供货单位：广州美的电器股份有限公司　　2020 年 01 月 05 日

编号	品名	规格	单位	数量	单价	金额	备注
0201	美的电饭煲	6L	个	100			小家电仓
0202	美的电磁炉	2000W	个	100			小家电仓
合计							

仓库主管：略　记账：略　保管：略　经手人：略　制单：刘芳芳

图 2-1-43　【入库单】凭证

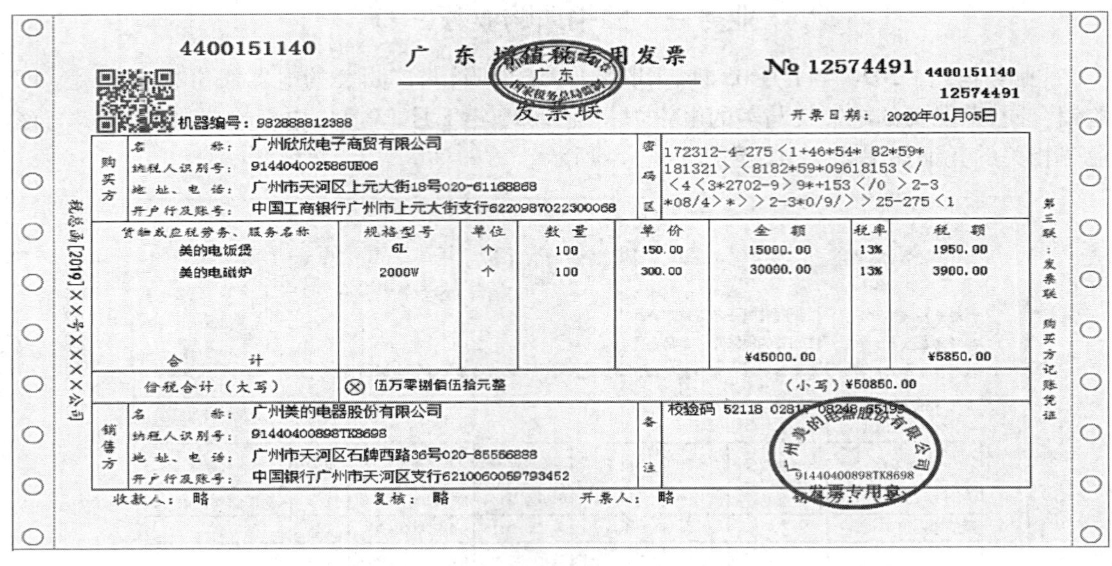

4400151140　　广东增值税专用发票　　№ 12574491　4400151140　12574491

发票联

机器编号：982888812388　　开票日期：2020年01月05日

购买方	
名称：	广州欣欣电子商贸有限公司
纳税人识别号：	914404002586UE06
地址、电话：	广州市天河区上元大街18号020-61168868
开户行及账号：	中国工商银行广州市上元大街支行6220987022300068

密码区：172312-4-275<1+46*54* 82*59* 181321> <8182*59*09618153</ <4<3*2702-9>9*+153</0 >2-3 *08/4>*>>2-3*0/9/>>25-275<1

货物或应税劳务、服务名称	规格型号	单位	数量	单价	金额	税率	税额
美的电饭煲	6L	个	100	150.00	15000.00	13%	1950.00
美的电磁炉	2000W	个	100	300.00	30000.00	13%	3900.00
合计					¥45000.00		¥5850.00

价税合计（大写）　⊗伍万零捌佰伍拾元整　　（小写）¥50850.00

销售方	
名称：	广州美的电器股份有限公司
纳税人识别号：	91440400898TK8698
地址、电话：	广州市天河区石牌西路36号020-85556888
开户行及账号：	中国银行广州市天河区支行6210060059793452

备注：校验码 52118 0281[illegible] 08248 65195

收款人：略　　复核：略　　开票人：略　　销售方：（章）

税总函[2019]××号××××公司

第三联：发票联　购买方记账凭证

图 2-1-44 【增值税专用发票】凭证

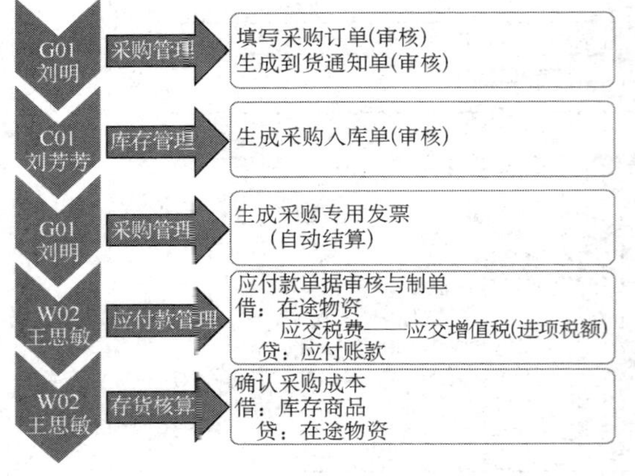

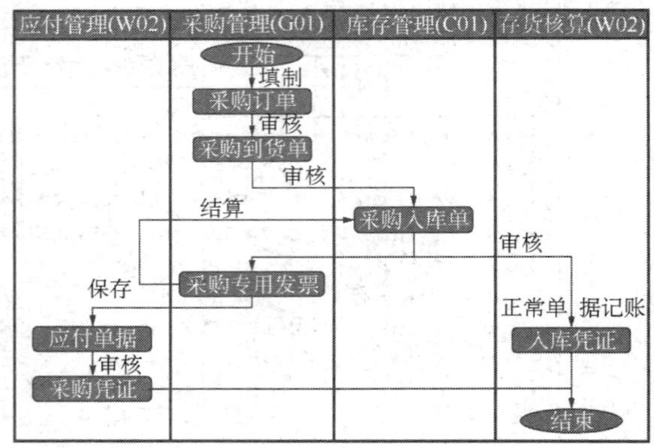

图 2-1-45 岗位操作流程　　　　图 2-1-46 业务流程

〖**业务解析**〗本笔业务是已签订采购合同、采购到货、收到采购专用发票的赊销业务。

〖**岗位操作流程**〗本笔业务各岗位的具体操作流程如图 2-1-45 所示。

〖**业务流程**〗本笔业务的业务流程如图 2-1-46 所示。

〖**操作指引**〗

1. 填制采购订单

（1）2020 年 1 月 5 日，采购部【G01 刘明】在企业应用平台中执行【业务工作】【供应链】【采购管理】【采购订货】【采购订单】命令，打开【采购订单】窗口。

（2）单击【增加】按钮，修改【订单编号】为【C2020-01-003】，【采购类型】选择【普通采购】，【供应商】选择【美的电器】，【部门】选择【采购部】，【业务员】选择【刘明】；选择【存货编码】分别为【0201】和【0202】，输入【数量】均为【100.00】，【原币含税单价】分别为【169.50】和【339.00】，修改【计划到货日期】为【2020-01-05】，其他信息由系统自动带出，单击【保存】按钮，单击【审核】按钮，审核填制的采购订单如图 2-1-47 所示。

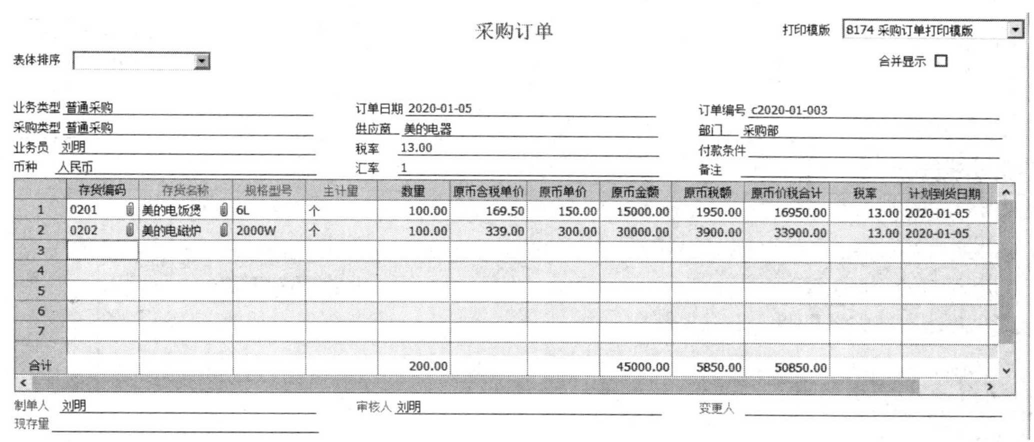

采购订单

打印模版 8174 采购订单打印模版

表体排序

合并显示 □

业务类型 普通采购　　订单日期 2020-01-05　　订单编号 c2020-01-003

采购类型 普通采购　　供应商 美的电器　　部门 采购部

业务员 刘明　　税率 13.00　　付款条件

币种 人民币　　汇率 1　　备注

	存货编码	存货名称	规格型号	主计量	数量	原币含税单价	原币单价	原币金额	原币税额	原币价税合计	税率	计划到货日期
1	0201	美的电饭煲	6L	个	100.00	169.50	150.00	15000.00	1950.00	16950.00	13.00	2020-01-05
2	0202	美的电磁炉	2000W	个	100.00	339.00	300.00	30000.00	3900.00	33900.00	13.00	2020-01-05
3												
4												
5												
6												
7												
合计					200.00			45000.00	5850.00	50850.00		

制单人 刘明　　审核人 刘明　　变更人

现存量

图 2-1-47　【采购订单】窗口

2. 生成采购到货单

(1) 2020 年 1 月 5 日，采购部【G01 刘明】在企业应用平台中执行【业务工作】【供应链】【采购管理】【采购到货】，打开【到货单】窗口。

(2) 单击【增加】按钮，执行【生单】【采购订单】命令，打开【查询条件选择—采购订单列表过滤】窗口，单击【确定】按钮。

(3) 系统弹出【拷贝并执行】窗口，选中所要拷贝的采购订单，单击【确定】按钮，系统自动生成到货单，单击【保存】按钮，单击【审核】按钮，根据采购订单生成采购到货单，如图 2-1-48 所示。

到货单

打印模版 8170 到货单打印模版

表体排序

合并显示 □

业务类型 普通采购　　单据号 0000000002　　日期 2020-01-05

采购类型 普通采购　　供应商 美的电器　　部门 采购部

业务员 刘明　　币种 人民币　　汇率 1

运输方式　　税率 13.00　　备注

	存货编码	存货名称	规格型号	主计量	数量	原币含税单价	原币单价	原币金额	原币税额	原币价税合计	税率	订单号
1	0201	美的电饭煲	6L	个	100.00	169.50	150.00	15000.00	1950.00	16950.00	13.00	c2020-01-003
2	0202	美的电磁炉	2000W	个	100.00	339.00	300.00	30000.00	3900.00	33900.00	13.00	c2020-01-003
3												
4												
5												
6												
7												
合计					200.00			45000.00	5850.00	50850.00		

制单人 刘明　　现存量

图 2-1-48　【到货单】窗口

3. 生成采购入库单

(1) 2020 年 1 月 5 日，仓储部【C01 刘芳芳】在企业应用平台中执行【业务工作】【供应链】【库存管理】【入库业务】命令，打开【采购入库单】窗口。

(2) 执行【生单】【采购到货单(蓝字)】命令，打开【查询条件选择—采购到货单列表】窗口，单击【确定】按钮。

(3) 打开【到货单生单列表】，选择相应的【到货单生单表头】，单击【确定】按钮，系统自动生成采购入库单，修改仓库为【小家电仓】，单击【保存】按钮，单击【审核】按钮，如图 2-1-49 所示。

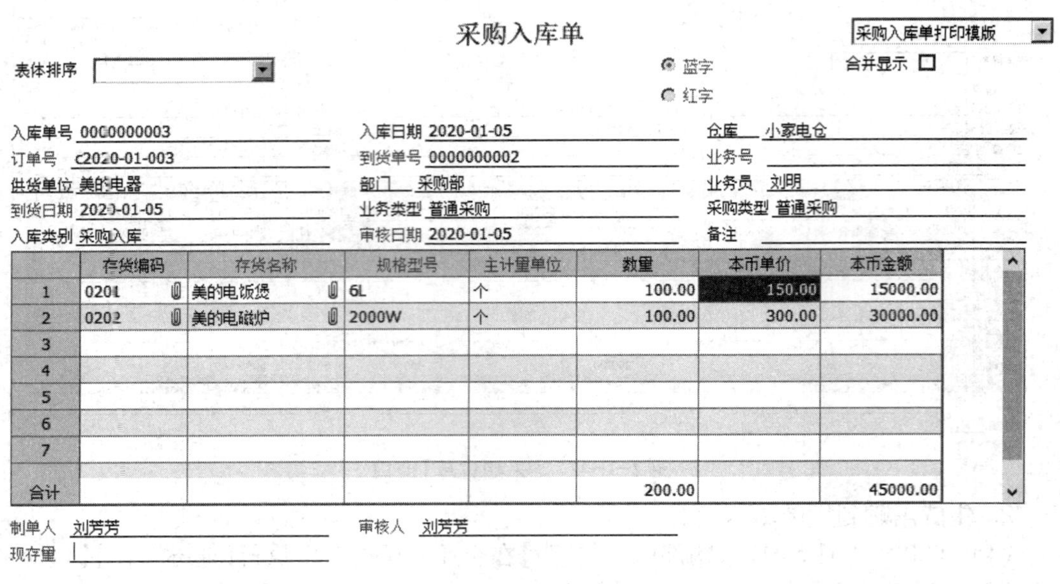

采购入库单

采购入库单打印模版

表体排序

蓝字 红字 合并显示

入库单号 0000000003　入库日期 2020-01-05　仓库 小家电仓
订单号 c2020-01-003　到货单号 0000000002　业务号
供货单位 美的电器　部门 采购部　业务员 刘明
到货日期 2020-01-05　业务类型 普通采购　采购类型 普通采购
入库类别 采购入库　审核日期 2020-01-05　备注

	存货编码	存货名称	规格型号	主计量单位	数量	本币单价	本币金额
1	0201	美的电饭煲	6L	个	100.00	150.00	15000.00
2	0202	美的电磁炉	2000W	个	100.00	300.00	30000.00
3							
4							
5							
6							
7							
合计					200.00		45000.00

制单人 刘芳芳　审核人 刘芳芳
现存量

图 2-1-49 【采购入库单】窗口

4. 填制采购专用发票

(1) 2020 年 1 月 5 日,采购部【G01 刘明】在企业应用平台中执行【业务工作】【供应链】【采购管理】【采购发票】命令,打开【采购专用发票】窗口。

(2) 单击【增加】按钮,选择【生单】【入库单】命令,打开【查询条件选择—采购入库单列表过滤】窗口,单击【确定】按钮。

(3) 系统弹出【拷贝并执行】窗口,选中所要拷贝的采购入库单,单击【确定】按钮,系统自动生成采购专用发票,修改【发票号】为【12574491】,单击【保存】按钮,再单击【结算】按钮,完成自动结算。

5. 应付单据审核与制单

(1) 2020 年 1 月 5 日,财务部【W02 王思敏】在企业应用平台中执行【业务工作】【财务会计】【应付款管理】【应付单据处理】【应付单据审核】命令,打开【应付单据查询条件】对话框。

(2) 单击【确定】按钮,系统弹出【应付单据列表】窗口,双击【选择】栏或单击【全选】按钮,单击【审核】按钮,系统完成审核并给出审核报告,如图 2-1-50 所示,单击【确定】按钮后退出。

应付单据列表

记录总数:1

选择	审核人	单据日期	单据类型	单据号	供应商名称	部门	业务员	制单人	币种	汇率	原币金额	本币金额	备注
	王思敏	2020-01-05	采购专...	12574491	广州美的电器股份有限公司	采购部	刘明	刘明	人民币	1.00000000	50,850.00	50,850.00	
合计											50,850.00	50,850.00	

图 2-1-50 【应付单据列表】窗口

(3) 执行【制单处理】命令,打开【制单查询】对话框,选择【发票制单】,单击【确定】按钮,打开【采购发票制单】窗口,选择【记账凭证】,再单击【全选】按钮,选中要制单的【采购专用发票】。

(4) 单击【制单】按钮,生成一张记账凭证,单击【保存】按钮,如图 2-1-51 所示。

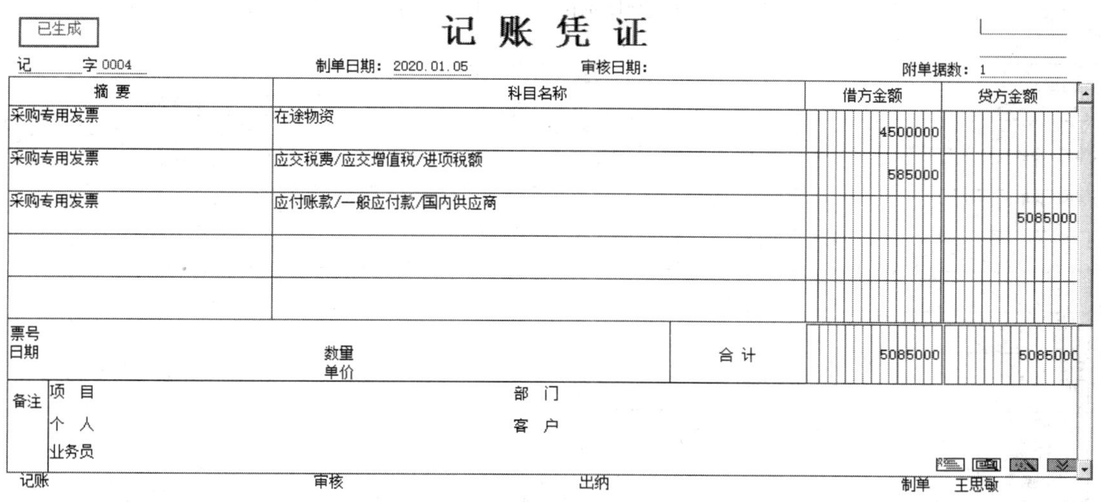

已生成

记 账 凭 证

记 字 0004　　制单日期：2020.01.05　　审核日期：　　附单据数：1

摘 要	科目名称	借方金额	贷方金额
采购专用发票	在途物资	4500000	
采购专用发票	应交税费/应交增值税/进项税额	585000	
采购专用发票	应付账款/一般应付款/国内供应商		5085000
票号 日期	数量 单价	合 计 5085000	5085000

备注　项　目　　部　门

个　人　　客　户

业务员

记账　　审核　　出纳　　制单　王思敏

图 2-1-51 【记账凭证】窗口

6. 核算采购成本

(1) 2020 年 1 月 5 日,财务部【W02 王思敏】在企业应用平台中执行【业务工作】【供应链】【存货核算】【业务核算】【正常单据记账】命令,打开【查询条件选择】窗口。

(2) 单击【确定】,打开【正常单据记账列表】窗口,单击相应列表,如图 2-1-52 所示。

正常单据记账列表

记录总数：2

选择	日期	单据号	存货编码	存货名称	规格型号	存货代码	单据类型	仓库名称	收发类别	数量	单价	金额	计划单价
Y	2020-01-05	0000000003	0201	美的电饭煲	6L		采购入库单	小家电仓	采购入库	100.00	150.00	15,000.00	
Y	2020-01-05	0000000003	0202	美的电磁炉	2000W		采购入库单	小家电仓	采购入库	100.00	300.00	30,000.00	
小计										200.00		45,000.00	

图 2-1-52 【正常单据记账列表】窗口

(3) 单击【记账】按钮,将采购入库单记账,系统提示【记账成功】,单击【确定】按钮。

(4) 执行【财务核算】【生成凭证】命令,打开【查询条件】对话框。

(5) 单击【确定】按钮,打开【未生成凭证单据一览表】窗口,如图 2-1-53 所示。

□ 已结算采购入库单自动选择全部结算单上单据(包括入库单、发票、付款单),非本月采购入库单按蓝字报销单制单

未生成凭证单据一览表

选择	记账日期	单据日期	单据类型	单据号	仓库	收发类别	记账人	部门	部门编码	业务类型	计价方式	摘要	供应商	客户
	2020-01-05	2020-01-05	采购入库单	0000000003	小家电仓	采购入库	王思敏	采购部	3	普通采购	先进先出法	采购入库单	广州美的电器股份有	

共1条单据

图 2-1-53 【未生成凭证单据一览表】窗口

(6) 单击【选择】栏或单击【全选】按钮,选中生成凭证的单据,单击【确定】按钮,凭证类别选择【记　记账凭证】,如图 2-1-54 所示。

凭证类别　记 记账凭证

选择	单据类型	单据号	摘要	科目类型	科目编码	科目名称	借方金额	贷方金额	借方数量	贷方数量	科目方向	存货编码	存货名称	规格型号	部...	部门名称
1	采购入库单	0000000003	采购入库单	存货	1405	库存商品	15,000.00		100.00		1	0201	美的电饭煲	6L	3	采购部
				对方	1402	在途物资		15,000.00		100.00	2	0201	美的电饭煲	6L	3	采购部
				存货	1405	库存商品	30,000.00		100.00		1	0202	美的电磁炉	2000W	3	采购部
				对方	1402	在途物资		30,000.00		100.00	2	0202	美的电磁炉	2000W	3	采购部
合计							45,000.00	45,000.00								

图 2-1-54 【生成凭证】窗口

(7) 单击【生成】按钮,生成一张记账凭证,单击【保存】按钮,如图 2-1-55 所示。

已生成

记 账 凭 证

记 字 0005 制单日期: 2020.01.05 审核日期: 附单据数: 1

摘 要	科目名称	借方金额	贷方金额
采购入库单	库存商品	4500000	
采购入库单	在途物资		4500000
票号 日期	数量 单价	合 计 4500000	4500000

备注 项 目 部 门
个 人 客 户
业务员

记账 审核 出纳 制单 王思敏

图 2-1-55 【记账凭证】窗口

业务四 赊销采购业务(二)

〖**业务描述**〗2020 年 1 月 6 日,采购部【G01 刘明】与广州美的电器股份有限公司签订购销合同,采购美的电烧水壶一批,2020 年 1 月 15 日以电汇方式付款,取得与该业务相关的凭证如图 2-1-56 至图2-1-58 所示。

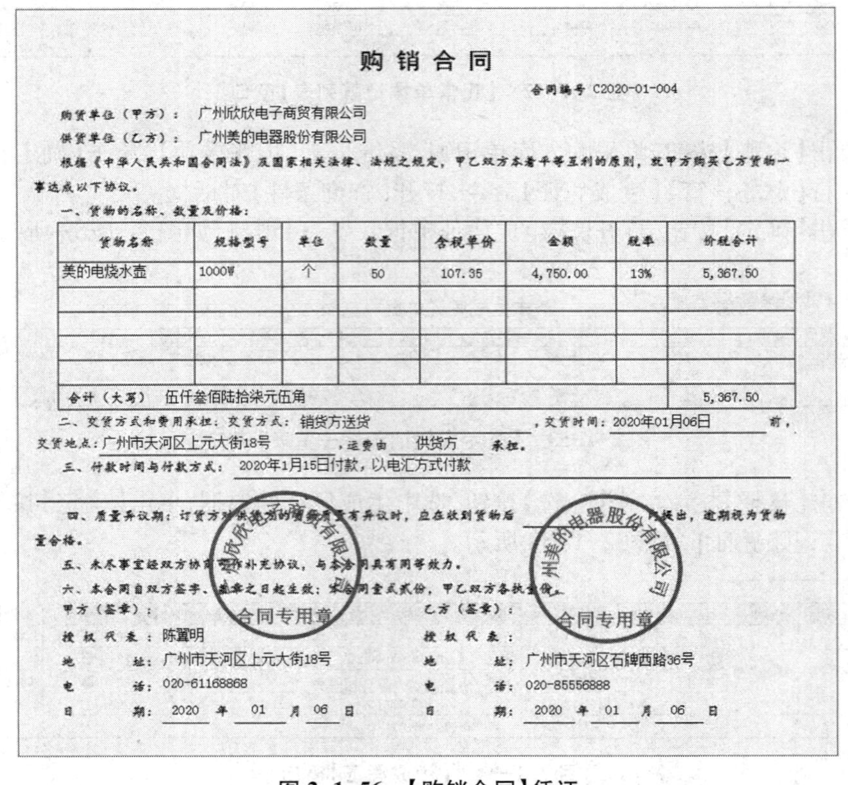

购 销 合 同

合同编号 C2020-01-004

购货单位(甲方): 广州欣欣电子商贸有限公司

供货单位(乙方): 广州美的电器股份有限公司

根据《中华人民共和国合同法》及国家相关法律、法规之规定,甲乙双方本着平等互利的原则,就甲方购买乙方货物一事达成以下协议。

一、货物的名称、数量及价格:

货物名称	规格型号	单位	数量	含税单价	金额	税率	价税合计
美的电烧水壶	1000W	个	50	107.35	4,750.00	13%	5,367.50
合计(大写) 伍仟叁佰陆拾柒元伍角							5,367.50

二、交货方式和费用承担:交货方式: 销货方送货 ,交货时间: 2020年01月06日 前,交货地点:广州市天河区上元大街18号 ,运费由 供货方 承担。

三、付款时间与付款方式: 2020年1月15日付款,以电汇方式付款

四、质量异议期:订货方对供货方的货物质量有异议时,应在收到货物后 内提出,逾期视为货物质量合格。

五、未尽事宜经双方协商可作补充协议,与本合同具有同等效力。

六、本合同自双方签字、盖章之日起生效;本合同壹式贰份,甲乙双方各执壹份。

甲方(签章): 乙方(签章):

授权代表: 陈翼明 授权代表:

地 址: 广州市天河区上元大街18号 地 址: 广州市天河区石牌西路36号

电 话: 020-61168868 电 话: 020-85556888

日 期: 2020 年 01 月 06 日 日 期: 2020 年 01 月 06 日

图 2-1-56 【购销合同】凭证

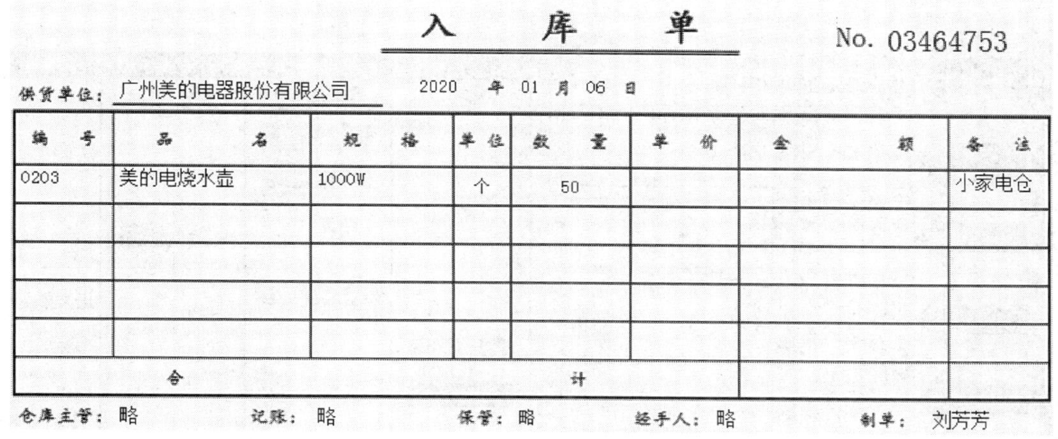

入 库 单

No. 03464753

供货单位：广州美的电器股份有限公司　　2020 年 01 月 06 日

编号	品名	规格	单位	数量	单价	金额	备注
0203	美的电烧水壶	1000W	个	50			小家电仓
合			计				

仓库主管：略　记账：略　保管：略　经手人：略　制单：刘芳芳

图 2-1-57 【入库单】凭证

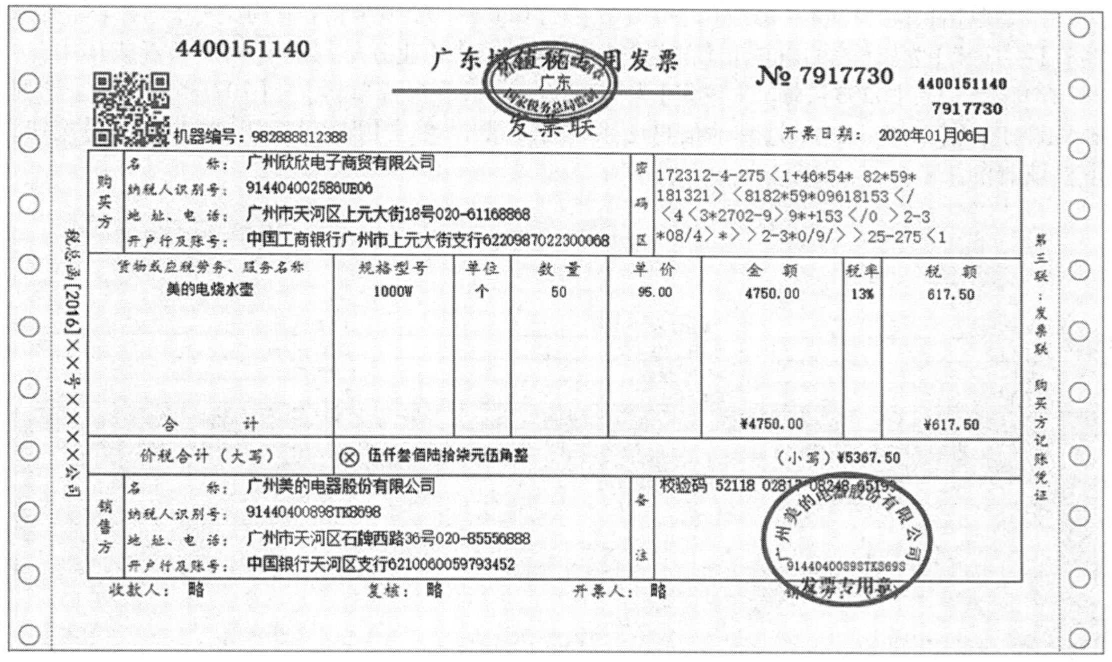

4400151140

广东增值税专用发票

№ 7917730　4400151140　7917730

发票联

机器编号：982888812388　开票日期：2020年01月06日

购买方	名称：广州欣欣电子商贸有限公司 纳税人识别号：914404002586UE06 地址、电话：广州市天河区上元大街18号020-61168868 开户行及账号：中国工商银行广州市上元大街支行6220987022300068			密码区	172312-4-275<1+46*54* 82*59*181321><8182*59*09618153</<4<3*2702-9>9*+153</0>2-3*08/4>*>>2-3*0/9/>>25-275<1			
货物或应税劳务、服务名称	规格型号	单位	数量	单价	金额	税率	税额	
美的电烧水壶	1000W	个	50	95.00	4750.00	13%	617.50	
合计					¥4750.00		¥617.50	
价税合计（大写）	⊗伍仟叁佰陆拾柒元伍角整				（小写）¥5367.50			
销售方	名称：广州美的电器股份有限公司 纳税人识别号：91440400898TK8698 地址、电话：广州市天河区石牌西路36号020-85556888 开户行及账号：中国银行天河区支行6210060059793452			备注	校验码 52118 02817 08248 65199			

收款人：略　复核：略　开票人：略

税总函[2016]××号×××××公司

第三联：发票联 购买方记账凭证

图 2-1-58 【增值税专用发票】凭证

〖**业务解析**〗本笔业务是赊销业务，已签订采购合同，采购到货，收到采购专用发票。

〖**岗位操作流程**〗本笔业务各岗位的具体操作流程如图 2-1-59 所示。

〖**业务流程**〗本笔业务的业务流程如图 2-1-60 所示。

〖**操作指引**〗

1. 填制采购订单

（1）2020 年 1 月 6 日，采购部【G01 刘明】在企业应用平台中执行【业务工作】【供应链】【采购管理】【采购订货】，打开【采购订单】窗口。

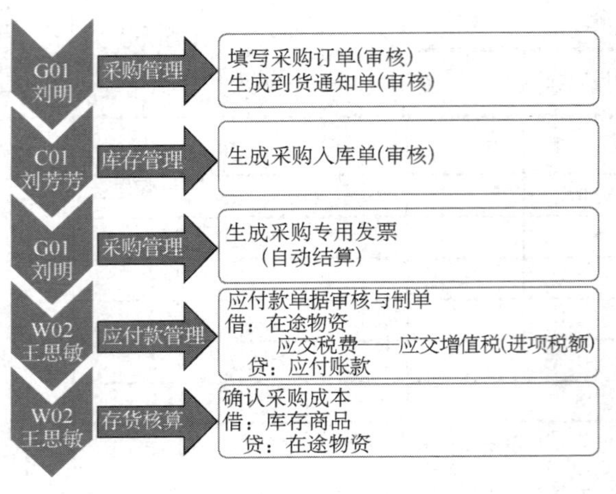

图 2-1-59　岗位操作流程

图 2-1-60　业务流程

(2) 单击【增加】按钮,修改【订单编号】为【C2020-01-004】,【采购类型】选择【普通采购】,【供应商】选择【美的电器】,【部门】选择【采购部】,【业务员】选择【刘明】;在表体中,选择【存货编码】为【0203】,输入【数量】为【50.00】,【原币含税单价】为【107.35】,修改【计划到货日期】为【2020-01-06】,其他信息由系统自动带出,单击【保存】按钮,单击【审核】按钮,审核填制的采购订单,如图 2-1-61 所示。

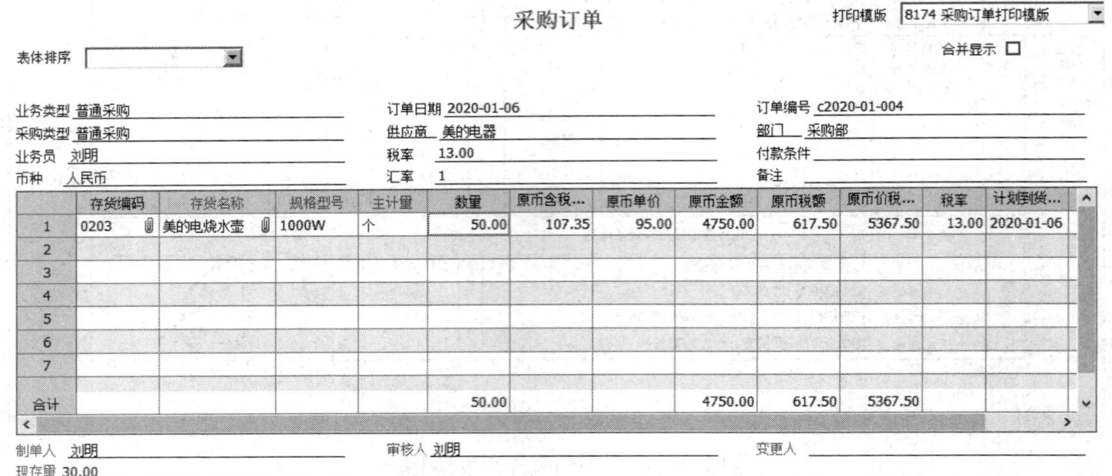

采购订单

打印模版 8174 采购订单打印模版

表体排序

合并显示 □

业务类型 普通采购　　订单日期 2020-01-06　　订单编号 c2020-01-004

采购类型 普通采购　　供应商 美的电器　　部门 采购部

业务员 刘明　　税率 13.00　　付款条件

币种 人民币　　汇率 1　　备注

	存货编码	存货名称	规格型号	主计量	数量	原币含税...	原币单价	原币金额	原币税额	原币价税...	税率	计划到货...
1	0203	美的电烧水壶	1000W	个	50.00	107.35	95.00	4750.00	617.50	5367.50	13.00	2020-01-06
2												
3												
4												
5												
6												
7												
合计					50.00			4750.00	617.50	5367.50		

制单人 刘明　　审核人 刘明　　变更人

现存量 30.00

图 2-1-61　【采购订单】窗口

2. 生成采购到货单

(1) 2020 年 1 月 6 日,采购部【G01 刘明】在企业应用平台中执行【业务工作】【供应链】【采购管理】【采购到货】【到货单】命令,打开【到货单】窗口。

(2) 单击【增加】按钮,选择【生单】【采购订单】命令,打开【查询条件选择—采购订单列表过滤】窗口,单击【确定】按钮。

(3) 系统弹出【拷贝并执行】窗口,选中所要拷贝的采购订单,单击【确定】按钮,系统自动生成到货单,单击【保存】按钮,单击【审核】按钮。根据采购订单生成的到货单如图 2-1-62 所示。

到货单

打印模版 8170 到货单打印模版

表体排序

合并显示 □

业务类型 普通采购　　单据号 0000000003　　日期 2020-01-06

采购类型 普通采购　　供应商 美的电器　　部门 采购部

业务员 刘明　　币种 人民币　　汇率 1

运输方式　　税率 13.00　　备注

	存货编码	存货名称	规格型号	主计量	数量	原币含税…	原币单价	原币金额	原币税额	原币价税合计	税率	订单号
1	0203	美的电烧水壶	1000W	个	50.00	107.35	95.00	4750.00	617.50	5367.50	13.00	c2020-01-004
2												
3												
4												
5												
6												
7												
合计					50.00			4750.00	617.50	5367.50		

制单人 刘明　　现存量

图 2-1-62　【到货单】窗口

3. 生成采购入库单

（1）2020 年 1 月 6 日，仓储部【C01 刘芳芳】在企业应用平台中执行【业务工作】【供应链】【库存管理】【入库业务】命令，打开【采购入库单】窗口。

（2）执行【生单】【采购到货单（蓝字）】命令，打开【查询条件选择—采购到货单列表】窗口，单击【确定】按钮。

（3）打开【到货单生单列表】，选择相应的【到货单生单表头】，单击【确定】按钮，系统自动生成采购入库单，修改仓库为【小家电仓】，单击【保存】按钮，单击【审核】按钮，如图 2-1-63 所示。

采购入库单

采购入库单打印模版

表体排序

◉ 蓝字　　○ 红字

合并显示 □

入库单号 0000000004　　入库日期 2020-01-06　　仓库 小家电仓

订单号 c2020-01-004　　到货单号 0000000003　　业务号

供货单位 美的电器　　部门 采购部　　业务员 刘明

到货日期 2020-01-06　　业务类型 普通采购　　采购类型 普通采购

入库类别 采购入库　　审核日期 2020-01-06　　备注

	存货编码	存货名称	规格型号	主计量单位	数量	本币单价	本币金额
1	0203	美的电烧水壶	1000W	个	50.00	95.00	4750
2							
3							
4							
5							
6							
7							
合计					50.00		4750

制单人 刘芳芳　　审核人 刘芳芳

现存量

图 2-1-63　【采购入库单】窗口

4. 填制采购专用发票

(1) 2020 年 1 月 6 日,采购部【G01 刘明】在企业应用平台中执行【业务工作】【供应链】【采购管理】【采购发票】命令,打开【采购专用发票】窗口。

(2) 单击【增加】按钮,执行【生单】【入库单】命令,打开【查询条件选择—采购入库单列表过滤】窗口,单击【确定】按钮。

(3) 系统弹出【拷贝并执行】窗口,选中所要拷贝的采购入库单,单击【确定】按钮,系统自动生成采购专用发票,修改【发票号】为【7917730】,单击【保存】,单击【结算】按钮,如图 2-1-64 所示。

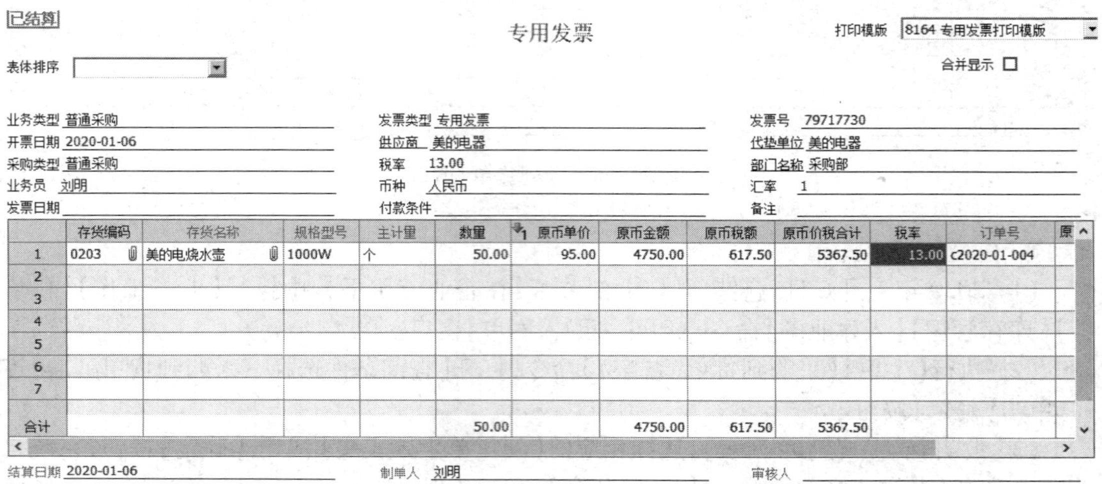

已结算

专用发票

打印模版 8164 专用发票打印模版

表体排序

合并显示 □

业务类型 普通采购　　发票类型 专用发票　　发票号 79717730

开票日期 2020-01-06　　供应商 美的电器　　代垫单位 美的电器

采购类型 普通采购　　税率 13.00　　部门名称 采购部

业务员 刘明　　币种 人民币　　汇率 1

发票日期　　付款条件　　备注

	存货编码	存货名称	规格型号	主计量	数量	原币单价	原币金额	原币税额	原币价税合计	税率	订单号
1	0203	美的电烧水壶	1000W	个	50.00	95.00	4750.00	617.50	5367.50	13.00	c2020-01-004
2											
3											
4											
5											
6											
7											
合计					50.00		4750.00	617.50	5367.50		

结算日期 2020-01-06　　制单人 刘明　　审核人

图 2-1-64 【采购专用发票】窗口

5. 应付单据审核与制单

(1) 2020 年 1 月 6 日,财务部【W02 王思敏】在企业应用平台中执行【业务工作】【财务会计】【应付款管理】【应付单据处理】【应付单据审核】命令,打开【应付单据查询条件】对话框。

(2) 单击【确定】按钮,系统弹出【应付单据列表】窗,如图 2-1-65 所示。

应付单据列表

记录总数:1

选择	审核人	单据日期	单据类型	单据号	供应商名称	部门	业务员	制单人	币种	汇率	原币金额	本币金额	备注
Y		2020-01-06	采购专用发票	79717730	广州美的电器股份有限公司	采购部	刘明	刘明	人民币	1.00000000	5,367.50	5,367.50	
合计											5,367.50	5,367.50	

图 2-1-65 【应付单据列表】窗口

(3) 双击【选择】栏或单击【全选】按钮,单击【审核】按钮,系统完成审核并提示【本次审核成功单据[1]张】,单击【确定】按钮后退出。

(4) 执行【制单处理】命令,打开【制单查询】对话框,选择【发票制单】,单击【确定】按钮,打开【采购发票制单】窗口,选择【记账凭证】,再单击【全选】按钮,选中要制单的【采购专用发票】。

(5) 单击【制单】按钮,生成一张记账凭证,单击【保存】按钮,如图 2-1-66 所示。

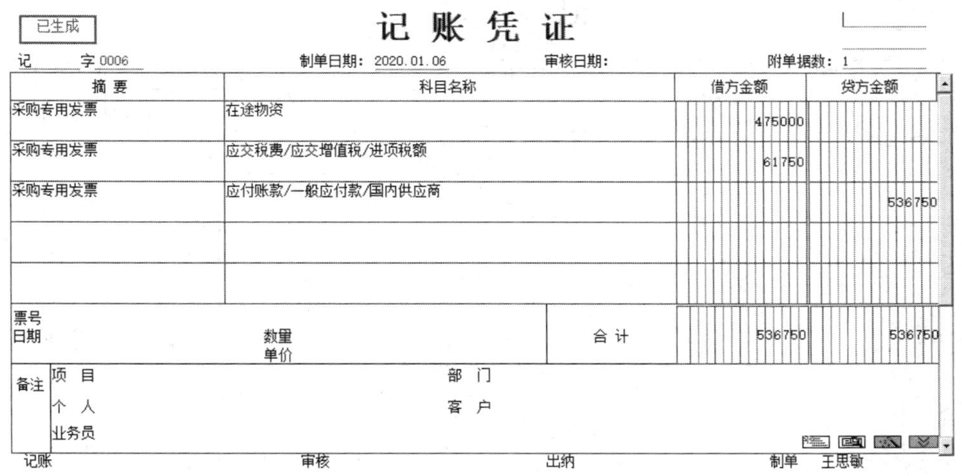

已生成

记账凭证

记 字 0006　　制单日期：2020.01.06　　审核日期：　　附单据数：1

摘要	科目名称	借方金额	贷方金额
采购专用发票	在途物资	475000	
采购专用发票	应交税费/应交增值税/进项税额	61750	
采购专用发票	应付账款/一般应付款/国内供应商		536750
票号 日期	数量 单价	合计 536750	536750

备注　项目　　部门
个人　　客户
业务员

记账　　审核　　出纳　　制单 王思敏

图 2-1-66 【记账凭证】窗口

6. 核算采购成本

(1) 2020 年 1 月 6 日，财务部【W02 王思敏】在企业应用平台中执行【业务工作】【供应链】【存货核算】【业务核算】【正常单据记账】命令，打开【查询条件选择】窗口，单击【确定】按钮，打开【正常单据记账列表】窗口。

(2) 单击相应列表，如图 2-1-67 所示。

正常单据记账列表

记录总数：1

选择	日期	单据号	存货编码	存货名称	规格型号	单据类型	仓库名称	收发类别	数量	单价	金额
Y	2020-01-06	0000000004	0203	美的电烧水壶	1000W	采购入库单	小家电仓	采购入库	50.00	95.00	4,750.00
小计									50.00		4,750.00

图 2-1-67 【正常单据记账列表】窗口

(3) 单击【记账】按钮，将采购入库单记账，系统提示【记账成功】，单击【确定】按钮。

(4) 执行【财务核算】【生成凭证】命令，打开【查询条件】窗口。

(5) 单击【确定】按钮，打开【未生成凭证单据一览表】窗口，单击【选择】栏，或单击【全选】按钮，选中持生成凭证的单据，单击【确定】按钮，凭证类别选择【记账凭证】，如图2-1-68 所示。

凭证类别　记 记账凭证

选择	单据类型	单据号	摘要	科目类型	科目编码	科目名称	借方金额	贷方金额	借方数量	贷方数量	科目...	存货编码	存货名称	规格型号	部门...	部门名称	业务...	业务员名称	供应商编
1	采购入库单	0000000004	采购入...	存货	1405	库存商品	4,750.00		50.00		1	0203	美的电...	1000W	3	采购部	G01	刘明	0002
				对方	1402	在途物资		4,750.00		50.00	2	0203	美的电...	1000W	3	采购部	G01	刘明	0002
合计							4,750.00	4,750.00											

图 2-1-68 【生成凭证】窗口

(6) 单击【生成】按钮，生成一张记账凭证，单击【保存】按钮，如图 2-1-69 所示。

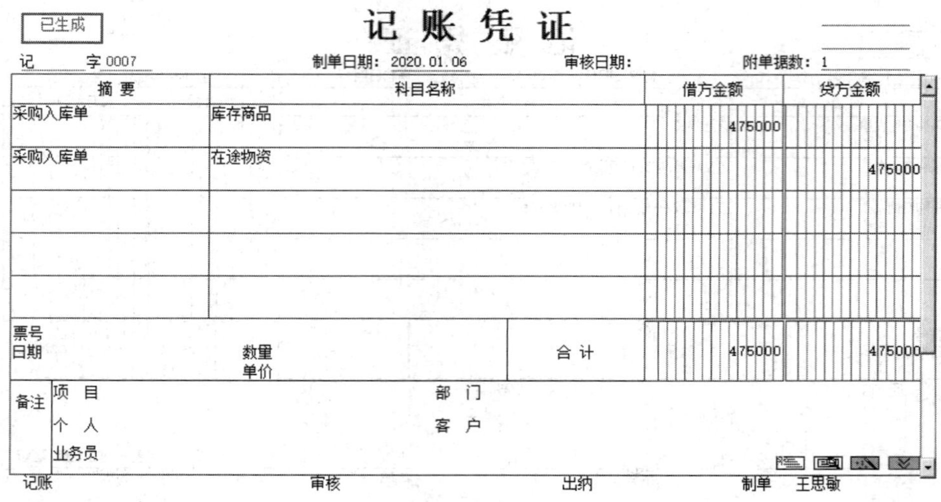

已生成

记 账 凭 证

记 字 0007 制单日期：2020.01.06 审核日期： 附单据数：1

摘 要	科目名称	借方金额	贷方金额
采购入库单	库存商品	475000	
采购入库单	在途物资		475000
票号 日期	数量 单价 合 计	475000	475000

备注 项 目 部 门

个 人 客 户

业务员

记账 审核 出纳 制单 王思敏

图 2-1-69 【记账凭证】窗口

任务二 特殊核算采购业务处理

业务一 银行承兑汇票背书付款业务

特殊核算采购业务处理

〖业务描述〗2020 年 1 月 6 日，采购部【G01 刘明】与广州美的电器股份有限公司签订购销合同，采购美的电高压锅一批，当日将前期收到的广州市天河区华润苏果有限公司的银行承兑汇票进行背书支付该款，取得与该业务的相关凭证如图 2-1-70 至图 2-1-73 所示。

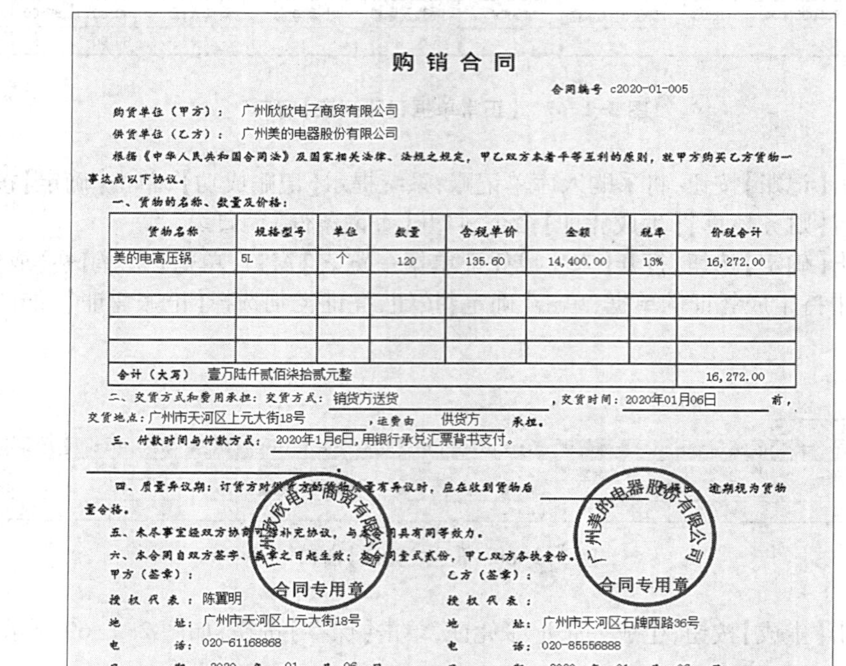

购 销 合 同

合同编号 c2020-01-005

购货单位（甲方）：广州欣欣电子商贸有限公司

供货单位（乙方）：广州美的电器股份有限公司

根据《中华人民共和国合同法》及国家相关法律、法规之规定，甲乙双方本着平等互利的原则，就甲方购买乙方货物一事达成以下协议。

一、货物的名称、数量及价格：

货物名称	规格型号	单位	数量	含税单价	金额	税率	价税合计
美的电高压锅	5L	个	120	135.60	14,400.00	13%	16,272.00
合计（大写） 壹万陆仟贰佰柒拾贰元整							16,272.00

二、交货方式和费用承担：交货方式：销货方送货，交货时间：2020年01月06日前，交货地点：广州市天河区上元大街18号，运费由供货方承担。

三、付款时间与付款方式：2020年1月6日，用银行承兑汇票背书支付。

四、质量异议期：订货方对供货方的货物质量有异议时，应在收到货物后____内提出，逾期视为货物质量合格。

五、未尽事宜经双方协商可签补充协议，与本合同具有同等效力。

六、本合同自双方签字、盖章之日起生效；本合同壹式贰份，甲乙双方各执壹份。

甲方（签章）：广州欣欣电子商贸有限公司 合同专用章

授权代表：陈置明

地 址：广州市天河区上元大街18号

电 话：020-61168868

日 期：2020 年 01 月 06 日

乙方（签章）：广州美的电器股份有限公司 合同专用章

授权代表：

地 址：广州市天河区石牌西路36号

电 话：020-85556888

日 期：2020 年 01 月 06 日

图 2-1-70 【购销合同】凭证

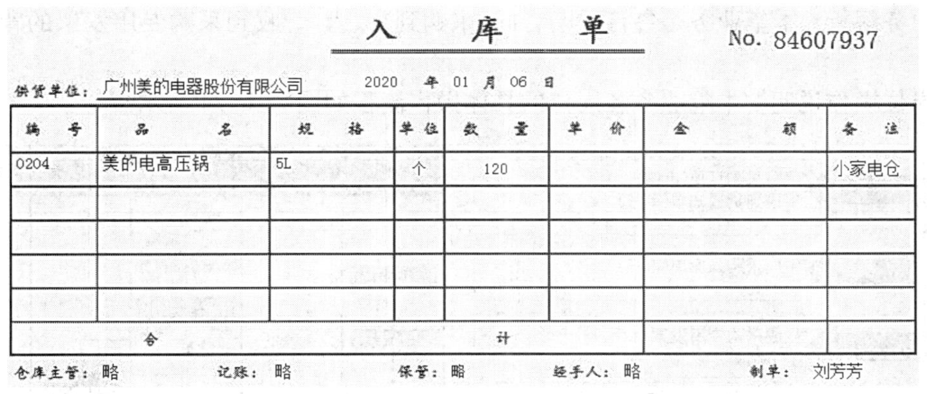

入　库　单　No. 84607937

供货单位：广州美的电器股份有限公司　2020 年 01 月 06 日

编号	品名	规格	单位	数量	单价	金额	备注
0204	美的电高压锅	5L	个	120			小家电仓
合				计			

仓库主管：略　记账：略　保管：略　经手人：略　制单：刘芳芳

图 2-1-71　【入库单】凭证

4400151140　广东增值税专用发票　№ 43681485　4400151140　43681485

发票联

机器编号：982888812388　开票日期：2020年01月06日

购买方	名称：广州欣欣电子商贸有限公司 纳税人识别号：9144040025 86UE06 地址、电话：广州市天河区上元大街18号020-61168868 开户行及账号：中国工商银行广州市上元大街支行6220987022300068	密码区	172312-4-275 <1+46*54* 82*59* 181321> <8182*59*09618153 </ <4 <3*2702-9>9*+153 </0 >2-3 *08/4>*>>2-3*0/9/>>25-275 <1

货物或应税劳务、服务名称	规格型号	单位	数量	单价	金额	税率	税额
美的电高压锅	5L	个	120	120.00	14400.00	13%	1872.00
合计					¥14400.00		¥1872.00
价税合计（大写）	⊗壹万陆仟贰佰柒拾贰元整				（小写）¥16272.00		

销售方	名称：广州美的电器股份有限公司 纳税人识别号：91440400898TK8698 地址、电话：广州市天河区石牌西路36号020-85556888 开户行及账号：中国银行广州市天河区支行6210060059793452	备注	校验码 52118 02817 08248 65195

收款人：略　复核：略　开票人：略

第三联：发票联　购买方记账凭证

税总函[2019]××号×××××公司

图 2-1-72　【增值税专用发票】凭证

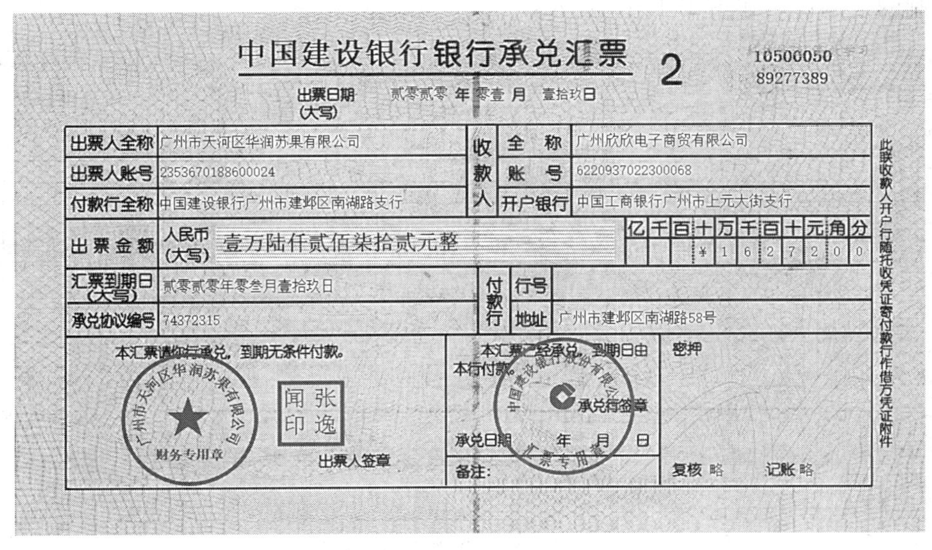

中国建设银行银行承兑汇票　2　10500050　89277389

出票日期（大写）：贰零贰零 年 零壹 月 壹拾玖日

出票人全称	广州市天河区华润苏果有限公司	收款人	全称	广州欣欣电子商贸有限公司
出票人账号	2353670188600024		账号	6220937022300068
付款行全称	中国建设银行广州市建邺区南湖路支行		开户银行	中国工商银行广州市上元大街支行
出票金额	人民币（大写）壹万陆仟贰佰柒拾贰元整		亿千百十万千百十元角分	¥1627200
汇票到期日（大写）	贰零贰零年零叁月壹拾玖日	付款行	行号	
承兑协议编号	74372315		地址	广州市建邺区南湖路58号

本汇票请你行承兑，到期无条件付款。　出票人签章

本汇票已经承兑，到期日由本行付款。承兑行签章　承兑日期 年 月 日　备注：

密押　复核 略　记账 略

此联收款人开户行随托收凭证寄付款行作借方凭证附件

图 2-1-73　【银行汇票】凭证

〖**业务解析**〗本笔业务是签订采购合同、采购到货、入库、收到采购专用发票的背书付款业务。

〖**岗位操作说明**〗本笔业务各岗位的具体操作流程如图 2-1-74 所示。

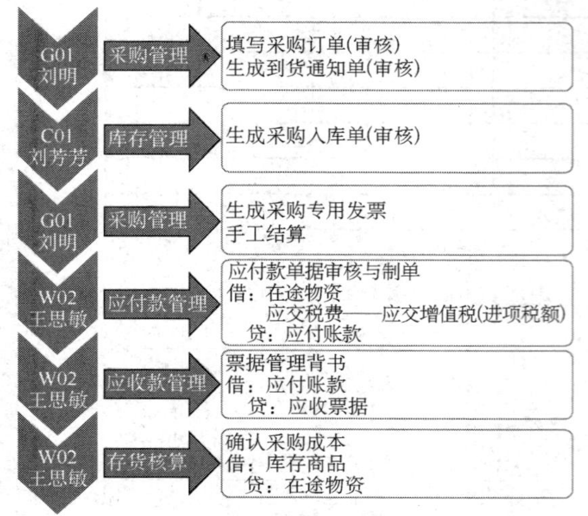

图 2-1-74　岗位操作说明

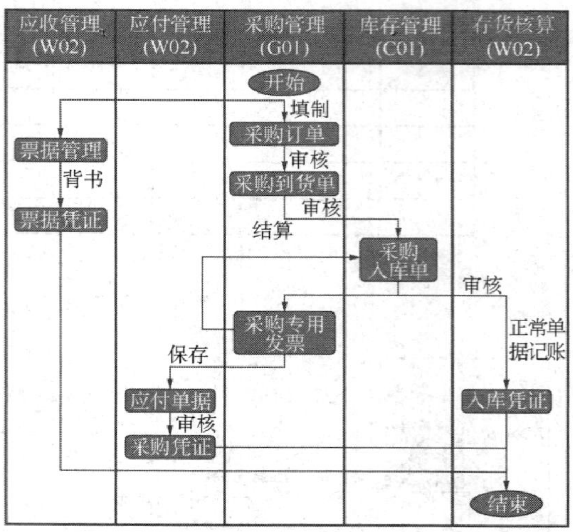

图 2-1-75　业务流程

〖**业务流程**〗本笔业务的业务流程如图 2-1-75 所示。

〖**操作指引**〗

1. 填制采购订单

(1) 2020 年 1 月 6 日,采购部【G01 刘明】在企业应用平台中执行【业务工作】【供应链】【采购管理】【采购订货】命令,打开【采购订单】窗口。

(2) 单击【增加】按钮,修改【订单编号】为【C2020-01-005】,【采购类型】选择【普通采购】,【供应商】选择【美的电器】,【部门】选择【采购部】,【业务员】选择【刘明】;在表体中,选择【存货编码】为【0204】,输入【数量】为【120.00】,【原币含税单价】为【135.60】,修改【计划到货日期】为【2020-01-06】,其他信息由系统自动带出,单击【保存】按钮,单击【审核】按钮,审核填制的采购订单如图 2-1-76 所示。

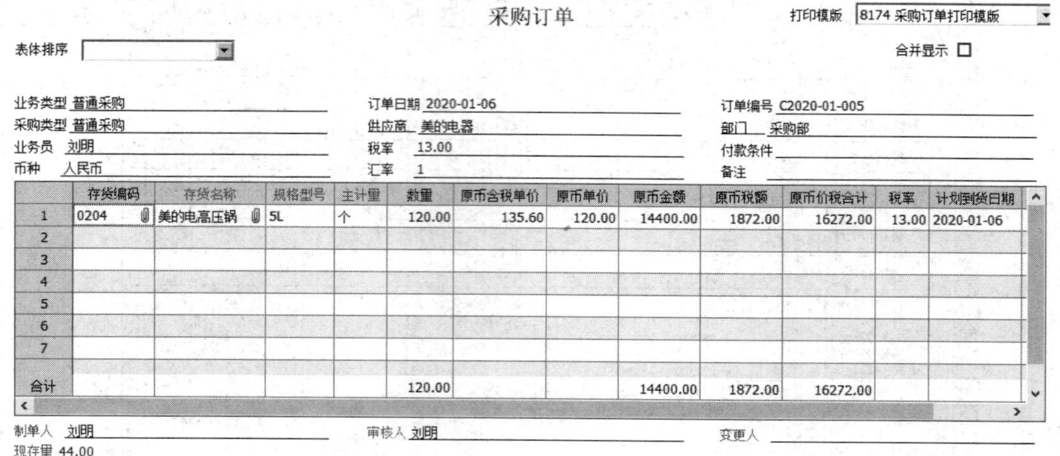

采购订单

打印模版 8174 采购订单打印模版

表体排序

合并显示 □

业务类型 普通采购　　订单日期 2020-01-06　　订单编号 C2020-01-005

采购类型 普通采购　　供应商 美的电器　　部门 采购部

业务员 刘明　　税率 13.00　　付款条件

币种 人民币　　汇率 1　　备注

	存货编码	存货名称	规格型号	主计量	数量	原币含税单价	原币单价	原币金额	原币税额	原币价税合计	税率	计划到货日期
1	0204	美的电高压锅	5L	个	120.00	135.60	120.00	14400.00	1872.00	16272.00	13.00	2020-01-06
2												
3												
4												
5												
6												
7												
合计					120.00			14400.00	1872.00	16272.00		

制单人 刘明　　审核人 刘明　　变更人

现存量 44.00

图 2-1-76　【采购订单】窗口

2. 生成采购到货单

（1）2020 年 1 月 6 日，采购部【G01 刘明】在企业应用平台中执行【业务工作】【供应链】【采购管理】【采购到货】命令，打开【到货单】窗口。

（2）单击【增加】按钮，执行【生单】【采购订单】命令，打开【查询条件选择—采购订单列表过滤】窗口，单击【确定】按钮。

（3）系统弹出【拷贝并执行】窗口，选中所要拷贝的采购订单，如图 2-1-77 所示，单击【确定】按钮，系统自动生成到货单，单击【保存】按钮，单击【审核】按钮。根据采购订单生成的采购到货单如图 2-1-78 所示。

到货单拷贝订单表头列表

记录总数：2

选择	业务类型	订单号	订单日期	供货商	币种
	普通采购	c2020-01-002	2020-01-03	格力空调	人民币
Y	普通采购	C2020-01-005	2020-01-06	美的电器	人民币
合计					

到货单拷贝订单表体列表

记录总数：1

选择	存货编码	存货名称	规格型号	主计量	订货数量	原币单价	原币含税单价	原币金额	原币税额	原币价税合计	税率	订单编号	计划到达日期
Y	0204	美的电高压锅	5L	个	120.00	120.00	135.60	14,400.00	1,872.00	16,272.00	13.00	C2020-01-005	2020-01-06
合计													

图 2-1-77　【到货单拷贝并执行】窗口

到货单

打印模版 8170 到货单打印模版

表体排序

合并显示 □

业务类型 普通采购　　单据号 0000000004　　日期 2020-01-06

采购类型 普通采购　　供应商 美的电器　　部门 采购部

业务员 刘明　　币种 人民币　　汇率 1

运输方式　　税率 13.00　　备注

	存货编码	存货名称	规格型号	主计量	数量	原币含税单价	原币单价	原币金额	原币税额	原币价税合计	税率	订单号
1	0204	美的电高压锅	5L	个	120.00	135.60	120.00	14400.00	1872.00	16272.00	13.00	C2020-01-005
2												
3												
4												
5												
6												
7												
合计					120.00			14400.00	1872.00	16272.00		

制单人 刘明　　现存量 26.00

图 2-1-78　【到货单】窗口

3. 生成采购入库单

（1）2020 年 1 月 6 日，仓储部【C01 刘芳芳】在企业应用平台中执行【业务工作】【供应链】【库存管理】【入库业务】命令，打开【采购入库单】窗口。

（2）执行【生单】【采购到货单（蓝字）】命令，打开【查询条件选择—采购到货单列表】窗口，单击【确定】按钮。

（3）打开【到货单生单列表】，选择相应的【到货单生单表头】，单击【确定】按钮，系统自动生成采购入库单，修改【仓库】为【小家电仓】，单击【保存】按钮，单击【审核】按钮，如图 2-1-79 所示。

采购入库单　　采购入库单打印模版

表体排序　　◉ 蓝字　○ 红字　　合并显示 □

入库单号 0000000005　入库日期 2020-01-06　仓库 小家电仓
订单号 C2020-01-005　到货单号 0000000004　业务号
供货单位 美的电器　部门 采购部　业务员 刘明
到货日期 2020-01-06　业务类型 普通采购　采购类型 普通采购
入库类别 采购入库　审核日期 2020-01-06　备注

	存货编码	存货名称	规格型号	主计量单位	数量	本币单价	本币金额
1	0204	美的电高压锅	5L	个	120.00	120.00	14400.00
2							
3							
4							
5							
6							
7							
合计					120.00		14400.00

制单人 刘芳芳　审核人 刘芳芳
现存量 146.00

图 2-1-79 【采购入库单】窗口

4. 填制采购专用发票

（1）2020 年 1 月 6 日，采购部【G01 刘明】在企业应用平台中执行【业务工作】【供应链】【采购管理】【采购发票】命令，打开【采购专用发票】窗口。

（2）单击【增加】按钮，执行【生单】【入库单】命令，打开【查询条件选择—采购入库单列表过滤】窗口，单击【确定】按钮。

（3）系统弹出【拷贝并执行】窗口，选中所要拷贝的采购入库单，单击【确定】按钮，系统自动生成采购专用发票，修改【发票号】为【43681485】，单击【保存】按钮，单击【结算】按钮，完成自动结算，如图 2-1-80 所示。

已结算　　专用发票　　打印模版 8164 专用发票打印模版

表体排序　　合并显示 □

业务类型 普通采购　发票类型 专用发票　发票号 43681485
开票日期 2020-01-06　供应商 美的电器　代垫单位 美的电器
采购类型 普通采购　税率 13.00　部门名称 采购部
业务员 刘明　币种 人民币　汇率 1
发票日期　付款条件　备注

	存货编码	存货名称	规格型号	主计量	数量	原币单价	原币金额	原币税额	原币价税合计	税率	订单号
1	0204	美的电高压锅	5L	个	120.00	120.00	14400.00	1872.00	16272.00	13.00	C2020-01-005
2											
3											
4											
5											
6											
7											
合计					120.00		14400.00	1872.00	16272.00		

图 2-1-80 【采购专用发票】窗口

5. 应付单据审核与制单

(1) 2020 年 1 月 6 日,财务部【W02 王思敏】在企业应用平台中执行【业务工作】【财务会计】【应付款管理】【应付单据处理】【应付单据审核】命令,打开【应付单据查询条件】对话框,单击【确定】按钮,系统弹出【应付单据列表】窗口,如图 2-1-81 所示。

应付单据列表

记录总数：1

选择	审核人	单据日期	单据类型	单据号	供应商名称	部门	业务员	制单人	币种	汇率	原币金额	本币金额	备注
Y		2020-01-06	采购专用发票	43681485	广州美的电器股份有限公司	采购部	刘明	刘明	人民币	1.00000000	16,272.00	16,272.00	
合计											16,272.00	16,272.00	

图 2-1-81 【应付单据列表】窗口

(2) 双击【选择】栏或单击【全选】按钮,单击【审核】按钮,系统完成审核并给出审核报告,单击【确定】按钮后退出。

(3) 执行【制单处理】命令,打开【制单查询】对话框,选择【发票制单】,单击【确定】按钮,打开【采购发票制单】窗口,选择【记账凭证】,再单击【全选】按钮,选中要制单的【采购专用发票】。

(4) 单击【制单】按钮,生成一张记账凭证,单击【保存】按钮,如图 2-1-82 所示。

已生成

记账凭证

记 字 0008　　制单日期：2020.01.06　　审核日期：　　附单据数：1

摘要	科目名称	借方金额	贷方金额
采购专用发票	在途物资	1440000	
采购专用发票	应交税费/应交增值税/进项税额	187200	
采购专用发票	应付账款/一般应付款/国内供应商		1627200
票号 日期　数量 单价	合计	1627200	1627200

备注　项目　　部门
　　　个人　　客户
　　　业务员

记账　　审核　　出纳　　制单 王思敏

图 2-1-82 【记账凭证】窗口

6. 票据处理

(1) 2020 年 1 月 06 日,财务部【W02 王思敏】在企业应用平台中执行【业务工作】【财务会计】【应收款管理】【票据管理】命令,打开【票据管理】窗口,选择需要背书的票据。

(2) 单击【背书】按钮,系统弹出【票据背书】对话框,选择【被背书人】为【广州美的电器股份有限公司】,如图 2-1-83 所示。

(3) 单击【确定】按钮,系统弹出【冲销应付账款】对话框,输入转账金额为【16 272.00】,如图 2-1-84 所示,单击【确定】按钮,系统提示【是否立即制单】,选择【是】,生成的记账凭证如图 2-1-85 所示。

图 2-1-83 【票据背书】对话框

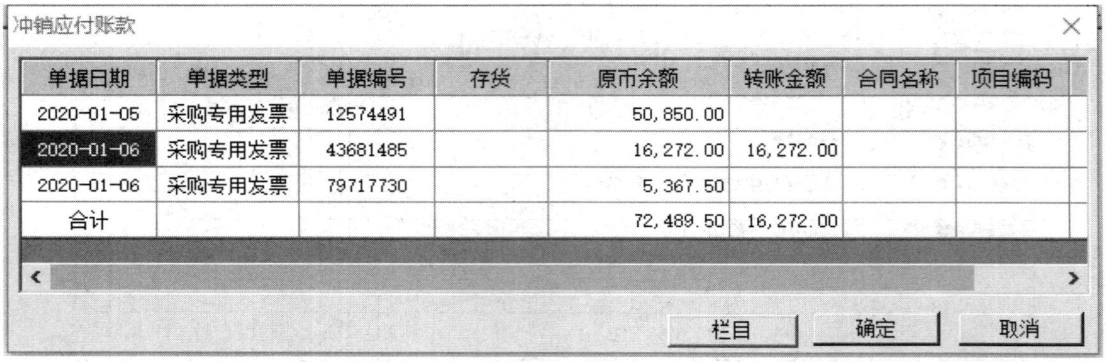

冲销应付账款

单据日期	单据类型	单据编号	存货	原币余额	转账金额	合同名称	项目编码
2020-01-05	采购专用发票	12574491		50,850.00			
2020-01-06	采购专用发票	43681485		16,272.00	16,272.00		
2020-01-06	采购专用发票	79717730		5,367.50			
合计				72,489.50	16,272.00		

栏目　确定　取消

图 2-1-84 【冲销应付账款】窗口

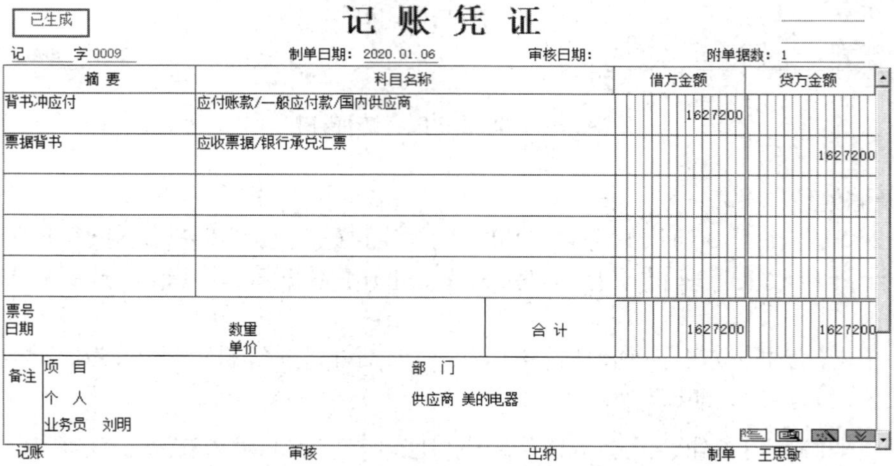

已生成

记 账 凭 证

记 字 0009　制单日期：2020.01.06　审核日期：　附单据数：1

摘 要	科目名称	借方金额	贷方金额
背书冲应付	应付账款/一般应付款/国内供应商	1627200	
票据背书	应收票据/银行承兑汇票		1627200
票号 日期	数量 单价 合 计	1627200	1627200

备注　项 目　部 门
个 人　供应商 美的电器
业务员 刘明

记账　审核　出纳　制单 王思敏

图 2-1-85 【记账凭证】窗口

7. 核算采购成本

（1）2020 年 1 月 6 日，财务部【W02 王思敏】在企业应用平台中执行【业务工作】【供应链】【存货核算】【业务核算】【正常单据记账】命令，打开【查询条件选择】窗口，单击【确定】按钮，打开【正常单据记账列表】窗口，单击相应列表，如图 2-1-86 所示。

正常单据记账列表

记录总数：1

选择	日期	单据号	存货编码	存货名称	规格型号	存货代码	单据类型	仓库名称	收发类别	数量	单价	金额
Y	2020-01-06	0000000005	0204	美的电高压锅	5L		采购入库单	小家电仓	采购入库	120.00	120.00	14,400.00
小计										120.00		14,400.00

图 2-1-86　【正常单据记账列表】窗口

（2）单击【记账】按钮，将采购入库单记账，系统提示【记账成功】，单击【确定】按钮。

（3）执行【财务核算】【生成凭证】命令，打开【查询条件】窗口，单击【确定】按钮，打开【未生成凭证单据一览表】窗口，单击【选择】栏或单击【全选】按钮，选中持生成凭证的单据，单击【确定】按钮，凭证类别选择【记　记账凭证】，如图 2-1-87 所示。

凭证类别　记 记账凭证

选择	单据类型	单据号	摘要	科目类型	科目编码	科目名称	借方金额	贷方金额	借方数量	贷方数量	科目方向	存货编码	存货名称	部门名称	业务员名称
1	采购入库单	0000000005	采购入库单	存货	1405	库存商品	14,400.00		120.00		1	0204	美的电高压锅	采购部	刘明
				对方	1402	在途物资		14,400.00		120.00	2	0204	美的电高压锅	采购部	刘明
合计							14,400.00	14,400.00							

图 2-1-87　【生成凭证】窗口

（4）单击【生成】按钮，生成一张记账凭证，单击【保存】按钮，如图 2-1-88 所示。

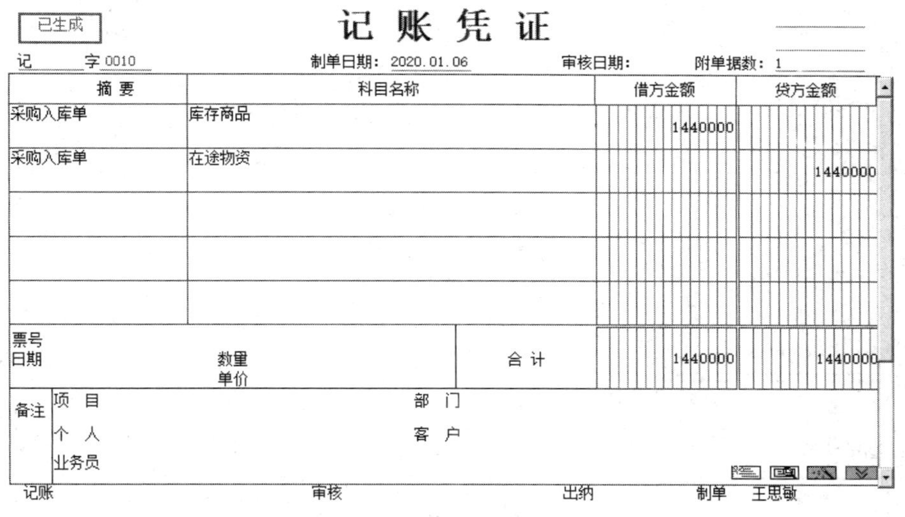

已生成

记账凭证

记　字 0010　　制单日期：2020.01.06　　审核日期：　　附单据数：1

摘要	科目名称	借方金额	贷方金额
采购入库单	库存商品	1440000	
采购入库单	在途物资		1440000
票号 日期 数量 单价	合计	1440000	1440000

备注　项目　部门　个人　客户　业务员

记账　审核　出纳　制单　王思敏

图 2-1-88　【记账凭证】窗口

业务二　进口采购业务

〖**业务描述**〗2020 年 1 月 7 日，采购部【G01 刘明】与美国 OK 智能家电公司签订购销合同，采购智能洗碗机一批，货款尚未支付，取得与该业务相关的凭证如图 2-1-89 至图 2-1-91 所示。

购销合同

合同编号 C2020-01-006

购货单位（甲方）： 广州欣欣电子商贸有限公司

供货单位（乙方）： 美国OK智能家电公司

根据《中华人民共和国合同法》及国家相关法律、法规之规定，甲乙双方本着平等互利的原则，就甲方购买乙方货物一事达成以下协议。

一、货物的名称、数量及价格：

货物名称	规格型号	单位	数量	含税单价	金额	税率	价税合计
智能洗碗机		台	100	56.50	5,000.00	13%	5,650.00
合计（大写）伍仟陆佰伍拾元整							5,650.00

二、交货方式和费用承担：交货方式： 销货方送货 ，交货时间：2020年01月07日 前，交货地点：广州市天河区上元大街18号 ，运费由 供货方 承担。

三、付款时间与付款方式： 2020年1月11日用信用证付款

四、质量异议期：订货方对供货方的货物质量有异议时，应在收到货物后 内提出，逾期视为货物质量合格。

五、未尽事宜经双方协商可补充协议，与本合同具有同等效力。

六、本合同自双方签字、盖章之日起生效；本合同壹式贰份，甲乙双方各执壹份。

甲方（签章）： 广州欣欣电子商贸有限公司 合同专用章

授权代表：陈翼明

地址：广州市天河区上元大街18号

电话：020-61168868

日期：2020 年 01 月 07 日

乙方（签章）： 美国OK智能家电公司 合同专用章

授权代表：

地址：美国纽约

电话：

日期：2020 年 01 月 07 日

图 2-1-89 【购销合同】凭证

入 库 单

No. 66945897

供货单位：美国OK智能家电公司　　2020 年 01 月 07 日

编号	品名	规格	单位	数量	单价	金额	备注
0205	智能洗碗机		台	100			小家电仓
合计							

仓库主管：略　记账：略　保管：略　经手人：略　制单：刘芳芳

图 2-1-90 【入库单】凭证

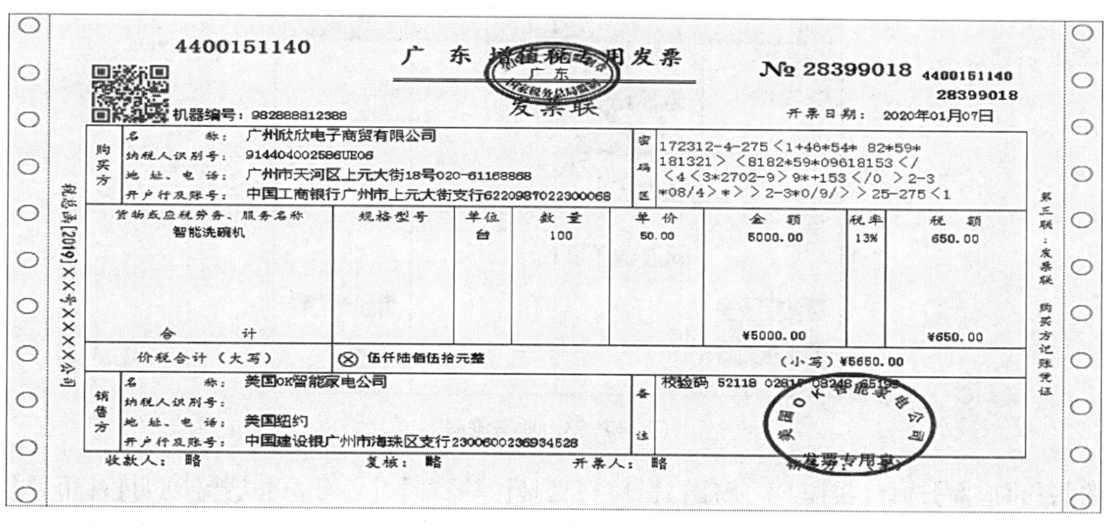

4400151140

广东增值税专用发票

发票联

№ 28399018 4400151140 28399018

机器编号：982888812388

开票日期：2020年01月07日

购买方 名称：广州欣欣电子商贸有限公司
纳税人识别号：914404002586UE06
地址、电话：广州市天河区上元大街18号020-61168868
开户行及账号：中国工商银行广州市上元大街支行6220987022300068

密码区 172312-4-275<1+46*54* 82*59*
181321><8182*59*09618153</
<4<3*2702-9>9*+153</0 >2-3
08/4>>>2-3*0/9/>>25-275<1

货物或应税劳务、服务名称	规格型号	单位	数量	单价	金额	税率	税额
智能洗碗机		台	100	50.00	5000.00	13%	650.00
合计					¥5000.00		¥650.00

价税合计（大写） ⊗伍仟陆佰伍拾元整 （小写）¥5650.00

销售方 名称：美国OK智能家电公司
纳税人识别号：
地址、电话：美国纽约
开户行及账号：中国建设银行广州市海珠区支行2300600236934528

备注 校验码 52118 0281[illegible] 08248 6519[illegible]

收款人：略 复核：略 开票人：略 销售方：（章）

税总函[2019]××号××××公司

第三联：发票联 购买方记账凭证

图 2-1-91 【增值税专用发票】凭证

〖**业务解析**〗本笔业务是外币核算业务，包括签订采购合同、采购到货入库、收到采购专用发票。

〖**岗位操作流程**〗本业务各岗位具体操作流程如图 2-1-92 所示。

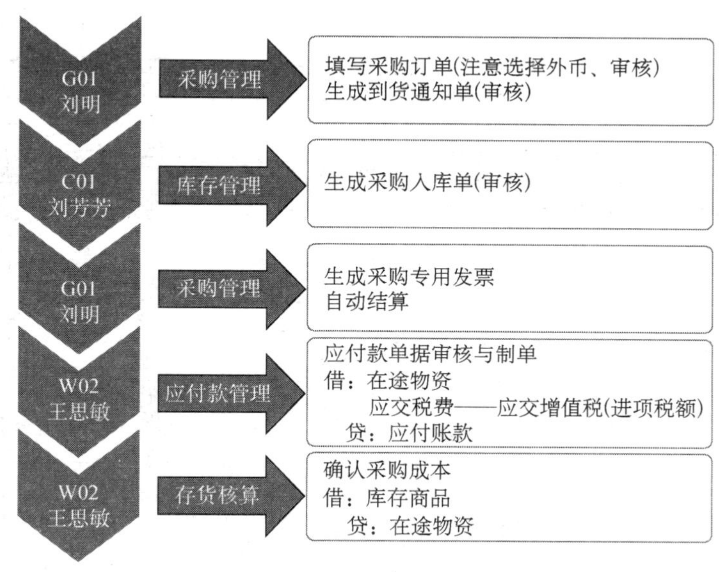

图 2-1-92 岗位操作流程

〖**业务流程**〗本笔业务的业务流程如图 2-1-93 所示。

〖**操作指引**〗

1. 填制采购订单

（1）2020 年 1 月 7 日，采购部【G01 刘明】在企业应用平台中执行【业务工作】【供应链】【采购管理】【采购订货】命令，打开【采购订单】窗口。

（2）单击【增加】按钮，修改【订单编号】为【C2020-01-006】，【采购类型】选择【普通采

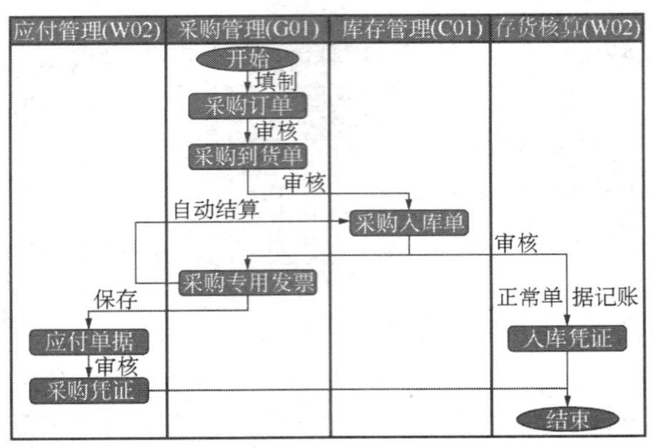

图 2-1-93 业务流程

购】,【供应商】选择【美国 OK 智能】,【部门】选择【采购部】,【业务员】选择【刘明】;【币种】选择【美元】,【汇率】自动生成【6.85】;在表体中,选择【存货编码】为【0205】,输入【数量】为【100.00】,【原币含税单价】为【56.50】,【计划到货日期】修改为【2020-01-07】,其他信息由系统自动带出,单击【保存】按钮,单击【审核】按钮,如图 2-1-94 所示。

采购订单

打印模版 8174 采购订单打印模版

表体排序

合并显示 □

业务类型 普通采购　订单日期 2020-01-07　订单编号 C2020-01-006

采购类型 普通采购　供应商 美国OK智能　部门 采购部

业务员 刘明　税率 13.00　付款条件

币种 美元　汇率 6.85000　备注

	存货编码	存货名称	主计量	数量	原币含税单价	原币单价	原币金额	原币税额	原币价税合计	税率	计划到货日期
1	0205	智能洗碗机	台	100.00	56.50	50.00	5000.00	650.00	5650.00	13.00	2020-01-07
2											
3											
4											
5											
6											
7											
合计				100.00			5000.00	650.00	5650.00		

制单人 刘明　审核人 刘明　变更人

现存量 0.00

图 2-1-94 【采购订单】窗口

2. 生成采购到货单

(1) 2020 年 1 月 7 日,采购部【G01 刘明】在企业应用平台中执行【业务工作】【供应链】【采购管理】【采购到货】命令,打开【到货单】窗口。

(2) 单击【增加】按钮,执行【生单】【采购订单】命令,打开【查询条件选择—采购订单列表过滤】对话框,单击【确定】按钮。

(3) 系统弹出【拷贝并执行】对话框,选中所要拷贝的采购订单,单击【确定】按钮,系统自动生成到货单,单击【保存】按钮,单击【审核】按钮。根据采购订单生成的采购到货单,如

图 2-1-95 所示。

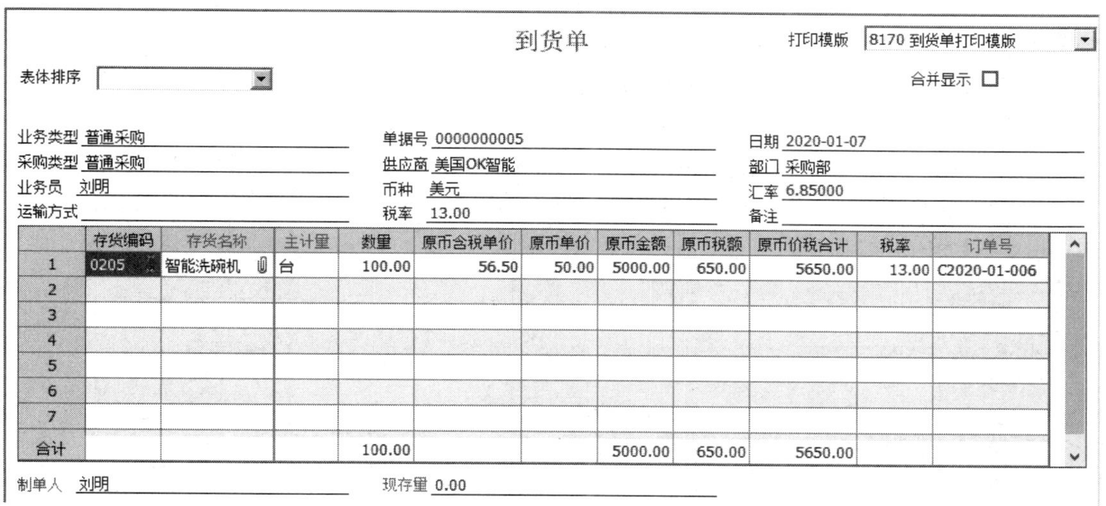

到货单

打印模版 8170 到货单打印模版

表体排序

合并显示 □

业务类型 普通采购　单据号 0000000005　日期 2020-01-07

采购类型 普通采购　供应商 美国OK智能　部门 采购部

业务员 刘明　币种 美元　汇率 6.85000

运输方式　税率 13.00　备注

	存货编码	存货名称	主计量	数量	原币含税单价	原币单价	原币金额	原币税额	原币价税合计	税率	订单号
1	0205	智能洗碗机	台	100.00	56.50	50.00	5000.00	650.00	5650.00	13.00	C2020-01-006
2											
3											
4											
5											
6											
7											
合计				100.00			5000.00	650.00	5650.00		

制单人 刘明　现存量 0.00

图 2-1-95 【到货单】窗口

3. 生成采购入库单

（1）2020 年 1 月 7 日，仓储部【C01 刘芳芳】在企业应用平台中执行【业务工作】【供应链】【库存管理】【入库业务】命令，打开【采购入库单】窗口。

（2）执行【生单】【采购到货单（蓝字）】命令，打开【查询条件选择—采购到货单列表】对话框，单击【确定】按钮。

（3）打开【到货单生单列表】，选择相应的【到货单生单表头】，单击【确定】按钮，系统自动生成采购入库单，修改仓库为【小家电仓】，单击【保存】按钮，单击【审核】按钮，如图 2-1-96所示。

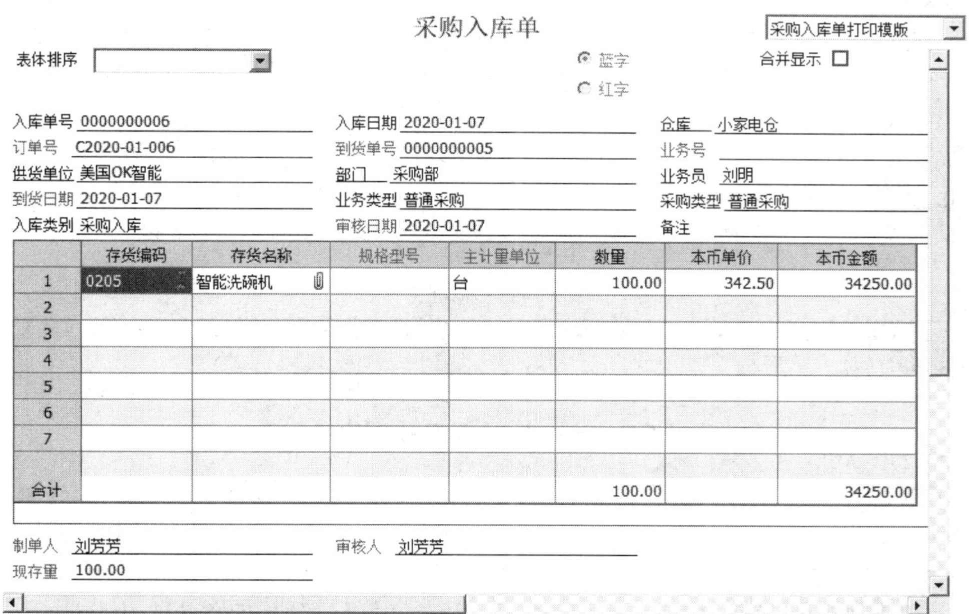

采购入库单

采购入库单打印模版

表体排序

◉ 蓝字　○ 红字

合并显示 □

入库单号 0000000006　入库日期 2020-01-07　仓库 小家电仓

订单号 C2020-01-006　到货单号 0000000005　业务号

供货单位 美国OK智能　部门 采购部　业务员 刘明

到货日期 2020-01-07　业务类型 普通采购　采购类型 普通采购

入库类别 采购入库　审核日期 2020-01-07　备注

	存货编码	存货名称	规格型号	主计量单位	数量	本币单价	本币金额
1	0205	智能洗碗机		台	100.00	342.50	34250.00
2							
3							
4							
5							
6							
7							
合计					100.00		34250.00

制单人 刘芳芳　审核人 刘芳芳

现存量 100.00

图 2-1-96 【采购入库单】窗口

4. 填制采购专用发票

(1) 2020 年 1 月 7 日,采购部【G01 刘明】在企业应用平台中执行【业务工作】【供应链】【采购管理】【采购发票】命令,打开【采购专用发票】窗口。

(2) 单击【增加】按钮,执行【生单】【入库单】命令,打开【查询条件选择—采购入库单列表过滤】对话框,单击【确定】按钮。

(3) 系统弹出【拷贝并执行】窗口,选中所要拷贝的采购入库单,单击【确定】按钮,系统自动生成采购专用发票,修改【发票号】为【28399018】,单击【保存】按钮,再单击【结算】按钮,如图2-1-97 所示。

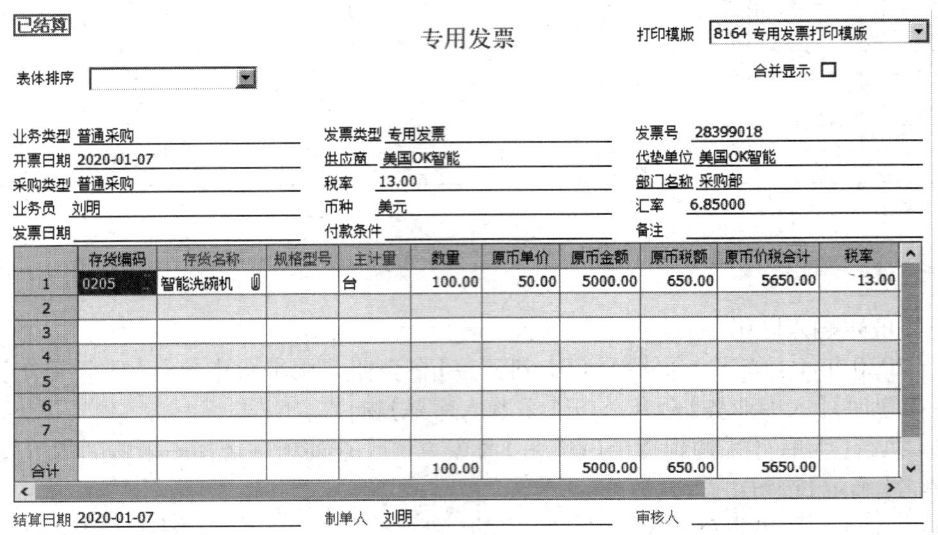

已结算

专用发票

打印模版 8164 专用发票打印模版

表体排序

合并显示 □

业务类型 普通采购　发票类型 专用发票　发票号 28399018

开票日期 2020-01-07　供应商 美国OK智能　代垫单位 美国OK智能

采购类型 普通采购　税率 13.00　部门名称 采购部

业务员 刘明　币种 美元　汇率 6.85000

发票日期　付款条件　备注

	存货编码	存货名称	规格型号	主计量	数量	原币单价	原币金额	原币税额	原币价税合计	税率
1	0205	智能洗碗机		台	100.00	50.00	5000.00	650.00	5650.00	13.00
2										
3										
4										
5										
6										
7										
合计					100.00		5000.00	650.00	5650.00	

结算日期 2020-01-07　制单人 刘明　审核人

图 2-1-97 【已结算采购专用发票】窗口

5. 应付单据审核与制单

(1) 2020 年 1 月 7 日,财务部【W02 王思敏】在企业应用平台中执行【业务工作】【财务会计】【应付款管理】【应付单据处理】【应付单据审核】命令,打开【应付单据查询条件】对话框。

(2) 单击【确定】按钮,系统弹出【应付单据列表】窗口,双击【选择】栏或单击【全选】按钮,单击【审核】按钮,系统完成审核并给出审核报告,单击【确定】按钮后退出,如图 2-1-98 所示。

应付单据列表

记录总数：1

选择	审核人	单据日期	单据类型	单据号	供应商名称	部门	业务员	制单人	币种	汇率	原币金额	本币金额	备注
	王思敏	2020-01-07	采购专用发票	28399018	美国OK智能家电公司	采购部	刘明	刘明	美元	6.85000000	5,650.00	38,702.50	
合计											5,650.00	38,702.50	

图 2-1-98 【应付单据列表】窗口

(3) 执行【制单处理】命令,打开【制单查询】对话框,选择【发票制单】,单击【确定】按钮,打开【采购发票制单】窗口,凭证类别选择【记账凭证】,再单击【全选】按钮,选中要制单的【采购专用发票】,如图 2-1-99 所示。

(4) 单击【制单】按钮,生成一张记账凭证,单击【保存】按钮,如图 2-1-100 所示。

采购发票制单

凭证类别 记账凭证　　制单日期 2020-01-07　　共 1 条

选择标志	凭证类别	单据类型	单据号	日期	供应商编码	供应商名称	部门	业务员	金额
1	记账凭证	采购专用发票	28399018	2020-01-07	0005	美国OK智能家电公司	采购部	刘明	38,702.50

图 2-1-99 【采购发票制单】窗口

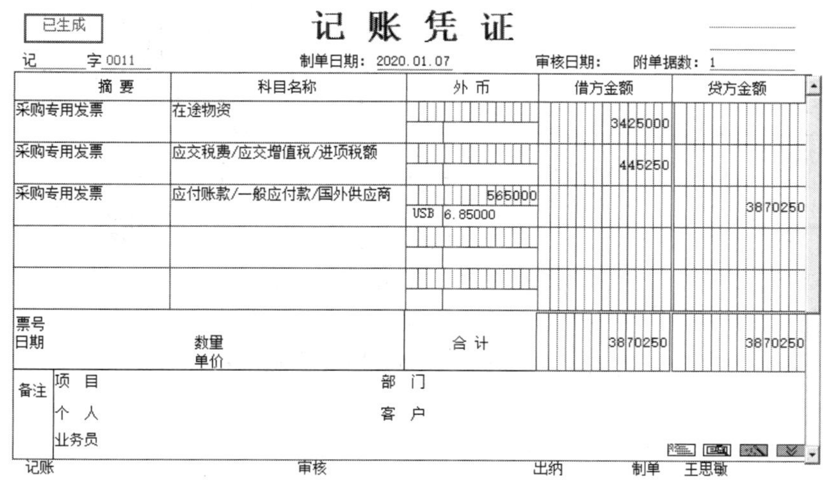

已生成

记账凭证

记 字 0011　　制单日期：2020.01.07　　审核日期：　　附单据数：1

摘要	科目名称	外币	借方金额	贷方金额
采购专用发票	在途物资		3425000	
采购专用发票	应交税费/应交增值税/进项税额		445250	
采购专用发票	应付账款/一般应付款/国外供应商	565000 USD 6.85000		3870250
票号 日期	数量 单价	合计	3870250	3870250

备注 项目　　部门
个人　　客户
业务员

记账　　审核　　出纳　　制单 王思敏

图 2-1-100 【记账凭证】窗口

6. 核算采购成本

（1）2020 年 1 月 7 日，财务部【W02 王思敏】在企业应用平台中执行【业务工作】【供应链】【存货核算】【业务核算】【正常单据记账】命令，打开【查询条件选择】对话框，单击【确定】按钮，打开【正常单据记账列表】窗口，双击选择第 1 条记录，如图 2-1-101 所示。

正常单据记账列表

记录总数：1

选择	日期	单据号	存货编码	存货名称	单据类型	仓库名称	收发类别	数量	单价	金额	供应商简称	计量单位
Y	2020-01-07	0000000006	0205	智能洗碗机	采购入库单	小家电仓	采购入库	100.00	342.50	34,250.00	美国OK智能	台
小计								100.00		34,250.00		

图 2-1-101 【正常单据记账列表】窗口

（2）单击【记账】按钮，将采购入库单记账，系统提示【记账成功】，单击【确定】按钮。

（3）执行【财务核算】【生成凭证】命令，打开【查询条件】对话框，单击【确定】按钮，打开【未生成凭证单据一览表】窗口，单击【选择】栏或单击【全选】按钮，选中待生成凭证的单据，单击【确定】按钮，凭证类别选择【记　记账凭证】，如图 2-1-102 所示。

凭证类别 记 记账凭证

选择	单据类型	单据号	摘要	科目类型	科目编码	科目名称	借方金额	贷方金额	借方数量	贷方数量	科目方向	存货编码	存货名称	部门名称	业务员名称
1	采购入库单	0000000006	采购入库单	存货	1405	库存商品	34,250.00		100.00		1	0205	智能洗碗机	采购部	刘明
				对方	1402	在途物资		34,250.00		100.00	2	0205	智能洗碗机	采购部	刘明
合计							34,250.00	34,250.00							

图 2-1-102 【生成凭证】窗口

（4）单击【生成】按钮，生成一张记账凭证，单击【保存】按钮，如图 2-1-103 所示。

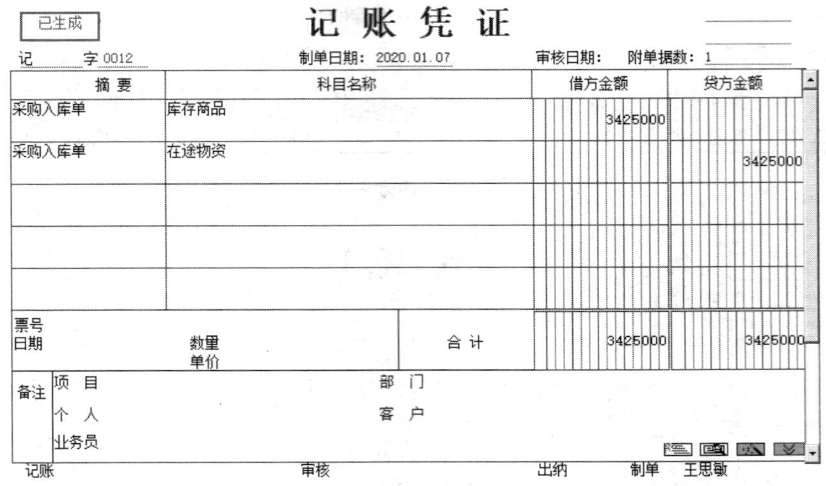

已生成

记 账 凭 证

记 字 0012　　制单日期：2020.01.07　　审核日期：　　附单据数：1

摘要	科目名称	借方金额	贷方金额
采购入库单	库存商品	3425000	
采购入库单	在途物资		3425000
票号 日期	数量 单价　　合计	3425000	3425000

备注　项　目　　部　门
　　　个　人　　客　户
　　　业务员

记账　　审核　　出纳　　制单　王思敏

图 2-1-103 【记账凭证】窗口

业务三　有信用条件的采购业务

一、采购有信用条件的商品业务

〖**业务描述**〗2020 年 1 月 7 日,采购部【G01 刘明】与供应商广州美的电器股份有限公司签订购销合同,采购美的电饭煲和美的电磁炉一批,付款条件为 2/10,1/20,n/30,取得与该业务相关的凭证如图 2-1-104 至图 2-1-106 所示。

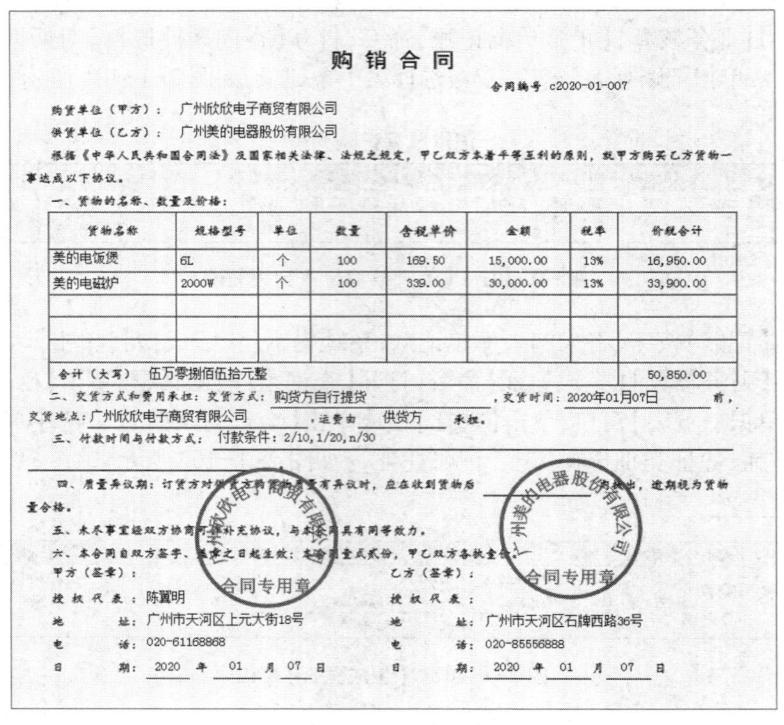

购 销 合 同

合同编号 c2020-01-007

购货单位（甲方）：　广州欣欣电子商贸有限公司

供货单位（乙方）：　广州美的电器股份有限公司

根据《中华人民共和国合同法》及国家相关法律、法规之规定，甲乙双方本着平等互利的原则，就甲方购买乙方货物一事达成以下协议。

一、货物的名称、数量及价格：

货物名称	规格型号	单位	数量	含税单价	金额	税率	价税合计
美的电饭煲	6L	个	100	169.50	15,000.00	13%	16,950.00
美的电磁炉	2000W	个	100	339.00	30,000.00	13%	33,900.00
合计（大写）　伍万零捌佰伍拾元整							50,850.00

二、交货方式和费用承担：交货方式：购货方自行提货，交货时间：2020年01月07日前，交货地点：广州欣欣电子商贸有限公司，运费由　供货方　承担。

三、付款时间与付款方式：付款条件：2/10,1/20,n/30

四、质量异议期：订货方对供货方的货物质量有异议时，应在收到货物后______内提出，逾期视为货物质量合格。

五、未尽事宜经双方协商可签补充协议，与本合同具有同等效力。

六、本合同自双方签字、盖章之日起生效；本合同壹式贰份，甲乙双方各执壹份。

甲方（签章）：　　　　　　　　乙方（签章）：

授权代表：陈翼明　　　　　　　授权代表：

地　　址：广州市天河区上元大街18号　　地　　址：广州市天河区石牌西路36号

电　　话：020-61168868　　　　电　　话：020-85556888

日　　期：2020 年 01 月 07 日　　日　　期：2020 年 01 月 07 日

图 2-1-104 【购销合同】凭证

入 库 单 No. 36193991

供货单位：广州美的电器股份有限公司 2020 年 01 月 07 日

编号	品名	规格	单位	数量	单价	金额	备注
0201	美的电饭煲	6L	个	100			小家电仓
0202	美的电磁炉	2000W	个	100			小家电仓
合				计			

仓库主管：略 记账：略 保管：略 经手人：略 制单：刘芳芳

图 2-1-105 【入库单】凭证

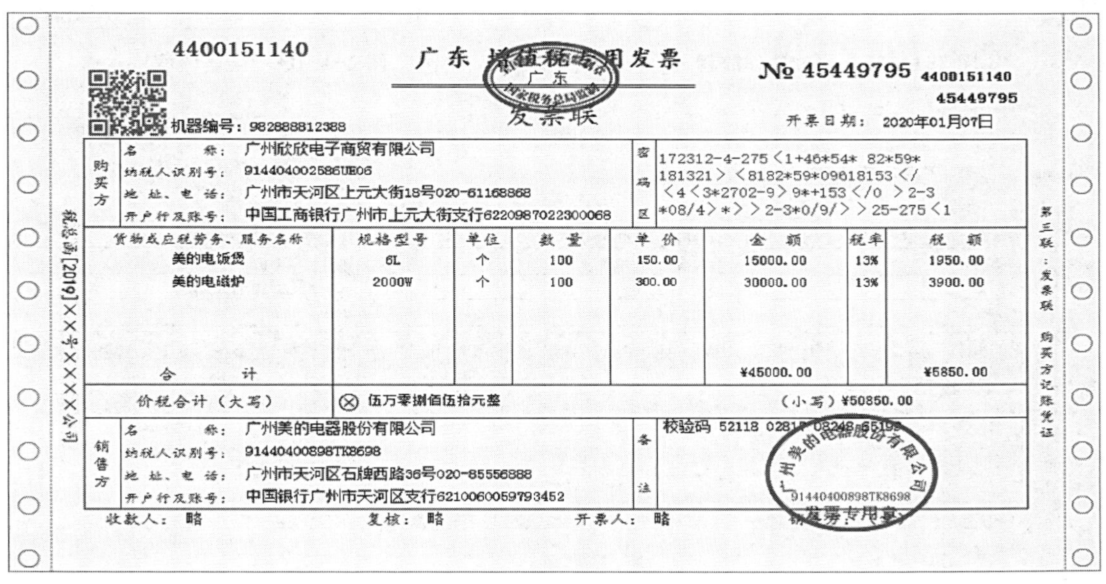

4400151140

广东 增值税专用发票

№ 45449795 4400151140 45449795

发票联

机器编号：982888812388 开票日期：2020年01月07日

购买方 名称：广州昕欣电子商贸有限公司
纳税人识别号：914404002586UE06
地址、电话：广州市天河区上元大街18号020-61168868
开户行及账号：中国工商银行广州市上元大街支行6220987022300068

密码区 172312-4-275 <1+46*54* 82*59* 181321 > <8182*59*09618153 </ <4 <3*2702-9 > 9*+153 </0 > 2-3 *08/4 > * > > 2-3*0/9/ > > 25-275 <1

货物或应税劳务、服务名称	规格型号	单位	数量	单价	金额	税率	税额
美的电饭煲	6L	个	100	150.00	15000.00	13%	1950.00
美的电磁炉	2000W	个	100	300.00	30000.00	13%	3900.00
合计					¥45000.00		¥5850.00

价税合计（大写）⊗伍万零捌佰伍拾元整 （小写）¥50850.00

销售方 名称：广州美的电器股份有限公司
纳税人识别号：91440400898TK8698
地址、电话：广州市天河区石牌西路36号020-85556888
开户行及账号：中国银行广州市天河区支行6210060059793452

备注 校验码 52118 02818 08248 65198

收款人：略 复核：略 开票人：略 销售方：（章）

税总函[2019]××号××××公司

第三联：发票联 购买方记账凭证

图 2-1-106 【增值税专用发票】凭证

〖**业务解析**〗本笔业务是有信用条件的赊销业务，包括已签订采购合同，采购到货，收到采购专用发票。

〖**岗位操作流程**〗本笔业务各岗位的具体操作流程如图 2-1-107 所示。

〖**业务流程**〗本笔业务的业务流程如图 2-1-108 所示。

〖**操作指引**〗

1. 填制采购订单

（1）2020 年 1 月 7 日，采购部【G01 刘明】在企业应用平台中执行【业务工作】【供应链】【采购管理】【采购订货】命令，打开【采购订单】窗口。

（2）单击【增加】按钮，修改【订单编号】为【C2020-01-007】，【采购类型】选择【普通采购】，【供应商】选择【美的电器】，【部门】选择【采购部】，【业务员】选择【刘明】，【付款条件】选择【2/10，1/20，n/30】；在表体中，选择【存货编码】分别为【0201】和【0202】，输入【数量】都为【100.00】,【原币含税单价】分别为【169.50】和【339.00】,修改【计划到货日期】为【2020-01-07】,其他信息由系统自动带出,单击【保存】按钮,单击【审核】按钮,审核填制的采购订单,如图 2-1-109 所示。

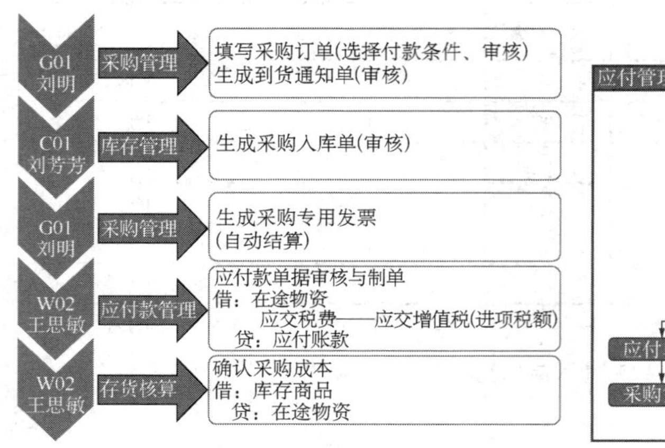

图 2-1-107　岗位操作流程

应付管理(W02)　采购管理(G01)　库存管理(C01)　存货核算(W02)
开始　填制　采购订单　审核　采购到货单　审核　自动结算　采购入库单　审核　采购专用发票　保存　正常单据记账　应付单据　审核　入库凭证　采购凭证　结束

图 2-1-108　业务流程

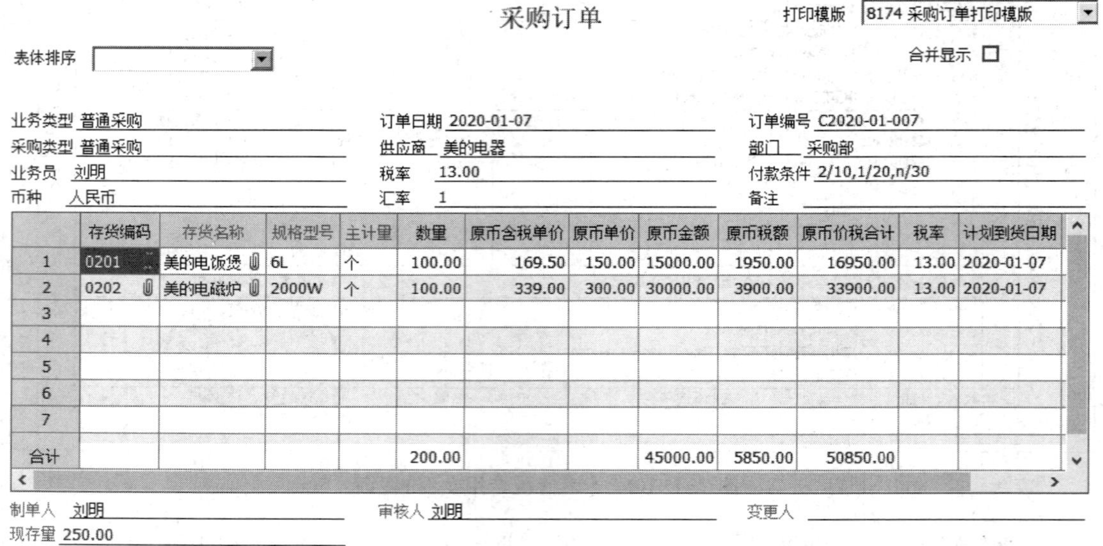

采购订单　　打印模版 8174 采购订单打印模版

表体排序　　合并显示 □

业务类型 普通采购　订单日期 2020-01-07　订单编号 C2020-01-007
采购类型 普通采购　供应商 美的电器　部门 采购部
业务员 刘明　税率 13.00　付款条件 2/10,1/20,n/30
币种 人民币　汇率 1　备注

	存货编码	存货名称	规格型号	主计量	数量	原币含税单价	原币单价	原币金额	原币税额	原币价税合计	税率	计划到货日期
1	0201	美的电饭煲	6L	个	100.00	169.50	150.00	15000.00	1950.00	16950.00	13.00	2020-01-07
2	0202	美的电磁炉	2000W	个	100.00	339.00	300.00	30000.00	3900.00	33900.00	13.00	2020-01-07
3												
4												
5												
6												
7												
合计					200.00			45000.00	5850.00	50850.00		

制单人 刘明　审核人 刘明　变更人
现存量 250.00

图 2-1-109　【采购订单】窗口

2. 生成采购到货单

(1) 2020 年 1 月 7 日,采购部【G01 刘明】在企业应用平台中执行【业务工作】【供应链】【采购管理】【采购到货】命令,打开【到货单】窗口。

(2) 单击【增加】按钮,选择【生单】【采购订单】命令,打开【查询条件选择—采购订单列表过滤】窗口,单击【确定】按钮。

(3) 系统弹出【拷贝并执行】窗口,选中所要拷贝的采购订单,单击【确定】按钮,系统自动生成到货单,单击【保存】按钮,单击【审核】按钮,根据采购订单生成的采购到货单,如图 2-1-110 所示。

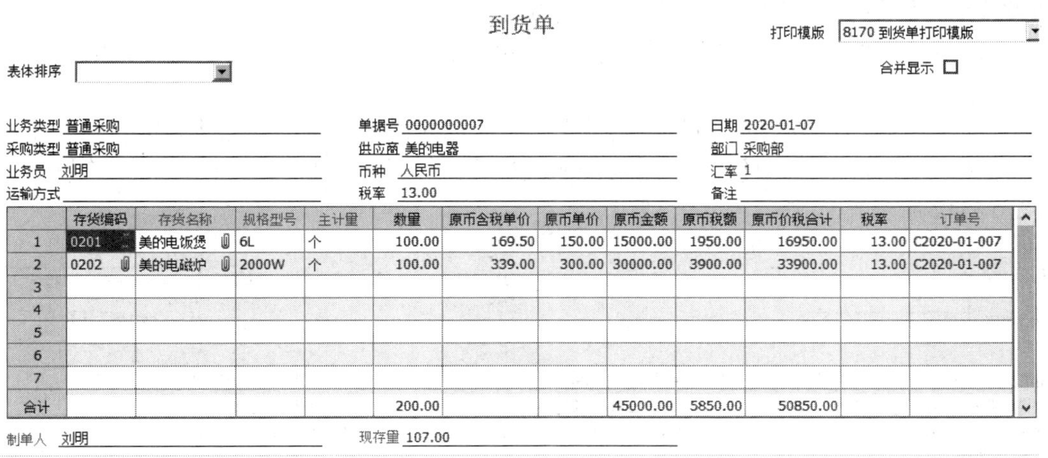

到货单

打印模版 8170 到货单打印模版

表体排序

合并显示 □

业务类型 普通采购　单据号 0000000007　日期 2020-01-07

采购类型 普通采购　供应商 美的电器　部门 采购部

业务员 刘明　币种 人民币　汇率 1

运输方式　税率 13.00　备注

	存货编码	存货名称	规格型号	主计量	数量	原币含税单价	原币单价	原币金额	原币税额	原币价税合计	税率	订单号
1	0201	美的电饭煲	6L	个	100.00	169.50	150.00	15000.00	1950.00	16950.00	13.00	C2020-01-007
2	0202	美的电磁炉	2000W	个	100.00	339.00	300.00	30000.00	3900.00	33900.00	13.00	C2020-01-007
3												
4												
5												
6												
7												
合计					200.00			45000.00	5850.00	50850.00		

制单人 刘明　现存量 107.00

图 2-1-110 【到货单】窗口

3. 生成采购入库单

(1) 2020 年 1 月 7 日,仓储部【C01 刘芳芳】在企业应用平台中执行【业务工作】【供应链】【库存管理】【入库业务】命令,打开【采购入库单】窗口。

(2) 选择【生单】【采购到货单(蓝字)】命令,打开【查询条件选择—采购到货单列表】窗口,单击【确定】按钮。

(3) 打开【到货单生单列表】,选择相应的【到货单生单表头】,单击【确定】按钮,系统自动生成采购入库单,修改仓库为【小家电仓】,单击【保存】按钮,单击【审核】按钮,如图 2-1-111 所示。

采购入库单

采购入库单打印模版

表体排序

◉ 蓝字　○ 红字

合并显示 □

入库单号 0000000008　入库日期 2020-01-07　仓库 小家电仓

订单号 C2020-01-007　到货单号 0000000007　业务号

供货单位 美的电器　部门 采购部　业务员 刘明

到货日期 2020-01-07　业务类型 普通采购　采购类型 普通采购

入库类别 采购入库　审核日期 2020-01-07　备注

	存货编码	存货名称	规格型号	主计量单位	数量	本币单价	本币金额
1	0201	美的电饭煲	6L	个	100.00	150.00	15000.00
2	0202	美的电磁炉	2000W	个	100.00	300.00	30000.00
3							
4							
5							
6							
7							
合计					200.00		45000.00

制单人 刘芳芳　审核人 刘芳芳

现存量 107.00

图 2-1-111 【采购入库单】窗口

4. 填制采购专用发票

(1) 2020 年 1 月 7 日,采购部【G01 刘明】在企业应用平台中执行【业务工作】【供应链】

【采购管理】【采购发票】命令,打开【采购专用发票】窗口。

(2) 单击【增加】按钮,选择【生单】【入库单】命令,打开【查询条件选择—采购入库单列表过滤】窗口,单击【确定】按钮。

(3) 系统弹出【拷贝并执行】窗口,选中所要拷贝的采购入库单,单击【确定】按钮,系统自动生成采购专用发票,修改【发票号】为【53063757】,单击【保存】按钮,再单击【结算】按钮,如图 2-1-112 所示。

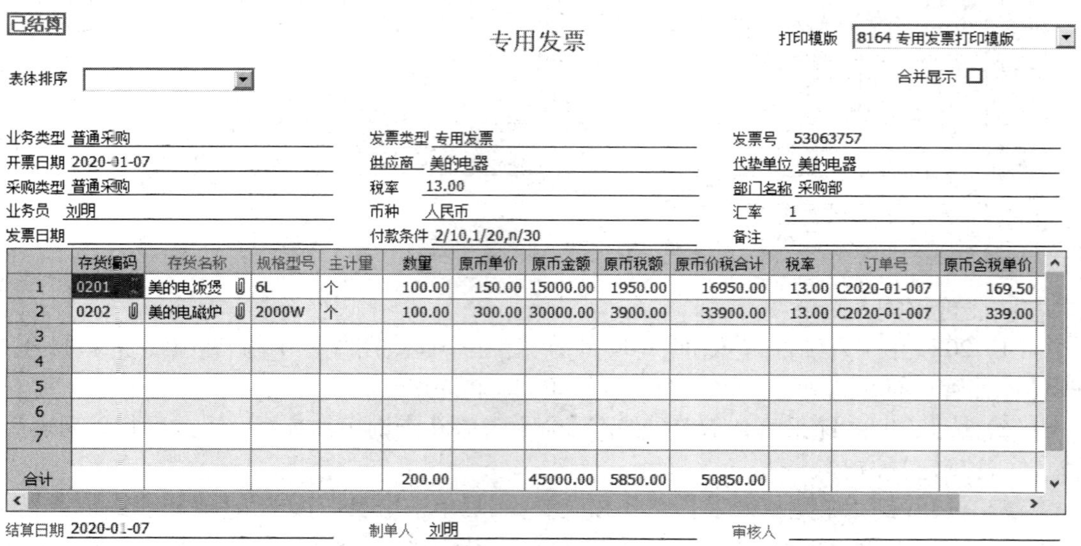

已结算

专用发票

打印模版 8164 专用发票打印模版

表体排序

合并显示 □

业务类型 普通采购　　发票类型 专用发票　　发票号 53063757

开票日期 2020-01-07　　供应商 美的电器　　代垫单位 美的电器

采购类型 普通采购　　税率 13.00　　部门名称 采购部

业务员 刘明　　币种 人民币　　汇率 1

发票日期　　付款条件 2/10,1/20,n/30　　备注

	存货编码	存货名称	规格型号	主计量	数量	原币单价	原币金额	原币税额	原币价税合计	税率	订单号	原币含税单价
1	0201	美的电饭煲	6L	个	100.00	150.00	15000.00	1950.00	16950.00	13.00	C2020-01-007	169.50
2	0202	美的电磁炉	2000W	个	100.00	300.00	30000.00	3900.00	33900.00	13.00	C2020-01-007	339.00
3												
4												
5												
6												
7												
合计					200.00		45000.00	5850.00	50850.00			

结算日期 2020-01-07　　制单人 刘明　　审核人

图 2-1-112 【已结算采购专用发票】窗口

5. 应付单据审核与制单

(1) 2020 年 1 月 7 日,财务部【W02 王思敏】在企业应用平台中执行【业务工作】【财务会计】【应付款管理】【应付单据处理】【应付单据审核】命令,打开【应付单据查询条件】对话框,单击【确定】按钮,系统弹出【应付单据列表】窗口,双击【选择】栏或单击【全选】按钮,单击【审核】按钮,系统完成审核并给出审核报告,如图 2-1-113 所示,单击【确定】按钮后退出。

应付单据列表

记录总数:1

选择	审核人	单据日期	单据类型	单据号	供应商名称	部门	业务员	制单人	币种	汇率	原币金额	本币金额	备注
	王思敏	2020-01-07	采购专用发票	53063757	广州美的电器股份有限公司	采购部	刘明	刘明	人民币	1.00000000	50,850.00	50,850.00	
合计											50,850.00	50,850.00	

图 2-1-113 【应付单据列表】窗口

(2) 执行【制单处理】命令,打开【制单查询】对话框,选择【发票制单】,单击【确定】按钮,打开【采购发票制单】窗口,选择【记账凭证】,再单击【全选】按钮,选中要制单的【采购专用发票】,如图 2-1-114 所示。

采购发票制单

凭证类别 记账凭证　　制单日期 2020-01-07　　共 1 条

选择标志	凭证类别	单据类型	单据号	日期	供应商编码	供应商名称	部门	业务员	金额
1	记账凭证	采购专用发票	53063757	2020-01-07	0002	广州美的电器股份有限公司	采购部	刘明	50,850.00

图 2-1-114 【采购发票制单】窗口

（3）单击【制单】按钮，生成一张记账凭证，单击【保存】按钮，如图 2-1-115 所示。

已生成

记账凭证

记 字 0013　制单日期：2020.01.07　审核日期：　附单据数：1

摘要	科目名称	借方金额	贷方金额
采购专用发票	在途物资	4500000	
采购专用发票	应交税费/应交增值税/进项税额	585000	
采购专用发票	应付账款/一般应付款/国内供应商		5085000
票号 日期	数量 单价　合计	5085000	5085000

备注　项目　部门

个人　客户

业务员

记账　审核　出纳　制单 王思敏

图 2-1-115 【记账凭证】窗口

6. 核算采购成本

（1）2020 年 1 月 7 日，财务部【W02 王思敏】在企业应用平台中执行【业务工作】【供应链】【存货核算】【业务核算】【正常单据记账】命令，打开【查询条件选择】窗口。

（2）单击【确定】按钮，打开【正常单据记账列表】窗口，单击相应列表，如图 2-1-116 所示。

正常单据记账列表

记录总数：2

选择	日期	单据号	存货编码	存货名称	规格型号	单据类型	仓库名称	收发类别	数量	单价	金额	供应商简称	计量单位
Y	2020-01-07	0000000007	0201	美的电饭煲	6L	采购入库单	小家电仓	采购入库	100.00	150.00	15,000.00	美的电器	个
Y	2020-01-07	0000000007	0202	美的电磁炉	2000W	采购入库单	小家电仓	采购入库	100.00	300.00	30,000.00	美的电器	个
小计									200.00		45,000.00		

图 2-1-116 【正常单据记账列表】窗口

（3）单击【记账】按钮，将采购入库单记账，系统提示【记账成功】，单击【确定】按钮。

（4）执行【财务核算】【生成凭证】命令，打开【查询条件】窗口。

（5）单击【确定】按钮，打开【未生成凭证单据一览表】窗口。

（6）单击【选择】栏或单击【全选】按钮，选中持生成凭证的单据，单击【确定】按钮，凭证类别选择【记　记账凭证】，如图 2-1-117 所示。

（7）单击【生成】按钮，生成一张记账凭证，单击【保存】按钮，如图 2-1-118 所示。

凭证类别　记 记账凭证

选择	单据类型	单据号	摘要	科目类型	科目编码	科目名称	借方金额	贷方金额	借方数量	贷方数量	科目方向	存货编码	存货名称	部门名称	业务员名称
1	采购入库单	0000000007	采购入库单	存货	1405	库存商品	15,000.00		100.00		1	0201	美的电饭煲	采购部	刘明
				对方	1402	在途物资		15,000.00		100.00	2	0201	美的电饭煲	采购部	刘明
				存货	1405	库存商品	30,000.00		100.00		1	0202	美的电磁炉	采购部	刘明
				对方	1402	在途物资		30,000.00		100.00	2	0202	美的电磁炉	采购部	刘明
合计							45,000.00	45,000.00							

图 2-1-117 【生成凭证】窗口

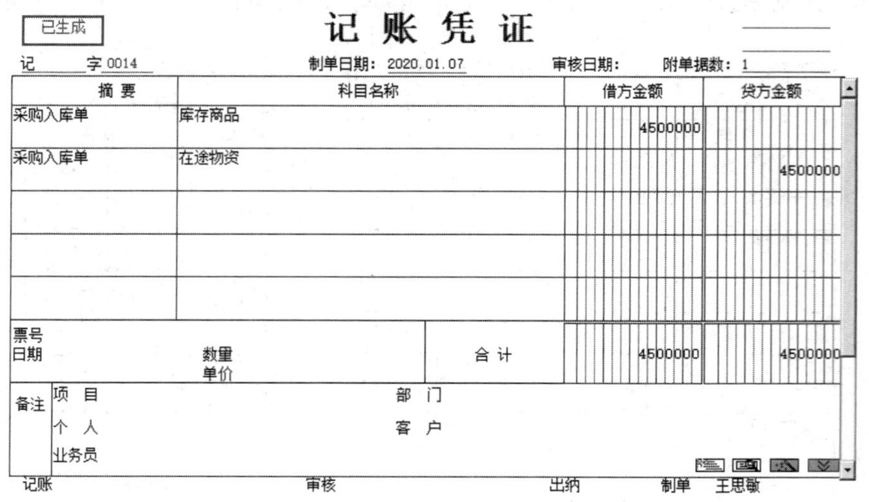

记账凭证

已生成

记 字 0014　制单日期：2020.01.07　审核日期：　附单据数：1

摘要	科目名称	借方金额	贷方金额
采购入库单	库存商品	4500000	
采购入库单	在途物资		4500000
票号 日期　数量 单价	合计	4500000	4500000

备注　项目　部门
个人　客户
业务员

记账　审核　出纳　制单 王思敏

图 2-1-118 【记账凭证】窗口

二、在信用期 10 日内付款享受 2%折扣的业务

〖业务描述〗2020 年 1 月 10 日,本公司支付 2020 年 1 月 7 日采购的广州美的电器股份有限公司货款,享受 2%的折让,取得与该业务相关的凭证如图 2-1-119 所示。

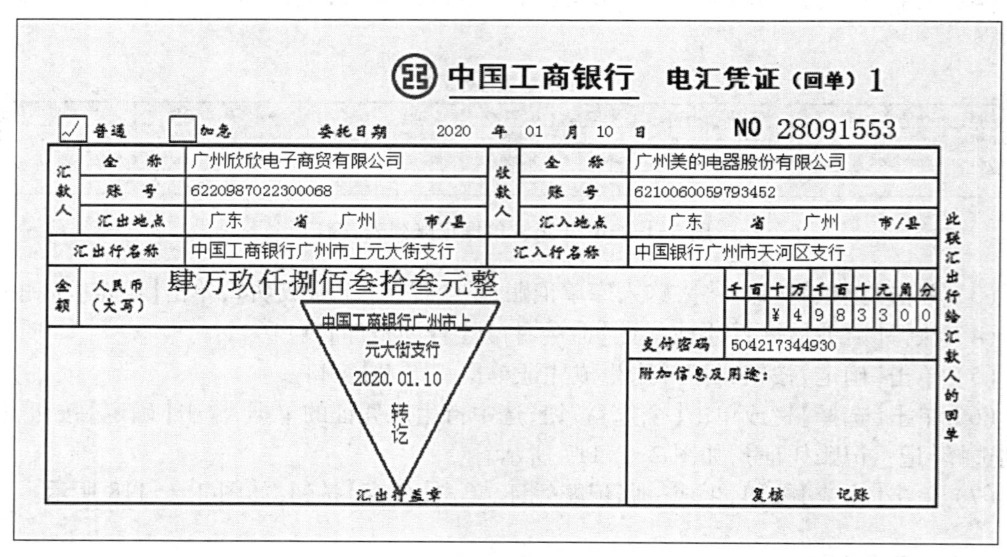

中国工商银行　电汇凭证(回单) 1

☑普通　☐加急　委托日期 2020 年 01 月 10 日　NO 28091553

汇款人			收款人		
	全称	广州欣欣电子商贸有限公司		全称	广州美的电器股份有限公司
	账号	6220987022300068		账号	6210060059793452
	汇出地点	广东 省 广州 市/县		汇入地点	广东 省 广州 市/县
汇出行名称		中国工商银行广州市上元大街支行	汇入行名称		中国银行广州市天河区支行
金额	人民币(大写)	肆万玖仟捌佰叁拾叁元整		千百十万千百十元角分	¥4983300

中国工商银行广州市上元大街支行 2020.01.10 转讫

汇出行盖章

支付密码 504217344930

附加信息及用途:

复核　记账

此联汇出行给汇款人的回单

图 2-1-119 【电汇回单】凭证

〖业务解析〗本笔业务是有现金折扣的采购付款业务,在信用期 10 日内付款享受 2%折扣。

〖岗位操作流程〗本笔业务各岗位的具体操作流程如图 2-1-120 所示。

〖业务流程〗本笔业务的业务流程如图 2-1-121 所示。

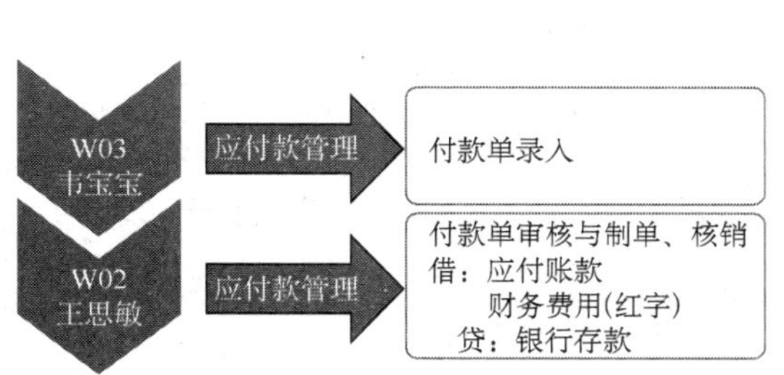

图 2-1-120 岗位操作流程

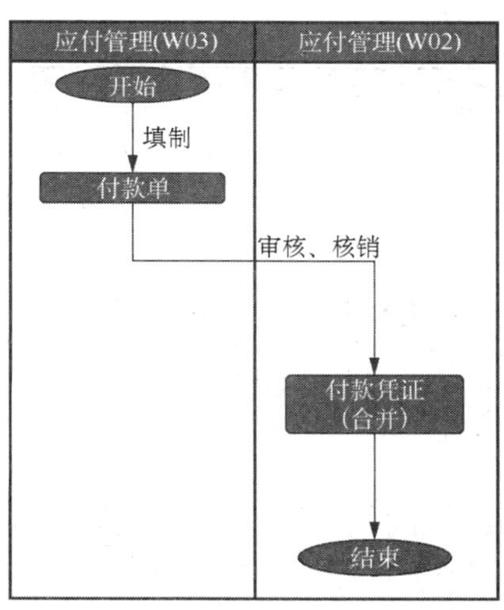

图 2-1-121 业务流程

〖**操作指引**〗

1. 付款单录入

(1) 2020 年 1 月 10 日，财务部【W03 韦宝宝】在企业应用平台执行【业务工作】【财务会计】【应付款管理】【付款单据处理】【付款单录入】命令，打开【付款单】窗口，录入相关信息，单击【保存】按钮，如图 2-1-122 所示。

付款单

打印模版 应付付款单打印模板

表体排序

单据编号 0000000004　日期 2020-01-10　供应商 美的电器
结算方式 电汇　结算科目 1002　币种 人民币
汇率 1　金额 49833.00　本币金额 49833.00
供应商银行 中国银行广州市天河区支行　供应商账号 6210060059793452　票据号 28091553
部门 采购部　业务员 刘明　项目
摘要

	款项类型	供应商	科目	金额	本币金额	部门	业务员	项目
1	应付款	美的电器	22020101	49833.00	49833.00	采购部	刘明	
2								
3								
4								
5								
6								
7								
合计				49833.00	49833.00			

审核人　录入人 韦宝宝　核销人

图 2-1-122 【付款单】窗口

2. 付款单审核与制单

(1) 2020 年 1 月 10 日，财务部【W02 王思敏】在企业应用平台执行【业务工作】【财务会计】【应付款管理】【付款单据处理】【付款单审核】命令，打开【付款单查询条件】对话框。

(2) 单击【确定】按钮，系统弹出【收付款单列表】窗口，双击【选择】栏或单击【全选】，系统完成审核并给出审核报告，如图 2-1-123 所示，单击【确定】按钮后退出。

(3) 执行【核销处理】【手工核销】命令，打开【手工核销】窗口，输入【本次结算】和【本次折扣】，如图 2-1-124 所示，单击【保存】按钮。

收付款单列表

记录总数：1

选择	审核人	单据日期	单据类型	单据编号	供应商	部门	业务员	结算方式	票据号	币种	汇率	原币金额	本币金额	备注
	王思敏	2020-01-10	付款单	0000000004	广州美的电器股份有限公司	采购部	刘明	电汇	28091553	人民币	1.00000000	49,833.00	49,833.00	
合计												49,833.00	49,833.00	

图 2-1-123 【收付款单列表】窗口

单据日期	单据类型	单据编号	供应商	款项类型	结算方式	币种	汇率	原币金额	原币余额	本次结算	订单号
2020-01-10	付款单	0000000004	美的电器	应付款	电汇	人民币	1.00000000	49,833.00	49,833.00	49,833.00	
2019-12-09	付款单	0000000001	美的电器	预付款	电汇	人民币	1.00000000	50,000.00	50,000.00		
合计								99,833.00	99,833.00	49,833.00	

单据日期	单据类型	单据编号	到期日	供应商	币种	原币金额	原币余额	可享受折扣	本次折扣	本次结算	订单号	凭证号
2020-01-05	采购专用发票	12574491	2020-01-05	美的电器	人民币	50,850.00	50,850.00	0.00			c2020-01-003	记-0004
2020-01-07	采购专用发票	53063757	2020-02-06	美的电器	人民币	50,850.00	50,850.00	1,017.00	1,017.00	49,833.00	C2020-01-007	记-0013
2020-01-06	采购专用发票	79717730	2020-01-06	美的电器	人民币	5,367.50	5,367.50	0.00			c2020-01-004	记-0006
合计						107,067.50	107,067.50	1,017.00	1,017.00	49,833.00		

图 2-1-124 【单据核销】窗口

（4）执行【制单处理】，打开【制单查询】对话框，选择【收付款单制单】和【核销制单】，单击【确定】按钮，打开【应付制单】窗口，选择凭证类别为【记账凭证】，选中要制单的【付款单】和【核销】，如图 2-1-125 所示。

应付制单

凭证类别 记账凭证　　制单日期 2020-01-10　　共 2 条

选择标志	凭证类别	单据类型	单据号	日期	供应商编码	供应商名称	部门	业务员	金额
1	记账凭证	付款单	0000000004	2020-01-10	0002	广州美的电器股份有限公司	采购部	刘明	49,833.00
1	记账凭证	核销	ZKAP0000000000001	2020-01-10	0002	广州美的电器股份有限公司	采购部	刘明	50,850.00

图 2-1-125 【应付制单】窗口

（5）执行【全选】【合并】【制单】命令，生成一张记账凭证，单击键盘空格键，将【财务费用】移动到借方，单击【保存】按钮，记账凭证如图 2-1-126 所示。

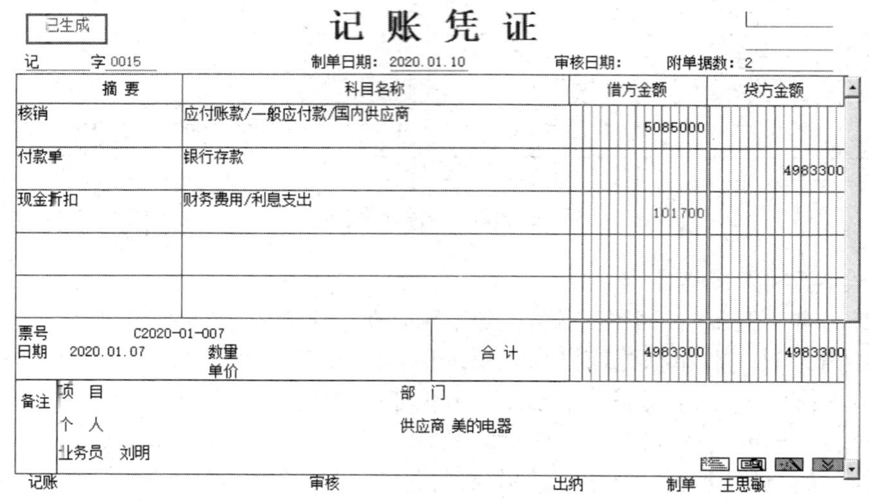

已生成

记账凭证

记 字 0015　　制单日期：2020.01.10　　审核日期：　　附单据数：2

摘要	科目名称	借方金额	贷方金额
核销	应付账款/一般应付款/国内供应商	5085000	
付款单	银行存款		4983300
现金折扣	财务费用/利息支出	101700	
票号 C2020-01-007 日期 2020.01.07　数量 单价	合计	4983300	4983300

备注　项目　　部门
个人　　供应商 美的电器
业务员 刘明

记账　　审核　　出纳　　制单 王思敏

图 2-1-126 【记账凭证】窗口

业务四　有赠品的采购业务

〖**业务描述**〗2020 年 1 月 10 日，采购部【G01 刘明】与广东长虹电视有限责任公司签订购销合同，采购长虹电视一批，每台电视搭赠一个小音箱，以商业承兑汇票方式付款，取得与该业务相关的凭证如图 2-1-127 至图 2-1-130 所示。

购销合同

合同编号 c2020-01-008

购货单位（甲方）：　广州欣欣电子商贸有限公司

供货单位（乙方）：　广东长虹电视有限责任公司

根据《中华人民共和国合同法》及国家相关法律、法规之规定，甲乙双方本着平等互利的原则，就甲方购买乙方货物一事达成以下协议。

一、货物的名称、数量及价格：

货物名称	规格型号	单位	数量	含税单价	金额	税率	价税合计
长虹电视	32寸	台	100	3,955.00	350,000.00	13%	395,500.00
小音箱		对	100		0.00	13%	0.00
合计（大写）　叁拾玖万伍仟伍佰元整							395,500.00

二、交货方式和费用承担：交货方式：销货方送货，交货时间：2020年01月10日前，交货地点：广州欣欣电子商贸有限公司，运费由供货方承担。

三、付款时间与付款方式：2020年1月12号付款，以商业承兑汇票方式付款

四、质量异议期：订货方对供货方的货物质量有异议时，应在收到货物后＿＿内提出，逾期视为货物质量合格。

五、未尽事宜经双方协商可签补充协议，与本合同具有同等效力。

六、本合同自双方签字、盖章之日起生效；本合同壹式贰份，甲乙双方各执壹份。

甲方（签章）：　　　　　　　　乙方（签章）：

授权代表：陈翼明　　　　　　　授权代表：

地　　址：广州市天河区上元大街18号　　地　　址：中山市南头镇黄甫大道88号

电　　话：020-61168868　　　　电　　话：0760-86125986

日　　期：2020 年 01 月 10 日　　日　　期：2020 年 01 月 10 日

图 2-1-127　【购销合同】凭证

入　　库　　单　　No. 83144413

供货单位：广东长虹电视有限责任公司　　2020 年 01 月 10 日

编　号	品　名	规　格	单位	数　量	单　价	金　额	备　注
0401	长虹电视	32寸	台	100			电视仓
0801	小音箱		对	100			赠品库
合　　计							

仓库主管：略　　记账：略　　保管：略　　经手人：略　　制单：刘芳芳

图 2-1-128　【入库单】凭证

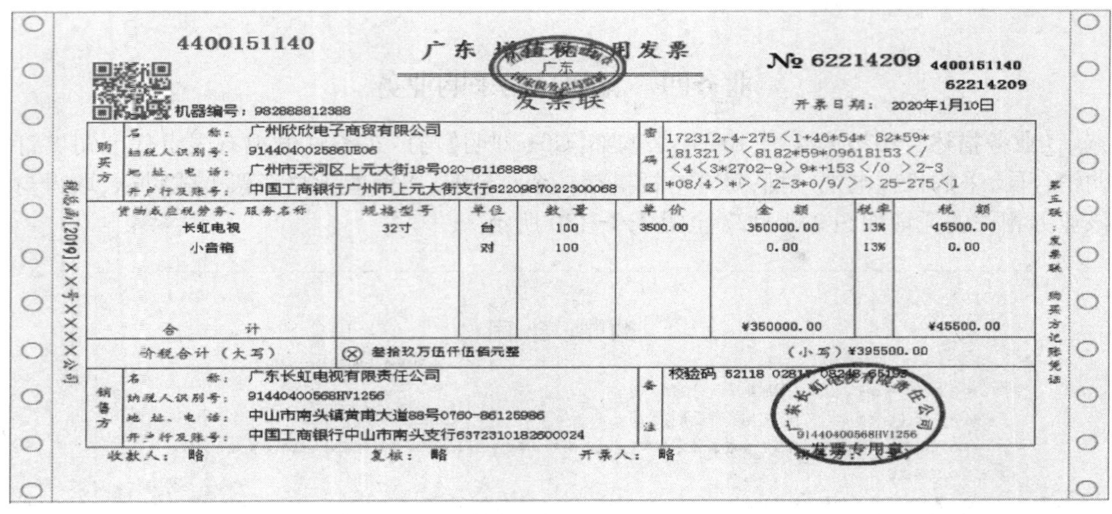
4400151140　广东增值税专用发票　№ 62214209　4400151140　62214209

发票联

机器编号：982888812388　开票日期：2020年1月10日

购买方	名称：广州欣欣电子商贸有限公司 纳税人识别号：914404002586UE06 地址、电话：广州市天河区上元大街18号020-61168868 开户行及账号：中国工商银行广州市上元大街支行6220987022300068	密码区	172312-4-275<1+46*54* 82*59* 181321><8182*59*09618153</ <4<3*2702-9>9*+153</0 >2-3 *08/4>*>>2-3*0/9/>>25-275<1

货物或应税劳务、服务名称	规格型号	单位	数量	单价	金额	税率	税额
长虹电视	32寸	台	100	3500.00	350000.00	13%	45500.00
小音箱		对	100		0.00	13%	0.00
合计					¥350000.00		¥45500.00
价税合计（大写）	⊗叁拾玖万伍仟伍佰元整				（小写）¥395500.00		

销售方	名称：广东长虹电视有限责任公司 纳税人识别号：91440400568HV1256 地址、电话：中山市南头镇黄南大道88号0760-86125986 开户行及账号：中国工商银行中山市南头支行6372310182600024	备注	校验码 52118 02817 08248 65195

收款人：略　复核：略　开票人：略

税总函[2019]××号××××××公司　第三联：发票联 购买方记账凭证

图 2-1-129 【增值税专用发票】凭证

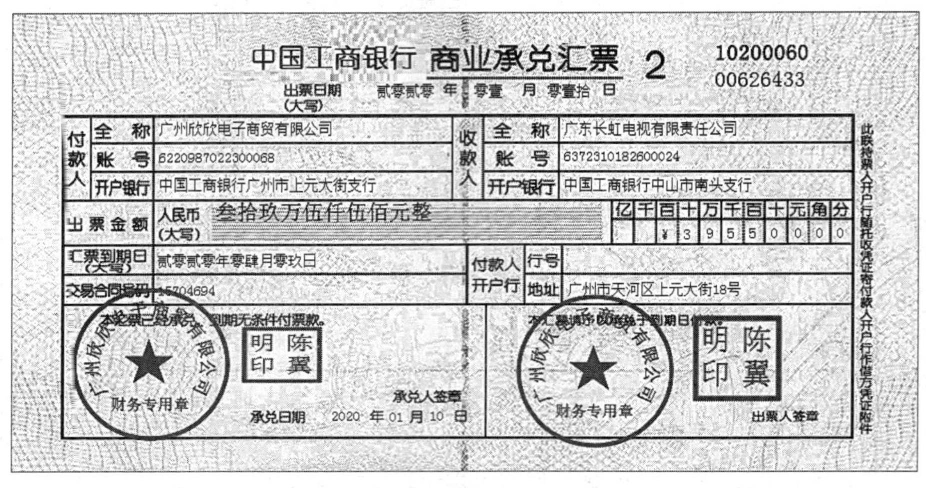
中国工商银行 商业承兑汇票 2　10200060　00626433

出票日期（大写）贰零贰零年零壹月零壹拾日

付款人	全称	广州欣欣电子商贸有限公司	收款人	全称	广东长虹电视有限责任公司
	账号	6220987022300068		账号	6372310182600024
	开户银行	中国工商银行广州市上元大街支行		开户银行	中国工商银行中山市南头支行
出票金额	人民币（大写）	叁拾玖万伍仟伍佰元整			¥39550000
汇票到期日（大写）	贰零贰零年零肆月零玖日		付款人开户行	行号	
交易合同号码	15704694			地址	广州市天河区上元大街18号

本汇票已经承兑，到期无条件付票款。承兑人签章　承兑日期 2020年01月10日

本汇票请予以承兑于到期日付款。出票人签章

此联持票人开户行随托收凭证寄付款人开户行作借方凭证附件

图 2-1-130 【商业承兑汇票】凭证

〖**业务解析**〗本笔业务签订的是附有赠品的采购合同，是采购到货入库、收到采购专用发票后，用商业承兑汇票支付货款的业务。

〖**岗位操作流程**〗本笔业务各岗位的具体操作流程如图 2-1-131 所示。

〖**业务流程**〗本笔业务的业务流程如图 2-1-132 所示。

〖**操作指引**〗

1. 填制采购订单

（1）2020 年 1 月 10 日，采购部【G01 刘明】在企业应用平台中执行【业务工作】【供应链】【采购管理】【采购订货】【采购订单】命令，打开【采购订单】窗口。

（2）单击【增加】按钮，修改【订单编号】为【C2020-01-008】，【采购类型】选择【普通采购】，【供应商】选择【长虹电视】；在表体第一行选择【存货编码】为【0401】，输入【数量】为【100.00】，【原币含税单价】为【3 955.00】，修改【计划到货日期】为【2020-01-10】，在表体第二行选择【存货编码】为【0801】，输入【数量】为【100.00】，【原币含税单价】为【0.00】，修改【计划到货日期】为【2020-01-10】；其他信息由系统自动带出，单击【保存】按钮，单击【审核】按钮，如图 2-1-133 所示。

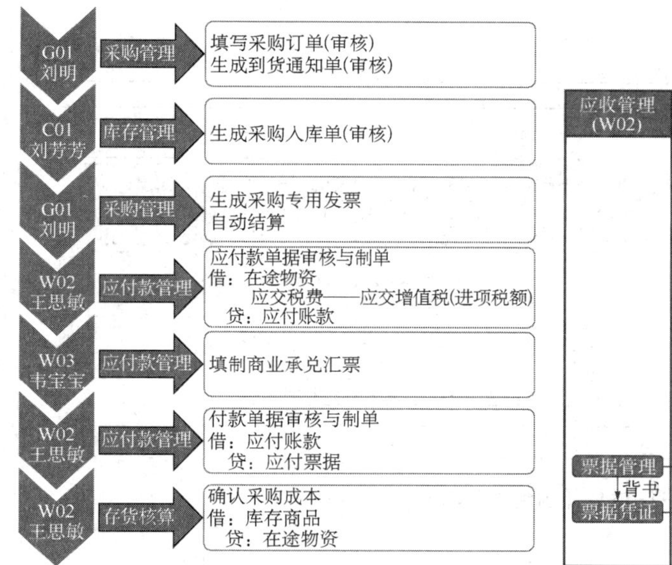

图 2-1-131 岗位操作流程

应收管理(W02) 应付管理(W02) 采购管理(G01) 库存管理(C01) 存货核算(W02)

开始 填制 采购订单 审核 审核 采购到货单 采购入库单 结算 审核 正常单据记账 采购专用发票 保存 入库凭证 应付单据 审核 票据管理 采购凭证 背书 票据凭证 结束

图 2-1-132 业务流程

采购订单

打印模版 8174 采购订单打印模版

表体排序 合并显示 □

业务类型 普通采购　订单日期 2020-01-10　订单编号 C2020-01-008
采购类型 普通采购　供应商 长虹电视　部门 采购部
业务员 刘明　税率 13.00　付款条件
币种 人民币　汇率 1　备注

	存货编码	存货名称	规格型号	主计量	数量	原币含税单价	原币单价	原币金额	原币税额	原币价税合计	税率	计划到货日期
1	0401	长虹电视	32寸	台	100.00	3955.00	3500.00	350000.00	45500.00	395500.00	13.00	2020-01-10
2	0801	小音箱		对	100.00	0.00	0.00	0.00	0.00	0.00	13.00	2020-01-10
3												
4												
5												
6												
7												
合计					200.00			350000.00	45500.00	395500.00		

制单人 刘明　审核人 刘明　变更人
现存量 23.00

图 2-1-133 【采购订单】窗口

2. 生成采购到货单

（1）2020 年 1 月 10 日，采购部【G01 刘明】在企业应用平台中执行【业务工作】【供应链】【采购管理】【采购到货】命令，打开【到货单】窗口。

（2）单击【增加】按钮，执行【生单】【采购订单】命令，打开【查询条件选择—采购订单列表过滤】对话框，单击【确定】按钮。

（3）系统弹出【拷贝并执行】对话框，选中所要拷贝的采购订单，单击【确定】按钮，系统自动生成到货单，单击【保存】按钮，单击【审核】按钮，根据采购订单生成的采购到货单，如图 2-1-134 所示。

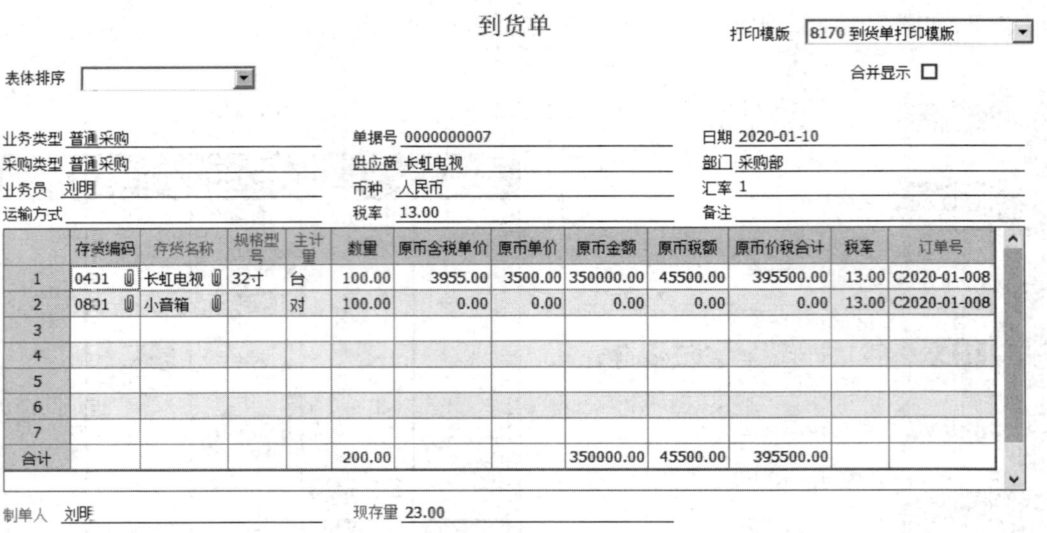

到货单

打印模版 8170 到货单打印模版

表体排序

合并显示 □

业务类型 普通采购　单据号 0000000007　日期 2020-01-10

采购类型 普通采购　供应商 长虹电视　部门 采购部

业务员 刘明　币种 人民币　汇率 1

运输方式　税率 13.00　备注

	存货编码	存货名称	规格型号	主计量	数量	原币含税单价	原币单价	原币金额	原币税额	原币价税合计	税率	订单号
1	0401	长虹电视	32寸	台	100.00	3955.00	3500.00	350000.00	45500.00	395500.00	13.00	C2020-01-008
2	0801	小音箱		对	100.00	0.00	0.00	0.00	0.00	0.00	13.00	C2020-01-008
3												
4												
5												
6												
7												
合计					200.00			350000.00	45500.00	395500.00		

制单人 刘明　现存量 23.00

图 2-1-134 【到货单】窗口

3. 生成采购入库单

(1) 2020 年 1 月 10 日,仓储部【C01 刘芳芳】在企业应用平台中执行【业务工作】【供应链】【库存管理】【入库业务】命令,打开【采购入库单】窗口。

(2) 执行【生单】【采购到货单(蓝字)】命令,打开【查询条件选择—采购到货单列表】对话框,单击【确定】按钮。

(3) 打开【到货单生单列表】,显示两条采购记录,选择【长虹电视】相应的【到货单生单表头】,单击【确定】按钮,系统自动生成采购入库单,修改仓库为【电视仓】,单击【保存】按钮,单击【审核】按钮,如图 2-1-135 所示。

采购入库单

采购入库单打印模版

表体排序

◉ 蓝字　○ 红字

合并显示 □

入库单号 0000000008　入库日期 2020-01-10　仓库 电视仓

订单号 C2020-01-008　到货单号 0000000007　业务号

供货单位 长虹电视　部门 采购部　业务员 刘明

到货日期 2020-01-10　业务类型 普通采购　采购类型 普通采购

入库类别 采购入库　审核日期 2020-01-10　备注

	存货编码	存货名称	规格型号	主计量单位	数量	本币单价	本币金额
1	0401	长虹电视	32寸	台	100.00	3500.00	350000.00
2							
3							
4							
5							
6							
7							
合计					100.00		350000.00

制单人 刘芳芳　审核人 刘芳芳

现存量 123.00

图 2-1-135 【采购入库单】窗口

4. 生成采购(赠品)入库单

(1) 执行【生单】【采购到货单(蓝字)】命令,打开【查询条件选择—采购到货单列表】对话框,单击【确定】按钮。

(2) 打开【到货单生单列表】,选择【小音箱】相应的【到货单生单表头】,单击【确定】按钮,系统自动生成采购入库单,修改仓库为【赠品仓】,单击【保存】按钮,单击【审核】按钮,如图 2-1-136 所示。

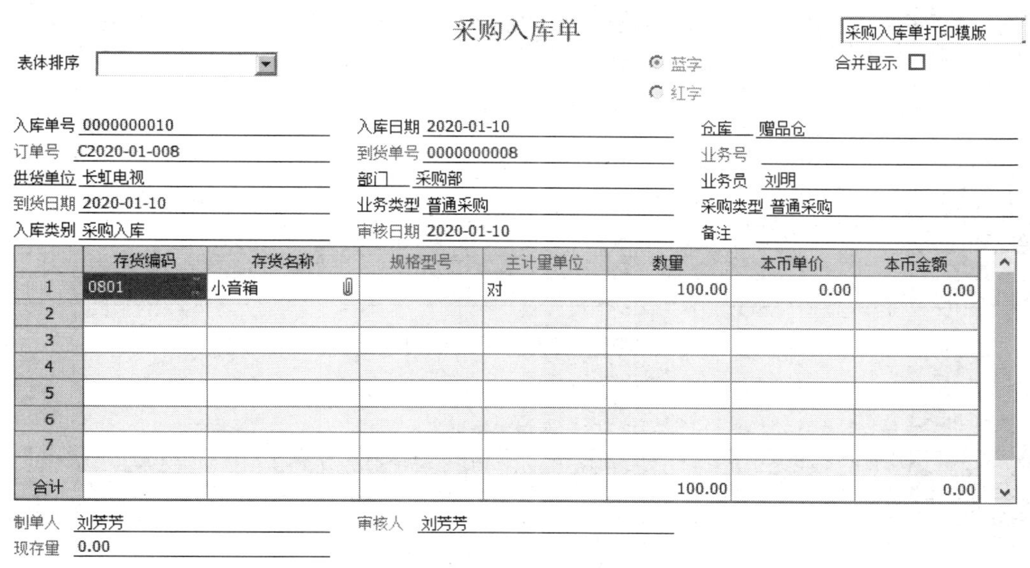
采购入库单

采购入库单打印模版

表体排序

蓝字 红字 合并显示

入库单号 0000000010　入库日期 2020-01-10　仓库 赠品仓

订单号 C2020-01-008　到货单号 0000000008　业务号

供货单位 长虹电视　部门 采购部　业务员 刘明

到货日期 2020-01-10　业务类型 普通采购　采购类型 普通采购

入库类别 采购入库　审核日期 2020-01-10　备注

	存货编码	存货名称	规格型号	主计量单位	数量	本币单价	本币金额
1	0801	小音箱		对	100.00	0.00	0.00
2							
3							
4							
5							
6							
7							
合计					100.00		0.00

制单人 刘芳芳　审核人 刘芳芳

现存量 0.00

图 2-1-136 【采购(赠品)入库单】窗口

5. 填制采购专用发票

(1) 2020 年 1 月 10 日,采购部【G01 刘明】在企业应用平台中执行【业务工作】【供应链】【采购管理】【采购发票】,打开【采购专用发票】窗口。

(2) 单击【增加】按钮,执行【生单】【采购订单】命令,打开【查询条件选择—采购订单列表过滤】对话框,单击【确定】按钮。

(3) 系统弹出【拷贝并执行】对话框,选中所要拷贝的采购订单,单击【确定】按钮,系统自动生成采购专用发票,输入【发票号】为【62214209】,单击【保存】按钮,再单击【结算】按钮,如图 2-1-137 所示。

6. 应付单据审核与制单

(1) 2020 年 1 月 10 日,财务部【W02 王思敏】在企业应用平台中执行【业务工作】【财务会计】【应付款管理】【应付单据处理】【应付单据审核】命令,打开【应付单据查询条件】对话框,单击【确定】按钮,系统弹出【应付单据列表】窗口。

(2) 双击【选择】栏或单击【全选】,单击【审核】按钮,系统完成审核并给出审核报告,单击【确定】按钮后退出,如图 2-1-138 所示。

(3) 执行【制单处理】命令,打开【制单查询】窗口,选择【发票制单】,单击【确定】按钮,打开【采购发票制单】窗口。

(4) 选择【记账凭证】,再单击【全选】按钮,选中要制单的【采购专用发票】。

(5) 单击【制单】按钮,生成一张记账凭证,单击【保存】按钮,如图 2-1-139 所示。

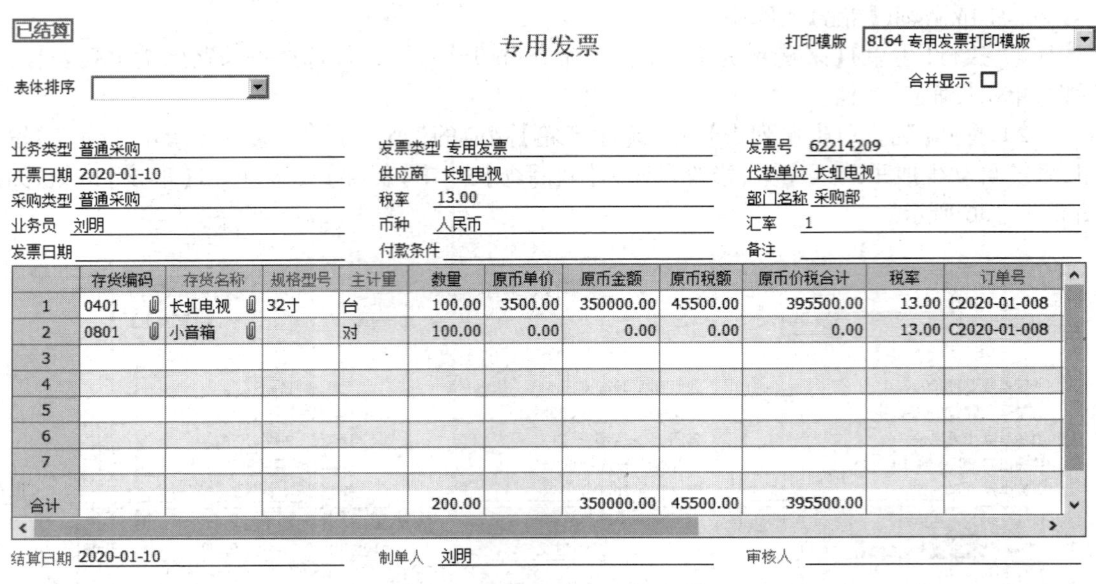

已结算

专用发票

打印模版 8164 专用发票打印模版

表体排序

合并显示 □

业务类型 普通采购　　发票类型 专用发票　　发票号 62214209

开票日期 2020-01-10　　供应商 长虹电视　　代垫单位 长虹电视

采购类型 普通采购　　税率 13.00　　部门名称 采购部

业务员 刘明　　币种 人民币　　汇率 1

发票日期　　付款条件　　备注

	存货编码	存货名称	规格型号	主计量	数量	原币单价	原币金额	原币税额	原币价税合计	税率	订单号
1	0401	长虹电视	32寸	台	100.00	3500.00	350000.00	45500.00	395500.00	13.00	C2020-01-008
2	0801	小音箱		对	100.00	0.00	0.00	0.00	0.00	13.00	C2020-01-008
3											
4											
5											
6											
7											
合计					200.00		350000.00	45500.00	395500.00		

结算日期 2020-01-10　　制单人 刘明　　审核人

图 2-1-137 【已结算采购专用发票】窗口

应付单据列表

记录总数：1

选择	审核人	单据日期	单据类型	单据号	供应商名称	部门	业务员	制单人	币种	汇率	原币金额	本币金额	备注
	王思敏	2020-01-10	采购专用发票	62214209	广东长虹电视有限责任公司	采购部	刘明	刘明	人民币	1.00000000	395,500.00	395,500.00	
合计											395,500.00	395,500.00	

图 2-1-138 【应付单据列表】窗口

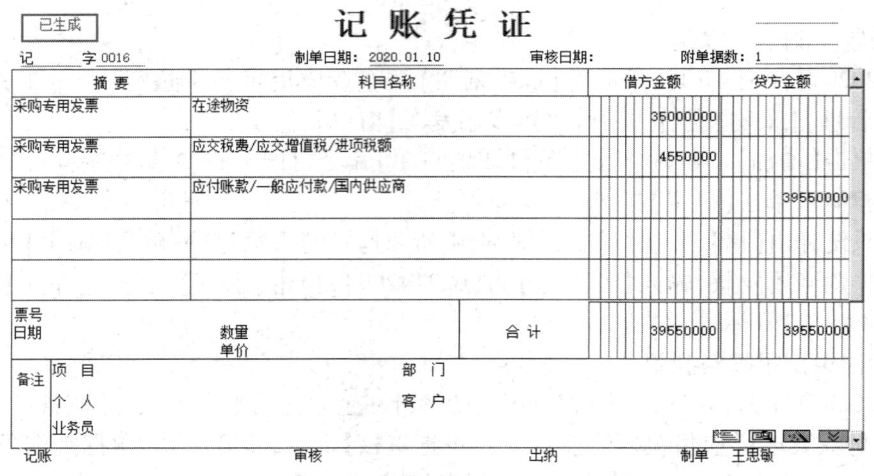

已生成

记账凭证

记 字 0016　　制单日期：2020.01.10　　审核日期：　　附单据数：1

摘要	科目名称	借方金额	贷方金额
采购专用发票	在途物资	35000000	
采购专用发票	应交税费/应交增值税/进项税额	4550000	
采购专用发票	应付账款/一般应付款/国内供应商		39550000
票号 日期	数量 单价 合计	39550000	39550000

备注　项 目　　部 门

个 人　　客 户

业务员

记账　　审核　　出纳　　制单 王思敏

图 2-1-139 【记账凭证】窗口

7. 录入商业承兑汇票

(1) 2020 年 1 月 10 日，财务部【W03 韦宝宝】在企业应用平台中执行【业务工作】【财务会计】【应付款管理】【票据管理】命令，打开【查询条件选择】对话框。

(2) 单击【确定】按钮，打开【商业汇票】窗口，单击【增加】按钮，录入商业承兑汇票信息，单击【保存】按钮，如图 2-1-140 所示。

打印模版组 30657 商业汇票打印模版

商业汇票

银行名称 中国工商银行		票据类型 商业承兑汇票
方向 付款	票据编号 00626433	结算方式 商业承兑汇票
收到日期 2020-01-10	出票日期 2020-01-10	到期日 2020-04-09
出票人 广州欣欣电子商贸有限公司	出票人账号 6220987022300068	付款人银行 中国工商银行广州市上元大街支行
收款人 广东长虹电视有限责任公司	收款人账号 6372310182600024	收款人开户银行 中国工商银行中山市南头支行
币种 人民币	金额 395500.00	票面利率 0.00000000
汇率 1.000000	付款行行号	付款行地址
背书人	背书金额	备注
业务员 刘明	部门 采购部	票据摘要
交易合同号码	制单人 韦宝宝	

	处理方式	处理日期	贴现银行	被背书人	贴现率	利息	费用	处理金额
1								
2								
3								
4								
5								
6								
7								
合计								

图 2-1-140　【商业汇票】窗口

8. 付款单审核与制单

（1）2020 年 1 月 10 日，财务部【W02 王思敏】在企业应用平台执行【业务工作】【财务会计】【应付款管理】【付款单据处理】【付款单审核】命令，打开【付款单查询条件】对话框。

（2）单击【确定】按钮，系统弹出【收付款单列表】窗口，双击【选择】栏或单击【全选】按钮，单击【审核】，系统完成审核并给出审核报告，如图 2-1-141 所示，单击【确定】按钮后退出。

收付款单列表

记录总数：1

选择	审核人	单据日期	单据类型	单据编号	供应商	部门	业务员	结算方式	票据号	币种	汇率	原币金额	本币金额	备注
	王思敏	2020-01-10	付款单	0000000005	广东长虹电视有限责任公司	采购部	刘明	商业承兑汇票	00626433	人民币	1.00000000	395,500.00	395,500.00	
合计												395,500.00	395,500.00	

图 2-1-141　【收付款单列表】窗口

（3）执行【制单处理】命令，打开【制单查询】对话框，选择【收付款单制单】，单击【确定】按钮，打开【收付款单制单】窗口。

（4）选择【记账凭证】，再单击【全选】按钮，选中要制单的【付款单】。

（5）单击【制单】按钮，生成一张记账凭证，单击【保存】按钮，如图 2-1-142 所示。

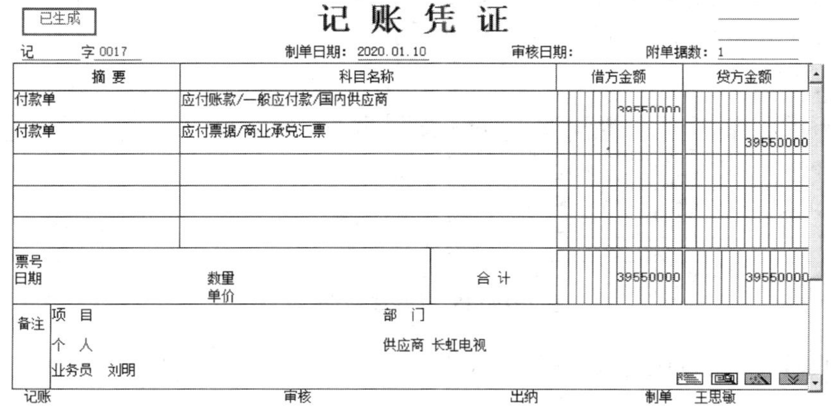

已生成

记 账 凭 证

记　字 0017　　制单日期：2020.01.10　　审核日期：　　附单据数：1

摘要	科目名称	借方金额	贷方金额
付款单	应付账款/一般应付款/国内供应商	39550000	
付款单	应付票据/商业承兑汇票		39550000
票号 日期	数量 单价 合计	39550000	39550000

备注　项　目　　部　门

个　人　　供应商 长虹电视

业务员 刘明

记账　　审核　　出纳　　制单 王思敏

图 2-1-142　【记账凭证】窗口

9. 手工核销

(1) 2020 年 1 月 10 日,财务部【W02 王思敏】在企业应用平台中执行【业务工作】【财务会计】【应付款管理】【核销处理】【手工核销】命令,打开【核销条件】对话框。

(2) 选择【供应商】为【长虹电视】,单击【确定】按钮,打开【单据核销】窗口,输入本次结算金额为【395 500.00】,如图 2-1-143 所示,单击【保存】按钮。

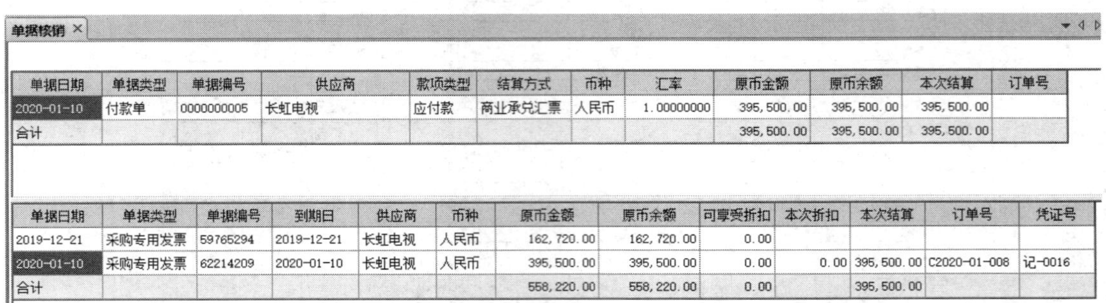

单据日期	单据类型	单据编号	供应商	款项类型	结算方式	币种	汇率	原币金额	原币余额	本次结算	订单号
2020-01-10	付款单	0000000005	长虹电视	应付款	商业承兑汇票	人民币	1.00000000	395,500.00	395,500.00	395,500.00	
合计								395,500.00	395,500.00	395,500.00	

单据日期	单据类型	单据编号	到期日	供应商	币种	原币金额	原币余额	可享受折扣	本次折扣	本次结算	订单号	凭证号
2019-12-21	采购专用发票	59765294	2019-12-21	长虹电视	人民币	162,720.00	162,720.00	0.00				
2020-01-10	采购专用发票	62214209	2020-01-10	长虹电视	人民币	395,500.00	395,500.00	0.00	0.00	395,500.00	C2020-01-008	记-0016
合计						558,220.00	558,220.00	0.00		395,500.00		

图 2-1-143 【单据核销】窗口

10. 核算采购成本

(1) 2020 年 1 月 10 日,财务部【W02 王思敏】在企业应用平台执行【业务工作】【供应链】【存货核算】【业务核算】【正常单据记账】命令,打开【查询条件选择】对话框。

(2) 单击【确定】按钮,打开【正常单据记账列表】窗口,双击选择第 1、第 2 条记录,如图 2-1-144 所示。

正常单据记账列表

记录总数:2

选择	日期	单据号	存货编码	存货名称	规格型号	单据类型	仓库名称	收发类别	数量	单价	金额	供应商简称	计量单位
Y	2020-01-10	0000000008	0401	长虹电视	32寸	采购入库单	电视仓	采购入库	100.00	3,500.00	350,000.00	长虹电视	台
Y	2020-01-10	0000000009	0801	小音箱		采购入库单	赠品仓	采购入库	100.00	0.00	0.00	长虹电视	对
小计									200.00		350,000.00		

图 2-1-144 【正常单据记账列表】窗口

(3) 单击【记账】按钮,将采购入库单记账,系统提示【记账成功】,单击【确定】按钮。

(4) 执行【财务核算】【生成凭证】命令,打开【查询条件】对话框,单击【确定】按钮,打开【未生成凭证单据一览表】窗口。

(5) 单击【选择】栏或单击【全选】按钮,选中待生成凭证的单据,单击【确定】按钮,凭证类别选择【记 记账凭证】,如图 2-1-145 所示。

凭证类别 记 记账凭证

选择	单据类型	单据号	摘要	科目类型	科目编码	科目名称	借方金额	贷方金额	借方数量	贷方数量	科目方向	存货编码	存货名称	部门名称	业务员名称
1	采购入库单	0000000008	采购入库单	存货	1405	库存商品	350,000.00		100.00		1	0401	长虹电视	采购部	刘明
				对方	1402	在途物资		350,000.00		100.00	2	0401	长虹电视	采购部	刘明
		0000000009		存货	1405	库存商品	0.00		100.00		1	0801	小音箱	采购部	刘明
				对方	1402	在途物资		0.00		100.00	2	0801	小音箱	采购部	刘明
合计							350,000.00	350,000.00							

图 2-1-145 【生成凭证】窗口

(6) 单击【生成】按钮,生成一张记账凭证,单击【保存】按钮,如图 2-1-146 所示。

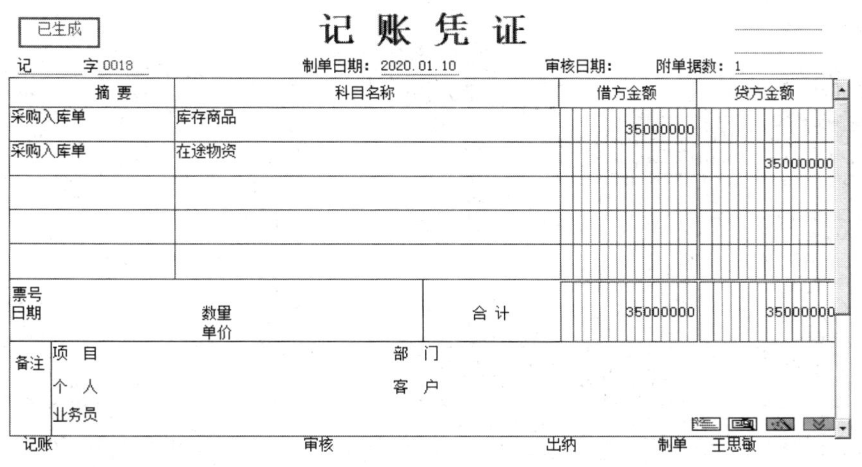

已生成

记账凭证

记 字 0018 制单日期：2020.01.10 审核日期： 附单据数：1

摘要	科目名称	借方金额	贷方金额
采购入库单	库存商品	35000000	
采购入库单	在途物资		35000000
票号 日期	数量 单价 合计	35000000	35000000

备注 项目 部门
个人 客户
业务员

记账 审核 出纳 制单 王思敏

图 2-1-146 【记账凭证】窗口

业务五 预付冲应付的转账核销业务

〖**业务描述**〗2020 年 1 月 10 日，本公司支付采购格力挂式空调的尾款并收货入库，取得与该业务相关的凭证如图 2-1-147 至图 2-1-149 所示。

入 库 单 No. 76092117

供货单位：珠海格力空调股份有限公司 2020 年 01 月 10 日

编号	品名	规格	单位	数量	单价	金额	备注
0103	格力挂式空调	1P	台	60			空调仓
0104	格力挂式空调	2P	台	50			空调仓
合计							

仓库主管：略 记账：略 保管：略 经手人：略 制单：刘芳芳

图 2-1-147 【入库单】凭证

〖**业务解析**〗本笔业务是采购到货、入库、收到采购专用发票并以电汇形式支付尾款的业务。

〖**岗位操作说明**〗本笔业务各岗位的具体操作流程如图 2-1-150 所示。

〖**业务流程**〗本笔业务的业务流程如图 2-1-151 所示。

〖**操作指引**〗

1. 生成采购到货单

（1）2020 年 1 月 10 日，采购部【G01 刘明】在企业应用平台中执行【业务工作】【供应链】【采购管理】【采购到货】命令，打开【到货单】窗口。

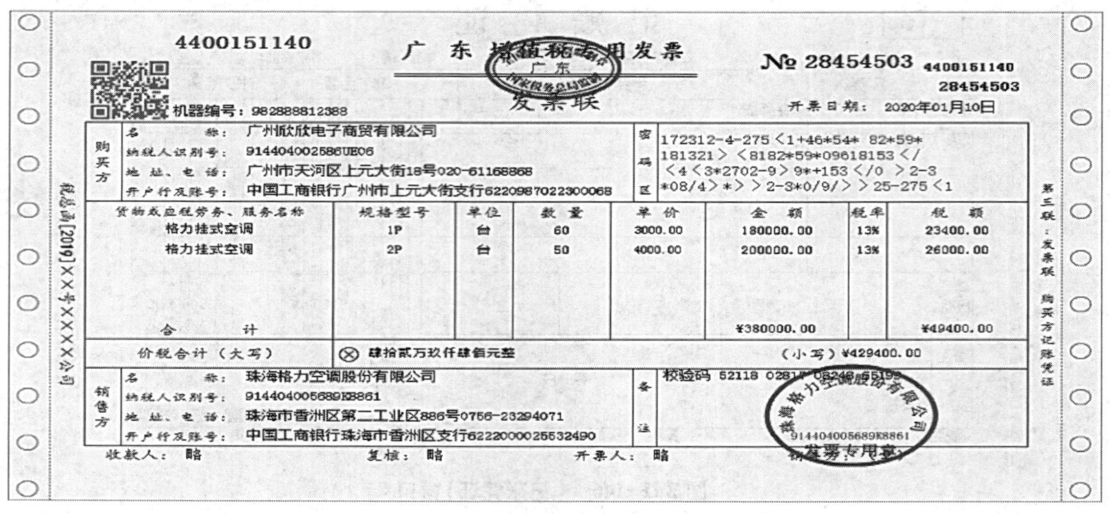

4400151140

广东增值税专用发票

№ 28454503　4400151140　28454503

发票联

机器编号：982888812388

开票日期：2020年01月10日

购买方	名称：广州欣欣电子商贸有限公司 纳税人识别号：914404002586UE06 地址、电话：广州市天河区上元大街18号020-61168868 开户行及账号：中国工商银行广州市上元大街支行6220987022300068	密码区	172312-4-275<1+46*54* 82*59* 181321><8182*59*09618153</ <4<3*2702-9>9*+153</0 >2-3 *08/4>*>>2-3*0/9/>>25-275<1

货物或应税劳务、服务名称	规格型号	单位	数量	单价	金额	税率	税额
格力挂式空调	1P	台	60	3000.00	180000.00	13%	23400.00
格力挂式空调	2P	台	50	4000.00	200000.00	13%	26000.00
合计					¥380000.00		¥49400.00
价税合计（大写）	⊗肆拾贰万玖仟肆佰元整				（小写）¥429400.00		

销售方	名称：珠海格力空调股份有限公司 纳税人识别号：914404005689K8861 地址、电话：珠海市香洲区第二工业区886号0756-23294071 开户行及账号：中国工商银行珠海市香洲区支行6222000025532490	备注	校验码 52118 0281[illegible] 08248 55195

收款人：略　复核：略　开票人：略　销售方：（章）

第三联：发票联　购买方记账凭证

税总函[2019]××号××××公司

图 2-1-148 【增值税专用发票】凭证

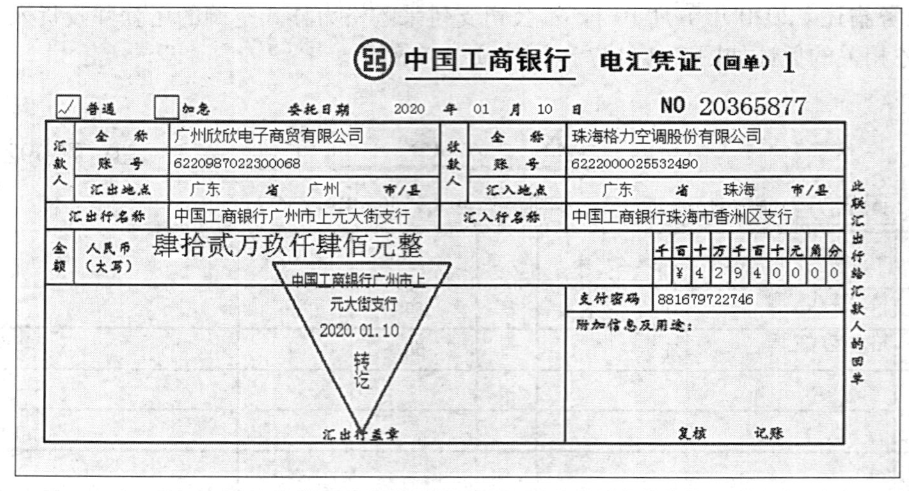

中国工商银行　电汇凭证（回单）1

☑普通　☐加急　委托日期 2020 年 01 月 10 日　NO 20365877

汇款人	全称	广州欣欣电子商贸有限公司	收款人	全称	珠海格力空调股份有限公司
	账号	6220987022300068		账号	6222000025532490
	汇出地点	广东 省 广州 市/县		汇入地点	广东 省 珠海 市/县
汇出行名称		中国工商银行广州市上元大街支行	汇入行名称		中国工商银行珠海市香洲区支行
金额	人民币（大写）	肆拾贰万玖仟肆佰元整	千百十万千百十元角分		¥ 4 2 9 4 0 0 0 0
			支付密码		881679722746
			附加信息及用途：		

中国工商银行广州市上元大街支行 2020.01.10 转讫

汇出行签章　复核　记账

此联汇出行给汇款人的回单

图 2-1-149 【电汇回单】凭证

（2）单击【增加】按钮，执行【生单】【采购订单】命令，打开【查询条件选择—采购订单列表过滤】对话框，单击【确定】按钮。

（3）系统弹出【拷贝并执行】对话框，选中所要拷贝的采购订单，单击【确定】按钮，系统自动生成到货单，单击【保存】按钮，单击【审核】按钮。根据采购订单生成的采购到货单如图 2-1-152 所示。

2. 生成采购入库单

（1）2020 年 1 月 10 日，仓储部【C01 刘芳芳】在企业应用平台中执行【业务工作】【供应链】【库存管理】【入库业务】命令，打开【采购入库单】窗口。

（2）执行【生单】【采购到货单（蓝字）】命令，打开【查询条件选择—采购到货单列表】对话框，单击【确定】按钮。

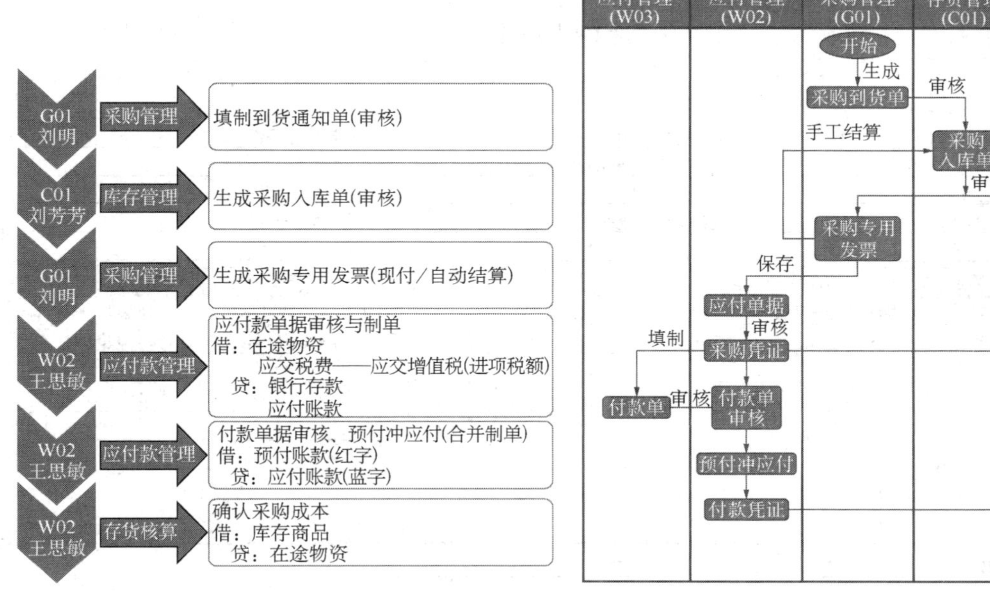

图 2-1-150 岗位操作说明　　　图 2-1-151 业务流程

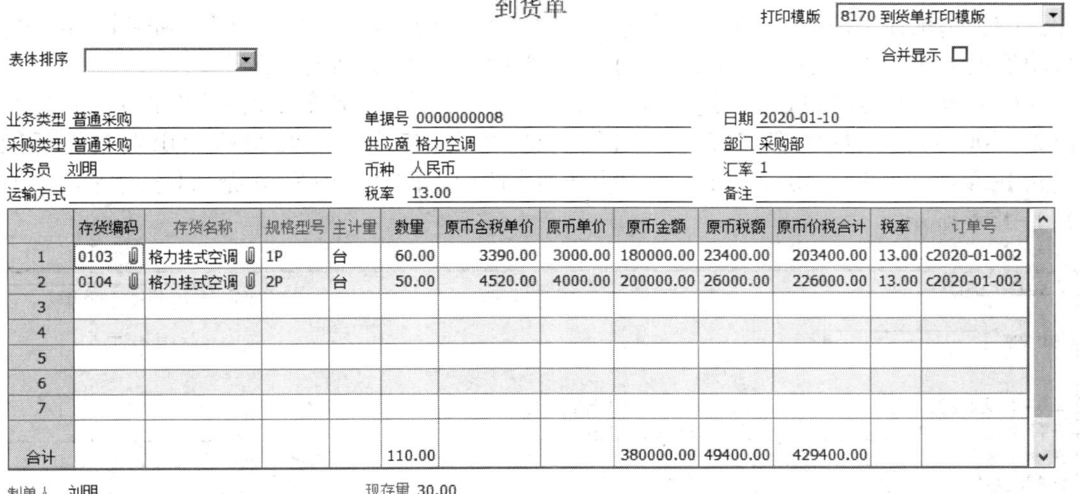

到货单

打印模版 8170 到货单打印模版

表体排序　　　　合并显示 □

业务类型 普通采购　单据号 0000000008　日期 2020-01-10
采购类型 普通采购　供应商 格力空调　部门 采购部
业务员 刘明　币种 人民币　汇率 1
运输方式　税率 13.00　备注

	存货编码	存货名称	规格型号	主计量	数量	原币含税单价	原币单价	原币金额	原币税额	原币价税合计	税率	订单号
1	0103	格力挂式空调	1P	台	60.00	3390.00	3000.00	180000.00	23400.00	203400.00	13.00	c2020-01-002
2	0104	格力挂式空调	2P	台	50.00	4520.00	4000.00	200000.00	26000.00	226000.00	13.00	c2020-01-002
3												
4												
5												
6												
7												
合计					110.00			380000.00	49400.00	429400.00		

制单人 刘明　现存量 30.00

图 2-1-152 【到货单】窗口

(3) 打开【到货单生单列表】,选择相应的【到货单生单表头】,单击【确定】按钮,系统自动生成采购入库单,修改仓库为【空调仓】,单击【保存】按钮,单击【审核】按钮,图 2-1-153 所示。

3. 填制采购专用发票

(1) 2020 年 1 月 10 日,采购部【G01 刘明】在企业应用平台中执行【业务工作】【供应链】【采购管理】【采购发票】命令,打开【采购专用发票】窗口。

(2) 单击【增加】按钮,执行【生单】【入库单】命令,打开【查询条件选择—采购入库单列表过滤】对话框,单击【确定】按钮。

采购入库单   采购入库单打印模版

表体排序   ◉ 蓝字   ○ 红字   合并显示 □

入库单号 0000000010   入库日期 2020-01-10   仓库 空调仓

订单号 c2020-01-002   到货单号 0000000008   业务号

供货单位 格力空调   部门 采购部   业务员 刘明

到货日期 2020-01-10   业务类型 普通采购   采购类型 普通采购

入库类别 采购入库   审核日期 2020-01-10   备注

	存货编码	存货名称	规格型号	主计量单位	数量	本币单价	本币金额
1	0103	格力挂式空调	1P	台	60.00	3000.00	180000.00
2	0104	格力挂式空调	2P	台	50.00	4000.00	200000.00
3							
4							
5							
6							
7							
合计					110.00		380000.00

制单人 刘芳芳   审核人 刘芳芳

现存量 90.00

图 2-1-153 【采购入库单】窗口

（3）系统弹出【拷贝并执行】窗口，选中所要拷贝的采购入库单，单击【确定】按钮，系统自动生成采购专用发票，修改【发票号】为【28454503】，单击【保存】按钮。

（4）单击【现付】按钮，打开【采购现付】对话框，输入结算方式为【电汇】，结算金额【429 400.00】，票据号为【20365877】等信息，单击【确定】按钮，采购专用发票提示【已现付】，单击【采购专用发票】上方的【结算】按钮，采购专用发票提示【已结算】，如图 2-1-154 所示。

已结算 已现付

专用发票   打印模版 8164 专用发票打印模版

表体排序   合并显示 □

业务类型 普通采购   发票类型 专用发票   发票号 28454503

开票日期 2020-01-10   供应商 格力空调   代垫单位 格力空调

采购类型 普通采购   税率 13.00   部门名称 采购部

业务员 刘明   币种 人民币   汇率 1

发票日期   付款条件   备注

	存货编码	存货名称	规格型号	主计量	数量	原币单价	原币金额	原币税额	原币价税合计	税率	订单号
1	0103	格力挂式空调	1P	台	60.00	3000.00	180000.00	23400.00	203400.00	13.00	c2020-01-002
2	0104	格力挂式空调	2P	台	50.00	4000.00	200000.00	26000.00	226000.00	13.00	c2020-01-002
3											
4											
5											
6											
7											
14 合计					110.00		380000.00	49400.00	429400.00		

结算日期 2020-01-10   制单人 刘明   审核人

图 2-1-154 【已现付、已结算采购专用发票】窗口

4. 现付单据审核与制单

（1）2020 年 1 月 10 日，财务部【W02 王思敏】在企业应用平台中执行【业务工作】【财务会计】【应付款管理】【应付单据处理】【应付单据审核】命令，打开【应付单据查询条件】对话框，勾选【包含现结发票】复选框。

（2）单击【确定】按钮，系统弹出【应付单据列表】窗口，双击【选择】栏或单击【全选】按钮，单击【审核】按钮，系统完成审核并给出审核报告，单击【确定】按钮后退出，如图 2-1-155 所示。

应付单据列表

记录总数：1

选择	审核人	单据日期	单据类型	单据号	供应商名称	部门	业务员	制单人	币种	汇率	原币金额	本币金额	备注
	王思敏	2020-01-10	采购专用发票	28454503	珠海格力空调股份有限公司	采购部	刘明	刘明	人民币	1.00000000	429,400.00	429,400.00	
合计											429,400.00	429,400.00	

图 2-1-155 【应付单据列表】窗口

（3）执行【制单处理】命令，打开【制单查询】对话框，选择【现结制单】，单击【确定】按钮，打开【采购发票制单】窗口。

（4）选择【记账凭证】，再单击【全选】按钮，选中要制单的【采购专用发票】。

（5）单击【制单】按钮，生成一张记账凭证，单击【保存】按钮，如图 2-1-156 所示。

已生成

记账凭证

记　字 0019　　制单日期：2020.01.10　　审核日期：　　附单据数：1

摘要	科目名称	借方金额	贷方金额
现结	在途物资	38000000	
现结	应交税费/应交增值税/进项税额	4940000	
现结	应付账款/一般应付款/国内供应商		10000000
现结	银行存款		32940000
票号 日期	数量 单价　合计	42940000	42940000

备注　项目　　部门
　　　个人　　客户
　　　业务员

记账　审核　出纳　制单　王思敏

图 2-1-156 【记账凭证】窗口

5. 预付冲应付

（1）2020 年 1 月 10 日，财务部【W02 王思敏】在企业应用平台中执行【业务工作】【财务会计】【应付款管理】【转账】【预付冲应付】命令，打开【预付冲应付】对话框。

（2）选择预付款【供应商】为【0001 珠海格力空调股份有限公司】，单击【过滤】按钮，输入【转账金额】为【100 000.00】，如图 2-1-157 所示；选择应付款【供应商】为【0001 珠海格力空调股份有限公司】，单击【过滤】，输入【转账金额】为【100 000.00】，如图 2-1-158 所示。

（3）单击【确定】按钮，系统提示【是否立即制单?】，选择【是】，生成一张记账凭证，单击【保存】按钮，如图 2-1-159 所示。

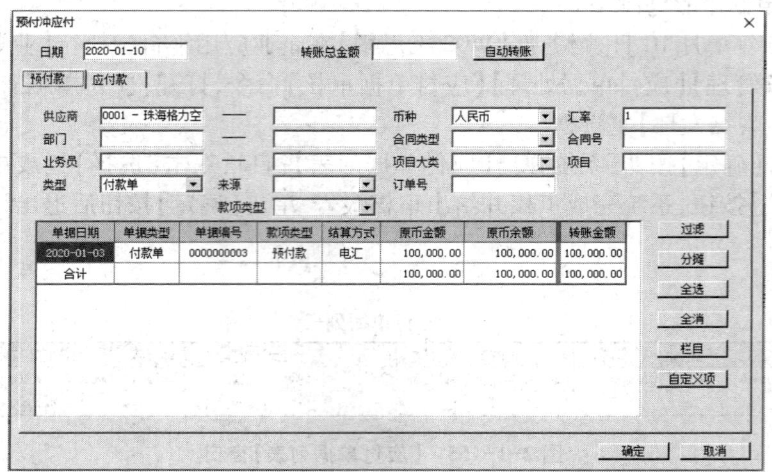

图 2-1-157 【预付冲应付】对话框

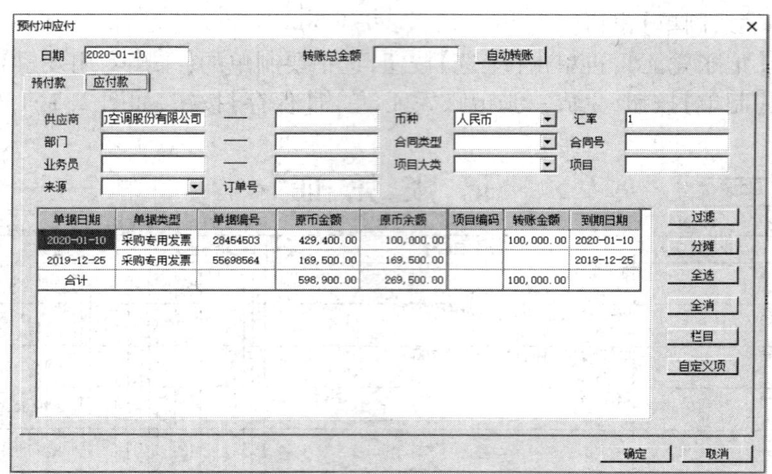

图 2-1-158 【预付冲应付】对话框

已生成

记 账 凭 证

记 字 0020　　制单日期：2020.01.10　　审核日期：　　附单据数：1

摘 要	科目名称	借方金额	贷方金额
预付冲应付	预付账款		10000000
预付冲应付	应付账款/一般应付款/国内供应商	10000000	
票号 日期	数量 单价	合 计	

备注　项 目　　部 门
个 人　　供应商 格力空调
业务员 刘明

记账　审核　出纳　制单 王思敏

图 2-1-159 【记账凭证】窗口

6. 核算采购成本

（1）2020 年 1 月 10 日，财务部【W02 王思敏】在企业应用平台中执行【业务工作】【供应链】【存货核算】【业务核算】【正常单据记账】命令，打开【查询条件选择】对话框。

（2）单击【确定】按钮，打开【正常单据记账列表】窗口，双击选择第 1、第 2 条记录，如图 2-1-160 所示。

正常单据记账列表

记录总数：2

选择	日期	单据号	存货编码	存货名称	规格型号	单据类型	仓库名称	收发类别	数量	单价	金额	供应商简称	计量单位
Y	2020-01-10	0000000010	0103	格力挂式空调	1P	采购入库单	空调仓	采购入库	60.00	3,000.00	180,000.00	格力空调	台
Y	2020-01-10	0000000010	0104	格力挂式空调	2P	采购入库单	空调仓	采购入库	50.00	4,000.00	200,000.00	格力空调	台
小计									110.00		380,000.00		

图 2-1-160 【正常单据记账列表】窗口

（3）单击【记账】按钮，将采购入库单记账，系统提示【记账成功】，单击【确定】按钮。

（4）执行【财务核算】【生成凭证】命令，打开【查询条件】对话框，单击【确定】按钮，打开【未生成凭证单据一览表】窗口。

（5）单击【选择】栏或单击【全选】按钮，选中待生成凭证的单据，单击【确定】按钮，凭证类别选择【记 记账凭证】，如图 2-1-161 所示。

凭证类别 记 记账凭证

选择	单据类型	单据号	摘要	科目类型	科目编码	科目名称	借方金额	贷方金额	借方数量	贷方数量	科目方向	存货编码	存货名称	部门名称	业务员名称
1	采购入库单	0000000010	采购入库单	存货	1405	库存商品	180,000.00		60.00		1	0103	格力挂式空调	采购部	刘明
				对方	1402	在途物资		180,000.00		60.00	2	0103	格力挂式空调	采购部	刘明
				存货	1405	库存商品	200,000.00		50.00		1	0104	格力挂式空调	采购部	刘明
				对方	1402	在途物资		200,000.00		50.00	2	0104	格力挂式空调	采购部	刘明
合计							380,000.00	380,000.00							

图 2-1-161 【生成凭证】窗口

（6）单击【生成】按钮，生成一张记账凭证，单击【保存】按钮，如图 2-1-162 所示。

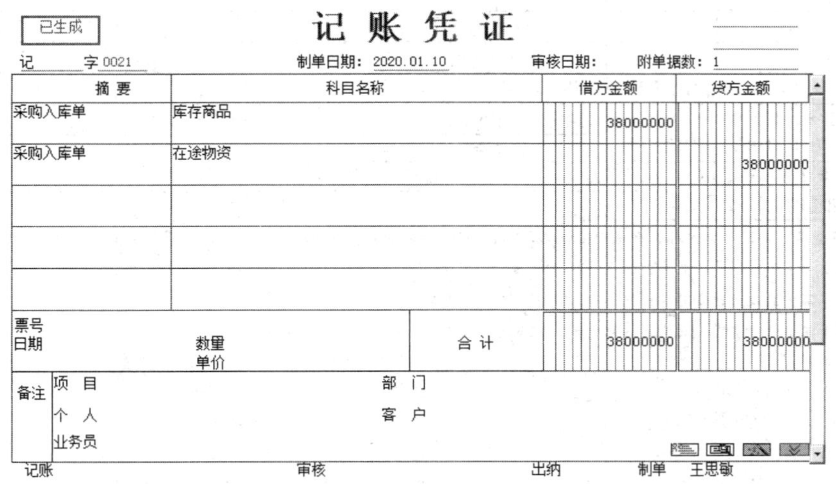
已生成

记 账 凭 证

记 字 0021　　制单日期：2020.01.10　　审核日期：　　附单据数：1

摘要	科目名称	借方金额	贷方金额
采购入库单	库存商品	38000000	
采购入库单	在途物资		38000000
票号 日期　数量 单价	合计	38000000	38000000

备注　项目　　部门

个人　　客户

业务员

记账　　审核　　出纳　　制单 王思敏

图 2-1-162 【记账凭证】窗口

任务三　受托代销采购业务处理

业务一　收取手续费的受托代销采购业务

操作视频

微课

受托代销采购业务处理

一、接收代销商品业务

〖业务描述〗2020 年 1 月 10 日，广东美满电器有限责任公司委托本公司代销美满电热水器一批，每月 13 日由本公司开具代销清单，收取手续费，以电汇方式收款，收到受托代销商品美满电热水器，取得与该业务相关的凭证如图 2-1-163 和图 2-1-164 所示。

〖业务解析〗本笔业务是签订收取手续费的委托代销合同的代销商品到货、入库的业务。

〖岗位操作说明〗

本笔业务各岗位的具体操作流程如图 2-1-165 所示。

〖业务流程〗本笔业务流程如图 2-1-166 所示。

购 销 合 同

合同编号 c2020-01-009

购货单位（甲方）：　广州欣欣电子商贸有限公司

供货单位（乙方）：　广东美满电器有限责任公司

根据《中华人民共和国合同法》及国家相关法律、法规之规定，甲乙双方本着平等互利的原则，就甲方购买乙方货物一事达成以下协议。

一、货物的名称、数量及价格：

货物名称	规格型号	单位	数量	含税单价	金额	税率	价税合计
美满电热水器	40L	台	100	2,486.00	220,000.00	13%	248,600.00
美满电热水器	50L	台	100	3,390.00	300,000.00	13%	339,000.00
合计（大写）　伍拾捌万柒仟陆佰元整							587,600.00

二、交货方式和费用承担：交货方式：购货方自行提货　　，交货时间：2020年01月10日　　前，交货地点：广州欣欣电子商贸有限公司　　，运费由　供货方　承担。

三、付款时间与付款方式：　双方约定，每月13日，由广州欣欣电子商贸有限公司开出代销清单，与供货方广东美满电器有限责任公司结算货款。

四、质量异议期：订货方对供货方的货物质量有异议时，应在收到货物后＿＿＿＿提出，逾期视为货物质量合格。

五、未尽事宜经双方协商可作补充协议，与本合同具有同等效力。

六、本合同自双方签字、盖章之日起生效；本合同壹式贰份，甲乙双方各执壹份。

甲方（签章）：

授权代表：陈翼明

地　址：广州市天河区上元大街18号

电　话：020-61168868

日　期：2020 年 01 月 10 日

乙方（签章）：

授权代表：

地　址：广州市海珠区西区169号

电　话：020-85556878

日　期：2020 年 01 月 10 日

图 2-1-163　【购销合同】凭证

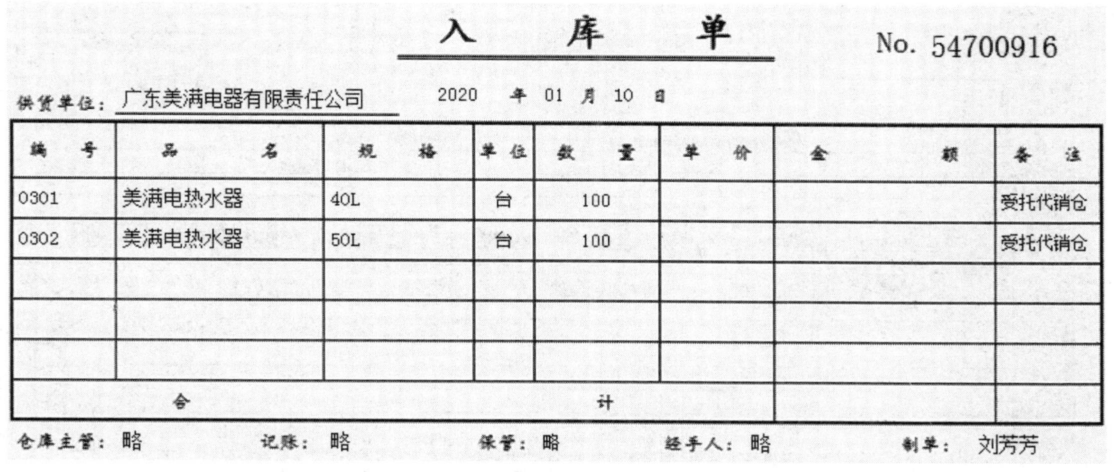

入 库 单　　No. 54700916

供货单位：广东美满电器有限责任公司　　2020 年 01 月 10 日

编 号	品 名	规 格	单 位	数 量	单 价	金 额	备 注
0301	美满电热水器	40L	台	100			受托代销仓
0302	美满电热水器	50L	台	100			受托代销仓
合				计			

仓库主管：略　记账：略　保管：略　经手人：略　制单：刘芳芳

图 2-1-164 【入库单】凭证

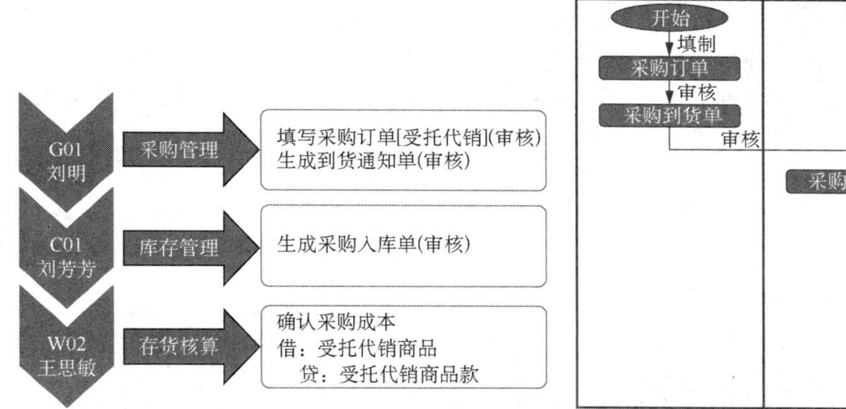

图 2-1-165 岗位操作流程

图 2-1-166 业务流程

〖操作指引〗

1. 填制采购订单

（1）2020 年 1 月 10 日，采购部【G01 刘明】在企业应用平台中执行【业务工作】【供应链】【采购管理】【采购订货】命令，打开【采购订单】窗口。

（2）单击【增加】按钮，【业务类型】选择【受托代销】，修改【订单编号】为【C2020-01-009】，【采购类型】选择【受托代销】，【供应商】选择【美满电器】，【部门】选择【采购部】，【业务员】选择【刘明】；在表体中，【存货编码】分别选择【0301】和【0302】，输入【数量】均为【100.00】，【原币含税单价】分别为【2 486.00】和【3 390.00】，修改【计划到货日期】为【2020-01-10】，其他信息由系统自动带出，单击【保存】按钮，单击【审核】按钮，审核填制的采购订单，如图 2-1-167 所示。

2. 生成采购到货单

（1）2020 年 1 月 10 日，采购部【G01 刘明】在企业应用平台中执行【业务工作】【供应链】【采购管理】【采购到货】命令，打开【到货单】窗口。

（2）单击【增加】按钮，【业务类型】选择【受托代销】，执行【生单】【采购订单】命令，打

采购订单

打印模版 8174 采购订单打印模版

表体排序

合并显示 □

业务类型 受托代销 订单日期 2020-01-10 订单编号 C2020-01-009

采购类型 受托代销 供应商 美满电器 部门 采购部

业务员 刘明 税率 13.00 付款条件

币种 人民币 汇率 1 备注

	存货编码	存货名称	规格型号	主计量	数量	原币含税单价	原币单价	原币金额	原币税额	原币价税合计	税率	计划到货日期
1	0301	美满电热水器	40L	台	100.00	2486.00	2200.00	220000.00	28600.00	248600.00	13.00	2020-01-10
2	0302	美满电热水器	50L	台	100.00	3390.00	3000.00	300000.00	39000.00	339000.00	13.00	2020-01-10
3												
4												
5												
6												
7												
合计					200.00			520000.00	67600.00	587600.00		

制单人 刘明 审核人 刘明 变更人

现存量 35.00

图 2-1-167 【采购订单】窗口

开【查询条件选择—采购订单列表过滤】对话框,单击【确定】按钮。

(3) 系统弹出【拷贝并执行】对话框,选中所要拷贝的采购订单,单击【确定】按钮,系统自动生成到货单,单击【保存】按钮,单击【审核】按钮。根据采购订单生成的采购到货单如图 2-1-168 所示。

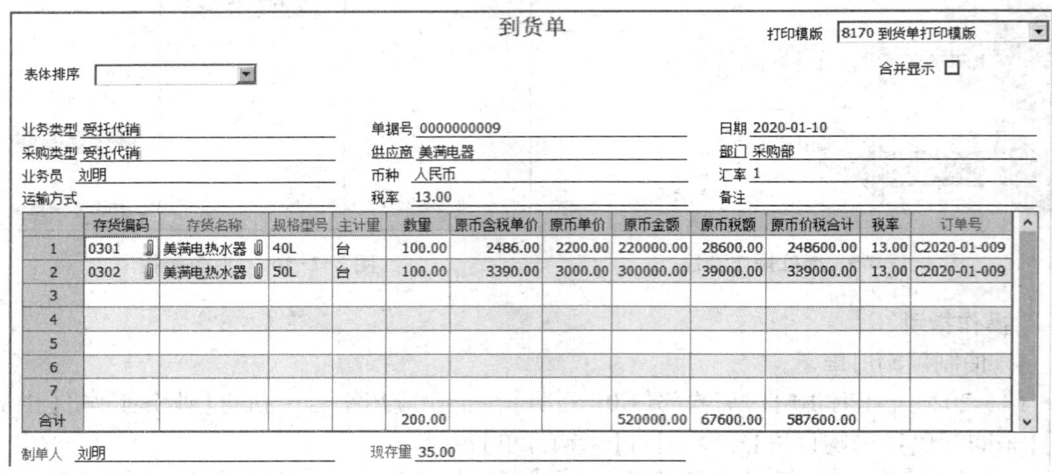
到货单

打印模版 8170 到货单打印模版

表体排序

合并显示 □

业务类型 受托代销 单据号 0000000009 日期 2020-01-10

采购类型 受托代销 供应商 美满电器 部门 采购部

业务员 刘明 币种 人民币 汇率 1

运输方式 税率 13.00 备注

	存货编码	存货名称	规格型号	主计量	数量	原币含税单价	原币单价	原币金额	原币税额	原币价税合计	税率	订单号
1	0301	美满电热水器	40L	台	100.00	2486.00	2200.00	220000.00	28600.00	248600.00	13.00	C2020-01-009
2	0302	美满电热水器	50L	台	100.00	3390.00	3000.00	300000.00	39000.00	339000.00	13.00	C2020-01-009
3												
4												
5												
6												
7												
合计					200.00			520000.00	67600.00	587600.00		

制单人 刘明 现存量 35.00

图 2-1-168 【到货单】窗口

3. 生成采购入库单

(1) 2020 年 1 月 10 日,仓储部【C01 刘芳芳】在企业应用平台中执行【业务工作】【供应链】【库存管理】【入库业务】命令,打开【采购入库单】窗口。

(2) 执行【生单】【采购到货单(蓝字)】命令,打开【查询条件选择—采购到货单列表】对话框,【业务类型】选择【受托代销】,单击【确定】按钮。

(3) 打开【到货单生单列表】,选择相应的【到货单生单表头】,单击【确定】按钮,系统自动生成采购入库单,修改仓库为【受托代销库】,单击【保存】按钮,单击【审核】按钮,如图 2-1-169 所示。

采购入库单　　　　采购入库单打印模版

表体排序　　　　◉ 蓝字　○ 红字　　合并显示 □

入库单号 0000000011	入库日期 2020-01-10	仓库 受托代销仓
订单号 C2020-01-009	到货单号 0000000009	业务号
供货单位 美满电器	部门 采购部	业务员 刘明
到货日期 2020-01-10	业务类型 受托代销	采购类型 受托代销
入库类别 受托代销入库	审核日期 2020-01-10	备注

	存货编码	存货名称	规格型号	主计量单位	数量	本币单价	本币金额
1	0301	美满电热水器	40L	台	100.00	2200.00	220000.00
2	0302	美满电热水器	50L	台	100.00	3000.00	300000.00
3							
4							
5							
6							
7							
合计					200.00		520000.00

制单人 刘芳芳　　审核人 刘芳芳

现存量 135.00

图 2-1-169 【采购入库单】窗口

4. 存货核算(代销品入库)

(1) 2020 年 1 月 10 日,财务部【W02 王思敏】在企业应用平台中执行【业务工作】【供应链】【存货核算】【业务核算】【正常单据记账】命令,打开【查询条件选择】对话框。

(2) 单击【确定】按钮,打开【正常单据记账列表】窗口,双击选择第 1、第 2 条记录,如图 2-1-170 所示。

正常单据记账列表

记录总数: 2

选择	日期	单据号	存货编码	存货名称	规格型号	单据类型	仓库名称	收发类别	数量	单价	金额	供应商简称	计量单位
Y	2020-01-10	0000000011	0301	美满电热水器	40L	采购入库单	受托代销仓	受托代销入库	100.00	2,200.00	220,000.00	美满电器	台
Y	2020-01-10	0000000011	0302	美满电热水器	50L	采购入库单	受托代销仓	受托代销入库	100.00	3,000.00	300,000.00	美满电器	台
小计									200.00		520,000.00		

图 2-1-170 【正常单据记账列表】窗口

(3) 单击【记账】按钮,将采购入库单记账,系统提示【记账成功】,单击【确定】按钮。

(4) 执行【财务核算】【生成凭证】命令,打开【查询条件】对话框,单击【确定】按钮,打开【未生成凭证单据一览表】窗口。

(5) 单击【选择】栏或单击【全选】按钮,选中待生成凭证的单据,单击【确定】按钮,凭证类别选择【记　记账凭证】,如图 2-1-171 所示。

凭证类别 记 记账凭证

选择	单据类型	单据号	摘要	科目类型	科目编码	科目名称	借方金额	贷方金额	借方数量	贷方数量	科目方向	存货编码	存货名称	规格型号	部…	部门名称	业…	业务员名
1	采购入库单	0000000013	采购入库单	存货	1321	受托代销商品	220,000.00		100.00		1	0301	美满电热水器	40L	3	采购部	301	刘明
				应付暂估	2314	受托代销商品款		220,000.00		100.00	2	0301	美满电热水器	40L	3	采购部	301	刘明
				存货	1321	受托代销商品	300,000.00		100.00		1	0302	美满电热水器	50L	3	采购部	301	刘明
				应付暂估	2314	受托代销商品款		300,000.00		100.00	2	0302	美满电热水器	50L	3	采购部	301	刘明
合计							520,000.00	520,000.00										

图 2-1-171 【生成凭证】窗口

(6) 单击【生成】【保存】按钮,生成一张记账凭证,如图 2-1-172 所示。

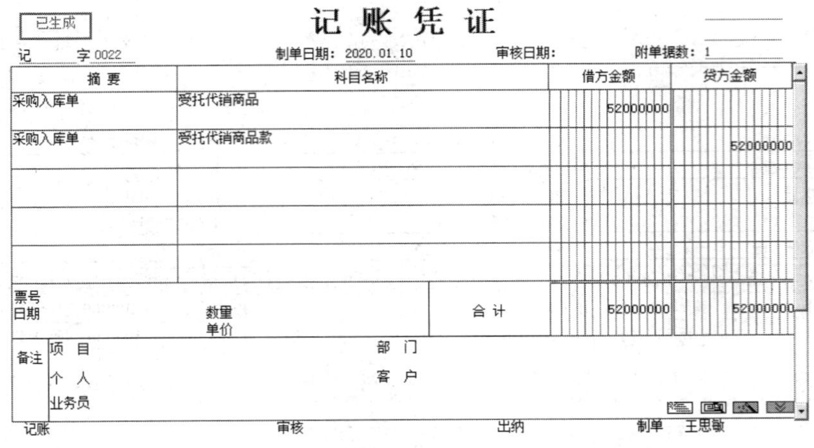

已生成

记 账 凭 证

记　字 0022　　制单日期：2020.01.10　　审核日期：　　附单据数：1

摘要	科目名称	借方金额	贷方金额
采购入库单	受托代销商品	52000000	
采购入库单	受托代销商品款		52000000
票号 日期	数量 单价 合计	52000000	52000000

备注　项目　　部门
　　　个人　　客户
　　　业务员

记账　　审核　　出纳　　制单　王思敏

图 2-1-172　【记账凭证】窗口

二、销售代销商品业务

〖业务描述〗2020 年 1 月 12 日，本公司将受托代销商品销售给广州市海珠区恒鑫商贸有限公司，商品已发出，款项已当日收到，取得与该业务相关的凭证如图 2-1-173 至图 2-1-176 所示。

购 销 合 同

合同编号　x2020-01-001

购货单位（甲方）：　广州市海珠区恒鑫商贸有限公司

供货单位（乙方）：　广州欣欣电子商贸有限公司

根据《中华人民共和国合同法》及国家相关法律、法规之规定，甲乙双方本着平等互利的原则，就甲方购买乙方货物一事达成以下协议。

一、货物的名称、数量及价格：

货物名称	规格型号	单位	数量	含税单价	金额	税率	价税合计
美满电热水器	40L	台	10	2,486.00	220,000.00	13%	24,860.00
美满电热水器	50L	台	10	3,390.00	300,000.00	13%	33,900.00
合计（大写）	伍万捌仟柒佰陆拾元整						58,760.00

二、交货方式和费用承担：交货方式：　销货方送货　　，交货时间：　2020年01月12日　　前，交货地点：　广州市海珠区双七路中兴西湖花园22号　　，运费由　购货方　　承担。

三、付款时间与付款方式：　2020年1月12日付款，以电汇方式付款

四、质量异议期：订货方对供货方的货物质量有异议时，应在收到货物后　　　　之内提出，逾期视为货物质量合格。

五、未尽事宜经双方协商可作补充协议，与本合同具有同等效力。

六、本合同自双方签字、盖章之日起生效；本合同壹式贰份，甲乙双方各执壹份。

甲方（签章）：　　　　　　　　　　乙方（签章）：

（印章：广州市海珠区恒鑫商贸有限公司　合同专用章）　（印章：广州欣欣电子商贸有限公司　合同专用章）

授 权 代 表：　　　　　　　　　　授 权 代 表：　陈置明

地　　址：　广州市海珠区双七路中兴西湖花园22号　　地　　址：　广州市天河区上元大街18号

电　　话：　020-64267412　　电　　话：　020-61168868

日　　期：　2020　年　01　月　12　日　　日　　期：　2020　年　01　月　12　日

图 2-1-173　【购销合同】凭证

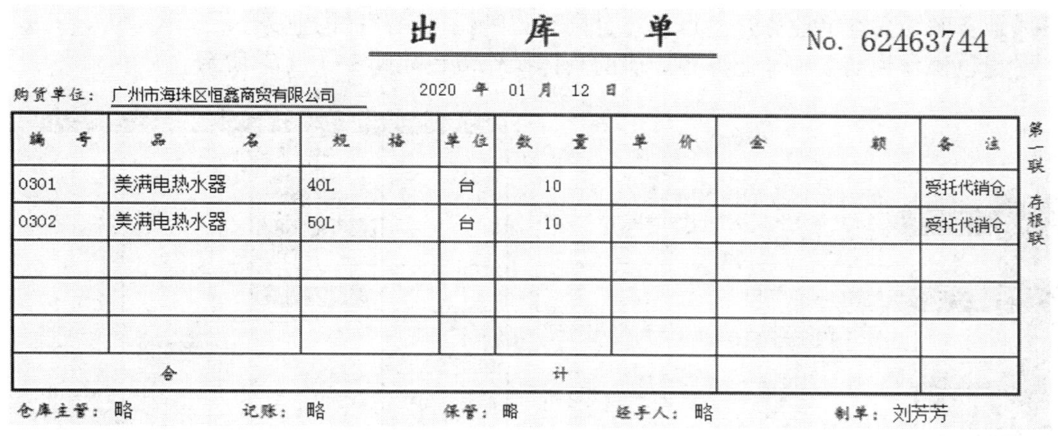

出 库 单 No. 62463744

购货单位：广州市海珠区恒鑫商贸有限公司 2020 年 01 月 12 日

编号	品名	规格	单位	数量	单价	金额	备注
0301	美满电热水器	40L	台	10			受托代销仓
0302	美满电热水器	50L	台	10			受托代销仓
合				计			

第一联 存根联

仓库主管：略 记账：略 保管：略 经手人：略 制单：刘芳芳

图 2-1-174 【出库单】凭证

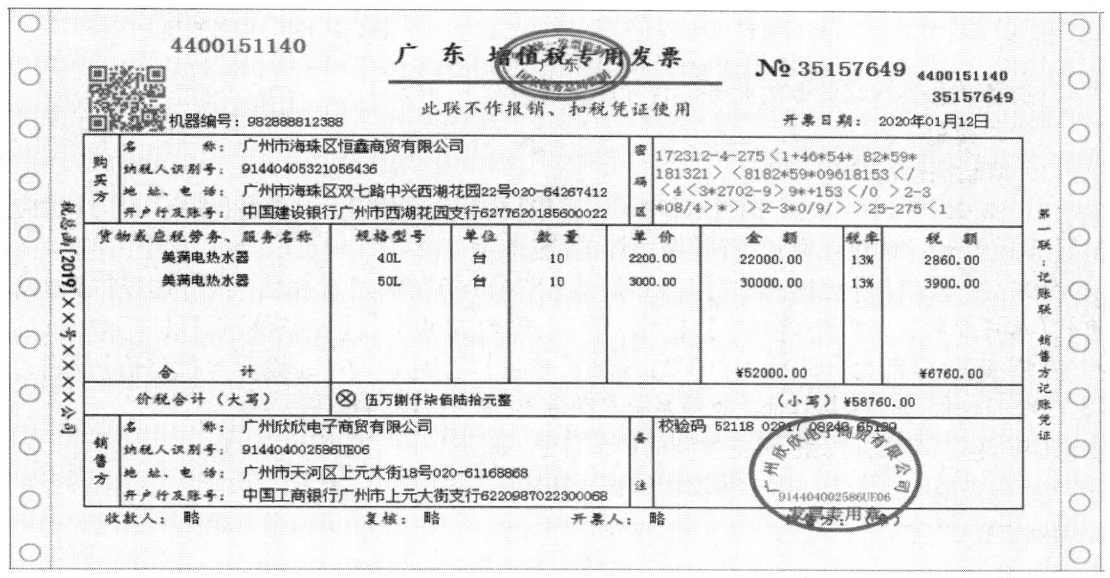

4400151140 广东增值税专用发票 №35157649 4400151140 35157649

此联不作报销、扣税凭证使用

机器编号：982888812388 开票日期：2020年01月12日

购买方	名称：广州市海珠区恒鑫商贸有限公司 纳税人识别号：91440405321056436 地址、电话：广州市海珠区双七路中兴西湖花园22号020-64267412 开户行及账号：中国建设银行广州市西湖花园支行6277620185600022	密码区	172312-4-275＜1+46*54* 82*59* 181321＞＜8182*59*09618153＜/ ＜4＜3*2702-9＞9*+153＜/0 ＞2-3 *08/4＞*＞＞2-3*0/9/＞＞25-275＜1

货物或应税劳务、服务名称	规格型号	单位	数量	单价	金额	税率	税额
美满电热水器	40L	台	10	2200.00	22000.00	13%	2860.00
美满电热水器	50L	台	10	3000.00	30000.00	13%	3900.00
合计					¥52000.00		¥6760.00
价税合计（大写）	⊗伍万捌仟柒佰陆拾元整				（小写）¥58760.00		

销售方	名称：广州欣欣电子商贸有限公司 纳税人识别号：914404002586UE06 地址、电话：广州市天河区上元大街18号020-61168868 开户行及账号：中国工商银行广州市上元大街支行6220987022300068	备注	校验码 52118 02917 08248 65189

收款人：略 复核：略 开票人：略 销售方：（章）

税总函[2019]××号××××公司

第一联：记账联 销售方记账凭证

图 2-1-175 【增值税专用发票】凭证

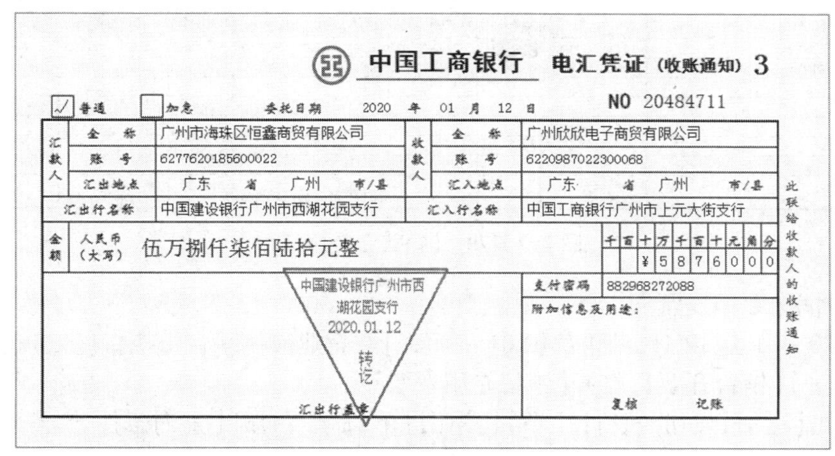

中国工商银行 电汇凭证（收账通知）3

☑普通 ☐加急 委托日期 2020 年 01 月 12 日 NO 20484711

汇款人	全称	广州市海珠区恒鑫商贸有限公司	收款人	全称	广州欣欣电子商贸有限公司
	账号	6277620185600022		账号	6220987022300068
	汇出地点	广东 省 广州 市/县		汇入地点	广东 省 广州 市/县
汇出行名称		中国建设银行广州市西湖花园支行	汇入行名称		中国工商银行广州市上元大街支行
金额	人民币（大写）	伍万捌仟柒佰陆拾元整		千百十万千百十元角分	¥58760 00
中国建设银行广州市西湖花园支行 2020.01.12 转讫 汇出行盖章				支付密码	882968272088
				附加信息及用途：	
				复核 记账	

此联给收款人的收账通知

图 2-1-176 【电汇回单】凭证

〖业务解析〗本笔业务是签订销售合同销售受托代销商品的业务。

〖岗位操作说明〗本笔业务各岗位的具体操作流程如图 2-1-177 所示。

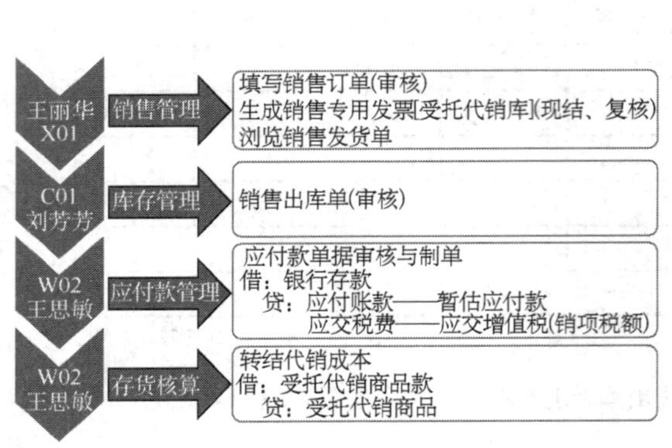

图 2-1-177　岗位操作说明

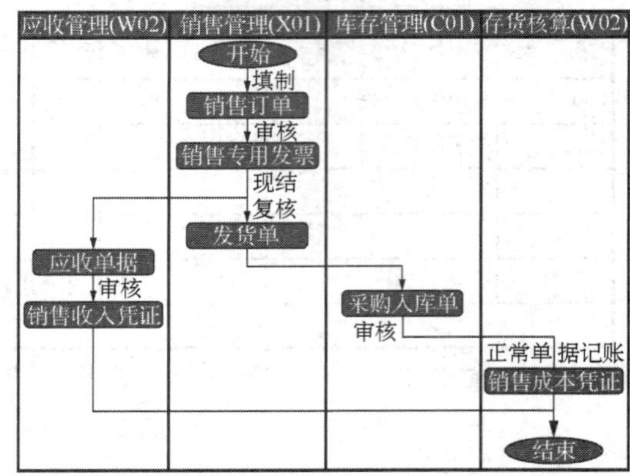

图 2-1-178　业务流程

〖业务流程〗本笔业务的业务流程如图 2-1-178 所示。

〖操作指引〗

1. 填制销售订单

(1) 2020 年 1 月 12 日,销售部【X01 王丽华】在企业应用平台中执行【业务工作】【供应链】【销售管理】【销售订货】,打开【销售订单】窗口。

(2) 单击【增加】按钮,修改【订单号】为【X2020-01-001】,【销售类型】选择【普通销售】,【客户简称】选择【恒鑫商贸】,【销售部门】选择【销售部】,【业务员】选择【王丽华】;选择【存货编码】分别为【0301】和【0302】,输入【数量】均为【10.00】,【原币含税单价】分别为【3 729.00】和【5 085.00】,其他信息由系统自动带出,单击【保存】按钮。

(3) 单击【审核】按钮,审核填制的销售订单,如图 2-1-179 所示。

销售订单

表体排序

订单号 x2020-01-001　订单日期 2020-01-12　业务类型 普通销售
销售类型 普通销售　客户简称 恒鑫商贸　付款条件
销售部门 销售部　业务员 王丽华　税率 13.00
币种 人民币　汇率 1　备注

	存货编码	存货名称	规格型号	主计量	数量	报价	含税单价	无税单价	无税金额	税额	价税合计	税率（%）	折扣额	扣率（%）	扣率2（%）	预发货日期
1	0301	美满电热水器	40L	台	10.00	2486.00	2486.00	2200.00	22000.00	2860.00	24860.00	13.00	0.00	100.00	100.00	2020-01-12
2	0302	美满电热水器	50L	台	10.00	3390.00	3390.00	3000.00	30000.00	3900.00	33900.00	13.00	0.00	100.00	100.00	2020-01-12
3																
4																
5																
6																
7																
合计					20.00				52000.00	6760.00	58760.00		0.00			

图 2-1-179　【销售订单】窗口

2. 生成销售专用发票

(1) 2020 年 1 月 12 日,销售部【X01 王丽华】在企业应用平台中执行【业务工作】【供应链】【销售管理】【销售开票】,打开【销售专用发票】窗口。

(2) 单击【增加】按钮,执行【生单】【参照订单】命令,打开【查询条件选择—参照订单】对话框,单击【确定】按钮,打开【发票参照订单】窗口,选择相应的订单,如图 2-1-180 所示。

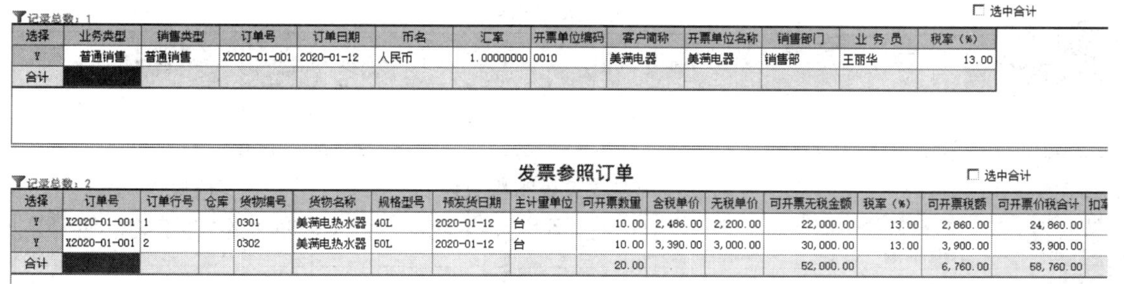

记录总数：1 ☐ 选中合计

选择	业务类型	销售类型	订单号	订单日期	币名	汇率	开票单位编码	客户简称	开票单位名称	销售部门	业务员	税率（%）
Y	普通销售	普通销售	X2020-01-001	2020-01-12	人民币	1.00000000	0010	美满电器	美满电器	销售部	王丽华	13.00
合计												

发票参照订单

记录总数：2 ☐ 选中合计

选择	订单号	订单行号	仓库	货物编号	货物名称	规格型号	预发货日期	主计量单位	可开票数量	含税单价	无税单价	可开票无税金额	税率（%）	可开票税额	可开票价税合计	扣率
Y	X2020-01-001	1		0301	美满电热水器	40L	2020-01-12	台	10.00	2,486.00	2,200.00	22,000.00	13.00	2,860.00	24,860.00	
Y	X2020-01-001	2		0302	美满电热水器	50L	2020-01-12	台	10.00	3,390.00	3,000.00	30,000.00	13.00	3,900.00	33,900.00	
合计									20.00			52,000.00		6,760.00	58,760.00	

图 2-1-180 【发票参照订单】窗口

（3）单击【确定】按钮，系统生成一张销售专用发票，修改【发票号】为【35157649】，选择【仓库名称】为【受托代销仓】，单击【保存】按钮。

（4）单击【现结】按钮，打开【现结】窗口，【结算方式】选择【4—电汇】，输入【原币金额】为【58 760.00】输入【票据号】为【20484711】，单击【确定】按钮，发票显示【现结】。

（5）单击【复核】按钮，复核销售专用发票，如图 2-1-181 所示。

现结

销售专用发票

打印模版 销售专用发票打印模版

表体排序 合并显示 ☐

发票号 35157649　开票日期 2020-01-12　业务类型 普通销售
销售类型 普通销售　订单号 X2020-01-001　发货单号 0000000001
客户简称 恒鑫商贸　销售部门 销售部　业务员 王丽华
付款条件　客户地址 广州市海珠区双七路中兴西湖花园　联系电话 020-64267412
开户银行 中国建设银行广州市西湖花园支行　账号 6277620185600022　税号 91440405321056436
币种 人民币　汇率 1　税率 13.00
备注

	仓库名称	存货编码	存货名称	规格型号	主计量	数量	报价	含税单价	无税单价	无税金额	税额	价税合计	税率（%）
1	受托代销仓	0301	美满电热水器	40L	台	10.00	2486.00	2486.00	2200.00	22000.00	2860.00	24860.00	13.00
2	受托代销仓	0302	美满电热水器	50L	台	10.00	3390.00	3390.00	3000.00	30000.00	3900.00	33900.00	13.00
3													
4													
5													
6													
7													
合计						20.00				52000.00	6760.00	58760.00	

单位名称 广州欣欣电子商贸有限公司　本单位税号 914404002586UE06　本单位开户银行 中国工商银行广州市上元大
制单人 王丽华　复核人 王丽华　银行账号 6220987022300068

图 2-1-181 【销售专用发票】窗口

（6）执行【业务工作】【供应链】【销售管理】【销售发货】命令，打开【发货单】窗口，单击【浏览】按钮，可以查看已生成并审核的发货单。

3. 生成销售出库单

（1）2020 年 1 月 12 日，仓储部【C01 刘芳芳】在企业应用平台中执行【业务工作】【供应链】【库存管理】【出库业务】命令，打开【销售发货单】窗口。

（2）单击【增加】按钮，执行【生单】【销售生单】命令，打开【查询条件选择—销售发货列表】对话框，单击【确定】按钮，打开【销售发货单生单】窗口，选择相应的发货单，如图 2-1-182 所示。

销售发货单生单表头　　□ 选中合计

记录总数：1

选择	发货单号	发票号	单据日期	业务类型	客户	部门	业务员	制单人	审核人	发货地址
Y	0000000001	35157649	2020-01-12	普通销售	恒鑫商贸	销售部	王丽华	王丽华	王丽华	
合计										

销售发货单生单表体　　□ 选中合计

记录总数：2

选择	仓库编码	仓库	存货编码	存货名称	规格型号	主计量单位	失效日期	入库单号	应出库数量	应出库件数	未出库数量
Y	06	受托代销仓	0301	美满电热水器	40L	台			10.00		10.00
Y	06	受托代销仓	0302	美满电热水器	50L	台			10.00		10.00
合计									20.00		20.00

图 2-1-182 【销售发货单生单】窗口

(3) 单击【确定】按钮，系统生成一张销售出库单，单击【审核】按钮，如图 2-1-183 所示。

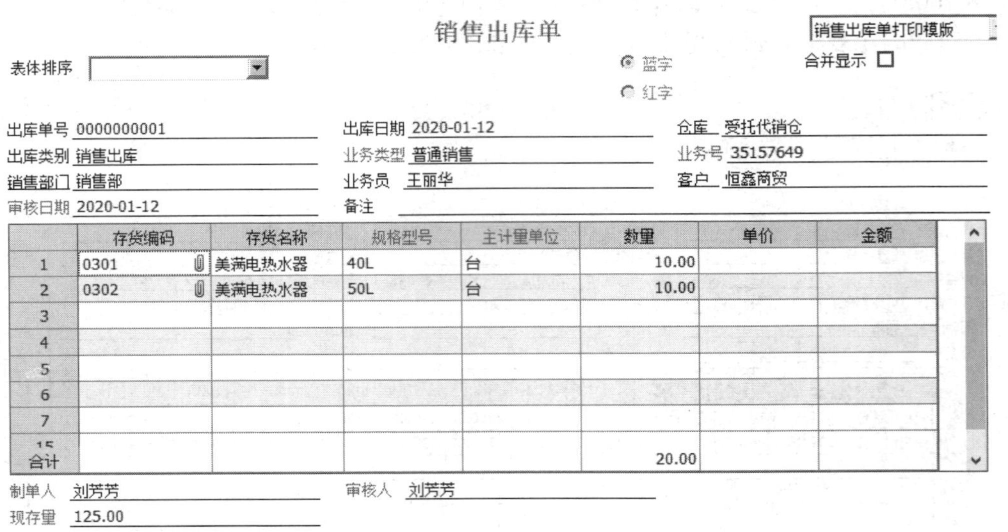

销售出库单　　销售出库单打印模版

表体排序　　◉ 蓝字　○ 红字　　合并显示 □

出库单号 0000000001　　出库日期 2020-01-12　　仓库 受托代销仓

出库类别 销售出库　　业务类型 普通销售　　业务号 35157649

销售部门 销售部　　业务员 王丽华　　客户 恒鑫商贸

审核日期 2020-01-12　　备注

	存货编码	存货名称	规格型号	主计量单位	数量	单价	金额
1	0301	美满电热水器	40L	台	10.00		
2	0302	美满电热水器	50L	台	10.00		
3							
4							
5							
6							
7							
合计					20.00		

制单人 刘芳芳　　审核人 刘芳芳

现存量 125.00

图 2-1-183 【销售出库单】窗口

4. 应收单据审核与制单

(1) 2020 年 1 月 12 日，财务部【W02 王思敏】在企业应用平台中执行【业务工作】【财务会计】【应收款管理】【应收单据处理】【应收单据审核】命令，打开【应收单查询条件】对话框，勾选【包含已现结发票】复选框。

(2) 单击【确定】按钮，系统弹出【应收单据列表】窗口，双击【选择】栏或单击【全选】按钮，单击【审核】按钮，系统完成审核并给出审核报告，如图 2-1-184 所示。

应收单据列表

记录总数：1

选择	审核人	单据日期	单据类型	单据号	客户名称	部门	业务员	制单人	币种	汇率	原币金额	本币金额	备注
	王思敏	2020-01-12	销售专用发票	35157649	广州市海珠区恒鑫商贸有限公司	销售部	王丽华	王丽华	人民币	1.00000000	58,760.00	58,760.00	
合计											58,760.00	58,760.00	

图 2-1-184 【应收单据列表】窗口

(3) 执行【制单处理】命令,打开【制单查询】对话框,选择【现结制单】,单击【确定】按钮,打开【销售发票制单】窗口。

(4) 选择【记账凭证】,再单击【全选】按钮,选中要制单的【销售专用发票】。

(5) 单击【制单】按钮,生成一张记账凭证,修改【应付账款/暂估应付款】科目的辅助项为供应商【美满电器】,单击【保存】按钮,如图 2-1-185 所示。

已生成

记账凭证

记 字 0023　制单日期: 2020.01.12　审核日期:　附单据数: 1

摘要	科目名称	借方金额	贷方金额
现结	银行存款	5876000	
现结	应付账款/暂估应付款		5200000
现结	应交税费/应交增值税/销项税额		676000
票号 - 日期	数量 单价 合计	5876000	5876000

备注　项目　部门
个人　供应商 美满电器
业务员 刘明

记账　审核　出纳　制单 王思敏

图 2-1-185 【记账凭证】窗口

5. 存货核算(结转代销成本)

(1) 2020 年 1 月 12 日,财务部【W02 王思敏】在企业应用平台中执行【业务工作】【供应链】【存货核算】【业务核算】【正常单据记账】命令,打开【查询条件选择】对话框。

(2) 单击【确定】按钮,打开【正常单据记账列表】窗口,双击选择第 1、第 2 条记录,如图 2-1-186 所示。

正常单据记账列表

记录总数: 2

选择	日期	单据号	存货编码	存货名称	规格型号	存货代码	单据类型	仓库名称	收发类别	数量	单价
Y	2020-01-12	35157649	0301	美满电热水器	40L		专用发票	受托代销仓	销售出库	10.00	
Y	2020-01-12	35157649	0302	美满电热水器	50L		专用发票	受托代销仓	销售出库	10.00	
小计										20.00	

图 2-1-186 【正常单据记账列表】窗口

(3) 单击【记账】按钮,将销售专用发票记账,系统提示【记账成功】,单击【确定】按钮。

(4) 执行【财务核算】【生成凭证】命令,打开【查询条件】窗口,单击【确定】按钮,打开【未生成凭证单据一览表】窗口。

(5) 单击【选择】栏或单击【全选】按钮,选中待生成凭证的单据,单击【确定】按钮,凭证类别选择【记　记账凭证】,如图 2-1-187 所示。

凭证类别 记 记账凭证

选择	单据类型	单据号	摘要	科目类型	科目编码	科目名称	借方金额	贷方金额	借方数量	贷方数量	科目方向	存货编码	存货名称	部门名称	业务员名称
1	专用发票	35157649	专用发票	对方	2314	受托代销商品款	22,000.00		10.00		1	0301	美满电热水器	销售部	王丽华
				存货	1321	受托代销商品		22,000.00		10.00	2	0301	美满电热水器	销售部	王丽华
				对方	2314	受托代销商品款	30,000.00		10.00		1	0302	美满电热水器	销售部	王丽华
				存货	1321	受托代销商品		30,000.00		10.00	2	0302	美满电热水器	销售部	王丽华
合计							52,000.00	52,000.00							

图 2-1-187 【生成凭证】窗口

(6) 单击【生成】按钮,生成一张记账凭证,修改【主营业务成本】为【受托代销商品款】,单击【保存】按钮,如图 2-1-188 所示。

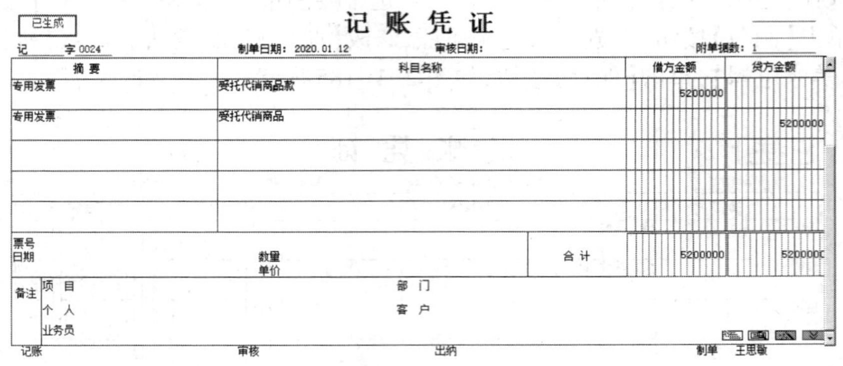

已生成

记 账 凭 证

记 字 0024 制单日期: 2020.01.12 审核日期: 附单据数: 1

摘要	科目名称	借方金额	贷方金额
专用发票	受托代销商品款	5200000	
专用发票	受托代销商品		5200000
票号 日期	数量 单价 合计	5200000	5200000

备注 项目 部门

个人 客户

业务员

记账 审核 出纳 制单 王思敏

图 2-1-188 【记账凭证】窗口

三、受托代销商品结算业务

〖业务描述〗2020 年 1 月 13 日,由本公司开具代销清单,以电汇方式支付货款并收取 10%手续费,取得与该业务相关的凭证如图 2-1-189 至图 2-1-192 所示。

商品代销清单

结算日期：2020年1月13日　　NO:263729

委托方	广东美满电器有限公司		受托方	广州欣欣电子商贸有限公司				
账号	2300600236934526		账号	6220987022300068				
开户银行	中国建设银广州海珠区支行		开户银行	中国工商银行广州市上元大街支行				
代销货物	代销货物名称	规格型号	计量单位	数量	单价（不含税）	金额（不含税）	税率	金　额（含税）
	美满电热水器	40L	台	100	2200	220000	13%	248600
	美满电热水器	50L	台	100	3000	300000	13%	339000
	价税合计	大写：伍拾捌万柒仟陆佰元整				小写：587600		
代销方式		按销售货款（不含税）的10%收取手续费						
代销款结算时间		根据代销货物销售情况与每月15日结算一次货款						
代销款结算方式		以电汇方式结算						
本月代销货物销售情况	代销货物名称	规格型号	计量单位	数量	单价（不含税）	金额（不含税）	税率	金　额（含税）
	美满电热水器	40L	台	10	2200	22000	13%	24860
	美满电热水器	50L	台	10	3000	30000	13%	33900
	价税合计	大写：伍万捌仟柒佰陆拾元整				小写：58760		
本月代销款结算金额		大写：伍万捌仟柒佰陆拾元整				小写：58760		
	主管：查丽丽	审核：邵云飞		制单：陈红		受托方（盖章）		

广东美满电器有限公司

图 2-1-189 【商品代销清单】凭证

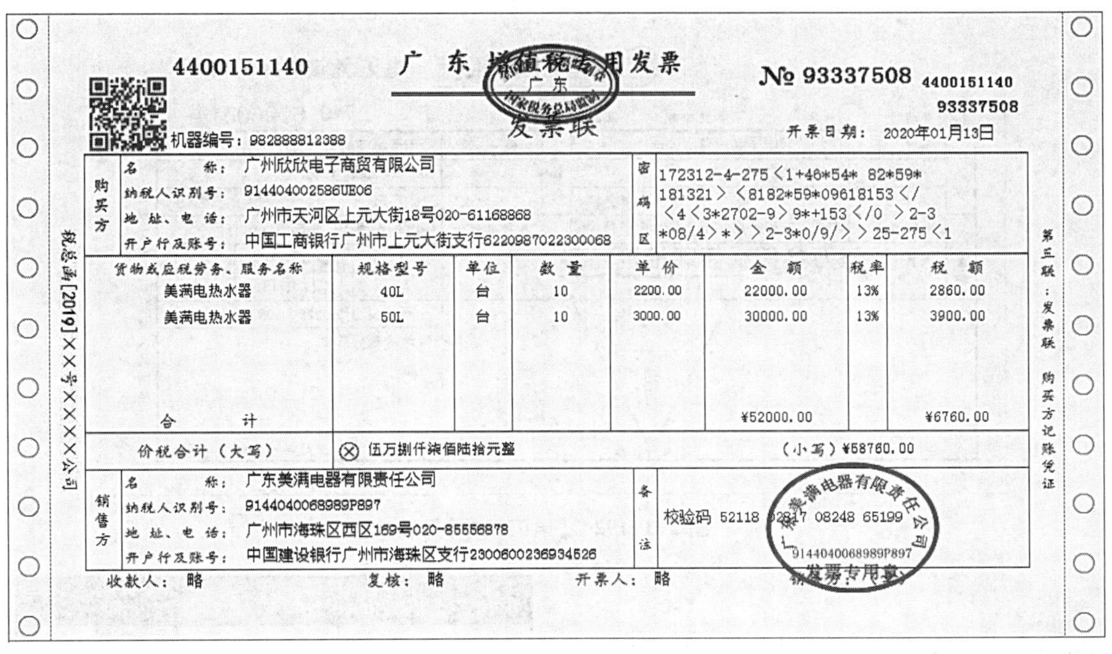

4400151140 广东增值税专用发票 № 93337508 4400151140 93337508

发票联

机器编号：982888812388 开票日期：2020年01月13日

购买方	
名称：	广州欣欣电子商贸有限公司
纳税人识别号：	914404002586UE06
地址、电话：	广州市天河区上元大街18号020-61168868
开户行及账号：	中国工商银行广州市上元大街支行6220987022300068

密码区：172312-4-275<1+46*54* 82*59* 181321><8182*59*09618153</ <4<3*2702-9>9*+153</0 >2-3 *08/4>*>>2-3*0/9/>>25-275<1

货物或应税劳务、服务名称	规格型号	单位	数量	单价	金额	税率	税额
美满电热水器	40L	台	10	2200.00	22000.00	13%	2860.00
美满电热水器	50L	台	10	3000.00	30000.00	13%	3900.00
合计					¥52000.00		¥6760.00

价税合计（大写）⊗伍万捌仟柒佰陆拾元整 （小写）¥58760.00

销售方	
名称：	广东美满电器有限责任公司
纳税人识别号：	9144040068989P897
地址、电话：	广州市海珠区西区169号020-85556878
开户行及账号：	中国建设银行广州市海珠区支行2300600236934526

备注：校验码 52118 02817 08248 65199

收款人：略 复核：略 开票人：略 销售方：（章）

税总函[2019]××号××××公司

第三联：发票联 购买方记账凭证

图 2-1-190 【增值税专用发票】凭证

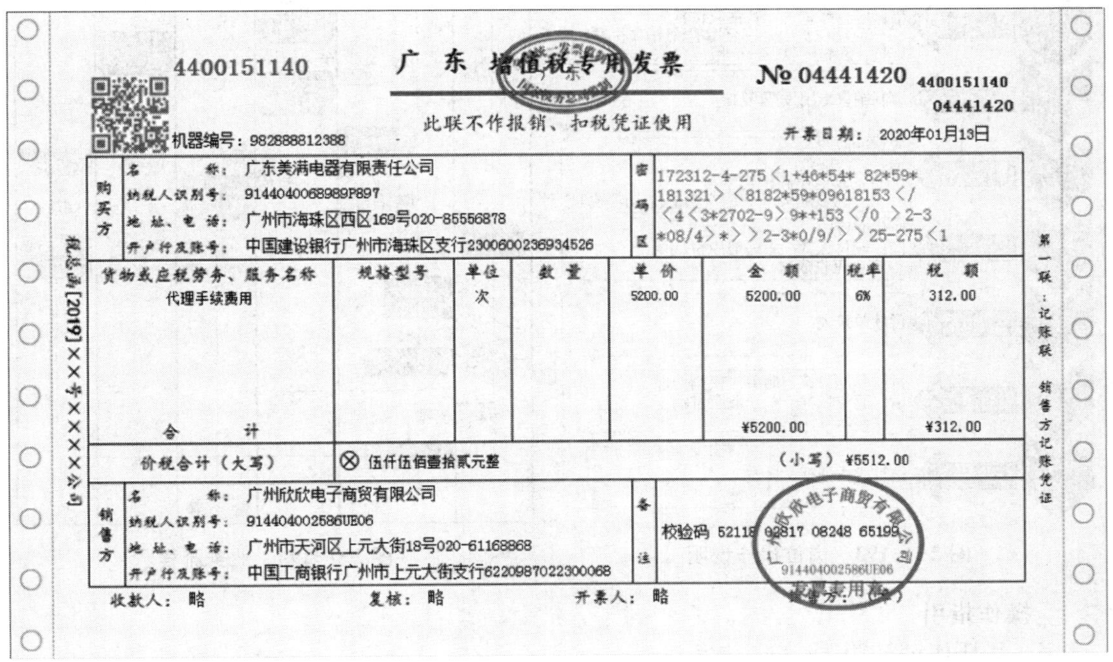

4400151140 广东增值税专用发票 № 04441420 4400151140 04441420

此联不作报销、扣税凭证使用

机器编号：982888812388 开票日期：2020年01月13日

购买方	
名称：	广东美满电器有限责任公司
纳税人识别号：	9144040068989P897
地址、电话：	广州市海珠区西区169号020-85556878
开户行及账号：	中国建设银行广州市海珠区支行2300600236934526

密码区：172312-4-275<1+46*54* 82*59* 181321><8182*59*09618153</ <4<3*2702-9>9*+153</0 >2-3 *08/4>*>>2-3*0/9/>>25-275<1

货物或应税劳务、服务名称	规格型号	单位	数量	单价	金额	税率	税额
代理手续费用		次		5200.00	5200.00	6%	312.00
合计					¥5200.00		¥312.00

价税合计（大写）⊗伍仟伍佰壹拾贰元整 （小写）¥5512.00

销售方	
名称：	广州欣欣电子商贸有限公司
纳税人识别号：	914404002586UE06
地址、电话：	广州市天河区上元大街18号020-61168868
开户行及账号：	中国工商银行广州市上元大街支行6220987022300068

备注：校验码 52118 02817 08248 65199

收款人：略 复核：略 开票人：略 销售方：（章）

税总函[2019]××号××××公司

第一联：记账联 销售方记账凭证

图 2-1-191 【增值税专用发票】凭证

〖**业务解析**〗本笔业务是开具代销清单，收取代销手续费，并与委托方结算的业务。

〖**岗位操作说明**〗本业务各岗位具体操作流程如图 2-1-193 所示。

〖**业务流程**〗本笔业务流程如图 2-1-194 所示。

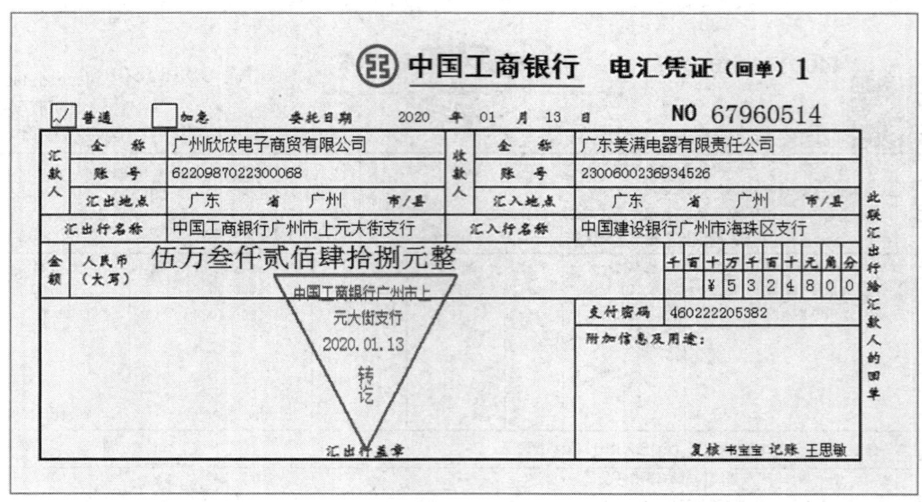

中国工商银行 电汇凭证（回单）1

☑普通 ☐加急 委托日期 2020 年 01 月 13 日 NO 67960514

汇款人	全称	广州欣欣电子商贸有限公司	收款人	全称	广东美满电器有限责任公司
	账号	6220987022300068		账号	2300600236934526
	汇出地点	广东 省 广州 市/县		汇入地点	广东 省 广州 市/县
汇出行名称		中国工商银行广州市上元大街支行	汇入行名称		中国建设银行广州市海珠区支行
金额	人民币（大写）	伍万叁仟贰佰肆拾捌元整		千百十万千百十元角分	¥ 5 3 2 4 8 0 0
				支付密码	460222205382
				附加信息及用途：	

中国工商银行广州市上元大街支行 2020.01.13 转讫

汇出行盖章

复核 韦宝宝 记账 王思敏

此联汇出行给汇款人的回单

图 2-1-192 【电汇回单】凭证

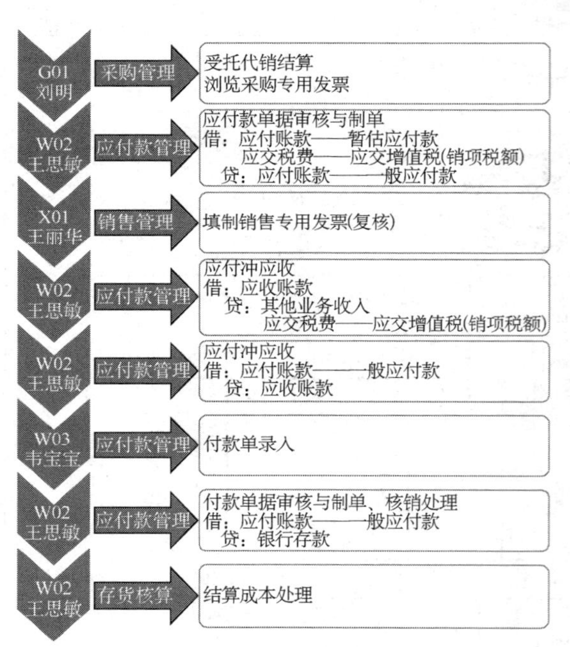

图 2-1-193 岗位操作说明

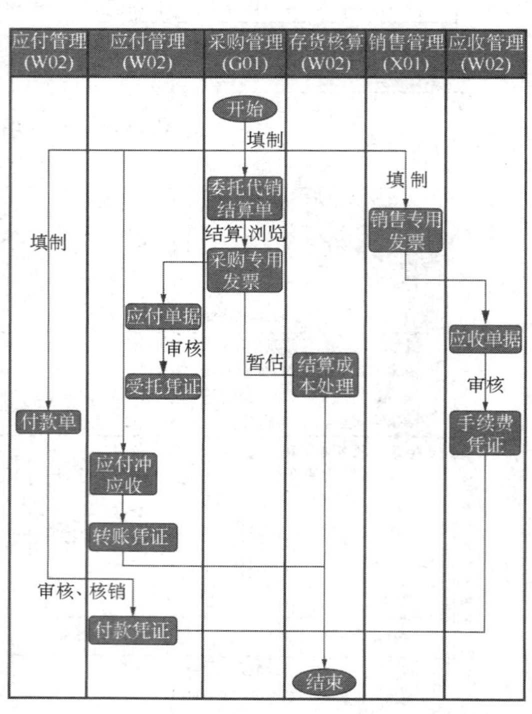

图 2-1-194 业务流程

〖操作指引〗

1. 受托代销结算

（1）2020 年 1 月 13 日，采购部【G01 刘明】在企业应用平台中执行【业务工作】【供应链】【采购管理】【采购结算】【受托代销结算】命令，选择供应商为【美满电器】，单击【确定】按钮，打开【受托代销结算】窗口，输入发票号为【93337508】，在受托代销结算选单列表中选择【Y】，按照开具的受托代销结算单结算数量，修改两个结算数量均为【10】，如图 2-1-195 所示。

（2）单击【结算】按钮，系统提示【结算完成！】。

结算日期	2020-01-13	供应商	美满电器	发票类型	专用发票
发票号	93337508	发票日期	2020-01-13	税率	13.00
币名	人民币	汇率	1	付款条件	
部门	采购部	业务员	刘明	采购类型	03
备注					

受托代销结算选单列表

记录总数：2

选择	单据日期	存货编码	存货名称	规格型号	计量单位	入库数量	入库金额	已结算数量	已结算件数	已结算金额	结算数量	本币无税单价	本币无税金额	本币价税合计	本币税额
Y	2020-01-10	0301	美满电热水器	40L	台	100.00	220,000.00	0.00	0.00	0.00	10.00	2,200.00	22,000.00	24,860.00	2,860.00
Y	2020-01-10	0302	美满电热水器	50L	台	100.00	300,000.00	0.00	0.00	0.00	10.00	3,000.00	30,000.00	33,900.00	3,900.00
合计															

图 2-1-195　【受托代销结算】窗口

（3）执行【采购发票】【采购专用发票】命令，打开【采购专用发票】窗口，单击【浏览】按钮，即可看到已结算的采购专用发票，如图 2-1-196 所示。

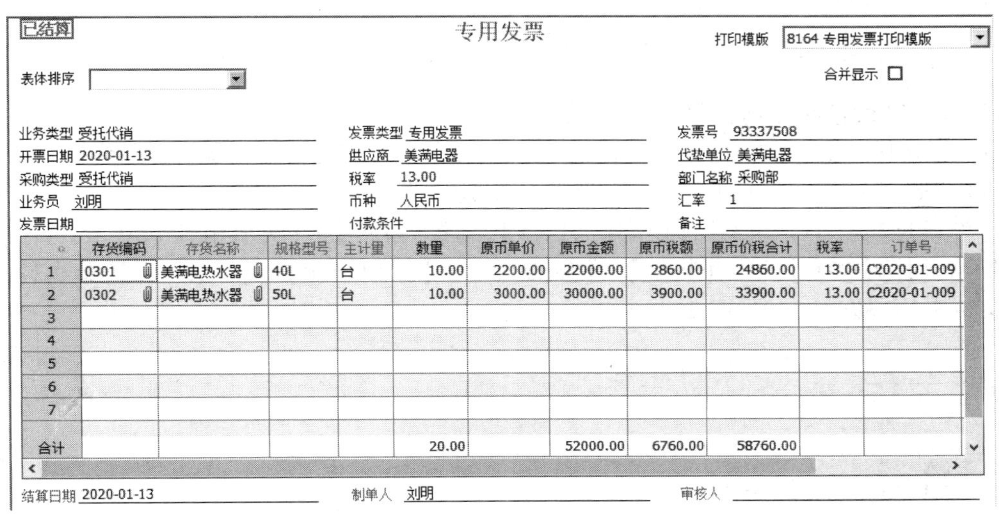

已结算

专用发票

打印模版 8164 专用发票打印模版

表体排序

合并显示 ☐

业务类型 受托代销	发票类型 专用发票	发票号 93337508
开票日期 2020-01-13	供应商 美满电器	代垫单位 美满电器
采购类型 受托代销	税率 13.00	部门名称 采购部
业务员 刘明	币种 人民币	汇率 1
发票日期	付款条件	备注

	存货编码	存货名称	规格型号	主计量	数量	原币单价	原币金额	原币税额	原币价税合计	税率	订单号
1	0301	美满电热水器	40L	台	10.00	2200.00	22000.00	2860.00	24860.00	13.00	C2020-01-009
2	0302	美满电热水器	50L	台	10.00	3000.00	30000.00	3900.00	33900.00	13.00	C2020-01-009
3											
4											
5											
6											
7											
合计					20.00		52000.00	6760.00	58760.00		

结算日期 2020-01-13　制单人 刘明　审核人

图 2-1-196　【采购专用发票】窗口

2. 应付单据审核与制单

（1）2020 年 1 月 13 日，财务部【W02 王思敏】在企业应用平台中执行【业务工作】【财务会计】【应付款管理】【应付单据处理】【应付单据审核】命令，打开【应付单据查询条件】对话框。

（2）单击【确定】按钮，系统弹出【应付单据列表】窗口，双击【选择】栏或单击【全选】按钮，单击【审核】按钮，系统完成审核并给出审核报告，单击【确定】按钮后退出，如图 2-1-197 所示。

应付单据列表

记录总数：1

选择	审核人	单据日期	单据类型	单据号	供应商名称	部门	业务员	制单人	币种	汇率	原币金额	本币金额	备注
	王思敏	2020-01-13	采购专用发票	93337508	广东美满电器有限责任公司	采购部	刘明	刘明	人民币	1.00000000	58,760.00	58,760.00	
合计											58,760.00	58,760.00	

图 2-1-197　【应付单据列表】窗口

（3）执行【制单处理】命令，打开【制单查询】对话框，选择【发票制单】，单击【确定】按钮，打开【采购发票制单】窗口。

（4）选择【记账凭证】，再单击【全选】按钮，选中要制单的【采购专用发票】，单击【制单】

按钮,生成一张记账凭证,单击【保存】按钮,如图 2-1-198 所示。

已生成

记 账 凭 证

记 字 0025 制单日期: 2020.01.13 审核日期: 附单据数: 1

摘 要	科目名称	借方金额	贷方金额
采购专用发票	应付账款/暂估应付款	5200000	
采购专用发票	应交税费/应交增值税/进项税额	676000	
采购专用发票	应付账款/一般应付款/国内供应商		5876000
票号 日期	数量 单价 合 计	5876000	5876000

备注 项 目 部 门

个 人 供应商 美满电器

业务员 刘明

记账 审核 出纳 制单 王思敏

图 2-1-198 【记账凭证】窗口

3. 填制(代理手续费)销售专用发票

(1) 2020 年 1 月 13 日,销售部【X01 王丽华】在企业应用平台中执行【业务工作】【供应链】【销售管理】【销售开票】命令,打开【销售专用发票】窗口,单击【增加】按钮,在表头中,输入【发票号】为【04441420】,【税率】为【6%】,选择【客户】为【美满电器】;在表体中,选择【存货编码】为【0902】,输入【数量】为【1.00】,输入【无税金额】为【5 200.00】,单击【保存】按钮,单击【复核】按钮,如图 2-1-199 所示。

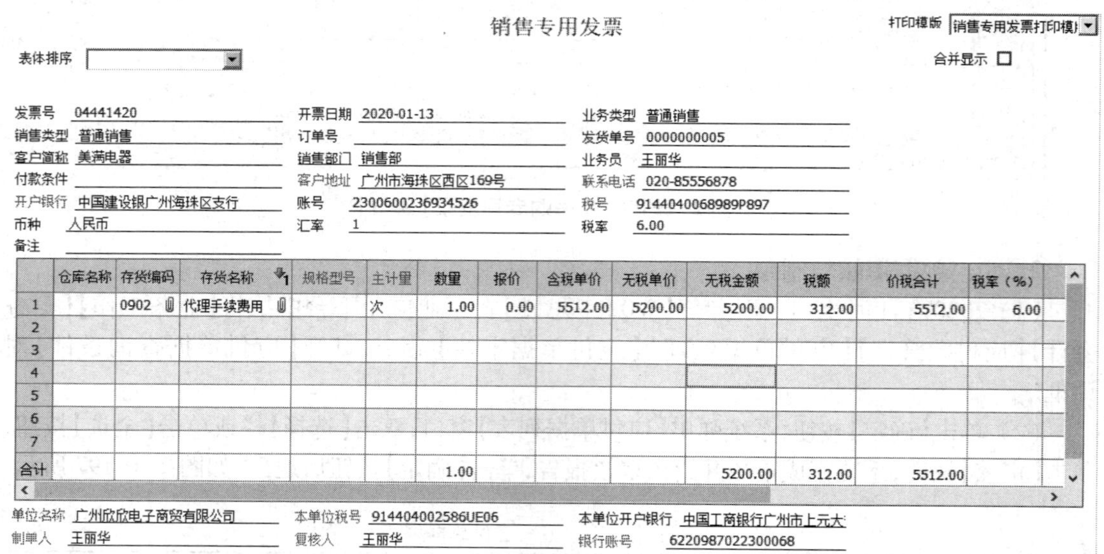
销售专用发票

打印模版 销售专用发票打印模

表体排序 合并显示 □

发票号 04441420 开票日期 2020-01-13 业务类型 普通销售

销售类型 普通销售 订单号 发货单号 0000000005

客户简称 美满电器 销售部门 销售部 业务员 王丽华

付款条件 客户地址 广州市海珠区西区169号 联系电话 020-85556878

开户银行 中国建设银广州海珠区支行 账号 2300600236934526 税号 9144040068989P897

币种 人民币 汇率 1 税率 6.00

备注

	仓库名称	存货编码	存货名称	规格型号	主计量	数量	报价	含税单价	无税单价	无税金额	税额	价税合计	税率(%)
1		0902	代理手续费用		次	1.00	0.00	5512.00	5200.00	5200.00	312.00	5512.00	6.00
2													
3													
4													
5													
6													
7													
合计						1.00				5200.00	312.00	5512.00	

单位名称 广州欣欣电子商贸有限公司 本单位税号 914404002586UE06 本单位开户银行 中国工商银行广州市上元大

制单人 王丽华 复核人 王丽华 银行账号 6220987022300068

图 2-1-199 【销售专用发票】窗口

4. 应收单据审核并制单

(1) 2020 年 1 月 13 日,财务部【W02 王思敏】在企业应用平台中执行【业务工作】【财务会计】【应收款管理】【应收单据处理】【应收单据审核】命令,打开【应收单据查询条件】对话框。

(2) 单击【确定】按钮,系统弹出【应收单据列表】窗口。

（3）双击【选择】栏或单击【全选】按钮，单击【审核】按钮，系统完成审核并给出审核报告，单击【确定】按钮后退出，如图 2-1-200 所示。

应收单据列表

记录总数：1

选择	审核人	单据日期	单据类型	单据号	客户名称	部门	业务员	制单人	币种	汇率	原币金额	本币金额
	王思敏	2020-01-13	销售专…	04441420	广东美满电器有限责任公司	销售部	王丽华	王思敏	人民币	1.00000000	5,512.00	5,512.00
合计											5,512.00	5,512.00

图 2-1-200　【应收单据列表】窗口

（4）执行【制单处理】命令，打开【制单查询】对话框，选择【发票制单】。

（5）单击【确定】按钮，打开【销售发票制单】窗口，选择【记账凭证】，再单击【全选】按钮，选中要制单的【销售专用发票】。

（6）单击【制单】按钮，生成一张记账凭证，单击【保存】按钮，如图 2-1-201 所示。

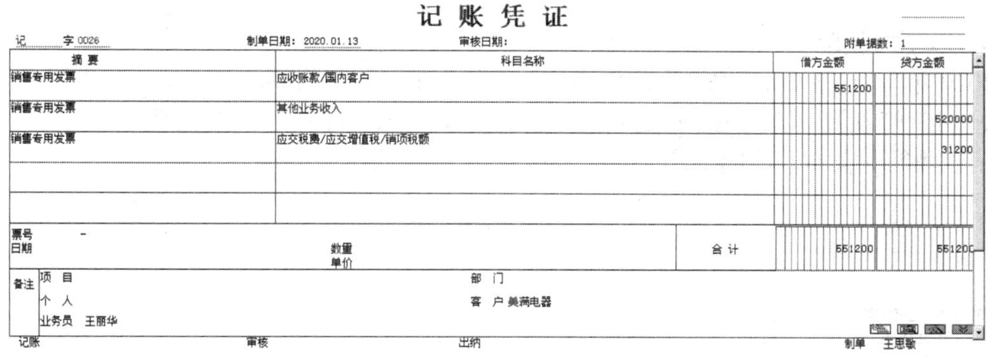

记账凭证

记　字 0026　　制单日期：2020.01.13　　审核日期：　　附单据数：1

摘要	科目名称	借方金额	贷方金额
销售专用发票	应收账款/国内客户	551200	
销售专用发票	其他业务收入		520000
销售专用发票	应交税费/应交增值税/销项税额		31200
票号 - 日期	数量 单价 合计	551200	551200

备注　项目　　部门
个人　　客户 美满电器
业务员 王丽华

记账　审核　出纳　制单 王思敏

图 2-1-201　【记账凭证】窗口

5. 应付冲应收

（1）2020 年 1 月 13 日，财务部【W02 王思敏】在企业应用平台中执行【业务工作】【财务会计】【应付款管理】【转账】【应付冲应收】【手工对冲】命令，打开【应付冲应收】窗口，选择【供应商】为【美满电器】，选择【客户】为【美满电器】，单击【确定】按钮，打开【应付冲应收】窗口，输入转账金额【5 512.00】，如图 2-1-202 所示。

应付冲应收

转账总金额　5512.00

单据日期	单据类型	单据编号	原币余额	合同号	合同名称	项目编码	项目	转账金额
2020-01-13	采购专用发票	93337508	58,760.00					5,512.00
合计			58,760.00					5,512.00

单据日期	单据类型	单据编号	原币余额	合同号	合同名称	项目编码	项目	转账金额
2020-01-13	销售专用发票	04441420	5,512.00					5,512.00
合计			5,512.00					5,512.00

账套:(800)广州欣欣电子商贸有限公司　王思敏　2020-01-13 15:53　4006-600-588

图 2-1-202　【应付冲应收】窗口

(2) 系统提示【是否立即制单】,单击【是】按钮,生成一张凭证,如图 2-1-203 所示,单击【保存】按钮。

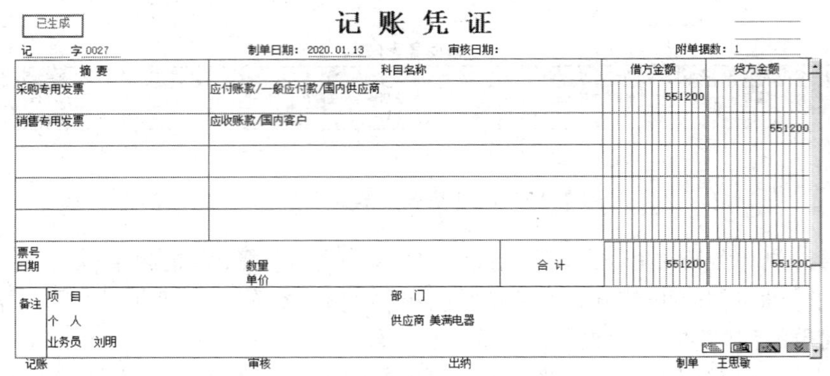

图 2-1-203 【记账凭证】窗口

6. 填制付款单

2020 年 1 月 13 日,财务部【W03 韦宝宝】在企业应用平台中执行【业务工作】【财务会计】【应付款管理】【付款单据处理】【付款单据录入】命令,打开【付款单】窗口,按照转账支票的信息填写付款单,单击【保存】按钮,如图 2-1-204 所示。

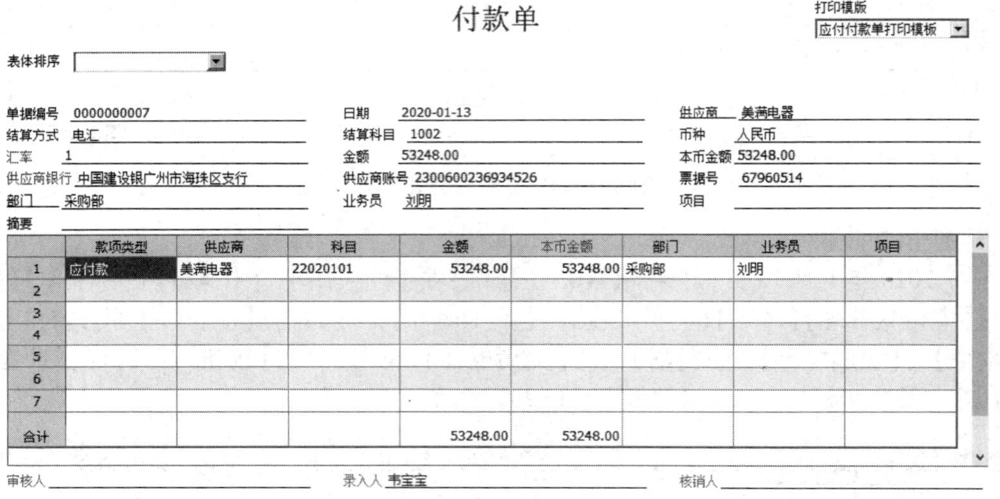

图 2-1-204 【付款单】窗口

7. 付款单审核并制单

(1) 财务部【W02 王思敏】在企业应用平台中执行【业务工作】【财务会计】【应付款管理】【付款单据处理】【付款单据审核】命令,打开【收付款单列表】窗口,单击【全选】按钮,单击【审核】按钮,如图 2-1-205 所示。

收付款单列表

记录总数: 1

选择	审核人	单据日期	单据类型	单据编号	供应商	部门	业务员	结算方式	票据号	币种	汇率	原币金额	本币金额
	王思敏	2020-01-13	付款单	0000000007	广东美满电器有限责任公司	采购部	刘明	电汇	67960514	人民币	1.00000000	53,248.00	53,248.00
合计												53,248.00	53,248.00

图 2-1-205 【收付款单列表】窗口

（2）执行【制单处理】命令，打开【制单查询】窗口，选择【收付款单制单】，单击【确定】按钮，打开【收付款单制单】窗口，单击【制单】按钮，系统生成一张记账凭证，如图 2-1-206 所示，单击【保存】按钮。

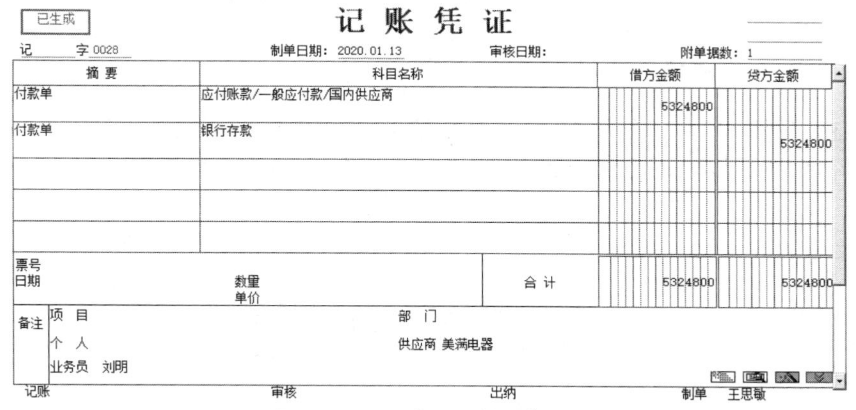

已生成

记账凭证

记 字 0028　制单日期：2020.01.13　审核日期：　附单据数：1

摘要	科目名称	借方金额	贷方金额
付款单	应付账款/一般应付款/国内供应商	5324800	
付款单	银行存款		5324800
票号 日期	数量 单价 合计	5324800	5324800

备注　项目　部门

个人　供应商 美满电器

业务员 刘朋

记账　审核　出纳　制单 王思敏

图 2-1-206　【记账凭证】窗口

8. 手工核销

（1）2020 年 1 月 13 日，财务部【W02 王思敏】在企业应用平台中执行【业务工作】【财务会计】【应付款管理】【核销处理】【手工核销】命令，打开【核销条件】对话框，选择供应商为【0003 美满电器】。

（2）单击【确定】按钮，打开【单据核销】窗口，输入本次结算金额为【53 248.00】，如图 2-1-207 所示，单击【保存】按钮。

单据核销

单据日期	单据类型	单据编号	供应商	款项...	结算方式	币种	汇率	原币金额	原币余额	本次结算	订单号
2020-01-13	付款单	0000000007	美满电器	应付款	电汇	人民币	1.00000000	53,248.00	53,248.00	53,248.00	
合计								53,248.00	53,248.00	53,248.00	

单据日期	单据类型	单据编号	到期日	供应商	币种	原币金额	原币余额	可享受折扣	本次折扣	本次结算	订单号	凭证号
2020-01-13	采购专用发票	93337508	2020-01-13	美满电器	人民币	58,760.00	53,248.00	0.00	0.00	53,248.00	C2020-01-009	记-0027
合计						58,760.00	53,248.00	0.00		53,248.00		

图 2-1-207　【单据核销】窗口

9. 结算成本处理

（1）2020 年 1 月 13 日，财务部【W02 王思敏】在企业应用平台中执行【业务工作】【供应链】【存货核算】【业务核算】【结算成本处理】命令，打开【暂估处理查询】对话框，选择【受托代销库】，单击【确定】按钮，打开【结算成本处理】窗口，单击【全选】按钮，如图 2-1-208 所示。

结算成本处理

结算成本处理

○ 按数量分摊
◉ 按金额分摊

选择	结算单号	仓库编码	仓库名称	入库单号	入库日期	存货编码	存货名称	计量单位	数量	暂估单价	暂估金额	结算数量	结算单价	结算金额	收发类别名称
Y	00000000000009	06	受托代销仓	0000000012	2020-01-10	0301	美满电热水器	台	10.00	2,200.00	22,000.00	10.00	2,200.00	22,000.00	受托代销入库
Y	00000000000009	06	受托代销仓	0000000012	2020-01-10	0302	美满电热水器	台	10.00	3,000.00	30,000.00	10.00	3,000.00	30,000.00	受托代销入库
合计									20.00		52,000.00	20.00		52,000.00	

图 2-1-208　【结算成本处理】窗口

(2) 单击【暂估】按钮,完成受托代销结算的【0301】和【0302】存货各 10 件的冲暂估业务处理。

业务二　视同买断的受托代销采购业务

一、收到代销商品业务

〖业务描述〗2020 年 1 月 13 日,广东美满电器有限责任公司委托本公司代销美满电热水器一批,每月 15 日以电汇方式付款,取得与该业务相关的凭证如图 2-1-209 和图 2-1-210 所示。

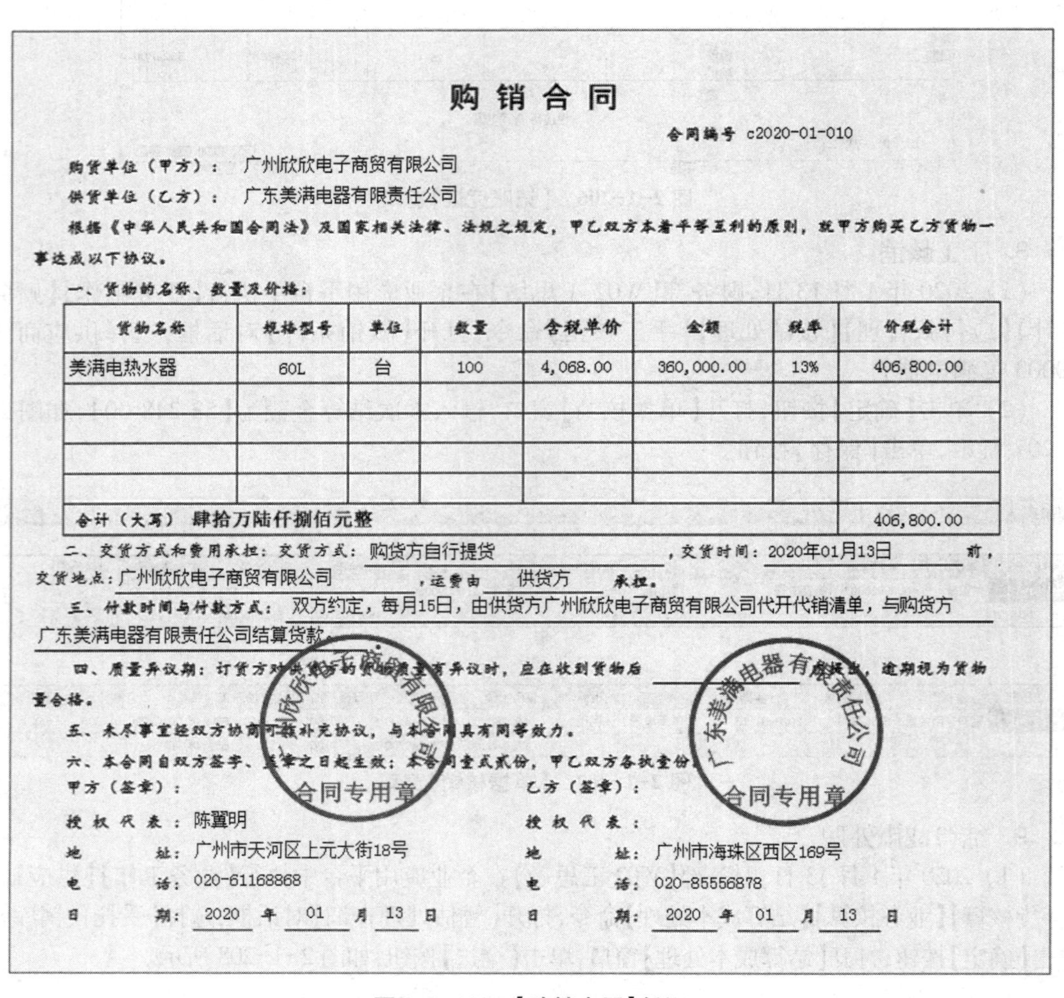

购销合同

合同编号 c2020-01-010

购货单位(甲方): 广州欣欣电子商贸有限公司

供货单位(乙方): 广东美满电器有限责任公司

根据《中华人民共和国合同法》及国家相关法律、法规之规定,甲乙双方本着平等互利的原则,就甲方购买乙方货物一事达成以下协议。

一、货物的名称、数量及价格:

货物名称	规格型号	单位	数量	含税单价	金额	税率	价税合计
美满电热水器	60L	台	100	4,068.00	360,000.00	13%	406,800.00
合计(大写) 肆拾万陆仟捌佰元整							406,800.00

二、交货方式和费用承担:交货方式: 购货方自行提货 ,交货时间: 2020年01月13日 前,交货地点: 广州欣欣电子商贸有限公司 ,运费由 供货方 承担。

三、付款时间与付款方式: 双方约定,每月15日,由供货方广州欣欣电子商贸有限公司代开代销清单,与购货方广东美满电器有限责任公司结算货款。

四、质量异议期:订货方对供货方的货物质量有异议时,应在收到货物后 内提出,逾期视为货物质量合格。

五、未尽事宜经双方协商可签补充协议,与本合同具有同等效力。

六、本合同自双方签字、盖章之日起生效;本合同壹式贰份,甲乙双方各执壹份。

甲方(签章): 广州欣欣电子商贸有限公司 合同专用章

授权代表: 陈賀明

地址: 广州市天河区上元大街18号

电话: 020-61168868

日期: 2020 年 01 月 13 日

乙方(签章): 广东美满电器有限责任公司 合同专用章

授权代表:

地址: 广州市海珠区西区169号

电话: 020-85556878

日期: 2020 年 01 月 13 日

图 2-1-209 【购销合同】凭证

〖业务解析〗本笔业务是签订视同买断方式(有退货权)的委托代销合同的代销商品到货、入库业务。

〖岗位操作说明〗本笔业务各岗位的具体操作流程如图 2-1-211 所示。

〖业务流程〗本笔业务流程如图 2-1-212 所示。

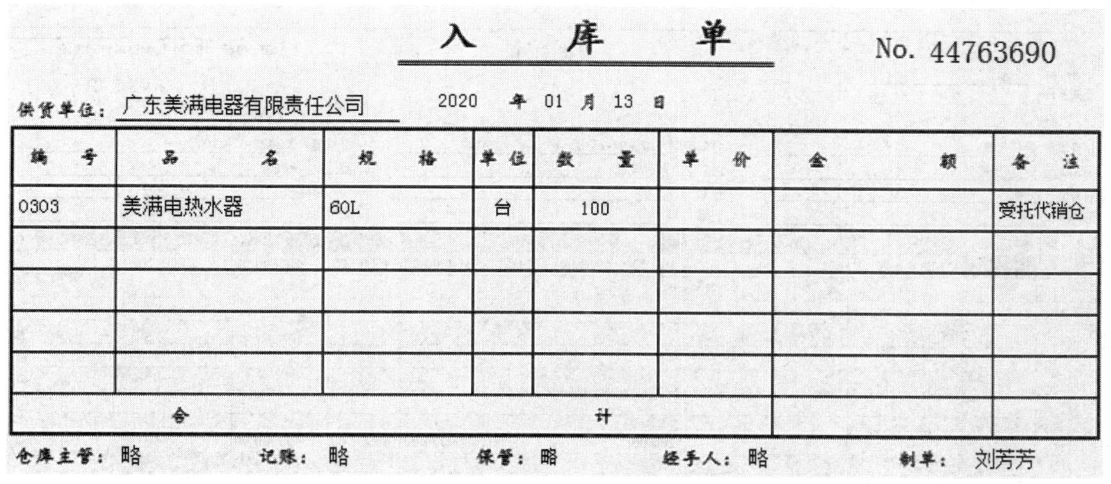

入 库 单 No. 44763690

供货单位：广东美满电器有限责任公司 2020 年 01 月 13 日

编号	品名	规格	单位	数量	单价	金额	备注
0303	美满电热水器	60L	台	100			受托代销仓
合			计				

仓库主管：略 记账：略 保管：略 经手人：略 制单：刘芳芳

图 2-1-210 【入库单】凭证

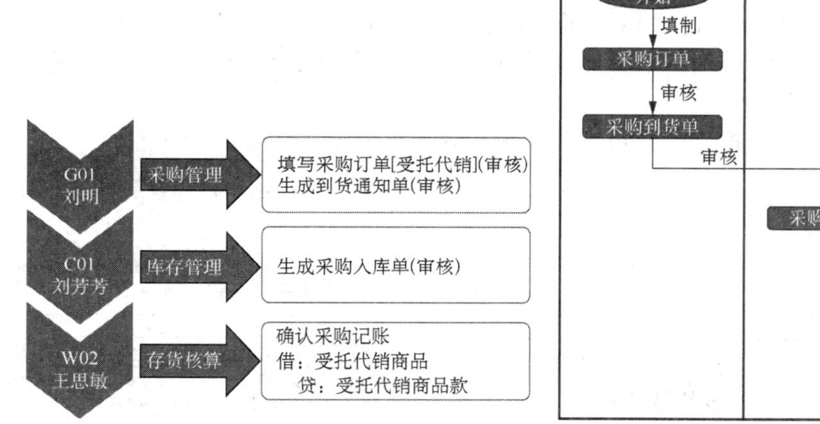

图 2-1-211 岗位操作说明

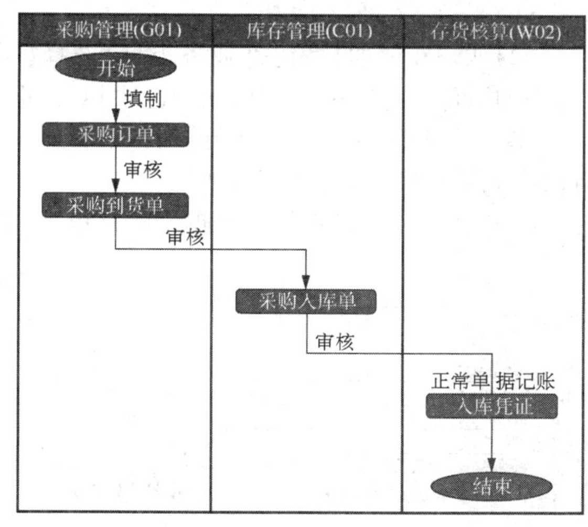

图 2-1-212 业务流程

〖操作指引〗

1. 填制采购订单

（1）2020 年 1 月 13 日，采购部【G01 刘明】在企业应用平台中执行【业务工作】【供应链】【采购管理】【采购订货】【采购订单】命令，打开【采购订单】窗口。

（2）单击【增加】按钮，【业务类型】选择【受托代销】，【订单编号】修改为【C2020-01-010】，【采购类型】选择【受托代销】，【供应商】选择【美满电器】，【部门】选择【采购部】，【业务员】选择【刘明】；在表体中，【存货编码】选择【0303】，输入【数量】为【100.00】，【原币含税单价】为【4 068.00】，【计划到货日期】修改为【2020-01-13】，其他信息由系统自动带出，单击【保存】按钮，单击【审核】按钮，审核填制的采购订单，如图 2-1-213 所示。

2. 生成采购到货单

（1）2020 年 1 月 13 日，采购部【G01 刘明】在企业应用平台中执行【业务工作】【供应链】【采购管理】【采购到货】，打开【到货单】窗口。

采购订单

打印模版 8174 采购订单打印模版

表体排序

合并显示 □

业务类型 受托代销　　订单日期 2020-01-13　　订单编号 C2020-01-010

采购类型 受托代销　　供应商 美满电器　　部门 采购部

业务员 刘明　　税率 13.00　　付款条件

币种 人民币　　汇率 1　　备注

	存货编码	存货名称	规格型号	主计量	数量	原币含...	原币单价	原币金额	原币税额	原币价税合计	税率	计划到货日期	行关
1	0303	美满电热水器	60L	台	100.00	4068.00	3600.00	360000.00	46800.00	406800.00	13.00	2020-01-13	
2													
3													
4													
5													
6													
7													
合计					100.00			360000.00	46800.00	406800.00			

制单人 刘明　　审核人 刘明　　变更人

现存量 50.00

图 2-1-213 【采购订单】窗口

(2) 单击【增加】按钮,【业务类型】选择【受托代销】,选择【生单】【采购订单】命令,打开【查询条件选择—采购订单列表过滤】对话框,单击【确定】按钮。

(3) 系统弹出【拷贝并执行】对话框,选中所要拷贝的采购订单,单击【确定】按钮,系统自动生成到货单,单击【保存】按钮。

(4) 单击【审核】按钮。根据采购订单生成的采购到货单如图 2-1-214 所示。

到货单

打印模版 8170 到货单打印模版

表体排序

合并显示 □

业务类型 受托代销　　单据号 0000000011　　日期 2020-01-13

采购类型 受托代销　　供应商 美满电器　　部门 采购部

业务员 刘明　　币种 人民币　　汇率 1

运输方式　　税率 13.00　　备注

	存货编码	存货名称	规格型号	主计量	数量	原币含税...	原币单价	原币金额	原币税额	原币价税合计	税率	订单号
1	0303	美满电热水器	60L	台	100.00	4068.00	3600.00	360000.00	46800.00	406800.00	13.00	C2020-01-010
2												
3												
4												
5												
6												
7												
合计					100.00			360000.00	46800.00	406800.00		

制单人 刘明　　现存量

图 2-1-214 【到货单】窗口

3. 生成采购入库单

(1) 2020 年 1 月 13 日,仓储部【C01 刘芳芳】在企业应用平台中执行【业务工作】【供应链】【库存管理】【入库业务】命令,打开【采购入库单】窗口。

(2) 选择【生单】【采购到货单(蓝字)】命令,打开【查询条件选择—采购到货单列表】对话框,【业务类型】选择【受托代销】,单击【确定】按钮。

(3) 打开【到货单生单列表】,选择相应的【到货单生单表头】,单击【确定】按钮,系统自动生成采购入库单,修改仓库为【受托代销仓】,单击【保存】按钮,单击【审核】按钮,如图 2-1-215 所示。

采购入库单

采购入库单显示模版

表体排序

◉ 蓝字　○ 红字　合并显示 □

入库单号 0000000013　入库日期 2020-01-13　仓库 受托代销仓

订单号 C2020-01-010　到货单号 0000000011　业务号

供货单位 美满电器　部门 采购部　业务员 刘明

到货日期 2020-01-13　业务类型 受托代销　采购类型 受托代销

入库类别 受托代销入库　审核日期　备注

	存货编码	存货名称	规格型号	主计量单位	数量	本币单价	本币金额
1	0303	美满电热水器	60L	台	100.00	3600.00	360000.00
2							
3							
4							
5							
6							
7							
合计					100.00		360000.00

制单人 刘芳芳　审核人

现存量 50.00

图 2-1-215 【采购入库单】窗口

4. 存货核算(代销品入库)

(1) 2020 年 1 月 13 日,财务部【W02 王思敏】在企业应用平台中执行【业务工作】【供应链】【存货核算】【业务核算】【正常单据记账】命令,打开【查询条件选择】对话框。

(2) 单击【确定】按钮,打开【正常单据记账列表】窗口,双击选择第 1 条记录,如图 2-1-216 所示。

正常单据记账列表

记录总数：1

选择	日期	单据号	存货编码	存货名称	规格型号	存货代码	单据类型	仓库名称	收发类别	数量	单价	金额
Y	2020-01-13	0000000012	0303	美满电热水器	60L		采购入库单	受托代销仓	受托代销入库	100.00	3,600.00	360,000.00
小计										100.00		360,000.00

图 2-1-216 【正常单据记账列表】窗口

(3) 单击【记账】按钮,将采购入库单记账,系统提示【记账成功】,单击【确定】按钮。

(4) 执行【财务核算】【生成凭证】命令,打开【查询条件】对话框,单击【确定】按钮,打开【未生成凭证单据一览表】窗口。

(5) 单击【选择】栏或单击【全选】按钮,选中待生成凭证的单据,单击【确定】按钮,凭证类别选择【记　记账凭证】,如图 2-1-217 所示。

凭证类别 记 记账凭证

选择	单据类型	单据号	摘要	科目类型	科目编码	科目名称	借方金额	贷方金额	借方数量	贷方数量	科目...	存货编码	存货名称	规格型号	部...	部门名称
1	采购入库单	0000000012	采购入库单	存货	1321	受托代销商品	360,000.00		100.00		1	0303	美满电热水器	60L	3	采购部
				应付暂估	2314	受托代销商品款		360,000.00		100.00	2	0303	美满电热水器	60L	3	采购部
合计							360,000.00	360,000.00								

图 2-1-217 【生成凭证】窗口

(6) 单击【生成】按钮,生成一张记账凭证,单击【保存】按钮,如图 2-1-218 所示。

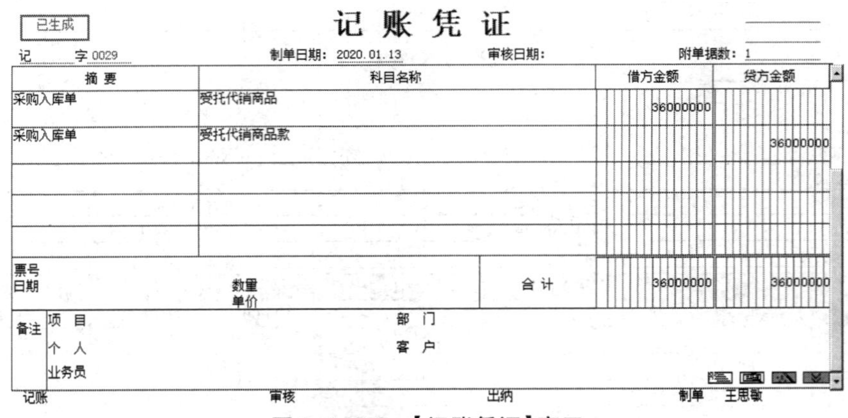

已生成

记账凭证

记 字 0029　　制单日期：2020.01.13　　审核日期：　　附单据数：1

摘要	科目名称	借方金额	贷方金额
采购入库单	受托代销商品	36000000	
采购入库单	受托代销商品款		36000000
票号 日期	数量 单价	合计 36000000	36000000

备注　项目　　部门
　　　个人　　客户
　　　业务员

记账　　审核　　出纳　　制单 王思敏

图 2-1-218 【记账凭证】窗口

二、代销商品对外销售业务

〖业务描述〗2020 年 1 月 14 日,向广州市天河区金联强商贸有限公司销售受托代销商品美满电热水器(60L)5 台,当日以电汇方式收取款项,取得与该业务相关的凭证如图 2-1-219 至图 2-1-222 所示。

购销合同

合同编号 x2020-01-002

购货单位（甲方）： 广州市天河区金联强商贸有限公司

供货单位（乙方）： 广州欣欣电子商贸有限公司

根据《中华人民共和国合同法》及国家相关法律、法规之规定，甲乙双方本着平等互利的原则，就甲方购买乙方货物一事达成以下协议。

一、货物的名称、数量及价格：

货物名称	规格型号	单位	数量	含税单价	金额	税率	价税合计
美满电热水器	60L	台	5	6,102.00	27,000.00	13%	30,510.00
合计（大写）叁万零伍佰壹拾元整							30,510.00

二、交货方式和费用承担：交货方式： 销货方送货 ，交货时间： 2020年01月14日 前，交货地点： 广州市天河区中央北路120号 ，运费由 销货方 承担。

三、付款时间与付款方式： 2020年1月14日付款，以电汇方式结算付款。

四、质量异议期：订货方对供货方的货物质量有异议时，应在收到货物后 　 内提出，逾期视为货物质量合格。

五、未尽事宜经双方协商可作补充协议，与本合同具有同等效力。

六、本合同自双方签字、盖章之日起生效；本合同壹式贰份，甲乙双方各执壹份。

甲方（签章）：广州市天河区金联强商贸有限公司 合同专用章

授权代表：

地　址：广州市天河区中央北路120号

电　话：020-84227728

日　期：2020 年 01 月 14 日

乙方（签章）：广州欣欣电子商贸有限公司 合同专用章

授权代表：陈翼明

地　址：广州市天河区上元大街18号

电　话：020-61168868

日　期：2020 年 01 月 14 日

图 2-1-219 【购销合同】凭证

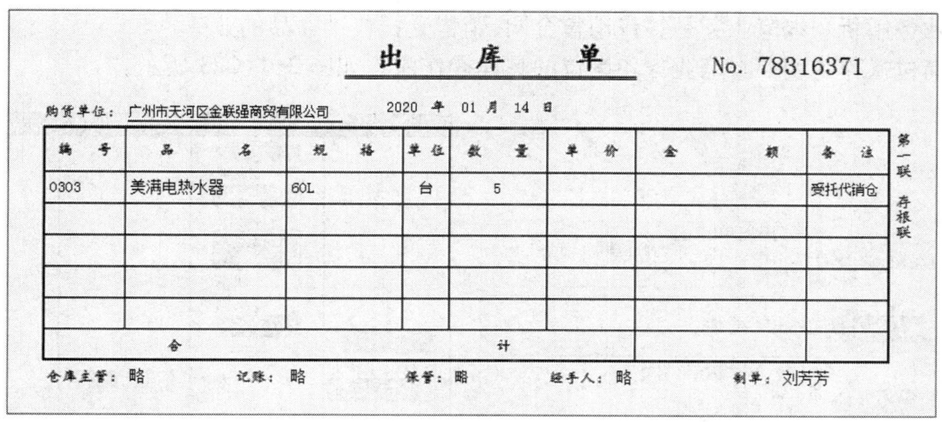

出 库 单 No. 78316371

购货单位：广州市天河区金联强商贸有限公司 2020 年 01 月 14 日

编号	品名	规格	单位	数量	单价	金额	备注
0303	美满电热水器	60L	台	5			受托代销仓
合		计					

第一联 存根联

仓库主管：略 记账：略 保管：略 经手人：略 制单：刘芳芳

图 2-1-220 【出库单】凭证

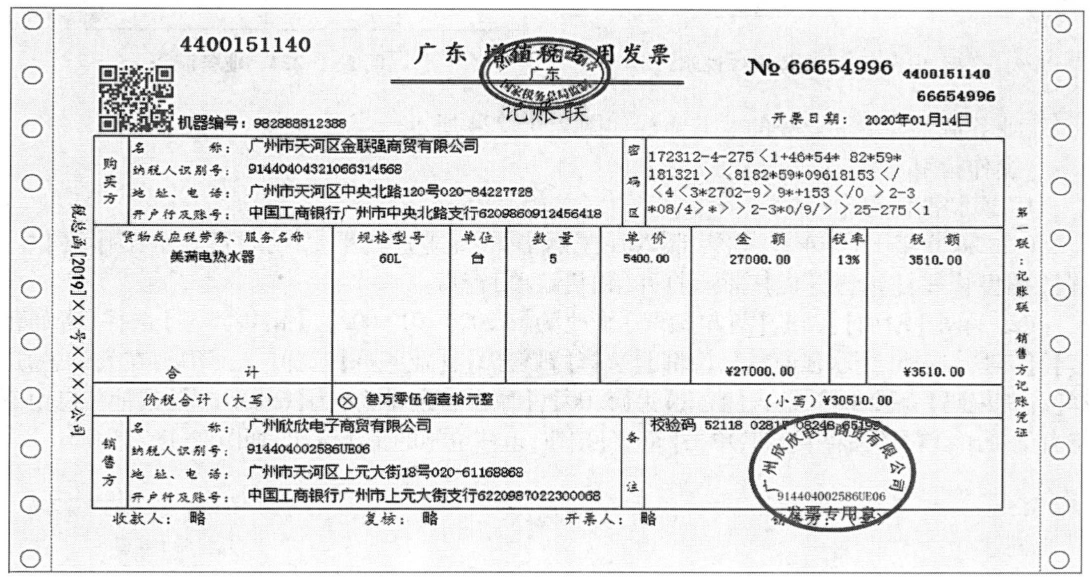

4400151140 **广东增值税专用发票** № 66654996 4400151140 66654996

记账联

机器编号：982888812388 开票日期：2020年01月14日

购买方：
名称：广州市天河区金联强商贸有限公司
纳税人识别号：91440404321066314568
地址、电话：广州市天河区中央北路120号020-84227728
开户行及账号：中国工商银行广州市中央北路支行6209860912456418

密码区：172312-4-275 <1+46*54* 82*59* 181321 > <8182*59*09618153 </ <4 <3*2702-9 > 9*+153 </0 > 2-3 *08/4 >*> > 2-3*0/9/ > > 25-275 <1

货物或应税劳务、服务名称	规格型号	单位	数量	单价	金额	税率	税额
美满电热水器	60L	台	5	5400.00	27000.00	13%	3510.00
合计					¥27000.00		¥3510.00
价税合计（大写）	⊗叁万零伍佰壹拾元整				（小写）¥30510.00		

销售方：
名称：广州欣欣电子商贸有限公司
纳税人识别号：914404002586UE06
地址、电话：广州市天河区上元大街18号020-61168868
开户行及账号：中国工商银行广州市上元大街支行6220987022300068

备注：校验码 52118 02815 08248 65198

收款人：略 复核：略 开票人：略

第一联：记账联 销售方记账凭证

税总函[2019]××号××××公司

图 2-1-221 【增值税专用发票】凭证

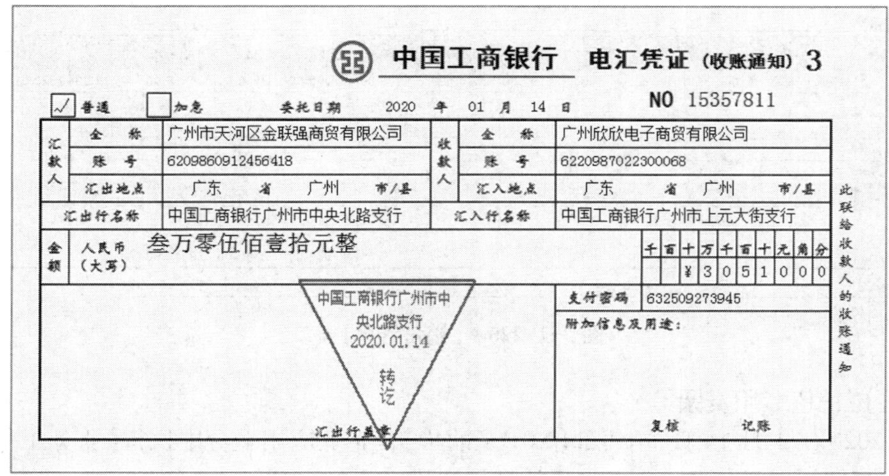

中国工商银行 电汇凭证（收账通知）3

☑普通 ☐加急 委托日期 2020 年 01 月 14 日 NO 15357811

汇款人		收款人	
全称	广州市天河区金联强商贸有限公司	全称	广州欣欣电子商贸有限公司
账号	6209860912456418	账号	6220987022300068
汇出地点	广东 省 广州 市/县	汇入地点	广东 省 广州 市/县
汇出行名称	中国工商银行广州市中央北路支行	汇入行名称	中国工商银行广州市上元大街支行
金额 人民币（大写）	叁万零伍佰壹拾元整	¥3051000	

支付密码：632509273945

附加信息及用途：

中国工商银行广州市中央北路支行 2020.01.14 转讫

汇出行签章 复核 记账

此联给收款人的收账通知

图 2-1-222 【电汇回单】凭证

〖**业务解析**〗本笔业务是签订销售合同,销售受托代销商品的业务。

〖**岗位操作说明**〗本笔业务各岗位的具体操作流程如图 2-1-223 所示。

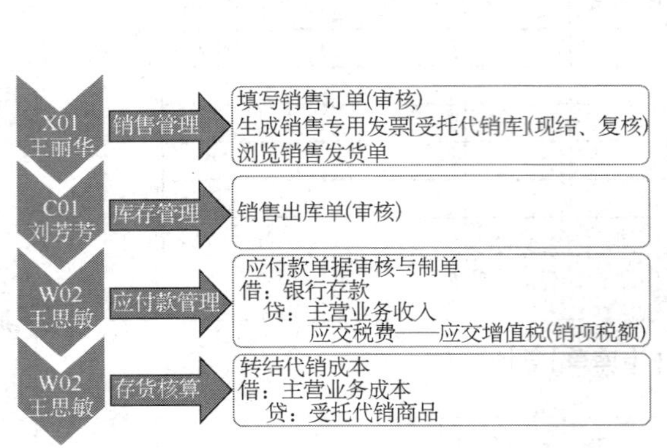

图 2-1-223　岗位操作说明

应收管理(W02)　销售管理(X01)　库存管理(C01)　存货核算(W02)
开始 → 填制 → 销售订单 → 审核 → 销售专用发票 → 现结 复核 → 发货单
应收单据 → 审核 → 销售收入凭证
销售出库单 → 审核 → 正常单据记账 → 销售成本凭证
结束

图 2-1-224　业务流程

〖**业务流程**〗本笔业务的业务流程如图 2-1-224 所示。

〖**操作指引**〗

1. 填制销售订单

(1) 2020 年 1 月 14 日,销售部【X01 王丽华】在企业应用平台中执行【业务工作】【供应链】【销售管理】【销售订货】命令,打开【销售订单】窗口。

(2) 单击【增加】按钮,【订单编号】修改为【X2020-01-002】,【销售类型】选择【普通销售】,【客户】选择【金联强商贸】,【部门】选择【销售部】,【业务员】选择【王丽华】;在表体中,选择【存货编码】为【0303】,输入【数量】为【5.00】,【原币含税单价】为【6 102.00】,其他信息由系统自动带出,单击【保存】按钮,单击【审核】按钮,审核填制的销售订单,如图 2-1-225 所示。

销售订单

打印模版 销售订单打印模版　合并显示 □

表体排序

订单号 X2020-01-002　订单日期 2020-01-14　业务类型 普通销售
销售类型 普通销售　客户简称 金联强商贸　付款条件
销售部门 销售部　业务员 王丽华　税率 13.00
币种 人民币　汇率 1　备注

	存货编码	存货名称	规格型号	主计量	数量	报价	含税单价	无税单价	无税金额	税额	价税合计	税率（%）	预发货日期
1	0303	美满电热水器	60L	台	5.00	6102.00	6102.00	5400.00	27000.00	3510.00	30510.00	13.00	2020-01-14
2													
3													
4													
5													
6													
7													
合计					5.00				27000.00	3510.00	30510.00		

制单人 王丽华　审核人 王丽华　关闭人

图 2-1-225　【销售订单】窗口

2. 生成销售专用发票

(1) 2020 年 1 月 14 日,销售部【X01 王丽华】在企业应用平台中执行【业务工作】【供应链】【销售管理】【销售开票】命令,打开【销售专用发票】窗口。

（2）单击【增加】按钮，执行【生单】【参照订单】命令，打开【查询条件选择—参照订单】对话框，单击【确定】按钮，打开【参照订单】窗口，选择相应的订单。

（3）单击【确定】按钮，系统生成一张销售专用发票，修改发票号为【66654996】，选择仓库名称为【受托代销仓】，单击【保存】按钮。

（4）单击【现结】按钮，打开【现结】对话框，【结算方式】选择【4—电汇】，输入【金额】为【30 510.00】输入【票据号】为【15357811】，单击【确定】按钮。

（5）单击【复核】按钮，复核销售专用发票，如图 2-1-226 所示。

现结

销售专用发票

打印模版 销售专用发票打印模版

表体排序

合并显示 □

发票号 66654996　开票日期 2020-01-14　业务类型 普通销售

销售类型 普通销售　订单号 X2020-01-002　发货单号 0000000004

客户简称 金联强商贸　销售部门 销售部　业务员 王丽华

付款条件　客户地址 广州市天河区中央北路120号　联系电话 020-84227728

开户银行 中国工商银行广州市中央北路支行　账号 6209860912456418　税号 914404043210663145 68

币种 人民币　汇率 1　税率 13.00

备注

	仓库名称	存货编码	存货名称	规格型号	主计量	数量	报价	含税单价	无税单价	无税金额	税额	价税合计	税率（%）
1	受托代销仓	0303	美满电热水器	60L	台	5.00	6102.00	6102.00	5400.00	27000.00	3510.00	30510.00	13.00
2													
3													
4													
5													
6													
7													
8													
9													
10													
合计						5.00				27000.00	3510.00	30510.00	

单位名称 广州欣欣电子商贸有限公司　本单位税号 91440400258 6UE06　本单位开户银行 中国工商银行广州市上元大

制单人 王丽华　复核人 王丽华　银行账号 6220987022300068

图 2-1-226　【销售专用发票】窗口

（6）执行【业务工作】【供应链】【销售管理】【销售发货】命令，打开【发货单】窗口，单击【浏览】按钮，可以查看已生成并审核的发货单。

3. 生成销售出库单

（1）2020 年 1 月 14 日，仓储部【C01 刘芳芳】在企业应用平台中执行【业务工作】【供应链】【库存管理】【出库业务】命令，打开【销售出库单】窗口。

（2）执行【生单】【销售生单】命令，打开【查询条件选择—销售发货列表】对话框，单击【确定】按钮，打开【销售生单】窗口，选择相应的发货单，如图 2-1-227 所示。

销售发货单生单表头

记录总数：1　□ 选中合计

选择	发货单号	发票号	单据日期	业务类型	客户	部门	业务员	制单人	审核人	发货地址
Y	0000000004	66654996	2020-01-14	普通销售	金联强商贸	销售部	王丽华	王丽华	王丽华	
合计										

销售发货单生单表体

记录总数：1　□ 选中合计

选择	仓库编码	仓库	存货编码	存货名称	规格型号	主计量单位	库存单位	批号	生产日期	应出库数量	应出库件数	未出库数量	代管供应…	本次出库数量
Y	06	受托代销仓	0303	美满电热水器	60L	台				5.00		5.00		5.00
合计										5.00		5.00		

图 2-1-227　【销售发货单生单】窗口

（4）单击【确定】按钮，系统生成一张销售出库单，单击【审核】按钮，如图 2-1-228 所示。

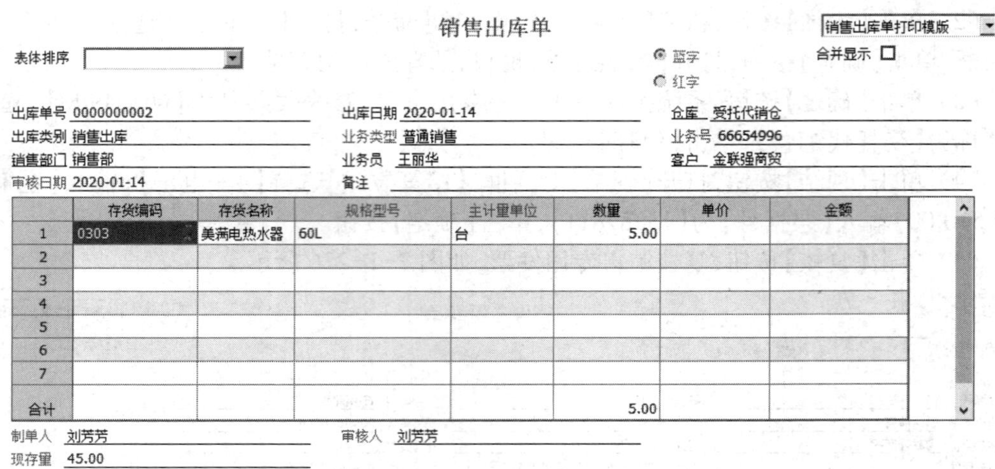

销售出库单

出库单号 0000000002	出库日期 2020-01-14	仓库 受托代销仓
出库类别 销售出库	业务类型 普通销售	业务号 66654996
销售部门 销售部	业务员 王丽华	客户 金联强商贸
审核日期 2020-01-14	备注	

	存货编码	存货名称	规格型号	主计量单位	数量	单价	金额
1	0303	美菱电热水器	60L	台	5.00		
2							
3							
4							
5							
6							
7							
合计					5.00		

制单人 刘芳芳　审核人 刘芳芳

现存量 45.00

图 2-1-228 【销售出库单】窗口

4. 应收单据审核与制单

(1) 2020 年 1 月 14 日,财务部【W02 王思敏】在企业应用平台中执行【业务工作】【财务会计】【应收款管理】【应收单据处理】【应收单据审核】命令,打开【应收单查询条件】对话框,勾选【包含已现结发票】复选框。

(2) 单击【确定】按钮,系统弹出【应收单据列表】窗口,双击【选择】栏或单击【全选】按钮,单击【审核】按钮,系统完成审核并自动生成审核报告,如图 2-1-229 所示。

应收单据列表

记录总数: 1

选择	审核人	单据日期	单据类型	单据号	客户名称	部门	业务员	制单人	币种	汇率	原币金额	本币金额
	王思敏	2020-01-14	销售专用发票	66654996	广州市天河区金联强商贸有限公司	销售部	王丽华	王丽华	人民币	1.00000000	30,510.00	30,510.00
合计											30,510.00	30,510.00

图 2-1-229 【应收单据列表】窗口

(3) 执行【制单处理】命令,打开【制单查询】对话框,选择【现结制单】,单击【确定】按钮,打开【销售发票制单】窗口。

(4) 选择【记账凭证】,再单击【全选】按钮,选中要制单的【销售专用发票】。

(5) 单击【制单】按钮,生成一张记账凭证,修改【应付账款/暂估应付款】为【主营业务收入】,单击【保存】按钮,如图 2-1-230 所示。

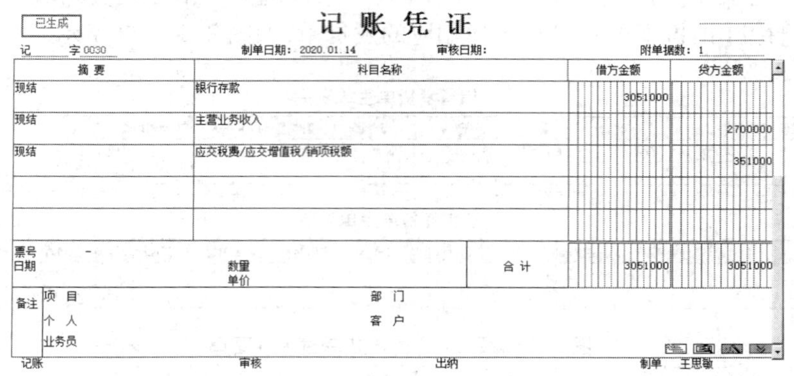

记账凭证

已生成

记 字 0030　制单日期: 2020.01.14　审核日期:　附单据数: 1

摘要	科目名称	借方金额	贷方金额
现结	银行存款	3051000	
现结	主营业务收入		2700000
现结	应交税费/应交增值税/销项税额		351000
票号 - 日期	数量 单价 合计	3051000	3051000

备注　项目　部门　个人　客户　业务员

记账　审核　出纳　制单 王思敏

图 2-1-230 【记账凭证】窗口

5. 存货核算(结转代销成本)

(1) 2020 年 1 月 14 日,财务部【W02 王思敏】在企业应用平台中执行【业务工作】【供应链】【存货核算】【业务核算】【正常单据记账】命令,打开【查询条件选择】对话框。

(2) 单击【确定】按钮,打开【正常单据记账列表】窗口,双击选择第 1 条记录,如图 2-1-231 所示。

正常单据记账列表

记录总数：1

选择	日期	单据号	存货编码	存货名称	规格型号	存货代码	单据类型	仓库名称	收发类别	数量	单价
Y	2020-01-14	66654996	0303	美满电热水器	60L		专用发票	受托代销仓	销售出库	5.00	
小计										5.00	

图 2-1-231 【正常单据记账列表】窗口

(3) 单击【记账】按钮,将销售专用发票记账,系统提示【记账成功】,单击【确定】按钮。

(4) 执行【财务核算】【生成凭证】命令,打开【查询条件】窗口,单击【确定】按钮,打开【未生成凭证单据一览表】窗口。

(5) 单击【选择】栏或单击【全选】按钮,选中待生成凭证的单据,单击【确定】按钮,凭证类别选择【记　记账凭证】,如图 2-1-232 所示。

凭证类别　记 记账凭证

选择	单据类型	单据号	摘要	科目类型	科目编码	科目名称	借方金额	贷方金额	借方数量	贷方数量	科目方向	存货编码	存货名称	规格型号	部...	部门名称	业务员名
1	专用发票	66654996	专用发票	对方	6401	主营业务成本	18,000.00		5.00		1	0303	美满电热水器	60L	4	销售部	王丽华
				存货	1321	受托代销商品		18,000.00		5.00	2	0303	美满电热水器	60L	4	销售部	王丽华
合计							18,000.00	18,000.00									

图 2-1-232 【生成凭证】窗口

(6) 单击【生成】按钮,生成一张记账凭证,单击【保存】按钮,如图 2-1-233 所示。

已生成

记 账 凭 证

记　字 0031　　制单日期: 2020.01.14　　审核日期:　　附单据数: 1

摘要	科目名称	借方金额	贷方金额
专用发票	主营业务成本	1800000	
专用发票	受托代销商品		1800000
票号 日期	数量 单价 合计	1800000	1800000

备注　项 目　　部 门
　　　个 人　　客 户
　　　业务员

记账　　审核　　出纳　　制单　王思敏

图 2-1-233 【记账凭证】窗口

三、代销商品结算业务

〖业务描述〗2020 年 1 月 15 日,由本公司开具商品代销清单,以电汇方式支付款项,取得与该业务相关的凭证如图 2-1-234 至图 2-1-236 所示。

〖业务解析〗本笔业务是开具商品代销清单并与委托方结算的业务。

〖岗位操作说明〗本笔业务的各岗位具体操作流程如图 2-1-237 所示。

商品代销清单

结算日期:2020年1月15日　　　　NO:263729

委托方	广东美满电器有限公司			受托方	广州欣欣电子商贸有限公司			
账号	2300600236934526			账号	6220987022300068			
开户银行	中国建设银行广州海珠区支行			开户银行	中国工商银行广州市上元大街支行			
代销货物	代销货物名称	规格型号	计量单位	数量	单价（不含税）	金额（不含税）	税率	金　额（含税）
	美满电热水器	60L	台	100	3600	360000	13%	406800
	价税合计	大写：肆拾万陆仟捌佰元整				小写：406800		
代销方式		受托代销						
代销款结算时间		根据代销货物销售情况与每月15日结算一次货款						
代销款结算方式		以电汇方式结算						
本月代销货物销售情况	代销货物名称	规格型号	计量单位	数量	单价（不含税）	金额（不含税）	税率	金　额（含税）
	美满电热水器	60L	台	5	3600	18000	13%	20340
	价税合计	大写：贰万零叁佰肆拾元整				小写：20340		
本月代销款结算金额		大写：贰万零叁佰肆拾元整				小写：20340		
	主管：查丽丽	审核：邵云飞		制单：陈红		受托方（盖章）		

图 2-1-234 【商品代销清单】凭证

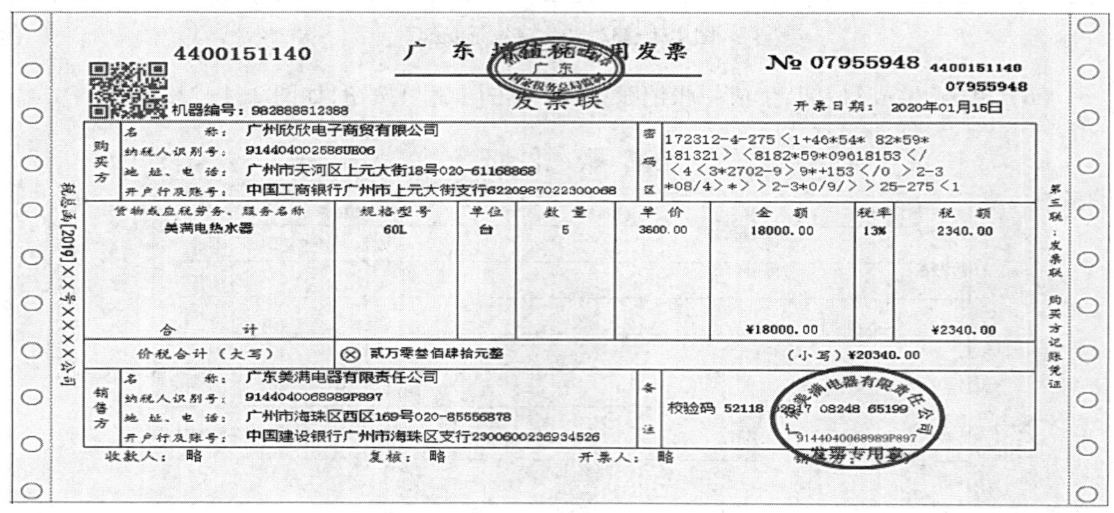
4400151140　　广东增值税专用发票　　№ 07955948　4400151140　07955948

发票联

机器编号：982888812388　　开票日期：2020年01月15日

购买方　名称：广州欣欣电子商贸有限公司
纳税人识别号：914404002586UE06
地址、电话：广州市天河区上元大街18号020-61168868
开户行及账号：中国工商银行广州市上元大街支行6220987022300068

密码区：172312-4-275 <1+46*54* 82*59* 181321> <8182*59*09618153</ <4<3*2702-9>9*+153</0 >2-3 *08/4>*>>2-3*0/9/>>25-275<1

货物或应税劳务、服务名称	规格型号	单位	数量	单价	金额	税率	税额
美满电热水器	60L	台	5	3600.00	18000.00	13%	2340.00
合　计					¥18000.00		¥2340.00

价税合计（大写）⊗贰万零叁佰肆拾元整　（小写）¥20340.00

销售方　名称：广东美满电器有限责任公司
纳税人识别号：914404006898 9P897
地址、电话：广州市海珠区西区169号020-85556878
开户行及账号：中国建设银行广州市海珠区支行2300600236934526

备注：校验码 52118 02817 08248 65199

收款人：略　复核：略　开票人：略　销售方：（章）

税总函[2019]XX号XXXX公司

第三联：发票联 购买方记账凭证

图 2-1-235 【增值税专用发票】凭证

〖**业务流程**〗本笔业务的业务流程如图 2-1-238 所示。

〖**操作指引**〗

1. 受托代销结算

(1) 2020 年 1 月 15 日,采购部【G01 刘明】在企业应用平台中执行【业务工作】【供应链】【采购管理】【采购结算】【受托代销结算】命令,选择供应商为【美满电器】,单击【确定】按钮,打开【受托代销结算】窗口,输入发票号为【07955948】,在受托代销结算选单列表中选择单号为【Y】【0000000013】,按照开具的受托代销结算单结算数量,修改结算数量为【5.00】,如图 2-1-239 所示。

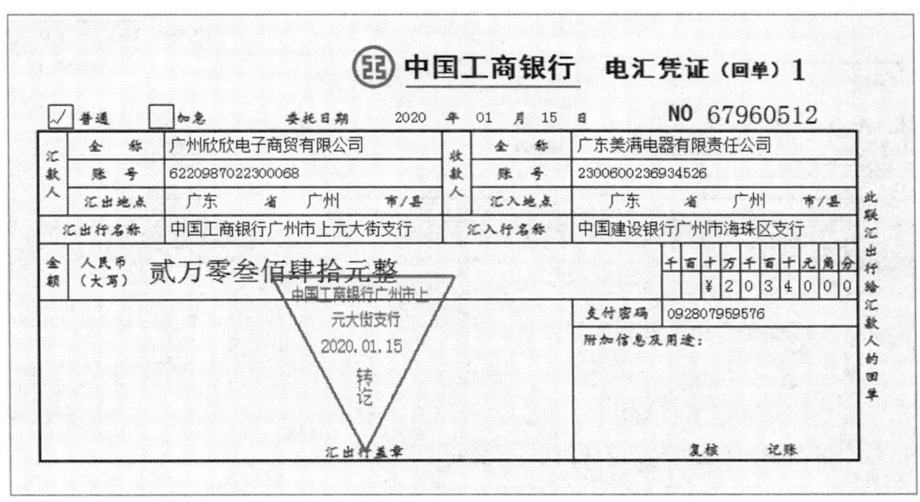

中国工商银行 电汇凭证（回单）1

☑普通 □加急 委托日期 2020 年 01 月 15 日 NO 67960512

汇款人	全称	广州欣欣电子商贸有限公司	收款人	全称	广东美满电器有限责任公司
	账号	6220987022300068		账号	2300600236934526
	汇出地点	广东 省 广州 市/县		汇入地点	广东 省 广州 市/县
汇出行名称		中国工商银行广州市上元大街支行	汇入行名称		中国建设银行广州市海珠区支行
金额	人民币（大写）	贰万零叁佰肆拾元整		千百十万千百十元角分	¥2034000
				支付密码	092807959576
				附加信息及用途：	
汇出行盖章				复核 记账	

中国工商银行广州市上元大街支行 2020.01.15 转讫

此联汇出行给汇款人的回单

图 2-1-236 【电汇回单】凭证

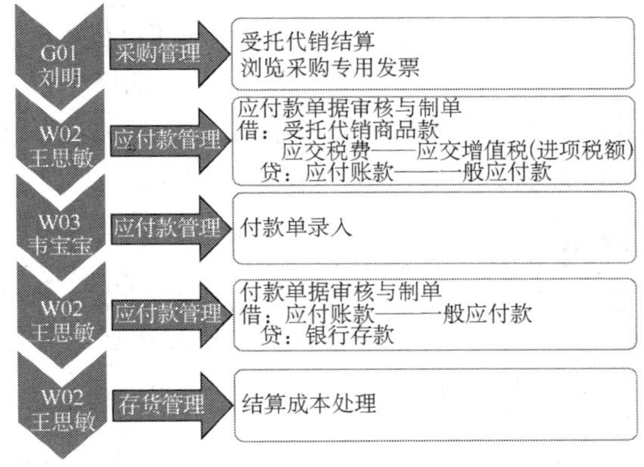

图 2-1-237 岗位操作说明

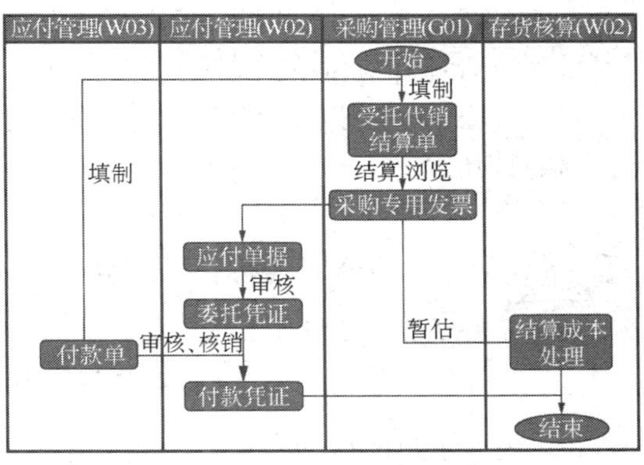

图 2-1-238 业务流程

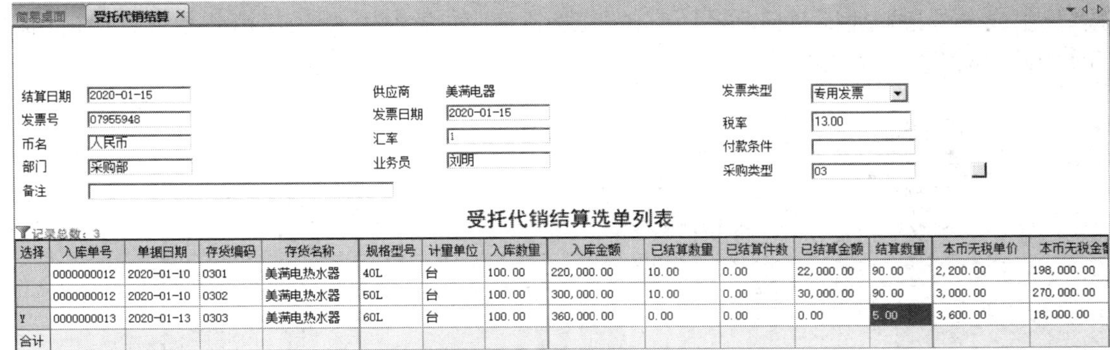

简易桌面 受托代销结算

结算日期 2020-01-15　供应商 美满电器　发票类型 专用发票
发票号 07955948　发票日期 2020-01-15　税率 13.00
币名 人民币　汇率 1　付款条件
部门 采购部　业务员 刘明　采购类型 03
备注

受托代销结算选单列表

记录总数：3

选择	入库单号	单据日期	存货编码	存货名称	规格型号	计量单位	入库数量	入库金额	已结算数量	已结算件数	已结算金额	结算数量	本币无税单价	本币无税金额
	0000000012	2020-01-10	0301	美满电热水器	40L	台	100.00	220,000.00	10.00	0.00	22,000.00	90.00	2,200.00	198,000.00
	0000000012	2020-01-10	0302	美满电热水器	50L	台	100.00	300,000.00	10.00	0.00	30,000.00	90.00	3,000.00	270,000.00
Y	0000000013	2020-01-13	0303	美满电热水器	60L	台	100.00	360,000.00	0.00	0.00	0.00	5.00	3,600.00	18,000.00
合计														

图 2-1-239 【受托代销结算】窗口

（2）单击【结算】按钮，系统提示【结算完成!】。

（3）执行【采购发票】【采购专用发票】命令，打开【采购专用发票】窗口，单击【浏览】按钮，即可看到已结算的采购专用发票，如图 2-1-240 所示。

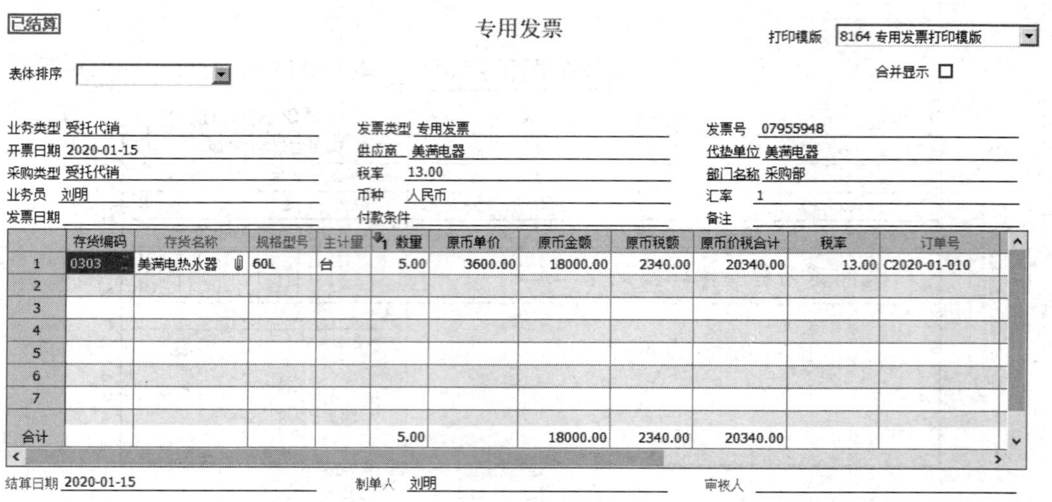
已结算

专用发票

打印模版 8164 专用发票打印模版

表体排序

合并显示 □

业务类型 受托代销　　发票类型 专用发票　　发票号 07955948
开票日期 2020-01-15　　供应商 美满电器　　代垫单位 美满电器
采购类型 受托代销　　税率 13.00　　部门名称 采购部
业务员 刘明　　币种 人民币　　汇率 1
发票日期　　付款条件　　备注

	存货编码	存货名称	规格型号	主计量	数量	原币单价	原币金额	原币税额	原币价税合计	税率	订单号
1	0303	美满电热水器	60L	台	5.00	3600.00	18000.00	2340.00	20340.00	13.00	C2020-01-010
2											
3											
4											
5											
6											
7											
合计					5.00		18000.00	2340.00	20340.00		

结算日期 2020-01-15　　制单人 刘明　　审核人

图 2-1-240 【专用发票】窗口

2. 应付单据审核与制单

(1) 2020 年 1 月 15 日,财务部【W02 王思敏】在企业应用平台中执行【业务工作】【财务会计】【应付款管理】【应付单据处理】【应付单据审核】命令,打开【应付单据查询条件】对话框。

(2) 单击【确定】按钮,系统弹出【应付单据列表】窗口,双击【选择】栏或单击【全选】按钮,单击【审核】按钮,系统完成审核并给出审核报告,单击【确定】按钮后退出,如图 2-1-241 所示。

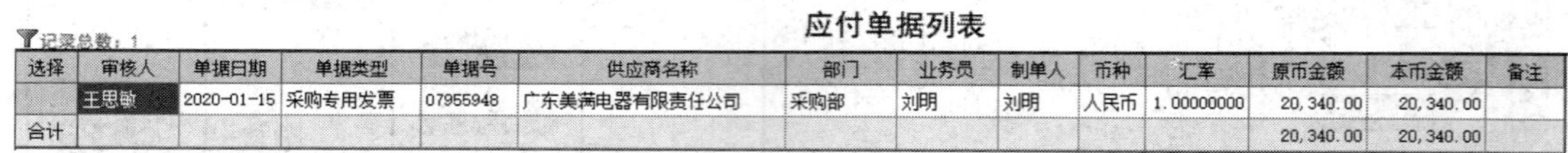
应付单据列表

记录总数:1

选择	审核人	单据日期	单据类型	单据号	供应商名称	部门	业务员	制单人	币种	汇率	原币金额	本币金额	备注
	王思敏	2020-01-15	采购专用发票	07955948	广东美满电器有限责任公司	采购部	刘明	刘明	人民币	1.00000000	20,340.00	20,340.00	
合计											20,340.00	20,340.00	

图 2-1-241 【应付单据列表】窗口

(3) 执行【制单处理】命令,打开【制单查询】对话框,选择【发票制单】,单击【确定】按钮,打开【采购发票制单】窗口。

(4) 选择【记账凭证】,再单击【全选】按钮,选中要制单的【采购专用发票】,单击【制单】按钮,生成一张记账凭证,修改科目【应付账款/暂估应付款】为【受托代销商品款】,单击【保存】按钮,如图 2-1-242 所示。

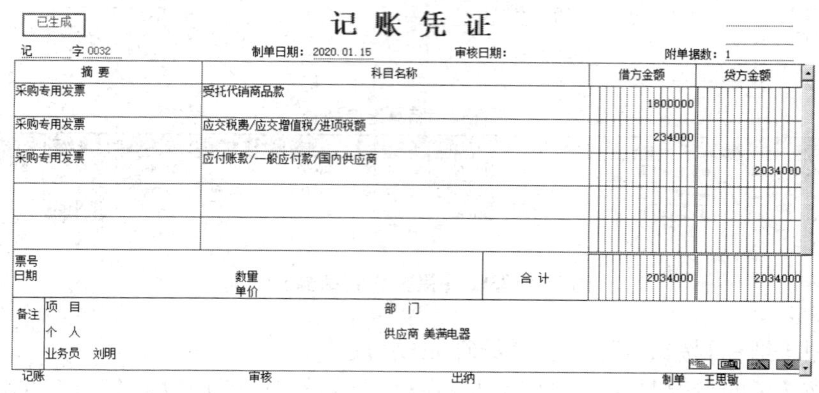
已生成

记 账 凭 证

记 字 0032　　制单日期: 2020.01.15　　审核日期:　　附单据数: 1

摘 要	科目名称	借方金额	贷方金额
采购专用发票	受托代销商品款	1800000	
采购专用发票	应交税费/应交增值税/进项税额	234000	
采购专用发票	应付账款/一般应付款/国内供应商		2034000
票号 日期	数量 单价 合 计	2034000	2034000

备注　项 目　　部 门
个 人　　供应商 美满电器
业务员 刘明

记账　审核　出纳　制单 王思敏

图 2-1-242 【记账凭证】窗口

3. 填制付款单

2020 年 1 月 15 日，财务部【W03 韦宝宝】在企业应用平台中执行【业务工作】【财务会计】【应付款管理】【付款单据处理】【付款单据录入】命令，打开【付款单】窗口，按照转账支票的信息填写付款单，单击【保存】按钮，如图 2-1-243 所示。

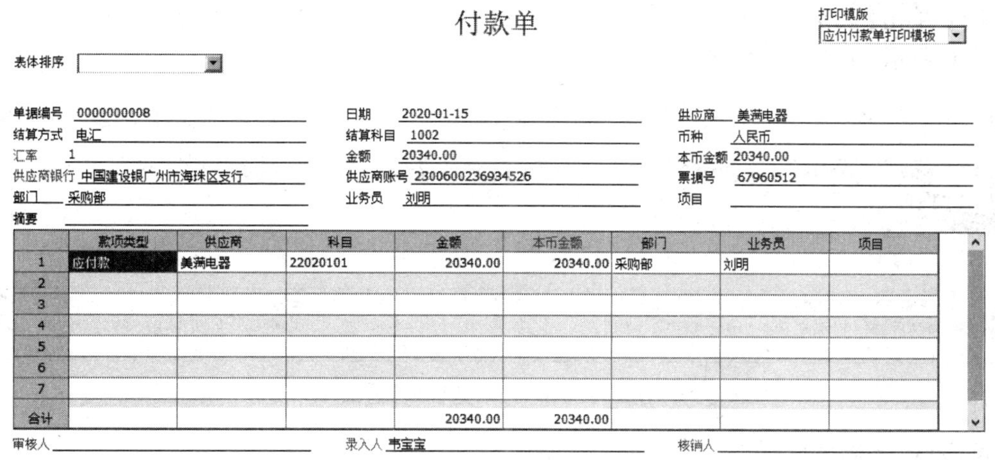

付款单

打印模版：应付付款单打印模板

表体排序

单据编号 0000000008　日期 2020-01-15　供应商 美满电器
结算方式 电汇　结算科目 1002　币种 人民币
汇率 1　金额 20340.00　本币金额 20340.00
供应商银行 中国建设银行广州市海珠区支行　供应商账号 2300600236934526　票据号 67960512
部门 采购部　业务员 刘明　项目
摘要

	款项类型	供应商	科目	金额	本币金额	部门	业务员	项目
1	应付款	美满电器	22020101	20340.00	20340.00	采购部	刘明	
2								
3								
4								
5								
6								
7								
合计				20340.00	20340.00			

审核人　录入人 韦宝宝　核销人

图 2-1-243　【付款单】窗口

4. 付款单审核并制单

（1）2020 年 1 月 15 日，财务部【W02 王思敏】在企业应用平台中执行【业务工作】【财务会计】【应付款管理】【付款单据处理】【付款单据审核】命令，打开【收付款单列表】窗口，单击【全选】按钮，单击【审核】按钮，如图 2-1-244 所示。

收付款单列表

记录总数：1

选择	审核人	单据日期	单据类型	单据编号	供应商	部门	业务员	结算方式	票据号	币种	汇率	原币金额	本币金额
	王思敏	2020-01-15	付款单	0000000008	广东美满电器有限责任公司	采购部	刘明	电汇	67960512	人民币	1.00000000	20,340.00	20,340.00
合计												20,340.00	20,340.00

图 2-1-244　【收付款单列表】窗口

（2）执行【制单处理】命令，打开【制单查询】窗口，选择【收付款单制单】，单击【确定】按钮，打开【收付款单制单】窗口，单击【制单】按钮，系统生成一张记账凭证，如图 2-1-245 所示，单击【保存】按钮。

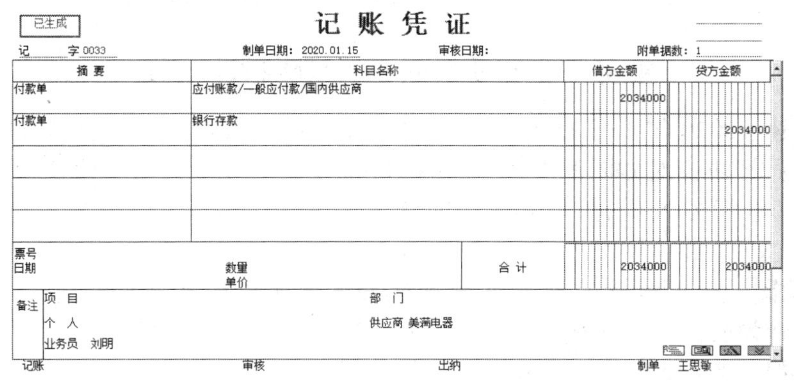

已生成

记 账 凭 证

记 字 0033　制单日期：2020.01.15　审核日期：　附单据数：1

摘要	科目名称	借方金额	贷方金额
付款单	应付账款/一般应付款/国内供应商	2034000	
付款单	银行存款		2034000
票号 日期	数量 单价 合计	2034000	2034000

备注　项目　部门
个人　供应商 美满电器
业务员 刘明

记账　审核　出纳　制单 王思敏

图 2-1-245　【记账凭证】窗口

5. 手工核销

(1) 2020 年 1 月 15 日,财务部【W02 王思敏】在企业应用平台中执行【业务工作】【财务会计】【应付款管理】【核销处理】【手工核销】命令,打开【核销条件】对话框,选择供应商为【美满电器】。

(2) 单击【确定】按钮,打开【单据核销】窗口,输入本次结算金额为【20 340.00】,如图 2-1-246 所示,单击【保存】按钮。

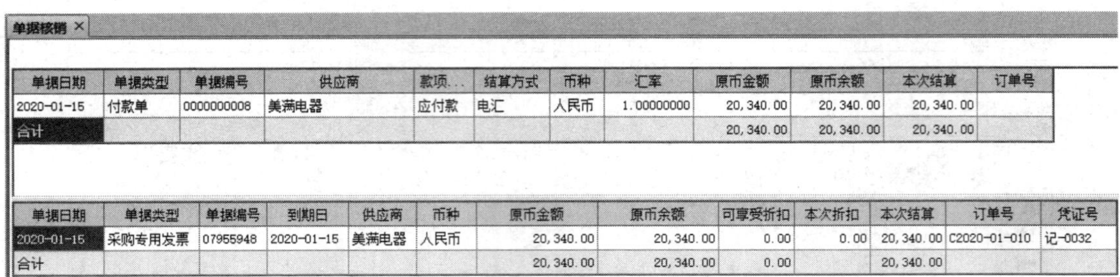

单据核销

单据日期	单据类型	单据编号	供应商	款项...	结算方式	币种	汇率	原币金额	原币余额	本次结算	订单号
2020-01-15	付款单	0000000008	美满电器	应付款	电汇	人民币	1.00000000	20,340.00	20,340.00	20,340.00	
合计								20,340.00	20,340.00	20,340.00	

单据日期	单据类型	单据编号	到期日	供应商	币种	原币金额	原币余额	可享受折扣	本次折扣	本次结算	订单号	凭证号
2020-01-15	采购专用发票	07955948	2020-01-15	美满电器	人民币	20,340.00	20,340.00	0.00	0.00	20,340.00	C2020-01-010	记-0032
合计						20,340.00	20,340.00	0.00		20,340.00		

图 2-1-246 【单据核销】窗口

6. 结算成市处理

(1) 2020 年 1 月 15 日,财务部【W02 王思敏】在企业应用平台中执行【业务工作】【供应链】【存货核算】【业务核算】【结算成本处理】命令,打开【暂估处理查询】对话框,选择【受托代销仓】,单击【确定】按钮,打开【结算成本处理】窗口,单击【全选】按钮,如图 2-1-247 所示。

结算成本处理

○ 按数量分摊
◉ 按金额分摊

选择	结算单号	仓库编码	仓库名称	入库单号	入库日期	存货编码	存货名称	计量单位	数量	暂估单价	暂估金额	结算数量	结算单价	结算金额	收发类别名称
Y	00000000000010	06	受托代销仓	0000000013	2020-01-13	0303	美满电热水器	台	5.00	3,600.00	18,000.00	5.00	3,600.00	18,000.00	受托代销入库
合计									5.00		18,000.00	5.00		18,000.00	

图 2-1-247 【结算成本处理】窗口

(2) 单击【暂估】按钮,完成受托代销商品中已销售开票 5 件产品的暂估成本核算处理。

任务四 采购折让和退货业务处理

业务一 有质量问题的采购折让业务

采购折让和退货业务处理

〖业务描述〗2020 年 1 月 15 日,本公司发现 1 月 5 日购买的美的电磁炉和美的电饭煲有质量问题,经协商对方同意折让货款的 10%,开出 10% 的红字增值税专用发票,剩余的 90% 款项以电汇方式支付,取得与该业务相关的凭证如图 2-1-248 和图 2-1-249 所示。

〖业务解析〗本笔业务是有质量问题的采购折让业务处理。

〖岗位操作说明〗本笔业务各岗位的具体操作流程如图 2-1-250 所示。

〖业务流程〗本笔业务的业务流程如图 2-1-251 所示。

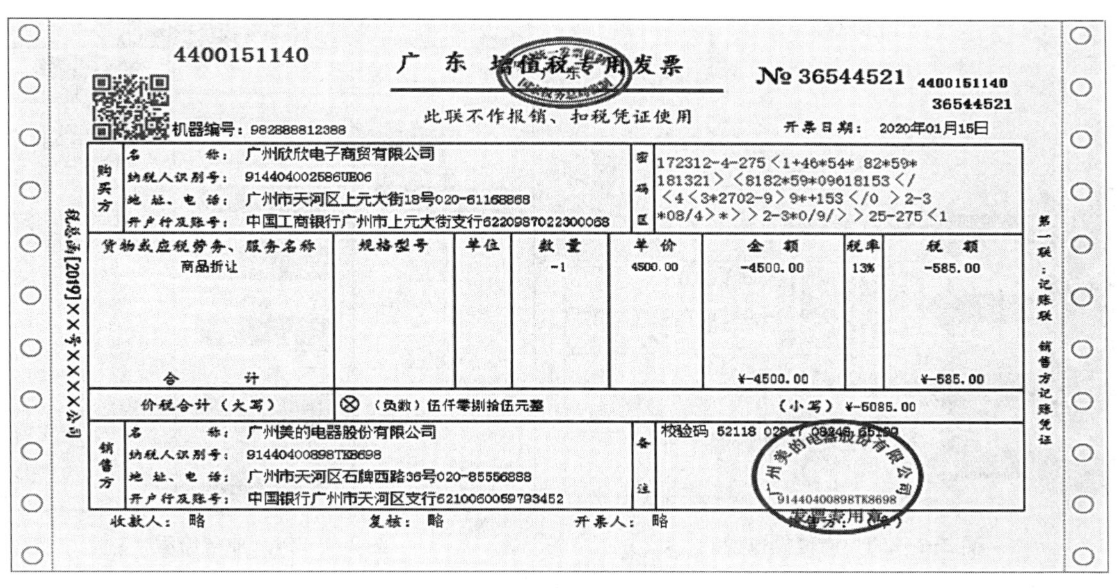

4400151140　　广东增值税专用发票　　№ 36544521　4400151140　36544521

此联不作报销、扣税凭证使用

机器编号：982888812388　　开票日期：2020年01月15日

购买方	名称：广州欣欣电子商贸有限公司 纳税人识别号：914404002586UE06 地址、电话：广州市天河区上元大街18号020-61168868 开户行及账号：中国工商银行广州市上元大街支行6220987022300068	密码区	172312-4-275 <1+46*54* 82*59* 181321> <8182*59*09618153</ <4<3*2702-9>9*+153</0 >2-3 *08/4>*>>2-3*0/9/>>25-275<1

货物或应税劳务、服务名称	规格型号	单位	数量	单价	金额	税率	税额
商品折让			-1	4500.00	-4500.00	13%	-585.00
合计					¥-4500.00		¥-585.00
价税合计（大写）	⊗（负数）伍仟零捌拾伍元整				（小写）¥-5085.00		

销售方	名称：广州美的电器股份有限公司 纳税人识别号：91440400898TK8698 地址、电话：广州市天河区石牌西路36号020-85556888 开户行及账号：中国银行广州市天河区支行6210060059793452	备注	校验码 52118 02917 08246 65190

收款人：略　　复核：略　　开票人：略　　销售方：（章）

税总函[2019]××号×××××公司　　第一联：记账联　销售方记账凭证

图 2-1-248　【红字增值税专用发票】凭证

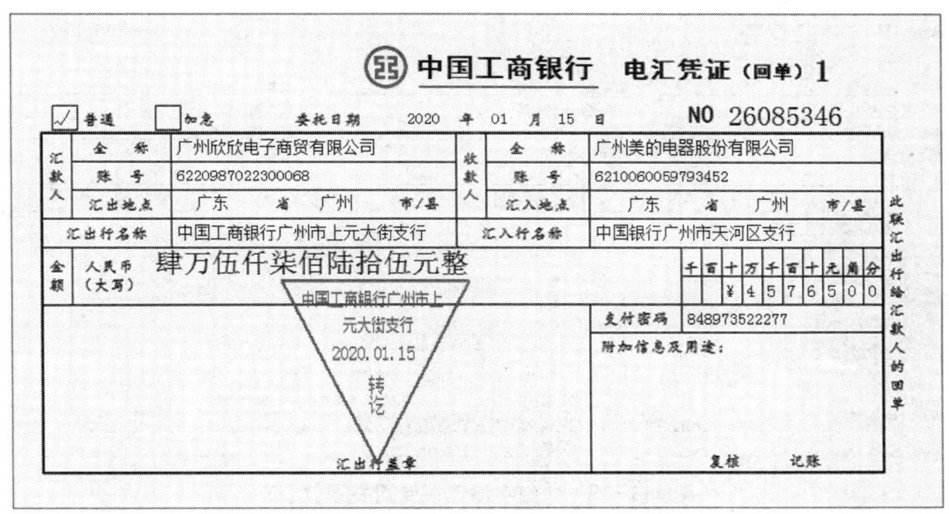

中国工商银行　电汇凭证（回单）1

☑普通　□加急　委托日期 2020 年 01 月 15 日　NO 26085346

汇款人	全称	广州欣欣电子商贸有限公司	收款人	全称	广州美的电器股份有限公司
	账号	6220987022300068		账号	6210060059793452
	汇出地点	广东 省 广州 市/县		汇入地点	广东 省 广州 市/县
汇出行名称		中国工商银行广州市上元大街支行	汇入行名称		中国银行广州市天河区支行
金额	人民币（大写）	肆万伍仟柒佰陆拾伍元整			¥4576500
中国工商银行广州市上元大街支行 2020.01.15 转讫 汇出行盖章			支付密码		848973522277
			附加信息及用途：		复核　记账

此联汇出行给汇款人的回单

图 2-1-249　【电汇回单】凭证

〖操作指引〗

1. 填制红字专用采购发票

（1）2020 年 1 月 15 日，采购部【G01 刘明】在企业应用平台中执行【业务工作】【供应链】【采购管理】【采购发票】【红字专用采购发票】命令，打开【红字专用采购发票】窗口。

（2）单击【增加】按钮，【发票号】为【36544521】，【供应商】选择【美的电器】，【存货编码】选择【0903】，【数量】为【-1.00】，【原币单价】为【4 500.00】，单击【保存】按钮，如图 2-1-252 所示。

2. 应付单据审核并制单

（1）2020 年 1 月 15 日，财务部【W02 王思敏】在企业应用平台中执行【业务工作】【财务会计】【应付款管理】【应付单据处理】【应付单据审核】命令，打开【应付单据查询条件】对话框，勾选【未审核】和【未完全报销】复选框。

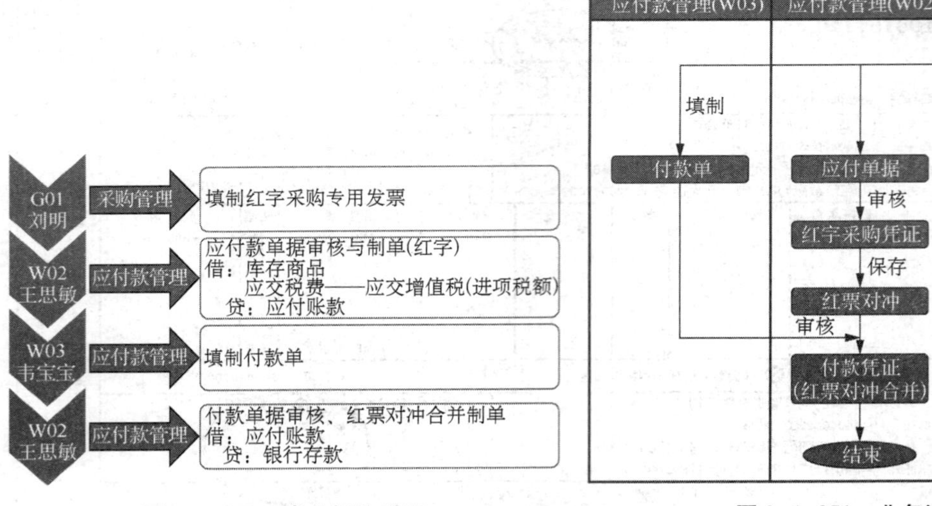

图 2-1-250 岗位操作说明　　　　图 2-1-251 业务流程

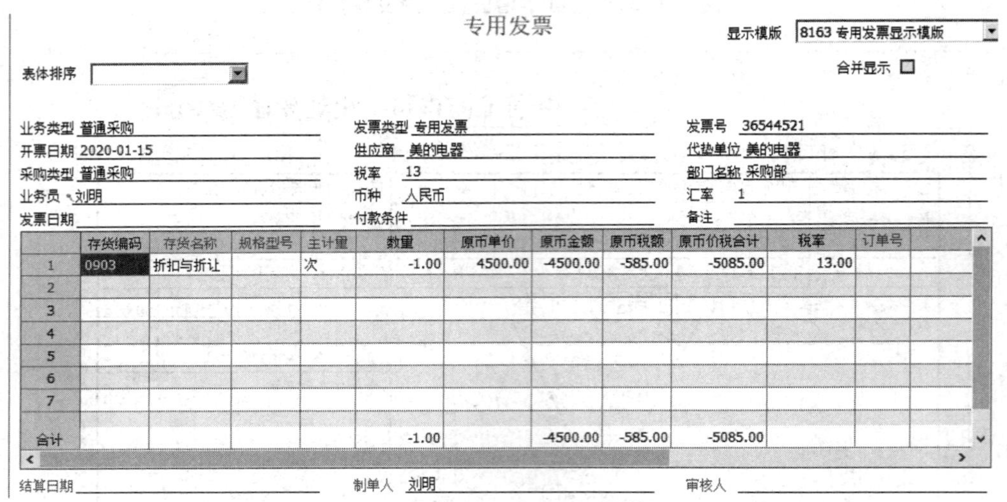

专用发票

显示模版 8163 专用发票显示模版

表体排序　　　　合并显示 □

业务类型 普通采购　　发票类型 专用发票　　发票号 36544521
开票日期 2020-01-15　　供应商 美的电器　　代垫单位 美的电器
采购类型 普通采购　　税率 13　　部门名称 采购部
业务员 刘明　　币种 人民币　　汇率 1
发票日期　　付款条件　　备注

	存货编码	存货名称	规格型号	主计量	数量	原币单价	原币金额	原币税额	原币价税合计	税率	订单号
1	0903	折扣与折让		次	-1.00	4500.00	-4500.00	-585.00	-5085.00	13.00	
2											
3											
4											
5											
6											
7											
合计					-1.00		-4500.00	-585.00	-5085.00		

结算日期　　制单人 刘明　　审核人

图 2-1-252 【红字增值税专用发票】凭证

(2) 单击【确定】按钮,系统弹出【应付单据列表】窗口,双击【选择】栏或单击【全选】按钮,单击【审核】按钮,系统完成审核并给出审核报告,单击【确定】按钮后退出,如图 2-1-253 所示。

应付单据列表

记录总数：1

选择	审核人	单据日期	单据类型	单据号	供应商名称	部门	业务员	制单人	币种	汇率	原币金额	本币金额	备注
Y	王思敏	2020-01-15	采购专用发票	36544521	广州美的电器股份有限公司	采购部	刘明	刘明	人民币	1.00000000	-5,085.00	-5,085.00	
合计											-5,085.00	-5,085.00	

图 2-1-253 【应付单据列表】窗口

(3) 执行【制单处理】命令,打开【制单查询】对话框,选择【发票制单】,单击【确定】按钮,打开【采购发票制单】窗口。

(4) 选择【记账凭证】,再单击【全选】按钮,选中要制单的【采购专用发票】。

（5）单击【制单】按钮，生成一张金额红字记账凭证，修改科目【在途物资】为【库存商品】，单击【保存】按钮，如图 2-1-254 所示。

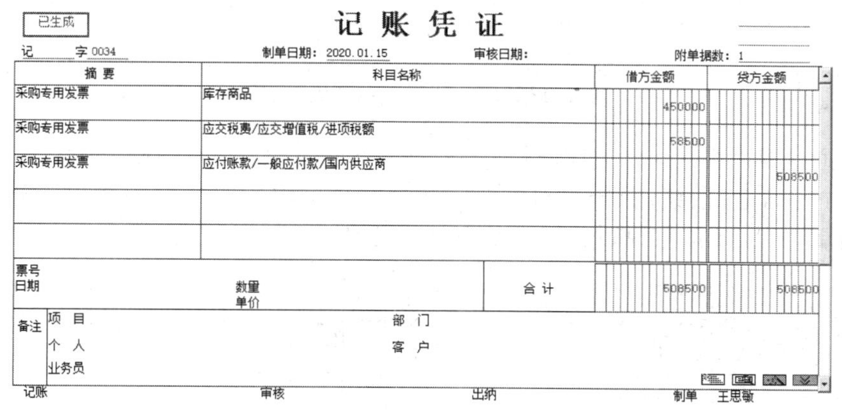

已生成

记账凭证

记 字 0034　　制单日期：2020.01.15　　审核日期：　　附单据数：1

摘要	科目名称	借方金额	贷方金额
采购专用发票	库存商品	450000	
采购专用发票	应交税费/应交增值税/进项税额	58500	
采购专用发票	应付账款/一般应付款/国内供应商		508500
票号 日期	数量 单价　　合计	508500	508500

备注　项目　　部门
个人　　客户
业务员

记账　　审核　　出纳　　制单 王思敏

图 2-1-254 【记账凭证】窗口

3. 填制付款单

2020 年 1 月 15 日，财务部【W03 韦宝宝】在企业应用平台中执行【业务工作】【财务会计】【应付款管理】【付款单据处理】【付款单据录入】命令，打开【付款单】窗口，单击【增加】按钮，按照电汇单据的信息填写付款单，单击【保存】按钮，如图 2-1-255 所示。

付款单

打印模版：应付付款单打印模板

表体排序

单据编号 0000000009　　日期 2020-01-15　　供应商 美的电器
结算方式 电汇　　结算科目 1002　　币种 人民币
汇率 1　　金额 45765.00　　本币金额 45765.00
供应商银行 中国银行广州市天河区支行　　供应商账号 6210060059793452　　票据号 26085346
部门 采购部　　业务员 刘明　　项目
摘要

	款项类型	供应商	科目	金额	本币金额	部门	业务员	项目
1	应付款	美的电器	22020101	45765.00	45765.00	采购部	刘明	
2								
3								
4								
5								
6								
7								
合计				45765.00	45765.00			

审核人　　录入人 韦宝宝　　核销人

图 2-1-255 【付款单】窗口

4. 付款单审核

2020 年 1 月 15 日，财务部【W02 王思敏】在企业应用平台中执行【业务工作】【财务会计】【应付款管理】【付款单据处理】【付款单据审核】命令，打开【收付款单列表】窗口，单击【全选】按钮，单击【审核】按钮，如图 2-1-256 所示。

5. 红票对冲

（1）2020 年 1 月 15 日，财务部【W02 王思敏】在企业应用平台中执行【业务工作】【财务会计【应付款管理】【转账】【红票对冲】【手工对冲】命令，打开【红票对冲条件】对话框，单击【确

收付款单列表

记录总数：1

选择	审核人	单据日期	单据类型	单据编号	供应商	部门	业务员	结算方式	票据号	币种	汇率	原币金额	本币金额
	王思敏	2020-01-15	付款单	0000000009	广州美的电器股份有限公司	采购部	刘明	电汇	26085346	人民币	1.00000000	45,765.00	45,765.00
合计												45,765.00	45,765.00

图 2-1-256 【收付款单列表】窗口

定】按钮,在通用界面中,选择【供应商】为【0002—广州美的电器股份有限公司】。

(2) 单击【确定】按钮,系统打开【红票对冲】窗口,输入对冲金额为【5 085.00】,如图 2-1-257 所示。点击【保存】按钮,弹出是否立即制单,单击【否】按钮退出。

简易桌面 | 红票对冲

单据日期	单据类型	单据编号	供应商	币种	原币金额	原币余额	对冲金额
2020-01-15	采购专用发票	36544521	美的电器	人民币	5,085.00	5,085.00	5,085.00
合计					5,085.00	5,085.00	5,085.00

单据日期	单据类型	单据编号	供应商	币种	原币金额	原币余额	对冲金额
2020-01-05	采购专用发票	12574491	美的电器	人民币	50,850.00	50,850.00	5,085.00
2020-01-06	采购专用发票	79717730	美的电器	人民币	5,367.50	5,367.50	
合计	2020-01-05				56,217.50	56,217.50	5,085.00

图 2-1-257 【红票对冲】对话框

6. 付款单、红票对冲单合并制单

(1) 2020 年 1 月 15 日,财务部【W02 王思敏】在企业应用平台中执行【业务工作】【财务会计】【应付款管理】【制单处理】命令,打开【制单查询】对话框,选择【收付款单制单】和【红票对冲制单】。

(2) 单击【确定】按钮,系统弹出【应付制单】窗口,选择【广州美的电器股份有限公司】的【付款单】与【红票对冲单】,如图 2-1-258 所示。

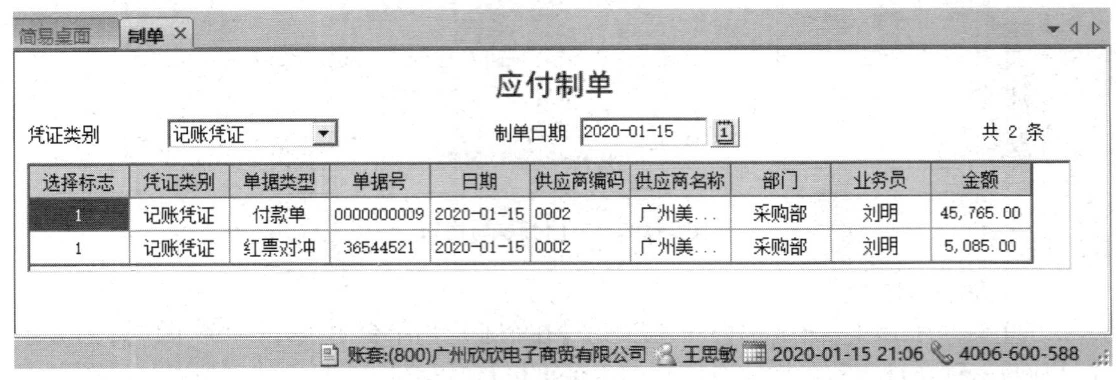

简易桌面 | 制单

应付制单

凭证类别 记账凭证　　制单日期 2020-01-15　　共 2 条

选择标志	凭证类别	单据类型	单据号	日期	供应商编码	供应商名称	部门	业务员	金额
1	记账凭证	付款单	0000000009	2020-01-15	0002	广州美...	采购部	刘明	45,765.00
1	记账凭证	红票对冲	36544521	2020-01-15	0002	广州美...	采购部	刘明	5,085.00

账套:(800)广州欣欣电子商贸有限公司　王思敏　2020-01-15 21:06　4006-600-588

图 2-1-258 【应付制单】窗口

(3) 执行【合并】【制单】命令,系统自动生成一张记账凭证,单击【保存】按钮,如图 2-1-259 所示。

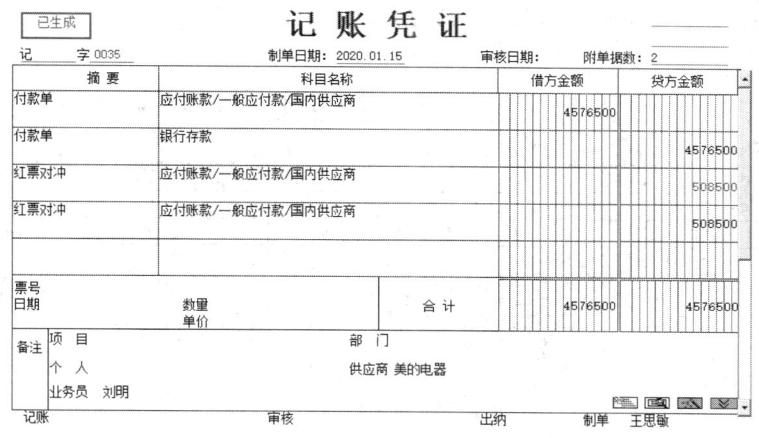

已生成

记账凭证

记 字 0035　　制单日期：2020.01.15　　审核日期：　　附单据数：2

摘要	科目名称	借方金额	贷方金额
付款单	应付账款/一般应付款/国内供应商	4576500	
付款单	银行存款		4576500
红票对冲	应付账款/一般应付款/国内供应商		508500
红票对冲	应付账款/一般应付款/国内供应商		508500
票号 日期	数量 单价　　合计	4576500	4576500

备注　项目　　部门

个人　　供应商 美的电器

业务员 刘明

记账　　审核　　出纳　　制单 王思敏

图 2-1-259 【记账凭证】窗口

业务二 有质量问题的采购退货业务

〖**业务描述**〗2020 年 1 月 15 日，本公司发现 1 月 5 日购买的美的电烧水壶有质量问题，经协商对方同意退货 5 件，开出红字增值税专用发票，余款以电汇方式支付，取得与该业务相关的凭证如图 2-1-260 至图 2-1-262 所示。

入库单　　No. 00097852

供货单位：广州美的电器股份有限公司　　2020 年 01 月 15 日

编号	品名	规格	单位	数量	单价	金额	备注
0203	美的电烧水壶	1000W	个	-5			小家电仓
合				计			

仓库主管：略　　记账：略　　保管：略　　经手人：略　　制单：刘芳芳

图 2-1-260 【入库单】凭证

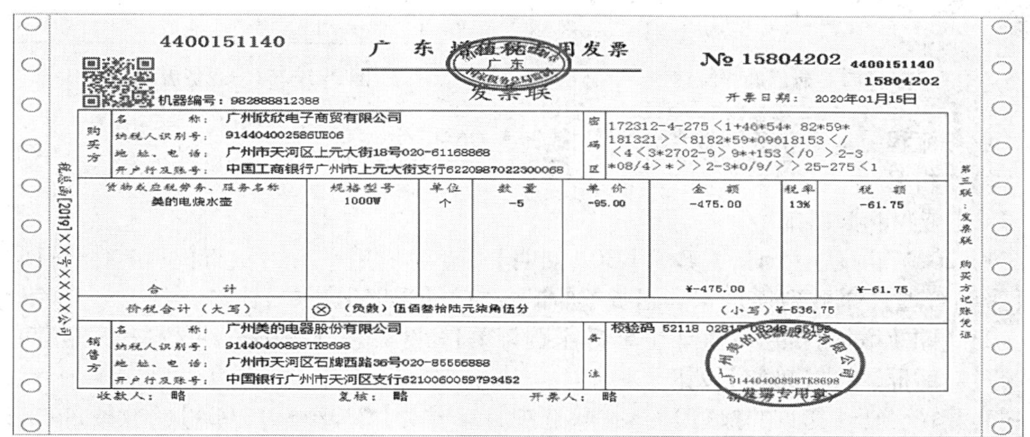

4400151140　　广东增值税专用发票　　№ 15804202　4400151140　15804202

发票联

机器编号：982888812388　　开票日期：2020年01月15日

购买方　名称：广州欣欣电子商贸有限公司
纳税人识别号：914404002586UE06
地址、电话：广州市天河区上元大街18号020-61168868
开户行及账号：中国工商银行广州市上元大街支行6220987022300068

密码区：172312-4-275 <1+46*54* 82*59* 181321> <8182*59*09618153 </ <4 <3*2702-9> 9*+153 </0 >2-3 *08/4>*> >2-3*0/9/> >25-275 <1

货物或应税劳务、服务名称	规格型号	单位	数量	单价	金额	税率	税额
美的电烧水壶	1000W	个	-5	-95.00	-475.00	13%	-61.75
合计					¥-475.00		¥-61.75

价税合计（大写）⊗（负数）伍佰叁拾陆元柒角伍分　　（小写）¥-536.75

销售方　名称：广州美的电器股份有限公司
纳税人识别号：91440400898TK8698
地址、电话：广州市天河区石牌西路36号020-85556888
开户行及账号：中国银行广州市天河区支行6210060059793452

备注：校验码 52118 02817 08248 65195

税总函[2019]××号×××××公司

第三联：发票联　购买方记账凭证

收款人：略　　复核：略　　开票人：略　　销售方：（章）

图 2-1-261 【红字增值税专用发票】凭证

〖**业务解析**〗本笔业务是未付款的采购退货业务。

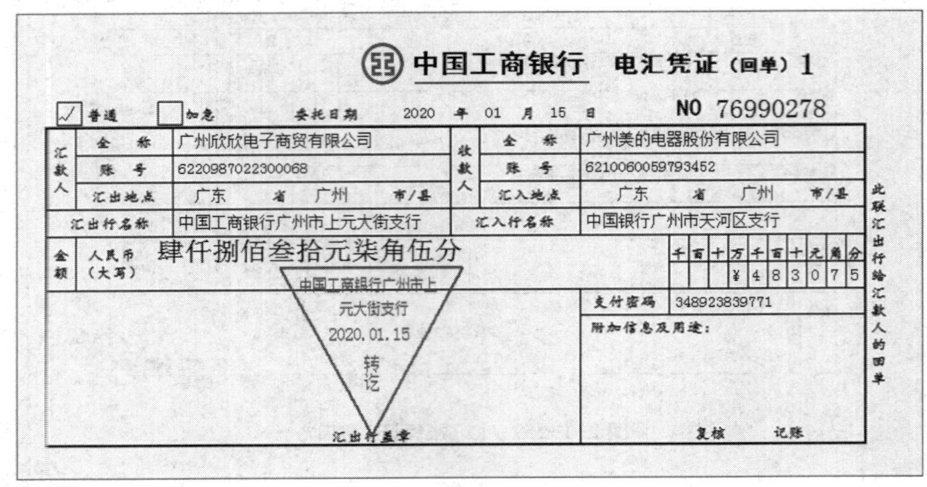

中国工商银行　电汇凭证（回单）1

☑普通　☐加急　委托日期 2020 年 01 月 15 日　NO 76990278

汇款人	全称	广州欣欣电子商贸有限公司	收款人	全称	广州美的电器股份有限公司
	账号	6220987022300068		账号	6210060059793452
	汇出地点	广东 省 广州 市/县		汇入地点	广东 省 广州 市/县
汇出行名称		中国工商银行广州市上元大街支行	汇入行名称		中国银行广州市天河区支行
金额	人民币（大写）	肆仟捌佰叁拾元柒角伍分	千百十万千百十元角分		¥483075
			支付密码		348923839771
			附加信息及用途：		

中国工商银行广州市上元大街支行 2020.01.15 转讫

汇出行签章　　复核　记账

此联汇出行给汇款人的回单

图 2-1-262　【电汇回单】凭证

〖**岗位操作说明**〗本笔业务各岗位具体操作流程如图 2-1-263 所示。

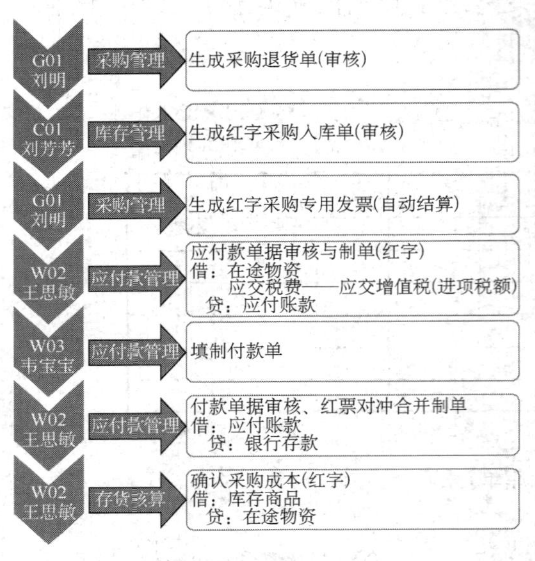

图 2-1-263　岗位操作流程

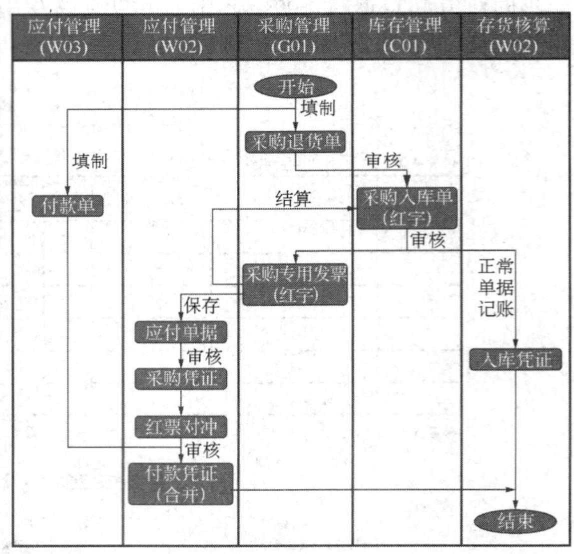

图 2-1-264　业务流程

〖**业务流程**〗本笔业务的业务流程如图 2-1-264 所示。

〖**操作指引**〗

1. 生成采购退货单

（1）2020 年 1 月 15 日，采购部【G01 刘明】在企业应用平台中执行【业务工作】【供应链】【采购管理】【采购到货】【采购退货单】命令，打开【采购退货单】窗口。

（2）单击【增加】按钮，选择【生单】【采购订单】命令，打开【查询条件选择—采购订单列表过滤】对话框，单击【确定】按钮。

（3）系统弹出【拷贝并执行】对话框，选中订单号为【C2020-01-004】的业务，单击【确定】按钮，系统根据采购订单自动生成退货单，修改退货数量为【-5.00】，单击【保存】按钮，单击【审核】按钮。如图 2-1-265 所示。

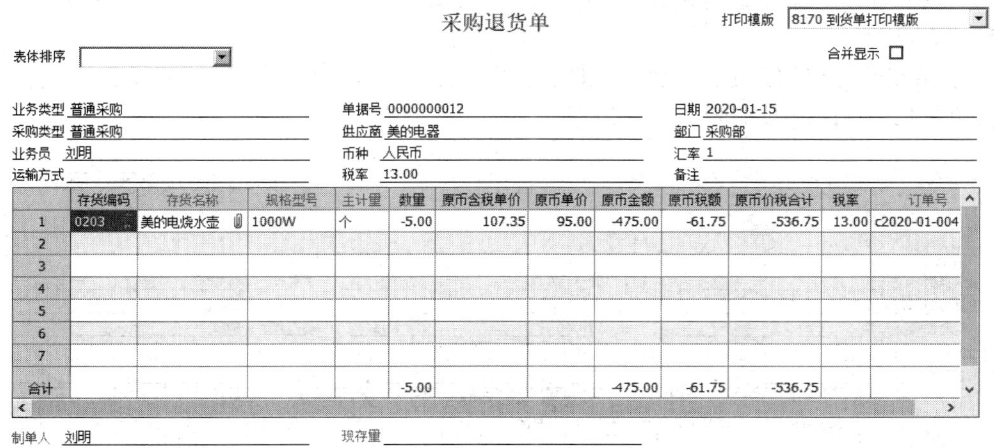

采购退货单　　打印模版 8170 到货单打印模版

表体排序　　合并显示

业务类型 普通采购　单据号 0000000012　日期 2020-01-15
采购类型 普通采购　供应商 美的电器　部门 采购部
业务员 刘明　币种 人民币　汇率 1
运输方式　税率 13.00　备注

	存货编码	存货名称	规格型号	主计量	数量	原币含税单价	原币单价	原币金额	原币税额	原币价税合计	税率	订单号
1	0203	美的电烧水壶	1000W	个	-5.00	107.35	95.00	-475.00	-61.75	-536.75	13.00	c2020-01-004
2												
3												
4												
5												
6												
7												
合计					-5.00			-475.00	-61.75	-536.75		

制单人 刘明　现存量

图 2-1-265　【采购退货单】窗口

2. 生成红字采购入库单

（1）2020 年 1 月 15 日，仓储部【C01 刘芳芳】在企业应用平台中执行【业务工作】【供应链】【库存管理】【入库业务】命令，打开【采购入库单】窗口。

（2）执行【生单】【采购到货单（红字）】命令，打开【查询条件选择—采购到货单列表】对话框，单击【确定】按钮，在相应的到货单表头单击【选择】栏，出现【Y】。

（3）单击【确定】按钮，系统生成 1 张红字采购入库单，修改仓库为【小家电仓】，单击【保存】按钮，单击【审核】按钮，如图 2-1-266 所示。

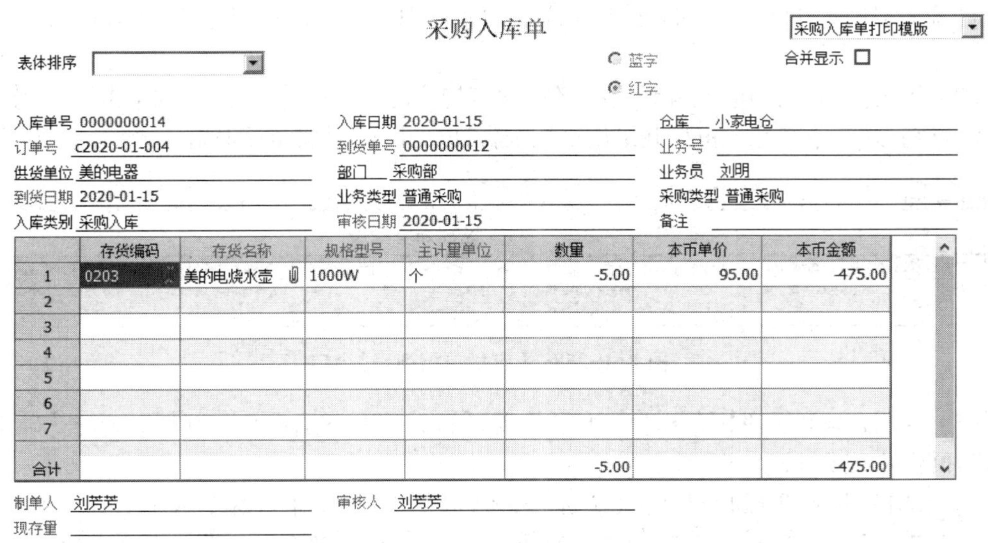

采购入库单　　采购入库单打印模版

表体排序　　蓝字　红字　　合并显示

入库单号 0000000014　入库日期 2020-01-15　仓库 小家电仓
订单号 c2020-01-004　到货单号 0000000012　业务号
供货单位 美的电器　部门 采购部　业务员 刘明
到货日期 2020-01-15　业务类型 普通采购　采购类型 普通采购
入库类别 采购入库　审核日期 2020-01-15　备注

	存货编码	存货名称	规格型号	主计量单位	数量	本币单价	本币金额
1	0203	美的电烧水壶	1000W	个	-5.00	95.00	-475.00
2							
3							
4							
5							
6							
7							
合计					-5.00		-475.00

制单人 刘芳芳　审核人 刘芳芳
现存量

图 2-1-266　【采购入库单】窗口

3. 生成红字专用采购发票

（1）2020 年 1 月 15 日，采购部【G01 刘明】在企业应用平台中执行【业务工作】【供应链】【采购管理】【采购发票】【红字专用采购发票】命令，打开【红字专用采购发票】窗口。

(2) 单击【增加】按钮,执行【生单】【入库单】命令,打开【查询条件选择—采购入库单列表过滤】对话框,单击【确定】按钮,打开【拷贝并执行—发票拷贝入库单列表】对话框,选中对应采购入库单。

(3) 单击【确定】按钮,生成红字采购专用发票,修改发票号为【15804202】,单击【保存】按钮,单击【结算】按钮,如图 2-1-267 所示。

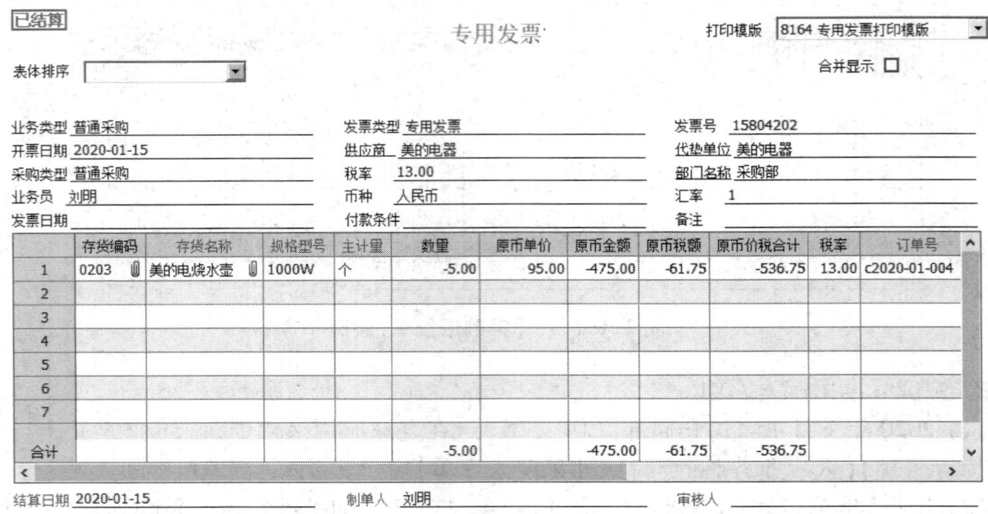
已结算

专用发票

打印模版 8164 专用发票打印模版

表体排序

合并显示 □

业务类型 普通采购　　发票类型 专用发票　　发票号 15804202

开票日期 2020-01-15　　供应商 美的电器　　代垫单位 美的电器

采购类型 普通采购　　税率 13.00　　部门名称 采购部

业务员 刘明　　币种 人民币　　汇率 1

发票日期　　付款条件　　备注

	存货编码	存货名称	规格型号	主计量	数量	原币单价	原币金额	原币税额	原币价税合计	税率	订单号
1	0203	美的电烧水壶	1000W	个	-5.00	95.00	-475.00	-61.75	-536.75	13.00	c2020-01-004
2											
3											
4											
5											
6											
7											
合计					-5.00		-475.00	-61.75	-536.75		

结算日期 2020-01-15　　制单人 刘明　　审核人

图 2-1-267 【专用发票】窗口

4. 应付单据审核并制单

(1) 2020 年 1 月 15 日,财务部【W02 王思敏】在企业应用平台中执行【业务工作】【财务会计】【应付款管理】【应付单据处理】【应付单据审核】命令,打开【应付单据查询条件】对话框。

(2) 单击【确定】按钮,系统弹出【应付单据列表】窗口,双击【选择】栏或单击【全选】按钮,单击【审核】按钮,系统完成审核并给出审核报告,单击【确定】按钮后退出,如图 2-1-268 所示。

简易桌面　单据处理 ×

应付单据列表

记录总数：1

选择	审核人	单据日期	单据类型	单据号	供应商名称	部门	业务员	制单人	币种	汇率	原币金额	本币金额	备注
	王思敏	2020-01-15	采购专用发票	15804202	广州美的电器股份有限公司	采购部	刘明	刘明	人民币	1.00000000	-536.75	-536.75	
合计											-536.75	-536.75	

图 2-1-268 【应付单据列表】窗口

(3) 执行【制单处理】命令,打开【制单查询】对话框,选择【发票制单】,单击【确定】按钮,打开【采购发票制单】窗口。

(4) 选择【记账凭证】,再单击【全选】按钮,选中要制单的【采购专用发票】。

(5) 单击【制单】按钮,生成一张记账凭证,单击【保存】按钮,如图 2-1-269 所示。

5. 填制付款单

2020 年 1 月 15 日,财务部【W03 韦宝宝】在企业应用平台中执行【业务工作】【财务会计】【应付款管理】【付款单据处理】【付款单据录入】命令,打开【付款单】窗口,单击【增加】按钮,按照电汇单据的信息填写付款单,单击【保存】按钮,如图 2-1-270 所示。

已生成

记账凭证

记 字 0036 制单日期：2020.01.15 审核日期： 附单据数：1

摘要	科目名称	借方金额	贷方金额
采购专用发票	在途物资	47500	
采购专用发票	应交税费/应交增值税/进项税额	6175	
采购专用发票	应付账款/一般应付款/国内供应商		53675
票号 日期	数量 单价 合计	53675	53675

备注 项目 部门
个人 客户
业务员

记账 审核 出纳 制单 王思敏

图 2-1-269 【记账凭证】窗口

付款单

打印模版 应付付款单打印模板

表体排序

单据编号 0000000010 日期 2020-01-15 供应商 美的电器
结算方式 电汇 结算科目 1002 币种 人民币
汇率 1 金额 4830.75 本币金额 4830.75
供应商银行 中国银行广州市天河区支行 供应商账号 6210060059793452 票据号
部门 采购部 业务员 刘明 项目
摘要

	款项类型	供应商	科目	金额	本币金额	部门	业务员	项目
1	应付款	美的电器	22020101	4830.75	4830.75	采购部	刘明	
2								
3								
4								
5								
6								
7								
合计				4830.75	4830.75			

审核人 录入人 韦宝宝 核销人

图 2-1-270 【付款单录入】窗口

6. 付款单审核

2020 年 1 月 15 日，财务部【W02 王思敏】在企业应用平台中执行【业务工作】【财务会计】【应付款管理】【付款单据处理】【付款单据审核】命令，打开【收付款单列表】窗口，单击【全选】按钮，单击【审核】按钮，如图 2-1-271 所示。

7. 红票对冲

（1）2020 年 1 月 15 日，财务部【W02 王思敏】在企业应用平台中执行【业务工作】【财务会计】【应付款管理】【转账】【红票对冲】【手工对冲】命令，打开【红票对冲条件】对话框，单击【确定】按钮，在通用界面中，选择【供应商】为【0002—广州美的电器股份有限公司】。

收付款单列表

记录总数：1

选择	审核人	单据日期	单据类型	单据编号	供应商	部门	业务员	结算方式	票据号	币种	汇率	原币金额	本币金额
	王思敏	2020-01-15	付款单	0000000010	广州美的电器股份有限公司	采购部	刘明	电汇	76990278	人民币	1.00000000	4,830.75	4,830.75
合计												4,830.75	4,830.75

图 2-1-271 【收付款单列表】窗口

(2) 单击【确定】按钮,系统打开【红票对冲】窗口,输入对冲金额为【536.75】,如图 2-1-272 所示,单击【保存】按钮。

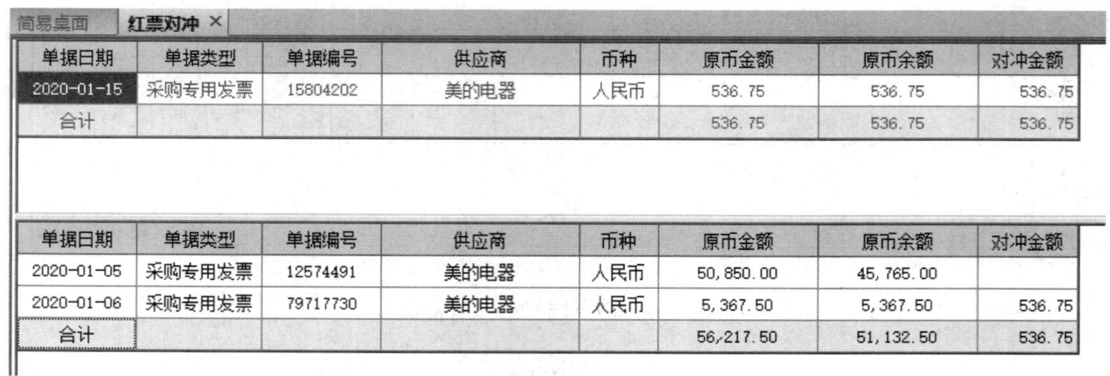

简易桌面　红票对冲

单据日期	单据类型	单据编号	供应商	币种	原币金额	原币余额	对冲金额
2020-01-15	采购专用发票	15804202	美的电器	人民币	536.75	536.75	536.75
合计					536.75	536.75	536.75

单据日期	单据类型	单据编号	供应商	币种	原币金额	原币余额	对冲金额
2020-01-05	采购专用发票	12574491	美的电器	人民币	50,850.00	45,765.00	
2020-01-06	采购专用发票	79717730	美的电器	人民币	5,367.50	5,367.50	536.75
合计					56,217.50	51,132.50	536.75

图 2-1-272 【红票对冲】对话框

8. 付款单、红票对冲单合并制单

(1) 2020 年 1 月 15 日,财务部【W02 王思敏】在企业应用平台中执行【业务工作】【财务会计】【应付款管理】【制单处理】命令,打开【制单查询】对话框,选择【收付款单制单】和【红票对冲制单】。

(2) 单击【确定】按钮,系统弹出【应付制单】窗口,选择【广州美的电器股份有限公司】的【付款单】与【红票对冲单】,如图 2-1-273 所示。

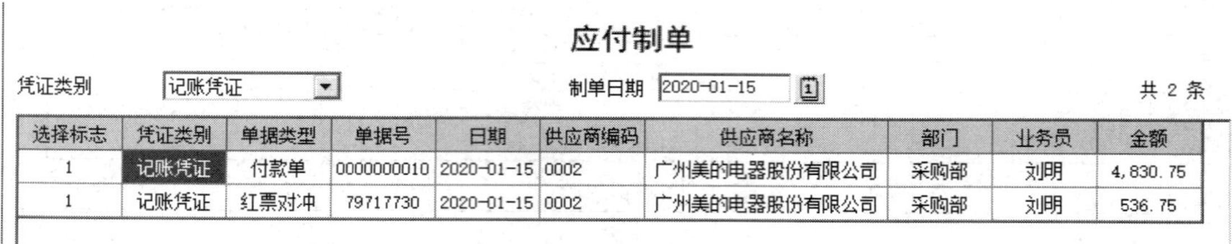

应付制单

凭证类别　记账凭证　　制单日期　2020-01-15　　共 2 条

选择标志	凭证类别	单据类型	单据号	日期	供应商编码	供应商名称	部门	业务员	金额
1	记账凭证	付款单	0000000010	2020-01-15	0002	广州美的电器股份有限公司	采购部	刘明	4,830.75
1	记账凭证	红票对冲	79717730	2020-01-15	0002	广州美的电器股份有限公司	采购部	刘明	536.75

图 2-1-273 【应付制单】窗口

(3) 单击【合并制单】按钮,系统自动生成一张记账凭证,单击【保存】按钮,如图 2-1-274 所示。

9. 核算采购成本

(1) 2020 年 1 月 15 日,财务部【W02 王思敏】在企业应用平台中执行【业务工作】【供应链】【存货核算】【业务核算】【正常单据记账】命令,打开【查询条件选择】窗口。

(2) 单击【确定】按钮,打开【正常单据记账列表】窗口,找到相应的单据号,选择【Y】按钮,如图 2-1-275 所示。

(3) 单击【记账】按钮,将采购入库单记账,系统提示【记账成功】,单击【确定】按钮。

已生成

记账凭证

记 字 0037 制单日期：2020.01.15 审核日期： 附单据数：2

摘要	科目名称	借方金额	贷方金额
付款单	应付账款/一般应付款/国内供应商	483075	
付款单	银行存款		483075
红票对冲	应付账款/一般应付款/国内供应商		53675
红票对冲	应付账款/一般应付款/国内供应商		53675
票号 日期 数量 单价	合计	483075	483075

备注 项目 部门

个人 供应商 美的电器

业务员 刘明

记账 审核 出纳 制单 王思敏

图 2-1-274 【记账凭证】窗口

正常单据记账列表

记录总数：1

选择	单据号	存货编码	存货名称	规格型号	存货代码	单据类型	仓库名称	收发类别	数量	单价	金额
Y	0000000014	0203	美的电烧水壶	1000W		采购入库单	小家电仓	采购入库	-5.00	95.00	-475.00
小计									-5.00		-475.00

图 2-1-275 【正常单据记账列表】窗口

（4）执行【财务核算】【生成凭证】命令，打开【查询条件】对话框。

（5）单击【确定】按钮，打开【未生成凭证单据一览表】窗口，单击【选择】栏或单击【全选】按钮，选中待生成凭证的单据，单击【确定】按钮。

（6）选择【记 记账凭证】，如图 2-1-276 所示。

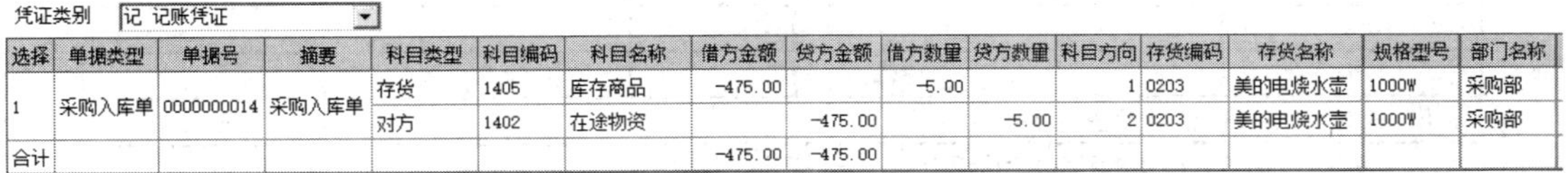

凭证类别 记 记账凭证

选择	单据类型	单据号	摘要	科目类型	科目编码	科目名称	借方金额	贷方金额	借方数量	贷方数量	科目方向	存货编码	存货名称	规格型号	部门名称
1	采购入库单	0000000014	采购入库单	存货	1405	库存商品	-475.00		-5.00		1	0203	美的电烧水壶	1000W	采购部
				对方	1402	在途物资		-475.00		-5.00	2	0203	美的电烧水壶	1000W	采购部
合计							-475.00	-475.00							

图 2-1-276 【生成凭证】窗口

（7）单击【生成】按钮，生成一张记账凭证，单击【保存】按钮，如图 2-1-277 所示。

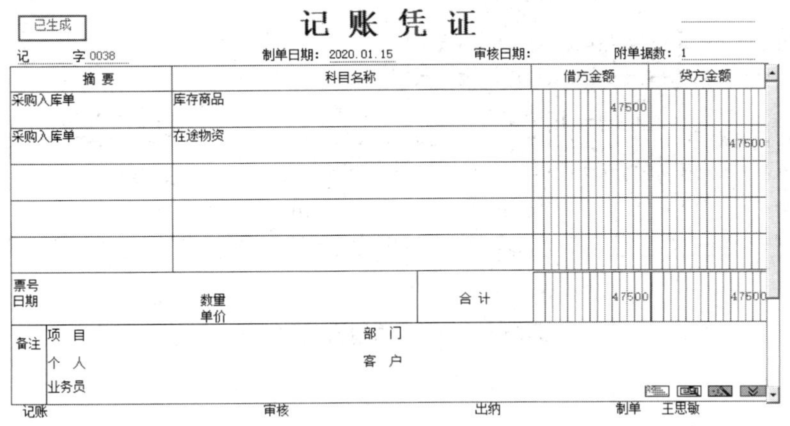

已生成

记账凭证

记 字 0038 制单日期：2020.01.15 审核日期： 附单据数：1

摘要	科目名称	借方金额	贷方金额
采购入库单	库存商品	47500	
采购入库单	在途物资		47500
票号 日期 数量 单价	合计	47500	47500

备注 项目 部门

个人 客户

业务员

记账 审核 出纳 制单 王思敏

图 2-1-277 【记账凭证】窗口

任务五　采购损耗和费用分摊业务处理（手工结算）

操作视频

微课

采购损耗和费用分摊业务处理（手工结算）

业务一　合理损耗业务

〖**业务描述**〗2020 年 1 月 15 日，采购部【G01 刘明】与广州美的电器股份有限公司签订购销合同，采购美的电烧水壶 60 个，入库 58 件，途中丢失 2 件，经公司审批属于合理损耗，取得与该业务相关的凭证如图 2-1-278 至图 2-1-280 所示。

〖**业务解析**〗本笔业务是签订购销合同、采购到货、验收入库时有合理损耗、收到采购专用发票、款项未付的业务。

〖**岗位操作流程**〗本笔业务各岗位的具体操作流程如图 2-1-281 所示。

购 销 合 同

合同编号 c2020-01-011

购货单位（甲方）：　广州欣欣电子商贸有限公司

供货单位（乙方）：　广州美的电器股份有限公司

根据《中华人民共和国合同法》及国家相关法律、法规之规定，甲乙双方本着平等互利的原则，就甲方购买乙方货物一事达成以下协议。

一、货物的名称、数量及价格：

货物名称	规格型号	单位	数量	含税单价	金额	税率	价税合计
美的电烧水壶	1000W	个	60	107.35	5,700.00	13%	6,441.00
合计（大写）陆仟肆佰肆拾壹元整							6,441.00

二、交货方式和费用承担：交货方式：销货方送货　　，交货时间：2020年01月15日　　前，交货地点：广州欣欣电子商贸有限公司　　，运费由　销货方　　承担。

三、付款时间与付款方式：　2020年2月15日付款，以电汇方式付款。

四、质量异议期：订货方对供货方的货物质量有异议时，应在收到货物后　　　　内提出，逾期视为货物质量合格。

五、未尽事宜经双方协商可作补充协议，与本合同具有同等效力。

六、本合同自双方签字、盖章之日起生效；本合同壹式贰份，甲乙双方各执壹份。

甲方（签章）：（印章：广州欣欣电子商贸有限公司 合同专用章）

授 权 代 表：陈翼明

地　　址：广州市天河区上元大街18号

电　　话：020-61168868

日　　期：2020 年 01 月 15 日

乙方（签章）：（印章：广州美的电器股份有限公司 合同专用章）

授 权 代 表：

地　　址：广州市天河区石牌西路36号

电　　话：020-85556888

日　　期：2020 年 01 月 15 日

图 2-1-278　【购销合同】凭证

入　库　单

No. 98069959

供货单位：广州美的电器股份有限公司　　2020 年 01 月 15 日

编　号	品　名	规　格	单位	数　量	单　价	金　额	备　注
0203	美的电烧水壶	1000W	个	58			小家电仓
合　计							

仓库主管：略　记账：略　保管：略　经手人：略　制单：刘芳芳

图 2-1-279　【入库单】凭证

4400151140

广东增值税专用发票

发票联

№ 06145709　4400151140
06145709

机器编号：982888812388　　开票日期：2020年01月15日

购买方
名　称：广州欣欣电子商贸有限公司
纳税人识别号：914404002586UE06
地址、电话：广州市天河区上元大街18号020-61168868
开户行及账号：中国工商银行广州市上元大街支行6220987022300068

密码区
172312-4-275 <1+46*54* 82*59*
181321> <8182*59*09618153</
<4<3*2702-9>9*+153</0 >2-3
08/4>>>2-3*0/9/>>25-275<1

货物或应税劳务、服务名称	规格型号	单位	数量	单价	金额	税率	税额
美的电烧水壶	1000W	个	60	95.00	5700.00	13%	741.00
合　计					¥5700.00		¥741.00
价税合计（大写）	⊗ 陆仟肆佰肆拾壹元整				（小写）¥6441.00		

销售方
名　称：广州美的电器股份有限公司
纳税人识别号：91440400898TK8698
地址、电话：广州市天河区石牌西路36号020-85556888
开户行及账号：中国银行广州市天河区支行6210060059793452

备注：校验码 52118 02817 08248 65192

收款人：略　复核：略　开票人：略

税总函[2019]××号×××××公司

第三联：发票联　购买方记账凭证

图 2-1-280　【增值税专用发票】凭证

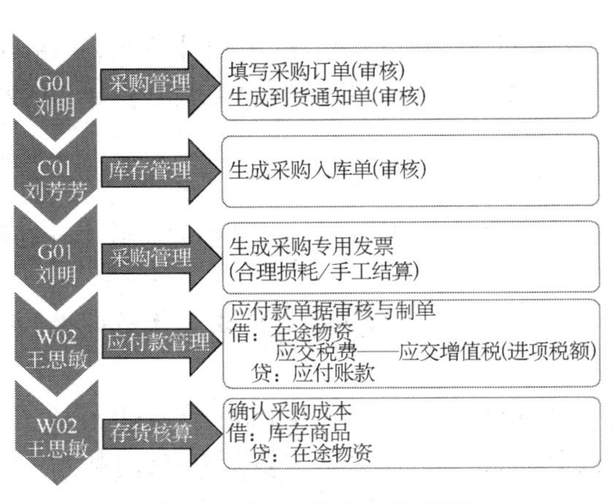

图 2-1-281　岗位操作流程

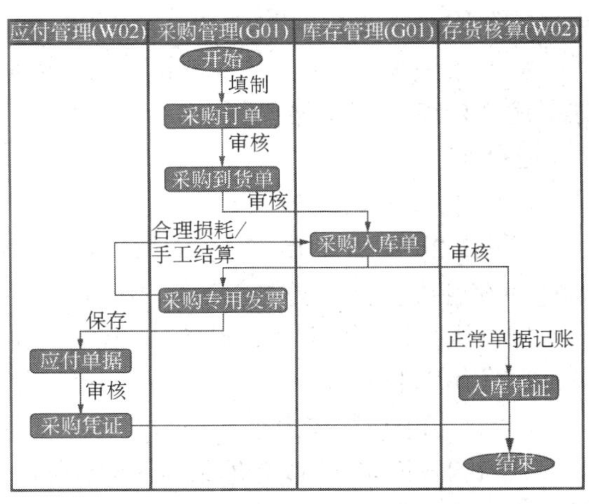

图 2-1-282　业务流程

〖**业务流程**〗本笔业务的业务流程如图 2-1-282 所示。

〖**操作指引**〗

1. 填制采购订单

(1) 2020 年 1 月 15 日,采购部【G01 刘明】在企业应用平台中执行【业务工作】【供应链】【采购管理】【采购订货】【采购订单】命令,打开【采购订单】窗口。

(2) 单击【增加】按钮,【订单编号】修改为【C2020-01-011】,【采购类型】选择【普通采购】,【供应商】选择【美的电器】,【部门】选择【采购部】,【业务员】选择【刘明】;在表体中,选择【存货编码】为【0203】,输入【数量】为【60. 00】,【原币含税单价】为【107.35】,修改【计划到货日期】为【2020-01-15】,其他信息由系统自动带出,单击【保存】按钮,单击【审核】按钮,审核填制的采购订单,如图 2-1-283 所示。

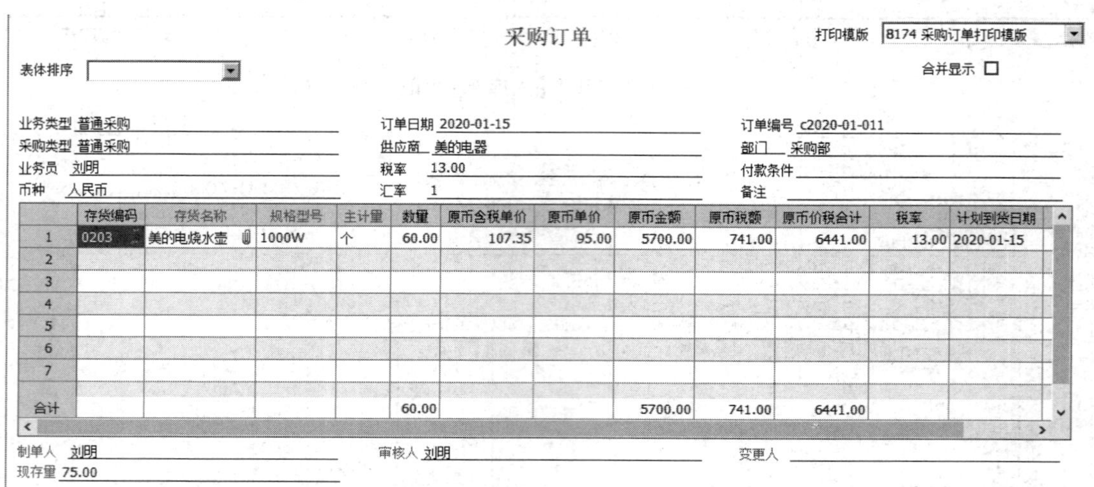
采购订单

打印模版 8174 采购订单打印模版

表体排序

合并显示

业务类型 普通采购　订单日期 2020-01-15　订单编号 c2020-01-011

采购类型 普通采购　供应商 美的电器　部门 采购部

业务员 刘明　税率 13.00　付款条件

币种 人民币　汇率 1　备注

	存货编码	存货名称	规格型号	主计量	数量	原币含税单价	原币单价	原币金额	原币税额	原币价税合计	税率	计划到货日期
1	0203	美的电烧水壶	1000W	个	60.00	107.35	95.00	5700.00	741.00	6441.00	13.00	2020-01-15
2												
3												
4												
5												
6												
7												
合计					60.00			5700.00	741.00	6441.00		

制单人 刘明　审核人 刘明　变更人

现存量 75.00

图 2-1-283 【采购订单】窗口

2. 生成采购到货单

(1) 2020 年 1 月 15 日,采购部【G01 刘明】在企业应用平台中执行【业务工作】【供应链】【采购管理】【采购到货】命令,打开【到货单】窗口。

(2) 单击【增加】按钮,执行【生单】【采购订单】命令,打开【查询条件选择—采购订单列表过滤】窗口,单击【确定】按钮。

(3) 系统弹出【拷贝并执行】窗口,选中所要拷贝的采购订单,单击【确定】按钮,系统自动生成到货单,单击【保存】按钮,单击【审核】按钮。根据采购订单生成的采购到货单,如图 2-1-284 所示。

3. 生成采购入库单

(1) 2020 年 1 月 15 日,仓储部【C01 刘芳芳】在企业应用平台中执行【业务工作】【供应链】【库存管理】【入库业务】命令,打开【采购入库单】窗口。

(2) 执行【生单】【采购到货单(蓝字)】命令,打开【查询条件选择—采购到货单列表】窗口,单击【确定】按钮。

(3) 打开【到货单生单列表】,选择相应的【到货单生单表头】,单击【确定】按钮,系统自动生成采购入库单,修改仓库为【小家电仓】,修改数量【58. 00】,单击【保存】【审核】按钮,如图 2-1-285 所示。

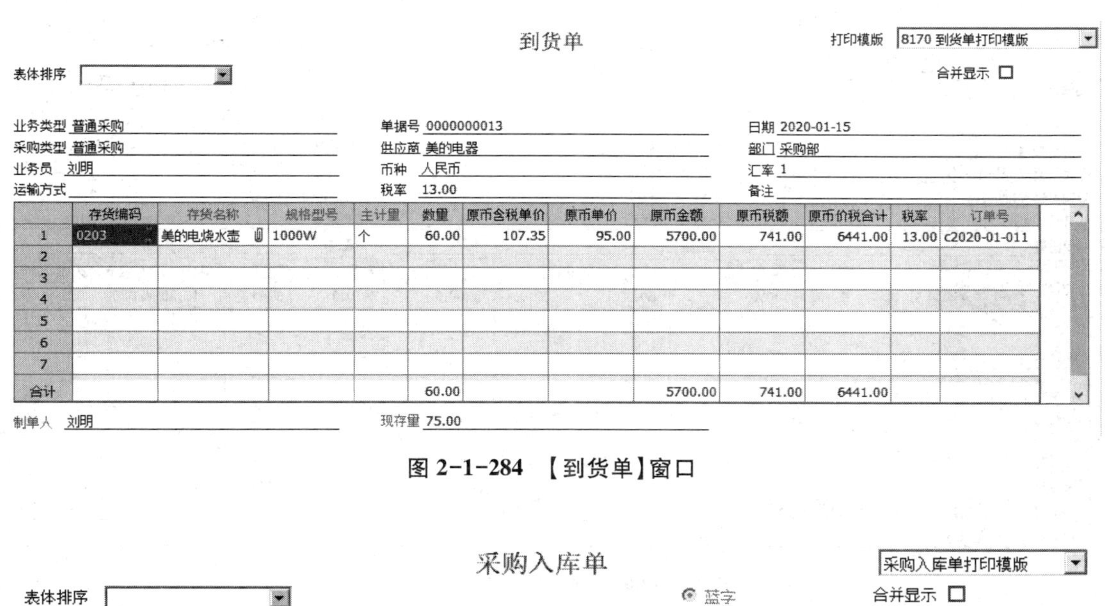

到货单

打印模版 8170 到货单打印模版

表体排序

合并显示 □

业务类型 普通采购　单据号 0000000013　日期 2020-01-15

采购类型 普通采购　供应商 美的电器　部门 采购部

业务员 刘明　币种 人民币　汇率 1

运输方式　税率 13.00　备注

	存货编码	存货名称	规格型号	主计量	数量	原币含税单价	原币单价	原币金额	原币税额	原币价税合计	税率	订单号
1	0203	美的电烧水壶	1000W	个	60.00	107.35	95.00	5700.00	741.00	6441.00	13.00	c2020-01-011
2												
3												
4												
5												
6												
7												
合计					60.00			5700.00	741.00	6441.00		

制单人 刘明　现存量 75.00

图 2-1-284　【到货单】窗口

采购入库单

采购入库单打印模版

表体排序

◉ 蓝字
○ 红字

合并显示 □

入库单号 0000000015　入库日期 2020-01-15　仓库 小家电仓

订单号 c2020-01-011　到货单号 0000000013　业务号

供货单位 美的电器　部门 采购部　业务员 刘明

到货日期 2020-01-15　业务类型 普通采购　采购类型 普通采购

入库类别 采购入库　审核日期 2020-01-15　备注

	存货编码	存货名称	规格型号	主计量单位	数量	本币单价	本币金额
1	0203	美的电烧水壶	1000W	个	58.00	95.00	5510.00
2							
3							
4							
5							
6							
7							
合计					58.00		5510.00

制单人 刘芳芳　审核人 刘芳芳

现存量 133.00

图 2-1-285　【采购入库单】窗口

4. 生成采购专用发票

（1）2020 年 1 月 15 日，采购部【G01 刘明】在企业应用平台中执行【业务工作】【供应链】【采购管理】【采购发票】命令，打开【采购专用发票】窗口。

（2）单击【增加】按钮，执行【生单】【采购订单】命令，打开【查询条件选择—采购入库单列表过滤】窗口，单击【确定】按钮。

（3）系统弹出【拷贝并执行】窗口，选中所要拷贝的采购订单，单击【确定】按钮，系统自动生成采购专用发票，修改发票号为【06145709】，数量为【60.00】，单击【保存】按钮，如图 2-1-286 所示。

5. 采购结算（手工结算）

（1）2020 年 1 月 15 日，采购部【G01 刘明】在企业应用平台中执行【业务工作】【供应链】【采购管理】【采购结算】【手工结算】命令，打开【手工结算】窗口。

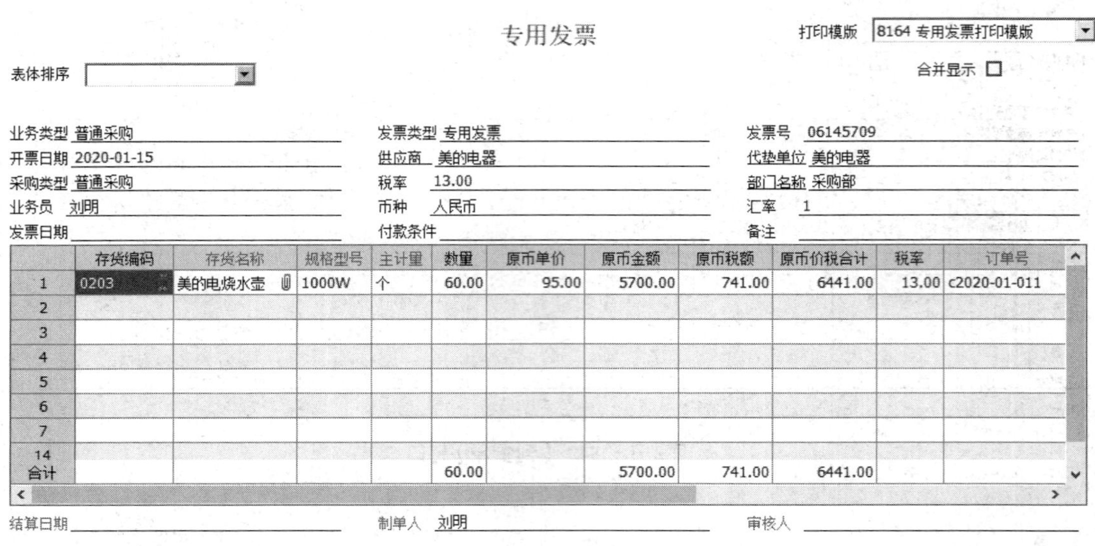

专用发票

打印模版 8164 专用发票打印模版

表体排序

合并显示 □

业务类型 普通采购　发票类型 专用发票　发票号 06145709
开票日期 2020-01-15　供应商 美的电器　代垫单位 美的电器
采购类型 普通采购　税率 13.00　部门名称 采购部
业务员 刘明　币种 人民币　汇率 1
发票日期　付款条件　备注

	存货编码	存货名称	规格型号	主计量	数量	原币单价	原币金额	原币税额	原币价税合计	税率	订单号
1	0203	美的电烧水壶	1000W	个	60.00	95.00	5700.00	741.00	6441.00	13.00	c2020-01-011
2											
3											
4											
5											
6											
7											
14 合计					60.00		5700.00	741.00	6441.00		

结算日期　制单人 刘明　审核人

图 2-1-286 【采购专用发票】窗口

(2) 单击【选单】按钮,打开【结算选单】对话框,单击【查询】按钮,打开【查询条件选择—采购手工结算】窗口,选择相应的【采购发票】和【入库单】,单击【确定】按钮,如图 2-1-287 所示。

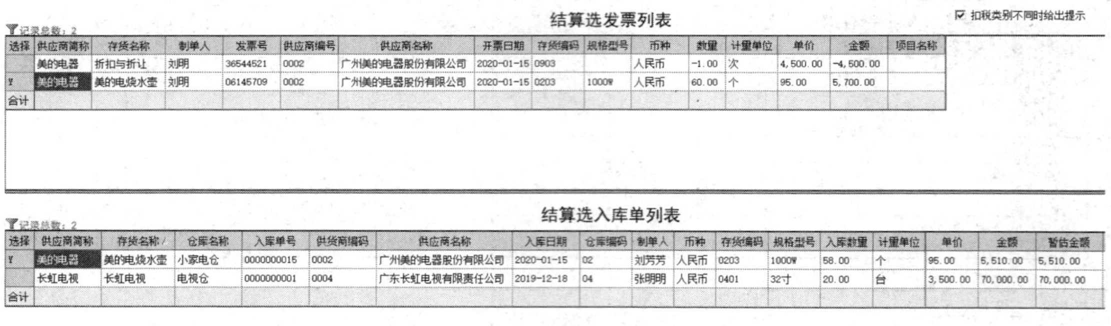

结算选发票列表

☑ 扣税类别不同时给出提示

记录总数:2

选择	供应商简称	存货名称	制单人	发票号	供应商编号	供应商名称	开票日期	存货编码	规格型号	币种	数量	计量单位	单价	金额	项目名称
	美的电器	折扣与折让	刘明	36544521	0002	广州美的电器股份有限公司	2020-01-15	0903		人民币	-1.00	次	4,500.00	-4,500.00	
Y	美的电器	美的电烧水壶	刘明	06145709	0002	广州美的电器股份有限公司	2020-01-15	0203	1000W	人民币	60.00	个	95.00	5,700.00	
合计															

结算选入库单列表

记录总数:2

选择	供应商简称	存货名称	仓库名称	入库单号	供货商编码	供应商名称	入库日期	仓库编码	制单人	币种	存货编码	规格型号	入库数量	计量单位	单价	金额	暂估金额
Y	美的电器	美的电烧水壶	小家电仓	0000000015	0002	广州美的电器股份有限公司	2020-01-15	02	刘芳芳	人民币	0203	1000W	58.00	个	95.00	5,510.00	5,510.00
	长虹电视	长虹电视	电视仓	0000000001	0004	广东长虹电视有限责任公司	2019-12-18	04	张明明	人民币	0401	32寸	20.00	台	3,500.00	70,000.00	70,000.00
合计																	

图 2-1-287 【结算选单】对话框

(3) 系统回到【手工结算】窗口,【合理损耗数量】输入【2.00】,如图 2-1-288 所示。

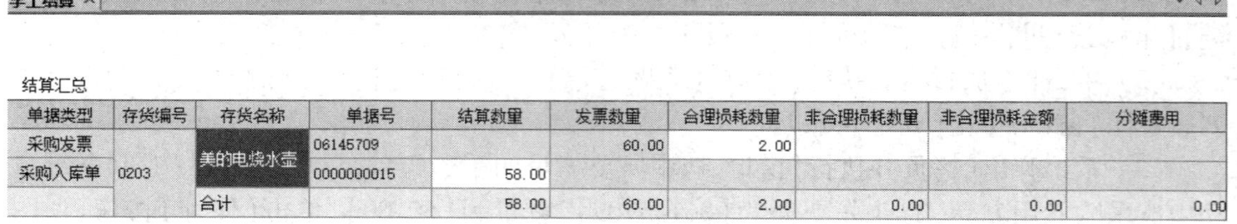

手工结算

结算汇总

单据类型	存货编号	存货名称	单据号	结算数量	发票数量	合理损耗数量	非合理损耗数量	非合理损耗金额	分摊费用
采购发票	0203	美的电烧水壶	06145709		60.00	2.00			
采购入库单			0000000015	58.00					
		合计		58.00	60.00	2.00	0.00	0.00	0.00

图 2-1-288 【结算汇总】窗口

(4) 单击【结算】按钮,系统显示【完成结算】。

6. 应付单据审核与制单

(1) 2020 年 1 月 15 日,财务部【W02 王思敏】在企业应用平台中执行【业务工作】【财务会计】【应付款管理】【应付单据处理】【应付单据审核】命令，打开【应付单据查询条件】对话框。

（2）单击【确定】按钮，系统弹出【应付单据列表】窗口，双击【选择】栏或单击【全选】按钮，单击【审核】按钮，系统完成审核并给出审核报告，如图 2-1-289 所示，单击【确定】按钮后退出。

简易桌面　单据处理 ×

应付单据列表

记录总数：1

选择	审核人	单据日期	单据类型	单据号	供应商名称	部门	业务员	制单人	币种	汇率	原币金额	本币金额	备注
Y	王思敏	2020-01-15	采购专用发票	06145709	广州美的电器股份有限公司	采购部	刘明	刘明	人民币	1.00000000	6,441.00	6,441.00	
合计											6,441.00	6,441.00	

图 2-1-289　【应付单据列表】窗口

（3）执行【制单处理】命令，打开【制单查询】对话框，选择【发票制单】，单击【确定】按钮，打开【采购发票制单】窗口，选择【记账凭证】，再单击【全选】按钮，选中要制单的【采购专用发票】。

（4）单击【制单】按钮，生成一张记账凭证，单击【保存】按钮，如图 2-1-290 所示。

已生成

记账凭证

记　字 0039　制单日期：2020.01.15　审核日期：　附单据数：1

摘要	科目名称	借方金额	贷方金额
采购专用发票	在途物资	570000	
采购专用发票	应交税费/应交增值税/进项税额	74100	
采购专用发票	应付账款/一般应付款/国内供应商		644100
票号 日期　数量 单价	合计	644100	644100

备注　项目　部门　个人　客户　业务员

记账　审核　出纳　制单　王思敏

图 2-1-290　【记账凭证】窗口

7. 核算采购成本

（1）2020 年 1 月 15 日，财务部【W02 王思敏】在企业应用平台中执行【业务工作】【供应链】【存货核算】【业务核算】【正常单据记账】命令，打开【查询条件选择】窗口

（2）单击【确定】按钮，打开【正常单据记账列表】窗口，单击第 1、第 2 列表，如图 2-1-291 所示。

正常单据记账列表

记录总数：1

选择	日期	单据号	存货编码	存货名称	规格型号	存货代码	单据类型	仓库名称	收发类别	数量	单价	金额
	2020-01-15	0000000015	0203	美的电烧水壶	1000W		采购入库单	小家电仓	采购入库	58.00	98.28	5,700.00
小计										58.00		5,700.00

图 2-1-291　【正常单据记账列表】窗口

(3) 单击【记账】按钮,将采购入库单记账,系统提示【记账成功】,单击【确定】按钮。

(4) 执行【财务核算】【生成凭证】命令,打开【查询条件】对话框。

(5) 单击【确定】按钮,打开【未生成凭证单据一览表】窗口。

(6) 单击【选择】栏或单击【全选】按钮,选中持生成凭证的单据,单击【确定】按钮,凭证类别选择【记　记账凭证】,如图 2-1-292 所示。

凭证类别　记 记账凭证

选择	单据类型	单据号	摘要	科目类型	科目编码	科目名称	借方金额	贷方金额	借方数量	贷方数量	科目方向	存货编码	存货名称	规格型号	部门名称
1	采购入库单	0000000015	采购入库单	存货	1405	库存商品	5,700.00		58.00		1	0203	美的电烧水壶	1000W	采购部
				对方	1402	在途物资		5,700.00		58.00	2	0203	美的电烧水壶	1000W	采购部
合计							5,700.00	5,700.00							

图 2-1-292　【生成凭证】窗口

(7) 单击【生成】按钮,生成一张记账凭证,单击【保存】按钮,如图 2-1-293 所示。

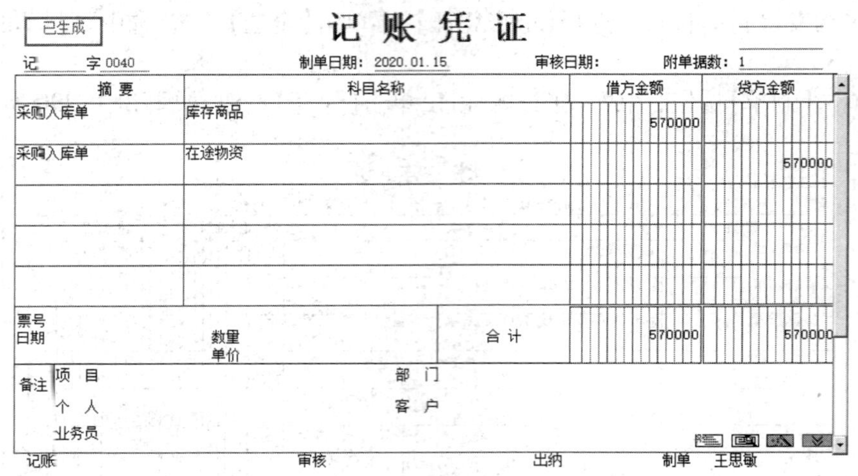

已生成

记账凭证

记　字 0040　制单日期: 2020.01.15　审核日期:　附单据数: 1

摘要	科目名称	借方金额	贷方金额
采购入库单	库存商品	570000	
采购入库单	在途物资		570000
票号 日期	数量 单价 合计	570000	570000

备注　项目　部门

个人　客户

业务员

记账　审核　出纳　制单 王思敏

图 2-1-293　【记账凭证】窗口

业务二　非合理损耗业务

〖**业务描述**〗2020 年 1 月 15 日,采购部【G01 刘明】与长虹有限公司签订购销合同,采购长虹电视一批,运输途中发现少了一台长虹电视,经调查是运输部门的原因,损失由运输部门承担,取得与该业务相关的凭证如图 2-1-294 至图 2-1-296。

〖**业务解析**〗本笔业务是签订购销合同、采购到货、验收入库时有非合理损耗、收到采购专用发票、款项未付的业务。

〖**岗位操作流程**〗本笔业务各岗位的具体操作流程如图 2-1-297 所示。

〖**业务流程**〗本笔业务的业务流程如图 2-1-298 所示。

〖**操作指引**〗

1. 填制采购订单

(1) 2020 年 1 月 15 日,采购部【G01 刘明】在企业应用平台中执行【业务工作】【供应链】【采购管理】【采购订货】【采购订单】命令,打开【采购订单】窗口。

购销合同

合同编号 c2020-01-012

购货单位（甲方）：广州欣欣电子商贸有限公司

供货单位（乙方）：广东长虹电视有限责任公司

根据《中华人民共和国合同法》及国家相关法律、法规之规定，甲乙双方本着平等互利的原则，就甲方购买乙方货物一事达成以下协议。

一、货物的名称、数量及价格：

货物名称	规格型号	单位	数量	含税单价	金额	税率	价税合计
长虹电视	42寸	台	100	5,650.00	500,000.00	13%	565,000.00
合计（大写） 伍拾陆万伍仟元整							565,000.00

二、交货方式和费用承担：交货方式：销货方送货，交货时间：2020年01月15日前，交货地点：广州欣欣电子商贸有限公司，运费由销货方承担。

三、付款时间与付款方式：2020年2月11日付款，以电汇方式付款。

四、质量异议期：订货方对供货方的货物质量有异议时，应在收到货物后　　　　内提出，逾期视为货物质量合格。

五、未尽事宜经双方协商可作补充协议，与本合同具有同等效力。

六、本合同自双方签字、盖章之日起生效；本合同壹式贰份，甲乙双方各执壹份。

甲方（签章）：（印章：广州欣欣电子商贸有限公司 合同专用章）　　乙方（签章）：（印章：广东长虹电视有限责任公司 合同专用章）

授权代表：陈置明　　授权代表：

地址：广州市天河区上元大街18号　　地址：中山市南头镇黄甫大道88号

电话：020-61168868　　电话：0760-86125986

日期：2020 年 01 月 15 日　　日期：2020 年 01 月 15 日

图 2-1-294 【购销合同】凭证

入　　库　　单

No. 63065447

供货单位：广东长虹电视有限责任公司　　2020 年 01 月 15 日

编号	品名	规格	单位	数量	单价	金额	备注
0403	长虹电视	42寸	台	99			电视仓
合计							

仓库主管：略　记账：略　保管：略　经手人：略　制单：刘芳芳

图 2-1-295 【入库单】凭证

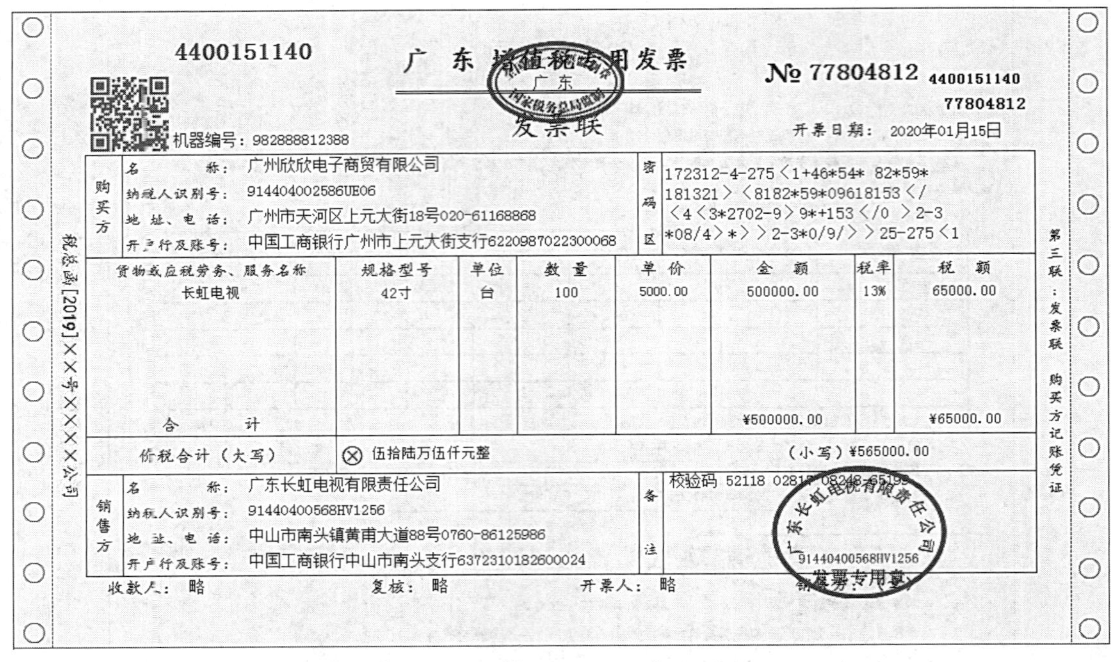

4400151140　　广东增值税专用发票　　№ 77804812　4400151140　77804812

发票联

机器编号：982888812388　　开票日期：2020年01月15日

购买方	名　　称：广州欣欣电子商贸有限公司 纳税人识别号：914404002586UE06 地 址、电 话：广州市天河区上元大街18号020-61168868 开户行及账号：中国工商银行广州市上元大街支行6220987022300068	密码区	172312-4-275 <1+46*54* 82*59* 181321 > <8182*59*09618153 </ <4 <3*2702-9 > 9*+153 </0 >2-3 *08/4 >* > >2-3*0/9/ > >25-275 <1

货物或应税劳务、服务名称	规格型号	单位	数量	单价	金额	税率	税额
长虹电视	42寸	台	100	5000.00	500000.00	13%	65000.00
合　　计					¥500000.00		¥65000.00
价税合计（大写）	⊗ 伍拾陆万伍仟元整				（小写）¥565000.00		

销售方	名　　称：广东长虹电视有限责任公司 纳税人识别号：91440400568HV1256 地 址、电 话：中山市南头镇黄甫大道88号0760-86125986 开户行及账号：中国工商银行中山市南头支行6372310182600024	备注	校验码 52118 02817 08248 45193

收款人：略　　复核：略　　开票人：略　　销售方：（章）

税总函[2019]××号××××公司

第三联：发票联　购买方记账凭证

图 2-1-296 【增值税专用发票】凭证

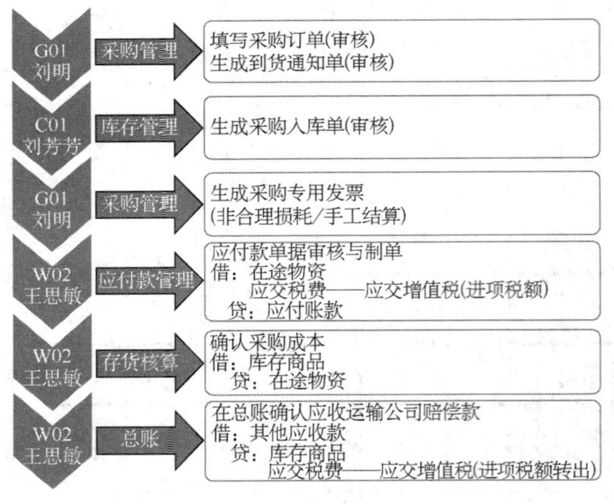

图 2-1-297　岗位操作流程

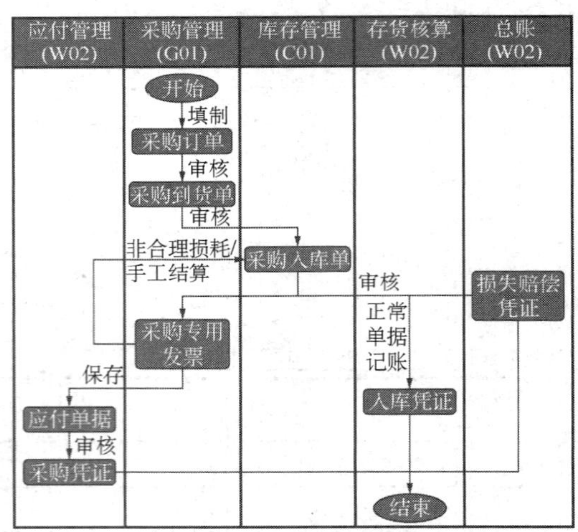

图 2-1-298　业务流程

（2）单击【增加】按钮，【订单编号】修改为【C2020-01-012】，【采购类型】选择【普通采购】，【供应商】选择【长虹电视】，【部门】选择【采购部】，【业务员】选择【刘明】；在表体中，选择【存货编码】为【0403】，输入【数量】为【100.00】，【原币含税单价】为【5 650.00】，修改【计划到货日期】为【2020-01-15】，其他信息由系统自动带出，单击【保存】按钮，单击【审核】按钮，审核填制的采购订单，如图 2-1-299 所示。

2. 生成采购到货单

（1）2020 年 1 月 15 日，采购部【G01 刘明】在企业应用平台中执行【业务工作】【供应链】【采购管理】【采购到货】【到货单】命令，打开【到货单】窗口。

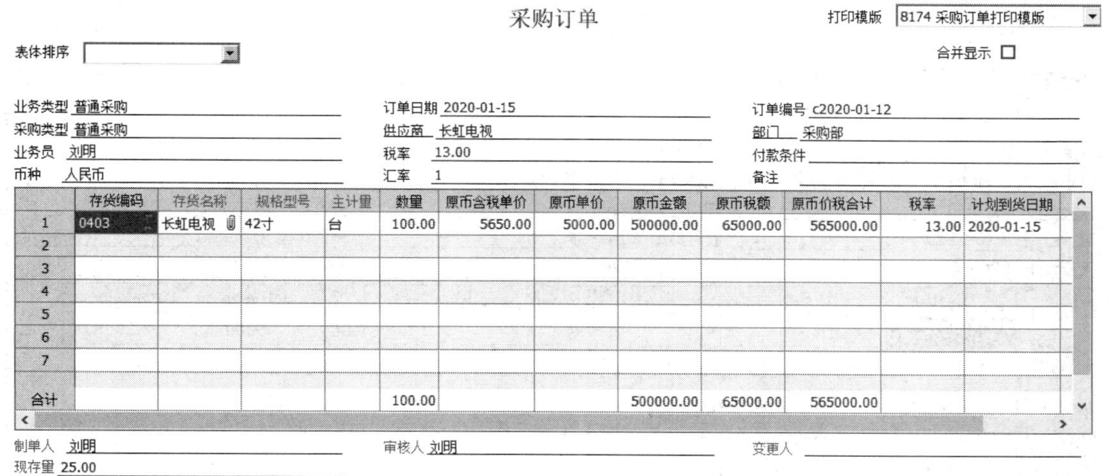

采购订单

打印模版 8174 采购订单打印模版

表体排序

合并显示 □

业务类型 普通采购　　订单日期 2020-01-15　　订单编号 c2020-01-12

采购类型 普通采购　　供应商 长虹电视　　部门 采购部

业务员 刘明　　税率 13.00　　付款条件

币种 人民币　　汇率 1　　备注

	存货编码	存货名称	规格型号	主计量	数量	原币含税单价	原币单价	原币金额	原币税额	原币价税合计	税率	计划到货日期
1	0403	长虹电视	42寸	台	100.00	5650.00	5000.00	500000.00	65000.00	565000.00	13.00	2020-01-15
2												
3												
4												
5												
6												
7												
合计					100.00			500000.00	65000.00	565000.00		

制单人 刘明　　审核人 刘明　　变更人

现存量 25.00

图 2-1-299 【采购订单】窗口

（2）单击【增加】按钮，执行【生单】【采购订单】命令，打开【查询条件选择—采购订单列表过滤】窗口，单击【确定】按钮。

（3）系统弹出【拷贝并执行】窗口，选中所要拷贝的采购订单，单击【确定】按钮，系统自动生成到货单，单击【保存】按钮，单击【审核】按钮。根据采购订单生成的采购到货单如图2-1-300 所示。

到货单

打印模版 8170 到货单打印模版

表体排序

合并显示 □

业务类型 普通采购　　单据号 0000000014　　日期 2020-01-15

采购类型 普通采购　　供应商 长虹电视　　部门 采购部

业务员 刘明　　币种 人民币　　汇率 1

运输方式　　税率 13.00　　备注

	存货编码	存货名称	规格型号	主计量	数量	原币含税单价	原币单价	原币金额	原币税额	原币价税合计	税率	订单号
1	0403	长虹电视	42寸	台	100.00	5650.00	5000.00	500000.00	65000.00	565000.00	13.00	c2020-01-12
2												
3												
4												
5												
6												
7												
合计					100.00			500000.00	65000.00	565000.00		

制单人 刘明　　现存量 25.00

图 2-1-300 【到货单】窗口

3. 生成采购入库单

（1）2020 年 1 月 15 日，仓储部【C01 刘芳芳】在企业应用平台中执行【业务工作】【供应链】【库存管理】【入库业务】命令，打开【采购入库单】窗口。

（2）执行【生单】【采购到货单（蓝字）】命令，打开【查询条件选择\采购到货单列表】窗口，单击【确定】按钮。

（3）打开【到货单生单列表】，选择相应的【到货单生单表头】，单击【确定】按钮，系统自动生成采购入库单，修改仓库为【电视仓】，数量改为【99. 00】，单击【保存】按钮，单击【审核】按钮，如图 2-1-301 所示。

采购入库单

采购入库单打印模版

表体排序　　蓝字　红字　合并显示

入库单号 0000000016　入库日期 2020-01-15　仓库 电视仓
订单号 c2020-01-12　到货单号 0000000014　业务号
供货单位 长虹电视　部门 采购部　业务员 刘明
到货日期 2020-01-15　业务类型 普通采购　采购类型 普通采购
入库类别 采购入库　审核日期 2020-01-15　备注

	存货编码	存货名称	规格型号	主计量单位	数量	本币单价	本币金额
1	0403	长虹电视	42寸	台	99.00	5000.00	495000.00
2							
3							
4							
5							
6							
7							
合计					99.00		495000.00

制单人 刘芳芳　审核人 刘芳芳
现存量 124.00

图 2-1-301 【采购入库单】窗口

4. 生成采购专用发票

（1）2020 年 1 月 15 日,采购部【G01 刘明】在企业应用平台中执行【业务工作】【供应链】【采购管理】【采购发票】命令,打开【采购专用发票】窗口。

（2）单击【增加】按钮,执行【生单】【采购订单】命令,打开【查询条件选择—采购入库单列表过滤】窗口,单击【确定】按钮。

（3）系统弹出【拷贝并执行】窗口,选中所要拷贝的采购订单,单击【确定】按钮,系统自动生成采购专用发票,修改发票号为【77804812】,单击【保存】,如图 2-1-302 所示。

专用发票

打印模版 8164 专用发票打印模版

表体排序　　合并显示

业务类型 普通采购　发票类型 专用发票　发票号 77804812
开票日期 2020-01-15　供应商 长虹电视　代垫单位 长虹电视
采购类型 普通采购　税率 13.00　部门名称 采购部
业务员 刘明　币种 人民币　汇率 1
发票日期　付款条件　备注

	存货编码	存货名称	规格型号	主计量	数量	原币单价	原币金额	原币税额	原币价税合计	税率	订单号	原
1	0403	长虹电视	42寸	台	100.00	5000.00	500000.00	65000.00	565000.00	13.00	c2020-01-12	
2												
3												
4												
5												
6												
7												
合计					100.00		500000.00	65000.00	565000.00			

结算日期　制单人 刘明　审核人

图 2-1-302 【采购专用发票】窗口

5. 采购结算（手工结算）

（1）2020 年 1 月 15 日，采购部【G01 刘明】在企业应用平台中执行【业务工作】【供应链】【采购管理】【采购结算】【手工结算】命令，打开【手工结算】窗口。

（2）单击【选单】按钮，打开【结算选单】窗口，单击【查询】按钮，打开【查询条件选择—采购手工结算】窗口，选择相应的【采购发票】和【入库单】，单击【确定】按钮，如图 2-1-303 所示。

结算选发票列表

记录总数：2　　☑ 扣税类别不同时给出提示

选择	供应商简称	存货名称	制单人	发票号	供应商编号	供应商名称	开票日期	存货编码	规格型号	币种	数量	计量单位	单价	金额	项目名称
	美的电器	折扣与折让	刘明	36544521	0002	广州美的电器股份有限公司	2020-01-15	0903		人民币	-1.00	次	4,500.00	-4,500.00	
Y	长虹电视	长虹电视	刘明	77804812	0004	广东长虹电视有限责任公司	2020-01-15	0403	42寸	人民币	100.00	台	5,000.00	500,000.00	
合计															

结算选入库单列表

记录总数：2

选择	供应商简称	存货名称	仓库名称	入库单号	供货商编码	供应商名称	入库日期	仓库编码	制单人	币种	存货编码	规格型号	入库数量	计量单位	单价	金额	暂估金额
	长虹电视	长虹电视	电视仓	0000000001	0004	广东长虹电视有限责任公司	2019-12-18	04	张明明	人民币	0401	32寸	20.00	台	3,500.00	70,000.00	70,000.00
Y	长虹电视	长虹电视	电视仓	0000000016	0004	广东长虹电视有限责任公司	2020-01-15	04	刘芳芳	人民币	0403	42寸	99.00	台	5,000.00	495,000.00	495,000.00
合计																	

图 2-1-303 【结算选单】窗口

（3）系统回到【结算汇总】窗口，【非合理损耗数量】输入【1.00】，【非合理损耗金额】为【5 000.00】，【非合理损耗类型】为【01】如图 2-1-304 所示。

简易桌面　手工结算 ×

结算汇总

存货名称	单据号	结算数量	发票数量	合理损耗数量	非合理损耗数量	非合理损耗金额	分摊费用	分摊折扣	暂估单价	暂估金额	发票单价	发票金额	非合理损耗类型	进项税转出金额
长虹电视	77804812		100.00		1.00	5000.00				0.00	5000.00	500000.00	01	650.00
	0000000016	99.00							5000.00	495000.00				
合计		99.00	100.00	0.00	1.00	5000.00	0.00	0.00		495000.00		500000.00		

图 2-1-304 【结算汇总】窗口

（4）单击【结算】按钮，系统显示【完成结算】。

6. 应付单据审核与制单

（1）2020 年 1 月 15 日，财务部【W02 王思敏】在企业应用平台中执行【业务工作】【财务会计】【应付款管理】【应付单据处理】【应付单据审核】命令，打开【应付单据查询条件】对话框。

（2）单击【确定】按钮，系统弹出【应付单据列表】窗口，双击【选择】栏或单击【全选】按钮，单击【审核】按钮，系统完成审核并给出审核报告，如图 2-1-305 所示，单击【确定】按钮后退出。

应付单据列表

记录总数：1

选择	审核人	单据日期	单据类型	单据号	供应商名称	部门	业务员	制单人	币种	汇率	原币金额	本币金额	备注
	王思敏	2020-01-15	采购专用发票	77804812	广东长虹电视有限责任公司	采购部	刘明	刘明	人民币	1.00000000	565,000.00	565,000.00	
合计											565,000.00	565,000.00	

图 2-1-305 【应付单据列表】窗口

（3）执行【制单处理】命令，打开【制单查询】对话框，选择【发票制单】，单击【确定】按钮，打开【采购发票制单】窗口，选择【记账凭证】，再单击【全选】按钮，选中要制单的【采购专用发票】。

(4) 单击【制单】按钮,生成一张记账凭证,单击【保存】按钮,如图 2-1-306 所示。

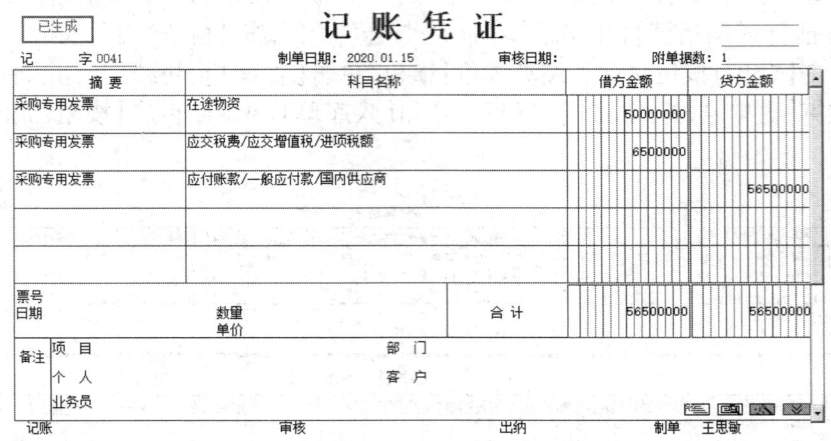

已生成

记 账 凭 证

记 字 0041　　制单日期: 2020.01.15　　审核日期:　　附单据数: 1

摘 要	科目名称	借方金额	贷方金额
采购专用发票	在途物资	50000000	
采购专用发票	应交税费/应交增值税/进项税额	6500000	
采购专用发票	应付账款/一般应付款/国内供应商		56500000
票号 日期	数量 单价	合 计	56500000	56500000

备注　项 目　　部 门
　　　个 人　　客 户
　　　业务员

记账　　审核　　出纳　　制单 王思敏

图 2-1-306 【记账凭证】窗口

7. 核算采购成本

(1) 2020 年 1 月 15 日,财务部【W02 王思敏】在企业应用平台中执行【业务工作】【供应链】【存货核算】【业务核算】【正常单据记账】命令,打开【查询条件选择】窗口。

(2) 单击【确定】按钮,打开【正常单据记账列表】窗口,单击第 1、第 2 列表,如图 2-1-307 所示。

正常单据记账列表

记录总数: 1

选择	日期	单据号	存货编码	存货名称	规格型号	存货代码	单据类型	仓库名称	收发类别	数量	单价	金额
Y	2020-01-15	0000000015	0403	长虹电视	42寸		采购入库单	电视仓	采购入库	99.00	5,050.51	500,000.00
小计										99.00		500,000.00

图 2-1-307 【正常单据记账列表】窗口

(3) 单击【记账】按钮,将采购入库单记账,系统提示【记账成功】,单击【确定】按钮。

(4) 执行【财务核算】【生成凭证】命令,打开【查询条件】对话框。

(5) 单击【确定】按钮,打开【未生成凭证单据一览表】窗口。

(6) 单击【选择】栏或单击【全选】按钮,选中持生成凭证的单据,单击【确定】按钮,凭证类别选择【记　记账凭证】,如图 2-1-308 所示。

凭证类别 记 记账凭证

选择	单据类型	单据号	摘要	科目类型	科目编码	科目名称	借方金额	贷方金额	借方数量	贷方数量	科目方向	存货编码	存货名称	规格型号
1	采购入库单	0000000016	采购入库单	存货	1405	库存商品	495,000.00		99.00		1	0403	长虹电视	42寸
				对方	1402	在途物资		495,000.00		99.00	2	0403	长虹电视	42寸
合计							495,000.00	495,000.00						

图 2-1-308 【生成凭证】窗口

(7) 单击【生成】按钮,生成张记账凭证,单击【保存】按钮,如图 2-1-309 所示。

(8) 2020 年 1 月 15 日,财务部【W02 王思敏】在企业应用平台中执行【业务工作】【财务会计】【总账】【凭证处理】【填制凭证】命令,打开【记账凭证】窗口,填制如图 2-1-310 所示的凭证,单击【保存】按钮。

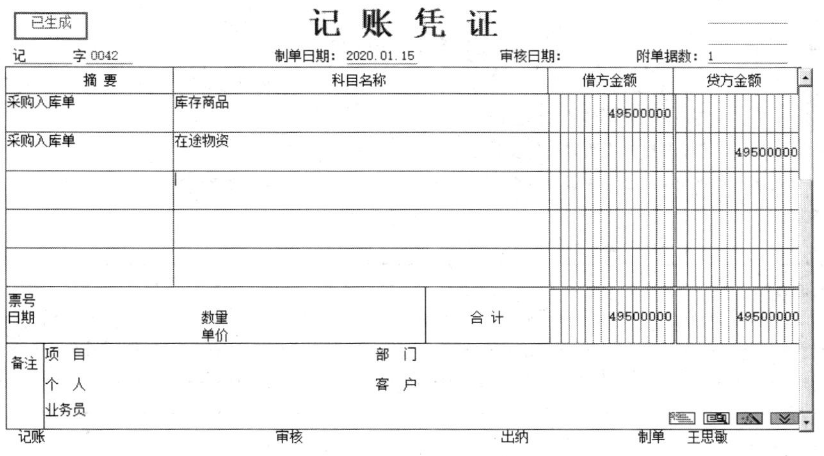

已生成

记 账 凭 证

记 字 0042 制单日期：2020.01.15 审核日期： 附单据数：1

摘要	科目名称	借方金额	贷方金额
采购入库单	库存商品	49500000	
采购入库单	在途物资		49500000
票号 日期	数量 单价 合计	49500000	49500000

备注 项 目 部 门

个 人 客 户

业务员

记账 审核 出纳 制单 王思敏

图 2-1-309 【记账凭证】窗口

记 账 凭 证

记 字 0043 制单日期：2020.01.15 审核日期： 附单据数：

摘要	科目名称	借方金额	贷方金额
应收运输部门赔偿款	其他应收款	565000	
应收运输部门赔偿款	在途物资		500000
应收运输部门赔偿款	应交税费/应交增值税/进项税额转出		65000
票号 日期	数量 单价 合计	565000	565000

备注 项 目 部 门

个 人 客 户

业务员

记账 审核 出纳 制单 王思敏

图 2-1-310 【记账凭证】窗口

业务三 采购运费分摊业务

〖**业务描述**〗2020 年 1 月 15 日，采购部【G01 刘明】与广东长虹电视有限责任公司签订购销合同，采购长虹电视一批，运费由购货方承担，取得与该业务相关的凭证如图 2-1-311 至图 2-1-315 所示。

〖**业务解析**〗本笔业务是签订购销合同、采购到货、验收入库并收到采购专用发票、款项未付、运输费用由本公司承担的业务。

〖**岗位操作流程**〗本笔业务各岗位的具体操作流程如图 2-1-316 所示。

〖**业务流程**〗本笔业务的业务流程如图 2-1-317 所示。

购销合同

合同编号 c2020-01-013

购货单位（甲方）： 广州欣欣电子商贸有限公司

供货单位（乙方）： 广东长虹电视有限责任公司

根据《中华人民共和国合同法》及国家相关法律、法规之规定，甲乙双方本着平等互利的原则，就甲方购买乙方货物一事达成以下协议。

一、货物的名称、数量及价格：

货物名称	规格型号	单位	数量	含税单价	金额	税率	价税合计
长虹电视	32寸	台	50	3,955.00	175,000.00	13%	197,750.00
合计（大写） 壹拾玖万柒仟柒佰伍拾元整							197,750.00

二、交货方式和费用承担：交货方式： 购货方自行提货 ，交货时间： 2020年01月15日 前，交货地点：广州欣欣电子商贸有限公司 ，运费由 购货方 承担。

三、付款时间与付款方式： 2020年2月10日付款，以电汇方式付款。

四、质量异议期：订货方对供货方的货物质量有异议时，应在收到货物后 7日 内提出，逾期视为货物质量合格。

五、未尽事宜经双方协商可作补充协议，与本合同具有同等效力。

六、本合同自双方签字、盖章之日起生效；本合同壹式贰份，甲乙双方各执壹份。

甲方（签章）：（印章：广州欣欣电子商贸有限公司 合同专用章）

授权代表：陈翼明

地 址：广州市天河区上元大街18号

电 话：020-61168868

日 期： 2020 年 01 月 15 日

乙方（签章）：（印章：广东长虹电视有限责任公司 合同专用章）

授权代表：

地 址：中山市南头镇黄甫大道88号

电 话：0760-86125986

日 期： 2020 年 01 月 15 日

图 2-1-311 【购销合同】凭证

入 库 单

No. 31442914

供货单位：广东长虹电视有限责任公司　　2020 年 01 月 15 日

编号	品名	规格	单位	数量	单价	金额	备注
0401	长虹电视	32寸	台	50			电视仓
合计							

仓库主管：略　　记账：略　　保管：略　　经手人：略　　制单：刘芳芳

图 2-1-312 【入库单】凭证

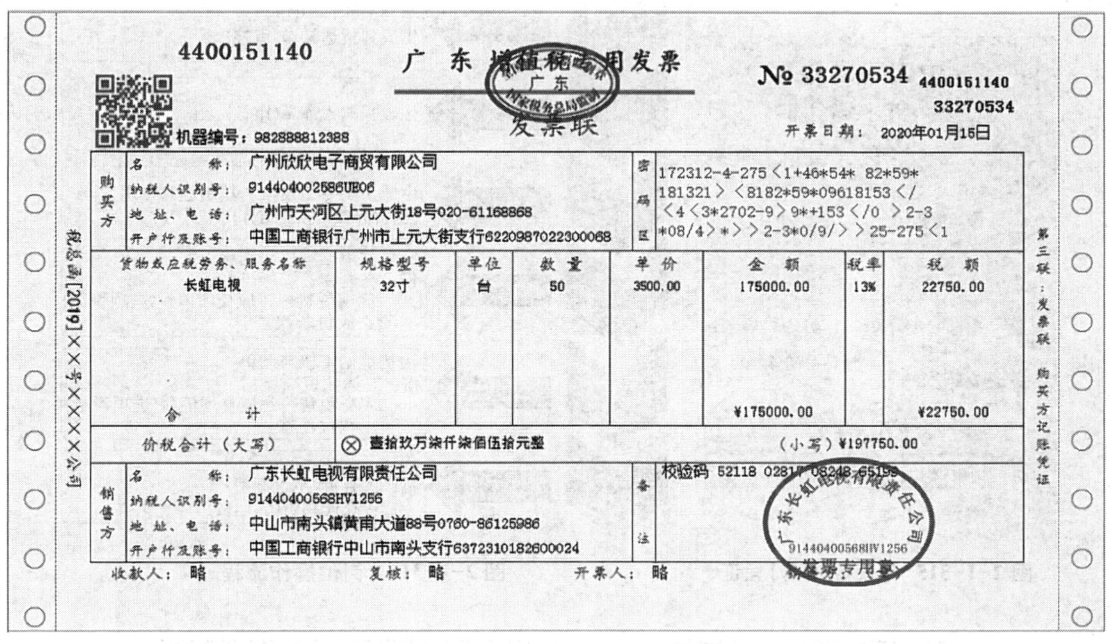

4400151140 广东增值税专用发票 № 33270534 4400151140 33270534

发票联

机器编号：982888812388 开票日期：2020年01月15日

购买方	名称：广州欣欣电子商贸有限公司 纳税人识别号：914404002586UE06 地址、电话：广州市天河区上元大街18号020-61168868 开户行及账号：中国工商银行广州市上元大街支行6220987022300068	密码区	172312-4-275 <1+46*54* 82*59* 181321> <8182*59*09618153</ <4<3*2702-9>9*+153</0 >2-3 *08/4>*>>2-3*0/9/>>25-275<1

货物或应税劳务、服务名称	规格型号	单位	数量	单价	金额	税率	税额
长虹电视	32寸	台	50	3500.00	175000.00	13%	22750.00
合计					¥175000.00		¥22750.00
价税合计（大写）	⊗壹拾玖万柒仟柒佰伍拾元整				（小写）¥197750.00		

销售方	名称：广东长虹电视有限责任公司 纳税人识别号：91440400568HV1256 地址、电话：中山市南头镇黄甫大道88号0760-86125986 开户行及账号：中国工商银行中山市南头支行6372310182600024	备注	校验码 52118 02817 08248 65199

收款人：略 复核：略 开票人：略

税总函[2019]××号×××公司

第三联：发票联 购买方记账凭证

图 2-1-313 【增值税专用发票】凭证

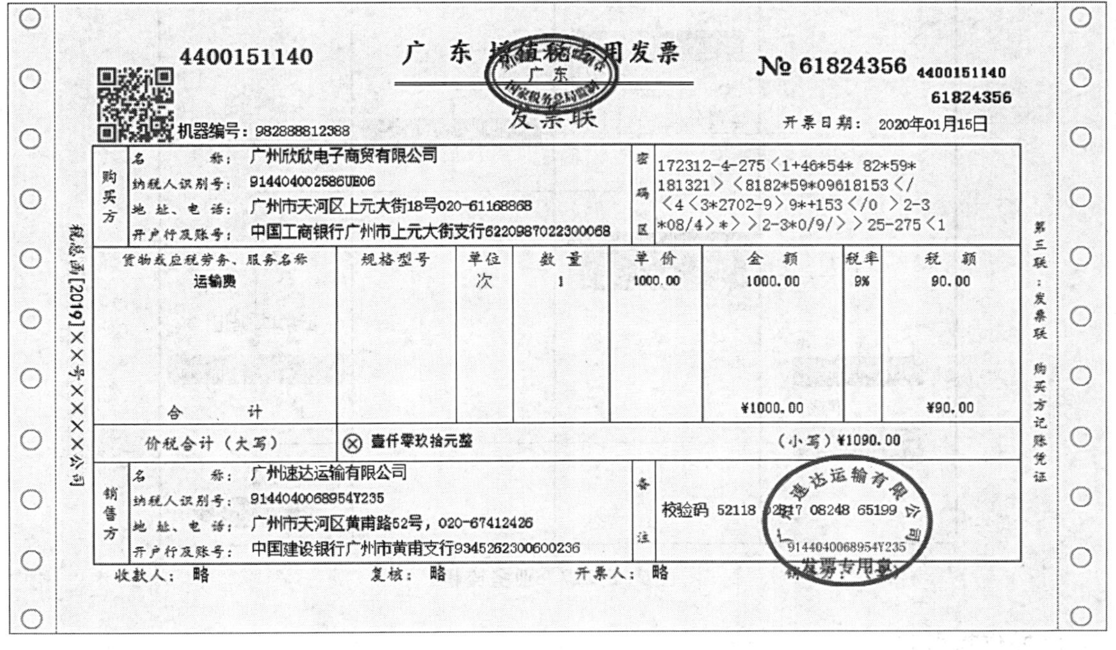

4400151140 广东增值税专用发票 № 61824356 4400151140 61824356

发票联

机器编号：982888812388 开票日期：2020年01月15日

购买方	名称：广州欣欣电子商贸有限公司 纳税人识别号：914404002586UE06 地址、电话：广州市天河区上元大街18号020-61168868 开户行及账号：中国工商银行广州市上元大街支行6220987022300068	密码区	172312-4-275 <1+46*54* 82*59* 181321> <8182*59*09618153</ <4<3*2702-9>9*+153</0 >2-3 *08/4>*>>2-3*0/9/>>25-275<1

货物或应税劳务、服务名称	规格型号	单位	数量	单价	金额	税率	税额
运输费		次	1	1000.00	1000.00	9%	90.00
合计					¥1000.00		¥90.00
价税合计（大写）	⊗壹仟零玖拾元整				（小写）¥1090.00		

销售方	名称：广州速达运输有限公司 纳税人识别号：9144040068954Y235 地址、电话：广州市天河区黄甫路52号，020-67412426 开户行及账号：中国建设银行广州市黄甫支行9345262300600236	备注	校验码 52118 02817 08248 65199

收款人：略 复核：略 开票人：略

税总函[2019]××号×××公司

第三联：发票联 购买方记账凭证

图 2-1-314 【增值税专用发票】凭证

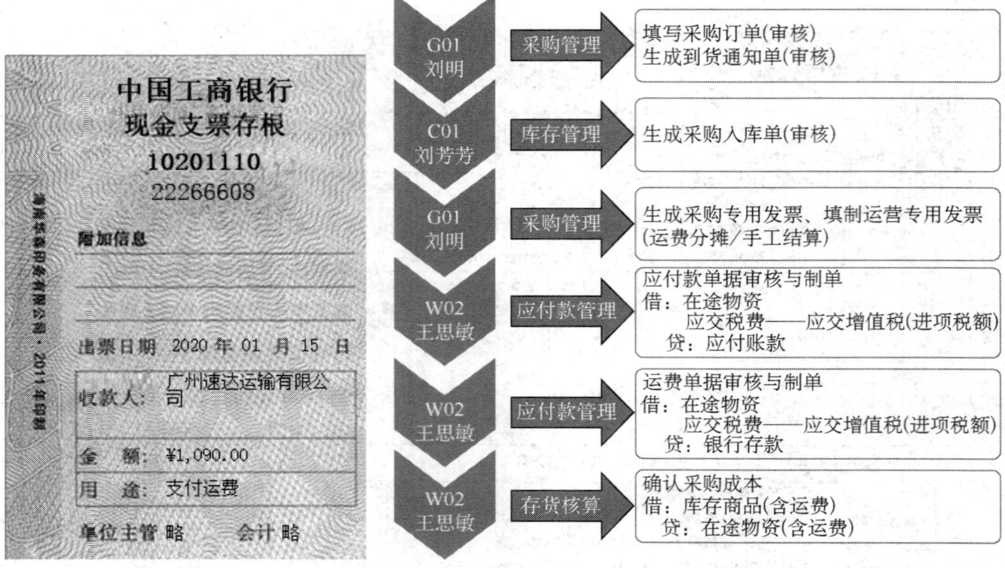

图 2-1-315 【现金支票】凭证　　　　**图 2-1-316 岗位操作流程**

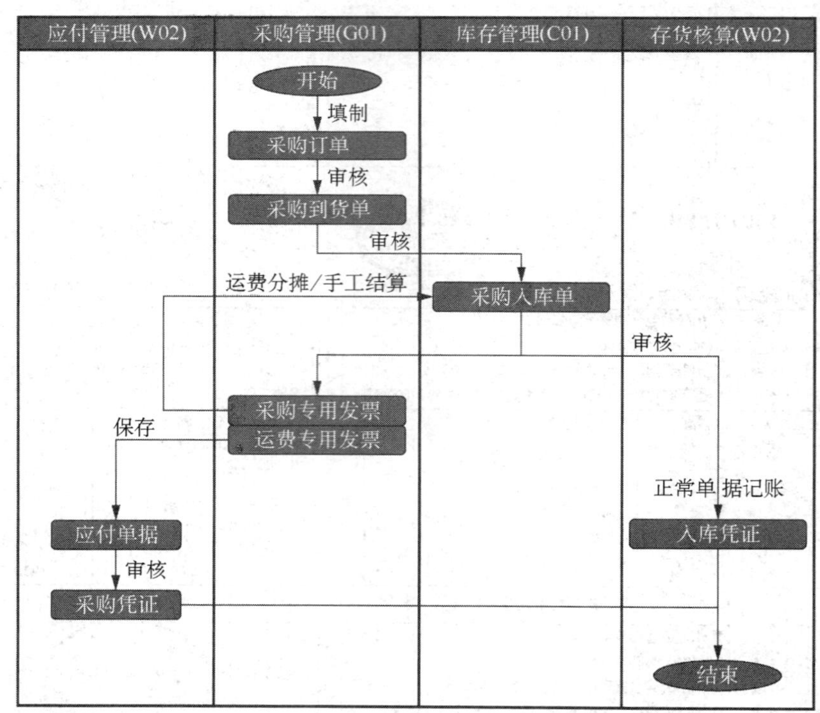

图 2-1-317 业务流程

〖操作指引〗

1. 填制采购订单

(1) 2020 年 1 月 15 日,采购部【G01 刘明】在企业应用平台中执行【业务工作】【供应链】【采购管理】【采购订货】命令,打开【采购订单】窗口。

（2）单击【增加】按钮，修改【订单编号】为【C2020-01-013】，【采购类型】选择【普通采购】，【供应商】选择【长虹电视】，【部门】选择【采购部】，【业务员】选择【刘明】；在表体中，选择【存货编码】为【0401】，输入【数量】为【50.00】，【原币含税单价】为【3 955.00】，修改【计划到货日期】为【2020-01-15】，其他信息由系统自动带出，单击【保存】按钮，单击【审核】按钮，审核填制的采购订单如图 2-1-318 所示。

采购订单

打印模版 8174 采购订单打印模版

表体排序

合并显示 □

业务类型 普通采购　订单日期 2020-01-15　订单编号 c2020-01-013

采购类型 普通采购　供应商 长虹电视　部门 采购部

业务员 刘明　税率 13.00　付款条件

币种 人民币　汇率 1　备注

	存货编码	存货名称	规格型号	主计量	数量	原币含税单价	原币单价	原币金额	原币税额	原币价税合计	税率	计划到货日期
1	0401	长虹电视	32寸	台	50.00	3955.00	3500.00	175000.00	22750.00	197750.00	13.00	2020-01-15
2												
3												
4												
5												
6												
7												
合计					50.00			175000.00	22750.00	197750.00		

制单人 刘明　审核人 刘明　变更人

现存量 123.00

图 2-1-318 【采购订单】窗口

2. 生成采购到货单

（1）2020 年 1 月 15 日，采购部【G01 刘明】在企业应用平台中执行【业务工作】【供应链】【采购管理】【采购到货】命令，打开【到货单】窗口。

（2）单击【增加】按钮，执行【生单】【采购订单】命令，打开【查询条件选择—采购订单列表过滤】窗口，单击【确定】按钮。

（3）系统弹出【拷贝并执行】窗口，选中所要拷贝的采购订单，单击【确定】按钮，系统自动生成到货单，单击【保存】按钮，单击【审核】按钮。根据采购订单生成的采购到货单，如图 2-1-319 所示。

到货单

打印模版 8170 到货单打印模版

表体排序

合并显示 □

业务类型 普通采购　单据号 0000000015　日期 2020-01-15

采购类型 普通采购　供应商 长虹电视　部门 采购部

业务员 刘明　币种 人民币　汇率 1

运输方式　税率 13.00　备注

	存货编码	存货名称	规格型号	主计量	数量	原币含税单价	原币单价	原币金额	原币税额	原币价税合计	税率	订单号
1	0401	长虹电视	32寸	台	50.00	3955.00	3500.00	175000.00	22750.00	197750.00	13.00	c2020-01-013
2												
3												
4												
5												
6												
7												
合计					50.00			175000.00	22750.00	197750.00		

制单人 刘明　现存量 123.00

图 2-1-319 【到货单】窗口

3. 生成采购入库单

(1) 2020 年 1 月 15 日,仓储部【C01 刘芳芳】在企业应用平台中执行【业务工作】【供应链】【库存管理】【入库业务】命令,打开【采购入库单】窗口。

(2) 执行【生单】【采购到货单(蓝字)】命令,打开【查询条件选择—采购到货单列表】窗口,单击【确定】按钮。

(3) 打开【到货单生单列表】,选择相应的【到货单生单表头】,单击【确定】按钮,系统自动生成采购入库单,修改仓库为【电视仓】,单击【保存】按钮。

(4) 单击【审核】按钮,如图 2-1-320 所示。

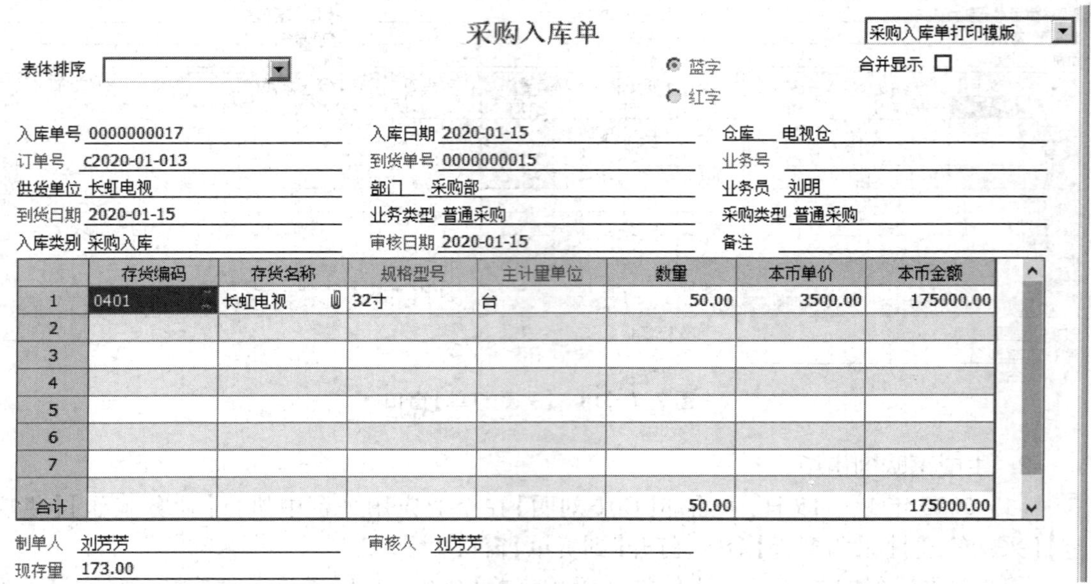

图 2-1-320 【采购入库单】窗口

4. 生成采购专用发票

(1) 2020 年 1 月 15 日,采购部【G01 刘明】在企业应用平台中执行【业务工作】【供应链】【采购管理】【采购发票】命令,打开【采购专用发票】窗口。

(2) 单击【增加】按钮,执行【生单】【入库单】命令,打开【查询条件选择—采购入库单列表过滤】窗口,单击【确定】按钮。

(3) 系统弹出【拷贝并执行】窗口,选中所要拷贝的采购入库单,单击【确定】按钮,系统自动生成采购专用发票,修改发票号为【33270534】,单击【保存】按钮,如图 2-1-321 所示。

5. 填制运费专用发票

(1) 2020 年 1 月 15 日,采购部【G01 刘明】在企业应用平台中执行【业务工作】【供应链】【采购管理】【采购发票】【专用采购发票】命令,打开【专用采购发票】窗口。

(2) 单击【增加】按钮,【发票号】为【61824356】,【供应商】选择【速达运输】,【存货编码】选择【0901】,【数量】为【1.00】,【原币单价】为【1 000.00】,税率改为【9.00】,单击【保存】按钮。

(3) 单击【现付】按钮,打开【采购现付】对话框。输入结算方式为【现金支票】,结算金额【1 090.00】,票据号为【22266608】等信息。

专用发票

打印模版 8164 专用发票打印模版

表体排序

合并显示 □

业务类型 普通采购　发票类型 专用发票　发票号 33270534

开票日期 2020-01-15　供应商 长虹电视　代垫单位 长虹电视

采购类型 普通采购　税率 13.00　部门名称 采购部

业务员 刘明　币种 人民币　汇率 1

发票日期　付款条件　备注

	存货编码	存货名称	规格型号	主计量	数量	原币单价	原币金额	原币税额	原币价税合计	税率	订单号	原币
1	0401	长虹电视	32寸	台	50.00	3500.00	175000.00	22750.00	197750.00	13.00	c2020-01-013	39
2												
3												
4												
5												
6												
7												
合计					50.00		175000.00	22750.00	197750.00			

结算日期　制单人 刘明　审核人

图 2-1-321　【采购专用发票】窗口

（4）单击【确定】按钮，采购专用发票提示【已现付】，如图 2-1-322 所示。

已现付

专用发票

打印模版 8164 专用发票打印模版

表体排序

合并显示 □

业务类型 普通采购　发票类型 专用发票　发票号 61824356

开票日期 2020-01-15　供应商 速达运输　代垫单位 速达运输

采购类型　税率 9.00　部门名称 采购部

业务员 刘明　币种 人民币　汇率 1

发票日期　付款条件　备注

	存货编码	存货名称	规格型号	主计量	数量	原币单价	原币金额	原币税额	原币价税合计	税率	订单
1	0901	运输费		次	1.00	1000.00	1000.00	90.00	1090.00	9.00	
2											
3											
4											
5											
6											
7											
合计					1.00		1000.00	90.00	1090.00		

结算日期　制单人 刘明　审核人

图 2-1-322　【采购专用发票】窗口

6. 采购结算（手工结算）

（1）2020 年 1 月 15 日，采购部【G01 刘明】在企业应用平台中执行【业务工作】【供应链】【采购管理】【采购结算】【手工结算】命令，打开【手工结算】窗口。

（2）单击【选单】按钮，打开【结算选单】对话框，单击【查询】按钮，打开【查询条件选择—采购手工结算】窗口，选择相应的【采购发票】和【入库单】，单击【确定】按钮，如图 2-1-323 所示。

结算选发票列表

记录总数：3　　☑ 扣税类别不同时给出提示

选择	供应商简称	存货名称	制单人	发票号	供应商编号	供应商名称	开票日期	存货编码	规格型号	币种	数量	计量单位	单价	金额	项目名称
	美的电器	折扣与折让	刘明	36544521	0002	广州美的电器股份有限公司	2020-01-15	0903		人民币	-1.00	次	4,500.00	-4,500.00	
Y	速达运输	运输费	刘明	61824356	0007	广州速达运输有限公司	2020-01-15	0901		人民币	1.00	次	1,000.00	1,000.00	
Y	长虹电视	长虹电视	刘明	33270534	0004	广东长虹电视有限责任公司	2020-01-15	0401	32寸	人民币	50.00	台	3,500.00	175,000.00	
合计															

结算选入库单列表

记录总数：2

选择	供应商简称	存货名称	仓库名称	入库单号	供货商编码	供应商名称	入库日期	仓库编码	制单人	币种	存货编码	规格型号	入库数量	计量单位	单价	金额	暂估金额
	长虹电视	长虹电视	电视仓	0000000001	0004	广东长虹电视有限责任公司	2019-12-18	04	张明明	人民币	0401	32寸	20.00	台	3,500.00	70,000.00	70,000.00
Y	长虹电视	长虹电视	电视仓	0000000017	0004	广东长虹电视有限责任公司	2020-01-15	04	刘芳芳	人民币	0401	32寸	50.00	台	3,500.00	175,000.00	175,000.00
合计																	

图 2-1-323 【结算选发票及入库单列表】窗口

（3）系统回到【手工结算】窗口，选择【费用分摊方式】为【按数量】，如图 2-1-324 所示。

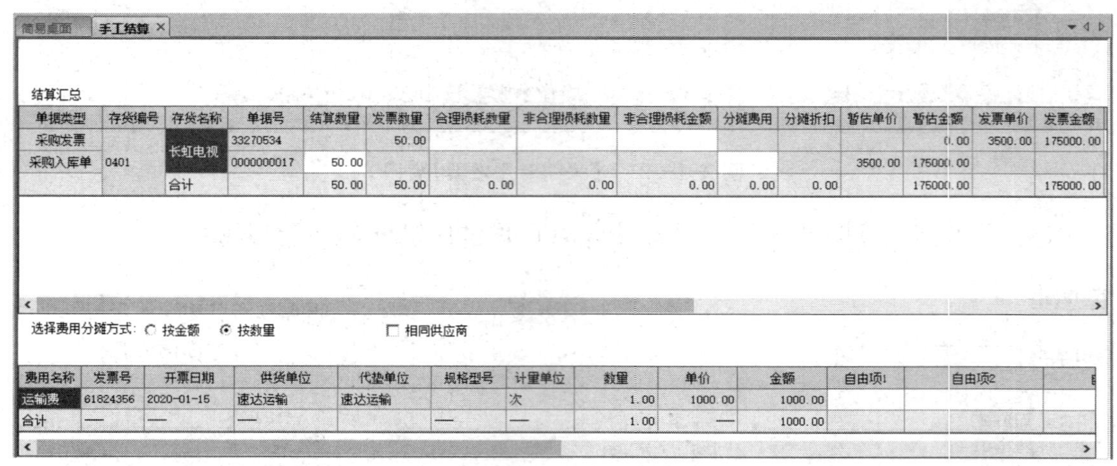

结算汇总

单据类型	存货编号	存货名称	单据号	结算数量	发票数量	合理损耗数量	非合理损耗数量	非合理损耗金额	分摊费用	分摊折扣	暂估单价	暂估金额	发票单价	发票金额
采购发票		长虹电视	33270534		50.00							0.00	3500.00	175000.00
采购入库单	0401		0000000017	50.00							3500.00	175000.00		
		合计		50.00	50.00	0.00	0.00	0.00	0.00	0.00		175000.00		175000.00

选择费用分摊方式：○ 按金额　◉ 按数量　□ 相同供应商

费用名称	发票号	开票日期	供货单位	代垫单位	规格型号	计量单位	数量	单价	金额	自由项1	自由项2
运输费	61824356	2020-01-15	速达运输	速达运输		次	1.00	1000.00	1000.00		
合计	—	—	—		—	—	1.00	—	1000.00		

图 2-1-324 【手工结算】窗口

（4）单击【分摊】按钮，提示【选择数量分摊，是否开始计算？】，单击【是】按钮，提示【费用分摊（按数量）完毕，请检查。】，单击【确定】按钮，完成运费分摊工作。

（5）单击【结算】按钮，系统显示【费用列表中有折扣或费用属性的存货信息，在结算前请确认是否进行分摊，是否继续？】。

7. 应付单据审核与制单

（1）2020 年 1 月 15 日，财务部【W02 王思敏】在企业应用平台中执行【业务工作】【财务会计】【应付款管理】【应付单据处理】【应付单据审核】命令，打开【应付单据查询条件】对话框。

（2）单击【确定】按钮，系统弹出【应付单据列表】窗口，双击【选择】栏或单击【全选】按钮，单击【审核】按钮，系统完成审核并给出审核报告，如图 2-1-325 所示，单击【确定】按钮后退出。

应付单据列表

记录总数：2

选择	审核人	单据日期	单据类型	单据号	供应商名称	部门	业务员	制单人	币种	汇率	原币金额	本币金额	备注
	王思敏	2020-01-15	采购专用发票	33270534	广东长虹电视有限责任公司	采购部	刘明	刘明	人民币	1.00000000	197,750.00	197,750.00	
	王思敏	2020-01-15	采购专用发票	61824356	广州速达运输有限公司	采购部	刘明	刘明	人民币	1.00000000	1,090.00	1,090.00	
合计											198,840.00	198,840.00	

图 2-1-325 【应付单据列表】窗口

（3）执行【制单处理】命令，打开【制单查询】对话框，选择【发票制单】，单击【确定】按钮，打开【采购发票制单】窗口，选择【记账凭证】，再单击【全选】按钮，选中要制单的【采购专用发票】。

（4）单击【制单】按钮，分别生成采购发票和运费发票2张记账凭证，单击【保存】按钮，如图2-1-326和图2-1-327所示。

已生成

记账凭证

记 字 0044　制单日期：2020.01.15　审核日期：　附单据数：1

摘要	科目名称	借方金额	贷方金额
采购专用发票	在途物资	17500000	
采购专用发票	应交税费/应交增值税/进项税额	2275000	
采购专用发票	应付账款/一般应付款/国内供应商		19775000
票号 日期	数量 单价 合计	19775000	19775000

备注　项 目　部 门　个 人　客 户　业务员

记账　审核　出纳　制单 王思敏

图 2-1-326 【记账凭证】窗口

已生成

记账凭证

记 字 0045　制单日期：2020.01.15　审核日期：　附单据数：1

摘要	科目名称	借方金额	贷方金额
现结	在途物资	100000	
现结	应交税费/应交增值税/进项税额	9000	
现结	银行存款		109000
票号 日期	数量 单价 合计	109000	109000

备注　项 目　部 门　个 人　客 户　业务员

记账　审核　出纳　制单 王思敏

图 2-1-327 【记账凭证】窗口

8. 核算采购成本

（1）2020年1月15日，财务部【W02 王思敏】在企业应用平台中执行【业务工作】【供应链】【存货核算】【业务核算】【正常单据记账】命令，打开【查询条件选择】窗口。

（2）单击【确定】按钮，打开【正常单据记账列表】窗口，单击第1条列表，如图2-1-328所示。

正常单据记账列表

记录总数：1

选择	日期	单据号	存货编码	存货名称	规格型号	存货代码	单据类型	仓库名称	收发类别	数量	单价
Y	2020-01-15	0000000016	0401	长虹电视	32寸		采购入库单	电视仓	采购入库	50.00	3,520.00
小计										50.00	

图 2-1-328 【正常单据记账列表】窗口

(3) 单击【记账】按钮,将采购入库单记账,系统提示【记账成功】,单击【确定】按钮。

(4) 执行【财务核算】【生成凭证】命令,打开【查询条件】对话框。

(5) 单击【确定】按钮,打开【未生成凭证单据一览表】窗口。

(6) 单击【选择】栏或单击【全选】按钮,选中持生成凭证的单据,单击【确定】按钮,凭证类别选择【记　记账凭证】,如图 2-1-329 所示。

凭证类别　记 记账凭证

选择	单据类型	单据号	摘要	科目类型	科目编码	科目名称	借方金额	贷方金额	借方数量	贷方数量	科目方向	存货编码	存货名称	规格型号	部门名称	业务员名称
1	采购入库单	0000000017	采购入库单	存货	1405	库存商品	176,000.00		50.00		1	0401	长虹电视	32寸	采购部	刘明
				对方	1402	在途物资		176,000.00		50.00	2	0401	长虹电视	32寸	采购部	刘明
合计							176,000.00	176,000.00								

图 2-1-329　【生成凭证】窗口

(7) 单击【生成】按钮,生成一张记账凭证,单击【保存】按钮,如图 2-1-330 所示。

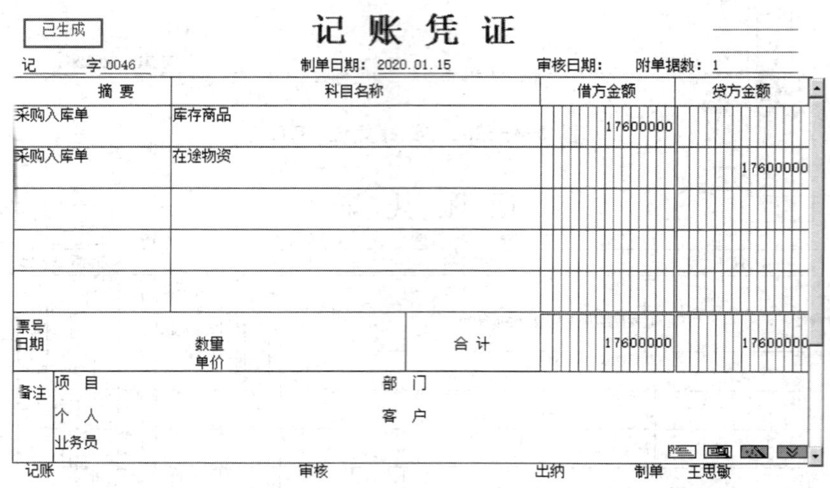

已生成

记账凭证

记　字 0046　制单日期: 2020.01.15　审核日期:　附单据数: 1

摘要	科目名称	借方金额	贷方金额
采购入库单	库存商品	17600000	
采购入库单	在途物资		17600000
票号 日期　数量 单价	合计	17600000	17600000

备注　项目　部门
个人　客户
业务员

记账　审核　出纳　制单 王思敏

图 2-1-330　【记账凭证】窗口

任务六　采购单据错误逆向处理

业务一　现销采购业务(订单错误)

采购单据错误逆向处理

〖业务描述〗2020 年 1 月 15 日,采购部【G01 刘明】与珠海格力空调股份有限公司签订购销合同,采购格力立式空调一批,当日以电汇方式付款,取得与该业务相关的凭证如图 2-1-331至图 2-1-334 所示。

〖业务解析〗本笔业务是现销采购业务,是签订采购合同、采购到货、收到采购专用发票并付货款的采购业务。

〖岗位操作流程〗本笔业务各岗位的具体操作流程如图 2-1-335 所示。

〖业务流程〗本笔业务的业务流程如图 2-1-336 所示。

购销合同

合同编号 c2020-01-013

购货单位（甲方）： 广州欣欣电子商贸有限公司

供货单位（乙方）： 珠海格力空调股份有限公司

根据《中华人民共和国合同法》及国家相关法律、法规之规定，甲乙双方本着平等互利的原则，就甲方购买乙方货物一事达成以下协议。

一、货物的名称、数量及价格：

货物名称	规格型号	单位	数量	含税单价	金额	税率	价税合计
格力立式空调	3P	台	50	6,780.00	300,000.00	13%	339,000.00
合计（大写） 叁拾叁万玖仟元整							339,000.00

二、交货方式和费用承担：交货方式： 销货方送货 ，交货时间：2020年01月15日 前，交货地点：广州欣欣电子商贸有限公司 ，运费由 销货方 承担。

三、付款时间与付款方式： 2020年1月15日付款，以电汇方式付款。

四、质量异议期：订货方对供货方的货物质量有异议时，应在收到货物后 内提出，逾期视为货物质量合格。

五、未尽事宜经双方协商可作补充协议，与本合同具有同等效力。

六、本合同自双方签字、盖章之日起生效；本合同壹式贰份，甲乙双方各执壹份。

甲方（签章）：（广州欣欣电子商贸有限公司 合同专用章）

授权代表：陈翼明

地址：广州市天河区上元大街18号

电话：020-61168868

日期： 2020 年 01 月 15 日

乙方（签章）：（珠海格力空调股份有限公司 合同专用章）

授权代表：

地址：珠海市香洲区第二工业区886号

电话：0756-23294071

日期： 2020 年 01 月 15 日

图 2-1-331 【购销合同】凭证

入 库 单

No. 69205959

供货单位：珠海格力空调股份有限公司　　2020 年 01 月 15 日

编号	品名	规格	单位	数量	单价	金额	备注
0101	格力立式空调	3P	台	50			空调仓
合计							

仓库主管：略　记账：略　保管：略　经手人：略　制单：刘芳芳

图 2-1-332 【入库单】凭证

4400151140　　**广东增值税专用发票**　　№ 60842147　4400151140　60842147

发票联

机器编号：982888812388　　开票日期：2020年01月15日

购买方	名称：广州欣欣电子商贸有限公司 纳税人识别号：914404002586UE06 地址、电话：广州市天河区上元大街18号020-61168868 开户行及账号：中国工商银行广州市上元大街支行6220987022300068	密码区	172312-4-275<1+46*54* 82*59* 181321><8182*59*09618153</ <4<3*2702-9>9*+153</0 >2-3 *08/4>*>>2-3*0/9/>>25-275<1

货物或应税劳务、服务名称	规格型号	单位	数量	单价	金额	税率	税额
格力立式空调	3P	台	50	6,000.00	300000.00	13%	39000.00
合计					¥300000.00		¥39000.00
价税合计（大写）	⊗叁拾叁万玖仟元整				（小写）¥339000.00		

销售方	名称：珠海格力空调股份有限公司 纳税人识别号：914404005689K8861 地址、电话：珠海市香洲区第二工业区886号0756-23294071 开户行及账号：中国工商银行珠海市香洲区支行6222000025532490	备注	校验码 52118 02817 08248 65195

收款人：略　　复核：略　　开票人：略　　销售方（章）

税总函[2019]××号×××公司

第三联：发票联　购买方记账凭证

珠海格力空调股份有限公司 914404005689K8861 发票专用章

图 2-1-333 【增值税专用发票】凭证

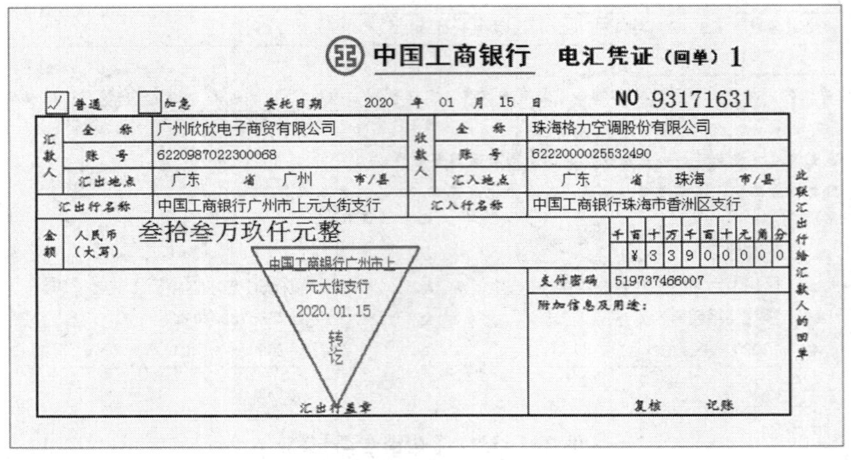

中国工商银行　电汇凭证（回单）1

☑普通　☐加急　　委托日期 2020 年 01 月 15 日　　NO 93171631

汇款人	全称	广州欣欣电子商贸有限公司	收款人	全称	珠海格力空调股份有限公司
	账号	6220987022300068		账号	6222000025532490
	汇出地点	广东 省 广州 市/县		汇入地点	广东 省 珠海 市/县
汇出行名称		中国工商银行广州市上元大街支行	汇入行名称		中国工商银行珠海市香洲区支行
金额	人民币（大写）	叁拾叁万玖仟元整		千百十万千百十元角分	¥ 3 3 9 0 0 0 0 0
汇出行签章		中国工商银行广州市上元大街支行 2020.01.15 转讫	支付密码		519737466007
			附加信息及用途：		
			复核　记账		

此联汇出行给汇款人的回单

图 2-1-334 【银行电汇】凭证

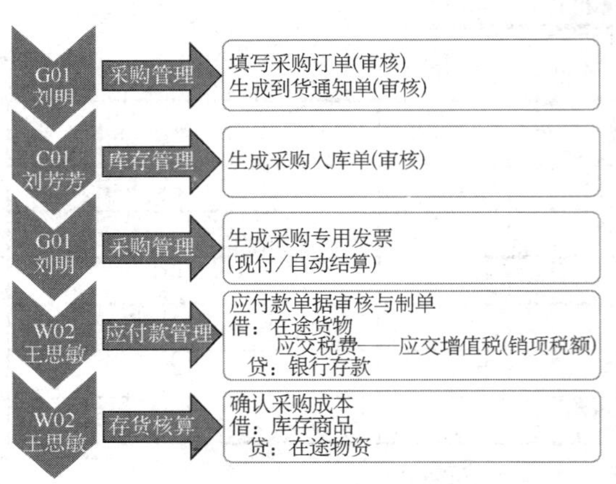

图 2-1-335 岗位操作流程

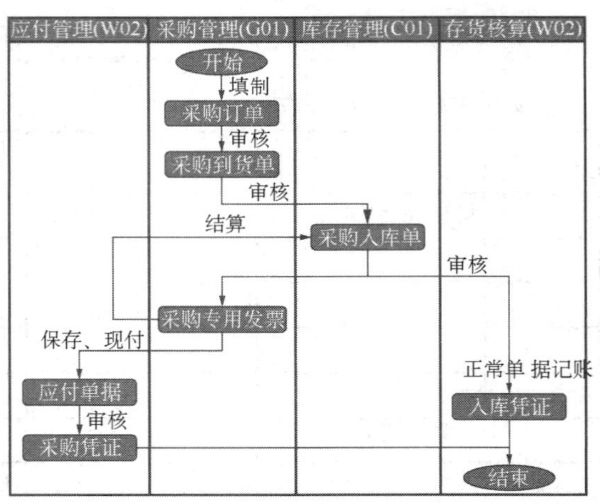

图 2-1-336 业务流程

〖操作指引〗

1. 填制采购订单

（1）2020 年 1 月 15 日，采购部【G01 刘明】在企业应用平台中执行【业务工作】【供应链】【采购管理】【采购订货】命令，打开【采购订单】窗口。

（2）单击【增加】按钮修改，【订单编号】为【C2020-01-014】，【采购类型】选择【普通采购】，【供应商】选择【格力空调】，【部门】选择【采购部】，【业务员】选择【刘明】；在表体中，选择【存货编码】为【0101】，输入【数量】为【50.00】，【原币含税单价】为【6 780.00】，修改【计划到货日期】为【2020-01-15】，其他信息由系统自动带出，单击【保存】按钮。

（3）单击【审核】按钮，审核填制的采购订单，如图 2-1-337 所示。

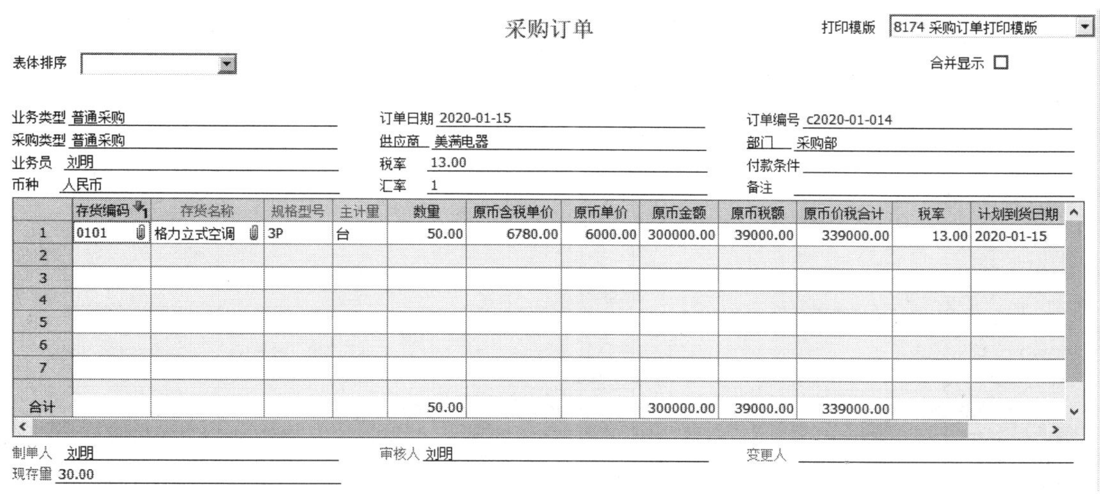

采购订单

打印模版 8174 采购订单打印模版

表体排序　　合并显示

业务类型 普通采购　　订单日期 2020-01-15　　订单编号 c2020-01-014

采购类型 普通采购　　供应商 美满电器　　部门 采购部

业务员 刘明　　税率 13.00　　付款条件

币种 人民币　　汇率 1　　备注

	存货编码	存货名称	规格型号	主计量	数量	原币含税单价	原币单价	原币金额	原币税额	原币价税合计	税率	计划到货日期
1	0101	格力立式空调	3P	台	50.00	6780.00	6000.00	300000.00	39000.00	339000.00	13.00	2020-01-15
2												
3												
4												
5												
6												
7												
合计					50.00			300000.00	39000.00	339000.00		

制单人 刘明　　审核人 刘明　　变更人

现存量 30.00

图 2-1-337　【采购订单】窗口

2. 生成采购到货单

（1）2020 年 1 月 15 日，采购部【G01 刘明】在企业应用平台中执行【业务工作】【供应链】【采购管理】【采购到货】命令，打开【到货单】窗口。

（2）单击【增加】按钮，执行【生单】【采购订单】命令，打开【查询条件选择—采购订单列表过滤】窗口，单击【确定】按钮。

（3）系统弹出【拷贝并执行】窗口，选中所要拷贝的采购订单，单击【确定】按钮，系统自动生成到货单，单击【保存】按钮，【审核】按钮。根据采单击购订单生成的采购到货单，如图 2-1-338 所示。

3. 生成采购入库单

（1）2020 年 1 月 1 日，仓储部【C01 刘芳芳】在企业应用平台中执行【业务工作】【供应链】【库存管理】【入库业务】命令，打开【采购入库单】窗口。

（2）执行【生单】【采购到货单（蓝字）】命令，打开【查询条件选择—采购到货单列表】窗口，单击【确定】按钮。

（3）打开【到货单生单列表】，选择相应的【到货单生单表头】，单击【确定】按钮，系统自动生成采购入库单，修改仓库为【空调仓】，单击【保存】按钮，单击【审核】按钮，如图 2-1-339 所示。

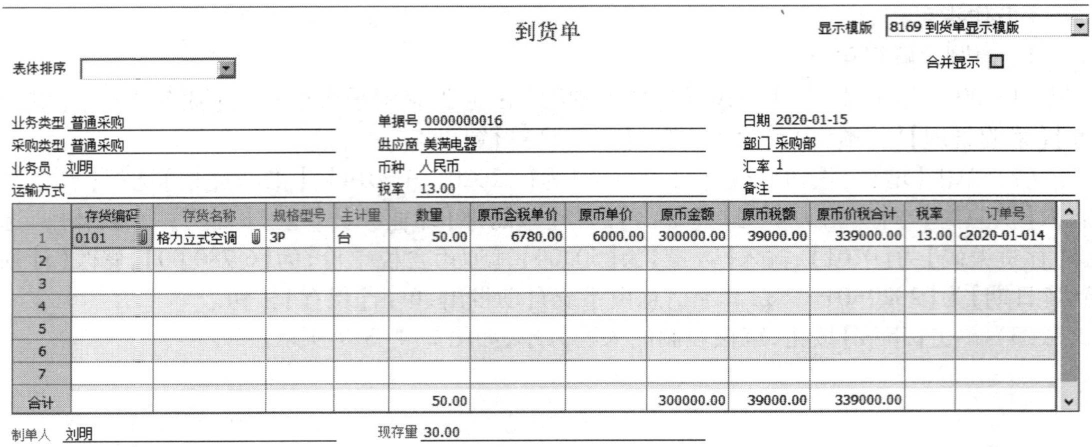

到货单

显示模版 8169 到货单显示模版

表体排序

合并显示 □

业务类型 普通采购　　单据号 0000000016　　日期 2020-01-15

采购类型 普通采购　　供应商 美满电器　　部门 采购部

业务员 刘明　　币种 人民币　　汇率 1

运输方式　　税率 13.00　　备注

	存货编码	存货名称	规格型号	主计量	数量	原币含税单价	原币单价	原币金额	原币税额	原币价税合计	税率	订单号
1	0101	格力立式空调	3P	台	50.00	6780.00	6000.00	300000.00	39000.00	339000.00	13.00	c2020-01-014
2												
3												
4												
5												
6												
7												
合计					50.00			300000.00	39000.00	339000.00		

制单人 刘明　　现存量 30.00

图 2-1-338 【到货单】窗口

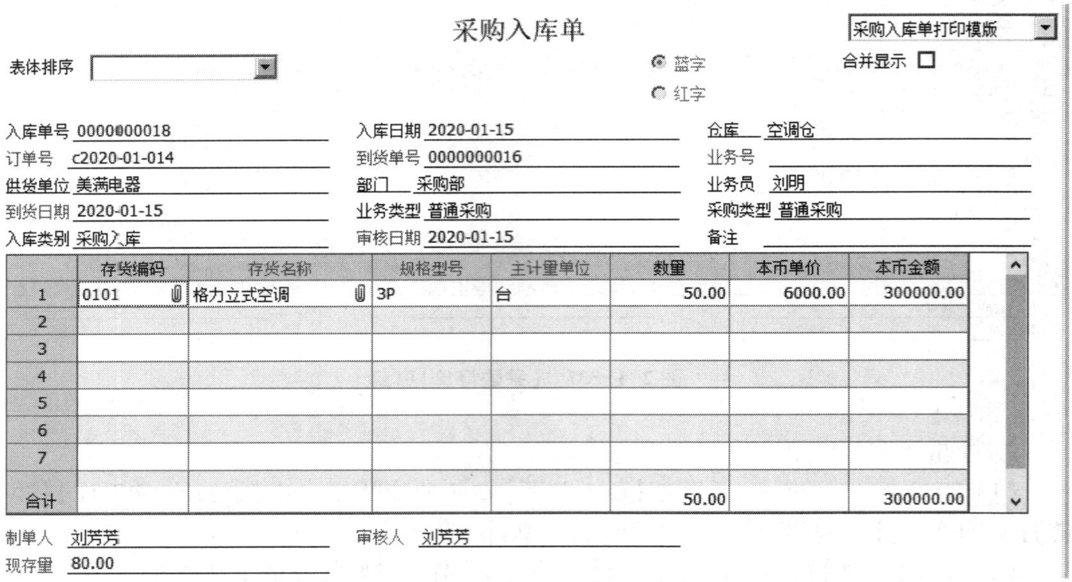

采购入库单

采购入库单打印模版

表体排序

◉ 蓝字

○ 红字

合并显示 □

入库单号 0000000018　　入库日期 2020-01-15　　仓库 空调仓

订单号 c2020-01-014　　到货单号 0000000016　　业务号

供货单位 美满电器　　部门 采购部　　业务员 刘明

到货日期 2020-01-15　　业务类型 普通采购　　采购类型 普通采购

入库类别 采购入库　　审核日期 2020-01-15　　备注

	存货编码	存货名称	规格型号	主计量单位	数量	本币单价	本币金额
1	0101	格力立式空调	3P	台	50.00	6000.00	300000.00
2							
3							
4							
5							
6							
7							
合计					50.00		300000.00

制单人 刘芳芳　　审核人 刘芳芳

现存量 80.00

图 2-1-339 【采购入库单】窗口

4. 填制采购专用发票

(1) 2020 年 1 月 1 日,采购部【G01 刘明】在企业应用平台中执行【业务工作】【供应链】【采购管理】【采购发票】命令,打开【采购专用发票】窗口。

(2) 单击【增加】按钮,执行【生单】【入库单】命令,打开【查询条件选择—采购入库单列表过滤】对话框,单击【确定】按钮。

(3) 系统弹出【拷贝并执行】窗口,选中所要拷贝的采购入库单,单击【确定】按钮,系统自动生成采购专用发票,修改发票号为【60842147】,单击【保存】按钮。

(4) 单击【现付】按钮,打开【采购现付】对话框。输入结算方式为【4—电汇】,结算金额为【339 000.00】,票据号为【93171631】等信息。

(5) 单击【确定】按钮,采购专用发票提示【已现付】。

(6) 在发票界面单击【结算】按钮,如图 2-1-340 所示。

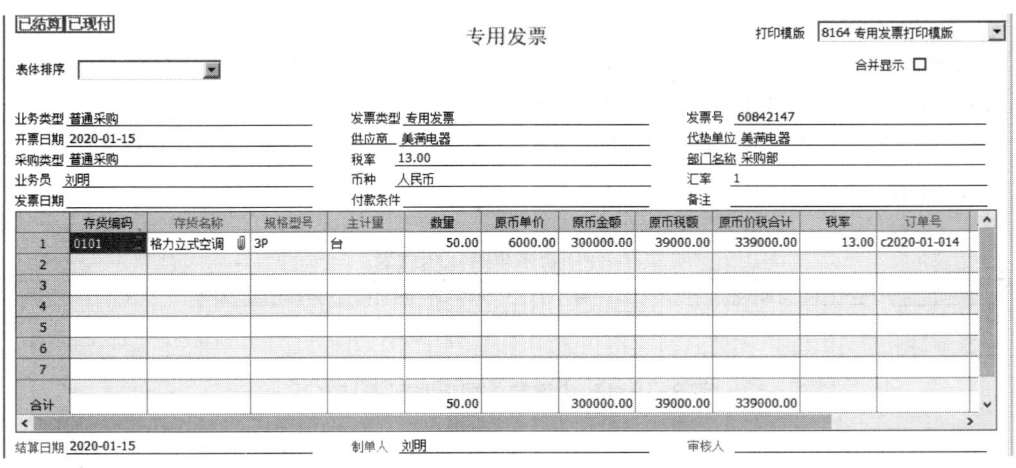

已结算 已现付

专用发票

打印模版 8164 专用发票打印模版

表体排序

合并显示 □

业务类型 普通采购　发票类型 专用发票　发票号 60842147

开票日期 2020-01-15　供应商 美满电器　代垫单位 美满电器

采购类型 普通采购　税率 13.00　部门名称 采购部

业务员 刘明　币种 人民币　汇率 1

发票日期　付款条件　备注

	存货编码	存货名称	规格型号	主计量	数量	原币单价	原币金额	原币税额	原币价税合计	税率	订单号
1	0101	格力立式空调	3P	台	50.00	6000.00	300000.00	39000.00	339000.00	13.00	c2020-01-014
2											
3											
4											
5											
6											
7											
合计					50.00		300000.00	39000.00	339000.00		

结算日期 2020-01-15　制单人 刘明　审核人

图 2-1-340 【专用发票】窗口

5. 应付单据审核与制单

（1）2020 年 1 月 15 日，财务部【W02 王思敏】在企业应用平台中执行【业务工作】【财务会计】【应付款管理】【应付单据处理】【应付单据审核】命令，打开【应付单据查询条件】对话框，勾选【包含现结发票】复选框。

（2）单击【确定】按钮，系统弹出【应付单据列表】窗口，双击【选择】栏或单击【全选】按钮，单击【审核】按钮，系统完成审核并给出审核报告，如图 2-1-341 所示，单击【确定】按钮后退出。

简易桌面　单据处理 ×

应付单据列表

记录总数：1

选择	审核人	单据日期	单据类型	单据号	供应商名称	部门	业务员	制单人	币种	汇率	原币金额	本币金额	备注
	王思敏	2020-01-15	采购专用发票	60842147	广东美满电器有限责任公司	采购部	刘明	刘明	人民币	1.00000000	339,000.00	339,000.00	
合计											339,000.00	339,000.00	

图 2-1-341 【应付单据列表】窗口

（3）执行【制单处理】命令，打开【制单查询】对话框，选择【现结制单】，单击【确定】按钮，打开【采购发票制单】窗口。

（4）选择【记账凭证】，再单击【全选】按钮，选中要制单的【采购专用发票】，单击【制单】按钮，生成一张记账凭证，单击【保存】按钮，如图 2-1-342 所示。

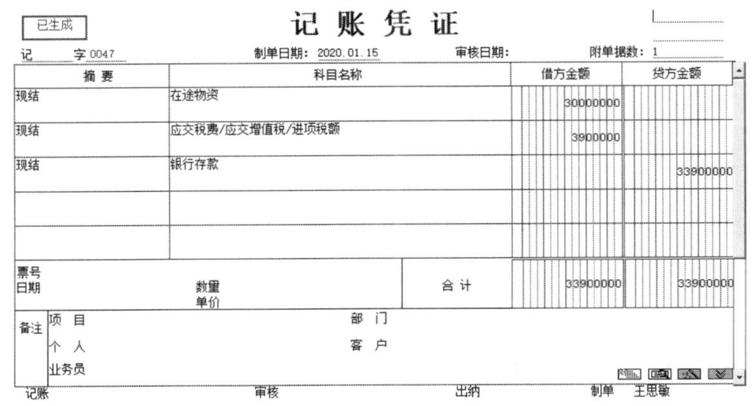

已生成

记 账 凭 证

记 字 0047　制单日期：2020.01.15　审核日期：　附单据数：1

摘要	科目名称	借方金额	贷方金额
现结	在途物资	30000000	
现结	应交税费/应交增值税/进项税额	3900000	
现结	银行存款		33900000
票号 日期	数量 单价 合计	33900000	33900000

备注　项目　部门

个人　客户

业务员

记账　审核　出纳　制单 王思敏

图 2-1-342 【记账凭证】窗口

6. 核算采购成本

(1) 2020 年 1 月 15 日,财务部【W02 王思敏】在企业应用平台中执行【业务工作】【供应链】【存货核算】【业务核算】【正常单据记账】命令,打开【查询条件选择】窗口。

(2) 单击【确定】按钮,打开【正常单据记账列表】窗口,双击选择第 1 条记录,如图 2-1-343 所示。

正常单据记账列表

记录总数: 1

选择	日期	单据号	存货编码	存货名称	规格型号	单据类型	仓库名称	收发类别	数量	单价	金额
	2020-01-15	0000000018	0101	格力立式空调	3P	采购入库单	空调仓	采购入库	50.00	6,000.00	300,000.00
小计									50.00		300,000.00

图 2-1-343 【正常单据记账列表】窗口

(3) 单击【记账】按钮,将采购入库单记账,系统提示【记账成功】,单击【确定】按钮。

(4) 执行【财务核算】【生成凭证】命令,打开【查询条件】窗口,单击【确定】按钮,打开【未生成凭证单据一览表】窗口。

(5) 单击【确定】按钮,打开【未生成凭证单据一览表】窗口,单击【选择】栏或单击【全选】按钮,选中持生成凭证的单据,单击【确定】按钮。

(6) 凭证类别选择【记 记账凭证】,如图 2-1-344 所示。

凭证类别 记 记账凭证

选择	单据类型	单据号	摘要	科目类型	科目编码	科目名称	借方金额	贷方金额	借方数量	贷方数量	科目方向	存货编码	存货名称	规格型号	部门名称
1	采购入库单	0000000018	采购入库单	存货	1405	库存商品	300,000.00		50.00		1	0101	格力立式空调	3P	采购部
				对方	1402	在途物资		300,000.00		50.00	2	0101	格力立式空调	3P	采购部
合计							300,000.00	300,000.00							

图 2-1-344 【生成凭证】窗口

(7) 单击【生成】按钮,生成一张记账凭证,单击【保存】按钮,如图 2-1-345 所示。

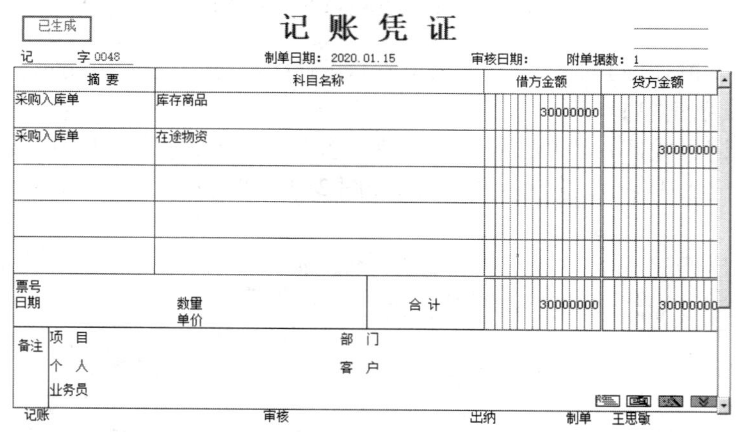

图 2-1-345 【记账凭证】窗口

业务二 采购逆向操作业务

〖业务描述〗公司员工发现此任务的业务一中采购订单的供应商录入错误,需要逆向操作修改供应商信息。

〖**业务解析**〗本笔业务是采购业务的逆向操作处理。

〖**岗位操作流程**〗本笔业务各岗位的具体操作流程如图 2-1-346 所示。

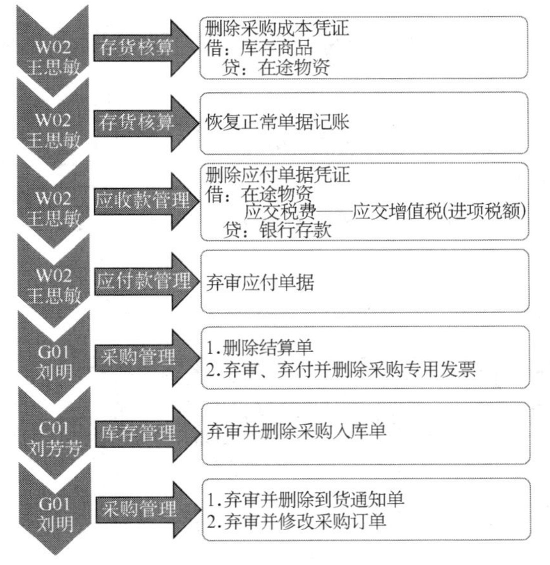

图 2-1-346　岗位操作流程

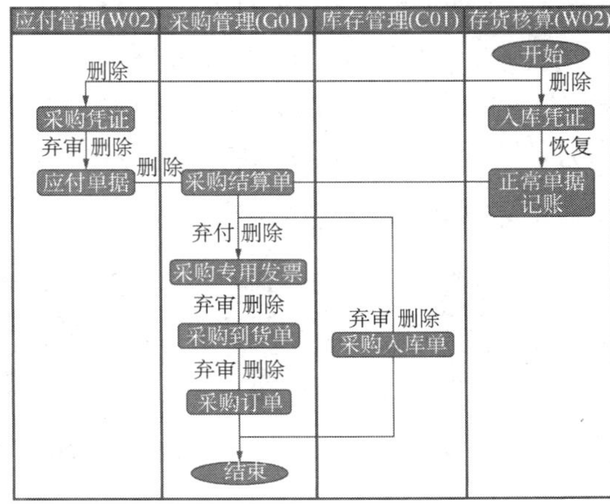

图 2-1-347　业务流程

〖**业务流程**〗本笔业务的业务流程如图 2-1-347 所示。

〖**操作指引**〗

一、存货核算逆向操作

1. 删除采购入库业务凭证

（1）2020 年 1 月 15 日，财务部【W02 王思敏】在企业应用平台中执行【业务工作】【供应链】【存货核算】【财务核算】【凭证列表】命令，打开【查询条件】窗口，单击【确定】按钮，显示凭证列表如图 2-1-348 所示。

凭证列表 ×

选择	凭证日期	凭证类型	凭证号	凭证摘要	业务号	制单人	审核人	记账人	状态	来源
	2020-01-01	记	2	采购入库单	2020IA0000000000001	王思敏			正常	存货系统
	2020-01-05	记	5	采购入库单	2020IA0000000000002	王思敏			正常	存货系统
	2020-01-06	记	7	采购入库单	2020IA0000000000003	王思敏			正常	存货系统
	2020-01-06	记	10	采购入库单	2020IA0000000000004	王思敏			正常	存货系统
	2020-01-07	记	12	采购入库单	2020IA0000000000005	王思敏			正常	存货系统
	2020-01-07	记	14	采购入库单	2020IA0000000000006	王思敏			正常	存货系统
	2020-01-10	记	18	采购入库单	2020IA0000000000009	王思敏			正常	存货系统
	2020-01-10	记	21	采购入库单	2020IA0000000000012	王思敏			正常	存货系统
	2020-01-10	记	22	采购入库单	2020IA0000000000013	王思敏			正常	存货系统
	2020-01-12	记	24	专用发票	2020IA0000000000014	王思敏			正常	存货系统
	2020-01-13	记	29	采购入库单	2020IA0000000000016	王思敏			正常	存货系统
	2020-01-14	记	31	专用发票	2020IA0000000000017	王思敏			正常	存货系统
	2020-01-15	记	38	采购入库单	2020IA0000000000018	王思敏			正常	存货系统
	2020-01-15	记	40	采购入库单	2020IA0000000000019	王思敏			正常	存货系统
	2020-01-15	记	42	采购入库单	2020IA0000000000020	王思敏			正常	存货系统
	2020-01-15	记	46	采购入库单	2020IA0000000000021	王思敏			正常	存货系统
Y	2020-01-15	记	48	采购入库单	2020IA0000000000022	王思敏			正常	存货系统

图 2-1-348　【凭证列表】窗口

（2）单击选择相应业务的凭证号为【记—0049】，显示【Y】，单击【删除】按钮，如图2-1-349 所示。

（3）单击【确定】按钮，删除相应的凭证。

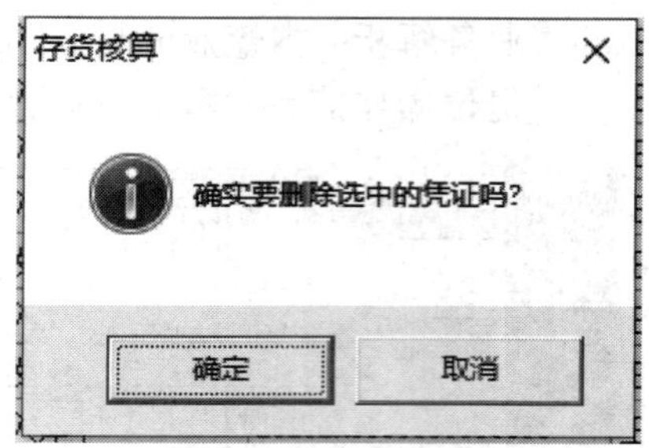

图 2-1-349 【删除凭证】窗口

2. 恢复记账

（1）2020 年 1 月 15 日，财务部【W02 王思敏】在企业应用平台中执行【业务工作】【供应链】【存货核算】【业务核算】【恢复记账】命令，打开【查询条件选择】窗口，单击【确定】，打开【恢复记账】窗口，单击【选择】栏，选中单据号为【0000000018】的采购入库单，如图 2-1-350 所示。

恢复记账

选择	记账日期	单据号	仓库名称	仓库所属部门	单据类型	收发类别	存货编码	存货代码	存货名称	规格型号
Y	2020-01-15	0000000018	空调仓		采购入库单	采购入库	0101		格力立式空调	3P
	2020-01-15	0000000016	电视仓		采购入库单	采购入库	0401		长虹电视	32寸
	2020-01-15	0000000015	电视仓		采购入库单	采购入库	0403		长虹电视	42寸
	2020-01-15	0000000013	小家电仓		采购入库单	采购退货	0203		美的电烧水壶	1000W
	2020-01-15	0000000014	小家电仓		采购入库单	采购入库	0203		美的电烧水壶	1000W

图 2-1-350 【恢复记账】窗口

（2）单击【恢复】按钮，系统显示恢复记账成功，单击【确定】按钮，完成该笔采购入库单的恢复记账。

二、应付款管理逆向操作

1. 删除采购专用发票凭证

（1）2020 年 1 月 15 日，财务部【W02 王思敏】在企业应用平台中执行【业务工作】【财务会计】【应付款管理】【单据查询】【凭证查询】命令，打开【凭证查询条件】对话框，单击【确定】按钮。显示【凭证查询】对话框，选中【记—0047】凭证，如图 2-1-351 所示。

凭证查询

凭证总数：26 张

业务日期	业务类型	业务号	制单人	凭证日期	凭证号	标志
2020-01-10	核销	ZKAP000...	王思敏	2020-01-10	记-0015	
2020-01-10	采购专用发票	62214209	王思敏	2020-01-10	记-0016	
2020-01-10	付款单	0000000005	王思敏	2020-01-10	记-0017	
2020-01-10	现结	28454503	王思敏	2020-01-10	记-0019	
2020-01-10	预付冲应付	28454503	王思敏	2020-01-10	记-0020	
2020-01-13	采购专用发票	93337508	王思敏	2020-01-13	记-0025	
2020-01-13	应付冲应收	93337508	王思敏	2020-01-13	记-0027	
2020-01-13	付款单	0000000007	王思敏	2020-01-13	记-0028	
2020-01-15	采购专用发票	07955948	王思敏	2020-01-15	记-0032	
2020-01-15	付款单	0000000008	王思敏	2020-01-15	记-0033	
2020-01-15	采购专用发票	36544521	王思敏	2020-01-15	记-0034	
2020-01-15	红票对冲	36544521	王思敏	2020-01-15	记-0035	
2020-01-15	采购专用发票	15804202	王思敏	2020-01-15	记-0036	
2020-01-15	红票对冲	79717730	王思敏	2020-01-15	记-0037	
2020-01-15	采购专用发票	06145709	王思敏	2020-01-15	记-0039	
2020-01-15	采购专用发票	77804812	王思敏	2020-01-15	记-0041	
2020-01-15	采购专用发票	33270534	王思敏	2020-01-15	记-0044	
2020-01-15	现结	0000000011	王思敏	2020-01-15	记-0045	
2020-01-15	现结	0000000012	王思敏	2020-01-15	记-0047	

图 2-1-351 【凭证查询】窗口

（2）单击【删除】按钮，系统弹出【确实要删除此凭证吗?】窗口，单击【是】按钮，凭证删除成功。

2. 应付单据审核弃审

（1）2020 年 1 月 15 日，财务部【W02 王思敏】在企业应用平台中执行【业务工作】【财务会计】【应付款管理】【应付单据处理】【应付单据审核】命令，打开【应付单查询条件】对话框，勾选【已审核】【包含已现结发票】【已整单报销】复选框。

（2）单击【确定】按钮。显示【应付单据列表】对话框，选中单据号为【60842147】的发票，如图 2-1-352 所示。

（3）单击选择相应业务，显示【Y】，单击【弃审】按钮，提示本次弃审选中单据【1】，弃审成功，单击【确定】按钮，完成应付单据弃审。

记录总数：8

应付单据列表

选择	审核人	单据日期	单据类型	单据号	供应商名称	部门	业务员	制单人	币种	汇率	原币金额	本币金额	备注
	王思敏	2020-01-01	采购专用发票	48897928	珠海格力空调股份有限公司	采购部	刘明	刘明	人民币	1.00000000	858,800.00	858,800.00	
	王思敏	2020-01-07	采购专用发票	28399018	美国OK智能家电公司	采购部	刘明	刘明	美元	6.85000000	5,650.00	38,702.50	
	王思敏	2020-01-10	采购专用发票	28454503	珠海格力空调股份有限公司	采购部	刘明	刘明	人民币	1.00000000	429,400.00	429,400.00	
	王思敏	2020-01-15	采购专用发票	06145709	广州美的电器股份有限公司	采购部	刘明	刘明	人民币	1.00000000	6,441.00	6,441.00	
	王思敏	2020-01-15	采购专用发票	33270534	广东长虹电视有限责任公司	采购部	刘明	刘明	人民币	1.00000000	197,750.00	197,750.00	
		2020-01-15	采购专用发票	60842147	广东美满电器有限责任公司	采购部	刘明	刘明	人民币	1.00000000	339,000.00	339,000.00	
	王思敏	2020-01-15	采购专用发票	61824356	广州速达运输有限公司	采购部	刘明	刘明	人民币	1.00000000	1,090.00	1,090.00	
	王思敏	2020-01-15	采购专用发票	77804812	广东长虹电视有限责任公司	采购部	刘明	刘明	人民币	1.00000000	565,000.00	565,000.00	
合计											2,403,131.00	2,436,183.50	

图 2-1-352 【应付单据列表】窗口

三、采购结算恢复操作

（1）2020 年 1 月 15 日，采购部【G01 刘明】在企业应用平台中执行【业务工作】【供应链】【采购管理】【采购结算】【结算单列表】命令，打开【查询条件选择—采购结算单】对话框，单击【确定】按钮，显示结算单列表，选择结算单号为【000000000000015】的结算单，如图 2-1-353 所示。

8176 结算单打印模版

记录总数：22

结算单列表

选择	结算单号	结算日期	供应商	入库单号/...	发票号	存货编码	存货名称	规格型号	主计量	结算数量	结算单价	结算金额	暂估单价	暂估金额	制单人
	000000000000002	2020-01-05	美的电器	0000000003	12574491	0201	美的电饭煲	6L	个	100.00	150.00	15,000.00	150.00	15,000.00	刘明
	000000000000002	2020-01-05	美的电器	0000000003	12574491	0202	美的电磁炉	2000W	个	100.00	300.00	30,000.00	300.00	30,000.00	刘明
	000000000000003	2020-01-06	美的电器	0000000004	79717730	0203	美的电烧水壶	1000W	个	50.00	95.00	4,750.00	95.00	4,750.00	刘明
	000000000000004	2020-01-06	美的电器	0000000005	43681485	0204	美的电高压锅	5L	个	120.00	120.00	14,400.00	120.00	14,400.00	刘明
	000000000000005	2020-01-07	美国OK智能	0000000007	28399018	0205	智能洗碗机		台	100.00	342.50	34,250.00	342.50	34,250.00	刘明
	000000000000006	2020-01-07	美的电器	0000000008	53063757	0201	美的电饭煲	6L	个	100.00	150.00	15,000.00	150.00	15,000.00	刘明
	000000000000006	2020-01-07	美的电器	0000000008	53063757	0202	美的电磁炉	2000W	个	100.00	300.00	30,000.00	300.00	30,000.00	刘明
	000000000000007	2020-01-10	长虹电视	0000000009	62214209	0401	长虹电视	32寸	台	100.00	3,500.00	350,000.00	3,500.00	350,000.00	刘明
	000000000000007	2020-01-10	长虹电视	0000000010	62214209	0801	小音箱		对	100.00	0.00	0.00	0.00	0.00	刘明
	000000000000008	2020-01-10	格力空调	0000000011	28454503	0103	格力挂式空调	1P	台	60.00	3,000.00	180,000.00	3,000.00	180,000.00	刘明
	000000000000008	2020-01-10	格力空调	0000000011	28454503	0104	格力挂式空调	2P	台	50.00	4,000.00	200,000.00	4,000.00	200,000.00	刘明
	000000000000009	2020-01-13	美满电器	0000000012	93337508	0301	美满电热水器	40L	台	10.00	2,200.00	22,000.00	2,200.00	22,000.00	刘明
	000000000000009	2020-01-13	美满电器	0000000012	93337508	0302	美满电热水器	50L	台	10.00	3,000.00	30,000.00	3,000.00	30,000.00	刘明
	000000000000010	2020-01-15	美满电器	0000000013	07955948	0303	美满电热水器	60L	台	5.00	3,600.00	18,000.00	3,600.00	18,000.00	刘明
	000000000000011	2020-01-15	美的电器	0000000014	15804202	0203	美的电烧水壶	1000W	个	-5.00	95.00	-475.00	95.00	-475.00	刘明
	000000000000012	2020-01-15	美的电器	0000000015	06145709	0203	美的电烧水壶	1000W	个	58.00	98.28	5,700.00	95.00	5,510.00	刘明
	000000000000013	2020-01-15	长虹电视	0000000016	77804812	0403	长虹电视	42寸	台	99.00	5,000.00	495,000.00	5,000.00	495,000.00	刘明
	000000000000014	2020-01-15	速达运输	0000000017	33270534	0401	长虹电视	32寸	台	50.00	3,520.00	176,000.00	3,500.00	175,000.00	刘明
	000000000000014	2020-01-15	速达运输		61824356	0901	运输费		次	0.00	0.00	0.00	0.00	0.00	刘明
Y	000000000000015	2020-01-15	美满电器	0000000018	60842147	0101	格力立式空调	3P	台	50.00	6,000.00	300,000.00	6,000.00	300,000.00	刘明
合计										1,407.00		2,679,625.00		2,678,435.00	

图 2-1-353 【结算单列表】窗口

（2）单击【删除】按钮，显示【确实要删除该张单据吗?】，点击【是】按钮，提示本次操作成功【1】张，完成采购结算恢复。

2. 删除采购专用发票处理

(1) 2020 年 1 月 15 日,采购部【G01 刘明】在企业应用平台中执行【业务工作】【供应链】【采购管理】【采购发票】命令,打开【采购专用发票】窗口,单击【弃付】按钮,再点击【弃付】按钮,系统弹出【弃付成功】提示,如图 2-1-354 所示。

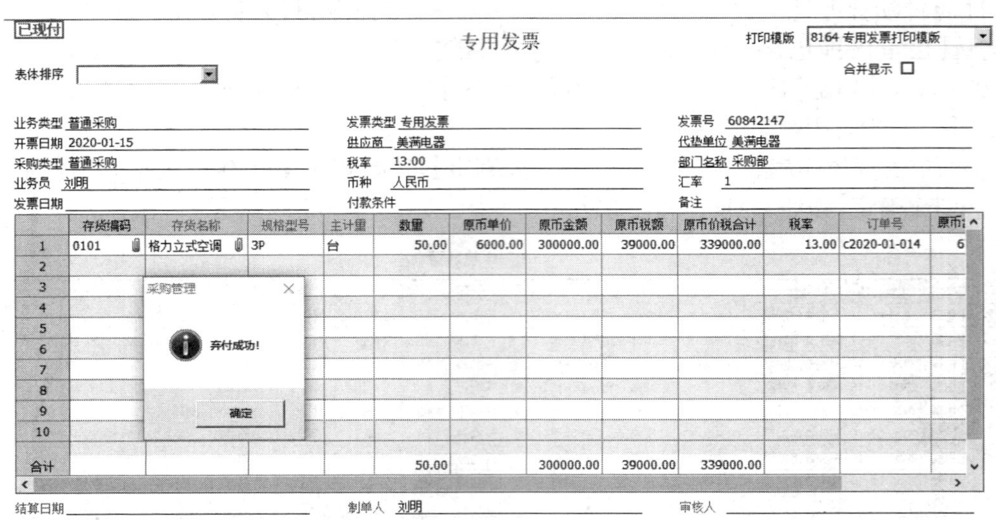

图 2-1-354 【专用发票“弃付”】窗口

(2) 单击【确定】按钮,弃付成功,单击【删除】按钮,系统弹出【确实要删除该张单据吗?】提示,如图 2-1-355 所示,单击【确定】按钮,票据采购专用发票删除成功。

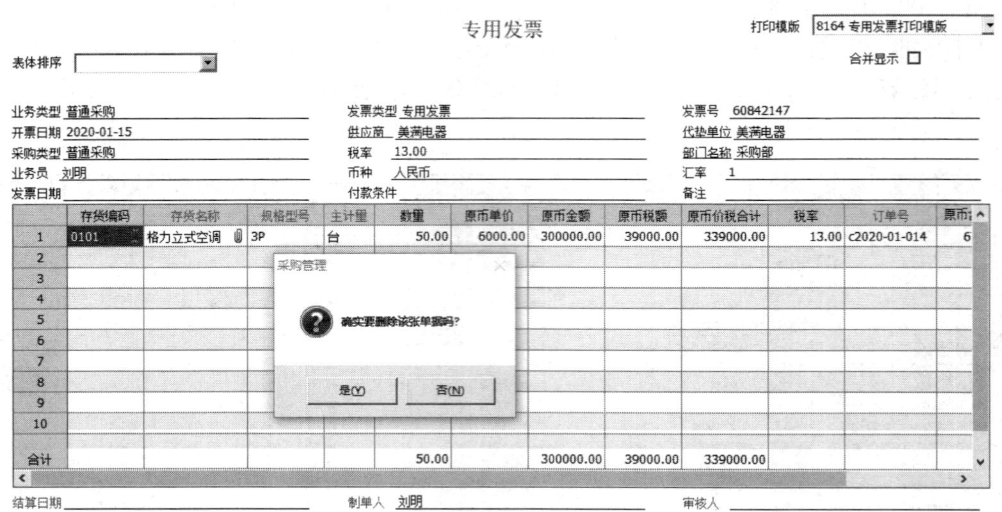

图 2-1-355 【专用发票“删除”】窗口

四、删除采购入库单操作

(1) 2020 年 1 月 1 日,仓储部【C01 刘芳芳】在企业应用平台中执行【业务工作】【供应链】【库存管理】【入库业务】,打开【采购入库单】窗口,单击【弃审】按钮,系统弹出【该单据弃审成功!】提示,单击【确定】按钮,如图 2-1-356 所示。

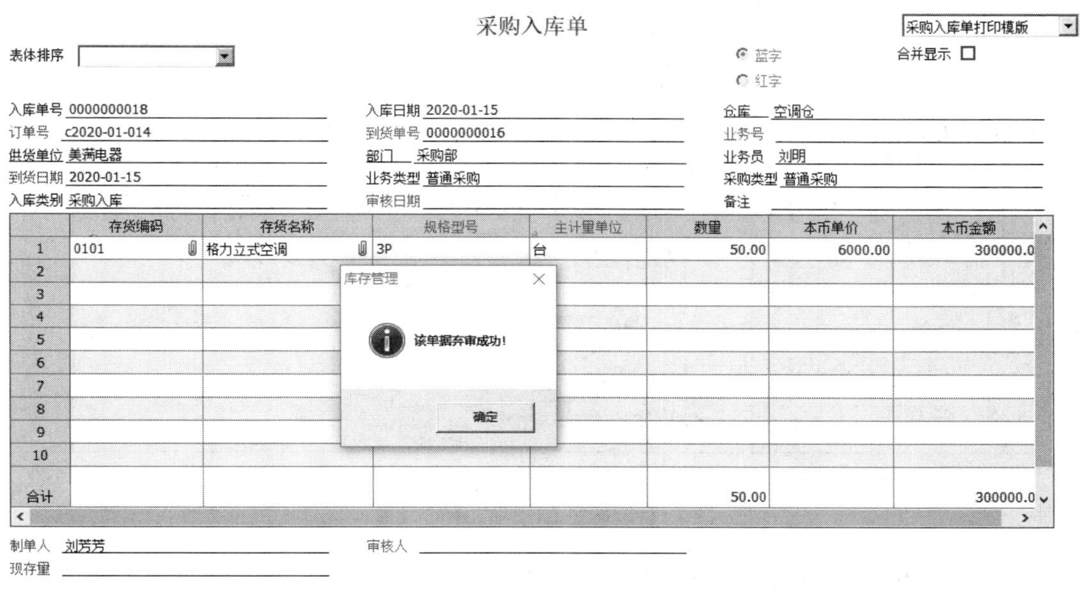

图 2-1-356　【采购入库单“弃审”】窗口

（2）单击【删除】按钮，系统弹出【确实要删除当前的单据吗？】提示，如图 2-1-357 所示，单击【确定】按钮，采购入库单删除成功。

图 2-1-357　【采购入库单“删除”】窗口

五、删除采购到货单与订单

1. 删除采购到货单

（1）2020 年 1 月 15 日，采购部【G01 刘明】在企业应用平台中执行【业务工作】【供应链】【采购管理】【采购到货】【采购到货单】命令，打开【采购到货单】窗口，单击【弃审】按钮，系统弹出【弃审成功】提示，单击【确定】按钮，如图 2-1-358 所示。

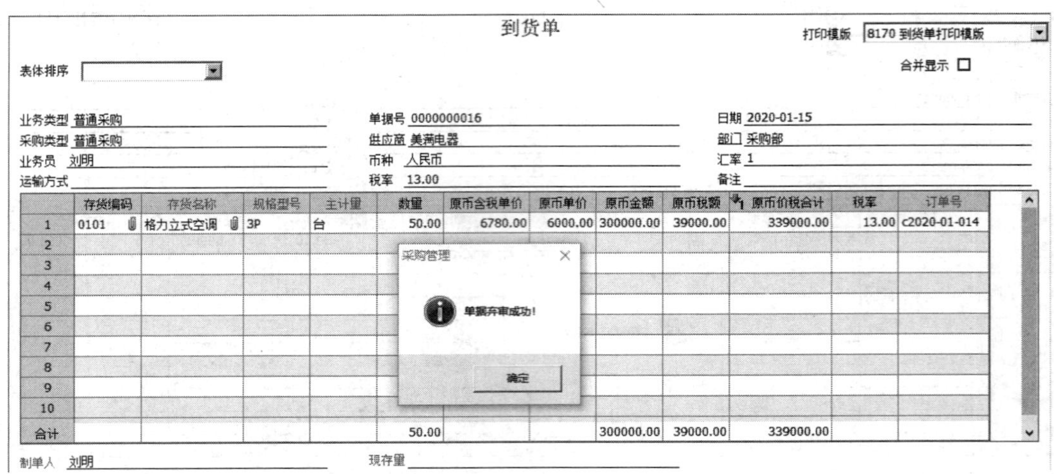

图 2-1-358 【到货单"弃审"】窗口

(2) 单击【删除】按钮,系统弹出【确实要删除该张单据吗?】提示,如图 2-1-359 所示,单击【确定】按钮,采购到货单删除成功。

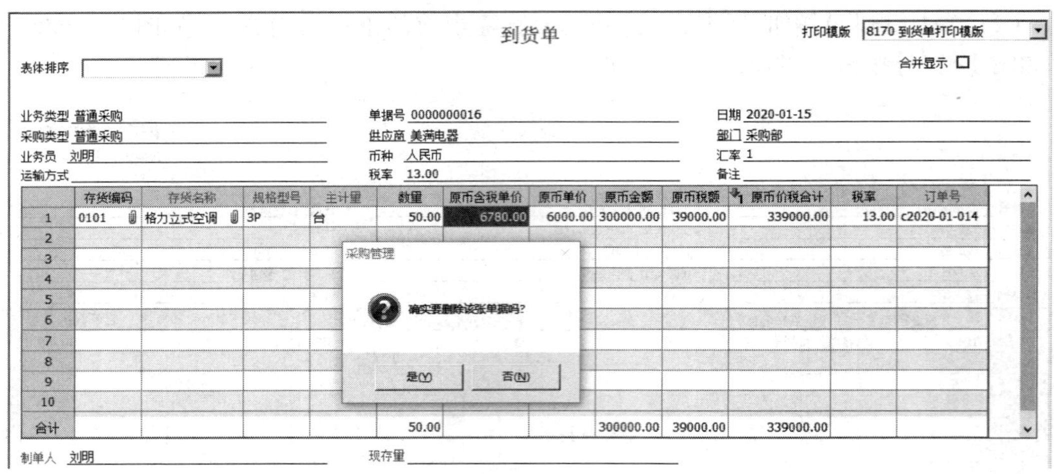

图 2-1-359 【采购到货单"删除"】窗口

2. 删除采购订单

(1) 2020 年 1 月 15 日,采购部【G01 刘明】在企业应用平台中执行【业务工作】【供应链】【采购管理】【采购订货】命令,打开【采购订单】窗口,单击【弃审】按钮,系统弹出【单据弃审成功!】提示,单击【确定】按钮,如图 2-1-360 所示。

(2) 单击【修改】按钮,将供应商【美满电器】修改为【格力空调】,单击【确定】按钮,采购订单修改成功,如图 2-1-361 所示。

六、整理凭证

(1) 2020 年 1 月 15 日,账套主管张明明在企业应用平台中执行【业务工作】【财务会计】【总账】【凭证】【填制凭证】命令,打开【记账凭证】窗口,单击【整理凭证】按钮,系统弹出【请选择凭证期间】提示,选择【2020.01】,单击【确定】按钮。

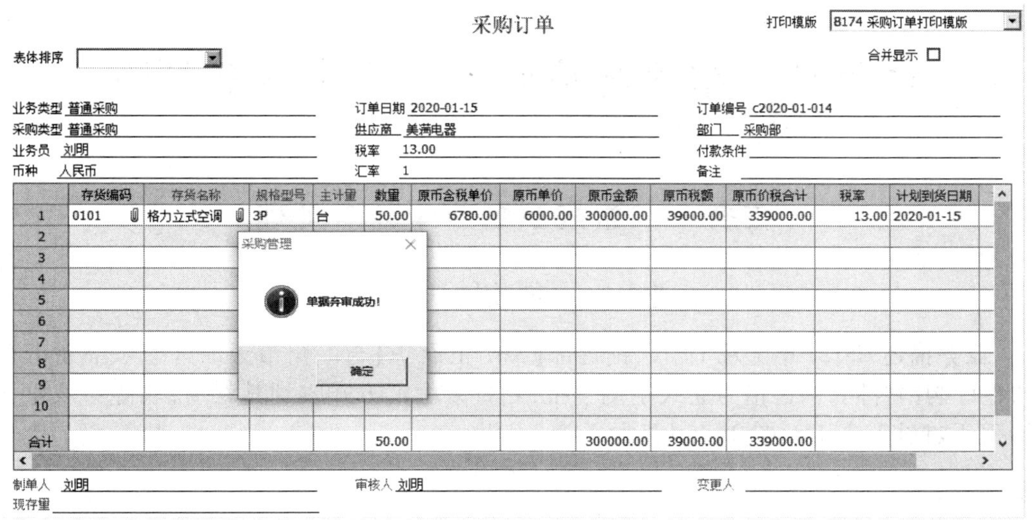

图 2-1-360 【采购订单“弃审”】窗口

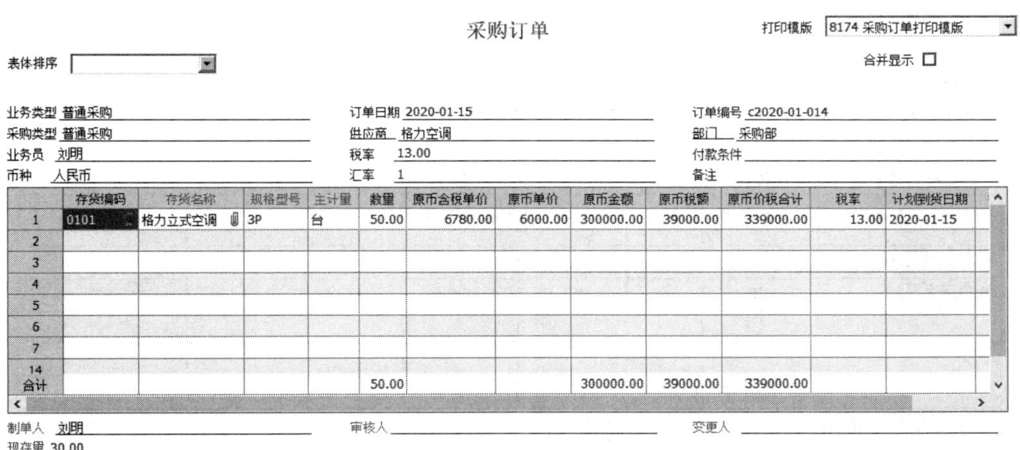

图 2-1-361 【采购订单“修改”】窗口

（2）显示作废凭证表，单击【全选】按钮，如图 2-1-362 所示。

（3）单击【确定】按钮，系统弹出【是否还需整理凭证断号】提示，如图 2-1-363 所示，单击【是】按钮，完成凭证整理工作。

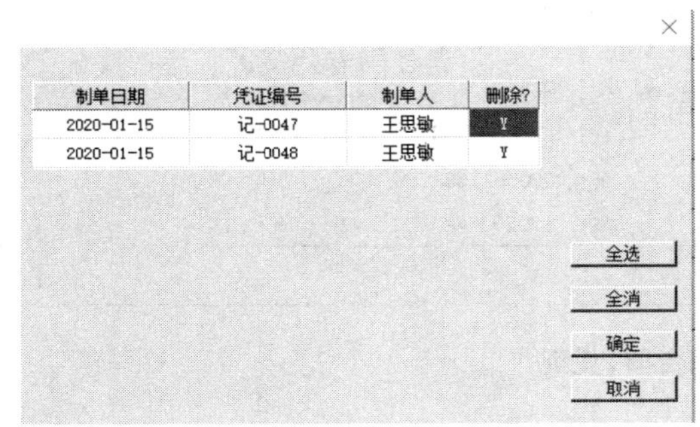

图 2-1-362 【总账作废凭证表】窗口

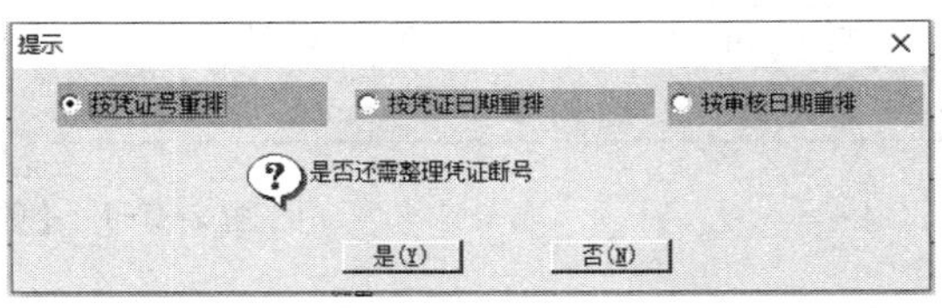

图 2-1-363 【总账整理凭证断号】窗口

项目二　销售与应收账款日常业务处理

任务一　常规销售日常业务处理

业务一　现收销售业务

操作视频

微课

常规销售日常业务处理

〖业务描述〗2020 年 1 月 15 日,销售部【X01 王丽华】与广州市天河区家乐福超市有限公司签订购销合同,销售格力立式空调一批,当日以电汇方式收到其款项,取得与该业务相关的凭证如图 2-2-1 至图 2-2-4 所示。

购销合同

合同编号 x2020-01-003

购货单位(甲方): 广州市天河区家乐福超市有限公司

供货单位(乙方): 广州欣欣电子商贸有限公司

根据《中华人民共和国合同法》及国家相关法律、法规之规定,甲乙双方本着平等互利的原则,就甲方购买乙方货物一事达成以下协议。

一、货物的名称、数量及价格:

货物名称	规格型号	单位	数量	含税单价	金额	税率	价税合计
格力立式空调	3P	台	20	8,814.00	156,000.00	13%	176,280.00
格力立式空调	4P	台	50	6,757.40	299,000.00	13%	337,870.00
合计(大写) 伍拾壹万肆仟壹佰伍拾元整							514,150.00

二、交货方式和费用承担:交货方式: 销货方送货，交货时间: 2020年01月15日 前,交货地点: 广州市白下区洪武路88号，运费由 承担。

三、付款时间与付款方式: 2020年1月15日付款,以电汇方式付款。

四、质量异议期:订货方对供货方的货物质量有异议时,应在收到货物后 内提出,逾期视为货物质量合格。

五、未尽事宜经双方协商可作补充协议,与本合同具有同等效力。

六、本合同自双方签字、盖章之日起生效;本合同壹式贰份,甲乙双方各执壹份。

甲方(签章): 广州市天河区家乐福超市有限公司 合同专用章

授权代表:

地　址: 广州市天河区洪武路88号

电　话: 020-84782888

日　期: 2020 年 01 月 15 日

乙方(签章): 广州欣欣电子商贸有限公司 合同专用章

授权代表: 陈翼明

地　址: 广州市天河区上元大街18号

电　话: 020-61168868

日　期: 2020 年 01 月 15 日

图 2-2-1　【购销合同】凭证

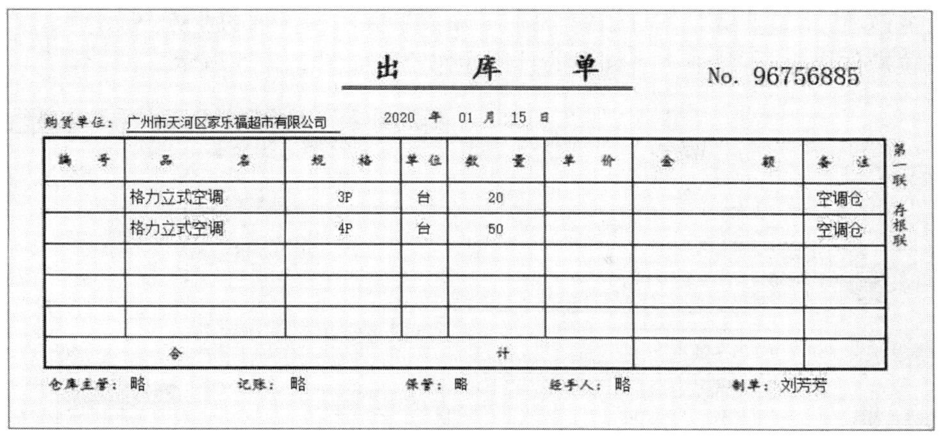

出 库 单

No. 96756885

购货单位：广州市天河区家乐福超市有限公司　　2020 年 01 月 15 日

编号	品名	规格	单位	数量	单价	金额	备注
	格力立式空调	3P	台	20			空调仓
	格力立式空调	4P	台	50			空调仓
合计							

仓库主管：略　记账：略　保管：略　经手人：略　制单：刘芳芳

第一联 存根联

图 2-2-2 【出库单】凭证

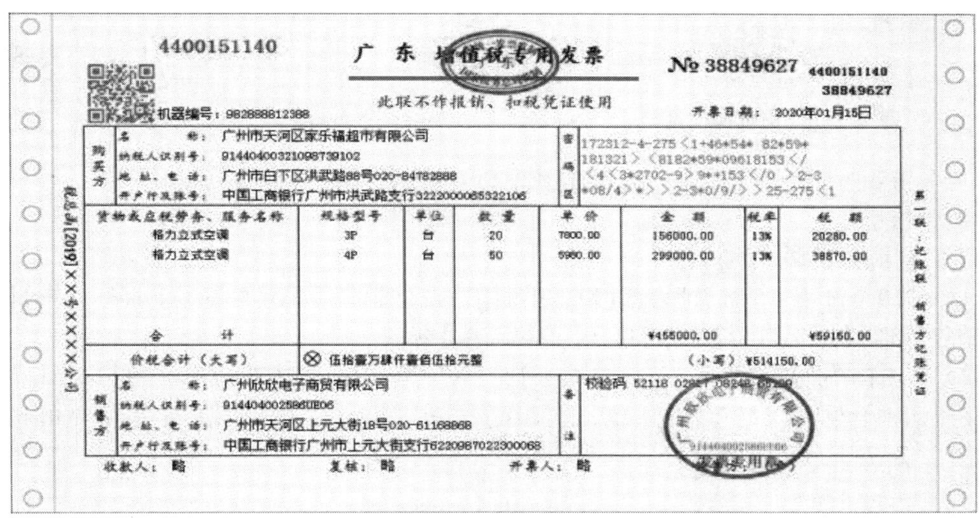

4400151140

广东增值税专用发票

№ 38849627　4400151140　38849627

此联不作报销、扣税凭证使用

机器编号：982888812388　　开票日期：2020年01月15日

购买方	
名称	广州市天河区家乐福超市有限公司
纳税人识别号	91440400321098739102
地址、电话	广州市白下区洪武路88号020-84782888
开户行及账号	中国工商银行广州市洪武路支行3222000065322106

密码区：172312-4-275＜1+46*54* 82*59+ 181321＞＜8182*59*09618153＜/ ＜4＜3*2702-9＞9**153＜/0 ＞2-3 *08/4＞*＞＞2-3*0/9/＞＞25-275＜1

货物或应税劳务、服务名称	规格型号	单位	数量	单价	金额	税率	税额
格力立式空调	3P	台	20	7800.00	156000.00	13%	20280.00
格力立式空调	4P	台	50	5980.00	299000.00	13%	38870.00
合计					¥455000.00		¥59150.00
价税合计（大写）	⊗伍拾壹万肆仟壹佰伍拾元整				（小写）¥514150.00		

销售方	
名称	广州欣欣电子商贸有限公司
纳税人识别号	914404002586UE06
地址、电话	广州市天河区上元大街18号020-61168868
开户行及账号	中国工商银行广州市上元大街支行6220987022300068

备注：校验码 52118 02857 08248 69289

收款人：略　复核：略　开票人：略

税总函[2019]××号××××公司

第一联：记账联 销售方记账凭证

图 2-2-3 【增值税专用发票】凭证

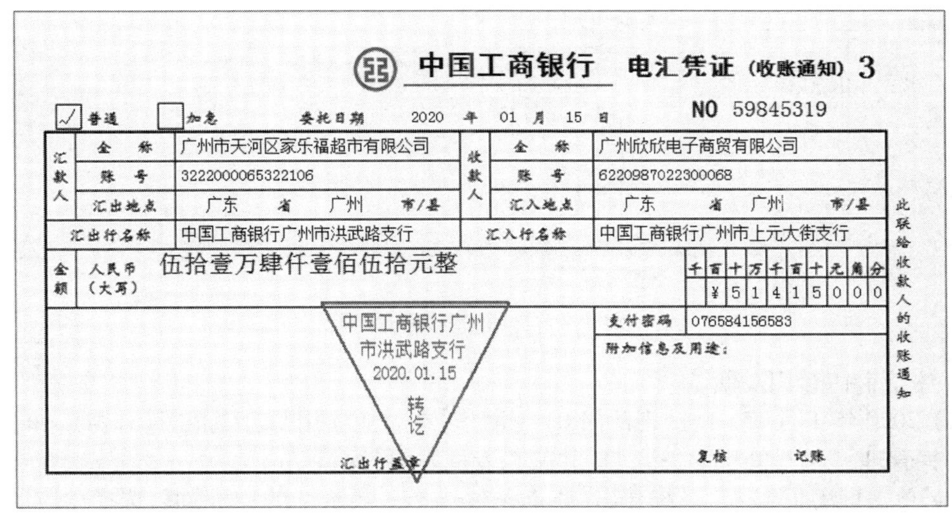

中国工商银行 电汇凭证（收账通知）3

☑普通　☐加急　委托日期 2020 年 01 月 15 日　NO 59845319

汇款人		收款人	
全称	广州市天河区家乐福超市有限公司	全称	广州欣欣电子商贸有限公司
账号	3222000065322106	账号	6220987022300068
汇出地点	广东 省 广州 市/县	汇入地点	广东 省 广州 市/县
汇出行名称	中国工商银行广州市洪武路支行	汇入行名称	中国工商银行广州市上元大街支行

金额：人民币（大写）伍拾壹万肆仟壹佰伍拾元整　¥514150.00

支付密码：076584156583

附加信息及用途：

中国工商银行广州市洪武路支行 2020.01.15 转讫

汇出行签章　　复核　记账

此联给收款人的收账通知

图 2-2-4 【电汇回单】凭证

〖业务解析〗本笔业务是签订销售合同、开票发货并收回货款的业务。

〖岗位操作说明〗本笔业务各岗位的具体操作流程如图 2-2-5 所示。

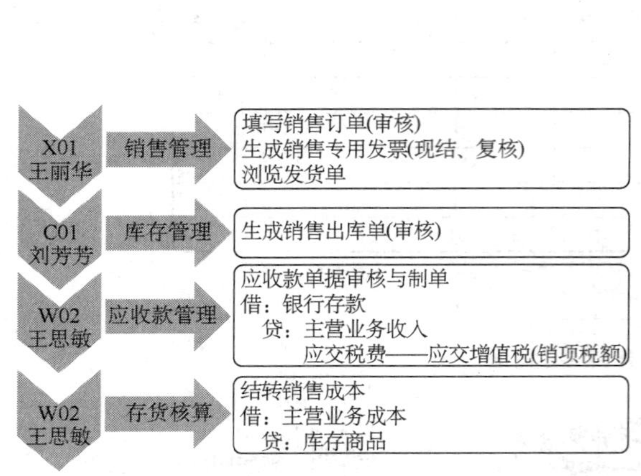

图 2-2-5 岗位操作说明

图 2-2-6 业务流程

〖业务流程〗本笔业务的业务流程如图 2-2-6 所示。

〖操作指引〗

1. 填制销售订单

(1) 2020 年 1 月 15 日,销售部【X01 王丽华】在企业应用平台中执行【业务工作】【供应链】【销售管理】【销售订货】命令,打开【销售订单】窗口。

(2) 单击【增加】按钮,修改【订单编号】为【X2020-01-003】,【销售类型】选择【普通销售】,按照购销合同录入订单信息,单击【保存】按钮,单击【审核】按钮,审核填制的销售订单,如图 2-2-7 所示。

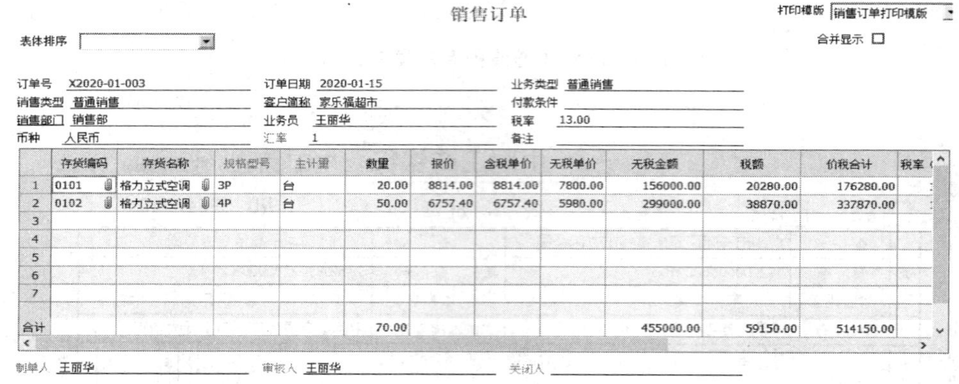

销售订单

打印模版 销售订单打印模版

表体排序　　合并显示 □

订单号 X2020-01-003　订单日期 2020-01-15　业务类型 普通销售
销售类型 普通销售　客户简称 家乐福超市　付款条件
销售部门 销售部　业务员 王丽华　税率 13.00
币种 人民币　汇率 1　备注

	存货编码	存货名称	规格型号	主计量	数量	报价	含税单价	无税单价	无税金额	税额	价税合计	税率
1	0101	格力立式空调	3P	台	20.00	8814.00	8814.00	7800.00	156000.00	20280.00	176280.00	
2	0102	格力立式空调	4P	台	50.00	6757.40	6757.40	5980.00	299000.00	38870.00	337870.00	
3												
4												
5												
6												
7												
合计					70.00				455000.00	59150.00	514150.00	

制单人 王丽华　审核人 王丽华　关闭人

图 2-2-7 【销售订单】窗口

2. 生成销售专用发票

(1) 2020 年 1 月 15 日,销售部【X01 王丽华】在企业应用平台中执行【业务工作】【供应链】【销售管理】【销售开票】命令,打开【销售专用发票】窗口。

(2) 单击【增加】按钮,系统弹出【查询条件选择—参照订单】对话框,选择相应的订单,单击【确定】按钮,修改【发票号】为【38849627】,修改表体【仓库名称】为【空调仓】,单击【保存】按钮。

（3）单击【现结】按钮，打开【现结】对话，按照进账单的信息录入系统，单击【确定】按钮。

（4）单击【确定】按钮，系统提示【已现结】，发票显示【现结】字样，单击【复核】按钮，复核已现结的销售专用发票，如图 2-2-8 所示。

现结

销售专用发票

打印模版 销售专用发票打印模

表体排序

合并显示 □

发票号 38849627　开票日期 2020-01-15　业务类型 普通销售

销售类型 普通销售　订单号 X2020-01-003　发货单号 0000000005

客户简称 家乐福超市　销售部门 销售部　业务员 王丽华

付款条件　客户地址 广州市白下区洪武路88号　联系电话 020-84782888

开户银行 中国工商银行广州市洪武路支行　账号 3222000065322106　税号 91440400321098739102

币种 人民币　汇率 1　税率 13.00

备注

	仓库名称	存货编码	存货名称	规格型号	主计量	数量	报价	含税单价	无税单价	无税金额	税额	价税合计	税率（%）
1	空调仓	0101	格力立式空调	3P	台	20.00	8814.00	8814.00	7800.00	156000.00	20280.00	176280.00	13.00
2	空调仓	0102	格力立式空调	4P	台	50.00	6757.40	6757.40	5980.00	299000.00	38870.00	337870.00	13.00
3													
4													
5													
6													
7													
合计						70.00				455000.00	59150.00	514150.00	

单位名称 广州欣欣电子商贸有限公司　本单位税号 914404002586UE06　本单位开户银行 中国工商银行广州市上元大

制单人 王丽华　复核人 王丽华　银行账号 6220987022300068

图 2-2-8 【销售专用发票】窗口

3. 浏览发货单

（1）2020 年 1 月 15 日，销售部【X01 王丽华】在企业应用平台中执行【业务工作】【供应链】【销售管理】【销售发货】命令，打开【发货单】窗口。

（2）单击【浏览】按钮，可以查看系统根据销售专用发票自动生成并审核的发货，如图 2-2-9 所示。

发货单

打印模版 发货单打印模版

表体排序

合并显示 □

发货单号 0000000005　发货日期 2020-01-15　业务类型 普通销售

销售类型 普通销售　订单号 X2020-01-003　发票号 38849627

客户简称 家乐福超市　销售部门 销售部　业务员 王丽华

发货地址　发运方式　付款条件

税率 13.00　币种 人民币　汇率 1

备注

	仓库名称	存货编码	存货名称	规格型号	主计量	数量	报价	含税单价	无税单价	无税
1	空调仓	0101	格力立式空调	3P	台	20.00	8814.00	8814.00	7800.00	
2	空调仓	0102	格力立式空调	4P	台	50.00	6757.40	6757.40	5980.00	
3										
4										
5										
6										
7										
合计						70.00				

制单人 王丽华　审核人 王丽华　关闭人

图 2-2-9 【发货单】窗口

4. 生成销售出库单

（1）2020 年 1 月 15 日，仓储部【C01 刘芳芳】在企业应用平台中执行【业务工作】【供应链】【库存管理】【出库业务】命令，打开【销售出库单】窗口。

（2）执行【生单】【销售生单】命令，打开【查询条件选择—销售发货单列表】对话框，单击【确定】按钮。

（3）打开【销售生单】窗口，选择相应的【发货单】，单击【确定】按钮，系统自动生成销售出库单，单击【审核】按钮，如图 2-2-10 所示。

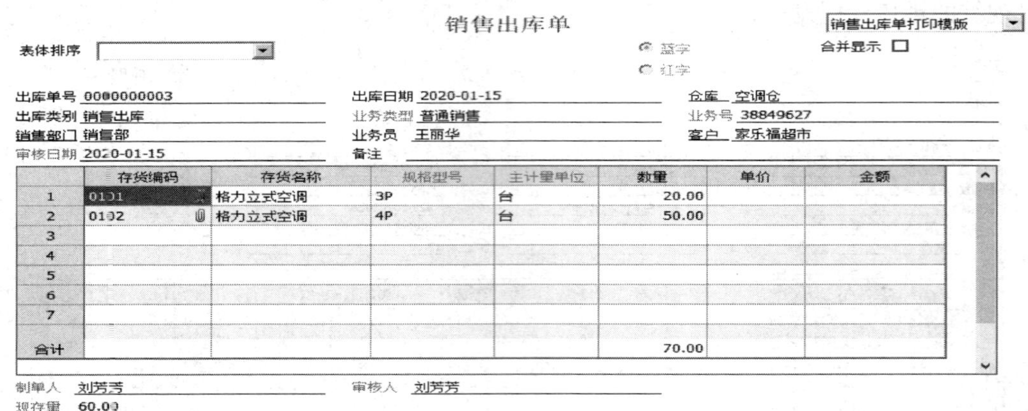

销售出库单

销售出库单打印模版　合并显示 □

表体排序　　蓝字　红字

出库单号 0000000003　出库日期 2020-01-15　仓库 空调仓

出库类别 销售出库　业务类型 普通销售　业务号 38849627

销售部门 销售部　业务员 王丽华　客户 家乐福超市

审核日期 2020-01-15　备注

	存货编码	存货名称	规格型号	主计量单位	数量	单价	金额
1	0101	格力立式空调	3P	台	20.00		
2	0102	格力立式空调	4P	台	50.00		
3							
4							
5							
6							
7							
合计					70.00		

制单人 刘芳芳　审核人 刘芳芳

现存量 60.00

图 2-2-10 【销售出库单】窗口

5. 应收单审核与制单

（1）2020 年 1 月 15 日，财务部【W02 王思敏】在企业应用平台中执行【业务工作】【财务会计】【应收款管理】【应收款单据处理】【应收单据审核】命令，勾选【包含已现结的发票】复选框，单击【全选】按钮，单击【审核】按钮，如图 2-2-11 所示。

应收单据列表

记录总数：1

选择	审核人	单据日期	单据类型	单据号	客户名称	部门	业务员	制单人	币种	汇率	原币金额	本币金额
	王思敏	2020-01-15	销售专用发票	38849627	广州市天河区家乐福超市有限公司	销售部	王丽华	王丽华	人民币	1.00000000	514,150.00	514,150.00
合计											514,150.00	514,150.00

图 2-2-11 【应收单据列表】窗口

（2）执行【制单处理】命令，选择【现结制单】，单击【确定】按钮，选择需要制单的记录，凭证类别选中【记账凭证】，单击【制单】按钮，系统生成相关记账凭证，单击【保存】按钮，如图 2-2-12 所示。

已生成

记 账 凭 证

记 字 0047　制单日期：2020.01.15　审核日期：　附单据数：1

摘 要	科目名称	借方金额	贷方金额
现结	银行存款	51415000	
现结	主营业务收入		45500000
现结	应交税费/应交增值税/销项税额		5915000
票号 4 － 59845319 日期 2020.01.15	数量 单价	合 计 51415000	51415000

备注　项 目　部 门

个 人　客 户

业务员

记账　审核　出纳　制单 王思敏

图 2-2-12 【记账凭证】窗口

6. 结转销售成本

（1）2020 年 1 月 15 日，财务部【W02 王思敏】在企业应用平台中执行【业务工作】【供应链】【存货核算】【业务核算】【正常单据记账】命令，打开【查询条件选择】对话框。

（2）单击【确定】按钮，打开【正常单据记账列表】窗口，单击【全选】按钮，如图 2-2-13 所示。

正常单据记账列表

记录总数：2

选择	日期	单据号	存货编码	存货名称	规格型号	存货代码	单据类型	仓库名称	收发类别	数量	单价	金额
Y	2020-01-15	38849627	0101	格力立式空调	3P		专用发票	空调仓	销售出库	20.00		
Y	2020-01-15	38849627	0102	格力立式空调	4P		专用发票	空调仓	销售出库	50.00		
小计										70.00		

图 2-2-13 【正常单据记账列表】窗口

（3）单击【记账】按钮，将销售专用发票记账，系统提示【记账成功！】。

（4）执行【财务核算】【生成凭证】命令，打开【查询条件】对话框。

（5）单击【确定】按钮，打开【未生成凭证单据一览表】窗口，单击【选择】栏或单击【全选】按钮，选中待生成凭证的单据，单击【确定】按钮。

（6）凭证类别选择【记 记账凭证】，如图 2-2-14 所示。

凭证类别 记 记账凭证

选择	单据类型	单据号	摘要	科目类型	科目编码	科目名称	借方金额	贷方金额	借方数量	贷方数量	科目方向	存货编码	存货名称	规格型号	部门名称
1	专用发票	38849627	专用发票	对方	6401	主营业务成本	120,000.00		20.00		1	0101	格力立式空调	3P	销售部
				存货	1405	库存商品		120,000.00		20.00	2	0101	格力立式空调	3P	销售部
				对方	6401	主营业务成本	115,000.00		25.00		1	0102	格力立式空调	4P	销售部
				存货	1405	库存商品		115,000.00		25.00	2	0102	格力立式空调	4P	销售部
				对方	6401	主营业务成本	115,000.00		25.00		1	0102	格力立式空调	4P	销售部
				存货	1405	库存商品		115,000.00		25.00	2	0102	格力立式空调	4P	销售部
合计							350,000.00	350,000.00							

图 2-2-14 【生成凭证】窗口

（7）单击【生成】按钮，生成一张记账凭证，单击【保存】按钮，如图 2-2-15 所示。

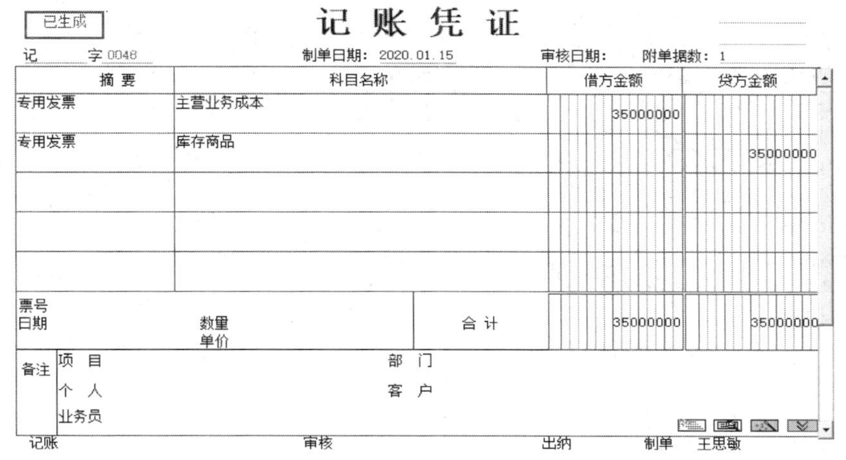

已生成

记账凭证

记 字 0048 制单日期：2020.01.15 审核日期： 附单据数：1

摘要	科目名称	借方金额	贷方金额
专用发票	主营业务成本	35000000	
专用发票	库存商品		35000000
票号 日期	数量 单价 合计	35000000	35000000

备注 项目 部门

个人 客户

业务员

记账 审核 出纳 制单 王思敏

图 2-2-15 【记账凭证】窗口

业务二 预收款销售业务

一、签订合同并预收货款的业务

〖业务描述〗2020 年 1 月 16 日,销售部【X01 王丽华】与广州市天河区金润发超市有限公司签订购销合同,销售格力挂式空调一批,当日以电汇方式预付 50 000 元,其尾款于交货时支付,取得与该业务相关的凭证如图 2-2-16 和图 2-2-17 所示。

〖业务解析〗本笔业务是签订销售合同、预收货款的业务。

〖岗位操作说明〗本笔业务各岗位的具体操作流程如图 2-2-18 所示。

〖业务流程〗本笔业务的业务流程如图 2-2-19 所示。

〖操作指引〗

1. 填制销售订单

(1) 2020 年 1 月 16 日,销售部【X01 王丽华】在企业应用平台中执行【业务工作】【供应链】【销售管理】【销售订货】命令,打开【销售订单】窗口。

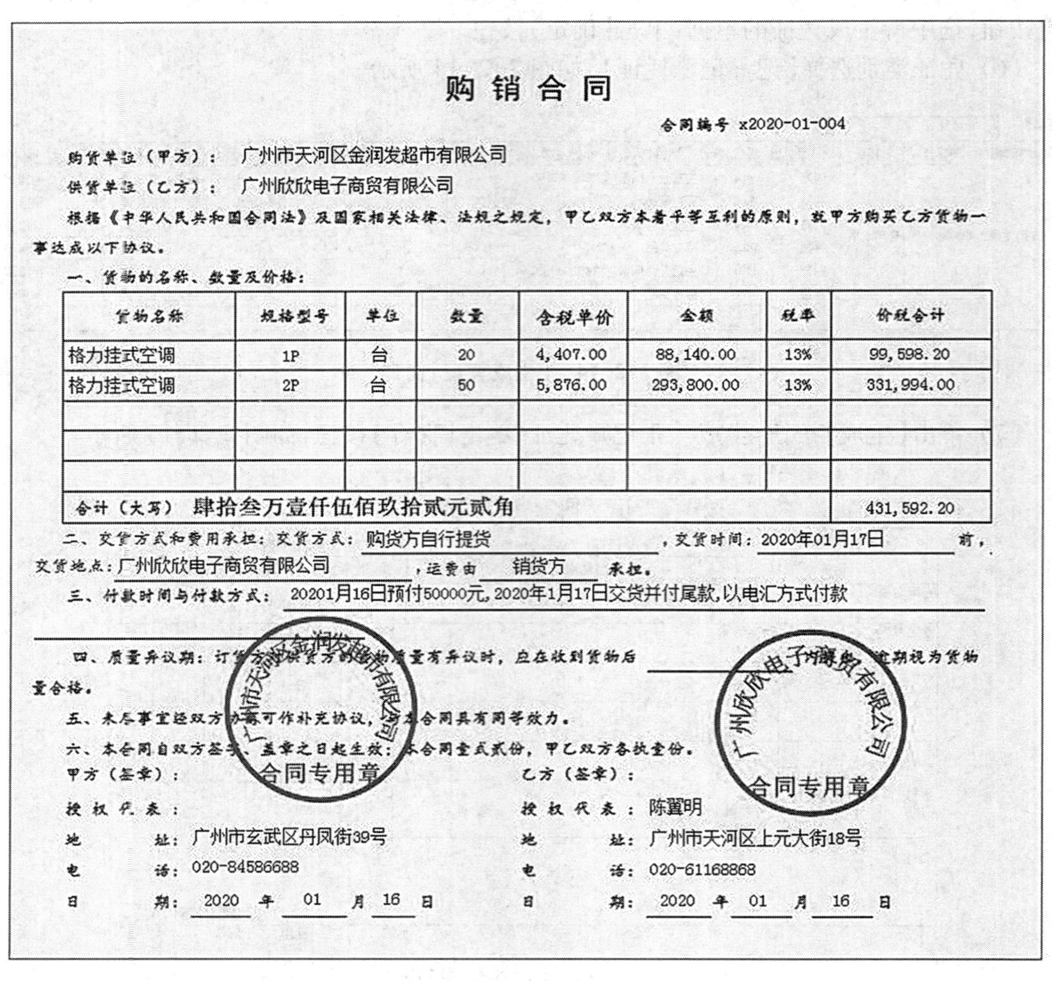

购销合同

合同编号 x2020-01-004

购货单位(甲方): 广州市天河区金润发超市有限公司

供货单位(乙方): 广州欣欣电子商贸有限公司

根据《中华人民共和国合同法》及国家相关法律、法规之规定,甲乙双方本着平等互利的原则,就甲方购买乙方货物一事达成以下协议。

一、货物的名称、数量及价格:

货物名称	规格型号	单位	数量	含税单价	金额	税率	价税合计
格力挂式空调	1P	台	20	4,407.00	88,140.00	13%	99,598.20
格力挂式空调	2P	台	50	5,876.00	293,800.00	13%	331,994.00
合计(大写) 肆拾叁万壹仟伍佰玖拾贰元贰角							431,592.20

二、交货方式和费用承担:交货方式: 购货方自行提货 ,交货时间: 2020年01月17日 前,交货地点:广州欣欣电子商贸有限公司 ,运费由 销货方 承担。

三、付款时间与付款方式: 20201月16日预付50000元,2020年1月17日交货并付尾款,以电汇方式付款

四、质量异议期:订货方对供货方的货物质量有异议时,应在收到货物后 ____ 内提出,逾期视为货物质量合格。

五、未尽事宜经双方协商可作补充协议,与本合同具有同等效力。

六、本合同自双方签字、盖章之日起生效;本合同壹式贰份,甲乙双方各执壹份。

甲方(签章): 广州市天河区金润发超市有限公司 合同专用章

授权代表:

地址: 广州市玄武区丹凤街39号

电话: 020-84586688

日期: 2020 年 01 月 16 日

乙方(签章): 广州欣欣电子商贸有限公司 合同专用章

授权代表: 陈置明

地址: 广州市天河区上元大街18号

电话: 020-61168868

日期: 2020 年 01 月 16 日

图 2-2-16 【购销合同】凭证

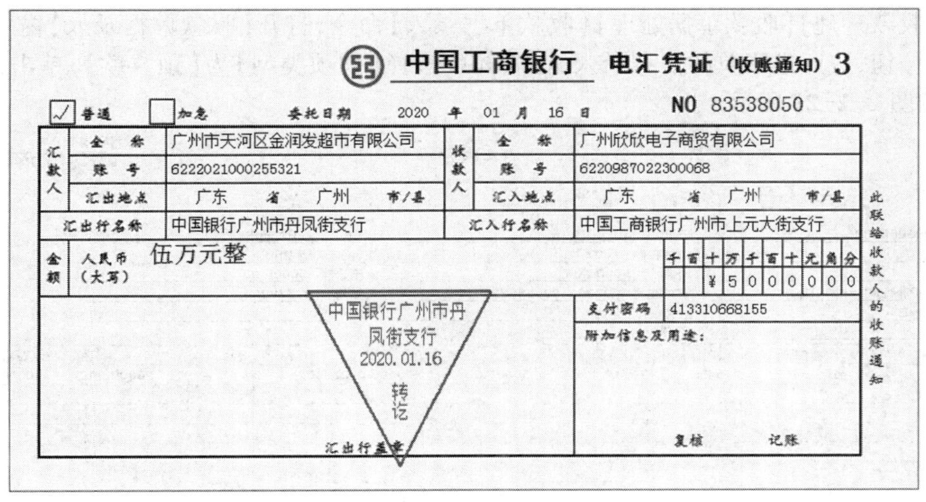

中国工商银行　电汇凭证（收账通知）3

NO 83538050

☑普通　☐加急　委托日期　2020 年 01 月 16 日

汇款人	全称	广州市天河区金润发超市有限公司	收款人	全称	广州欣欣电子商贸有限公司
	账号	6222021000255321		账号	6220987022300068
	汇出地点	广东 省 广州 市/县		汇入地点	广东 省 广州 市/县
汇出行名称		中国银行广州市丹凤街支行	汇入行名称		中国工商银行广州市上元大街支行
金额	人民币（大写）	伍万元整		千百十万千百十元角分	¥ 5 0 0 0 0 0 0
				支付密码	413310668155
				附加信息及用途：	

中国银行广州市丹凤街支行 2020.01.16 转讫

汇出行签章　　复核　记账

此联给收款人的收账通知

图 2-2-17 【电汇回单】凭证

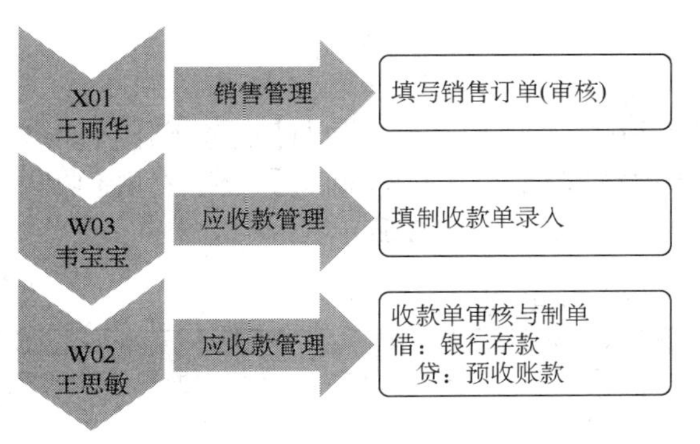

图 2-2-18 岗位操作说明

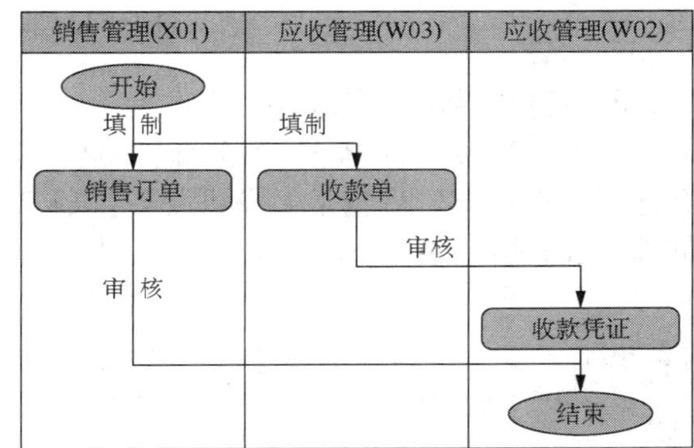

图 2-2-19 业务流程

（2）单击【增加】按钮，修改【订单编号】为【X2020-01-004】，【销售类型】选择【普通销售】，按照购销合同录入订单信息，单击【保存】按钮，如图 2-2-20 所示。

销售订单

打印模版 销售订单打印模版

表体排序　　　　合并显示 ☐

订单号 x2020-01-004　订单日期 2020-01-16　业务类型 普通销售
销售类型 普通销售　客户简称 金润发超市　付款条件
销售部门 销售部　业务员 王丽华　税率 13.00
币种 人民币　汇率 1　备注

	存货编码	存货名称	规格型号	主计量	数量	报价	含税单价	无税单价	无税金额	税额	价税合计	税率（%）	折扣额	扣率（%）	扣率2（%）	预发货日期
1	0103	格力挂式…	1P	台	20.00	4407.00	4407.00	3900.00	78000.00	10140.00	88140.00	13.00	0.00	100.00	100.00	2020-01-17
2	0104	格力挂式…	2P	台	50.00	5876.00	5876.00	5200.00	260000.00	33800.00	293800.00	13.00	0.00	100.00	100.00	2020-01-17
3																
4																
5																
6																
7																
合计					70.00				338000.00	43940.00	381940.00		0.00			

制单人 王丽华　审核人 王丽华　关闭人

图 2-2-20 【销售订单】窗口

2. 填制收款单

2020 年 1 月 16 日，财务部【W03 韦宝宝】在企业应用平台中执行【业务工作】【财务会计】【应收款管理】【收款单据处理】【收款单据录入】命令，打开【收款单据录入】窗口，单击【增加】按钮，按照进账单的信息录入，在表体中选择【款项类型】为【预收款】，单击【保存】按钮，如图 2-2-21 所示。

收款单

打印模版 应收收款单打印模板

表体排序

单据编号 0000000006　日期 2020-01-16　客户 金润发超市
结算方式 电汇　结算科目 1002　币种 人民币
汇率 1　金额 50000.00　本币金额 50000.00
客户银行 中国银行广州市丹凤街支行　客户账号 6222021000255321　票据号 83538050
部门 销售部　业务员 王丽华　项目
摘要　订单号

	款项类型	客户	部门	业务员	金额	本币金额	科目	项目	本币余额	余额
1	预收款	金润发超市	销售部	王丽华	50000.00	50000.00	220301		50000.00	50000.00
2										
3										
4										
5										
6										
7										
合计					50000.00	50000.00			50000.00	50000.00

录入人 韦宝宝　审核人　核销人

图 2-2-21 【收款单】窗口

3. 收款单据审核与制单

(1) 2020 年 1 月 16 日，财务部【W02 王思敏】在企业应用平台中执行【业务工作】【财务会计】【应收账款管理】【收款单据处理】【收款单据审核】命令，单击【确定】按钮，打开【收付款单列表】窗口，单击【全选】按钮，单击【审核】按钮，如图 2-2-22 所示。

收付款单列表

记录总数：1

选择	审核人	单据日期	单据类型	单据编号	客户名称	部门	业务员	结算方式	票据号	币种	汇率	原币金额	本币金额
	王思敏	2020-01-16	收款单	0000000006	广州市天河区金润发超市有限公司	销售部	王丽华	电汇	83538050	人民币	1.00000000	50,000.00	50,000.00
合计												50,000.00	50,000.00

图 2-2-22 【收付款单列表】窗口

(2) 执行【制单处理】命令，打开【制单查询】窗口，选择【收付款单制单】，单击【确定】按钮，打开【收付款单制单】窗口，单击【全选】按钮，单击【制单】，系统生成一张凭证，单击【保存】按钮，如图 2-2-23 所示。

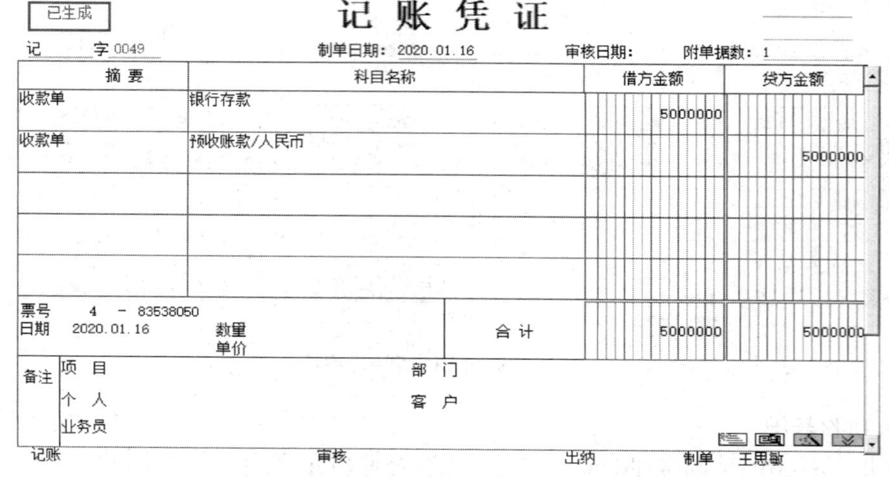

已生成

记账凭证

记 字 0049　制单日期：2020.01.16　审核日期：　附单据数：1

摘要	科目名称	借方金额	贷方金额
收款单	银行存款	5000000	
收款单	预收账款/人民币		5000000
票号 4 - 83538050 日期 2020.01.16　数量 单价	合计	5000000	5000000

备注　项目　部门
个人　客户
业务员

记账　审核　出纳　制单 王思敏

图 2-2-23 【记账凭证】窗口

二、发货并收到尾款的业务

〖业务描述〗2020 年 1 月 17 日,公司给广州市天河区金润发超市有限公司发货并收到尾款,取得与该业务相关的凭证如图 2-2-24 至图 2-2-26 所示。

〖业务解析〗本笔业务是开票发货同时收回余款的销售业务。

〖岗位操作说明〗本笔业务各岗位的具体操作流程如图 2-2-27 所示。

〖业务流程〗本笔业务的业务流程如图 2-2-28 所示。

出 库 单 No. 96756886

购货单位：广州市天河区金润发超市有限公司 2020 年 01 月 17 日

编号	品名	规格	单位	数量	单价	金额	备注
0103	格力挂式空调	1P	台	20			空调仓
0104	格力挂式空调	2P	台	50			空调仓
合		计					

第一联 存根联

仓库主管：略 记账：略 保管：略 经手人：略 制单：刘芳芳

图 2-2-24 【出库单】凭证

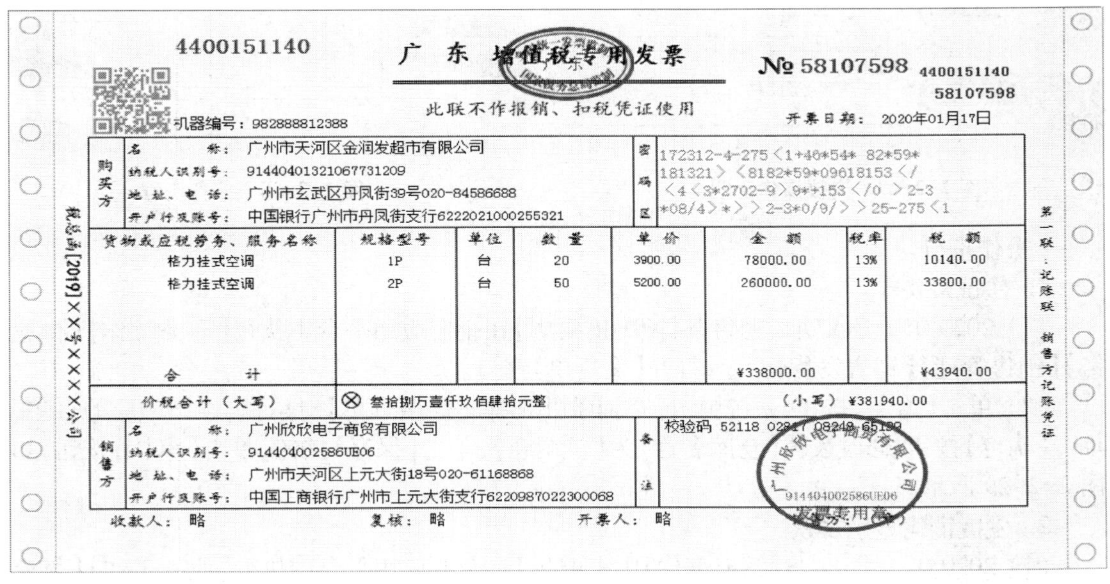

4400151140 广东增值税专用发票 № 58107598 4400151140 58107598

此联不作报销、扣税凭证使用

机器编号：982888812388 开票日期：2020年01月17日

购买方	
名称	广州市天河区金润发超市有限公司
纳税人识别号	91440401321067731209
地址、电话	广州市玄武区丹凤街39号020-84586688
开户行及账号	中国银行广州市丹凤街支行6222021000255321

密码区：172312-4-275<1+46*54* 82*59* 181321><8182*59*09618153</ <4<3*2702-9>9*+153</0 >2-3 *08/4>*>>2-3*0/9/>>25-275<1

货物或应税劳务、服务名称	规格型号	单位	数量	单价	金额	税率	税额
格力挂式空调	1P	台	20	3900.00	78000.00	13%	10140.00
格力挂式空调	2P	台	50	5200.00	260000.00	13%	33800.00
合计					¥338000.00		¥43940.00
价税合计（大写）	⊗叁拾捌万壹仟玖佰肆拾元整				（小写）¥381940.00		

销售方	
名称	广州欣欣电子商贸有限公司
纳税人识别号	914404002586UE06
地址、电话	广州市天河区上元大街18号020-61168868
开户行及账号	中国工商银行广州市上元大街支行6220987022300068

备注：校验码 52118 02817 08248 65190

收款人：略 复核：略 开票人：略 销售方：（章）

税总函[2019]××号××××公司

第一联：记账联 销售方记账凭证

图 2-2-25 【专用发票】凭证

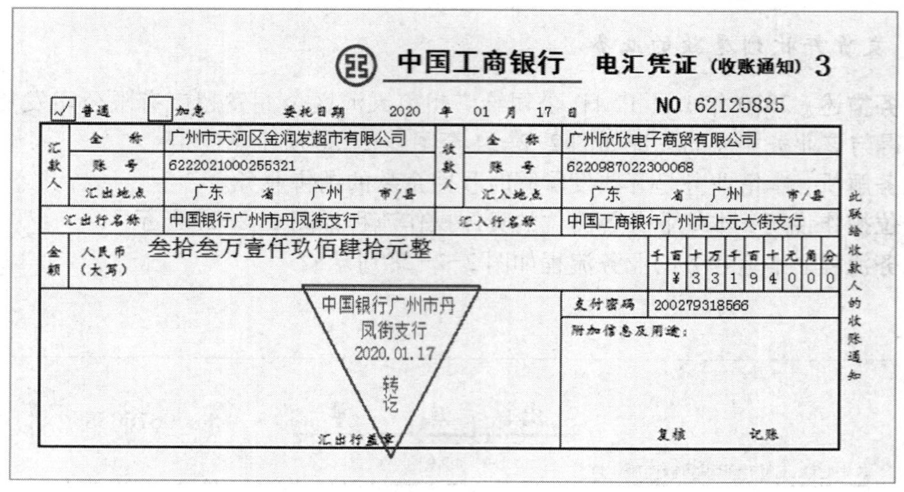

中国工商银行 电汇凭证（收账通知）3

NO 62125835

☑普通 □加急 委托日期 2020 年 01 月 17 日

汇款人	全称	广州市天河区金润发超市有限公司	收款人	全称	广州欣欣电子商贸有限公司
	账号	6222021000255321		账号	6220987022300068
	汇出地点	广东 省 广州 市/县		汇入地点	广东 省 广州 市/县
汇出行名称		中国银行广州市丹凤街支行	汇入行名称		中国工商银行广州市上元大街支行
金额	人民币（大写）	叁拾叁万壹仟玖佰肆拾元整		千百十万千百十元角分	¥33194000

中国银行广州市丹凤街支行 2020.01.17 转讫

汇出行盖章

支付密码 200279318566

附加信息及用途：

复核 记账

此联给收款人的收账通知

图 2-2-26 【电汇回单】凭证

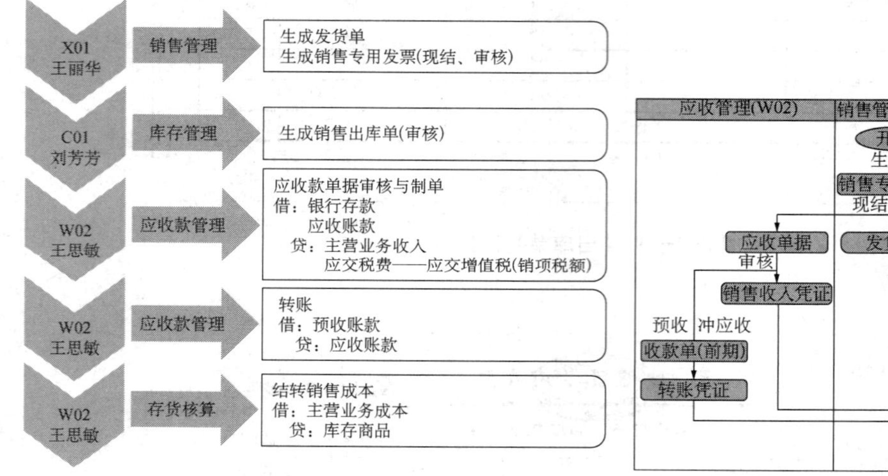

图 2-2-27 岗位操作说明

图 2-2-28 业务流程

〖操作指引〗

1. 生成发货单

（1）2020 年 1 月 17 日，销售部【X01 王丽华】在企业应用平台中执行【业务工作】【供应链】【销售管理】【销售发货】命令，打开【发货单】窗口。

（2）单击【增加】按钮，系统弹出【查询条件选择—参照订单】对话框，选择相应的订单，单击【确定】按钮，修改表体【仓库名称】为【空调仓】，单击【保存】按钮，单击【审核】按钮，如图 2-2-29 所示。

2. 生成销售专用发票

（1）2020 年 1 月 17 日，销售部【X01 王丽华】在企业应用平台中执行【业务工作】【供应链】【销售管理】【销售开票】命令，打开【销售专用发票】窗口。

（2）单击【增加】按钮，执行【生单】【参照发货单】命令，系统弹出【查询条件选择—发票参照订单】对话框，选择相应的发货单，单击【确定】按钮，修改【发票号】为【58107598】，单击【保存】按钮。

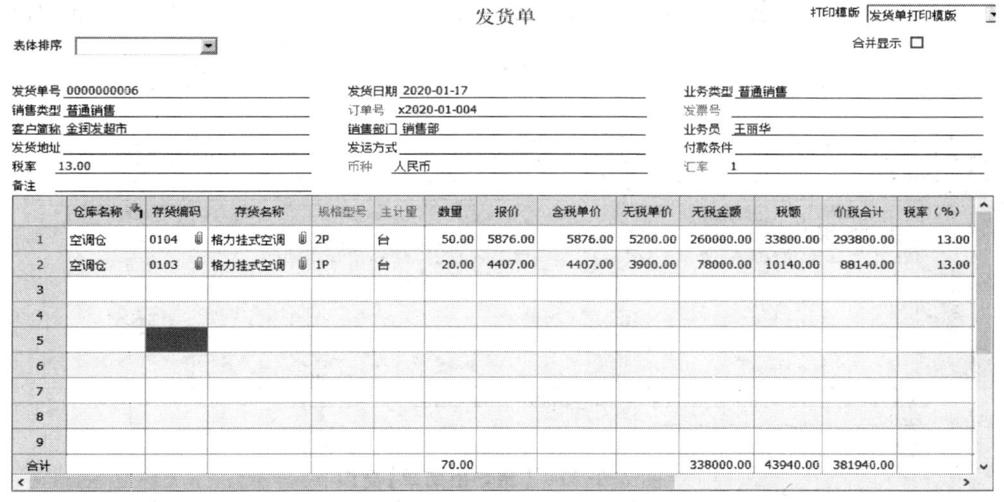

发货单

打印模版 发货单打印模版

表体排序

合并显示 □

发货单号 0000000006　发货日期 2020-01-17　业务类型 普通销售

销售类型 普通销售　订单号 x2020-01-004　发票号

客户简称 金润发超市　销售部门 销售部　业务员 王丽华

发货地址　发运方式　付款条件

税率 13.00　币种 人民币　汇率 1

备注

	仓库名称	存货编码	存货名称	规格型号	主计量	数量	报价	含税单价	无税单价	无税金额	税额	价税合计	税率（%）
1	空调仓	0104	格力挂式空调	2P	台	50.00	5876.00	5876.00	5200.00	260000.00	33800.00	293800.00	13.00
2	空调仓	0103	格力挂式空调	1P	台	20.00	4407.00	4407.00	3900.00	78000.00	10140.00	88140.00	13.00
3													
4													
5													
6													
7													
8													
9													
合计						70.00				338000.00	43940.00	381940.00	

图 2-2-29 【发货单】窗口

（3）单击【现结】按钮，打开【现结】对话框，按照进账单的信息录入，单击【确定】按钮。

（4）单击【复核】按钮，系统提示【已现结】，发票显示【现结】字样，如图 2-2-30 所示。

现结

销售专用发票

打印模版 销售专用发票打印模版

表体排序

合并显示 □

发票号 58107598　开票日期 2020-01-17　业务类型 普通销售

销售类型 普通销售　订单号 x2020-01-004　发货单号 0000000006

客户简称 金润发超市　销售部门 销售部　业务员 王丽华

付款条件　客户地址 广州市玄武区丹凤街39号　联系电话 020-84586688

开户银行 中国银行广州市丹凤街支行　账号 6222021000255321　税号 91440401321067731209

币种 人民币　汇率 1　税率 13.00

备注

	仓库名称	存货编码	存货名称	规格型号	主计量	数量	报价	含税单价	无税单价	无税金额	税额	价税合计	税率（%）
1	空调仓	0103	格力挂式空调	1P	台	20.00	4407.00	4407.00	3900.00	78000.00	10140.00	88140.00	13.00
2	空调仓	0104	格力挂式空调	2P	台	50.00	5876.00	5876.00	5200.00	260000.00	33800.00	293800.00	13.00
3													
4													
5													
6													
7													
8													
9													
10													
合计						70.00				338000.00	43940.00	381940.00	

单位名称 广州欣欣电子商贸有限公司　本单位税号 914404002586UE06　本单位开户银行 中国工商银行广州市上元大

制单人 王丽华　复核人 王丽华　银行账号 6220987022300068

图 2-2-30 【销售专用发票】窗口

3. 生成销售出库单

（1）2020 年 1 月 17 日，仓储部【C01 刘芳芳】在企业成用平台中执行【业务工作】【供应链】【库存管理】【出库业务】命令，打开【销售出库单】窗口。

（2）执行【生单】【销售生单】命令，打开【查询条件选择—销售发货单列表】对话框，单击【确定】按钮。

（3）打开【销售生单】窗口，选择相应的【发货单】，单击【确定】按钮，系统自动生成销售出库单，单击【审核】按钮，如图 2-2-31 所示。

4. 应收单据审核与制单

（1）2020 年 1 月 17 日，财务部【W02 王思敏】在企业应用平台中执行【业务工作】【财务会计】【应收款管理】【应收单据处理】【应收单据审核】命令，勾选【包含已现结的发票】，单击【确定】按钮,打开【应收单据列表】窗口,单击【全选】按钮,单击【审核】按钮,如图 2-2-32 所示。

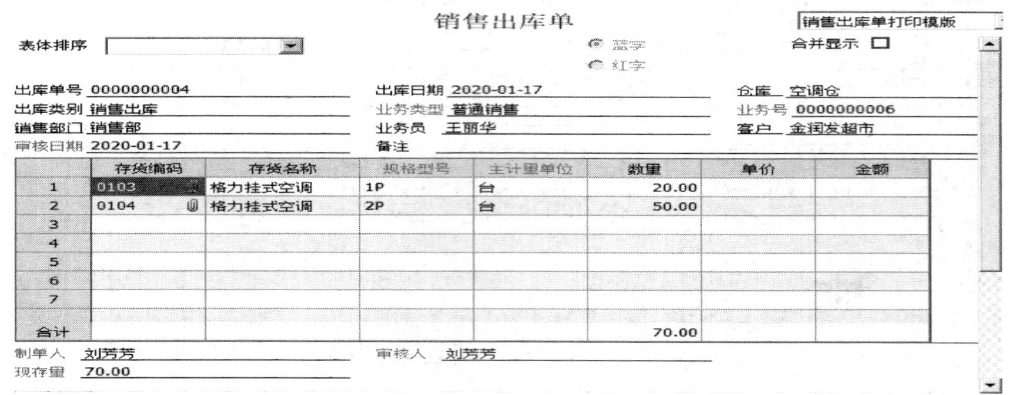

销售出库单

表体排序　　蓝字　红字　　销售出库单打印模版　合并显示

出库单号 0000000004　出库日期 2020-01-17　仓库 空调仓
出库类别 销售出库　业务类型 普通销售　业务号 0000000006
销售部门 销售部　业务员 王丽华　客户 金润发超市
审核日期 2020-01-17　备注

	存货编码	存货名称	规格型号	主计量单位	数量	单价	金额
1	0103	格力挂式空调	1P	台	20.00		
2	0104	格力挂式空调	2P	台	50.00		
3							
4							
5							
6							
7							
合计					70.00		

制单人 刘芳芳　审核人 刘芳芳
现存量 70.00

图 2-2-31 【销售出库单】窗口

应收单据列表

记录总数：1

选择	审核人	单据日期	单据类型	单据号	客户名称	部门	业务员	制单人	币种	汇率	原币金额	本币金额
	王思敏	2020-01-17	销售专用发票	58107598	广州市天河区金润发超市有限公司	销售部	王丽华	王丽华	人民币	1.00000000	381,940.00	381,940.00
合计	王思敏										381,940.00	381,940.00

图 2-2-32 【应收单据列表】窗口

(2) 执行【制单处理】命令,选择【现结制单】,单击【确定】按钮,选择需要制单的记录,凭证类别选中【记账凭证】,单击【制单】按钮,系统生成相关凭证,单击【保存】按钮,如图 2-2-33 所示。

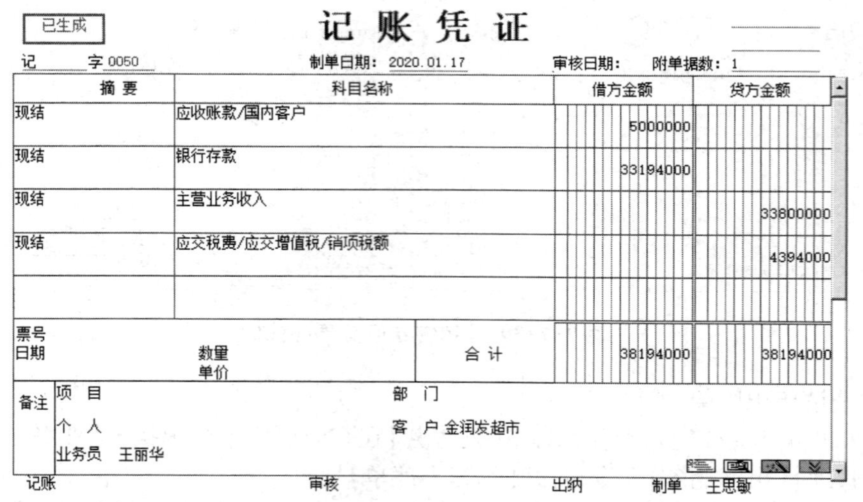

已生成　　记 账 凭 证

记 字 0050　制单日期: 2020.01.17　审核日期:　附单据数: 1

摘 要	科目名称	借方金额	贷方金额
现结	应收账款/国内客户	5000000	
现结	银行存款	33194000	
现结	主营业务收入		33800000
现结	应交税费/应交增值税/销项税额		4394000
票号 日期	数量 单价 合 计	38194000	38194000

备注　项 目　部 门
个 人　客 户 金润发超市
业务员 王丽华

记账　审核　出纳　制单 王思敏

图 2-2-33 【记账凭证】窗口

5. 转账

(1) 2020 年 1 月 17 日,财务部【W02 王思敏】在企业应用平台中执行【业务工作】【财务会计】【应收款管理】【转账】【预收冲应收】命令,打开【预收冲应收】窗口,选择【预收款】客户为【广州市天河区金润发超市有限公司】,应收款客户为【广州市天河区金润发超市有限公司】,输入转账金额【50 000.00】,如图 2-2-34 和图 2-2-35 所示。

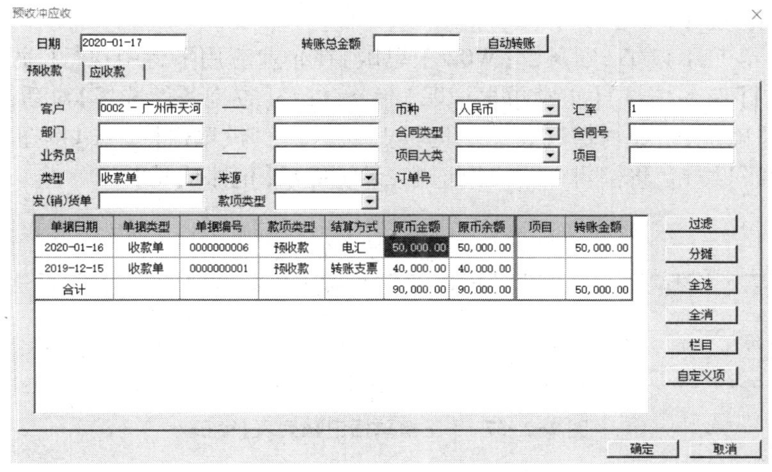

单据日期	单据类型	单据编号	款项类型	结算方式	原币金额	原币余额	项目	转账金额
2020-01-16	收款单	0000000006	预收款	电汇	50,000.00	50,000.00		50,000.00
2019-12-15	收款单	0000000001	预收款	转账支票	40,000.00	40,000.00		
合计					90,000.00	90,000.00		50,000.00

图 2-2-34 【预收冲应收】对话框

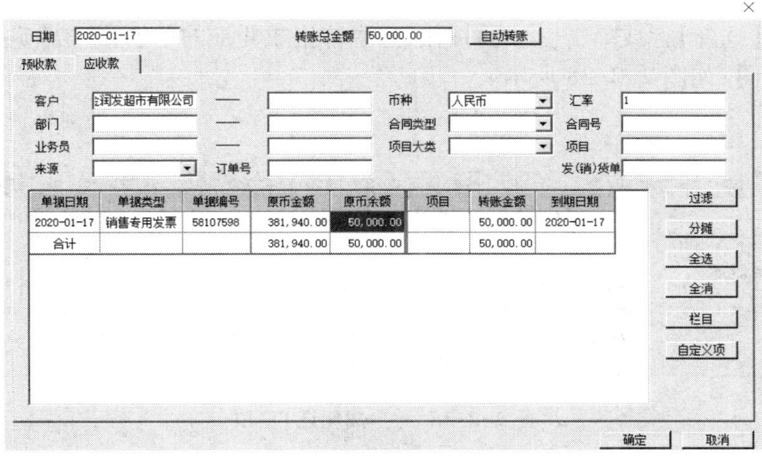

单据日期	单据类型	单据编号	原币金额	原币余额	项目	转账金额	到期日期
2020-01-17	销售专用发票	58107598	381,940.00	50,000.00		50,000.00	2020-01-17
合计			381,940.00	50,000.00		50,000.00	

图 2-2-35 【预收冲应收】对话框

（2）单击【确定】按钮，系统提示【是否立即制单】，单击【是】按钮，系统生成一张记账凭证，如图 2-2-36 所示，单击【保存】按钮。

已生成

记 账 凭 证

记 字 0051 制单日期：2020.01.17 审核日期： 附单据数：1

摘 要	科目名称	借方金额	贷方金额
预收冲应收	预收账款/人民币		5000000
预收冲应收	应收账款/国内客户		5000000

票号 日期 数量 单价 合 计

备注 项 目 部 门
个 人 客 户 金润发超市
业务员 王丽华

记账 审核 出纳 制单 干思敏

图 2-2-36 【记账凭证】窗口

6. 结转销售成本

(1) 2020 年 1 月 17 日,财务部【W02 王思敏】在企业应用平台中执行【业务工作】【供应链】【存货核算】【业务核算】【正常单据记账】命令,打开【查询条件选择】对话框。

(2) 单击【确定】按钮,打开【正常单据记账列表】窗口,单击【全选】按钮,如图 2-2-37 所示,单击【记账】按钮,将销售专用发票记账,系统提示【记账成功】。

正常单据记账列表

记录总数：2

选择	日期	单据号	存货编码	存货名称	规格型号	存货代码	单据类型	仓库名称	收发类别	数量	单价	金额
Y	2020-01-17	58107598	0103	格力挂式空调	1P		专用发票	空调仓	销售出库	20.00		
Y	2020-01-17	58107598	0104	格力挂式空调	2P		专用发票	空调仓	销售出库	50.00		
小计										70.00		

图 2-2-37 【正常单据记账列表】窗口

(3) 执行【财务核算】【生成凭证】命令,打开【查询条件】对话框,单击【确定】按钮,打开【未生成凭证单据一览表】窗口。

(4) 单击【选择】栏或单击【全选】按钮,选中待生成凭证的单据,单击【确定】按钮,选择【记　记账凭证】,如图 2-2-38 所示。

凭证类别　记 记账凭证

选择	单据类型	单据号	摘要	科目类型	科目编码	科目名称	借方金额	贷方金额	借方数量	贷方数量	科目方向	存货编码	存货名称	规格型号	部门名称	业务员名称
1	专用发票	58107598	专用发票	对方	6401	主营业务成本	60,000.00		20.00		1	0103	格力挂式空调	1P	销售部	王丽华
				存货	1405	库存商品		60,000.00		20.00	2	0103	格力挂式空调	1P	销售部	王丽华
				对方	6401	主营业务成本	40,000.00		10.00		1	0104	格力挂式空调	2P	销售部	王丽华
				存货	1405	库存商品		40,000.00		10.00	2	0104	格力挂式空调	2P	销售部	王丽华
				对方	6401	主营业务成本	160,000.00		40.00		1	0104	格力挂式空调	2P	销售部	王丽华
				存货	1405	库存商品		160,000.00		40.00	2	0104	格力挂式空调	2P	销售部	王丽华
合计							260,000.00	260,000.00								

图 2-2-38 【生成凭证】窗口

(5) 单击【生成】按钮,单击【保存】按钮,生成一张记账凭证,如图 2-2-39 所示。

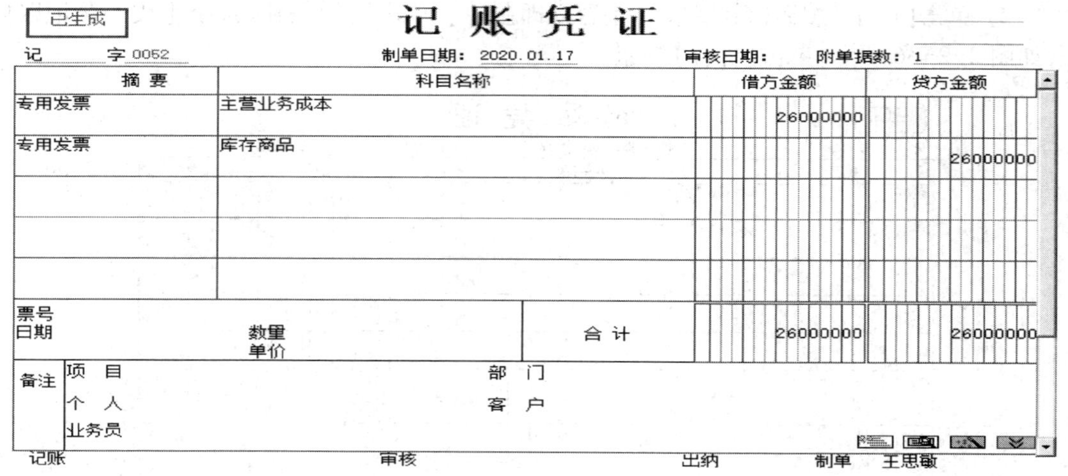

已生成

记 账 凭 证

记　字 0052　制单日期: 2020.01.17　审核日期:　附单据数: 1

摘 要	科目名称	借方金额	贷方金额
专用发票	主营业务成本	26000000	
专用发票	库存商品		26000000
票号 日期	数量 单价　合 计	26000000	26000000

备注　项 目　部 门
个 人　客 户
业务员

记账　审核　出纳　制单　王思敏

图 2-2-39 【记账凭证】窗口

业务三 赊销销售业务(一)

〖**业务描述**〗2020 年 1 月 17 日,销售部【X01 王丽华】与广州市天河区沃尔玛超市有限公司签订购销合同,销售美的电饭煲及美的电磁炉一批,付款条件为 2/10,1/20,n/30,取得与该业务相关的凭证如图 2-2-40 至图 2-2-42 所示。

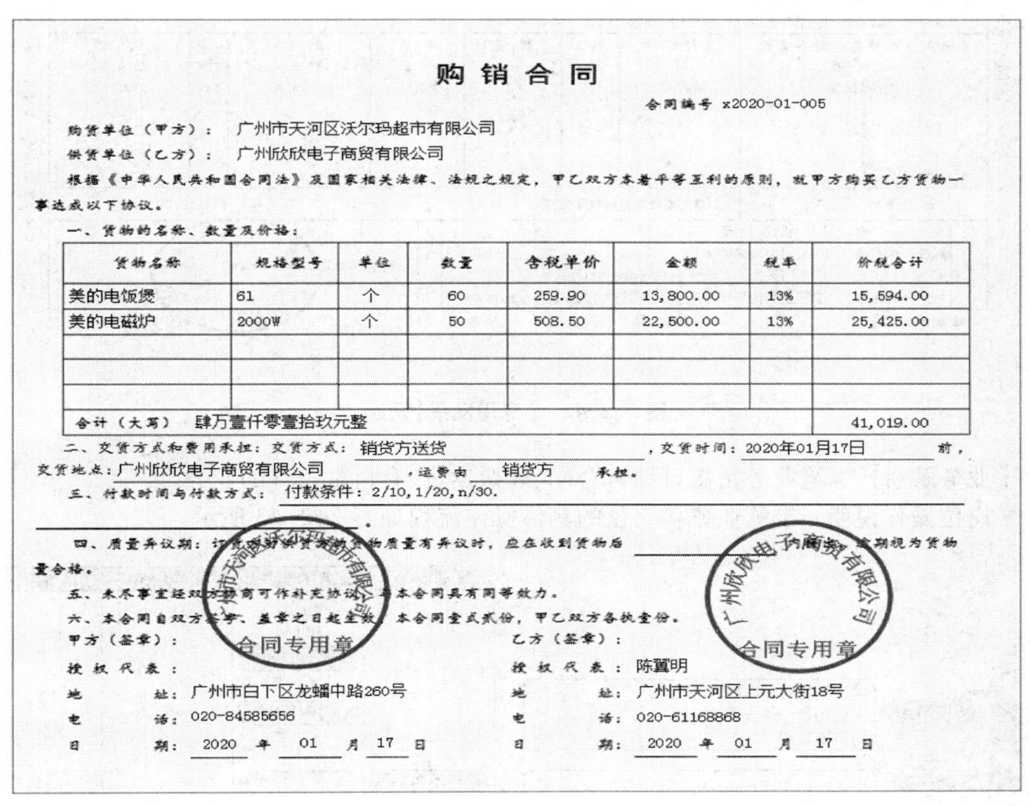

购销合同

合同编号 x2020-01-005

购货单位(甲方): 广州市天河区沃尔玛超市有限公司

供货单位(乙方): 广州欣欣电子商贸有限公司

根据《中华人民共和国合同法》及国家相关法律、法规之规定,甲乙双方本着平等互利的原则,就甲方购买乙方货物一事达成以下协议。

一、货物的名称、数量及价格:

货物名称	规格型号	单位	数量	含税单价	金额	税率	价税合计
美的电饭煲	61	个	60	259.90	13,800.00	13%	15,594.00
美的电磁炉	2000W	个	50	508.50	22,500.00	13%	25,425.00
合计(大写) 肆万壹仟零壹拾玖元整							41,019.00

二、交货方式和费用承担:交货方式: 销货方送货 ,交货时间: 2020年01月17日 前,交货地点: 广州欣欣电子商贸有限公司 ,运费由 销货方 承担。

三、付款时间与付款方式: 付款条件: 2/10,1/20,n/30.

四、质量异议期:订货方对供货方的货物质量有异议时,应在收到货物后 内提出,逾期视为货物质量合格。

五、未尽事宜经双方协商可作补充协议,与本合同具有同等效力。

六、本合同自双方签字、盖章之日起生效,本合同壹式贰份,甲乙双方各执壹份。

甲方(签章): 合同专用章

授权代表:

地 址: 广州市白下区龙蟠中路260号

电 话: 020-84585656

日 期: 2020 年 01 月 17 日

乙方(签章): 广州欣欣电子商贸有限公司 合同专用章

授权代表: 陈翼明

地 址: 广州市天河区上元大街18号

电 话: 020-61168868

日 期: 2020 年 01 月 17 日

图 2-2-40 【购销合同】凭证

出 库 单　　No. 76085298

购货单位: 广州市天河区市沃尔玛超市有限公司　　2020 年 01 月 17 日

编号	品名	规格	单位	数量	单价	金额	备注
0201	美的电饭煲	6L	个	60			小家电仓
0202	美的电磁炉	2000W	个	50			小家电仓
合				计			

第一联 存根联

仓库主管: 略　记账: 略　保管: 略　经手人: 略　制单: 刘芳芳

图 2-2-41 【出库单】凭证

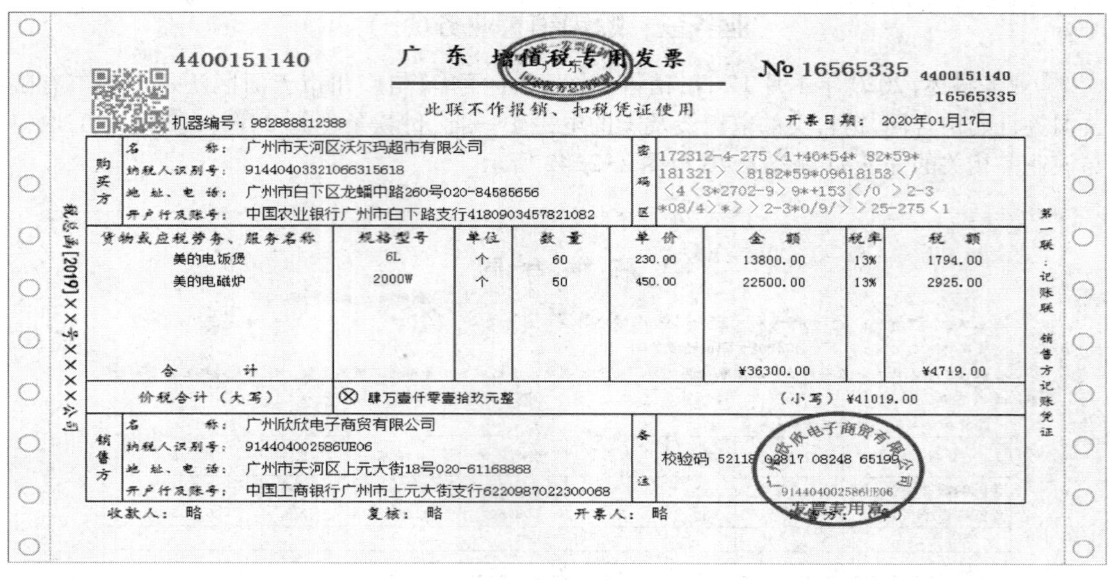

4400151140　　广东增值税专用发票　　№ 16565335　4400151140　16565335

此联不作报销、扣税凭证使用

机器编号：982888812388　　开票日期：2020年01月17日

购买方	名称：广州市天河区沃尔玛超市有限公司 纳税人识别号：91440403321066315618 地址、电话：广州市白下区龙蟠中路260号020-84585656 开户行及账号：中国农业银行广州市白下路支行4180903457821082	密码区	172312-4-275＜1+46*54* 82*59* 181321＞＜8182*59*09618153＜/ ＜4＜3*2702-9＞9*+153＜/0 ＞2-3 *08/4＞*＞＞2-3*0/9/＞＞25-275＜1

货物或应税劳务、服务名称	规格型号	单位	数量	单价	金额	税率	税额
美的电饭煲	6L	个	60	230.00	13800.00	13%	1794.00
美的电磁炉	2000W	个	50	450.00	22500.00	13%	2925.00
合计					¥36300.00		¥4719.00
价税合计（大写）	⊗ 肆万壹仟零壹拾玖元整				（小写）¥41019.00		

销售方	名称：广州欣欣电子商贸有限公司 纳税人识别号：914404002586UE06 地址、电话：广州市天河区上元大街18号020-61168868 开户行及账号：中国工商银行广州市上元大街支行6220987022300068	备注	校验码 52118 02817 08248 65195

收款人：略　　复核：略　　开票人：略　　销售方：（章）

税总函[2019]××号××××公司

第一联：记账联　销售方记账凭证

图 2-2-42 【专用发票】凭证

〖**业务解析**〗本笔业务是签订销售合同、开票发货、有付款条件的业务。

〖**岗位操作说明**〗本笔业务各岗位的具体操作流程如图 2-2-43 所示。

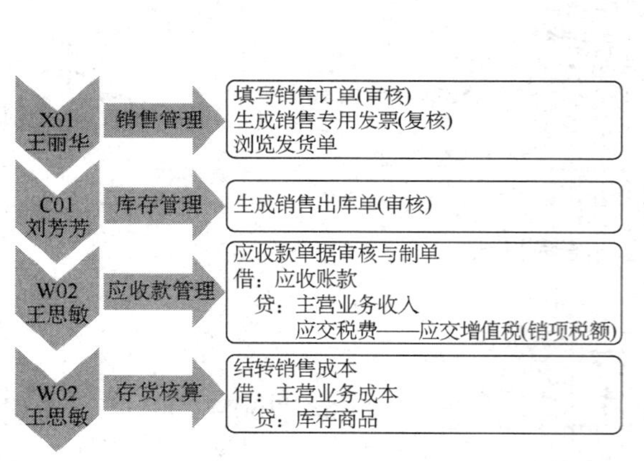

图 2-2-43 岗位操作流程

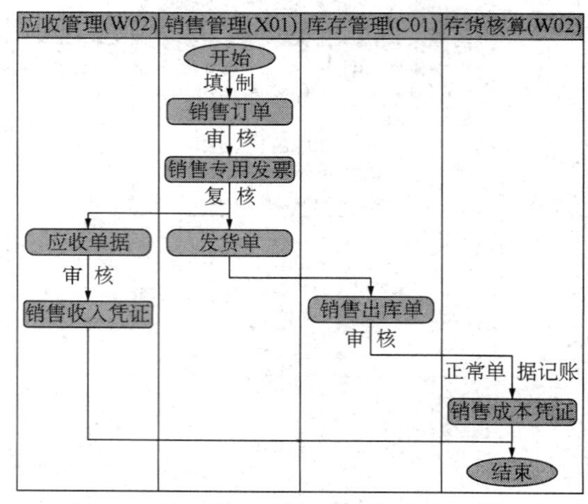

图 2-2-44 业务流程

〖**业务流程**〗本笔业务的业务流程如图 2-2-44 所示。

〖**操作指引**〗

1. 填制销售订单

(1) 2020 年 1 月 17 日，销售部【X01 王丽华】在企业应用平台中执行【业务工作】【供应链】【销售管理】【销售订货】【销售订单】命令，打开【销售订单】窗口。

(2) 单击【增加】按钮，修改【订单编号】为【X2020-01-005】，【销售类型】选择【普通销售】，按照购销合同录入订单信息，单击【保存】按钮，单击【审核】按钮，审核填制的销售订单，如图 2-2-45 所示。

销售订单 ×

销售订单

打印模版 销售订单打印模版

表体排序

合并显示 □

订单号 x2020-01-005　订单日期 2020-01-17　业务类型 普通销售
销售类型 普通销售　客户简称 沃尔玛超市　付款条件 2/10,1/20,n/30
销售部门 销售部　业务员 王丽华　税率 13.00
币种 人民币　汇率 1　备注

	存货编码	存货名称	规格型号	主计量	数量	报价	含税单价	无税单价	无税金额	税额	价税合计	税率(%)	折扣额	扣率(%)	扣率2(%)	预发货日期
1	0201	美的电饭煲	6L	个	60.00	259.90	259.90	230.00	13800.00	1794.00	15594.00	13.00	0.00	100.00	100.00	2020-01-17
2	0202	美的电磁炉	2000W	个	50.00	508.50	508.50	450.00	22500.00	2925.00	25425.00	13.00	0.00	100.00	100.00	2020-01-17
3																
4																
5																
6																
7																
合计					110.00				36300.00	4719.00	41019.00		0.00			

制单人 王丽华　审核人 王丽华　关闭人

账套:(800)广州欣欣电子商贸有限公司　王丽华　2020-01-17 15:49　4006-600-588

图 2-2-45 【销售订单】窗口

2. 生成销售专用发票

(1) 2020 年 1 月 17 日,销售部【X01 王丽华】在企业应用平台中执行【业务工作】【供应链】【销售管理】【销售开票】命令,打开【销售专用发票】窗口。

(2) 单击【增加】按钮,系统弹出【查询条件选择—参照订单】对话框,选择相应的订单,单击【确定】按钮,修改【发票号】为【16565335】,修改表体【仓库名称】为【小家电仓】,单击【保存】按钮,单击【复核】按钮,如图 2-2-46 所示。

销售专用发票 ×

销售专用发票

打印模版 销售专用发票打印模

表体排序

合并显示 □

发票号 16565335　开票日期 2020-01-17　业务类型 普通销售
销售类型 普通销售　订单号 x2020-01-005　发货单号 0000000007
客户简称 沃尔玛超市　销售部门 销售部　业务员 王丽华
付款条件 2/10,1/20,n/30　客户地址 广州市白下区龙蟠中路260号　联系电话 020-84585656
开户银行 中国农业银行广州市白下路支行　账号 4180903457821082　税号 91440403321066315618
币种 人民币　汇率 1　税率 13.00
备注

	仓库名称	存货编码	存货名称	规格型号	主计量	数量	报价	含税单价	无税单价	无税金额	税额	价税合计	税率(%)	折扣额	扣率(%)	扣率2(%)	退补标志	客户最低售价
1	小家电仓	0201	美的电饭煲	6L	个	60.00	259.90	259.90	230.00	13800.00	1794.00	15594.00	13.00	0.00	100.00	100.00	正常	0.00
2	小家电仓	0202	美的电磁炉	2000W	个	50.00	508.50	508.50	450.00	22500.00	2925.00	25425.00	13.00	0.00	100.00	100.00	正常	0.00
3																		
4																		
5																		
6																		
7																		
合计						110.00				36300.00	4719.00	41019.00		0.00				

单位名称 广州欣欣电子商贸有限公司　本单位税号 914404002586UE06　本单位开户银行 中国工商银行广州市上元大
制单人 王丽华　复核人 王丽华　银行账号 6220987022300068

账套:(800)广州欣欣电子商贸有限公司　王丽华　2020-01-17 15:49　4006-600-588

图 2-2-46 【销售专用发票】窗口

3. 生成并审核发货单

(1) 2020 年 1 月 17 日,销售部【X01 王丽华】在企业应用平台中执行【业务工作】【供应链】【销售管理】【销售发货】命令,打开【发货单】窗口。

(2) 单击【浏览】按钮,可以查看系统根据销售专用发票自动生成并审核的发货单,如图 2-2-47 所示。

4. 生成销售出库单

(1) 2020 年 1 月 17 日,仓储部【C01 刘芳芳】在企业应用平台中执行【业务工作】【供应链】【库存管理】【出库业务】命令,打开【销售出库单】窗口。

(2) 执行【生单】【销售生单】命令,打开【查询条件选择—销售发货单列表】对话框,单

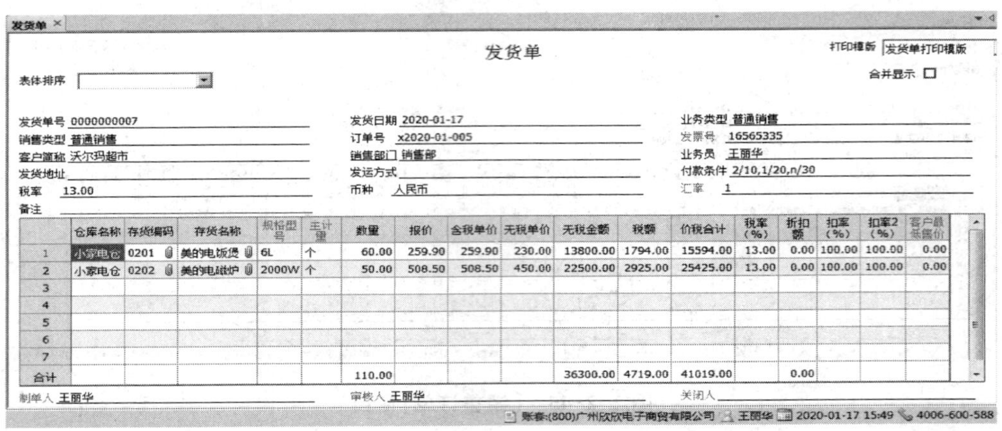

	仓库名称	存货编码	存货名称	规格型号	主计量	数量	报价	含税单价	无税单价	无税金额	税额	价税合计	税率(%)	折扣额	扣率(%)	扣率2(%)	客户最低售价
1	小家电仓	0201	美的电饭煲	6L	个	60.00	259.90	259.90	230.00	13800.00	1794.00	15594.00	13.00	0.00	100.00	100.00	0.00
2	小家电仓	0202	美的电磁炉	2000W	个	50.00	508.50	508.50	450.00	22500.00	2925.00	25425.00	13.00	0.00	100.00	100.00	0.00
合计						110.00				36300.00	4719.00	41019.00		0.00			

图 2-2-47 【发货单】窗口

击【确定】按钮。

(3) 打开【销售生单】窗口,选择相应的【发货单】,单击【确定】按钮,系统自动生成销售出库单,单击【审核】按钮,如图 2-2-48 所示。

	存货编码	存货名称	规格型号	主计量单位	数量	单价	金额
1	0201	美的电饭煲	6L	个	60.00		
2	0202	美的电磁炉	2000W	个	50.00		
合计					110.00		

图 2-2-48 【销售出库单】窗口

5. 应收单审核与制单

(1) 2020 年 1 月 17 日,财务部【W02 王思敏】在企业应用平台中执行【业务工作】【财务会计】【应收款管理】【应收款单据处理】命令,单击【确定】按钮,打开【应收单据列表】窗口,单击【全选】按钮,单击【审核】按钮,如图 2-2-49 所示。

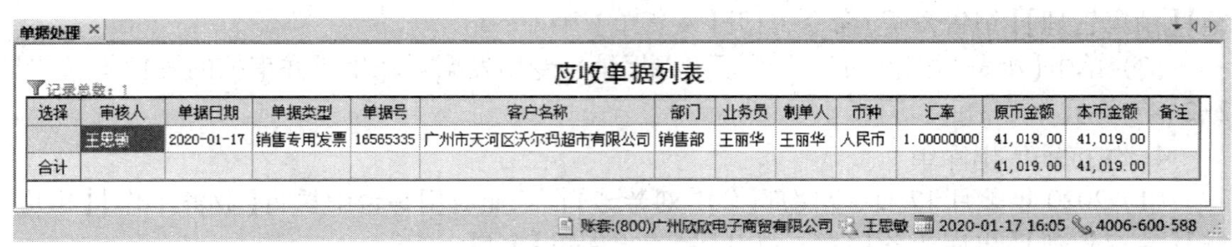

选择	审核人	单据日期	单据类型	单据号	客户名称	部门	业务员	制单人	币种	汇率	原币金额	本币金额	备注
	王思敏	2020-01-17	销售专用发票	16565335	广州市天河区沃尔玛超市有限公司	销售部	王丽华	王丽华	人民币	1.00000000	41,019.00	41,019.00	
合计											41,019.00	41,019.00	

图 2-2-49 【应收单据列表】窗口

（2）执行【制单处理】命令，选择【发票制单】，单击【确定】按钮，选择需要制单的记录，凭证类别选中【记账凭证】，单击【制单】按钮，系统生成相关的记账凭证，单击【保存】按钮，如图 2-2-50 所示。

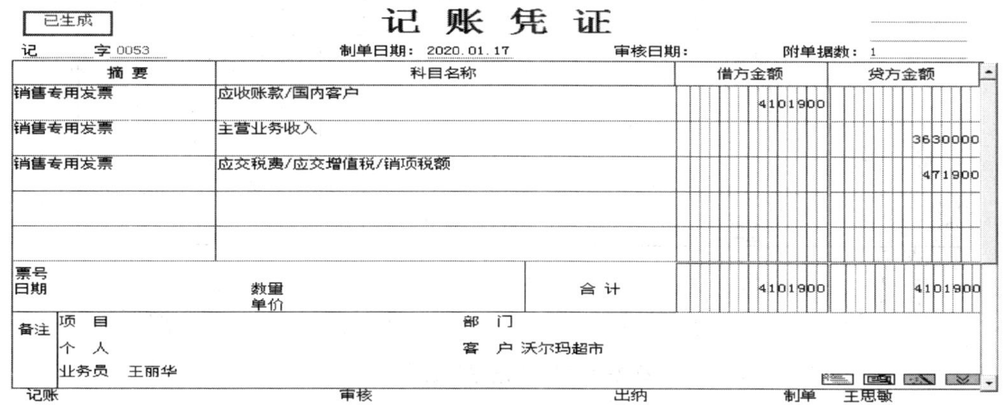

已生成

记账凭证

记　字 0053　　制单日期：2020.01.17　　审核日期：　　附单据数：1

摘要	科目名称	借方金额	贷方金额
销售专用发票	应收账款/国内客户	4101900	
销售专用发票	主营业务收入		3630000
销售专用发票	应交税费/应交增值税/销项税额		471900
票号 日期	数量 单价 合计	4101900	4101900

备注　项　目　　部　门

个　人　　客　户 沃尔玛超市

业务员　王丽华

记账　审核　出纳　制单　王思敏

图 2-2-50　【记账凭证】窗口

6. 结转销售成本

（1）2020 年 1 月 17 日，财务部【W02 王思敏】在企业应用平台中执行【业务工作】【供应链】【存货核算】【业务核算】【正常单据记账】命令，打开【查询条件选择】对话框。

（2）单击【确定】，打开【正常单据记账列表】窗口，单击【全选】按钮，如图 2-2-51 所示。

未记账单据一览表

正常单据记账列表

记录总数：2

选择	日期	单据号	存货编码	存货名称	规格型号	存货代码	单据类型	仓库名称	收发类别	数量	单价	金额
Y	2020-01-17	16565335	0201	美的电饭煲	6L		专用发票	小家电仓	销售出库	60.00		
Y	2020-01-17	16565335	0202	美的电磁炉	2000W		专用发票	小家电仓	销售出库	50.00		
小计										110.00		

账套:(800)广州欣欣电子商贸有限公司　王思敏　2020-01-17 16:05　4006-600-588

图 2-2-51　【正常单据记账列表】窗口

（3）单击【记账】按钮，将销售专用发票记账，系统提示【记账成功！】。

（4）执行【财务核算】【生成凭证】命令，打开【查询条件】对话框，单击【确定】按钮，打开【未生成凭证单据一览表】窗口。

（5）单击【选择】栏或单击【全选】按钮，选中待生成凭证的单据，单击【确定】按钮，选择【记　记账凭证】，如图 2-2-52 所示。

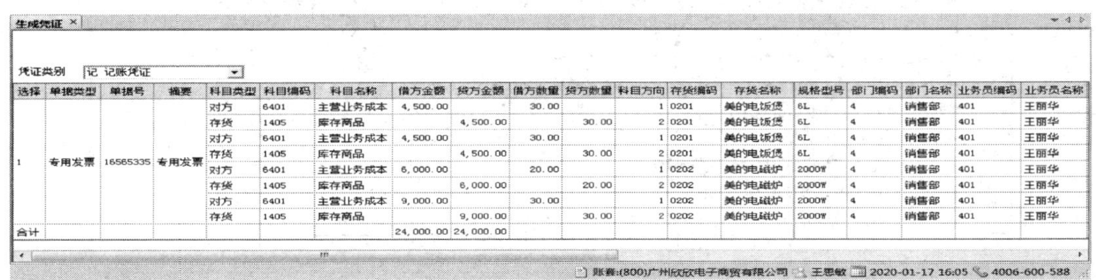

生成凭证

凭证类别　记 记账凭证

选择	单据类型	单据号	摘要	科目类型	科目编码	科目名称	借方金额	贷方金额	借方数量	贷方数量	科目方向	存货编码	存货名称	规格型号	部门编码	部门名称	业务员编码	业务员名称
1	专用发票	16565335	专用发票	对方	6401	主营业务成本	4,500.00		30.00		1	0201	美的电饭煲	6L	4	销售部	401	王丽华
				存货	1405	库存商品		4,500.00		30.00	2	0201	美的电饭煲	6L	4	销售部	401	王丽华
				对方	6401	主营业务成本	4,500.00		30.00		1	0201	美的电饭煲	6L	4	销售部	401	王丽华
				存货	1405	库存商品		4,500.00		30.00	2	0201	美的电饭煲	6L	4	销售部	401	王丽华
				对方	6401	主营业务成本	6,000.00		20.00		1	0202	美的电磁炉	2000W	4	销售部	401	王丽华
				存货	1405	库存商品		6,000.00		20.00	2	0202	美的电磁炉	2000W	4	销售部	401	王丽华
				对方	6401	主营业务成本	9,000.00		30.00		1	0202	美的电磁炉	2000W	4	销售部	401	王丽华
				存货	1405	库存商品		9,000.00		30.00	2	0202	美的电磁炉	2000W	4	销售部	401	王丽华
合计							24,000.00	24,000.00										

账套:(800)广州欣欣电子商贸有限公司　王思敏　2020-01-17 16:05　4006-600-588

图 2-2-52　【生成凭证】窗口

(6)单击【生成】按钮,生成一张记账凭证,单击【保存】按钮,如图 2-2-53 所示。

已生成

记账凭证

记 字 0054 制单日期: 2020.01.17 审核日期: 附单据数: 1

摘要	科目名称	借方金额	贷方金额
专用发票	主营业务成本	2400000	
专用发票	库存商品		2400000
票号 日期	数量 单价 合计	2400000	2400000

备注 项目 部门 个人 客户 业务员

记账 审核 出纳 制单 王思敏

图 2-2-53 【记账凭证】窗口

业务四 赊销采购业务(二)

〖**业务描述**〗2020 年 1 月 18 日,销售部【X01 王丽华】与广州市天河区沃尔玛超市有限公司签订购销合同,销售美的电烧水壶一批,取得与该业务相关的凭证如图 2-2-54 至图 2-2-56 所示。

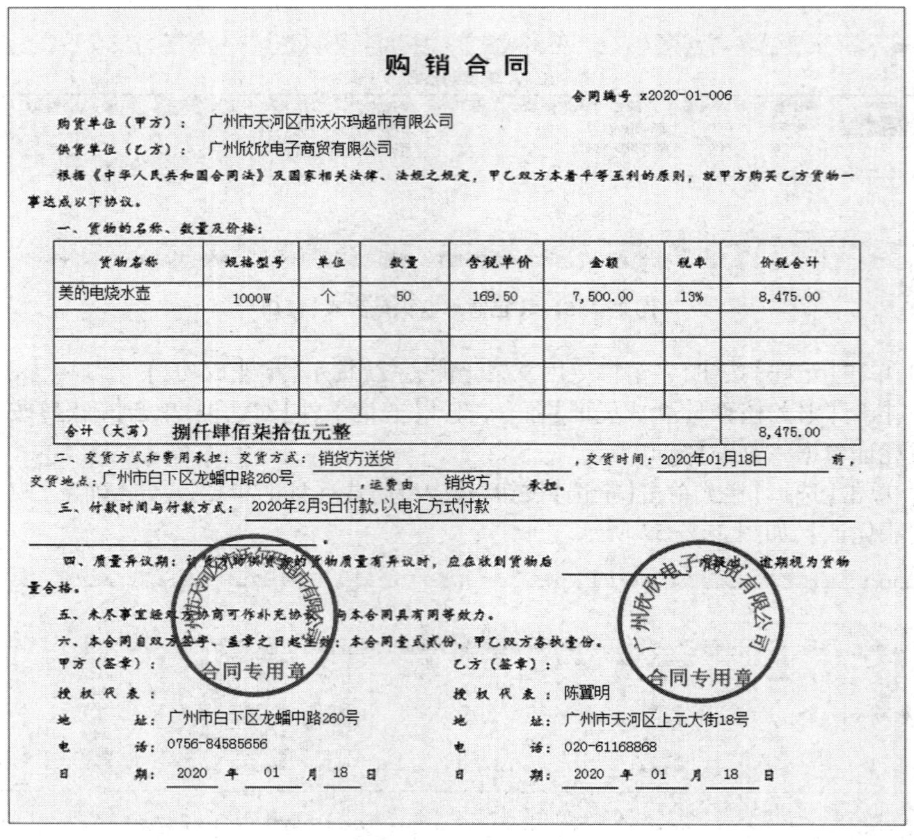

购销合同

合同编号 x2020-01-006

购货单位(甲方): 广州市天河区市沃尔玛超市有限公司

供货单位(乙方): 广州欣欣电子商贸有限公司

根据《中华人民共和国合同法》及国家相关法律、法规之规定,甲乙双方本着平等互利的原则,就甲方购买乙方货物一事达成以下协议。

一、货物的名称、数量及价格:

货物名称	规格型号	单位	数量	含税单价	金额	税率	价税合计
美的电烧水壶	1000W	个	50	169.50	7,500.00	13%	8,475.00
合计(大写) 捌仟肆佰柒拾伍元整							8,475.00

二、交货方式和费用承担:交货方式: 销货方送货 ,交货时间: 2020年01月18日 前,交货地点: 广州市白下区龙蟠中路260号 ,运费由 销货方 承担。

三、付款时间与付款方式: 2020年2月3日付款,以电汇方式付款

四、质量异议期:订货方对供货方的货物质量有异议时,应在收到货物后 内提出,逾期视为货物质量合格。

五、未尽事宜经双方协商可作补充协议,与本合同具有同等效力。

六、本合同自双方签字、盖章之日起生效;本合同壹式贰份,甲乙双方各执壹份。

甲方(签章): 合同专用章 乙方(签章): 广州欣欣电子商贸有限公司 合同专用章

授权代表: 授权代表: 陈露明

地址: 广州市白下区龙蟠中路260号 地址: 广州市天河区上元大街18号

电话: 0756-84585656 电话: 020-61168868

日期: 2020 年 01 月 18 日 日期: 2020 年 01 月 18 日

图 2-2-54 【购销合同】凭证

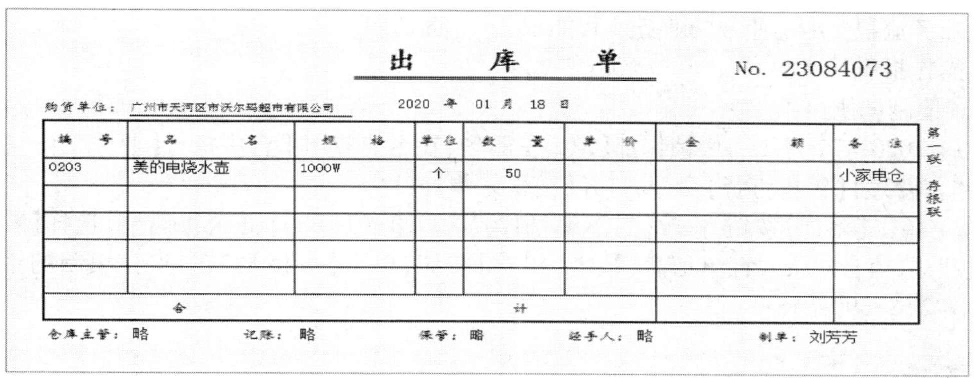

出 库 单 No. 23084073

购货单位：广州市天河区市沃尔玛超市有限公司 2020 年 01 月 18 日

编号	品名	规格	单位	数量	单价	金额	备注
0203	美的电烧水壶	1000W	个	50			小家电仓
合计							

仓库主管：略 记账：略 保管：略 经手人：略 制单：刘芳芳

第一联 存根联

图 2-2-55 【出库单】凭证

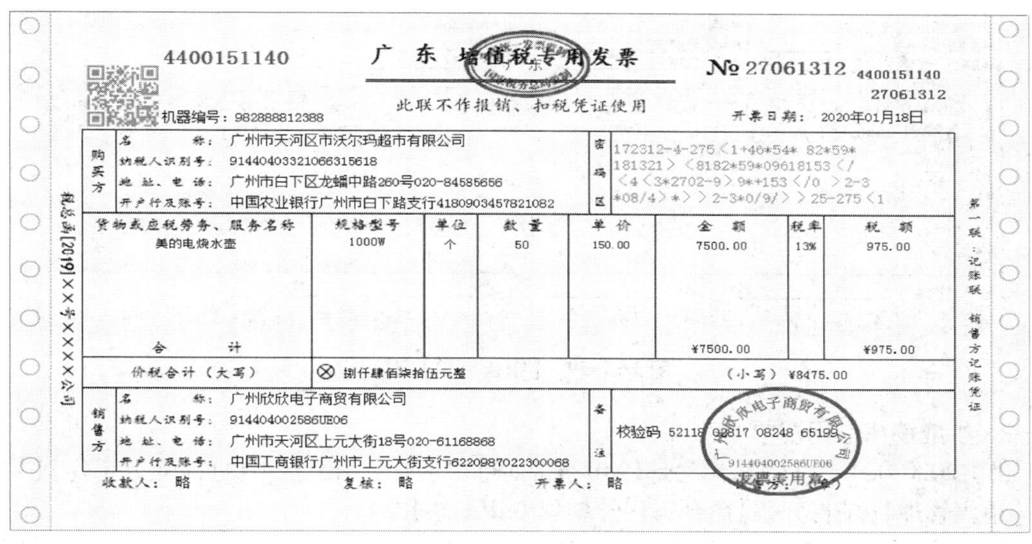

4400151140 广东增值税专用发票 № 27061312 4400151140 27061312

此联不作报销、扣税凭证使用

机器编号：982888812388 开票日期：2020年01月18日

购买方 名称：广州市天河区市沃尔玛超市有限公司
纳税人识别号：914404033210663156l8
地址、电话：广州市白下区龙蟠中路260号020-84585656
开户行及账号：中国农业银行广州市白下路支行4180903457821082

密码区：172312-4-275<1+46*54* 82*59* 181321><8182*59*09618153</ <4<3*2702-9>9*+153</0 >2-3 *08/4>*>>2-3*0/9/>>25-275<1

货物或应税劳务、服务名称	规格型号	单位	数量	单价	金额	税率	税额
美的电烧水壶	1000W	个	50	150.00	7500.00	13%	975.00
合计					¥7500.00		¥975.00
价税合计（大写）	⊗捌仟肆佰柒拾伍元整				（小写）¥8475.00		

销售方 名称：广州欣欣电子商贸有限公司
纳税人识别号：914404002586UE06
地址、电话：广州市天河区上元大街18号020-61168868
开户行及账号：中国工商银行广州市上元大街支行6220987022300068

备注：校验码 52118 02817 08248 65198

收款人：略 复核：略 开票人：略 销售方：（章）

税总函[2019]××号×××××公司

第一联：记账联 销售方记账凭证

图 2-2-56 【增值税专用发票】凭证

〖**业务解析**〗本笔业务是签订销售合同、开票发货、有付款条件的业务。

〖**岗位操作说明**〗本笔业务各岗位的具体操作流程如图 2-2-57 所示。

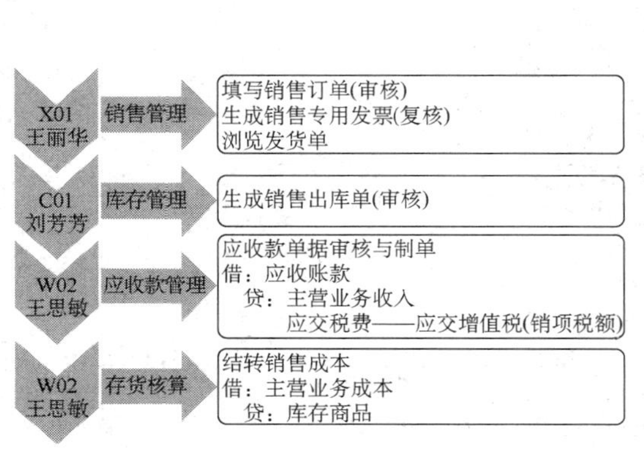

图 2-2-57 岗位操作说明

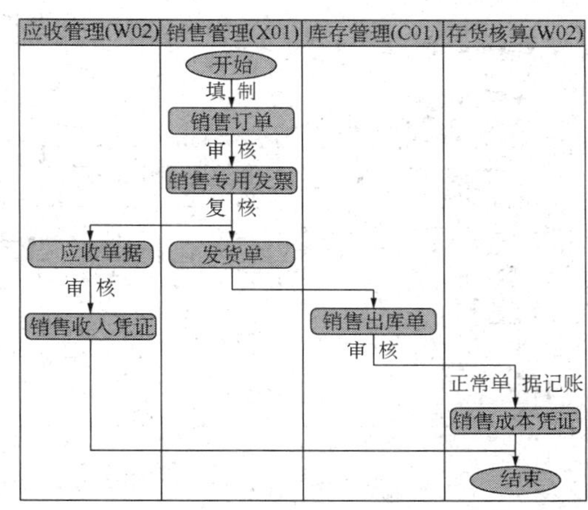

图 2-2-58 业务流程

〖**业务流程**〗本笔业务的业务流程如图 2-2-58 所示。

〖**操作指引**〗

1. 填制销售订单

（1）2020 年 1 月 18 日，销售部【X01 王丽华】在企业应用平台中执行【业务工作】【供应链】【销售管理】【销售订货】命令，打开【销售订单】窗口。

（2）单击【增加】按钮，修改【订单编号】为【X2020-01-006】，【销售类型】选择【普通销售】，按照购销合同录入订单信息，单击【保存】按钮，单击【审核】按钮，审核填制的销售订单，如图 2-2-59 所示。

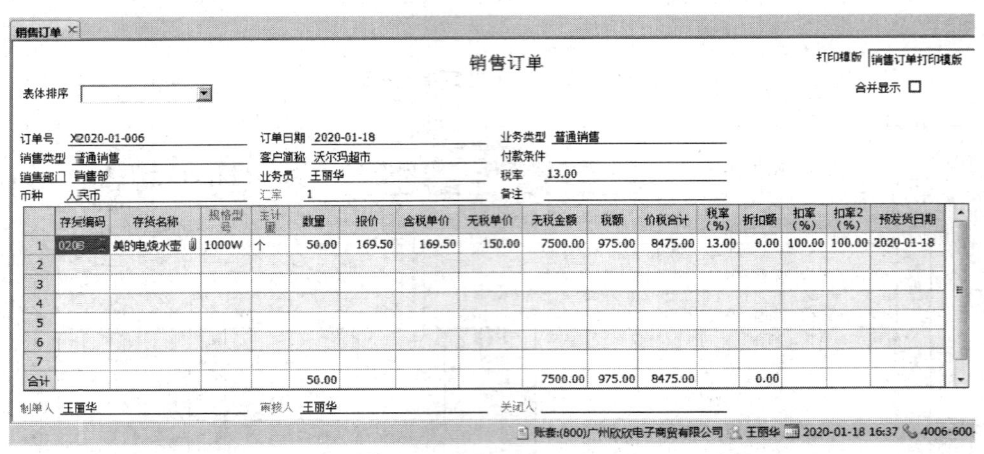

销售订单

打印模版 销售订单打印模版

表体排序

合并显示 □

订单号 X2020-01-006　订单日期 2020-01-18　业务类型 普通销售
销售类型 普通销售　客户简称 沃尔玛超市　付款条件
销售部门 销售部　业务员 王丽华　税率 13.00
币种 人民币　汇率 1　备注

	存货编码	存货名称	规格型号	主计量	数量	报价	含税单价	无税单价	无税金额	税额	价税合计	税率（%）	折扣额	扣率（%）	扣率2（%）	预发货日期
1	0203	美的电烧水壶	1000W	个	50.00	169.50	169.50	150.00	7500.00	975.00	8475.00	13.00	0.00	100.00	100.00	2020-01-18
2																
3																
4																
5																
6																
7																
合计					50.00				7500.00	975.00	8475.00		0.00			

制单人 王丽华　审核人 王丽华　关闭人

账套:(800)广州欣欣电子商贸有限公司 王丽华 2020-01-18 16:37 4006-600-

图 2-2-59 【销售订单】窗口

2. 生成销售专用发票

（1）2020 年 1 月 18 日，销售部【X01 王丽华】在企业应用平台中执行【业务工作】【供应链】【销售管理】【销售开票】命令，打开【销售专用发票】窗口。

（2）单击【增加】按钮，系统弹出【查询条件选择—参照订单】对话框，选择相应的订单，单击【确定】按钮，修改【发票号】为【27061312】，修改表体【仓库名称】为【小家电仓】，单击【保存】按钮，单击【复核】按钮，如图 2-2-60 所示。

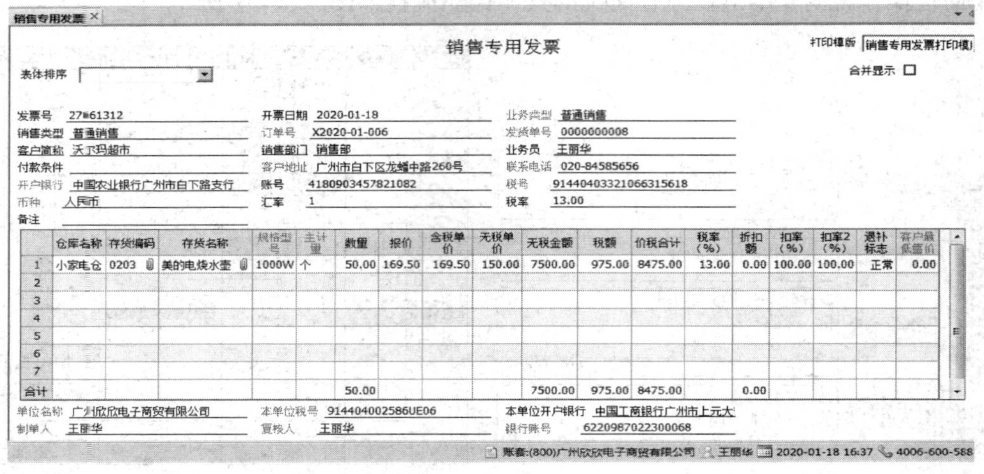

销售专用发票

打印模版 销售专用发票打印模

表体排序

合并显示 □

发票号 27061312　开票日期 2020-01-18　业务类型 普通销售
销售类型 普通销售　订单号 X2020-01-006　发货单号 0000000008
客户简称 沃尔玛超市　销售部门 销售部　业务员 王丽华
付款条件　客户地址 广州市白下区龙蟠中路260号　联系电话 020-84585656
开户银行 中国农业银行广州市白下路支行　账号 4180903457821082　税号 914404033210663156 18
币种 人民币　汇率 1　税率 13.00
备注

	仓库名称	存货编码	存货名称	规格型号	主计量	数量	报价	含税单价	无税单价	无税金额	税额	价税合计	税率（%）	折扣额	扣率（%）	扣率2（%）	退补标志	客户最低售价
1	小家电仓	0203	美的电烧水壶	1000W	个	50.00	169.50	169.50	150.00	7500.00	975.00	8475.00	13.00	0.00	100.00	100.00	正常	0.00
2																		
3																		
4																		
5																		
6																		
7																		
合计						50.00				7500.00	975.00	8475.00		0.00				

单位名称 广州欣欣电子商贸有限公司　本单位税号 914404002586UE06　本单位开户银行 中国工商银行广州市上元大
制单人 王丽华　复核人 王丽华　银行账号 6220987022300068

账套:(800)广州欣欣电子商贸有限公司 王丽华 2020-01-18 16:37 4006-600-588

图 2-2-60 【销售专用发票】窗口

3. 浏览发货单

(1) 2020 年 1 月 18 日，销售部【X01 王丽华】在企业应用平台中执行【业务工作】【供应链】【销售管理】【销售发货】命令，打开【发货单】窗口。

(2) 单击【浏览】按钮，可以查看系统根据销售专用发票自动生成并审核的发货单，如图 2-2-61 所示。

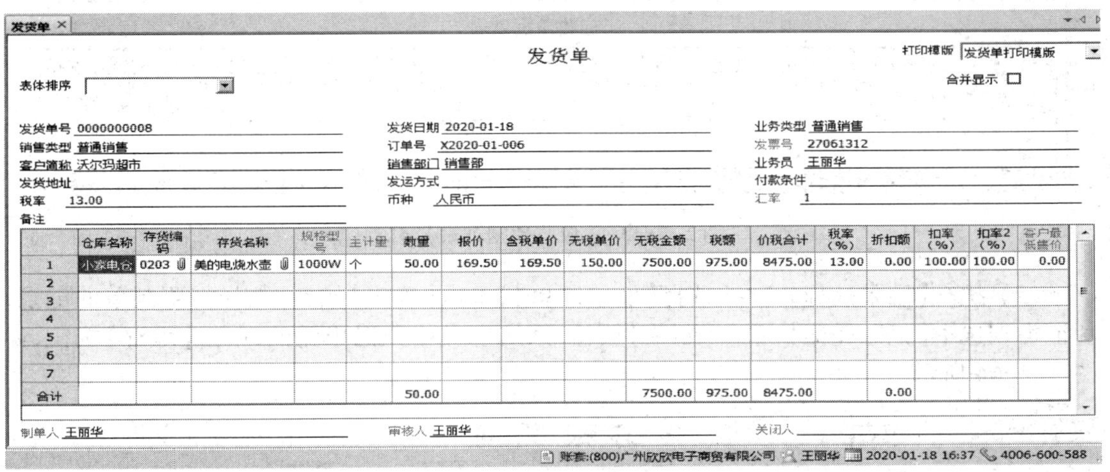

发货单

打印模版 发货单打印模版 合并显示

表体排序

发货单号 0000000008　发货日期 2020-01-18　业务类型 普通销售
销售类型 普通销售　订单号 X2020-01-006　发票号 27061312
客户简称 沃尔玛超市　销售部门 销售部　业务员 王丽华
发货地址　发运方式　付款条件
税率 13.00　币种 人民币　汇率 1
备注

	仓库名称	存货编码	存货名称	规格型号	主计量	数量	报价	含税单价	无税单价	无税金额	税额	价税合计	税率（%）	折扣额	扣率（%）	扣率2（%）	客户最低售价
1	小家电仓	0203	美的电烧水壶	1000W	个	50.00	169.50	169.50	150.00	7500.00	975.00	8475.00	13.00	0.00	100.00	100.00	0.00
2																	
3																	
4																	
5																	
6																	
7																	
合计						50.00				7500.00	975.00	8475.00		0.00			

制单人 王丽华　审核人 王丽华　关闭人

账套:(800)广州欣欣电子商贸有限公司　王丽华　2020-01-18 16:37　4006-600-588

图 2-2-61 【发货单】窗口

4. 生成销售出库单

(1) 2020 年 1 月 18 日，仓储部【C01 刘芳芳】在企业应用平台中执行【业务工作】【供应链】【库存管理】【出库业务】命令，打开【销售出库单】窗口。

(2) 执行【生单】【销售生单】命令，打开【查询条件选择—销售发货单列表】对话框，单击【确定】按钮。

(3) 打开【销售生单】窗口，选择相应的【发货单】，单击【确定】按钮，系统自动生成销售出库单，单击【审核】按钮，如图 2-2-62 所示。

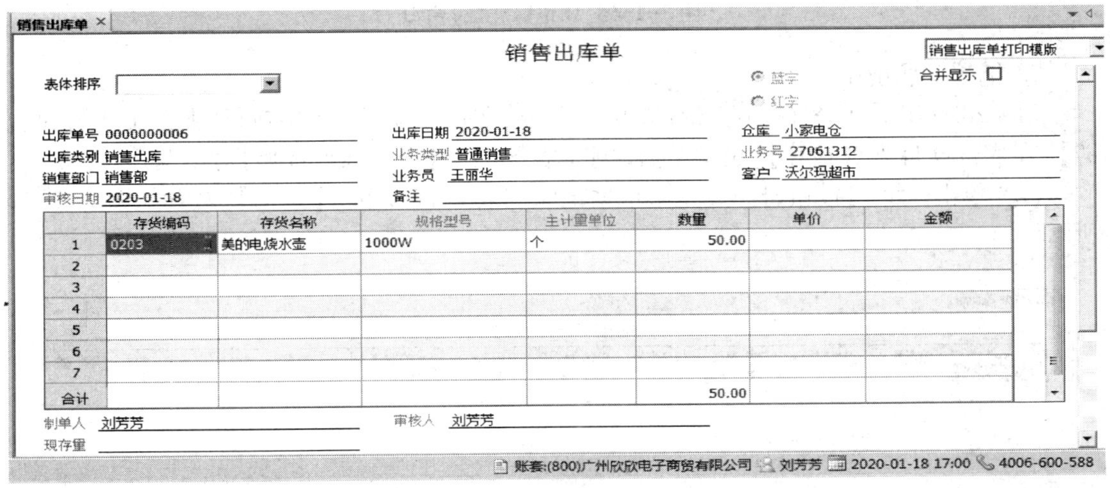

销售出库单

销售出库单打印模版

表体排序　◉ 蓝字 ○ 红字　合并显示

出库单号 0000000006　出库日期 2020-01-18　仓库 小家电仓
出库类别 销售出库　业务类型 普通销售　业务号 27061312
销售部门 销售部　业务员 王丽华　客户 沃尔玛超市
审核日期 2020-01-18　备注

	存货编码	存货名称	规格型号	主计量单位	数量	单价	金额
1	0203	美的电烧水壶	1000W	个	50.00		
2							
3							
4							
5							
6							
7							
合计					50.00		

制单人 刘芳芳　审核人 刘芳芳
现存量

账套:(800)广州欣欣电子商贸有限公司　刘芳芳　2020-01-18 17:00　4006-600-588

图 2-2-62 【销售出库单】窗口

5. 应收单审核与制单

(1) 2020 年 1 月 18 日,财务部【W02 王思敏】在企业应用平台中执行【业务工作】【财务会计】【应收款管理】【应收款单据处理】命令,单击【确定】按钮,打开【应收单据列表】窗口,单击【全选】按钮,单击【审核】按钮,如图 2-2-63 所示。

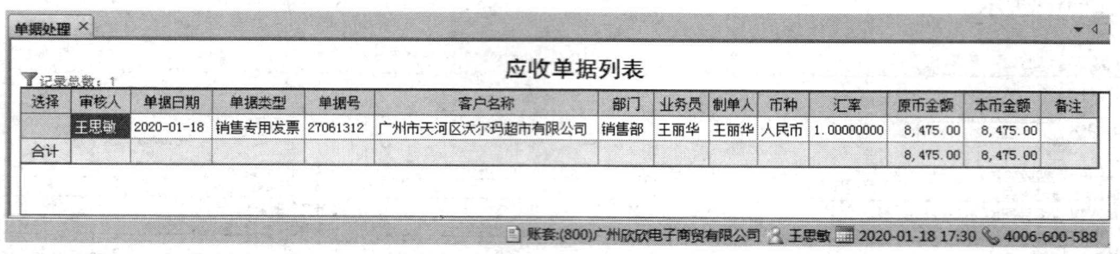

单据处理

应收单据列表

记录总数:1

选择	审核人	单据日期	单据类型	单据号	客户名称	部门	业务员	制单人	币种	汇率	原币金额	本币金额	备注
	王思敏	2020-01-18	销售专用发票	27061312	广州市天河区沃尔玛超市有限公司	销售部	王丽华	王丽华	人民币	1.00000000	8,475.00	8,475.00	
合计											8,475.00	8,475.00	

账套:(800)广州欣欣电子商贸有限公司 王思敏 2020-01-18 17:30 4006-600-588

图 2-2-63 【应收单据列表】窗口

(2) 执行【制单处理】命令,选择【发票制单】,单击【确定】按钮,选择需要制单的记录,凭证类别选中【记账凭证】,单击【制单】按钮,系统生成相关记账凭证,单击【保存】按钮,如图 2-2-64 所示。

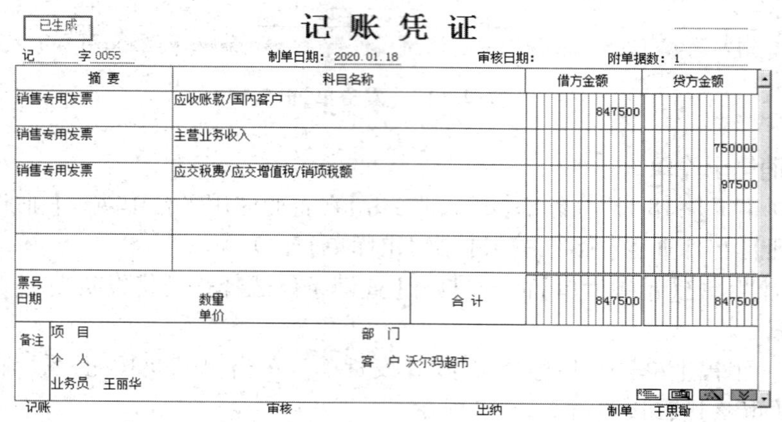

已生成

记 账 凭 证

记 字 0055 制单日期:2020.01.18 审核日期: 附单据数:1

摘 要	科目名称	借方金额	贷方金额
销售专用发票	应收账款/国内客户	847500	
销售专用发票	主营业务收入		750000
销售专用发票	应交税费/应交增值税/销项税额		97500
票号 日期	数量 单价 合 计	847500	847500

备注 项 目 部 门

个 人 客 户 沃尔玛超市

业务员 王丽华

记账 审核 出纳 制单 王思敏

图 2-2-64 【记账凭证】窗口

6. 结转销售成本

(1) 2020 年 1 月 18 日,财务部【W02 王思敏】在企业应用平台中执行【业务工作】【供应链】【存货核算】【业务核算】【正常单据记账】命令,打开【查询条件选择】对话框。

(2) 单击【确定】按钮,打开【正常单据记账列表】窗口,单击【全选】按钮,如图 2-2-65 所示。

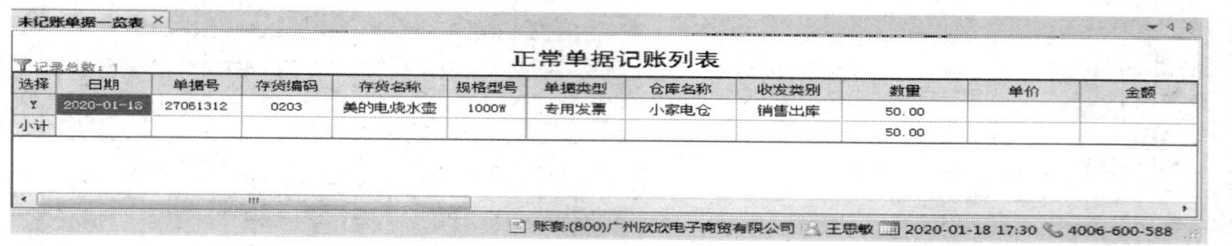

未记账单据一览表

正常单据记账列表

记录总数:1

选择	日期	单据号	存货编码	存货名称	规格型号	单据类型	仓库名称	收发类别	数量	单价	金额
Y	2020-01-18	27061312	0203	美的电烧水壶	1000W	专用发票	小家电仓	销售出库	50.00		
小计									50.00		

账套:(800)广州欣欣电子商贸有限公司 王思敏 2020-01-18 17:30 4006-600-588

图 2-2-65 【正常单据记账列表】窗口

（3）单击【记账】按钮，将销售专用发票记账，系统提示【记账成功！】。

（4）执行【财务核算】【生成凭证】命令，打开【查询条件】对话框，单击【确定】按钮，打开【未生成凭证单据一览表】窗口。

（5）单击【选择】栏或单击【全选】按钮，选中待生成凭证的单据，单击【确定】按钮，选择【记　记账凭证】，如图 2-2-66 所示。

生成凭证

凭证类别　记 记账凭证

选择	单据类型	单据号	摘要	科目类型	科目编码	科目名称	借方金额	贷方金额	借方数量	贷方数量	科目方向	存货编码	存货名称	规格型号	部门编码	部门名称	业务员编码	业务员名称
1	专用发票	27061312	专用发票	对方	6401	主营业务成本	2,375.00		25.00		1	0203	美的电烧水壶	1000W	4	销售部	401	王丽华
				存货	1405	库存商品		2,375.00		25.00	2	0203	美的电烧水壶	1000W	4	销售部	401	王丽华
				对方	6401	主营业务成本	2,375.00		25.00		1	0203	美的电烧水壶	1000W	4	销售部	401	王丽华
				存货	1405	库存商品		2,375.00		25.00	2	0203	美的电烧水壶	1000W	4	销售部	401	王丽华
合计							4,750.00	4,750.00										

账套:(800)广州欣欣电子商贸有限公司　王思敏　2020-01-18 17:30　4006-600-588

图 2-2-66　【生成凭证】窗口

（6）单击【生成】按钮，生成一张记账凭证，单击【保存】按钮，如图 2-2-67 所示。

已生成

记 账 凭 证

记　字 0056　　制单日期：2020.01.18　　审核日期：　　附单据数：1

摘要	科目名称	借方金额	贷方金额
专用发票	主营业务成本	475000	
专用发票	库存商品		475000
票号 日期	数量 单价 合计	475000	475000

备注　项　目　　部　门

个　人　　客　户

业务员

记账　　审核　　出纳　　制单　王思敏

图 2-2-67　【记账凭证】窗口

任务二　特殊核算销售业务处理

业务一　出口销售业务

特殊核算销售业务处理

〖**业务描述**〗2020 年 1 月 19 日，销售部【X01 王丽华】与阳光进出口贸易公司签订购销合同，销售智能洗碗机一批，货款尚未收取，取得与该业务相关的凭证如图 2-2-68 至图 2-2-70 所示。

〖**业务解析**〗本笔业务是签订销售合同、开票发货的外币销售业务。

〖**岗位操作说明**〗本笔业务各岗位的具体操作流程如图 2-2-71 所示。

〖**业务流程**〗本笔业务的业务流程如图 2-2-72 所示。

购销合同

合同编号 x2020-01-007

购货单位（甲方）： 阳光进出口贸易公司

供货单位（乙方）： 广州欣欣电子商贸有限公司

根据《中华人民共和国合同法》及国家相关法律、法规之规定，甲乙双方本着平等互利的原则，就甲方购买乙方货物一事达成以下协议。

一、货物的名称、数量及价格：

货物名称	规格型号	单位	数量	单价	金额	税率	价税合计
智能洗碗机		台	100	80.00	8,000.00	0	8,000.00
合计（大写） 捌仟元整							8,000.00

二、交货方式和费用承担：交货方式： 销货方送货 ，交货时间： 2020年01月19日 前，交货地点： 广州欣欣电子商贸有限公司 ，运费由 承担。

三、付款时间与付款方式： 2020年1月25日付款,以信用证方式付款 。

四、质量异议期：订货方对供货方的货物质量有异议时，应在收到货物后 内提出，逾期视为货物质量合格。

五、未尽事宜经双方协商可作补充协议，与本合同具有同等效力。

六、本合同自双方签字、盖章之日起生效，本合同壹式贰份，甲乙双方各执壹份。

甲方（签章）：（阳光进出口贸易公司 合同专用章）	乙方（签章）：（广州欣欣电子商贸有限公司 合同专用章）
授权代表：	授权代表： 陈簠明
地址： 美国加利福尼亚洲	地址： 广州市天河区上元大街18号
电话：	电话： 020-61168868
日期： 2020 年 01 月 19 日	日期： 2020 年 01 月 19 日

图 2-2-68 【购销合同】凭证

出 库 单

No. 28452752

购货单位： 阳光进出口贸易公司　　2020 年 01 月 19 日

编号	品名	规格	单位	数量	单价	金额	备注
0205	智能洗碗机		台	100			小家电仓
合		计					

第一联 存根联

仓库主管： 略　　记账： 略　　保管： 略　　经手人： 略　　制单： 刘芳芳

图 2-2-69 【出库单】凭证

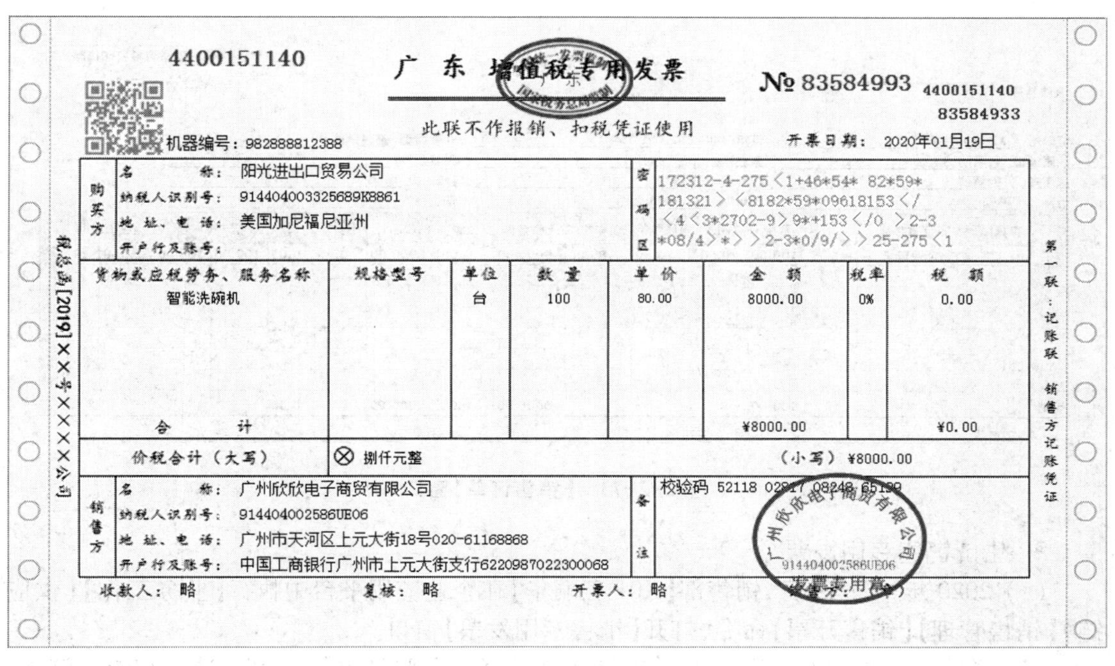

4400151140 广东增值税专用发票 №83584993 4400151140 83584933

此联不作报销、扣税凭证使用

机器编号：982888812388 开票日期：2020年01月19日

购买方	名称：阳光进出口贸易公司 纳税人识别号：914404003325689K8861 地址、电话：美国加尼福尼亚州 开户行及账号：	密码区	172312-4-275 <1+46*54* 82*59* 181321 > <8182*59*09618153 </ <4 <3*2702-9 >9*+153 </0 >2-3 *08/4 >* > >2-3*0/9/ > >25-275 <1

货物或应税劳务、服务名称	规格型号	单位	数量	单价	金额	税率	税额
智能洗碗机		台	100	80.00	8000.00	0%	0.00
合计					¥8000.00		¥0.00
价税合计（大写）	⊗ 捌仟元整				（小写）¥8000.00		

销售方	名称：广州欣欣电子商贸有限公司 纳税人识别号：914404002586UE06 地址、电话：广州市天河区上元大街18号020-61168868 开户行及账号：中国工商银行广州市上元大街支行6220987022300068	备注	校验码 52118 02817 08248 65159

收款人：略 复核：略 开票人：略 销售方：（章）

税总函[2019]××号××××公司

第一联：记账联 销售方记账凭证

图 2-2-70 【增值税专用发票】凭证

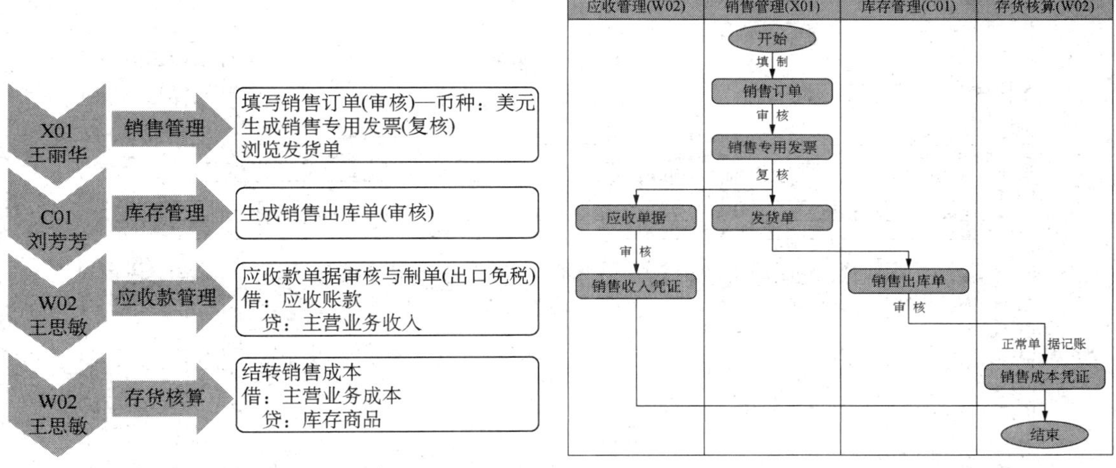

图 2-2-71 岗位操作说明

图 2-2-72 业务流程

〖操作指引〗

1. 填制销售订单

（1）2020 年 1 月 19 日，销售部【X01 王丽华】在企业应用平台中执行【业务工作】【供应链】【销售管理】【销售订货】命令，打开【销售订单】窗口。

（2）单击【增加】按钮，【订单编号】修改为【X2020-01-007】，【销售类型】选择【普通销售】，【税率】修改为【0.00】，【币种】修改为【美元】，按照购销合同录入订单信息，单击【保存】按钮。

（3）单击【审核】按钮，审核填制的销售订单、如图 2-2-73 所示。

销售订单

打印模版 销售订单打印模版

表体排序

合并显示 □

订单号 X2020-01-007　订单日期 2020-01-19　业务类型 普通销售
销售类型 普通销售　客户简称 阳光进出口　付款条件
销售部门 销售部　业务员 王丽华　税率 0.00
币种 美元　汇率 6.85000　备注

	存货编码	存货名称	主计量	数量	报价	含税单价	无税单价	无税金额	税额	价税合计	税率（%）	折扣额	扣率（%）	扣率2（%）	预发货日期
1	0205	智能洗碗机	台	100.00	0.00	80.00	80.00	8000.00	0.00	8000.00	0.00	0.00	100.00	100.00	2020-01-19
2															
3															
4															
5															
6															
7															
合计				100.00				8000.00	0.00	8000.00		0.00			

制单人 王丽华　审核人 王丽华　关闭人

图 2-2-73 【销售订单】窗口

2. 生成销售专用发票

(1) 2020 年 1 月 19 日,销售部【X01 王丽华】在企业应用平台中执行【业务工作】【供应链】【销售管理】【销售开票】命令,打开【销售专用发票】窗口。

(2) 单击【增加】按钮,系统弹出【查询条件选择—参照订单】对话框,选择相应的订单,单击【确定】按钮,修改【发票号】为【83584993】,修改表体【仓库名称】为【小家电仓】,单击【保存】按钮,单击【复核】按钮,如图 2-2-74 所示。

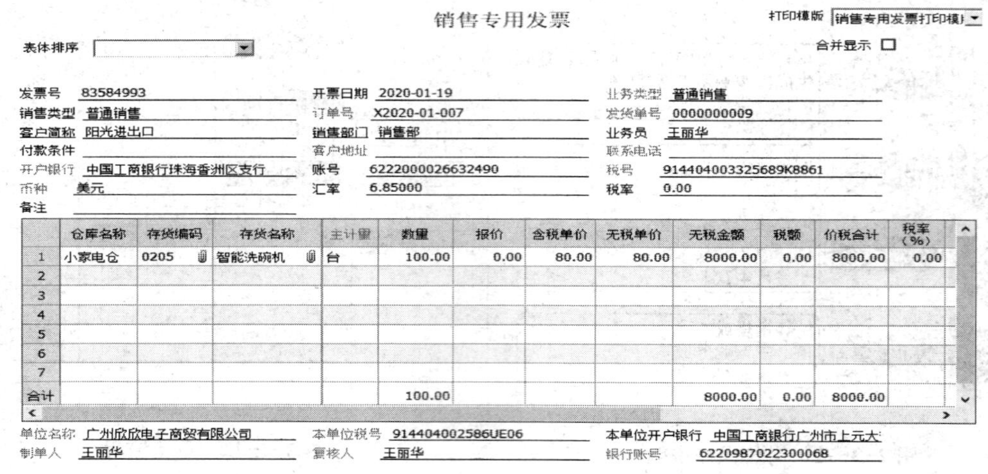
销售专用发票

打印模版 销售专用发票打印模

表体排序

合并显示 □

发票号 83584993　开票日期 2020-01-19　业务类型 普通销售
销售类型 普通销售　订单号 X2020-01-007　发货单号 0000000009
客户简称 阳光进出口　销售部门 销售部　业务员 王丽华
付款条件　客户地址　联系电话
开户银行 中国工商银行珠海香洲区支行　账号 6222000026632490　税号 914404003325689K8861
币种 美元　汇率 6.85000　税率 0.00
备注

	仓库名称	存货编码	存货名称	主计量	数量	报价	含税单价	无税单价	无税金额	税额	价税合计	税率（%）
1	小家电仓	0205	智能洗碗机	台	100.00	0.00	80.00	80.00	8000.00	0.00	8000.00	0.00
2												
3												
4												
5												
6												
7												
合计					100.00				8000.00	0.00	8000.00	

单位名称 广州欣欣电子商贸有限公司　本单位税号 914404002586UE06　本单位开户银行 中国工商银行广州市上元大
制单人 王丽华　复核人 王丽华　银行账号 6220987022300068

图 2-2-74 【销售专用发票】窗口

3. 浏览发货单

(1) 2020 年 1 月 19 日,销售部【X01 王丽华】在企业应用平台中执行【业务工作】【供应链】【销售管理】【销售发货】命令,打开【发货单】窗口。

(2) 单击【浏览】按钮,可以查看系统根据销售专用发票自动生成并审核的发货单,如图 2-2-75 所示。

4. 生成销售出库单

(1) 2020 年 1 月 19 日,仓储部【C01 刘芳芳】在企业应用平台中执行【业务工作】【供应

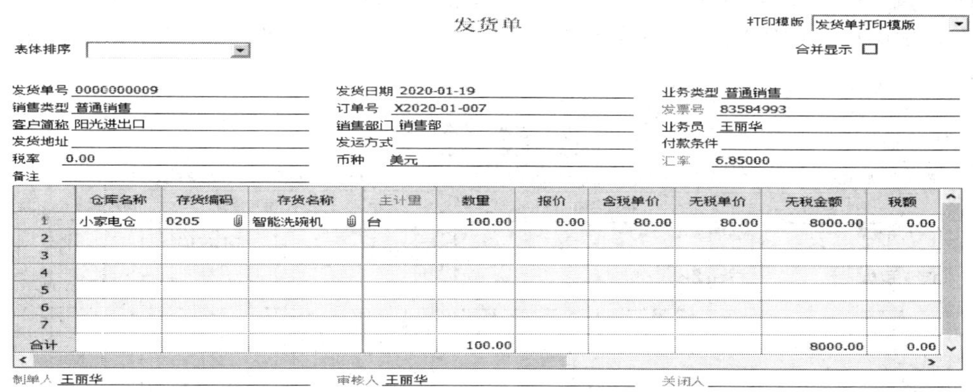

发货单

打印模版 发货单打印模版

表体排序　　合并显示 □

发货单号 0000000009　发货日期 2020-01-19　业务类型 普通销售

销售类型 普通销售　订单号 X2020-01-007　发票号 83584993

客户简称 阳光进出口　销售部门 销售部　业务员 王丽华

发货地址　发运方式　付款条件

税率 0.00　币种 美元　汇率 6.85000

备注

	仓库名称	存货编码	存货名称	主计量	数量	报价	含税单价	无税单价	无税金额	税额
1	小家电仓	0205	智能洗碗机	台	100.00	0.00	80.00	80.00	8000.00	0.00
2										
3										
4										
5										
6										
7										
合计					100.00				8000.00	0.00

制单人 王丽华　审核人 王丽华　关闭人

图 2-2-75 【发货单】窗口

链】【库存管理】【出库业务】命令,打开【销售出库单】窗口。

(2) 执行【生单】【销售生单】命令,打开【查询条件选择—销售发货单列表】对话框,单击【确定】按钮。选择相应的【发货单】,单击【确定】按钮,系统自动生成销售出库单。

(3) 单击【审核】按钮,如图 2-2-76 所示。

销售出库单

销售出库单打印模版

表体排序　　◉ 蓝字 ○ 红字　　合并显示 □

出库单号 0000000007　出库日期 2020-01-19　仓库 小家电仓

出库类别 销售出库　业务类型 普通销售　业务号 83584933

销售部门 销售部　业务员 王丽华　客户 阳光进出口

审核日期 2020-01-19　备注

	存货编码	存货名称	规格型号	主计量单位	数量	单价	金额
1	0205	智能洗碗机		台	100.00		
2							
3							
4							
5							
6							
7							
合计					100.00		

制单人 刘芳芳　审核人 刘芳芳

现存量 0.00

图 2-2-76 【销售出库单】窗口

5. 应收单审核与制单

(1) 2020 年 1 月 19 日,财务部【W02 王思敏】在企业应用平台中执行【业务工作】【财务会计】【应收款管理】【应收款单据处理】命令,单击【确定】按钮,打开【应收单据列表】窗口,单击【全选】按钮,单击【审核】按钮,如图 2-2-77 所示。

应收单据列表

记录总数:1

选择	审核人	单据日期	单据类型	单据号	客户名称	部门	业务员	制单人	币种	汇率	原币金额	本币金额	备注
	王思敏	2020-01-19	销售专用发票	83584993	阳光进出口贸易有限公司	销售部	王丽华	王丽华	美元	6.85000000	8,000.00	54,800.00	
合计											8,000.00	54,800.00	

图 2-2-77 【应收单据列表】窗口

(2) 执行【制单处理】命令,选择【发票制单】,单击【确定】按钮,选择需要制单的记录,凭证类别选中【记账凭证】,单击【制单】按钮,系统生成相关记账凭证,单击【保存】按钮,如图 2-2-78 所示。

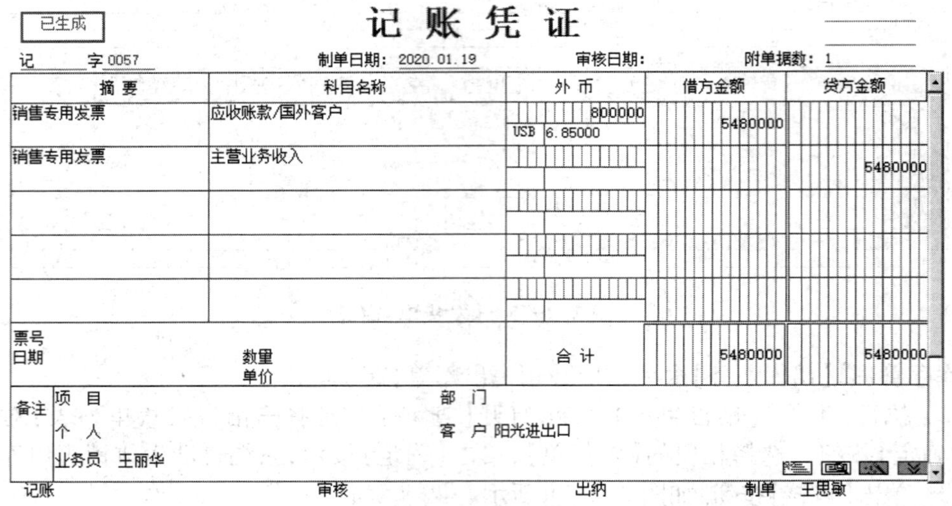

已生成

记账凭证

记 字 0057 制单日期: 2020.01.19 审核日期: 附单据数: 1

摘要	科目名称	外币	借方金额	贷方金额
销售专用发票	应收账款/国外客户	800000 USB 6.85000	5480000	
销售专用发票	主营业务收入			5480000
票号 日期	数量 单价	合计	5480000	5480000

备注 项 目 部 门
个 人 客 户 阳光进出口
业务员 王丽华

记账 审核 出纳 制单 王思敏

图 2-2-78 【记账凭证】窗口

6. 结转销售成本

(1) 2020 年 1 月 19 日,财务部【W02 王思敏】在企业应用平台中执行【业务工作】【供应链】【存货核算】【业务核算】【正常单据记账】命令,打开【查询条件选择】对话框。

(2) 单击【确定】按钮,打开【正常单据记账列表】窗口,单击【全选】按钮,如图 2-2-79 所示。

正常单据记账列表

记录总数: 1

选择	日期	单据号	存货编码	存货名称	单据类型	仓库名称	收发类别	数量	单价	金额	计量单位
Y	2020-01-19	83584993	0205	智能洗碗机	专用发票	小家电仓	销售出库	100.00			台
小计								100.00			

图 2-2-79 【正常单据记账列表】窗口

(3) 单击【记账】按钮,将销售专用发票记账,系统提示【记账成功!】。

(4) 执行【财务核算】【生成凭证】命令,打开【查询条件】对话框,单击【确定】按钮,打开【未生成凭证单据一览表】窗口。

(5) 单击【选择】栏或单击【全选】按钮,选中待生成凭证的单据,单击【确定】按钮,选择【记 记账凭证】,如图 2-2-80 所示。

凭证类别 记 记账凭证

选择	单据类型	单据号	摘要	科目类型	科目编码	科目名称	借方金额	贷方金额	借方数量	贷方数量	科目方向	存货编码	存货名称	部门名称	业务员名称
1	专用发票	83584993	专用发票	对方	6401	主营业务成本	34,250.00		100.00		1	0205	智能洗碗机	销售部	王丽华
				存货	1405	库存商品		34,250.00		100.00	2	0205	智能洗碗机	销售部	王丽华
合计							34,250.00	34,250.00							

图 2-2-80 【生成凭证】窗口

（6）单击【生成】按钮，生成一张记账凭证，单击【保存】按钮，如图 2-2-81 所示。

已生成

记 账 凭 证

记　字 0058　　制单日期：2020.01.19　　审核日期：　　附单据数：1

摘要	科目名称	借方金额	贷方金额
专用发票	主营业务成本	3425000	
专用发票	库存商品		3425000
票号 日期	数量 单价	合计 3425000	3425000

备注　项　目　　部　门
个　人　　客　户
业务员

记账　　审核　　出纳　　制单　王思敏

图 2-2-81　【记账凭证】窗口

业务二　收到银行承兑汇票的销售业务

〖**业务描述**〗2020 年 1 月 19 日，销售部【X01 王丽华】与广州市天河区华润苏果有限公司签订购销合同，销售美的电高压锅一批，当日收到货后，其货款当日以银行承兑汇票支付，取得与该业务相关的凭证如图 2-2-82 至图 2-2-85 所示。

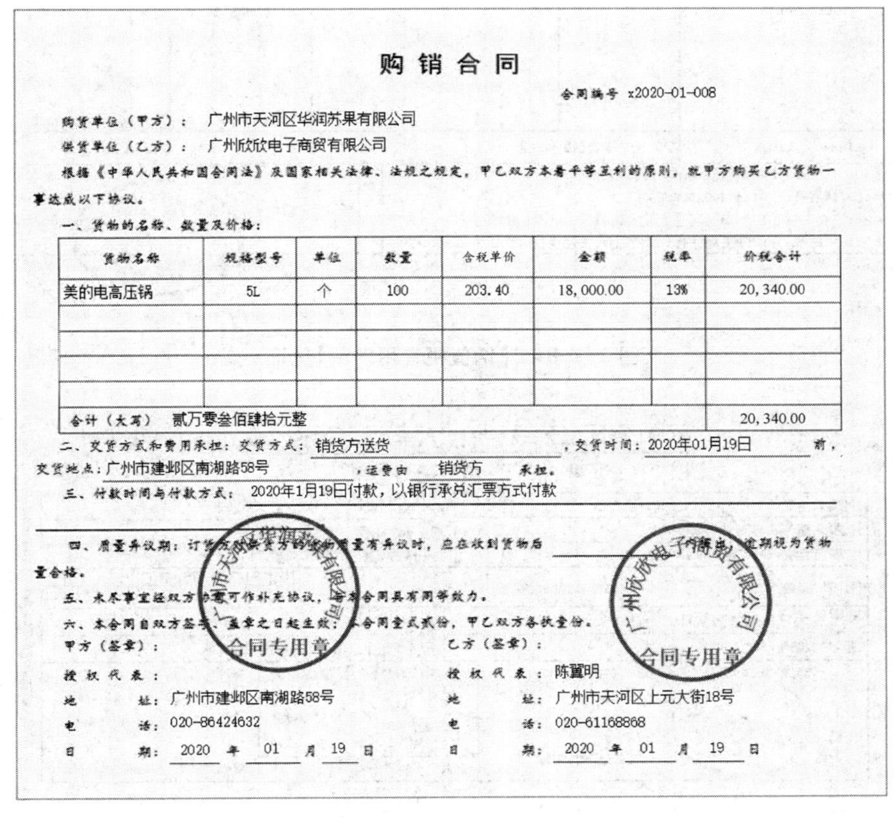

购 销 合 同

合同编号 x2020-01-008

购货单位（甲方）：　广州市天河区华润苏果有限公司

供货单位（乙方）：　广州欣欣电子商贸有限公司

根据《中华人民共和国合同法》及国家相关法律、法规之规定，甲乙双方本着平等互利的原则，就甲方购买乙方货物一事达成以下协议。

一、货物的名称、数量及价格：

货物名称	规格型号	单位	数量	含税单价	金额	税率	价税合计
美的电高压锅	5L	个	100	203.40	18,000.00	13%	20,340.00
合计（大写）　贰万零叁佰肆拾元整							20,340.00

二、交货方式和费用承担：交货方式：销货方送货，交货时间：2020年01月19日前，交货地点：广州市建邺区南湖路58号，运费由销货方承担。

三、付款时间与付款方式：2020年1月19日付款，以银行承兑汇票方式付款

四、质量异议期：订货方对供货方的货物质量有异议时，应在收到货物后______内提出，逾期视为货物质量合格。

五、未尽事宜经双方协商可作补充协议，与本合同具有同等效力。

六、本合同自双方签字、盖章之日起生效；本合同壹式贰份，甲乙双方各执壹份。

甲方（签章）：	乙方（签章）：
授权代表：	授权代表：陈翼明
地　址：广州市建邺区南湖路58号	地　址：广州市天河区上元大街18号
电　话：020-86424632	电　话：020-61168868
日　期：2020 年 01 月 19 日	日　期：2020 年 01 月 19 日

图 2-2-82　【购销合同】凭证

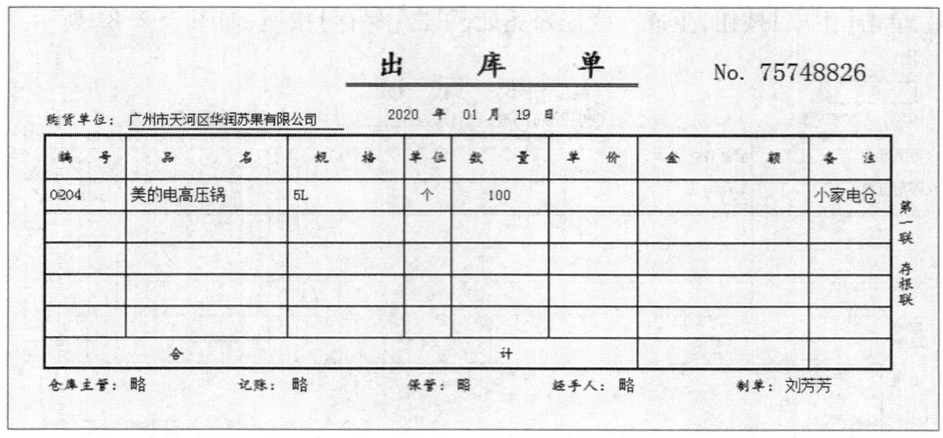

出　库　单　　No. 75748826

购货单位：广州市天河区华润苏果有限公司　　2020 年 01 月 19 日

编　号	品　名	规　格	单位	数　量	单　价	金　额	备　注
0204	美的电高压锅	5L	个	100			小家电仓
合				计			

仓库主管：略　记账：略　保管：略　经手人：略　制单：刘芳芳

第一联 存根联

图 2-2-83 【出库单】凭证

044001900104　　**广东增值税普通发票**　　№ 89643418　　044001900104　89643418

记账联

机器编号：982888812388　　开票日期：2020年01月19日

购买方	
名　　称：	广州市天河区华润苏果有限公司
纳税人识别号：	91440402321067317608
地　址、电　话：	广州市建邺区南湖路58号020-86424632
开户行及账号：	中国建设银行广州市南湖路支行2353670188600024

密码区：172312-4-275 <1+46*54* 82*59* 181321> <8182*59*09618153</ <4<3*2702-9> 9*+153</0 >2-3 *08/4>*>>2-3*0/9/>>25-275<1

货物或应税劳务、服务名称	规格型号	单位	数量	单价	金额	税率	税额
美的电高压锅	5L	个	100	180.00	18000.00	13%	2340.00
合　计					¥18000.00		¥2340.00
价税合计（大写）	⊗ 贰万零叁佰肆拾元整				（小写）¥20,340.00		

销售方	
名　　称：	广州欣欣电子商贸有限公司
纳税人识别号：	914404002586UE06
地　址、电　话：	广州市天河区上元大街18号020-61168868
开户行及账号：	中国工商银行广州市上元大街支行6220987022300068

备注：校验码 52118 02517 08248 65199

收款人：略　复核：略　开票人：略　销售方：（章）

税总函[2019]××号××××公司

第一联：记账联　销售方记账凭证

图 2-2-84 【增值税专用发票】凭证

中国工商银行　银行承兑汇票　2　　10200050　89227389

出票日期（大写）：贰零贰零 年 零壹 月 壹拾玖日

出票人全称	广州市天河区华润苏果有限公司	收款人	全　称	广州欣欣电子商贸有限公司
出票人账号	2353670188600024		账　号	6220987022300068
付款行全称	中国建设银行广州市南湖路支行		开户银行	中国工商银行广州市上元大街支行
出票金额	人民币（大写）贰万零叁佰肆拾元整		亿千百十万千百十元角分	¥ 2 0 3 4 0 0 0
汇票到期日（大写）	贰零贰零年零叁月壹拾玖日	付款行	行号	
承兑协议编号	74372315		地址	广州市建邺区南湖路58号

本汇票请你行承兑，到期无条件付款。　出票人签章

本汇票已经承兑，到期日由本行付款。　承兑行签章　承兑日期　年　月　日　备注：

密押　复核　记账

此联收款人开户行随托收凭证寄付款行作借方凭证附件

图 2-2-85 【银行承兑汇票】凭证

〖业务解析〗本笔业务是签订销售合同、开票发货、收到银行承兑汇票的销售业务。

〖岗位操作说明〗本笔业务各岗位的具体操作流程如图 2-2-86 所示。

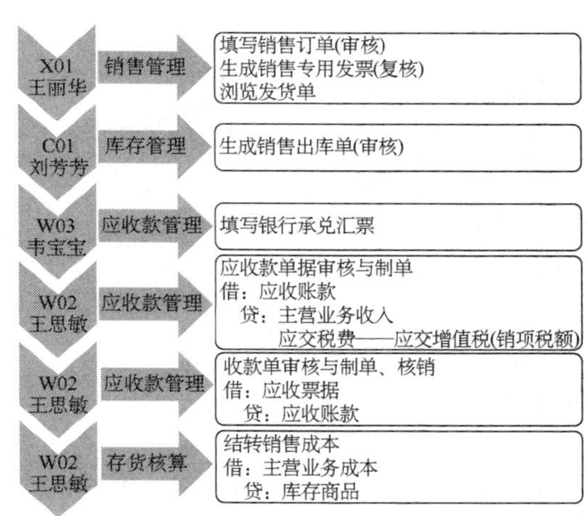

图 2-2-86　岗位操作说明

〖业务流程〗本笔业务的业务流程如图 2-2-87 所示。

〖操作指引〗

1. 填制销售订单

（1）2020 年 1 月 19 日，销售部【X01 王丽华】在企业应用平台中执行【业务工作】【供应链】【销售管理】【销售订货】命令，打开【销售订单】窗口。

（2）单击【增加】按钮，修改【订单编号】为【X2020-01-008】，【销售类型】选择【普通销售】，按照购销合同录入订单信息，单击【保存】按钮。

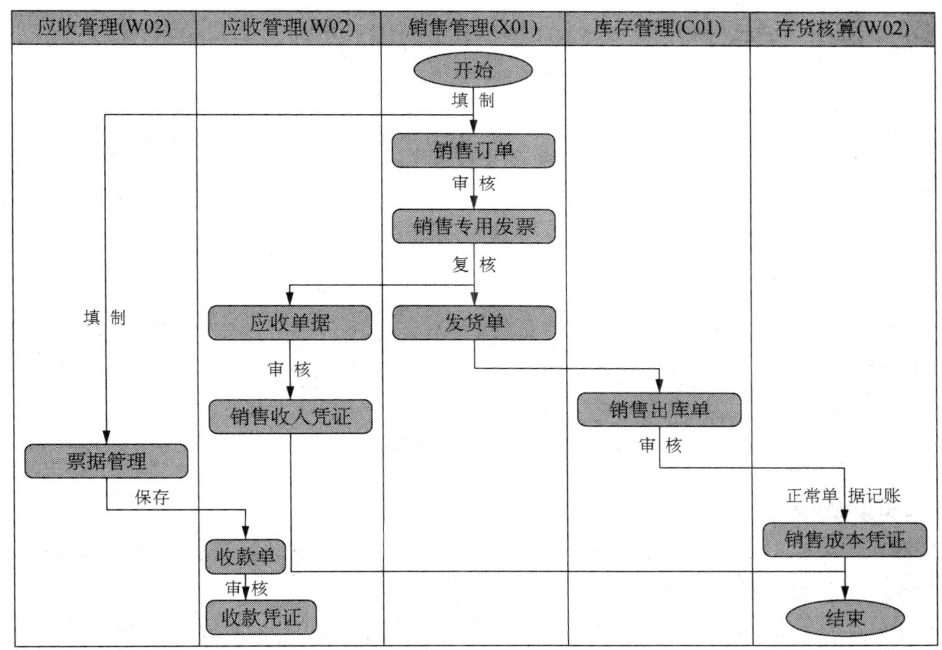

图 2-2-87　业务流程

（3）单击【审核】按钮，审核填制的销售订单，如图 2-2-88 所示。

2. 生成销售专用发票

（1）2020 年 1 月 19 日，销售部【X01 王丽华】在企业应用平台中执行【业务工作】【供应链】【销售管理】【销售开票】命令，打开【销售专用发票】窗口。

（2）单击【增加】按钮，系统弹出【查询条件选择—参照订单】对话框，选择相应的订单，单击【确定】按钮，修改【发票号】为【89643418】，修改表体【仓库名称】为【小家电仓】，单击【保存】按钮，单击【复核】按钮，如图 2-2-89 所示。

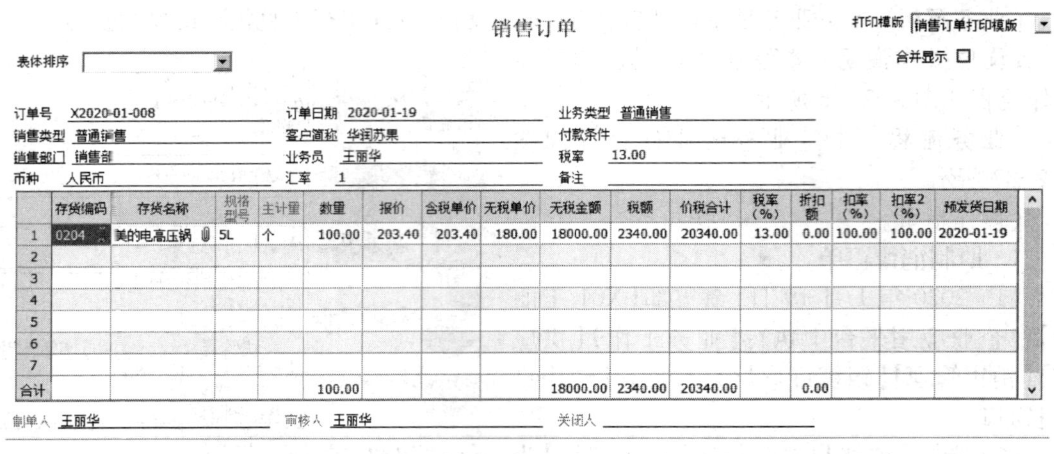

销售订单

打印模版 销售订单打印模版

表体排序

合并显示 □

订单号 X2020-01-008　订单日期 2020-01-19　业务类型 普通销售
销售类型 普通销售　客户简称 华润苏果　付款条件
销售部门 销售部　业务员 王丽华　税率 13.00
币种 人民币　汇率 1　备注

	存货编码	存货名称	规格型号	主计量	数量	报价	含税单价	无税单价	无税金额	税额	价税合计	税率(%)	折扣额	扣率(%)	扣率2(%)	预发货日期
1	0204	美的电高压锅	5L	个	100.00	203.40	203.40	180.00	18000.00	2340.00	20340.00	13.00	0.00	100.00	100.00	2020-01-19
2																
3																
4																
5																
6																
7																
合计					100.00				18000.00	2340.00	20340.00		0.00			

制单人 王丽华　审核人 王丽华　关闭人

图 2-2-88 【销售订单】窗口

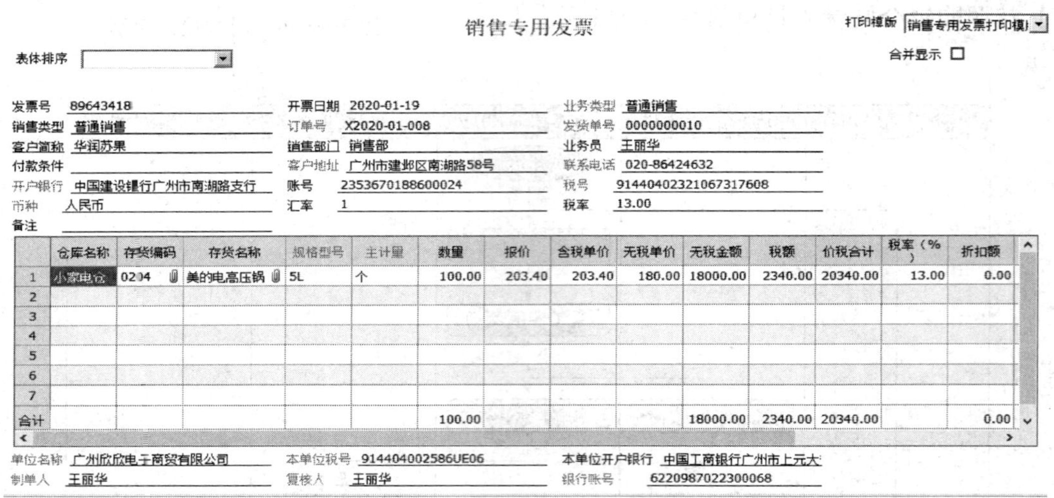

销售专用发票

打印模版 销售专用发票打印模

表体排序

合并显示 □

发票号 89643418　开票日期 2020-01-19　业务类型 普通销售
销售类型 普通销售　订单号 X2020-01-008　发货单号 0000000010
客户简称 华润苏果　销售部门 销售部　业务员 王丽华
付款条件　客户地址 广州市建邺区南湖路58号　联系电话 020-86424632
开户银行 中国建设银行广州市南湖路支行　账号 2353670188600024　税号 91440402321067317608
币种 人民币　汇率 1　税率 13.00
备注

	仓库名称	存货编码	存货名称	规格型号	主计量	数量	报价	含税单价	无税单价	无税金额	税额	价税合计	税率(%)	折扣额
1	小家电仓	0204	美的电高压锅	5L	个	100.00	203.40	203.40	180.00	18000.00	2340.00	20340.00	13.00	0.00
2														
3														
4														
5														
6														
7														
合计						100.00				18000.00	2340.00	20340.00		0.00

单位名称 广州欣欣电子商贸有限公司　本单位税号 914404002586UE06　本单位开户银行 中国工商银行广州市上元大
制单人 王丽华　复核人 王丽华　银行账号 6220987022300068

图 2-2-89 【销售专用发票】窗口

3. 浏览发货单

(1) 2020 年 1 月 19 日,销售部【X01 王丽华】在企业应用平台中执行【业务工作】【供应链】【销售管理】【销售发货】命令,打开【发货单】窗口。

(2) 单击【浏览】按钮,可以查看系统根据销售专用发票自动生成并审核的发货单。

4. 生成销售出库单

(1) 2020 年 1 月 19 日,仓储部【C01 刘芳芳】在企业应用平台中执行【业务工作】【供应链】【库存管理】【出库业务】命令,打开【销售出库单】窗口。

(2) 执行【生单】【销售生单】命令,打开【查询条件选择—销售发货单列表】对话框,单击【确定】按钮。

(3) 打开【销售生单】窗口,选择相应的【发货单】,单击【确定】按钮,系统自动生成销售出库单,单击【审核】按钮,如图 2-2-90 所示。

5. 填制银行承兑汇票

2020 年 1 月 19 日,财务部【W03 韦宝宝】在企业应用平台中执行【业务工作】【财务会

销售出库单

表体排序　　蓝字　红字　销售出库单打印模版　合并显示

出库单号 0000000008　出库日期 2020-01-19　仓库 小家电仓

出库类别 销售出库　业务类型 普通销售　业务号 89643418

销售部门 销售部　业务员 王丽华　客户 华润苏果

审核日期 2020-01-19　备注

	存货编码	存货名称	规格型号	主计量单位	数量	单价	金额
1	0204	美的电高压锅	5L	个	100.00		
2							
3							
4							
5							
6							
7							
合计					100.00		

制单人 刘芳芳　审核人 刘芳芳

现存量 46.00

图 2-2-90　【销售出库单】窗口

计】【应收款管理】【票据管理】命令，打开【查询条件选择】对话框，单击【确定】按钮，系统弹出【票据管理】窗口，单击【增加】按钮，系统弹出【商业汇票】窗口，按照银行承兑汇票单据信息输入，单击【保存】按钮，如图 2-2-91 所示。

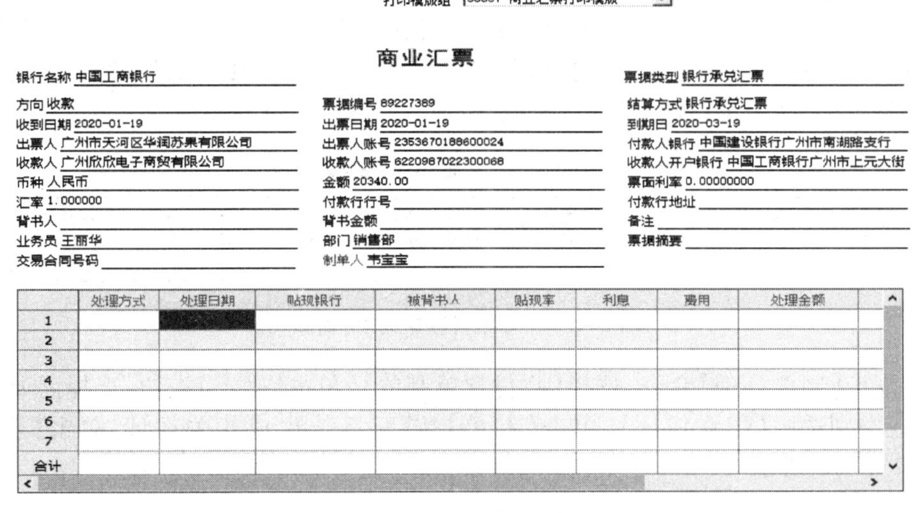

打印模版组 30657 商业汇票打印模版

商业汇票

银行名称 中国工商银行　票据类型 银行承兑汇票

方向 收款　票据编号 89227389　结算方式 银行承兑汇票

收到日期 2020-01-19　出票日期 2020-01-19　到期日 2020-03-19

出票人 广州市天河区华润苏果有限公司　出票人账号 2353670188600024　付款人银行 中国建设银行广州市南湖路支行

收款人 广州欣欣电子商贸有限公司　收款人账号 6220987022300068　收款人开户银行 中国工商银行广州市上元大街

币种 人民币　金额 20340.00　票面利率 0.00000000

汇率 1.000000　付款行行号　付款行地址

背书人　背书金额　备注

业务员 王丽华　部门 销售部　票据摘要

交易合同号码　制单人 韦宝宝

	处理方式	处理日期	贴现银行	被背书人	贴现率	利息	费用	处理金额
1								
2								
3								
4								
5								
6								
7								
合计								

图 2-2-91　【商业汇票】窗口

6. 应收单审核与制单

（1）2020 年 1 月 19 日，财务部【W02 王思敏】在企业应用平台中执行【业务工作】【财务会计】【应收款管理】【应收款单据处理】命令，单击【确定】按钮，打开【应收单据列表】窗口，单击【全选】按钮，单击【审核】按钮，如图 2-2-92 所示。

应收单据列表

记录总数：1

选择	审核人	单据日期	单据类型	单据号	客户名称	部门	业务员	制单人	币种	汇率	原币金额	本币金额	备注
	王思敏	2020-01-19	销售专用发票	89643418	广州市天河区华润苏果有限公司	销售部	王丽华	王丽华	人民币	1.00000000	20,340.00	20,340.00	
合计											20,340.00	20,340.00	

图 2-2-92　【应收单据列表】窗口

(2) 执行【制单处理】命令,选择【发票制单】,单击【确定】按钮,选择需要制单的记录,凭证类别选中【记账凭证】,单击【制单】按钮,系统生成相关凭证,单击【保存】按钮,如图 2-2-93 所示。

已生成

记 账 凭 证

记 字 0059　　制单日期: 2020.01.19　　审核日期:　　附单据数: 1

摘要	科目名称	借方金额	贷方金额
销售专用发票	应收账款/国内客户	2034000	
销售专用发票	主营业务收入		1800000
销售专用发票	应交税费/应交增值税/销项税额		234000
票号 日期　　数量 单价	合 计	2034000	2034000

备注　项目　　部门
个人　　客户 华润苏果
业务员 王丽华

记账　审核　出纳　制单 王思敏

图 2-2-93 【记账凭证】窗口

7. 收款单据审核与制单

(1) 2020 年 1 月 19 日,财务部【W02 王思敏】在企业应用平台中执行【业务工作】【财务会计】【应收款管理】【收款单据处理】【收款单据审核】命令,单击【确定】按钮,打开【收付款单列表】窗口,单击【全选】按钮,单击【审核】按钮,如图 2-2-94 所示。

收付款单列表

记录总数: 1

选择	审核人	单据日期	单据类型	单据编号	客户名称	部门	业务员	结算方式	票据号	币种	汇率	原币金额	本币金额	备注
	王思敏	2020-01-19	收款单	0000000008	广州市天河区华润苏果有限公司	销售部	王丽华	银行承...	89227389	人民币	1.00000000	20,340.00	20,340.00	
合计	审核人											20,340.00	20,340.00	

图 2-2-94 【收付款单列表】窗口

(2) 执行【制单处理】命令,选择【收付款单制单】,单击【确定】按钮,选择需要制单的记录,凭证类别选中【记账凭证】,单击【制单】按钮,系统生成相关凭证,单击【保存】按钮,如图 2-2-95 所示。

已生成

记 账 凭 证

记 字 0060　　制单日期: 2020.01.19　　审核日期:　　附单据数: 1

摘要	科目名称	借方金额	贷方金额
收款单	应收票据/银行承兑汇票	2034000	
收款单	应收账款/国内客户		2034000
票号 89227389 日期 2020.01.19　　数量 单价	合 计	2034000	2034000

备注　项目　　部门
个人　　客户 华润苏果
业务员 王丽华

记账　审核　出纳　制单 王思敏

图 2-2-95 【记账凭证】窗口

8. 手工核销

（1）2020 年 1 月 19 日，财务部【W02 王思敏】在企业应用平台执行【业务工作】【财务会计】【应收款管理】【核销处理】【手工核销】命令，打开【核销条件】对话框。

（2）选择【客户】为【华润苏果】，单击【确定】按钮，打开【单据核销】窗口，输入本次结算金额为【20 340.00】，单击【保存】按钮，如图 2-2-96 所示。

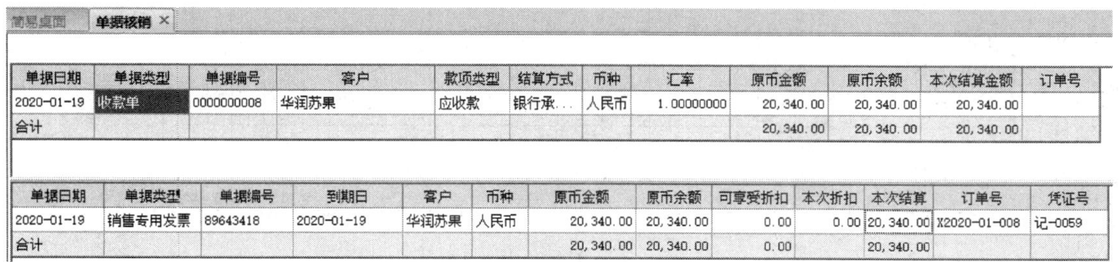

简易桌面 | 单据核销

单据日期	单据类型	单据编号	客户	款项类型	结算方式	币种	汇率	原币金额	原币余额	本次结算金额	订单号
2020-01-19	收款单	0000000008	华润苏果	应收款	银行承…	人民币	1.00000000	20,340.00	20,340.00	20,340.00	
合计								20,340.00	20,340.00	20,340.00	

单据日期	单据类型	单据编号	到期日	客户	币种	原币金额	原币余额	可享受折扣	本次折扣	本次结算	订单号	凭证号
2020-01-19	销售专用发票	89643418	2020-01-19	华润苏果	人民币	20,340.00	20,340.00	0.00	0.00	20,340.00	X2020-01-008	记-0059
合计						20,340.00	20,340.00	0.00		20,340.00		

图 2-2-96 【单据核销】窗口

9. 结转销售成本

（1）2020 年 1 月 19 日，财务部【W02 王思敏】在企业应用平台中执行【业务工作】【供应链】【存货核算】【业务核算】【正常单据记账】命令，打开【查询条件选择】对话框。

（2）单击【确定】按钮，打开【正常单据记账列表】窗口，单击【全选】按钮，如图 2-2-97 所示。

正常单据记账列表

记录总数：1

选择	日期	单据号	存货编码	存货名称	规格型号	单据类型	仓库名称	收发类别	数量	单价	金额
Y	2020-01-19	89643418	0204	美的电高压锅	5L	专用发票	小家电仓	销售出库	100.00		
小计									100.00		

图 2-2-97 【正常单据记账列表】窗口

（3）单击【记账】按钮，将销售专用发票记账，系统提示【记账成功！】。

（4）执行【财务核算】【生成凭证】命令，打开【查询条件】对话框，单击【确定】按钮，打开【未生成凭证单据一览表】窗口。

（5）单击【选择】栏或单击【全选】按钮，选中待生成凭证的单据，单击【确定】按钮，选择【记 记账凭证】，如图 2-2-98 所示。

凭证类别 记 记账凭证

选择	单据类型	单据号	摘要	科目类型	科目编码	科目名称	借方金额	贷方金额	借方数量	贷方数量	科目方向	存货编码	存货名称	规格型号	部门名称	业务员名称
1	专用发票	89643418	专用发票	对方	6401	主营业务成本	3,120.00		26.00		1	0204	美的电高压锅	5L	销售部	王丽华
				存货	1405	库存商品		3,120.00		26.00	2	0204	美的电高压锅	5L	销售部	王丽华
				对方	6401	主营业务成本	8,880.00		74.00		1	0204	美的电高压锅	5L	销售部	王丽华
				存货	1405	库存商品		8,880.00		74.00	2	0204	美的电高压锅	5L	销售部	王丽华
合计							12,000.00	12,000.00								

图 2-2-98 【生成凭证】窗口

（6）单击【生成】按钮，生成一张记账凭证，单击【保存】按钮，如图 2-2-99 所示。

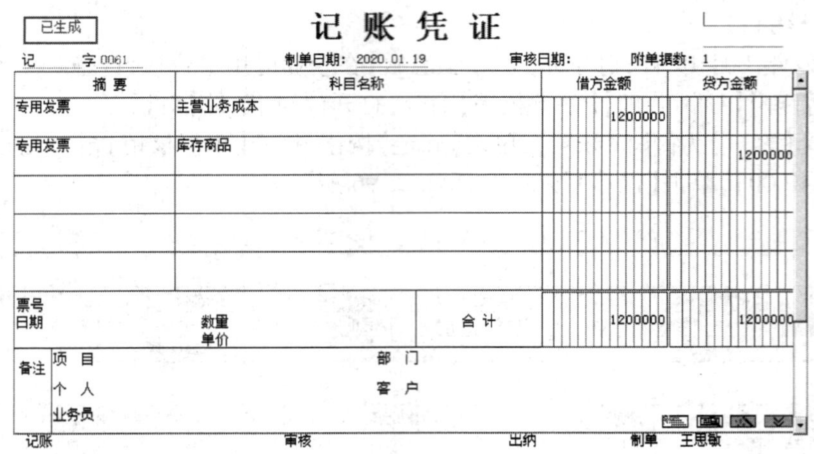

已生成

记账凭证

记 字 0061 制单日期：2020.01.19 审核日期： 附单据数：1

摘要	科目名称	借方金额	贷方金额
专用发票	主营业务成本	1200000	
专用发票	库存商品		1200000
票号 日期	数量 单价 合计	1200000	1200000

备注 项目 部门
个人 客户
业务员

记账 审核 出纳 制单 王思敏

图 2-2-99 【记账凭证】窗口

业务三 有赠品的销售业务

〖**业务描述**〗2020 年 1 月 20 日，销售部【X01 王丽华】与广州市白云区日新商贸有限公司签订购销合同，销售长虹电视 100 台，并搭赠小音箱 100 对，当日以电汇方式收到款项，取得与该业务相关的凭证如图 2-2-100 至图 2-2-104 所示。

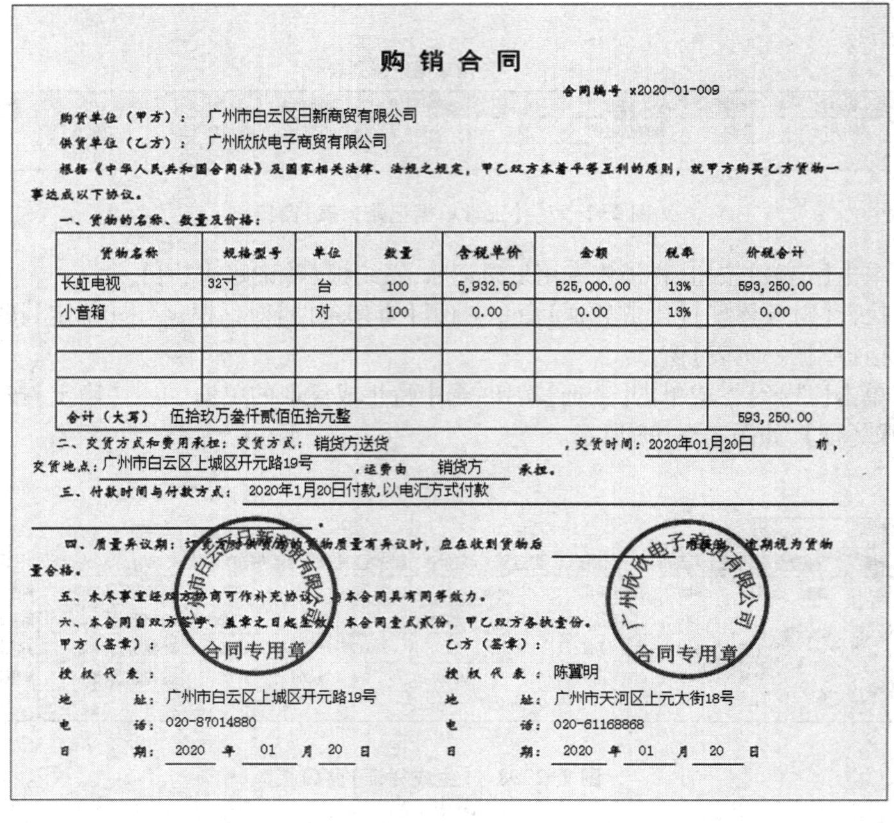

购销合同

合同编号 x2020-01-009

购货单位（甲方）： 广州市白云区日新商贸有限公司

供货单位（乙方）： 广州欣欣电子商贸有限公司

根据《中华人民共和国合同法》及国家相关法律、法规之规定，甲乙双方本着平等互利的原则，就甲方购买乙方货物一事达成以下协议。

一、货物的名称、数量及价格：

货物名称	规格型号	单位	数量	含税单价	金额	税率	价税合计
长虹电视	32寸	台	100	5,932.50	525,000.00	13%	593,250.00
小音箱		对	100	0.00	0.00	13%	0.00
合计（大写） 伍拾玖万叁仟贰佰伍拾元整							593,250.00

二、交货方式和费用承担：交货方式： 销货方送货 ，交货时间： 2020年01月20日 前，交货地点：广州市白云区上城区开元路19号 ，运费由 销货方 承担。

三、付款时间与付款方式： 2020年1月20日付款，以电汇方式付款 。

四、质量异议期：订货方对供货方的货物质量有异议时，应在收到货物后 内提出，逾期视为货物质量合格。

五、未尽事宜经双方协商可作补充协议，与本合同具有同等效力。

六、本合同自双方签字、盖章之日起生效，本合同壹式贰份，甲乙双方各执壹份。

甲方（签章）： 乙方（签章）：

授权代表： 授权代表： 陈翼明

地址：广州市白云区上城区开元路19号 地址：广州市天河区上元大街18号

电话：020-87014880 电话：020-61168868

日期：2020 年 01 月 20 日 日期：2020 年 01 月 20 日

图 2-2-100 【购销合同】凭证

出　库　单　　No. 32458990

购货单位：广州市白云区日新商贸有限公司　　2020 年 01 月 20 日

编号	品名	规格	单位	数量	单价	金额	备注
0401	长虹电视	32寸	台	100			电视仓
合计							

第二联 记账联

仓库主管：略　　记账：略　　保管：略　　经手人：略　　制单：刘芳芳

图 2-2-101 【出库单】凭证

出　库　单　　No. 87267893

购货单位：广州市白云区日新商贸有限公司　　2020 年 01 月 20 日

编号	品名	规格	单位	数量	单价	金额	备注
0801	小音箱		对	100			赠品仓
合计							

第一联 存根联

仓库主管：略　　记账：略　　保管：略　　经手人：略　　制单：刘芳芳

图 2-2-102 【出库单】凭证

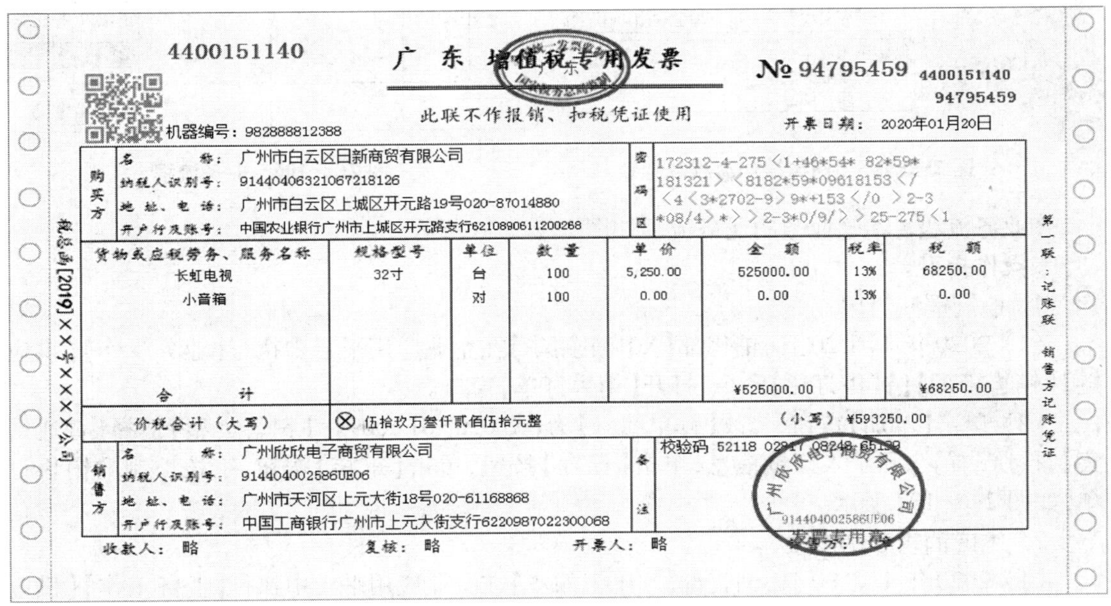

4400151140　　**广东增值税专用发票**　　№ 94795459　4400151140　94795459

此联不作报销、扣税凭证使用

机器编号：982888812388　　开票日期：2020年01月20日

购买方	
名称	广州市白云区日新商贸有限公司
纳税人识别号	91440406321067218126
地址、电话	广州市白云区上城区开元路19号020-87014880
开户行及账号	中国农业银行广州市上城区开元路支行6210890611200268

密码区：172312-4-275 <1+46*54* 82*59* 181321> <8182*59*09618153 </ <4 <3*2702-9> 9*+153 </0 >2-3 *08/4>*> >2-3*0/9/> >25-275 <1

货物或应税劳务、服务名称	规格型号	单位	数量	单价	金额	税率	税额
长虹电视	32寸	台	100	5,250.00	525000.00	13%	68250.00
小音箱		对	100	0.00	0.00	13%	0.00
合计					¥525000.00		¥68250.00
价税合计（大写）	⊗伍拾玖万叁仟贰佰伍拾元整				（小写）¥593250.00		

销售方	
名称	广州欣欣电子商贸有限公司
纳税人识别号	914404002586UE06
地址、电话	广州市天河区上元大街18号020-61168868
开户行及账号	中国工商银行广州市上元大街支行6220987022300068

备注：校验码 52118 02817 08248 65139

收款人：略　　复核：略　　开票人：略　　销售方：（章）

第一联：记账联 销售方记账凭证

税总函[2019]××号××××公司

图 2-2-103 【增值税专用发票】凭证

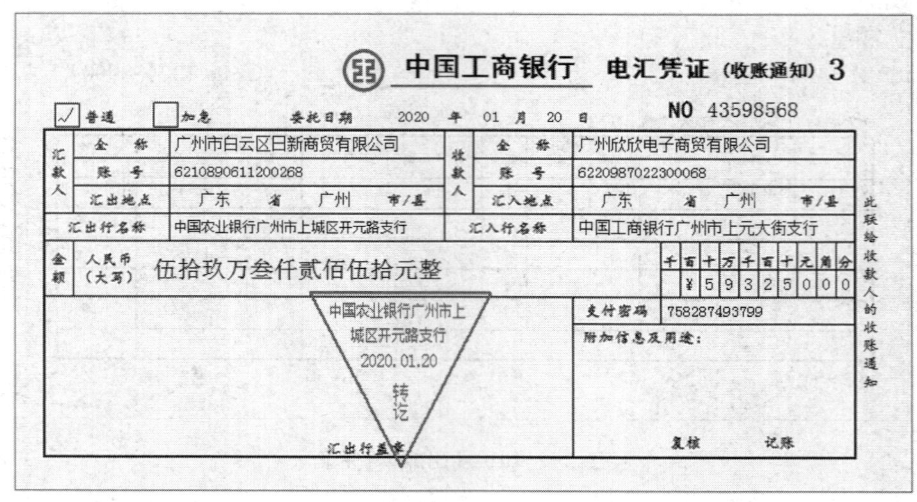

中国工商银行 电汇凭证 (收账通知) 3

☑普通 ☐加急 委托日期 2020 年 01 月 20 日 NO 43598568

汇款人	全称	广州市白云区日新商贸有限公司	收款人	全称	广州欣欣电子商贸有限公司
	账号	6210890611200268		账号	6220987022300068
	汇出地点	广东 省 广州 市/县		汇入地点	广东 省 广州 市/县
汇出行名称		中国农业银行广州市上城区开元路支行	汇入行名称		中国工商银行广州市上元大街支行
金额	人民币(大写)	伍拾玖万叁仟贰佰伍拾元整			¥593250.00

中国农业银行广州市上城区开元路支行 2020.01.20 转讫

汇出行盖章

支付密码 758287493799

附加信息及用途:

复核 记账

此联给收款人的收账通知

图 2-2-104 【电汇回单】凭证

〖**业务解析**〗本笔业务是签订买一赠一的销售合同、开票发货并同时收到货款的业务。

〖**岗位操作说明**〗本笔业务各岗位的具体操作流程如图 2-2-105 所示。

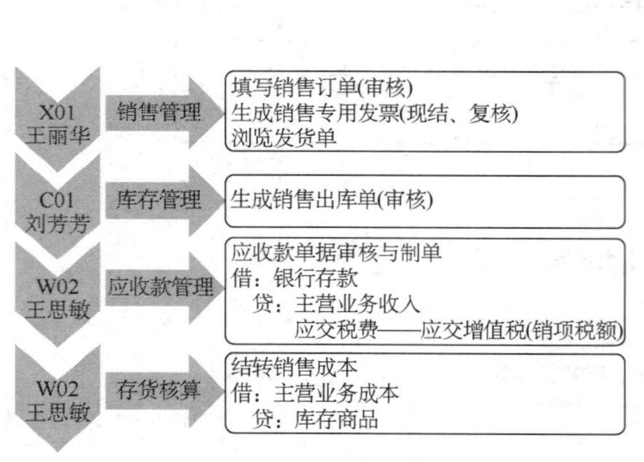

图 2-2-105 岗位操作流程

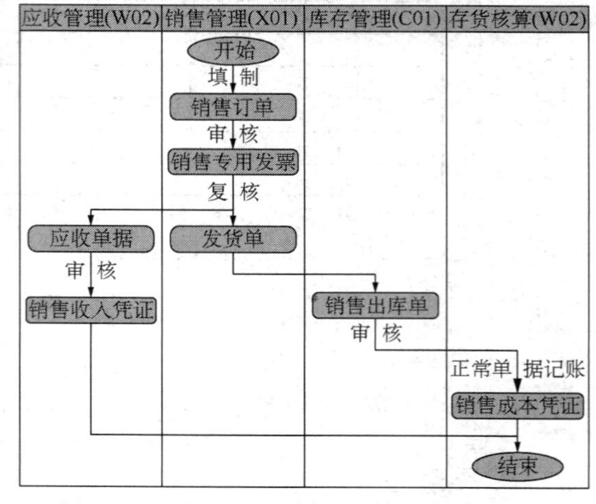

图 2-2-106 业务流程

〖**业务流程**〗本笔业务的业务流程如图 2-2-106 所示。

〖**操作指引**〗

1. 填制销售订单

(1) 2020 年 1 月 20 日,销售部【X01 王丽华】在企业应用平台中执行【业务工作】【供应链】【销售管理】【销售订货】命令,打开【销售订单】窗口。

(2) 单击【增加】按钮,修改【订单编号】为【X2020-01-009】,【销售类型】选择【普通销售】,按照购销合同录入订单信息,单击【保存】按钮,单击【审核】按钮,审核填制的销售订单,如图 2-2-107 所示。

2. 生成销售专用发票

(1) 2020 年 1 月 20 日,销售部【X01 王丽华】在企业应用平台中执行【业务工作】【供应链】【销售管理】【销售开票】命令,打开【销售专用发票】窗口。

销售订单

打印模版 销售订单打印模版　合并显示 □

表体排序

订单号 x2020-01-009　订单日期 2020-01-20　业务类型 普通销售
销售类型 普通销售　客户简称 日新商贸　付款条件
销售部门 销售部　业务员 王丽华　税率 13.00
币种 人民币　汇率 1　备注

	存货编码	存货名称	规格型号	主计量	数量	报价	含税单价	无税单价	无税金额	税额	价税合计	税率（%）	折扣额	扣率（%）	扣率2（%）	预发货日期
1	0401	长虹电视	32寸	台	100.00	5932.50	5932.50	5250.00	525000.00	68250.00	593250.00	13.00	0.00	100.00	100.00	2020-01-20
2	0801	小音箱		对	100.00	0.00	0.00	0.00	0.00	0.00	0.00	13.00	0.00	100.00	100.00	2020-01-20
3																
4																
5																
6																
7																
合计					200.00				525000.00	68250.00	593250.00		0.00			

制单人 王丽华　审核人 王丽华　关闭人

图 2-2-107 【销售订单】窗口

（2）单击【增加】按钮，系统弹出【查询条件选择—参照订单】窗口，选择相应的订单，单击【确定】按钮，修改【发票号】为【94795459】，修改表体【仓库名称】分别为【电视仓】和【赠品仓】，单击【保存】按钮，单击【现结】按钮，输入电汇凭证信息，单击【确定】按钮，单击【复核】按钮，如图 2-2-108 所示。

3. 浏览发货单

（1）2020 年 1 月 20 日，销售部【X01 王丽华】在企业应用平台中执行【业务工作】【供应链】【销售管理】【销售发货】命令，打开【发货单】窗口。

（2）单击【浏览】按钮，可以查看系统根据销售专用发票自动生成并审核的发货单。

4. 生成销售出库单

（1）2020 年 1 月 20 日，仓储部【C01 刘芳芳】在企业应用平台中执行【业务工作】【供应链】【库存管理】【出库业务】命令，打开【销售出库单】窗口。

（2）执行【生单】【销售生单】命令，打开【查询条件选择—销售发货单列表】对话框，单击【确定】按钮。

（3）打开【销售生单】窗口，选择相应的【发货单】，单击【确定】按钮，系统自动生成销售出库单。

（4）单击【审核】按钮，如图 2-2-109 所示。

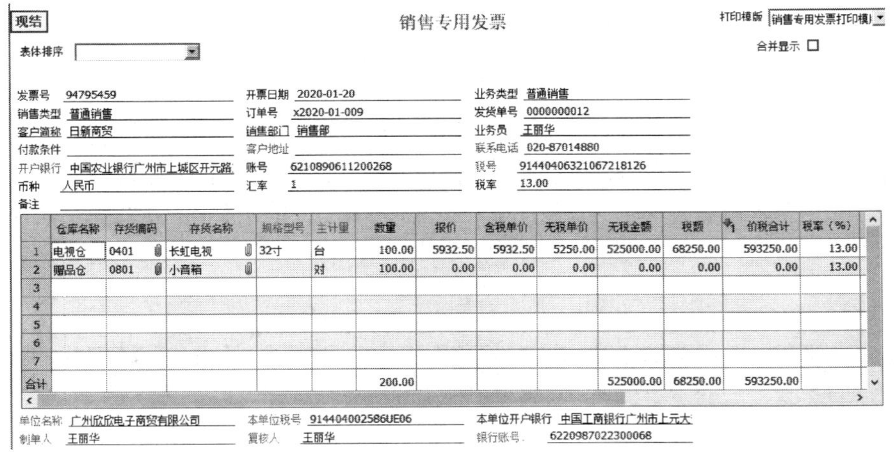

现结

销售专用发票

打印模版 销售专用发票打印模版　合并显示 □

表体排序

发票号 94795459　开票日期 2020-01-20　业务类型 普通销售
销售类型 普通销售　订单号 x2020-01-009　发货单号 0000000012
客户简称 日新商贸　销售部门 销售部　业务员 王丽华
付款条件　客户地址　联系电话 020-87014880
开户银行 中国农业银行广州市上城区开元路　账号 6210890611200268　税号 91440406321067218126
币种 人民币　汇率 1　税率 13.00
备注

	仓库名称	存货编码	存货名称	规格型号	主计量	数量	报价	含税单价	无税单价	无税金额	税额	价税合计	税率（%）
1	电视仓	0401	长虹电视	32寸	台	100.00	5932.50	5932.50	5250.00	525000.00	68250.00	593250.00	13.00
2	赠品仓	0801	小音箱		对	100.00	0.00	0.00	0.00	0.00	0.00	0.00	13.00
3													
4													
5													
6													
7													
合计						200.00				525000.00	68250.00	593250.00	

单位名称 广州欣欣电子商贸有限公司　本单位税号 914404002586UE06　本单位开户银行 中国工商银行广州市上元大
制单人 王丽华　复核人 王丽华　银行账号 6220987022300068

图 2-2-108 【销售专用发票】窗口

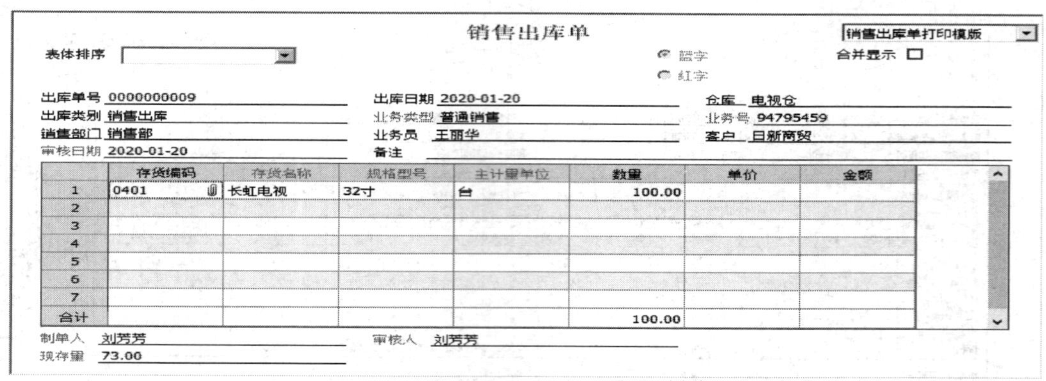

图 2-2-109 【销售出库单】窗口

5. 生成赠品出库单

(1) 2020 年 1 月 20 日,仓储部【C01 刘芳芳】在企业应用平台中执行【业务工作】【供应链】【库存管理】【出库业务】,打开【销售出库单】窗口。

(2) 执行【生单】【销售生单】命令,打开【查询条件选择—销售发货单列表】对话框,单击【确定】按钮。

(3) 打开【销售生单】窗口,选择相应的【发货单】,单击【确定】按钮,系统自动生成销售出库单。

(4) 单击【审核】按钮,如图 2-2-110 所示。

图 2-2-110 【销售出库单】窗口

6. 应收单审核与制单

(1) 2020 年 1 月 20 日,财务部【W02 王思敏】在企业应用平台中执行【业务工作】【财务会计】【应收款管理】【应收单据处理】【应收单据审核】命令,单击【确定】按钮,打开【应收单据列表】窗口,勾选【包含已现结发票】,单击【全选】按钮,单击【审核】按钮,如图 2-2-111 所示。

应收单据列表

记录总数:1

选择	审核人	单据日期	单据类型	单据号	客户名称	部门	业务员	制单人	币种	汇率	原币金额	本币金额	备注
	王思敏	2020-01-20	销售专用发票	94795459	广州市白云区日新商贸有限公司	销售部	王丽华	王丽华	人民币	1.00000000	593,250.00	593,250.00	
合计											593,250.00	593,250.00	

图 2-2-111 【应收单据列表】窗口

（2）执行【制单处理】命令，选择【现结制单】，单击【确定】按钮，选择需要制单的记录，凭证类别选中【记账凭证】，单击【制单】按钮，系统生成相关记账凭证，单击【保存】按钮，如图 2-2-112 所示。

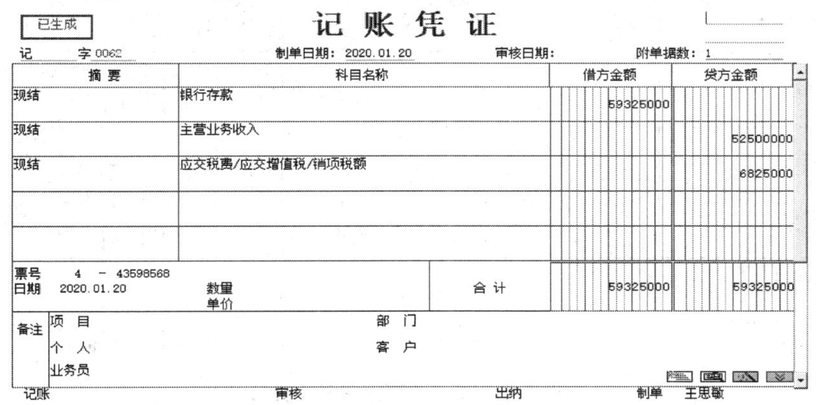

已生成

记 账 凭 证

记 字 0062 制单日期：2020.01.20 审核日期： 附单据数：1

摘要	科目名称	借方金额	贷方金额
现结	银行存款	59325000	
现结	主营业务收入		52500000
现结	应交税费/应交增值税/销项税额		6825000
票号 4 － 43598568 日期 2020.01.20	数量 单价 合计	59325000	59325000

备注 项 目 部 门
个 人 客 户
业务员

记账 审核 出纳 制单 王思敏

图 2-2-112 【记账凭证】窗口

7. 结转销售成本

（1）2020 年 1 月 20 日，财务部【W02 王思敏】在企业应用平台中执行【业务工作】【供应链】【存货核算】【业务核算】【正常单据记账】命令，打开【查询条件选择】对话框。

（2）单击【确定】按钮，打开【正常单据记账列表】窗口，单击【全选】按钮，如图 2-2-113 所示。

正常单据记账列表

记录总数：2

选择	日期	单据号	存货编码	存货名称	规格型号	单据类型	仓库名称	收发类别	数量	单价	金额
Y	2020-01-20	94795459	0401	长虹电视	32寸	专用发票	电视仓	销售出库	100.00		
Y	2020-01-20	94795459	0801	小音箱		专用发票	赠品仓	销售出库	100.00		
小计									200.00		

图 2-2-113 【正常单据记账列表】窗口

（3）单击【记账】按钮，将销售专用发票记账，系统提示【记账成功!】。

（4）执行【财务核算】【生成凭证】命令，打开【查询条件】对话框，单击【确定】按钮，打开【未生成凭证单据一览表】窗口。

（5）单击【选择】栏或单击【全选】按钮，选中待生成凭证的单据，单击【确定】按钮，凭证类别选择【记 记账凭证】，如图 2-2-114 所示。

凭证类别 记 记账凭证

选择	单据类型	单据号	摘要	科目类型	科目编码	科目名称	借方金额	贷方金额	借方数量	贷方数量	科目方向	存货编码	存货名称	规格型号	部门名称	业务员名
1	专用发票	94795459	专用发票	对方	6401	主营业务成本	80,500.00		23.00		1	0401	长虹电视	32寸	销售部	王丽华
				存货	1405	库存商品		80,500.00		23.00	2	0401	长虹电视	32寸	销售部	王丽华
				对方	6401	主营业务成本	269,500.00		77.00		1	0401	长虹电视	32寸	销售部	王丽华
				存货	1405	库存商品		269,500.00		77.00	2	0401	长虹电视	32寸	销售部	王丽华
				对方	6401	主营业务成本	0.00		100.00		1	0801	小音箱		销售部	王丽华
				存货	1405	库存商品		0.00		100.00	2	0801	小音箱		销售部	王丽华
合计							350,000.00	350,000.00								

图 2-2-114 【生成凭证】窗口

（6）单击【生成】按钮，生成一张记账凭证，单击【保存】按钮，如图 2-2-115 所示。

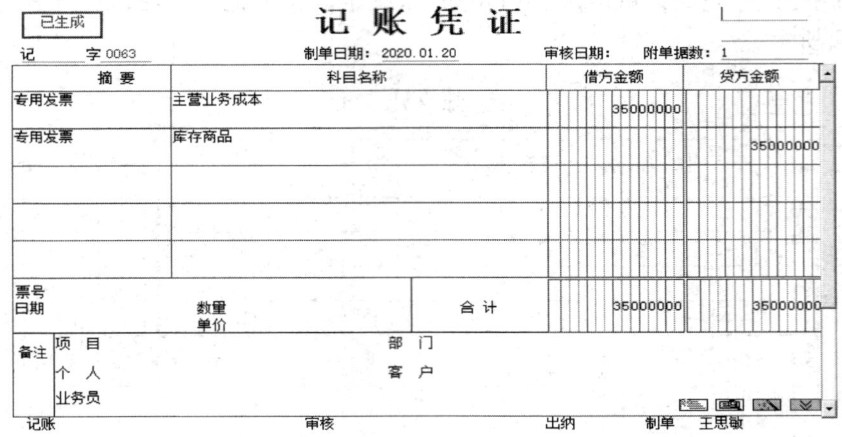

已生成

记 账 凭 证

记 字 0063　　制单日期：2020.01.20　　审核日期：　　附单据数：1

摘 要	科目名称	借方金额	贷方金额
专用发票	主营业务成本	35000000	
专用发票	库存商品		35000000
票号 日期	数量 单价　　合 计	35000000	35000000

备注　项 目　　部 门
　　　个 人　　客 户
　　　业务员

记账　　审核　　出纳　　制单　王思敏

图 2-2-115 【记账凭证】窗口

业务四　分期收款发出商品业务

〖**业务描述**〗2020 年 1 月 21 日，销售部【X01 王丽华】与广州市海珠区恒鑫商贸有限公司签订购销合同，销售长虹电视一批，分三期收款，第一期当日收 30%；第二期于 2020 年 2 月 25 日收 40%；第三期于 2020 年 3 月 25 日收 30%，以电汇方式收款，取得与该业务相关的凭证如图 2-2-116 至图 2-2-119 所示。

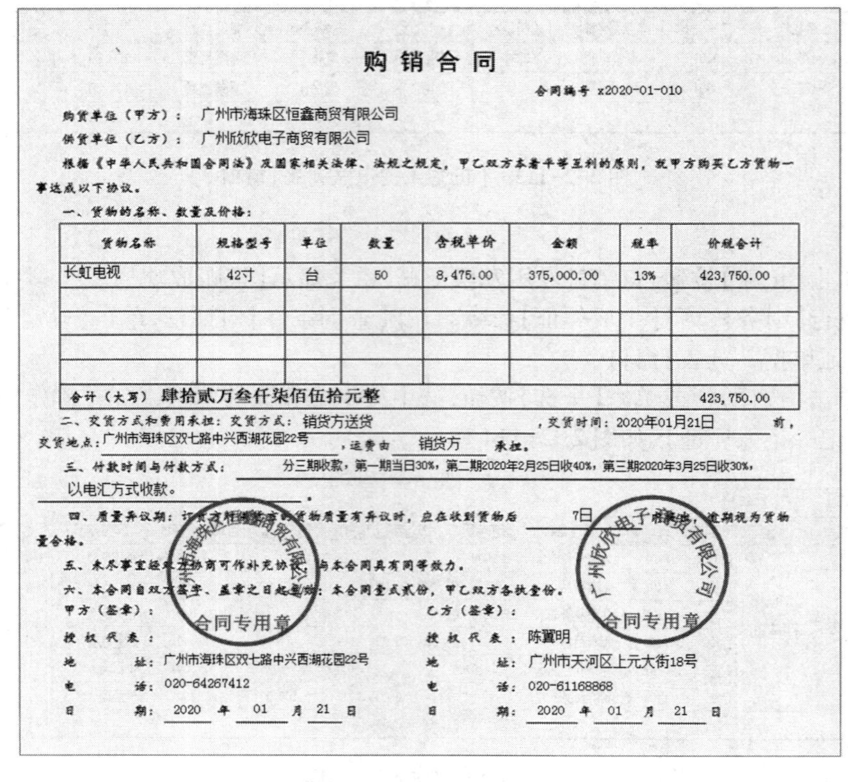

购 销 合 同

合同编号 x2020-01-010

购货单位（甲方）：　广州市海珠区恒鑫商贸有限公司

供货单位（乙方）：　广州欣欣电子商贸有限公司

根据《中华人民共和国合同法》及国家相关法律、法规之规定，甲乙双方本着平等互利的原则，就甲方购买乙方货物一事达成以下协议。

一、货物的名称、数量及价格：

货物名称	规格型号	单位	数量	含税单价	金额	税率	价税合计
长虹电视	42寸	台	50	8,475.00	375,000.00	13%	423,750.00
合计（大写） 肆拾贰万叁仟柒佰伍拾元整							423,750.00

二、交货方式和费用承担：交货方式：销货方送货　　，交货时间：2020年01月21日　　前，交货地点：广州市海珠区双七路中兴西湖花园22号　　，运费由　销货方　承担。

三、付款时间与付款方式：　分三期收款，第一期当日30%，第二期2020年2月25日收40%，第三期2020年3月25日收30%，以电汇方式收款。

四、质量异议期：订货方对供货方的货物质量有异议时，应在收到货物后　7日　内提出，逾期视为货物质量合格。

五、未尽事宜经双方协商可作补充协议，与本合同具有同等效力。

六、本合同自双方签字、盖章之日起生效；本合同壹式贰份，甲乙双方各执壹份。

甲方（签章）：	乙方（签章）：
授权代表：	授权代表：陈翼明
地　址：广州市海珠区双七路中兴西湖花园22号	地　址：广州市天河区上元大街18号
电　话：020-64267412	电　话：020-61168868
日　期：2020 年 01 月 21 日	日　期：2020 年 01 月 21 日

图 2-2-116 【购销合同】凭证

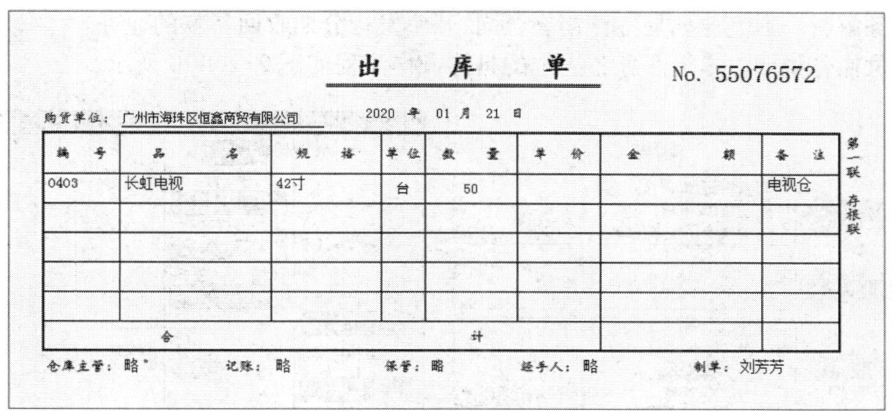

出　库　单　No. 55076572

购货单位：广州市海珠区恒鑫商贸有限公司　2020 年 01 月 21 日

编号	品名	规格	单位	数量	单价	金额	备注
0403	长虹电视	42寸	台	50			电视仓
合计							

第一联 存根联

仓库主管：略　记账：略　保管：略　经手人：略　制单：刘芳芳

图 2-2-117 【出库单】凭证

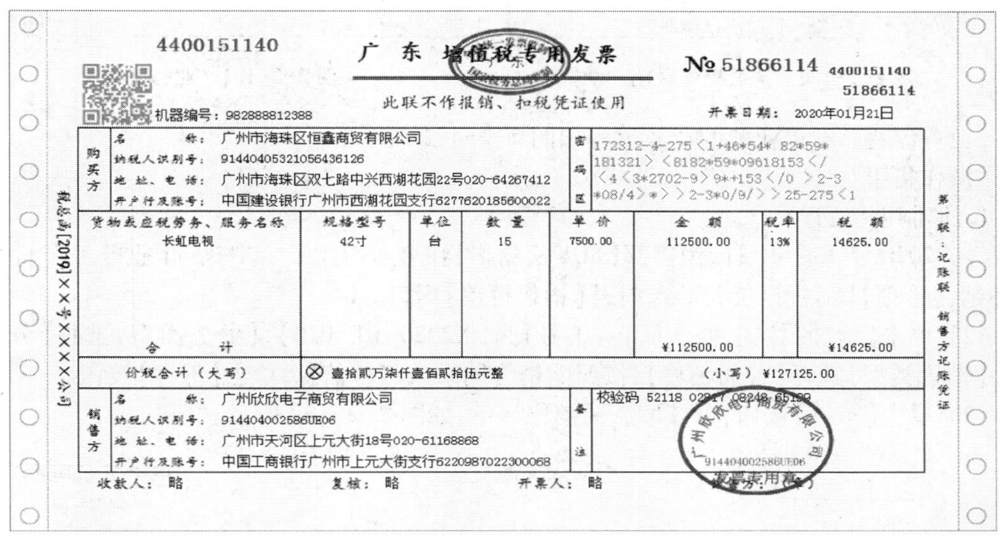

4400151140　广东增值税专用发票　№ 51866114　4400151140 51866114

此联不作报销、扣税凭证使用

机器编号：982888812388　开票日期：2020年01月21日

购买方 名称：广州市海珠区恒鑫商贸有限公司
纳税人识别号：91440405321056436126
地址、电话：广州市海珠区双七路中兴西湖花园22号020-64267412
开户行及账号：中国建设银行广州市西湖花园支行6277620185600022

密码区：172312-4-275 <1+46*54* 82*59* 181321> <8182*59*09618153 </ <4 <3*2702-9> 9*+153 </0 >2-3 *08/4>*> >2-3*0/9/> >25-275 <1

货物或应税劳务、服务名称	规格型号	单位	数量	单价	金额	税率	税额
长虹电视	42寸	台	15	7500.00	112500.00	13%	14625.00
合计					¥112500.00		¥14625.00
价税合计（大写）	⊗壹拾贰万柒仟壹佰贰拾伍元整				（小写）¥127125.00		

销售方 名称：广州欣欣电子商贸有限公司
纳税人识别号：914404002586UE06
地址、电话：广州市天河区上元大街18号020-61168868
开户行及账号：中国工商银行广州市上元大街支行6220987022300068

备注：校验码 52118 02817 08248 65182

收款人：略　复核：略　开票人：略　销售方：（章）

第一联：记账联 销售方记账凭证

税总函[2019]××号××××公司

图 2-2-118 【增值税专用发票】凭证

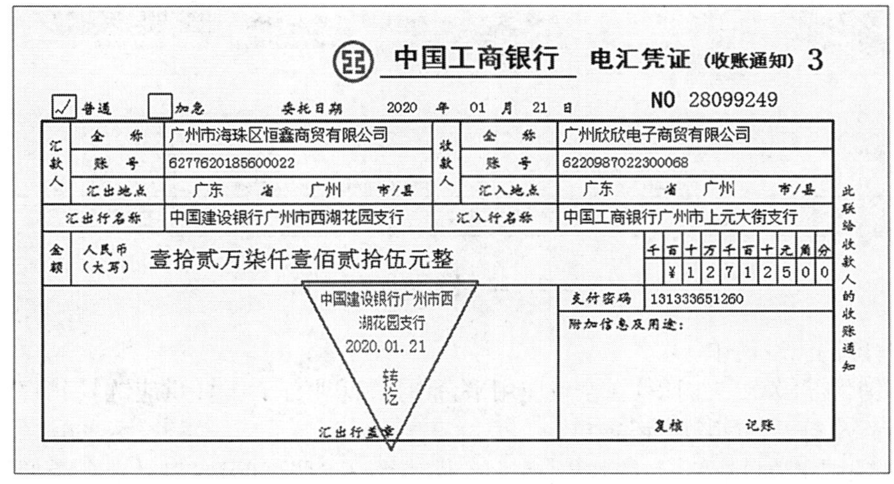

中国工商银行　电汇凭证（收账通知）3

NO 28099249

☑普通　□加急　委托日期 2020 年 01 月 21 日

汇款人	全称	广州市海珠区恒鑫商贸有限公司	收款人	全称	广州欣欣电子商贸有限公司
	账号	6277620185600022		账号	6220987022300068
	汇出地点	广东 省 广州 市/县		汇入地点	广东 省 广州 市/县
汇出行名称		中国建设银行广州市西湖花园支行	汇入行名称		中国工商银行广州市上元大街支行
金额	人民币（大写）	壹拾贰万柒仟壹佰贰拾伍元整			¥12712500

中国建设银行广州市西湖花园支行 2020.01.21 转讫　汇出行盖章

支付密码 131333651260

附加信息及用途：

复核　记账

此联给收款人的收账通知

图 2-2-119 【电汇回单】凭证

〖**业务解析**〗本笔业务是签订销售合同、开票发货分期收回货款的业务。

〖**岗位操作说明**〗本笔业务各岗位的具体操作流程如图 2-2-120 所示。

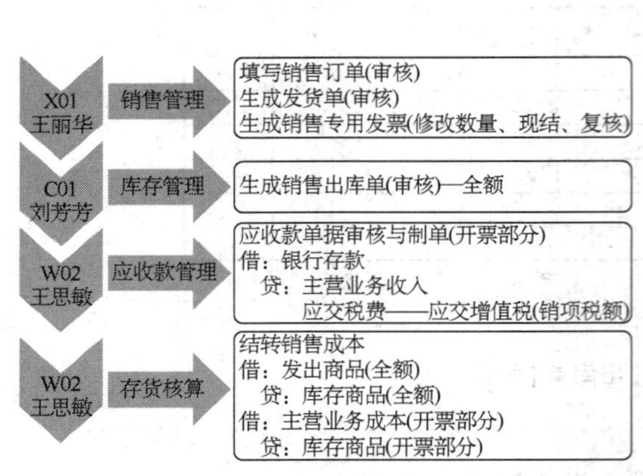

图 2-2-120　岗位操作说明

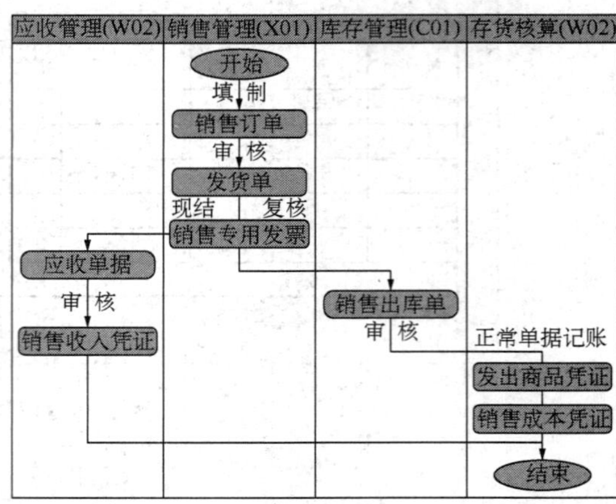

图 2-2-121　业务流程

〖**业务流程**〗本笔业务的业务流程如图 2-2-121 所示。

〖**操作指引**〗

1. 填制销售订单

(1) 2020 年 1 月 21 日，销售部【X01 王丽华】在企业应用平台中执行【业务工作】【供应链】【销售管理】【销售订货】命令，打开【销售订单】窗口。

(2) 单击【增加】按钮，修改【订单编号】为【X2020-01-010】，【业务类型】选择【分期收款】，【销售类型】选择【普通销售】，按照购销合同录入订单信息，单击【保存】按钮。

(3) 单击【审核】按钮，审核填制的销售订单，如图 2-2-122 所示。

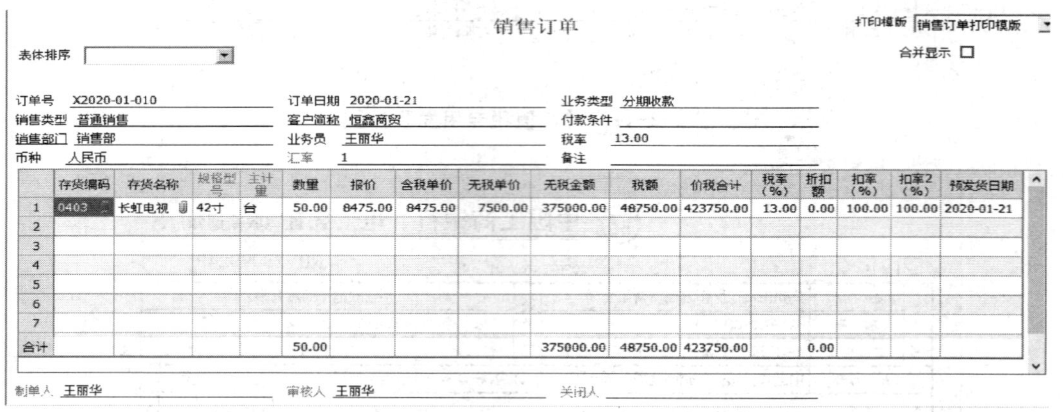

销售订单

打印模版 销售订单打印模版

表体排序

合并显示 □

订单号 X2020-01-010　订单日期 2020-01-21　业务类型 分期收款
销售类型 普通销售　客户简称 恒鑫商贸　付款条件
销售部门 销售部　业务员 王丽华　税率 13.00
币种 人民币　汇率 1　备注

	存货编码	存货名称	规格型号	主计量	数量	报价	含税单价	无税单价	无税金额	税额	价税合计	税率(%)	折扣额	扣率(%)	扣率2(%)	预发货日期
1	0403	长虹电视	42寸	台	50.00	8475.00	8475.00	7500.00	375000.00	48750.00	423750.00	13.00	0.00	100.00	100.00	2020-01-21
2																
3																
4																
5																
6																
7																
合计					50.00				375000.00	48750.00	423750.00		0.00			

制单人 王丽华　审核人 王丽华　关闭人

图 2-2-122　【销售订单】窗口

2. 生成销售发货单

(1) 销售部【X01 王丽华】在企业应用平台中执行【业务工作】【供应链】【销售管理】【销售发货】命令，打开【销售发货】窗口。

(2) 单击【增加】按钮，系统弹出【查询条件选择—参照订单】窗口，【业务类型】选择【分期收款】，【销售类型】选择【普通销售】，选择相应的订单，单击【确定】按钮。

（3）修改表体【仓库名称】为【电视仓】，单击【保存】按钮，如图 2-2-123 所示。

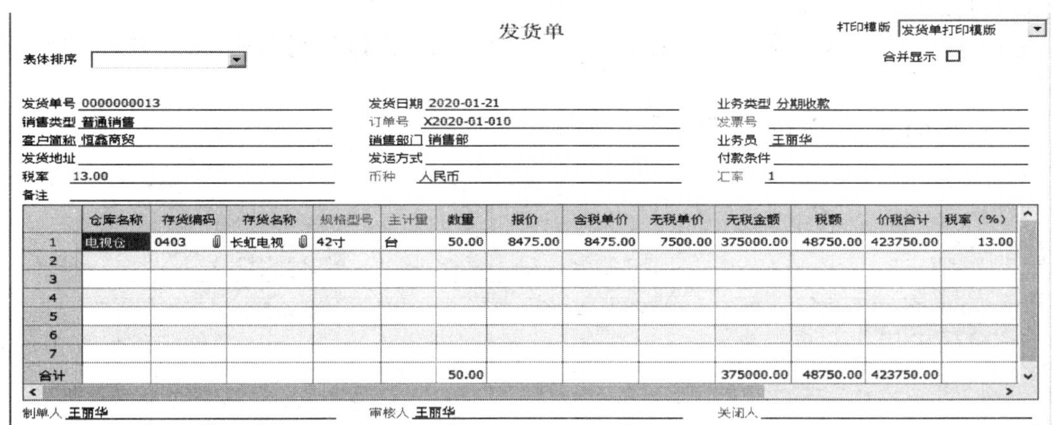

发货单

打印模版 发货单打印模版

表体排序

合并显示 □

发货单号 0000000013　发货日期 2020-01-21　业务类型 分期收款

销售类型 普通销售　订单号 X2020-01-010　发票号

客户简称 恒鑫商贸　销售部门 销售部　业务员 王丽华

发货地址　发运方式　付款条件

税率 13.00　币种 人民币　汇率 1

备注

	仓库名称	存货编码	存货名称	规格型号	主计量	数量	报价	含税单价	无税单价	无税金额	税额	价税合计	税率（%）
1	电视仓	0403	长虹电视	42寸	台	50.00	8475.00	8475.00	7500.00	375000.00	48750.00	423750.00	13.00
2													
3													
4													
5													
6													
7													
合计						50.00				375000.00	48750.00	423750.00	

制单人 王丽华　审核人 王丽华　关闭人

图 2-2-123 【发货单】窗口

3. 生成销售专用发票

（1）2020 年 1 月 21 日，销售部【X01 王丽华】在企业应用平台中执行【业务工作】【供应链】【销售管理】【销售开票】命令，打开【销售专用发票】窗口。

（2）单击【增加】按钮，系统弹出【查询条件选择—参照订单】窗口，【业务类型】选择【分期收款】，【销售类型】选择【普通销售】，选择相应的订单，单击【确定】按钮。

（3）修改【发票号】为【51866114】，手工修改【数量】和【含税金额】分别为【15.00】和【8 475.00】，单击【保存】按钮，单击【现结】按钮，输入结算【金额】为【127 125.00】等信息，单击【确定】按钮，单击【复核】按钮，如图 2-2-124 所示。

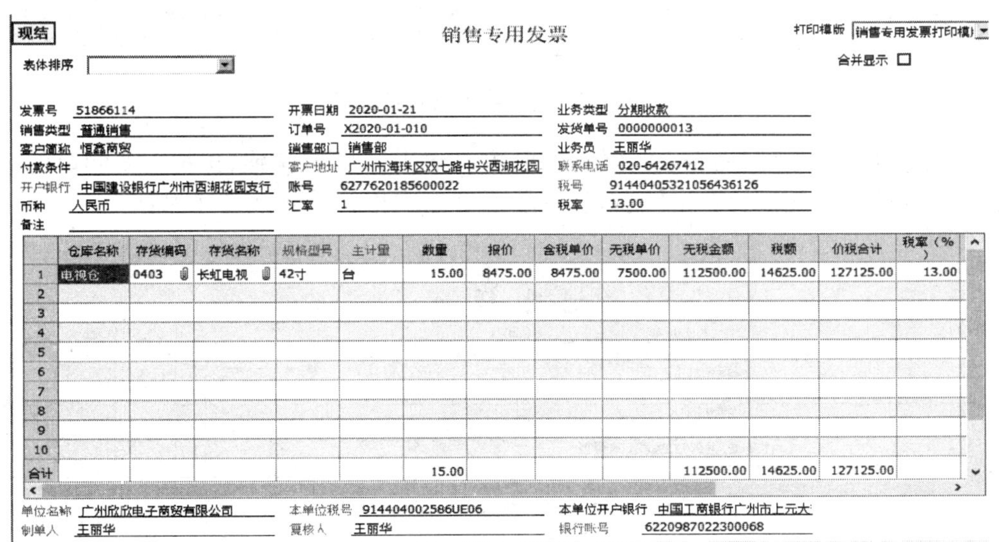

现结

销售专用发票

打印模版 销售专用发票打印模

表体排序

合并显示 □

发票号 51866114　开票日期 2020-01-21　业务类型 分期收款

销售类型 普通销售　订单号 X2020-01-010　发货单号 0000000013

客户简称 恒鑫商贸　销售部门 销售部　业务员 王丽华

付款条件　客户地址 广州市海珠区双七路中兴西湖花园　联系电话 020-64267412

开户银行 中国建设银行广州市西湖花园支行　账号 6277620185600022　税号 91440405321056436126

币种 人民币　汇率 1　税率 13.00

备注

	仓库名称	存货编码	存货名称	规格型号	主计量	数量	报价	含税单价	无税单价	无税金额	税额	价税合计	税率（%）
1	电视仓	0403	长虹电视	42寸	台	15.00	8475.00	8475.00	7500.00	112500.00	14625.00	127125.00	13.00
2													
3													
4													
5													
6													
7													
8													
9													
10													
合计						15.00				112500.00	14625.00	127125.00	

单位名称 广州欣欣电子商贸有限公司　本单位税号 914404002586UE06　本单位开户银行 中国工商银行广州市上元大

制单人 王丽华　复核人 王丽华　银行账号 6220987022300068

图 2-2-124 【销售专用发票】窗口

4. 生成销售出库单

（1）2020 年 1 月 21 日，仓储部【C01 刘芳芳】在企业应用平台中执行【业务工作】【供应链】【库存管理】【出库业务】命令，打开【销售出库单】窗口。

(2) 选择【生单】【销售生单】命令,打开【查询条件选择—销售发货单列表】对话框,单击【确定】按钮。

(3) 打开【销售生单】窗口,选择相应的【发货单】,单击【确定】按钮,系统自动生成销售出库单。

(4) 单击【审核】按钮,如图 2-2-125 所示。

销售出库单

销售出库单打印模版　合并显示 □

表体排序　蓝字　红字

出库单号 0000000013　出库日期 2020-01-21　仓库 电视仓

出库类别 销售出库　业务类型 分期收款　业务号 0000000013

销售部门 销售部　业务员 王丽华　客户 恒鑫商贸

审核日期 2020-01-21　备注

	存货编码	存货名称	规格型号	主计量单位	数量	单价	金额
1	0403	长虹电视	42寸	台	50.00		
2							
3							
4							
5							
6							
7							
合计					50.00		

制单人 刘芳芳　审核人 刘芳芳

现存量 74.00

图 2-2-125 【销售出库单】窗口

5. 应收单审核与制单

(1) 2020 年 1 月 21 日,财务部【W02 王思敏】在企业应用平台中执行【业务工作】【财务会计】【应收款管理】【应收单据处理】【应收单据审核】命令,单击【确定】按钮,打开【应收单据列表】窗口,勾选【包含已现结发票】复选框,单击【全选】按钮,单击【审核】按钮,如图 2-2-126 所示。

应收单据列表

记录总数:1

选择	审核人	单据日期	单据类型	单据号	客户名称	部门	业务员	制单人	币种	汇率	原币金额	本币金额	备注
	王思敏	2020-01-21	销售专用发票	51866114	广州市海珠区恒鑫商贸有限公司	销售部	王丽华	王丽华	人民币	1.00000000	127,125.00	127,125.00	
合计											127,125.00	127,125.00	

图 2-2-126 【应收单据列表】窗口

(2) 执行【制单处理】命令,选择【现结制单】,单击【确定】按钮,选择需要制单的记录,凭证类别选中【记账凭证】,单击【制单】按钮,系统生成相关凭证,单击【保存】按钮,如图 2-2-127 所示。

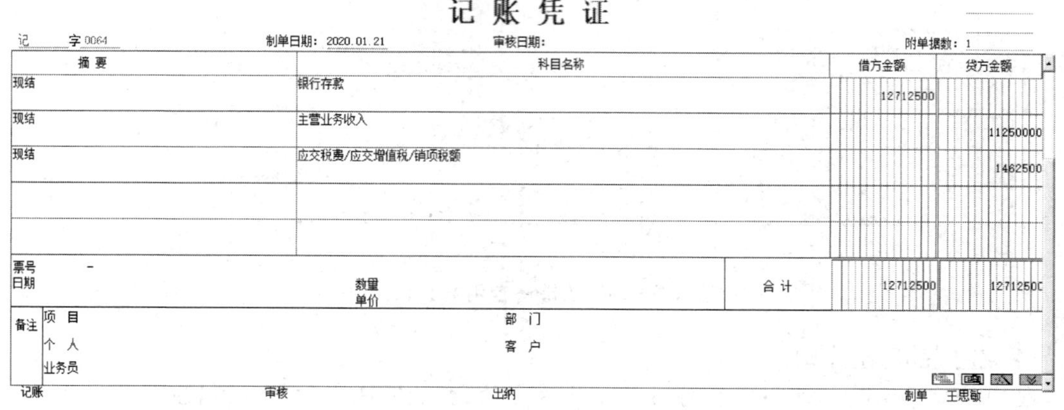

记 账 凭 证

记 字 0064　制单日期: 2020.01.21　审核日期:　附单据数: 1

摘要	科目名称	借方金额	贷方金额
现结	银行存款	12712500	
现结	主营业务收入		11250000
现结	应交税费/应交增值税/销项税额		1462500
票号 - 日期	数量 单价 　合计	12712500	12712500

备注　项目　部门

个人　客户

业务员

记账　审核　出纳　制单 王思敏

图 2-2-127 【记账凭证】窗口

6. 结转销售成本

(1) 2020 年 1 月 21 日，财务部【W02 王思敏】在企业应用平台中执行【业务工作】【供应链】【存货核算】【业务核算】【发出商品记账】命令，打开【查询条件选择】对话框。

(2) 单击【确定】按钮，打开【发出商品记账】窗口，单击【全选】按钮，如图 2-2-128 所示。

记录总数：2

发出商品记账

选择	日期	单据号	仓库名称	收发类别	存货编码	存货名称	规格型号	单据类型	计量单位	数量	单价	金额
Y	2020-01-21	0000000013	电视仓	销售出库	0403	长虹电视	42寸	发货单	台	50.00		
Y	2020-01-21	51866114	电视仓	销售出库	0403	长虹电视	42寸	专用发票	台	15.00		
小计										65.00		

图 2-2-128 【发出商品记账】窗口

(3) 单击【记账】按钮，将销售专用发票记账，系统提示【记账成功!】。

(4) 执行【财务核算】【生成凭证】命令，打开【查询条件】对话框，单击【确定】按钮，打开【未生成凭证单据一览表】窗口。

(5) 单击【选择】栏或单击【全选】按钮，选中待生成凭证的单据，单击【确定】按钮，凭证类别选择【记 记账凭证】，如图 2-2-129 所示。

凭证类别 记 记账凭证

选择	单据类型	单据号	摘要	科目类型	科目编码	科目名称	借方金额	贷方金额	借方数量	贷方数量	科目方向	存货编码	存货名称	规格型号	部门名称	业务员名称
1	发货单	0000000013	发货单	发出商品	1406	发出商品	125,000.00		25.00		1	0403	长虹电视	42寸	销售部	王丽华
				存货	1405	库存商品		125,000.00		25.00	2	0403	长虹电视	42寸	销售部	王丽华
				发出商品	1406	发出商品	125,000.00		25.00		1	0403	长虹电视	42寸	销售部	王丽华
				存货	1405	库存商品		125,000.00		25.00	2	0403	长虹电视	42寸	销售部	王丽华
	专用发票	51866114	专用发票	对方	6401	主营业务成本	75,000.00		15.00		1	0403	长虹电视	42寸	销售部	王丽华
				发出商品	1406	发出商品		75,000.00		15.00	2	0403	长虹电视	42寸	销售部	王丽华
合计							325,000.00	325,000.00								

图 2-2-129 【生成凭证】窗口

(6) 单击【生成】按钮，生成两张记账凭证，单击【保存】按钮，如图 2-2-130 和图 2-2-131 所示。

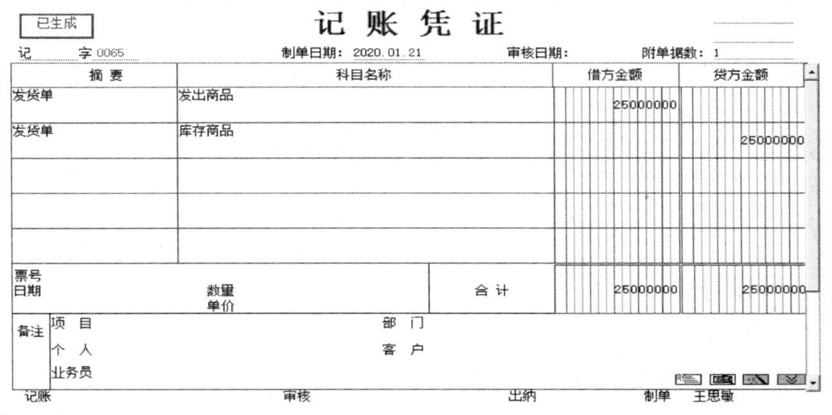
已生成

记 账 凭 证

记 字 0065 制单日期：2020.01.21 审核日期： 附单据数：1

摘 要	科目名称	借方金额	贷方金额
发货单	发出商品	25000000	
发货单	库存商品		25000000
票号 日期	数量 单价	合 计 25000000	25000000

备注 项 目 部 门
个 人 客 户
业务员

记账 审核 出纳 制单 王思敏

图 2-2-130 【记账凭证】窗口

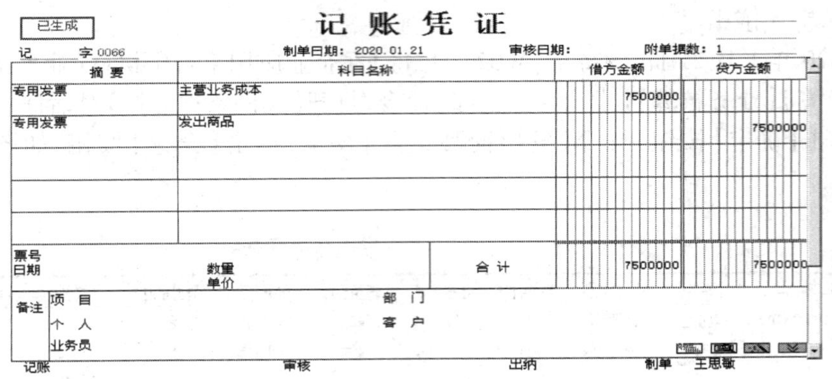

已生成

记账凭证

记 字 0066　　制单日期：2020.01.21　　审核日期：　　附单据数：1

摘要	科目名称	借方金额	贷方金额
专用发票	主营业务成本	7500000	
专用发票	发出商品		7500000
票号 日期	数量 单价 合计	7500000	7500000

备注　项目　部门　个人　客户　业务员

记账　审核　出纳　制单 王思敏

图 2-2-131 【记账凭证】窗口

业务五　有信用条件的收款业务

〖**业务描述**〗根据此任务的业务三，本公司于 1 月 22 日收到 1 月 17 日销售给沃尔玛的货款，取得与该业务相关的凭证如图 2-2-132 所示。

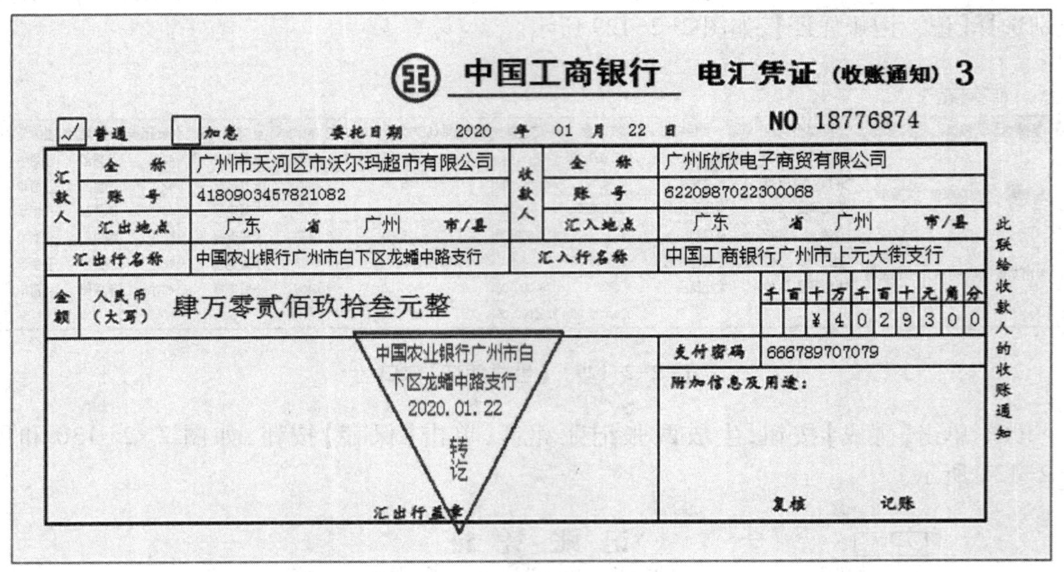

中国工商银行　电汇凭证（收账通知）3

NO 18776874

☑普通　☐加急　委托日期 2020 年 01 月 22 日

汇款人	全称	广州市天河区市沃尔玛超市有限公司	收款人	全称	广州欣欣电子商贸有限公司
	账号	4180903457821082		账号	6220987022300068
	汇出地点	广东 省 广州 市/县		汇入地点	广东 省 广州 市/县
汇出行名称		中国农业银行广州市白下区龙蟠中路支行	汇入行名称		中国工商银行广州市上元大街支行
金额	人民币（大写）	肆万零贰佰玖拾叁元整			¥40293.00
				支付密码	666789707079
				附加信息及用途：	

中国农业银行广州市白下区龙蟠中路支行 2020.01.22 转讫

汇出行盖章　　复核　记账

此联给收款人的收账通知

图 2-2-132 【电汇回单】窗口

〖**业务解析**〗本笔业务是按照合同约定、10 天内收款承担 2%折扣的业务。

〖**岗位操作说明**〗本笔业务各岗位的具体操作流程如图 2-2-133 所示。

〖**业务流程**〗本笔业务的业务流程如图 2-2-134 所示。

〖**操作指引**〗

1. 填制收款单

2020 年 1 月 22 日，财务部【W03 韦宝宝】在企业应用平台中执行【业务工作】【财务会计】【应收款管理】【收款单据处理】【收款单据录入】命令，打开【收款单据录入】窗口，单击【增加】按钮，按照进账单的信息录入，在表体中选择【款项类型】为【应收款】，单击【保存】按钮，如图 2-2-135 所示。

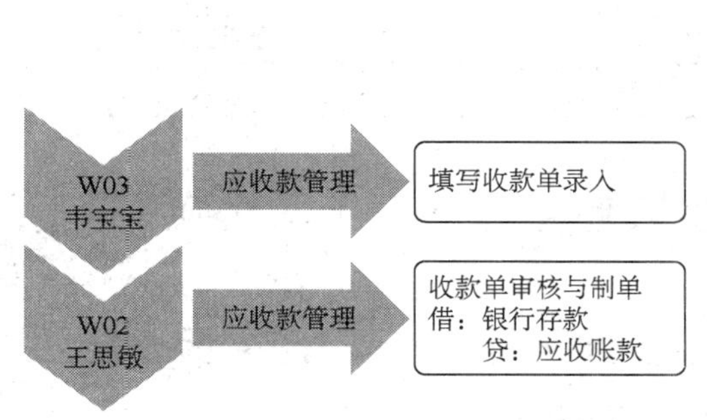

图 2-2-133　岗位操作说明

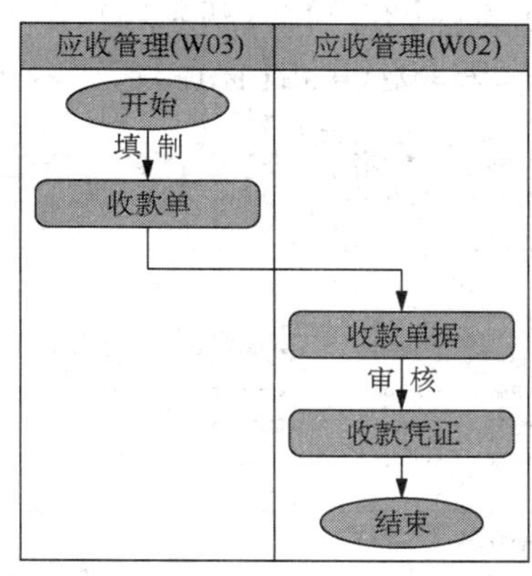

图 2-2-134　业务流程

收款单

表体排序

单据编号	0000000013	日期	2020-01-22	客户	沃尔玛超市
结算方式	电汇	结算科目	1002	币种	人民币
汇率	1	金额	40293.00	本币金额	40293.00
客户银行	中国农业银行白下区龙蟠中路支行	客户账号	4180903457821082	票据号	18776874
部门	销售部	业务员	王丽华	项目	
摘要					

	款项类型	客户	部门	业务员	金额	本币金额	科目	项目	本币余额	余额
1	应收款	沃尔玛超市	销售部	王丽华	40293.00	40293.00	112201		40293.00	40293.00
2										
3										
4										
5										
6										
7										
合计					40293.00	40293.00			40293.00	40293.00

录入人 韦宝宝　　审核人　　核销人

图 2-2-135　【收款单】窗口

2. 收款单据审核

2020 年 1 月 22 日，财务部【W02 王思敏】在企业应用平台中执行【业务工作】【财务会计】【应收账款管理】【收款单据处理】【收款单据审核】命令，单击【确定】按钮，打开【收付款单列表】窗口，单击【全选】按钮，单击【审核】按钮，如图 2-2-136 所示。

收付款单列表

记录总数：1

选择	审核人	单据日期	单据类型	单据编号	客户名称	部门	业务员	结算方式	票据号	币种	汇率	原币金额	本币金额
	王思敏	2020-01-22	收款单	0000000013	广州市天河区市沃尔玛超市有限公司	销售部	王丽华	电汇	1877...	人民币	1.00000000	40,293.00	40,293.00
合计												40,293.00	40,293.00

图 2-2-136　【收付款单列表】窗口

3. 手工核销

（1）2020 年 1 月 22 日，财务部【W02 王思敏】在企业应用平台执行【业务工作】【财务会计】【应收款管理】【核销处理】【手工核销】命令，打开【核销条件】对话框。

(2) 选择【客户】为【沃尔玛】,单击【确定】按钮,打开【单据核销】窗口,输入本次结算金额为【40 293.00】,单击【保存】按钮,如图 2-2-137 所示。

单据日期	单据类型	单据编号	客户	款项类型	结算方式	币种	汇率	原币金额	原币余额	本次结算金额	订单号
2020-01-22	收款单	0000000013	沃尔玛超市	应收款	电汇	人民币	1.00000000	40,293.00	40,293.00	40,293.00	
合计								40,293.00	40,293.00	40,293.00	

单据日期	单据类型	单据编号	到期日	客户	币种	原币金额	原币余额	可享受折扣	本次折扣	本次结算	订单号	凭证号
2020-01-17	销售专...	16565335	2020-02-16	沃尔...	人民币	41,019.00	41,019.00	820.38	726.00	40,293.00	x2020-01-005	记-0053
2020-01-18	销售专...	27061312	2020-01-18	沃尔...	人民币	8,475.00	8,475.00	0.00			x2020-01-006	记-0055
2019-12-12	销售专...	54263891	2019-12-12	沃尔...	人民币	149,160.00	149,160.00	0.00				
合计						198,654.00	198,654.00	820.38	726.00	40,293.00		

图 2-2-137 【单据核销】窗口

4. 收款单与核销合并制单

执行【制单处理】命令,打开【制单查询】窗口,选择【收付款单制单】和【核销制单】,单击【确定】按钮,打开【收付款单制单】窗口,单击【合并】按钮,如图 2-2-138 所示,单击【制单】按钮,系统生成一张记账凭证,单击【保存】按钮,如图 2-2-139 所示。

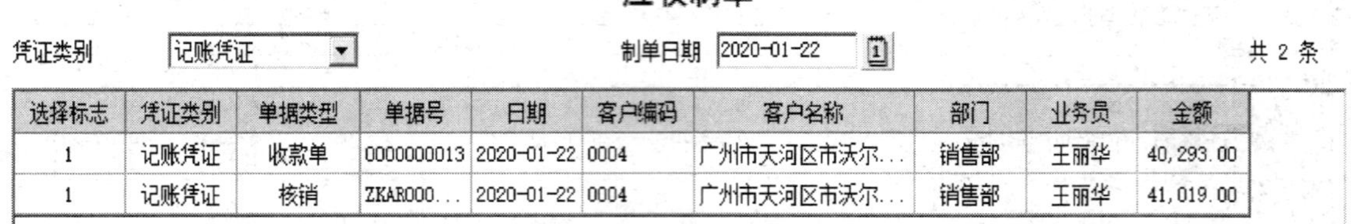

应收制单

凭证类别 记账凭证 制单日期 2020-01-22 共 2 条

选择标志	凭证类别	单据类型	单据号	日期	客户编码	客户名称	部门	业务员	金额
1	记账凭证	收款单	0000000013	2020-01-22	0004	广州市天河区市沃尔...	销售部	王丽华	40,293.00
1	记账凭证	核销	ZKAR000...	2020-01-22	0004	广州市天河区市沃尔...	销售部	王丽华	41,019.00

图 2-2-138 【应收制单】窗口

已生成

记 账 凭 证

记 字 0067 制单日期: 2020.01.22 审核日期: 附单据数: 2

摘 要	科目名称	借方金额	贷方金额
收款单	银行存款	4029300	
现金折扣	财务费用/利息支出	72600	
销售专用发票	应收账款/国内客户		4101900
票号 4 - 18776874 日期 2020.01.22 数量 单价	合 计	4101900	4101900

备注 项 目 部 门 个 人 客 户 业务员

记账 审核 出纳 制单 王思敏

图 2-2-139 【记账凭证】窗口

任务三 直运销售业务处理

直运销售业务处理

业务一 签订直运销售合同业务

〖**业务描述**〗2020 年 1 月 23 日，销售部【X01 王丽华】与广州市天河区家乐福超市有限公司签订购销合同，销售美的电饭煲一批，当日以电汇方式收到其货款，取得与该业务相关的凭证如图 2-2-140 所示。

购销合同

合同编号 x2020-01-011

购货单位（甲方）： 广州市天河区家乐福超市有限公司

供货单位（乙方）： 广州欣欣电子商贸有限公司

根据《中华人民共和国合同法》及国家相关法律、法规之规定，甲乙双方本着平等互利的原则，就甲方购买乙方货物一事达成以下协议。

一、货物的名称、数量及价格：

货物名称	规格型号	单位	数量	含税单价	金额	税率	价税合计
美的电饭煲	6L	个	100	282.50	25,000.00	13%	28,250.00
合计（大写） 贰万捌仟贰佰伍拾元整							28,250.00

二、交货方式和费用承担：交货方式：销货方送货，交货时间：2020年01月23日 前，交货地点：广州市市白下区洪武路88号，运费由 承担。

三、付款时间与付款方式： 电汇，付款时间：2020年1月23日。

四、质量异议期：订货方对供货方的货物质量有异议时，应在收到货物后 提出，逾期视为货物量合格。

五、未尽事宜经双方协商可作补充协议，与本合同具有同等效力。

六、本合同自双方签字、盖章之日起生效；本合同壹式贰份，甲乙双方各执壹份。

甲方（签章）：（广州市天河区家乐福超市有限公司 合同专用章）

授权代表：

地 址：广州市天河区洪武路88号

电 话：020-84782888

日 期：2020 年 01 月 23 日

乙方（签章）：（广州欣欣电子商贸有限公司 合同专用章）

授权代表：陈翼明

地 址：广州市天河区上元大街18号

电 话：020-61168868

日 期：2020 年 01 月 23 日

图 2-2-140 【购销合同】凭证

〖**业务解析**〗本笔业务是签订直运销售合同的业务。

〖**岗位操作说明**〗本笔业务各岗位的具体操作流程如图 2-2-141 所示。

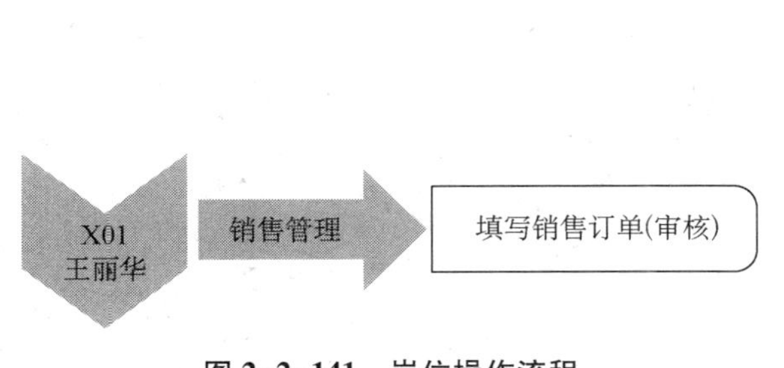

图 2-2-141 岗位操作流程

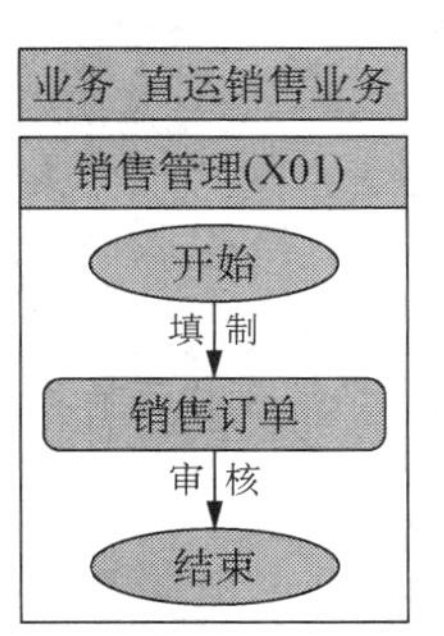

图 2-2-142 业务流程

〖**业务流程**〗本笔业务的业务流程如图 2-2-142 所示。

〖**操作指引**〗

1. 填制销售订单

(1) 2020 年 1 月 23 日,销售部【X01 王丽华】在企业应用平台中执行【业务工作】【供应链】【销售管理】【销售订货】命令,打开【销售订单】窗口。

(2) 单击【增加】按钮,修改【订单编号】为【X2020-01-011】,【业务类型】选择【直运销售】,【销售类型】选择【直运销售】,按照购销合同录入订单信息,单击【保存】按钮。

(3) 单击【审核】按钮,审核填制的销售订单,如图 2-2-143 所示。

销售订单

打印模版 销

表体排序

合并显

订单号 x2020-01-011　　订单日期 2020-01-23　　业务类型 直运销售
销售类型 直运销售　　客户简称 家乐福超市　　付款条件
销售部门 销售部　　业务员 王丽华　　税率 13.00
币种 人民币　　汇率 1　　备注

	存货编码	存货名称	规格型号	主计量	数量	报价	含税单价	无税单价	无税金额	税额	价税合计	税率(%)	预发货日期
1	0201	美的电饭煲	6L	只	100.00	282.50	282.50	250.00	25000.00	3250.00	28250.00	13.00	2020-01-23
2													
3													
4													
5													
6													
7													
合计					100.00				25000.00	3250.00	28250.00		

制单人 王丽华　　审核人 王丽华　　关闭人

图 2-2-143 【销售订单】窗口

业务二　签订直运采购合同业务

〖**业务描述**〗2020 年 1 月 23 日,采购部【G01 刘明】与广州美的电器股份有限公司签订购销合同,采购美的电饭煲一批,款项未付,取得与该业务相关的凭证如图 2-2-144 所示。

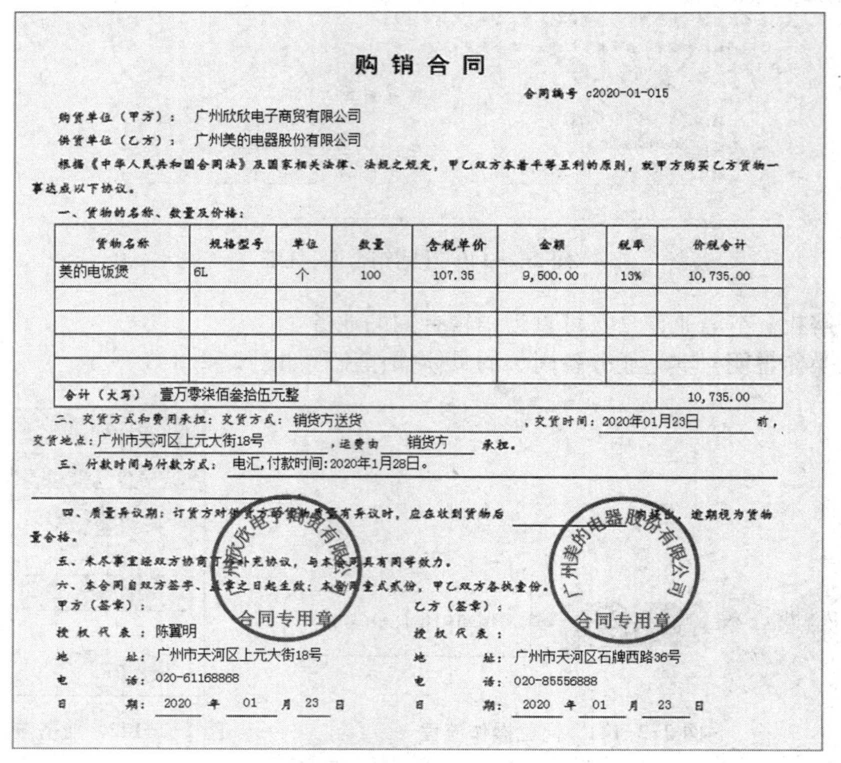

购 销 合 同

合同编号 c2020-01-015

购货单位(甲方): 广州欣欣电子商贸有限公司

供货单位(乙方): 广州美的电器股份有限公司

根据《中华人民共和国合同法》及国家相关法律、法规之规定,甲乙双方本着平等互利的原则,就甲方购买乙方货物一事达成以下协议。

一、货物的名称、数量及价格:

货物名称	规格型号	单位	数量	含税单价	金额	税率	价税合计
美的电饭煲	6L	个	100	107.35	9,500.00	13%	10,735.00
合计(大写) 壹万零柒佰叁拾伍元整							10,735.00

二、交货方式和费用承担: 交货方式: 销货方送货, 交货时间: 2020年01月23日 前, 交货地点: 广州市天河区上元大街18号, 运费由 销货方 承担。

三、付款时间与付款方式: 电汇,付款时间:2020年1月28日。

四、质量异议期: 订货方对[illegible]有异议时,应在收到货物后____[illegible],逾期视为货物量合格。

五、未尽事宜经双方协商[illegible]补充协议,与本[illegible]具有同等效力。

六、本合同自双方签字、[illegible]之日起生效;本[illegible]壹式贰份,甲乙双方各执壹份。

甲方(签章):　　乙方(签章):

授权代表: 陈翼明　　授权代表:

地址: 广州市天河区上元大街18号　　地址: 广州市天河区石牌西路36号

电话: 020-61168868　　电话: 020-85556888

日期: 2020 年 01 月 23 日　　日期: 2020 年 01 月 23 日

图 2-2-144 【购销合同】凭证

〖**业务解析**〗本笔业务是签订直运采购合同的业务。

〖**岗位操作说明**〗本笔业务各岗位的具体操作流程如图 2-2-145 所示。

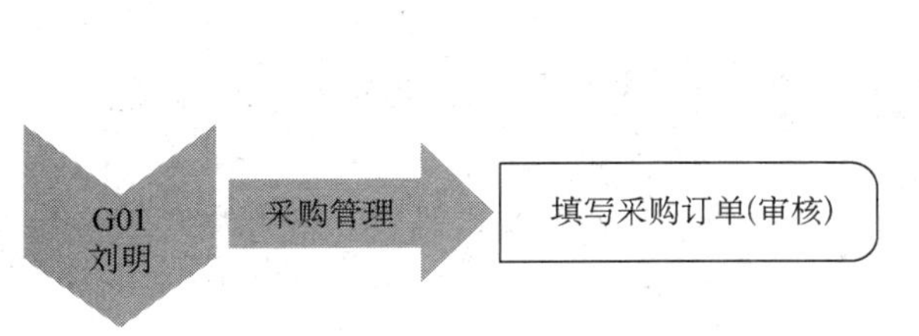

图 2-2-145 岗位操作流程

业务 直运采购合同业务
采购管理(G01)
开始 → 填制 → 采购订单 → 审核 → 结束

图 2-2-146 业务流程

〖**业务流程**〗本笔业务的业务流程如图 2-2-146 所示。

〖**操作指引**〗

1. 生成采购订单

(1) 2020 年 1 月 23 日,采购部【G01 刘明】在企业应用平台中执行【业务工作】【供应链】【采购管理】【采购订货】【采购订单】命令,打开【采购订单】窗口。

(2) 单击【增加】按钮,【业务类型】选择【直运采购】,执行【生单】【销售订单】命令,打开【查询条件选择—销售订单列表过滤】对话框,单击【确定】按钮,打开【拷贝并执行】窗口,如图 2-2-147 所示。

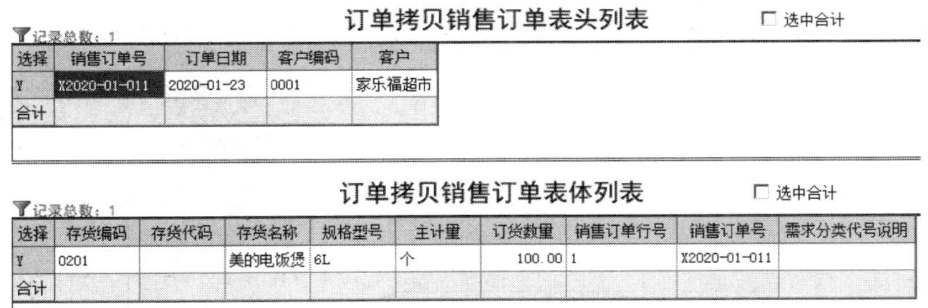

订单拷贝销售订单表头列表 □ 选中合计

记录总数:1

选择	销售订单号	订单日期	客户编码	客户
Y	X2020-01-011	2020-01-23	0001	家乐福超市
合计				

订单拷贝销售订单表体列表 □ 选中合计

记录总数:1

选择	存货编码	存货代码	存货名称	规格型号	主计量	订货数量	销售订单行号	销售订单号	需求分类代号说明
Y	0201		美的电饭煲	6L	个	100.00	1	X2020-01-011	
合计									

图 2-2-147 【拷贝并执行】窗口

(3) 选择相应的销售订单,单击【确定】按钮,系统生成一张采购订单,修改表头【订单编号】为【C2020-01-015】,【采购类型】选择【普通采购】,【供应商】选择【美的电器】,修改表体【原币价税合计】为【107.35】,单击【保存】按钮,单击【审核】按钮,如图 2-2-148 所示。

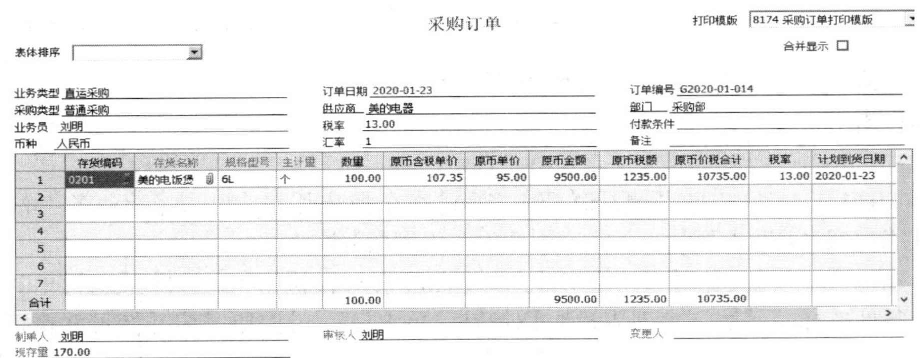

采购订单

打印模版 8174 采购订单打印模版

表体排序 合并显示 □

业务类型 直运采购 订单日期 2020-01-23 订单编号 G2020-01-014

采购类型 普通采购 供应商 美的电器 部门 采购部

业务员 刘明 税率 13.00 付款条件

币种 人民币 汇率 1 备注

	存货编码	存货名称	规格型号	主计量	数量	原币含税单价	原币单价	原币金额	原币税额	原币价税合计	税率	计划到货日期
1	0201	美的电饭煲	6L	个	100.00	107.35	95.00	9500.00	1235.00	10735.00	13.00	2020-01-23
2												
3												
4												
5												
6												
7												
合计					100.00			9500.00	1235.00	10735.00		

制单人 刘明 审核人 刘明 变更人

现存量 170.00

图 2-2-148 【采购订单】窗口

业务三　直运商品采购与付款业务

〖**业务描述**〗本公司采购美的电饭煲一批，于当日收到发票，款项未付，取得与该业务相关的凭证如图 2-2-149 所示。

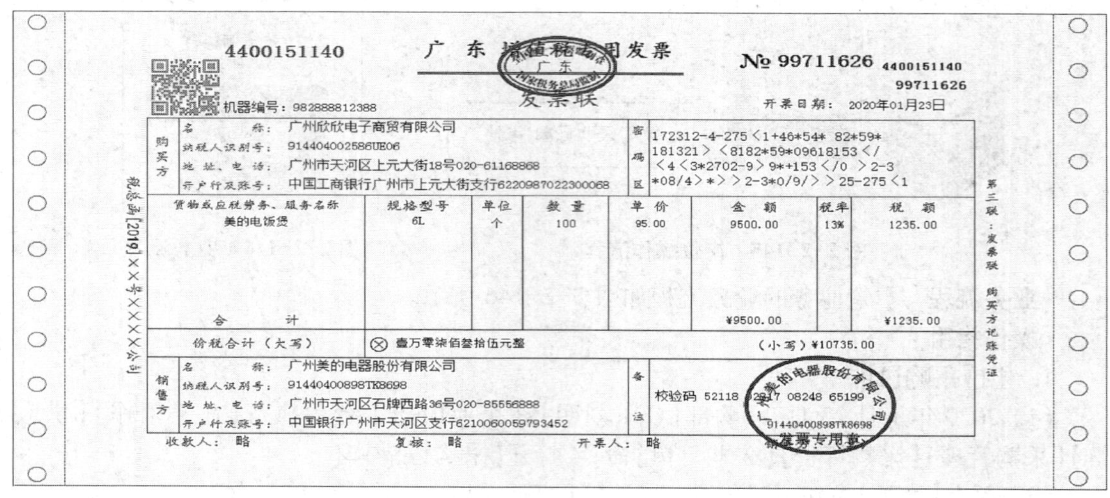

4400151140　　广东增值税专用发票　　№ 99711626　4400151140　99711626

发票联

机器编号：982888812388　　开票日期：2020年01月23日

购买方	名称：广州欣欣电子商贸有限公司 纳税人识别号：914404002586UE06 地址、电话：广州市天河区上元大街18号020-61168868 开户行及账号：中国工商银行广州市上元大街支行6220987022300068	密码区	172312-4-275 <1+46*54* 82*59* 181321 > <8182*59*09618153 </ <4 <3*2702-9 > 9*+153 </0 > 2-3 *08/4 > * > > 2-3*0/9/ > > 25-275 <1

货物或应税劳务、服务名称	规格型号	单位	数量	单价	金额	税率	税额
美的电饭煲	6L	个	100	95.00	9500.00	13%	1235.00
合计					¥9500.00		¥1235.00
价税合计（大写）	⊗壹万零柒佰叁拾伍元整				（小写）¥10735.00		

销售方	名称：广州美的电器股份有限公司 纳税人识别号：91440400898TK8698 地址、电话：广州市天河区石牌西路36号020-85556888 开户行及账号：中国银行广州市天河区支行6210060059793452	备注	校验码 52118 02817 08248 65199

收款人：略　　复核：略　　开票人：略

税总函[2019]××号×××公司　　第三联：发票联　购买方记账凭证

图 2-2-149　【增值税专用发票】凭证

〖**业务解析**〗本笔业务是收到直运采购发票的业务。

〖**岗位操作说明**〗本笔业务各岗位的具体操作流程如图 2-2-150 所示。

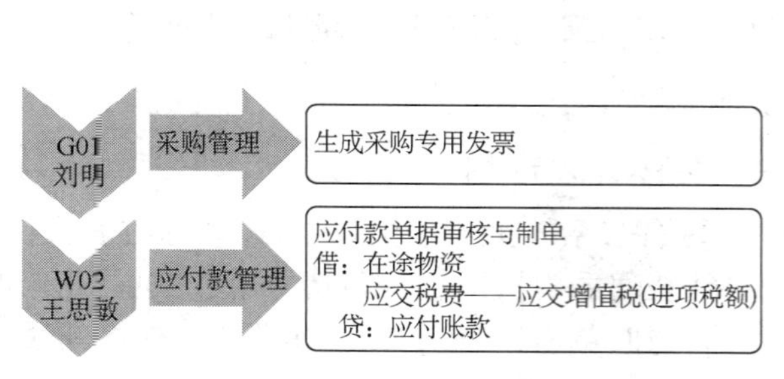

图 2-2-150　岗位操作说明

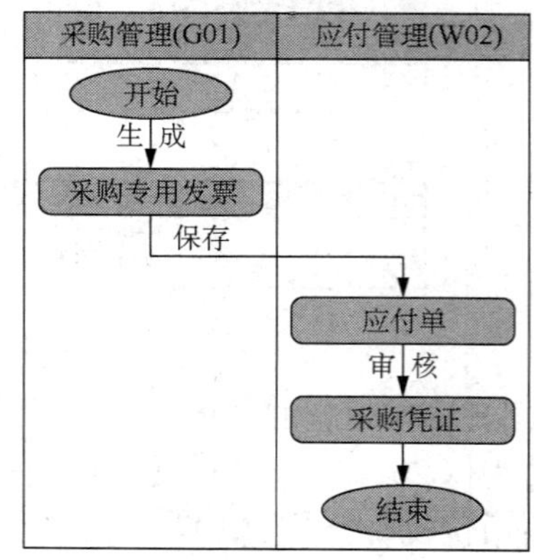

图 2-2-151　业务流程

〖**业务流程**〗本笔业务的业务流程如图 2-2-151 所示。

〖**操作指引**〗

1. 生成采购专用发票

(1) 2020 年 1 月 23 日，采购部【G01 刘明】在企业应用平台中执行【业务工作】【供应链】【采购管理】【采购发票】命令，打开【采购专用发票】窗口。

(2) 单击【增加】按钮，【业务类型】选择【直运采购】，执行【生单】【采购订单】命令，打开【查询条件选择—采购订单列表过滤】对话框，单击【确定】按钮，打开【拷贝并执行】窗口。

(3) 选择相应的采购订单，单击【确定】按钮，系统生成一张采购专用发票，修改【发票号】为【99711626】，单击【保存】按钮，如图 2-2-152 所示。

专用发票

打印模版 8164 专用发票打印模版

表体排序 合并显示 □

业务类型 直运采购　发票类型 专用发票　发票号 99711626
开票日期 2020-01-23　供应商 美的电器　代垫单位 美的电器
采购类型 普通采购　税率 13.00　部门名称 采购部
业务员 刘明　币种 人民币　汇率 1
发票日期　付款条件　备注

	存货编码	存货名称	规格型号	主计量	数量	原币单价	原币金额	原币税额	原币价税合计	税率	订单号	原币含税单价
1	0201	美的电饭煲	6L	个	100.00	95.00	9500.00	1235.00	10735.00	13.00	G2020-01-014	107.35
2												
3												
4												
5												
6												
7												
合计					100.00		9500.00	1235.00	10735.00			

结算日期　制单人 刘明　审核人

图 2-2-152 【专用发票】窗口

2. 应付单据审核并制单

（1）2020 年 1 月 23 日，财务部【W02 王思敏】在企业应用平台中执行【业务工作】【财务会计】【应付款管理】【应付单据处理】【应付单据审核】命令，打开【应付单据查询条件】对话框，单击【确定】按钮，打开【应付单据列表】窗口，单击【全选】按钮，单击【审核】按钮，如图 2-2-153 所示。

应付单据列表

记录总数：1

选择	审核人	单据日期	单据类型	单据号	供应商名称	部门	业务员	制单人	币种	汇率	原币金额	本币金额	备注
	王思敏	2020-01-23	采购专用发票	99711626	广州美的电器股份有限公司	采购部	刘明	刘明	人民币	1.00000000	10,735.00	10,735.00	
合计											10,735.00	10,735.00	

图 2-2-153 【应付单据列表】窗口

（2）执行【制单处理】命令，打开【制单查询】对话框，选择【发票制单】，单击【确定】按钮，打开【采购发票制单】窗口。

（3）选择【记账凭证】，再单击【全选】按钮，选中要制单的【采购专用发票】。

（4）单击【制单】按钮，生成一张记账凭证，单击【保存】按钮，如图 2-2-154 所示。

已生成

记 账 凭 证

记 字 0068　制单日期：2020.01.23　审核日期：　附单据数：1

摘要	科目名称	借方金额	贷方金额
采购专用发票	在途物资	950000	
采购专用发票	应交税费/应交增值税/进项税额	123500	
采购专用发票	应付账款/一般应付款/国内供应商		1073500
票号 日期	数量 单价 合计	1073500	1073500

备注　项目　部门
个人　客户
业务员

记账　审核　出纳　制单 王思敏

图 2-2-154 【记账凭证】窗口

业务四　直运商品销售与收款业务

〖**业务描述**〗销售美的电饭煲一批，于当日以电汇方式收到其货款，取得与该业务相关的凭证如图 2-2-155 和图 2-2-156 所示。

4400151140　　广东增值税专用发票　　№ 92337694　4400151140　92337694

此联不作报销、扣税凭证使用

机器编号：982888812388　　开票日期：2020年01月23日

购买方	
名称	广州市天河区家乐福超市有限公司
纳税人识别号	914404003210987391O2
地址、电话	广州市白下区洪武路88号020-84782888
开户行及账号	中国工商银行广州市洪武路支行3222000065322106

密码区：172312-4-275＜1+46*54* 82*59* 181321＞＜8182*59*09618153＜/ ＜4＜3*2702-9＞9*+153＜/0 ＞2-3 *08/4＞*＞＞2-3*0/9/＞＞25-275＜1

货物或应税劳务、服务名称	规格型号	单位	数量	单价	金额	税率	税额
美的电饭煲	6L	个	100	250.00	25000.00	13%	3250.00
合计					¥25000.00		¥3250.00
价税合计（大写）	⊗贰万捌仟贰佰伍拾元整				（小写）¥28250.00		

销售方	
名称	广州欣欣电子商贸有限公司
纳税人识别号	914404002586UE06
地址、电话	广州市天河区上元大街18号020-61168868
开户行及账号	中国工商银行广州市上元大街支行6220987022300068

备注：校验码 52118 62817 08248 65199

收款人：略　　复核：略　　开票人：略　　销售方：（章）

第一联：记账联　销售方记账凭证

图 2-2-155 【增值税专用发票】凭证

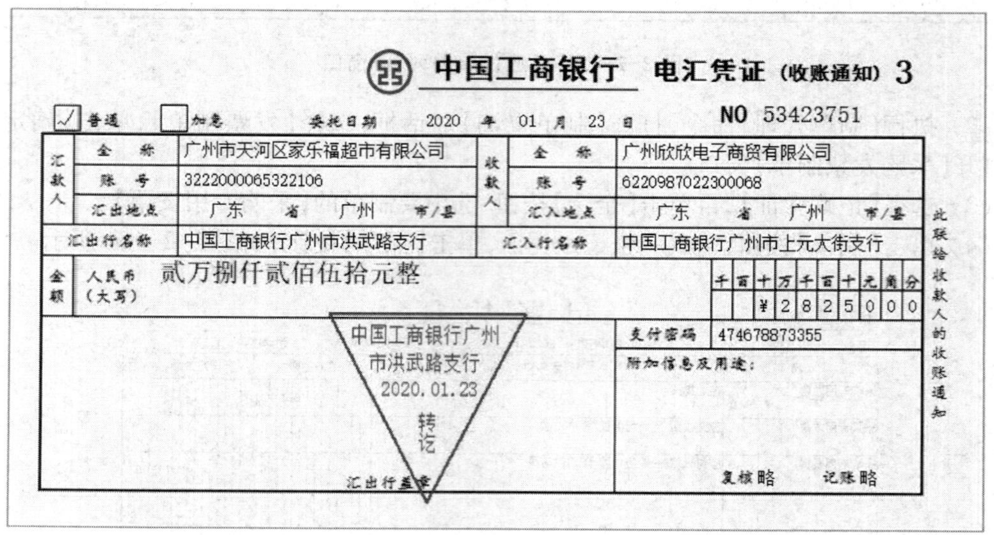

中国工商银行　电汇凭证（收账通知）3

☑普通　☐加急　　委托日期 2020 年 01 月 23 日　　NO 53423751

汇款人		收款人	
全称	广州市天河区家乐福超市有限公司	全称	广州欣欣电子商贸有限公司
账号	3222000065322106	账号	6220987022300068
汇出地点	广东省广州市/县	汇入地点	广东省广州市/县
汇出行名称	中国工商银行广州市洪武路支行	汇入行名称	中国工商银行广州市上元大街支行

金额　人民币（大写）贰万捌仟贰佰伍拾元整　　¥2825000（千百十万千百十元角分）

中国工商银行广州市洪武路支行 2020.01.23 转讫　汇出行签章

支付密码 474678873355

附加信息及用途：

复核略　　记账略

此联给收款人的收账通知

图 2-2-156 【电汇】凭证

〖**业务解析**〗本笔业务是开出直运销售发票并以电汇方式收款的业务。

〖**岗位操作说明**〗本笔业务各岗位的具体操作流程如图 2-2-157 所示。

〖**业务流程**〗本笔业务的业务流程如图 2-2-158 所示。

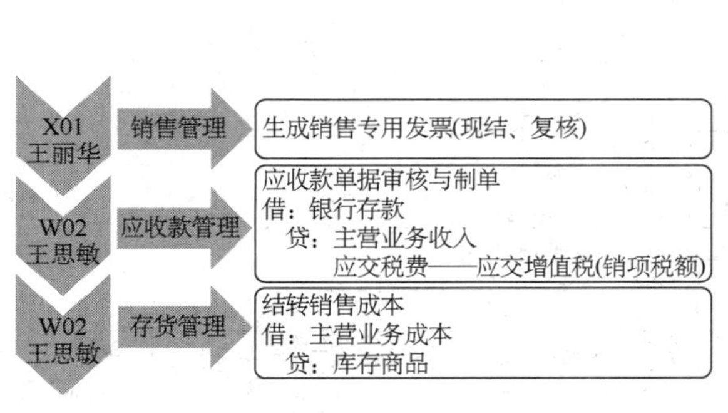

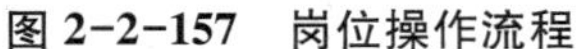
图 2-2-157　岗位操作流程

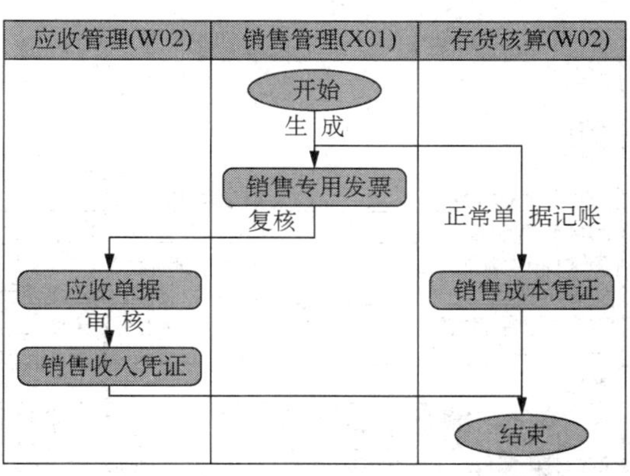

图 2-2-158　业务流程

〖操作指引〗

1. 生成销售专用发票

(1) 2020 年 1 月 23 日，销售部【X01 王丽华】在企业应用平台中执行【业务工作】【供应链】【销售管理】【销售开票】命令，打开【销售专用发票】窗口。

(2) 单击【增加】按钮，系统弹出【查询条件选择—参照订单】对话框，先关闭对话框，在表头选择【业务类型】为【直运销售】，执行【生单】【参照订单】命令，选择相应的订单，单击【确定】按钮。

(3) 系统弹出【参照生单】窗口，选择直运销售订单，如图 2-2-159 所示。

记录总数：1　　□ 选中合计

选择	业务类型	销售类型	订单号	订单日期	币名	汇率	开票...	客户简称	开票单位名称	销售部门	业务员	税率(%)
Y	直运销售	直运销售	X2020-01-011	2020-01-23	人民币	1.00000000	0001	家乐福超市	家乐福超市	销售部	王丽华	13.00
合计												

发票参照订单

记录总数：1　　□ 选中合计

选择	货物编号	货物名称	规格型号	预发货日期	主计量单位	可开票数量	含税单价	无税单价	可开票无税金额	税率(%)	可开票税额	可开票价税合计	扣率(%)
Y	0201	美的电饭煲	6L	2020-01-23	个	100.00	282.50	250.00	25,000.00	13.00	3,250.00	28,250.00	100.00
合计						100.00			25,000.00		3,250.00	28,250.00	

图 2-2-159　【参照生单】窗口

(4) 单击【确定】按钮，系统生成一张销售专用发票，修改【发票号】为【92337694】，单击【保存】按钮。

(5) 单击【现结】按钮，打开【现结】对话框，按照进账单的信息录入，单击【确定】按钮，系统提示【发票已现结】，单击【复核】按钮，如图 2-2-160 所示。

2. 应收单据审核与制单

(1) 2020 年 1 月 23 日，财务部【W02 王思敏】在企业应用平台中执行【业务工作】【财务会计】【应收款管理】【应收款单据处理】【应收单据审核】命令，勾选【包含已现结的发票】，单击【确定】按钮，打开【应收单据列表】窗口，单击【全选】按钮，单击【审核】按钮，如图 2-2-161 所示。

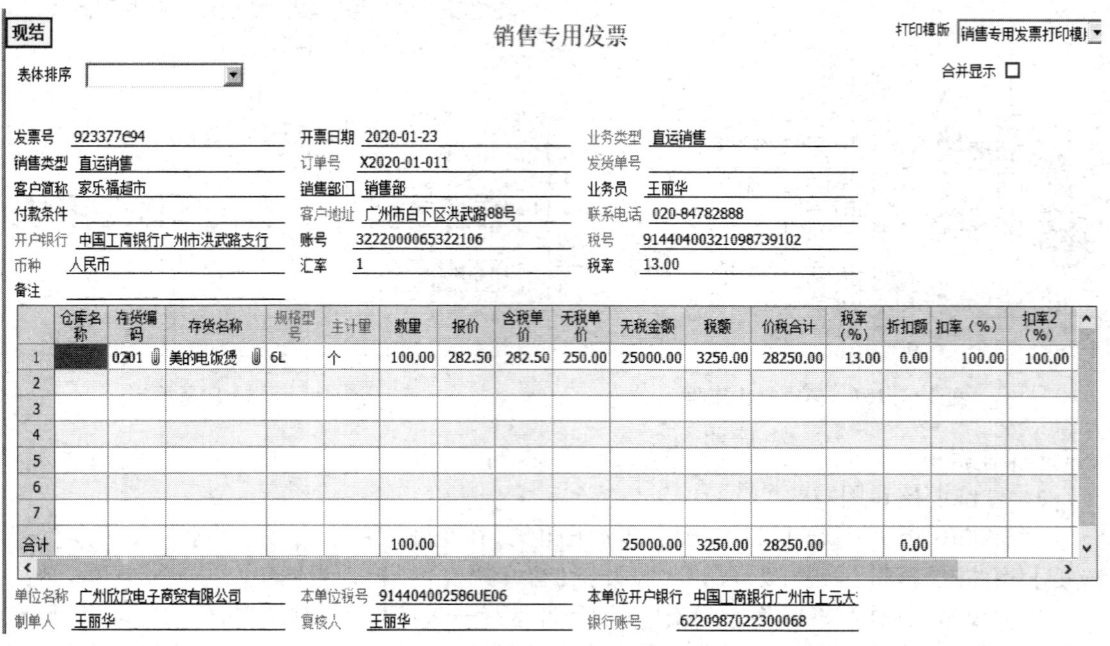

现结

销售专用发票

打印模版 销售专用发票打印模

表体排序

合并显示 □

发票号 923377694　开票日期 2020-01-23　业务类型 直运销售

销售类型 直运销售　订单号 X2020-01-011　发货单号

客户简称 家乐福超市　销售部门 销售部　业务员 王丽华

付款条件　客户地址 广州市白下区洪武路88号　联系电话 020-84782888

开户银行 中国工商银行广州市洪武路支行　账号 3222000065322106　税号 91440400321098739102

币种 人民币　汇率 1　税率 13.00

备注

	仓库名称	存货编码	存货名称	规格型号	主计量	数量	报价	含税单价	无税单价	无税金额	税额	价税合计	税率(%)	折扣额	扣率(%)	扣率2(%)
1		0201	美的电饭煲	6L	个	100.00	282.50	282.50	250.00	25000.00	3250.00	28250.00	13.00	0.00	100.00	100.00
2																
3																
4																
5																
6																
7																
合计						100.00				25000.00	3250.00	28250.00		0.00		

单位名称 广州欣欣电子商贸有限公司　本单位税号 914404002586UE06　本单位开户银行 中国工商银行广州市上元大

制单人 王丽华　复核人 王丽华　银行账号 6220987022300068

图 2-2-160 【销售专用发票】窗口

应收单据列表

记录总数：1

选择	审核人	单据日期	单据类型	单据号	客户名称	部门	业务员	制单人	币种	汇率	原币金额	本币金额	备注
	王思敏	2020-01-23	销售专用发票	923377694	广州市天河区家乐福超市有限公司	销售部	王丽华	王丽华	人民币	1.00000000	28,250.00	28,250.00	
合计											28,250.00	28,250.00	

图 2-2-161 【应收单据列表】窗口

(2) 执行【制单处理】命令,选择【现结制单】,单击【确定】按钮,选择需要制单的记录,凭证类别选中【记账凭证】,单击【制单】按钮,系统生成相关凭证,单击【保存】按钮,如图 2-2-162 所示。

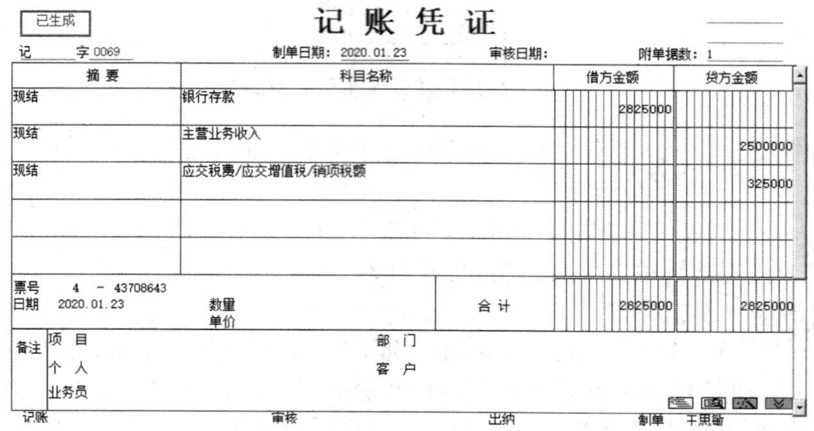

已生成

记 账 凭 证

记 字 0069　制单日期：2020.01.23　审核日期：　附单据数：1

摘要	科目名称	借方金额	贷方金额
现结	银行存款	2825000	
现结	主营业务收入		2500000
现结	应交税费/应交增值税/销项税额		325000
票号 4 - 43708643 日期 2020.01.23	数量 单价　合计	2825000	2825000

备注　项目　部门

个人　客户

业务员

记账　审核　出纳　制单 王思敏

图 2-2-162 【记账凭证】窗口

3. 存货核算确认应付款及直运采购成本

（1）2020 年 1 月 23 日，财务部【W02 王思敏】在企业应用平台执行【业务工作】【供应链】【存货核算】【业务核算】【直运销售记账】命令，打开【直运采购发票核算查询条件】对话框，同时勾选【采购发票】和【销售发票】复选框。

（2）单击【确定】按钮，打开【直运销售记账】窗口。

（3）单击【全选】按钮，如图 2-2-163 所示。

直运销售记账

记录总数：2

选择	日期	单据号	存货编码	存货名称	规格型号	收发类别	单据类型	数量	单价	金额
Y	2020-01-23	99711626	0201	美的电饭煲	6L	采购入库	采购发票	100.00	95.00	9,500.00
Y	2020-01-23	923377694	0201	美的电饭煲	6L	销售出库	专用发票	100.00		
小计								200.00		9,500.00

图 2-2-163　【直运销售记账】窗口

（4）单击【记账】按钮，完成采购入库和销售出库的记账工作。

（5）执行【财务核算】【生成凭证】命令，单击左上角【选择】按钮，打开【查询条件】对话框。

（6）单击【全选】或【全消】后按需要勾选对应的项目，单击【确定】按钮，打开【未生成凭证单据一览表】窗口。

（7）单击【选择】栏或单击【全选】按钮，选中待生成凭证的单据，单击【确定】按钮。

（8）选择【记　记账凭证】，修改存货科目为【在途物资】，如图 2-2-164 所示。

凭证类别　记 记账凭证

选择	单据类型	单据号	摘要	科目类型	科目编码	科目名称	借方金额	贷方金额	借方数量	贷方数量	科目方向	存货编码	存货名称	规格型号	部门名称	业务员名称
1	专用发票	923377694	专用发票	对方	6401	主营业务成本	9,500.00		100.00		1	0201	美的电饭煲	6L	销售部	王丽华
				存货	1402	在途物资		9,500.00		100.00	2	0201	美的电饭煲	6L	销售部	王丽华
合计							9,500.00	9,500.00								

图 2-2-164　【生成凭证】窗口

（9）单击【生成】按钮，生成一张记账凭证，单击【保存】按钮，如图 2-2-165 所示。

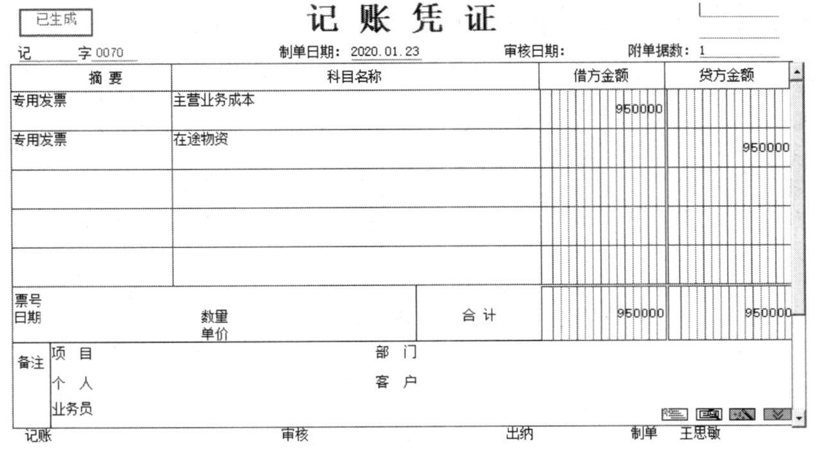

已生成

记账凭证

记　字 0070　制单日期：2020.01.23　审核日期：　附单据数：1

摘要	科目名称	借方金额	贷方金额
专用发票	主营业务成本	950000	
专用发票	在途物资		950000
票号 日期	数量 单价	合计 950000	950000

备注　项目　部门

个人　客户

业务员

记账　审核　出纳　制单　王思敏

图 2-2-165　【记账凭证】窗口

任务四　销售折让和退货业务处理

业务一　有质量问题的销售折让业务

操作视频

微课

销售折让和退货业务处理

一、赊销销售业务

〖业务描述〗2020 年 1 月 23 日,销售部【X01 王丽华】与广州市天河区沃尔玛超市有限公司签订购销合同,销售美的电饭煲和美的电磁炉一批,取得与该业务相关的凭证如图 2-2-166 至图2-2-168 所示。

购 销 合 同

合同编号 x2020-01-013

购货单位(甲方): 广州市天河区沃尔玛超市有限公司

供货单位(乙方): 广州欣欣电子商贸有限公司

根据《中华人民共和国合同法》及国家相关法律、法规之规定,甲乙双方本着平等互利的原则,就甲方购买乙方货物一事达成以下协议。

一、货物的名称、数量及价格:

货物名称	规格型号	单位	数量	含税单价	金额	税率	价税合计
美的电饭煲	6L	个	60	259.90	13,800.00	13%	15,594.00
美的电磁炉	2000W	个	50	508.50	22,500.00	13%	25,425.00
合计(大写)	肆万壹仟零壹拾玖元整						41,019.00

二、交货方式和费用承担:交货方式: 销货方送货 ,交货时间: 2020年01月23日 前,交货地点: 广州市白下区龙蟠中路260号 ,运费由 购买方 承担。

三、付款时间与付款方式: 电汇,付款时间: 2020年02月10日

四、质量异议期:订货方对供货方的货物质量有异议时,应在收到货物后 内提出,逾期视为货物质量合格。

五、未尽事宜经双方协商可作补充协议,与本合同具有同等效力。

六、本合同自双方签字、盖章之日起生效;本合同壹式贰份,甲乙双方各执壹份。

甲方(签章):	乙方(签章):
授权代表:	授权代表: 陈翼明
地　址: 广州市白下区龙蟠中路260号	地　址: 广州市天河区上元大街18号
电　话: 020-84586658	电　话: 020-61168868
日　期: 2020 年 01 月 23 日	日　期: 2020 年 01 月 23 日

(印章:广州市天河区沃尔玛超市有限公司 合同专用章;广州欣欣电子商贸有限公司 合同专用章)

图 2-2-166 【购销合同】凭证

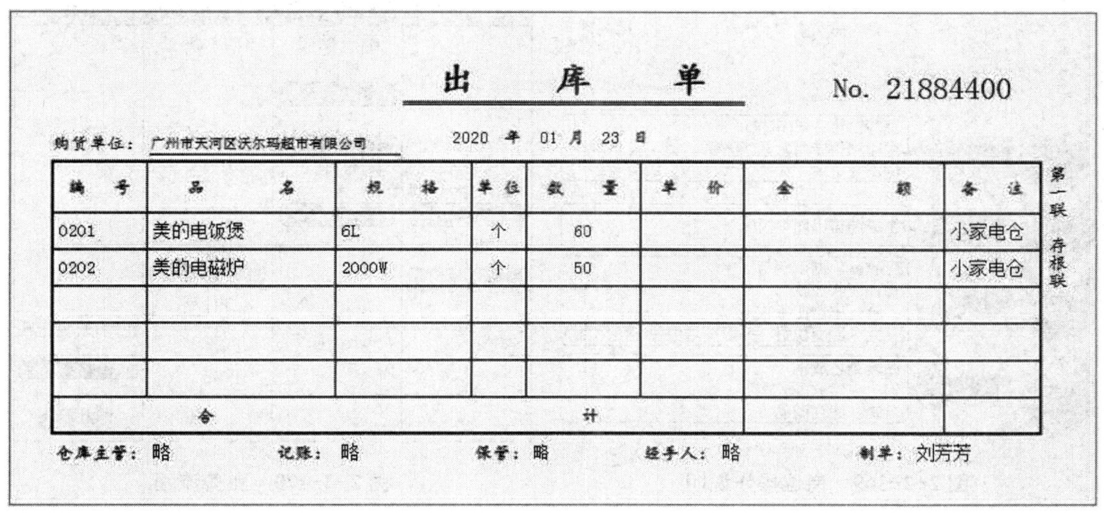

出　库　单　　No. 21884400

购货单位：广州市天河区沃尔玛超市有限公司　　2020 年 01 月 23 日

编　号	品　名	规　格	单位	数　量	单　价	金　额	备　注
0201	美的电饭煲	6L	个	60			小家电仓
0202	美的电磁炉	2000W	个	50			小家电仓
合				计			

仓库主管：略　记账：略　保管：略　经手人：略　制单：刘芳芳

第一联　存根联

图 2-2-167 【出库单】凭证

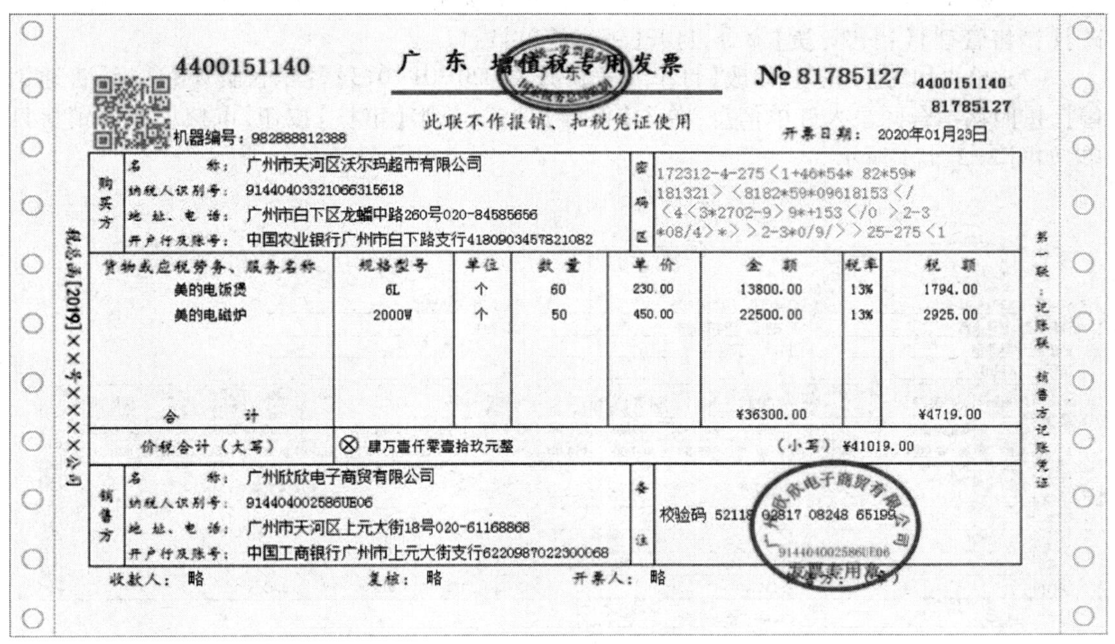

4400151140　**广东增值税专用发票**　№ 81785127　4400151140　81785127

此联不作报销、扣税凭证使用

机器编号：982888812388　　开票日期：2020年01月23日

购买方
名称：广州市天河区沃尔玛超市有限公司
纳税人识别号：91440403321066315618
地址、电话：广州市白下区龙蟠中路260号020-84585656
开户行及账号：中国农业银行广州市白下路支行4180903457821082

密码区：
172312-4-275 <1+46*54* 82*59*
181321> <8182*59*09618153 </
<4 <3*2702-9> 9*+153 </0 >2-3
08/4>> >2-3*0/9/> >25-275 <1

货物或应税劳务、服务名称	规格型号	单位	数量	单价	金额	税率	税额
美的电饭煲	6L	个	60	230.00	13800.00	13%	1794.00
美的电磁炉	2000W	个	50	450.00	22500.00	13%	2925.00
合　计					¥36300.00		¥4719.00

价税合计（大写）⊗ 肆万壹仟零壹拾玖元整　（小写）¥41019.00

销售方
名称：广州欣欣电子商贸有限公司
纳税人识别号：914404002586UE06
地址、电话：广州市天河区上元大街18号020-61168868
开户行及账号：中国工商银行广州市上元大街支行6220987022300068

备注：校验码 52118 02817 08248 65199

收款人：略　复核：略　开票人：略　销售方：（章）

税总函[2019]××号×××公司

第一联：记账联　销售方记账凭证

图 2-2-168 【增值税专用发票】凭证

〖**业务解析**〗本笔业务是签订购销合同、开票发货的赊销业务。

〖**岗位操作说明**〗本笔业务各岗位的具体操作流程如图 2-2-169 所示。

〖**业务流程**〗本笔业务的业务流程如图 2-2-170 所示。

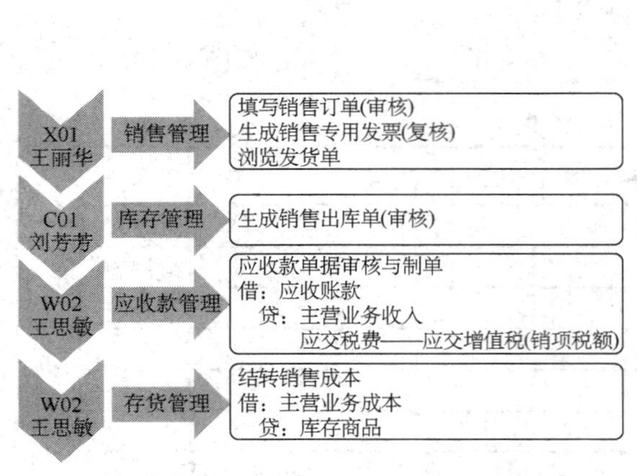

图 2-2-169 岗位操作说明

图 2-2-170 业务流程

〖操作指引〗

1. 填制销售订单

(1) 2020 年 1 月 23 日,销售部【X01 王丽华】在企业应用平台中执行【业务工作】【供应链】【销售管理】【销售订货】命令,打开【销售订单】窗口。

(2) 单击【增加】按钮,修改【订单编号】为【X2020-01-013】,【销售类型】选择【普通销售】,按照购销合同录入订单信息,单击【保存】按钮,单击【审核】按钮,审核填制的销售订单,如图 2-2-171 所示。

销售订单

打印模版 销售订单打印模版

表体排序

合并显示 □

订单号 X2020-01-013　订单日期 2020-01-23　业务类型 普通销售

销售类型 普通销售　客户简称 沃尔玛超市　付款条件

销售部门 销售部　业务员 王丽华　税率 13.00

币种 人民币　汇率 1　备注

	存货编码	存货名称	规格型号	主计量	数量	报价	含税单价	无税单价	无税金额	税额	价税合计	税率(%)	折扣额	扣率(%)	扣率2(%)	预发货日期
1	0201	美的电饭煲	6L	个	60.00	259.90	259.90	230.00	13800.00	1794.00	15594.00	13.00	0.00	100.00	100.00	2020-01-23
2	0202	美的电磁炉	2000W	个	50.00	508.50	508.50	450.00	22500.00	2925.00	25425.00	13.00	0.00	100.00	100.00	2020-01-23
3																
4																
5																
6																
7																
合计					110.00				36300.00	4719.00	41019.00		0.00			

制单人 王丽华　审核人 王丽华　关闭人

图 2-2-171 【销售订单】窗口

2. 生成销售专用发票

(1) 2020 年 1 月 23 日,销售部【X01 王丽华】在企业应用平台中执行【业务工作】【供应链】【销售管理】【销售开票】命令,打开【销售专用发票】窗口。

(2) 单击【增加】按钮,系统弹出【查询条件选择—参照订单】对话框,选择相应的订单,单击【确定】按钮,修改【发票号】为【81785127】,修改表体【仓库名称】为【小家电仓】,单击【保存】按钮,单击【复核】按钮,如图 2-2-172 所示。

销售专用发票

打印模版 销售专用发票打印模版

表体排序

合并显示 □

发票号 81785127　开票日期 2020-01-23　业务类型 普通销售
销售类型 普通销售　订单号 X2020-01-013　发货单号 0000000014
客户简称 沃尔玛超市　销售部门 销售部　业务员 王丽华
付款条件　客户地址 广州市白下区龙蟠中路260号　联系电话 020-84585656
开户银行 中国农业银行广州市白下路支行　账号 4180903457821082　税号 91440403321066315618
币种 人民币　汇率 1　税率 13.00
备注

	仓库名称	存货编码	存货名称	规格型号	主计量	数量	报价	含税单价	无税单价	无税金额	税额	价税合计	税率（%）
1	小家电仓	0201	美的电饭煲	6L	个	60.00	259.90	259.90	230.00	13800.00	1794.00	15594.00	13.00
2	小家电仓	0202	美的电磁炉	2000W	个	50.00	508.50	508.50	450.00	22500.00	2925.00	25425.00	13.00
3													
4													
5													
6													
7													
合计						110.00				36300.00	4719.00	41019.00	

单位名称 广州欣欣电子商贸有限公司　本单位税号 914404002586UE06　本单位开户银行 中国工商银行广州市上元大
制单人 王丽华　复核人 王丽华　银行账号 6220987022300068

图 2-2-172 【销售专用发票】窗口

3. 浏览已生成的发货单

（1）2020 年 1 月 23 日，销售部【X01 王丽华】在企业应用平台中执行【业务工作】【供应链】【销售管理】【销售发货】命令，打开【发货单】窗口。

（2）单击【浏览】按钮，可以查看系统根据销售专用发票自动生成并审核的发货单。

4. 生成销售出库单

（1）2020 年 1 月 23 日，仓储部【C01 刘芳芳】在企业应用平台中执行【业务工作】【供应链】【库存管理】【出库业务】命令，打开【销售出库单】窗口。

（2）执行【生单】【销售生单】命令，打开【查询条件选择—销售发货单列表】对话框，单击【确定】按钮。

（3）打开【销售生单】窗口，选择相应的【发货单】，单击【确定】按钮，系统自动生成销售出库单，单击【审核】按钮，如图 2-2-173 所示。

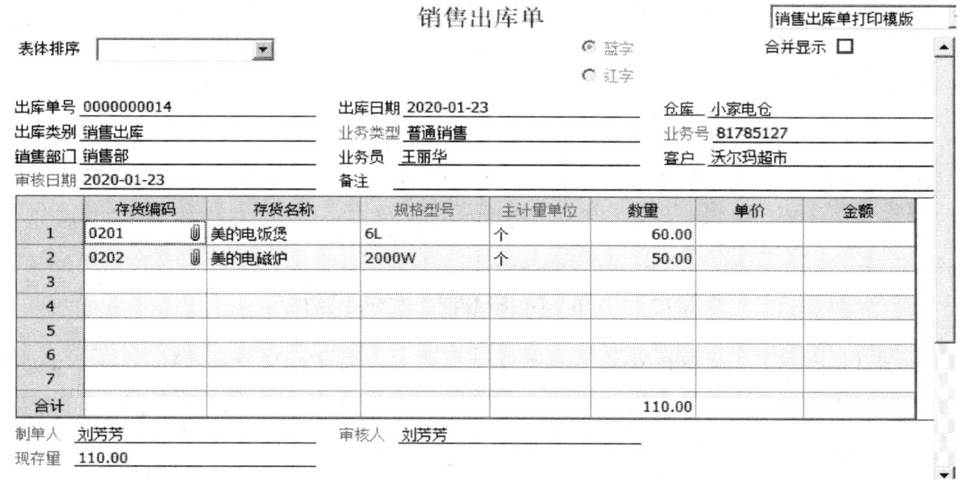

销售出库单

销售出库单打印模版

表体排序

◉ 蓝字　○ 红字

合并显示 □

出库单号 0000000014　出库日期 2020-01-23　仓库 小家电仓
出库类别 销售出库　业务类型 普通销售　业务号 81785127
销售部门 销售部　业务员 王丽华　客户 沃尔玛超市
审核日期 2020-01-23　备注

	存货编码	存货名称	规格型号	主计量单位	数量	单价	金额
1	0201	美的电饭煲	6L	个	60.00		
2	0202	美的电磁炉	2000W	个	50.00		
3							
4							
5							
6							
7							
合计					110.00		

制单人 刘芳芳　审核人 刘芳芳
现存量 110.00

图 2-2-173 【销售出库单】窗口

5. 应收单审核与制单

(1) 2020 年 1 月 23 日,财务部【W02 王思敏】在企业应用平台中执行【业务工作】【财务会计】【应收款管理】【应收款单据处理】命令,单击【确定】按钮,打开【应收单据列表】窗口,单击【全选】按钮,单击【审核】按钮,如图 2-2-174 所示。

应收单据列表

记录总数：1

选择	审核人	单据日期	单据类型	单据号	客户名称	部门	业务员	制单人	币种	汇率	原币金额	本币金额	备注
	王思敏	2020-01-23	销售专用发票	81785127	广州市天河区沃尔玛超市有限公司	销售部	王丽华	王丽华	人民币	1.00000000	41,019.00	41,019.00	
合计											41,019.00	41,019.00	

图 2-2-174 【应收单据列表】窗口

(2) 执行【制单处理】命令,选择【发票制单】,单击【确定】按钮,选择需要制单的记录,凭证类别选中【记账凭证】,单击【制单】按钮,系统生成相关凭证,单击【保存】按钮,如图 2-2-175 所示。

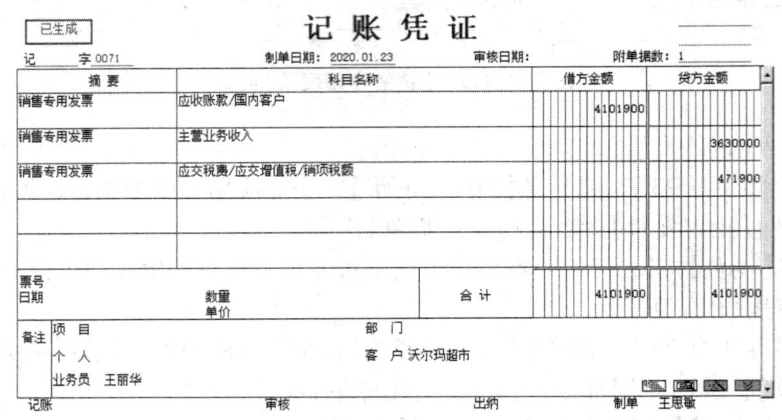
已生成

记 账 凭 证

记 字 0071　　制单日期: 2020.01.23　　审核日期:　　附单据数: 1

摘 要	科目名称	借方金额	贷方金额
销售专用发票	应收账款/国内客户	4101900	
销售专用发票	主营业务收入		3630000
销售专用发票	应交税费/应交增值税/销项税额		471900
票号 日期	数量 单价	合 计 4101900	4101900

备注　项 目　　部 门
　　　个 人　　客 户 沃尔玛超市
　　　业务员 王丽华

记账　　审核　　出纳　　制单 王思敏

图 2-2-175 【记账凭证】窗口

6. 结转销售成本

(1) 2020 年 1 月 23 日,财务部【W02 王思敏】在企业应用平台中执行【业务工作】【供应链】【存货核算】【业务核算】【正常单据记账】命令,打开【查询条件选择】对话框。

(2) 单击【确定】按钮,打开【正常单据记账列表】窗口,单击【全选】按钮,如图 2-2-176 所示。

正常单据记账列表

记录总数：2

选择	日期	单据号	存货编码	存货名称	规格型号	存货代码	单据类型	仓库名称	收发类别	数量	单价	金额
Y	2020-01-23	81785127	0201	美的电饭煲	6L		专用发票	小家电仓	销售出库	60.00		
Y	2020-01-23	81785127	0202	美的电磁炉	2000W		专用发票	小家电仓	销售出库	50.00		
小计										110.00		

图 2-2-176 【正常单据记账列表】窗口

(3) 单击【记账】按钮,将销售专用发票记账,系统提示【记账成功!】。

(4) 执行【财务核算】【生成凭证】命令,打开【查询条件】对话框,单击【确定】按钮,打开【未生成凭证单据一览表】窗口。

(5) 单击【选择】栏或单击【全选】按钮,选中待生成凭证的单据,单击【确定】按钮,选择【记 记账凭证】,如图 2-2-177 所示。

凭证类别 记 记账凭证

选择	单据类型	单据号	摘要	科目类型	科目编码	科目名称	借方金额	贷方金额	借方数量	贷方数量	科目方向	存货编码	存货名称	规格型号	部门名称	业务员名称
1	专用发票	81785127	专用发票	对方	6401	主营业务成本	9,000.00		60.00		1	0201	美的电饭煲	6L	销售部	王丽华
				存货	1405	库存商品		9,000.00		60.00	2	0201	美的电饭煲	6L	销售部	王丽华
				对方	6401	主营业务成本	15,000.00		50.00		1	0202	美的电磁炉	2000W	销售部	王丽华
				存货	1405	库存商品		15,000.00		50.00	2	0202	美的电磁炉	2000W	销售部	王丽华
合计							24,000.00	24,000.00								

图 2-2-177 【生成凭证】窗口

（6）单击【生成】按钮，生成一张记账凭证，单击【保存】按钮，如图 2-2-178 所示。

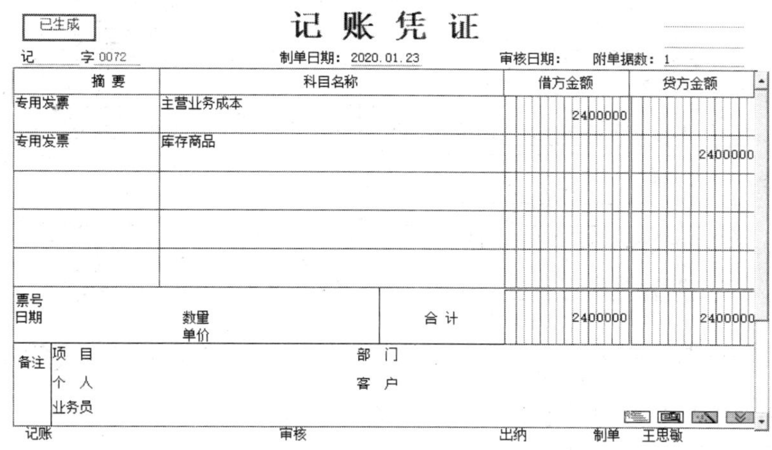

已生成

记账凭证

记 字 0072　　制单日期：2020.01.23　　审核日期：　　附单据数：1

摘要	科目名称	借方金额	贷方金额
专用发票	主营业务成本	2400000	
专用发票	库存商品		2400000
票号 日期	数量 单价 合计	2400000	2400000

备注　项目　　部门
　　　个人　　客户
　　　业务员

记账　　审核　　出纳　　制单 王思敏

图 2-2-178 【记账凭证】窗口

二、销售折让业务

〖业务描述〗2020 年 1 月 24 日，因商品质量问题，本公司与沃尔玛超市协商后，同意折让货款的 10%，当日收到 90%的余款，取得与该业务相关的凭证如图 2-2-179 所示。

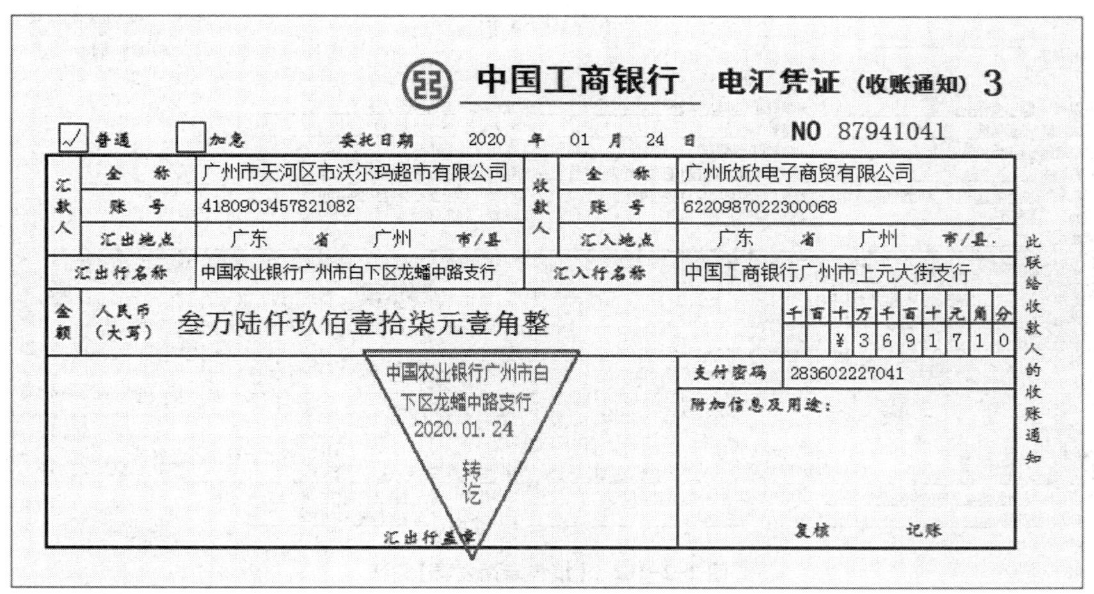

中国工商银行　电汇凭证（收账通知）3

☑普通　☐加急　　委托日期 2020 年 01 月 24 日　　NO 87941041

汇款人		收款人	
全称	广州市天河区市沃尔玛超市有限公司	全称	广州欣欣电子商贸有限公司
账号	4180903457821082	账号	6220987022300068
汇出地点	广东 省 广州 市/县	汇入地点	广东 省 广州 市/县
汇出行名称	中国农业银行广州市白下区龙蟠中路支行	汇入行名称	中国工商银行广州市上元大街支行

金额 人民币（大写）叁万陆仟玖佰壹拾柒元壹角整　　¥36917.10

支付密码 283602227041

附加信息及用途：

中国农业银行广州市白下区龙蟠中路支行 2020.01.24 转讫

汇出行盖章　　复核　　记账

此联给收款人的收账通知

图 2-2-179 【电汇收账通知】凭证

〖**业务解析**〗本笔业务是因质量问题同意客户要求，让利 10%的业务。

〖**岗位操作说明**〗本笔业务各岗位的具体操作流程如图 2-2-180 所示。

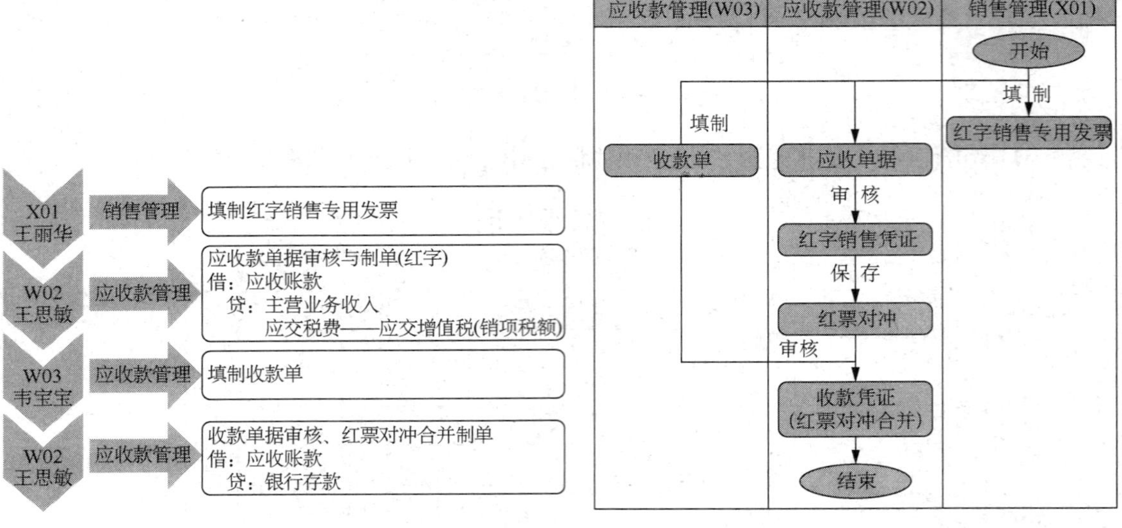

图 2-2-180　业务流程　　**图 2-2-181　业务流程**

〖**业务流程**〗本笔业务的业务流程如图 2-2-181 所示。

1. 填制红字专用销售发票

（1）2020 年 1 月 24 日，销售部【X01 王丽华】在企业应用平台中执行【业务工作】【供应链】【销售管理】【销售发票】【红字专用销售发票】命令，打开【红字专用销售发票】窗口。

（2）单击【增加】按钮，【发票号】为【83214094】，【客户简称】选择【沃尔玛超市】，【存货编码】选择【0903】，录入【数量】为【-1.00】，【含税单价】为【4 101.90】，单击【保存】按钮，单击【复核】按钮，如图 2-2-182 所示。

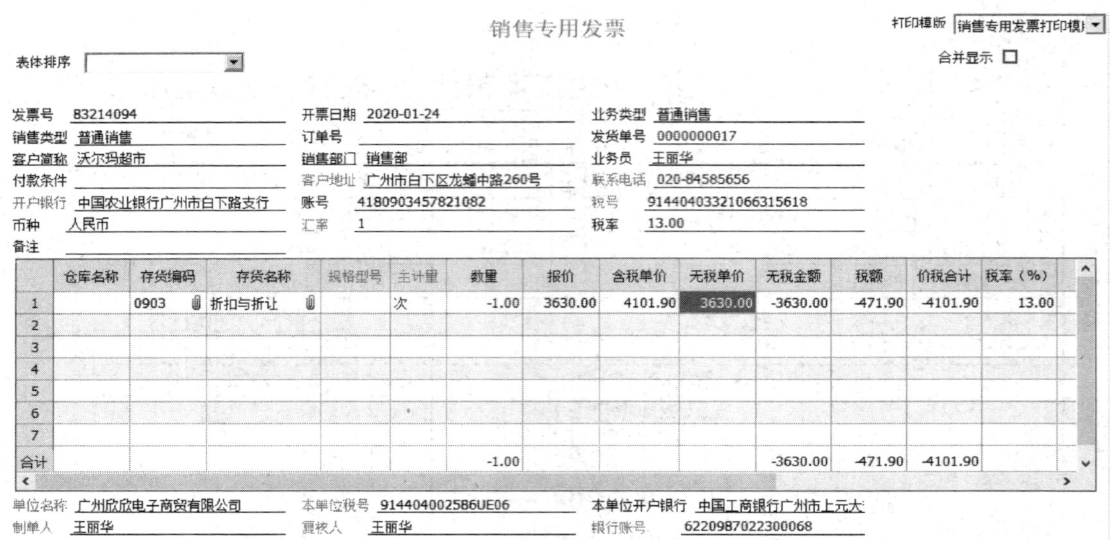

销售专用发票

打印模版 销售专用发票打印模版

表体排序　　合并显示 □

发票号 83214094　开票日期 2020-01-24　业务类型 普通销售
销售类型 普通销售　订单号　发货单号 0000000017
客户简称 沃尔玛超市　销售部门 销售部　业务员 王丽华
付款条件　客户地址 广州市白下区龙蟠中路260号　联系电话 020-84585656
开户银行 中国农业银行广州市白下路支行　账号 4180903457821082　税号 91440403321066315618
币种 人民币　汇率 1　税率 13.00
备注

	仓库名称	存货编码	存货名称	规格型号	主计量	数量	报价	含税单价	无税单价	无税金额	税额	价税合计	税率（%）
1		0903	折扣与折让		次	-1.00	3630.00	4101.90	3630.00	-3630.00	-471.90	-4101.90	13.00
2													
3													
4													
5													
6													
7													
合计						-1.00				-3630.00	-471.90	-4101.90	

单位名称 广州欣欣电子商贸有限公司　本单位税号 914404002586UE06　本单位开户银行 中国工商银行广州市上元大
制单人 王丽华　复核人 王丽华　银行账号 6220987022300068

图 2-2-182　【销售专用发票】凭证

2. 应收单据审核并制单

(1) 2020 年 1 月 24 日,财务部【W02 王思敏】在企业应用平台中执行【业务工作】【财务会计】【应收款管理】【应收单据处理】【应收单据审核】命令,打开【应收单据查询条件】对话框。

(2) 单击【确定】按钮,系统弹出【应收单据列表】窗口,双击【选择】栏或单击【全选】按钮,单击【审核】按钮,系统完成审核并给出审核报告,单击【确定】按钮后退出,如图 2-2-183 所示。

应收单据列表

记录总数:1

选择	审核人	单据日期	单据类型	单据号	客户名称	部门	业务员	制单人	币种	汇率	原币金额	本币金额	备注
	王思敏	2020-01-24	销售专用发票	83214094	广州市天河区沃尔玛超市有限公司	销售部	王丽华	王丽华	人民币	1.00000000	-4,101.90	-4,101.90	
合计	王思敏										-4,101.90	-4,101.90	

图 2-2-183 【应收单据列表】窗口

(3) 执行【制单处理】命令,打开【制单查询】对话框,选择【发票制单】,单击【确定】按钮,打开【销售发票制单】窗口。

(4) 选择【记账凭证】,再单击【全选】按钮,选中要制单的【销售专用发票】。

(5) 单击【制单】按钮,生成一张红字记账凭证,单击【保存】按钮,如图 2-2-184 所示。

已生成

记账凭证

记 字 0073　制单日期:2020.01.24　审核日期:　附单据数:1

摘要	科目名称	借方金额	贷方金额
销售专用发票	应收账款/国内客户	410190	
销售专用发票	主营业务收入		363000
销售专用发票	应交税费/应交增值税/销项税额		47190
票号 日期	数量 单价 合计	410190	410190

备注　项目　部门

个人　客户 沃尔玛超市

业务员 王丽华

记账　审核　出纳　制单 王思敏

图 2-2-184 【记账凭证】窗口

3. 填制收款单

(1) 2020 年 1 月 24 日,财务部【W03 韦宝宝】在企业应用平台中执行【业务工作】【财务会计】【应收款管理】【收款单据处理】【收款单据录入】命令,打开【收款单】窗口,单击【增加】按钮,按照电汇凭证的信息填写收款单,单击【保存】按钮,如图 2-2-185 所示。

4. 收款单审核

(1) 2020 年 1 月 24 日,财务部【W02 王思敏】在企业应用平台中执行【业务工作】【财务会计】【应收款管理】【收款单据处理】【收款单据审核】命令,打开【收付款单列表】窗口,单击【全选】按钮,单击【审核】按钮,如图 2-2-186 所示。

5. 红票对冲

(1) 2020 年 1 月 24 日,财务部【W02 王思敏】在企业应用平台中执行【业务工作】【财务会计】【应收款管理】【转账】【红票对冲】【手工对冲】命令,打开【红票对冲条件】对话框,单击【确定】按钮,在通用界面,选择【供应商】为【0004—广州市天河区沃尔玛超市有限公司】,如图 2-2-187 所示。

收款单

打印模版 应收收款单打印模板

表体排序

单据编号 0000000013　日期 2020-01-24　客户 沃尔玛超市
结算方式 电汇　结算科目 1002　币种 人民币
汇率 1　金额 36917.10　本币金额 36917.10
客户银行 中国农业银行广州市白下路支行　客户账号 4180903457821082　票据号 87941041
部门 销售部　业务员 王丽华　项目
摘要　订单号

	款项…	客户	部门	业务员	金额	本币金额	科目	项目	本币余额	余额
1	应收款	沃尔玛超市	销售部	王丽华	36917.10	36917.10	112201		36917.10	36917.10
2										
3										
4										
5										
6										
7										
合计					36917.10	36917.10			36917.10	36917.10

录入人 韦宝宝　审核人　核销人

图 2-2-185 【收款单】窗口

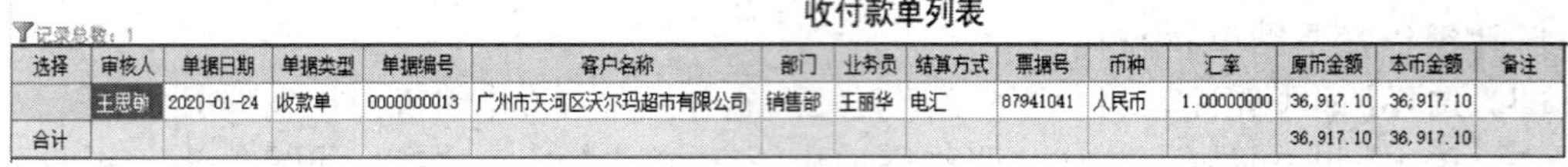

收付款单列表

记录总数：1

选择	审核人	单据日期	单据类型	单据编号	客户名称	部门	业务员	结算方式	票据号	币种	汇率	原币金额	本币金额	备注
	王思卿	2020-01-24	收款单	0000000013	广州市天河区沃尔玛超市有限公司	销售部	王丽华	电汇	87941041	人民币	1.00000000	36,917.10	36,917.10	
合计												36,917.10	36,917.10	

图 2-2-186 【收付款单列表】窗口

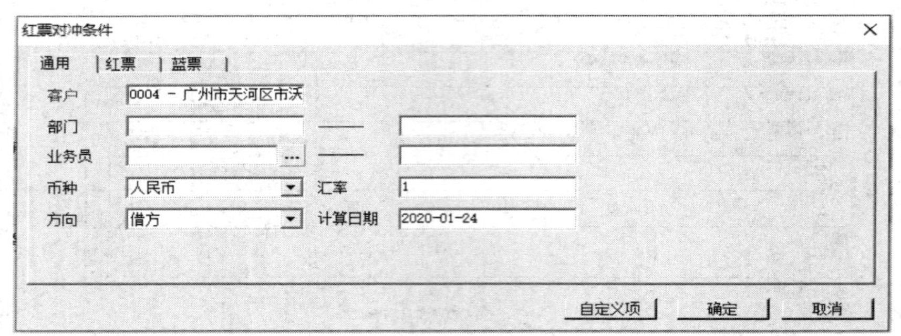

红票对冲条件

通用 | 红票 | 蓝票

客户 0004 - 广州市天河区市沃
部门 ——
业务员 ——
币种 人民币　汇率 1
方向 借方　计算日期 2020-01-24

自定义项　确定　取消

图 2-2-187 【红票对冲条件】对话框

(2) 单击【确定】按钮，系统打开【红票对冲】窗口，输入对冲金额为【4 101.90】，如图 2-2-188 所示。单击【保存】按钮。

红票对冲

单据日期	单据类型	单据编号	客户	币种	原币金额	原币余额	对冲金额	部门	业务员	合同名称
2020-01-24	销售专用发票	83214034	沃尔玛超市	人民币	4,101.90	4,101.90	4,101.90	销售部	王丽华	
合计					4,101.90	4,101.90	4,101.90			

合计

单据日期	单据类型	单据编号	客户	币种	原币金额	原币余额	对冲金额	部门	业务员	合同名称
2020-01-18	销售专用发票	27061312	沃尔玛超市	人民币	8,475.00	8,475.00		销售部	王丽华	
2019-12-03	销售专用发票	54263891	沃尔玛超市	人民币	149,160.00	149,160.00		销售部	王丽华	
2020-01-23	销售专用发票	81785127	沃尔玛超市	人民币	41,019.00	41,019.00	4,101.90	销售部	王丽华	
合计					198,654.00	198,654.00	4,101.90			

图 2-2-188 【红票对冲】对话框

(3) 提示【是否立即制单?】，单击【是】按钮，生成一张记账凭证，如图 2-2-189 所示。

已生成

记账凭证

记 字 0074 制单日期：2020.01.24 审核日期： 附单据数：1

摘要	科目名称	借方金额	贷方金额
销售专用发票	应收账款/国内客户	410190	
销售专用发票	应收账款/国内客户	410190	

票号 日期 数量 单价 合计

备注 项目 部门

个人 客户 沃尔玛超市

业务员 王丽华

记账 审核 出纳 制单 王思敏

图 2-2-189 【记账凭证】凭证

6. 收款单制单

（1）2020 年 1 月 24 日，财务部【W02 王思敏】在企业应用平台中执行【业务工作】【财务会计】【应收款管理】【制单处理】命令，打开【制单查询】对话框，选择【收付款单制单】。

（2）单击【确定】按钮，系统弹出【应收制单】窗口，选择【收款单】，如图 2-2-190 所示。

应收制单

凭证类别 记账凭证 制单日期 2020-01-24 共 1 条

选择标志	凭证类别	单据类型	单据号	日期	客户编码	客户名称	部门	业务员	金额
1	记账凭证	收款单	0000000013	2020-01-24	0004	广州市天河区沃尔玛超市有限公司	销售部	王丽华	36,917.10

图 2-2-190 【应收制单】对话框

（3）单击【制单】按钮，系统自动生成一张凭证，单击【保存】按钮，如图 2-2-191 所示。

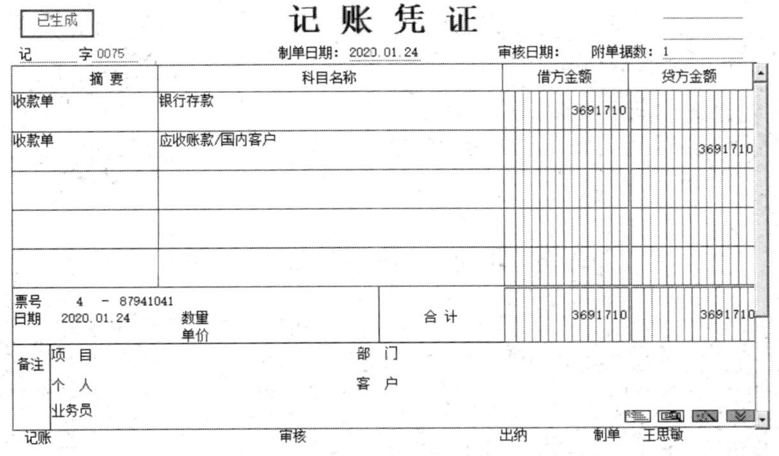
已生成

记账凭证

记 字 0075 制单日期：2020.01.24 审核日期： 附单据数：1

摘要	科目名称	借方金额	贷方金额
收款单	银行存款	3691710	
收款单	应收账款/国内客户		3691710

票号 4 - 87941041 日期 2020.01.24 数量 单价 合计 3691710 3691710

备注 项目 部门

个人 客户

业务员

记账 审核 出纳 制单 王思敏

图 2-2-191 【记账凭证】凭证

业务二 有质量问题的销售退货业务

〖**业务描述**〗2020 年 1 月 24 日，发现 1 月 18 日销售的美的电烧水壶有质量问题，经协商对方同意退货 5 件，开出红字增值税专用发票，余款以现金支票方式收取，取得与该业务相关的凭证如图 2-2-192 至图 2-2-194 所示。

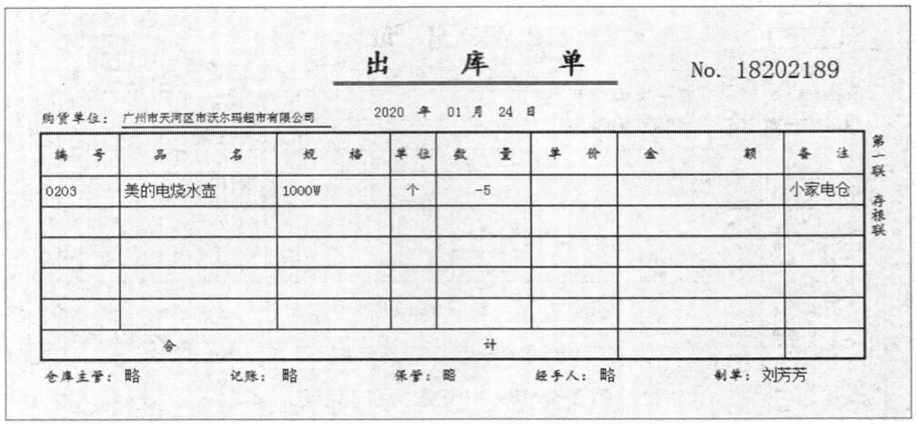

出　库　单　　No. 18202189

购货单位：广州市天河区市沃尔玛超市有限公司　　2020 年 01 月 24 日

编号	品名	规格	单位	数量	单价	金额	备注
0203	美的电烧水壶	1000W	个	-5			小家电仓
合				计			

第一联 存根联

仓库主管：略　记账：略　保管：略　经手人：略　制单：刘芳芳

图 2-2-192 【出库单】凭证

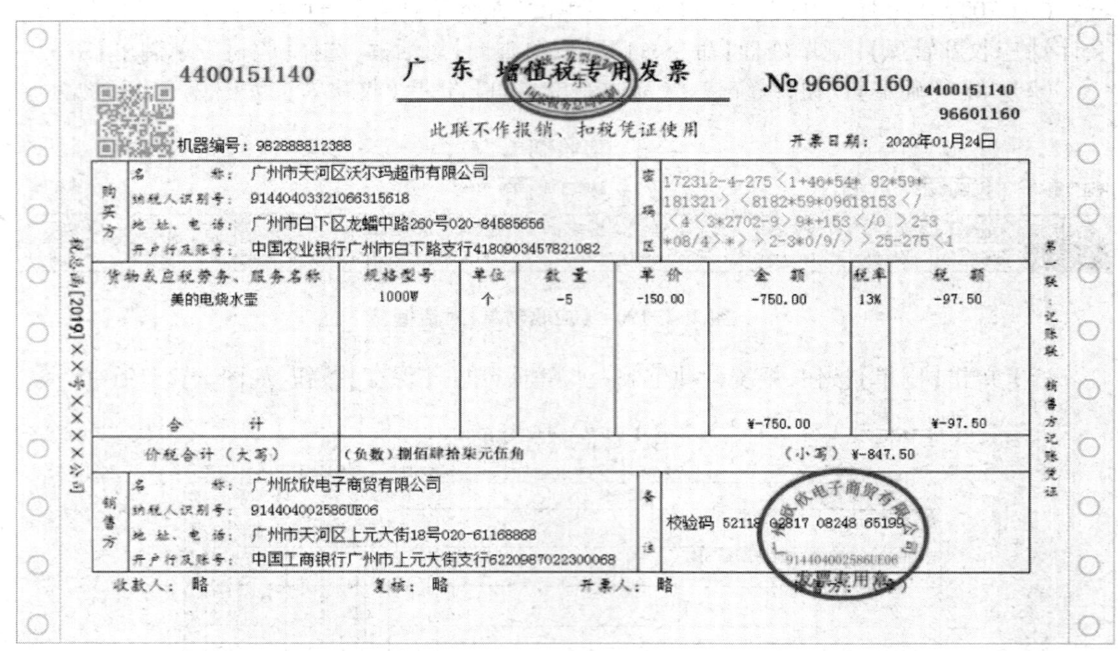

4400151140　**广东增值税专用发票**　№ 96601160　4400151140　96601160

此联不作报销、扣税凭证使用

机器编号：982888812388　　开票日期：2020年01月24日

购买方　名称：广州市天河区沃尔玛超市有限公司
纳税人识别号：914404033210663I5618
地址、电话：广州市白下区龙蟠中路260号020-84585656
开户行及账号：中国农业银行广州市白下路支行4180903457821082

密码区：172312-4-275 <1+46*54* 82*59* 181321> <8182*59*09618153 </ <4 <3*2702-9> 9*+153 </0 >2-3 *08/4> *> > 2-3*0/9/> >25-275 <1

货物或应税劳务、服务名称	规格型号	单位	数量	单价	金额	税率	税额
美的电烧水壶	1000W	个	-5	-150.00	-750.00	13%	-97.50
合　计					¥-750.00		¥-97.50

价税合计（大写）（负数）捌佰肆拾柒元伍角　（小写）¥-847.50

销售方　名称：广州欣欣电子商贸有限公司
纳税人识别号：914404002586UE06
地址、电话：广州市天河区上元大街18号020-61168868
开户行及账号：中国工商银行广州市上元大街支行6220987022300068

备注：校验码 52118 02817 08248 65199

收款人：略　复核：略　开票人：略　销售方：（章）

税总函[2019]××号××××公司

第一联：记账联　销售方记账凭证

图 2-2-193 【红字增值税专用发票】凭证

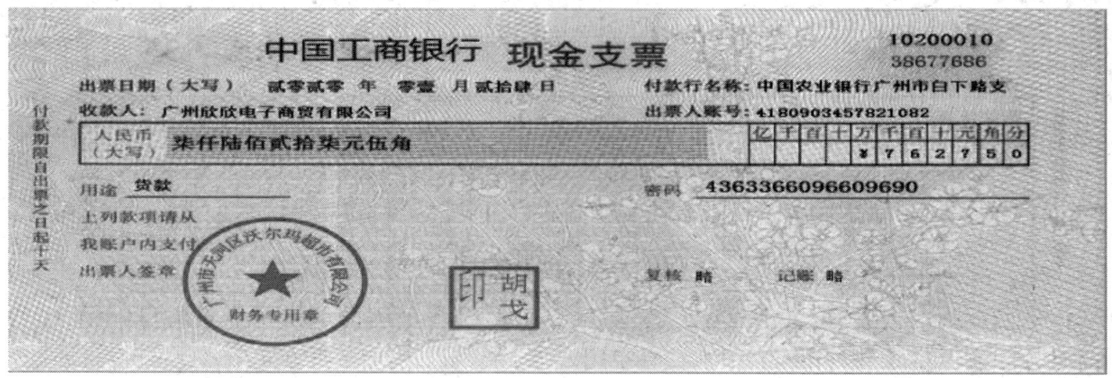

中国工商银行　现金支票　10200010　38677686

出票日期（大写）贰零贰零 年 零壹 月 贰拾肆 日　付款行名称：中国农业银行广州市白下路支

收款人：广州欣欣电子商贸有限公司　出票人账号：4180903457821082

人民币（大写）柒仟陆佰贰拾柒元伍角　¥7627.50

用途 货款　密码 4363366096609690

上列款项请从我账户内支付

出票人签章　复核 略　记账 略

付款期限自出票之日起十天

图 2-2-194 【现金支票】凭证

〖**业务解析**〗本笔业务是未收款的销售退货退款业务。

〖**岗位操作说明**〗本笔业务各岗位的具体操作流程如图 2-2-195 所示。

〖**业务流程**〗本笔业务的业务流程如图 2-2-196 所示。

〖**操作指引**〗

1. 生成退货单

（1）2020 年 1 月 24 日，销售部【X01 王丽华】在企业应用平台中执行【业务工作】【供应链】【销售管理】【销售发货】【销售退货单】命令，打开【销售退货单】窗口。

（2）单击【增加】按钮，选择【生单】【销售订单】命令，打开【参照订单】对话框，选择订单号为【X2020-01-006】，单击【确定】按钮。

（3）系统弹出【拷贝并执行】对话框，选中所要拷贝的销售订单，单击【确定】按钮，系统自动生成退货单，修改退货数量为【-5.00】，无税金额自动生成为【-750.00】，单击【保存】按钮，单击【审核】按钮。根据销售订单生成的销售退货单，如图 2-2-198 所示。

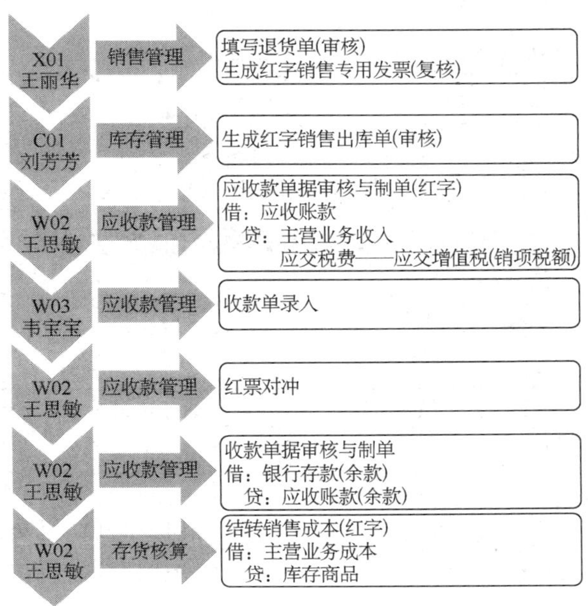

图 2-2-195　岗位操作流程

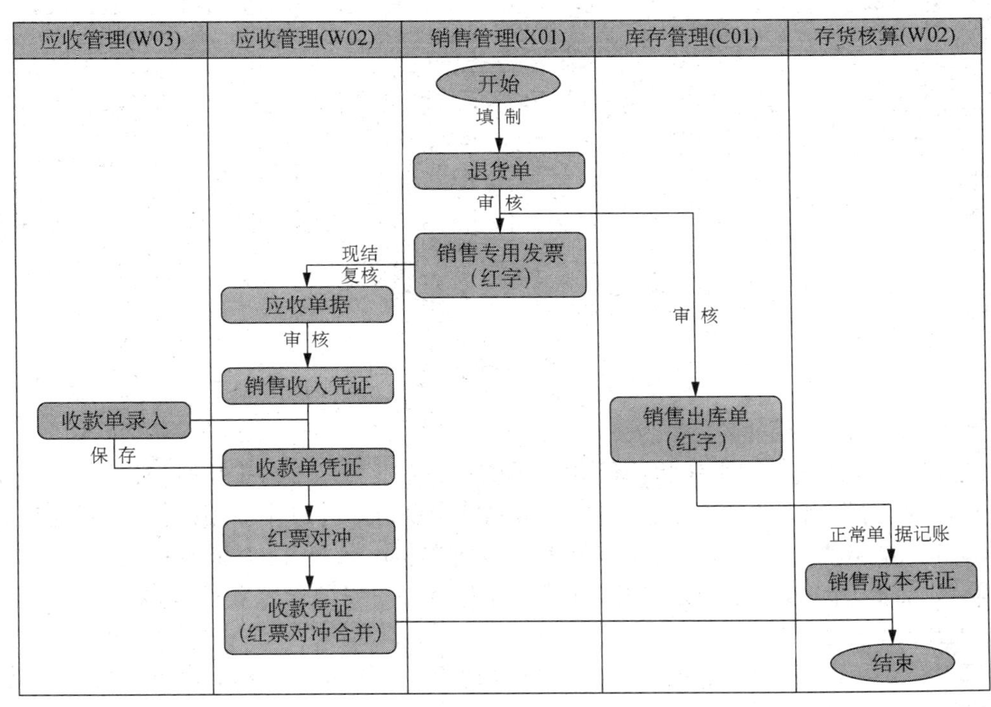

图 2-2-196　业务流程

图 2-2-197 【参照生单】窗口

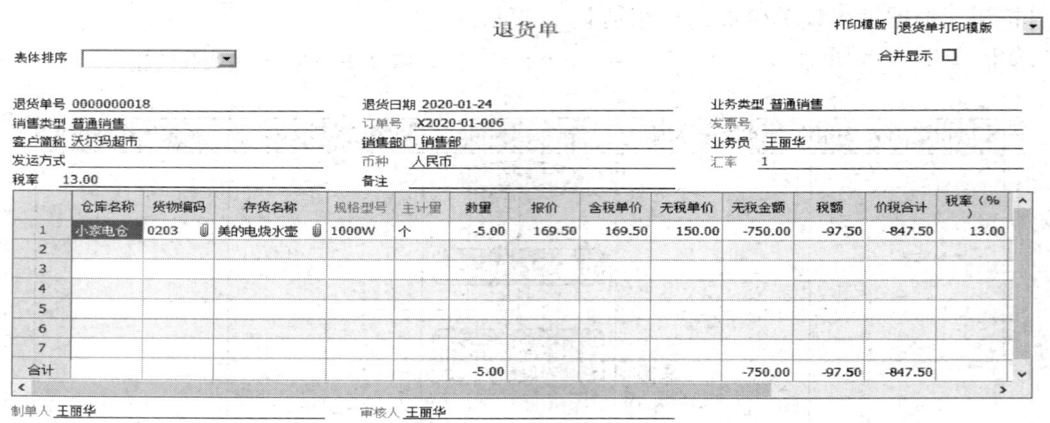

图 2-2-198 【退货单】窗口

2. 生成红字专用销售发票

(1) 2020 年 1 月 24 日,销售部【X01 王丽华】在企业应用平台中执行【业务工作】【供应链】【销售管理】【销售发票】【红字专用销售发票】命令,打开【红字专用销售发票】窗口。

(2) 单击【增加】按钮,执行【生单】【参照发货单】命令,打开【查询条件选择—发票参照发货单】对话框,单击【确定】按钮,打开【查询条件选择—发票参照发货单】对话框,【发货单类型】选择【红字记录】。

(3) 单击【确定】按钮,系统弹出【参照生单】窗口,选择相应的发货单,单击【确定】按钮,如图 2-2-199 所示。

(4) 系统自动生成一张红字专用发票,修改【发票号】为【96601160】,单击【保存】按钮,单击【复核】按钮,如图 2-2-200 所示。

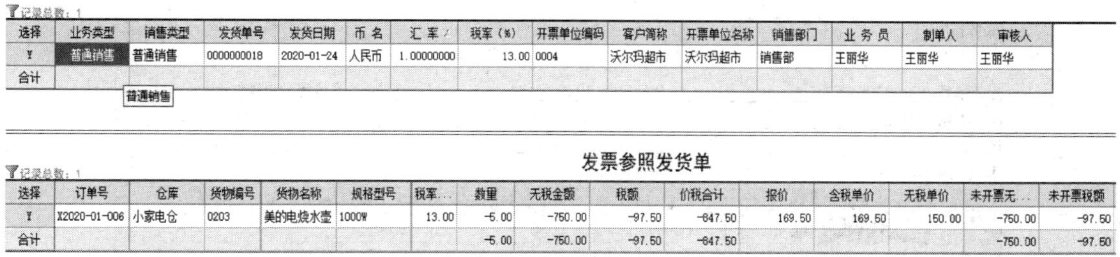

记录总数：1

选择	业务类型	销售类型	发货单号	发货日期	币名	汇率	税率（%）	开票单位编码	客户简称	开票单位名称	销售部门	业务员	制单人	审核人
Y	普通销售	普通销售	0000000018	2020-01-24	人民币	1.00000000	13.00	0004	沃尔玛超市	沃尔玛超市	销售部	王丽华	王丽华	王丽华
合计														

普通销售

发票参照发货单

记录总数：1

选择	订单号	仓库	货物编号	货物名称	规格型号	税率...	数量	无税金额	税额	价税合计	报价	含税单价	无税单价	未开票无...	未开票税额
Y	X2020-01-006	小家电仓	0203	美的电烧水壶	1000W	13.00	-5.00	-750.00	-97.50	-847.50	169.50	169.50	150.00	-750.00	-97.50
合计							-5.00	-750.00	-97.50	-847.50				-750.00	-97.50

图 2-2-199 【发票参照发货单】窗口

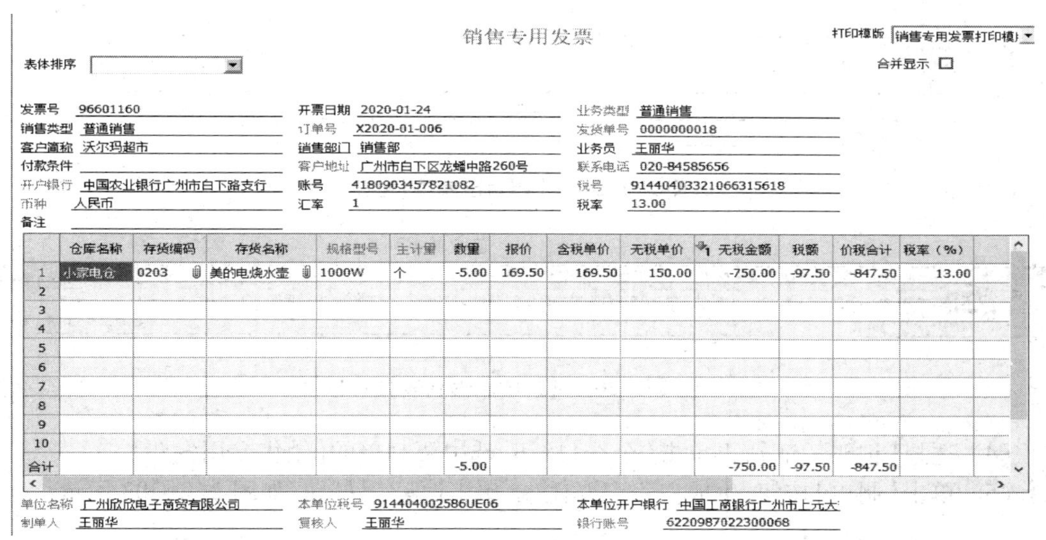

销售专用发票

打印模版 销售专用发票打印模

表体排序

合并显示 □

发票号 96601160　开票日期 2020-01-24　业务类型 普通销售
销售类型 普通销售　订单号 X2020-01-006　发货单号 0000000018
客户简称 沃尔玛超市　销售部门 销售部　业务员 王丽华
付款条件　客户地址 广州市白下区龙蟠中路260号　联系电话 020-84585656
开户银行 中国农业银行广州市白下路支行　账号 4180903457821082　税号 91440403321066315618
币种 人民币　汇率 1　税率 13.00
备注

	仓库名称	存货编码	存货名称	规格型号	主计量	数量	报价	含税单价	无税单价	无税金额	税额	价税合计	税率（%）
1	小家电仓	0203	美的电烧水壶	1000W	个	-5.00	169.50	169.50	150.00	-750.00	-97.50	-847.50	13.00
2													
3													
4													
5													
6													
7													
8													
9													
10													
合计						-5.00				-750.00	-97.50	-847.50	

单位名称 广州欣欣电子商贸有限公司　本单位税号 914404002586UE06　本单位开户银行 中国工商银行广州市上元大
制单人 王丽华　复核人 王丽华　银行账号 6220987022300068

图 2-2-200 【销售专用发票】窗口

3. 生成红字销售出库单

（1）2020 年 1 月 24 日，仓储部【C01 刘芳芳】在企业应用平台中执行【业务工作】【供应链】【库存管理】【出库业务】命令，打开【销售出库单】窗口。

（2）执行【生单】【销售生单】命令，打开【查询条件选择—销售发货单列表】对话框，单击【确定】按钮。

（3）打开【销售生单】窗口，选择相应的【发货单】，单击【确定】按钮，系统生成销售出库单，单击【审核】按钮，如图 2-2-201 所示。

4. 应收单据审核并制单

（1）2020 年 1 月 24 日，财务部【W02 王思敏】在企业应用平台中执行【业务工作】【财务会计】【应收款管理】【应收单据处理】【应收单据审核】命令，打开【应收单据查询条件】对话框。

（2）单击【确定】按钮，系统弹出【应收单据列表】窗口，双击【选择】栏或单击【全选】按钮，单击【审核】按钮，系统完成审核并给出审核报告，单击【确定】按钮后退出，如图 2-2-202 所示。

（3）执行【制单处理】命令，打开【制单查询】对话框，选择【发票制单】，单击【确定】按钮，打开【销售发票制单】窗口。

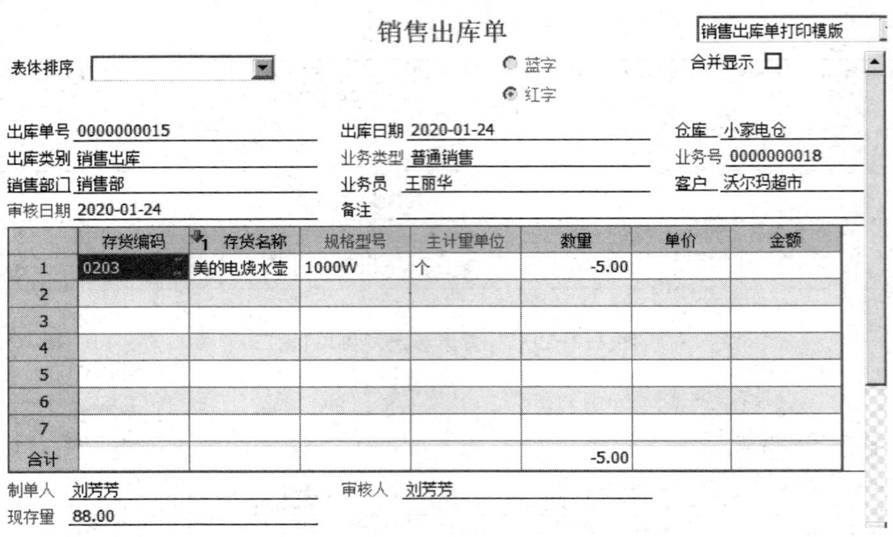

销售出库单　　销售出库单打印模版

表体排序　　○蓝字　◉红字　　合并显示 □

出库单号 0000000015　出库日期 2020-01-24　仓库 小家电仓

出库类别 销售出库　业务类型 普通销售　业务号 0000000018

销售部门 销售部　业务员 王丽华　客户 沃尔玛超市

审核日期 2020-01-24　备注

	存货编码	存货名称	规格型号	主计量单位	数量	单价	金额
1	0203	美的电烧水壶	1000W	个	-5.00		
2							
3							
4							
5							
6							
7							
合计					-5.00		

制单人 刘芳芳　审核人 刘芳芳

现存量 88.00

图 2-2-201　【销售出库单】窗口

应收单据列表

记录总数:1

选择	审核人	单据日期	单据类型	单据号	客户名称	部门	业务员	制单人	币种	汇率	原币金额	本币金额	备注
	王思敏	2020-01-24	销售专用发票	96601160	广州市天河区沃尔玛超市有限公司	销售部	王丽华	王丽华	人民币	1.00000000	-847.50	-847.50	
合计											-847.50	-847.50	

图 2-2-202　【应收单据列表】窗口

(4) 选择【记账凭证】,再单击【全选】按钮,选中要制单的【销售专用发票】。

(5) 单击【制单】按钮,生成一张记账凭证,单击【保存】按钮,如图 2-2-203 所示。

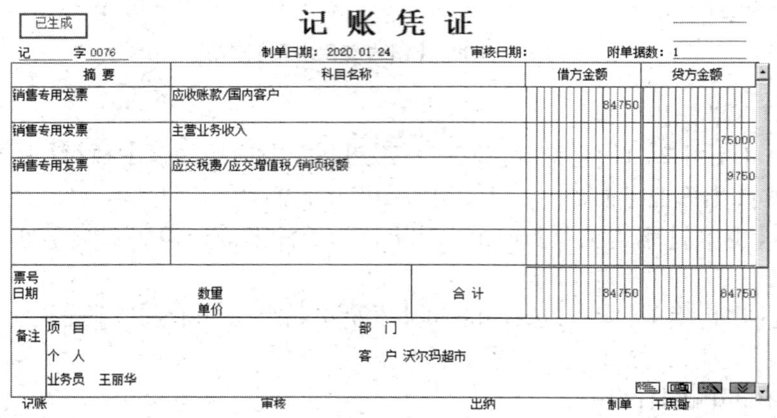

已生成　　记 账 凭 证

记 字 0076　制单日期:2020.01.24　审核日期:　附单据数:1

摘要	科目名称	借方金额	贷方金额
销售专用发票	应收账款/国内客户	84750	
销售专用发票	主营业务收入		75000
销售专用发票	应交税费/应交增值税/销项税额		9750
票号 日期　数量 单价	合计	84750	84750

备注　项目　部门

个人　客户 沃尔玛超市

业务员 王丽华

记账　审核　出纳　制单 王思敏

图 2-2-203　【记账凭证】窗口

5. 填制收款单

2020 年 1 月 24 日,财务部【W03 韦宝宝】在企业应用平台中执行【业务工作】【财务会计】【应收款管理】【收款单据处理】【收款单据录入】命令,打开【收款单】窗口,单击【增加】按钮,按照现金支票单据的信息填写收款单,单击【保存】按钮,如图 2-2-204 所示。

6. 收款单审核

2020 年 1 月 24 日,财务部【W02 王思敏】在企业应用平台中执行【业务工作】【财务会

收款单

打印模版 应收收款单打印模板

表体排序

单据编号	0000000014	日期	2020-01-24	客户	沃尔玛超市
结算方式	现金支票	结算科目	1002	币种	人民币
汇率	1	金额	7627.50	本币金额	7627.50
客户银行	中国农业银行广州市白下路支行	客户账号	4180903457821082	票据号	38677686
部门	销售部	业务员	王丽华	项目	
摘要		订单号			

	款项类型	客户	部门	业务员	金额	本币金额	科目	项目	本币余额	余额
1	应收款	沃尔玛超市	销售部	王丽华	7627.50	7627.50	112201		7627.50	7627.50
2										
3										
4										
5										
6										
7										
8										
9										
10										
11										
12										
13										
合计					7627.50	7627.50			7627.50	7627.50

录入人 韦宝宝 审核人 核销人

图 2-2-204 【收款单录出】窗口

计】【应收款管理】【收款单据处理】【收款单据审核】，打开【收付款单列表】窗口，单击【全选】按钮，单击【审核】按钮，如图 2-2-205 所示。

收付款单列表

记录总数：1

选择	审核人	单据日期	单据类型	单据编号	客户名称	部门	业务员	结算方式	票据号	币种	汇率	原币金额	本币金额	备注
	王思敏	2020-01-24	收款单	0000000014	广州市天河区沃尔玛超市有限公司	销售部	王丽华	现金支票	38677686	人民币	1.00000000	7,627.50	7,627.50	
合计												7,627.50	7,627.50	

图 2-2-205 【收付款单列表】窗口

7. 红票对冲

（1）2020 年 1 月 24 日，财务部【W02 王思敏】在企业应用平台中执行【业务工作】【财务会计】【应收款管理】【转账】【红票对冲】【手工对冲】命令，打开【红票对冲条件】对话框，单击【确定】按钮，在通用界面中，选择【供应商】为【0004—广州市天河区沃尔玛超市有限公司】。

（2）单击【确定】按钮，系统打开【红票对冲】窗口，输出对冲金额为【847.50】，如图 2-2-206 所示。单击【保存】按钮。

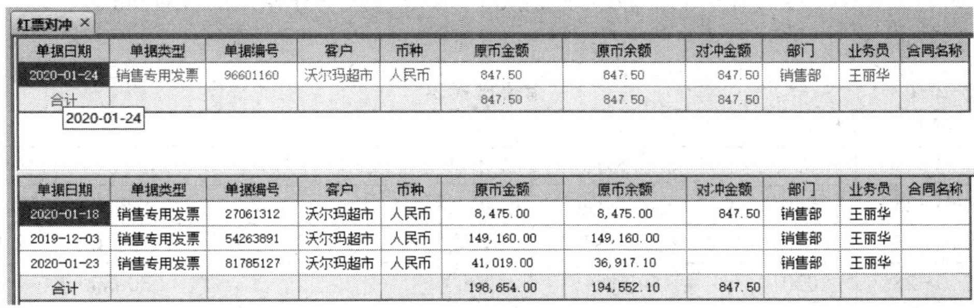

红票对冲

单据日期	单据类型	单据编号	客户	币种	原币金额	原币余额	对冲金额	部门	业务员	合同名称
2020-01-24	销售专用发票	96601160	沃尔玛超市	人民币	847.50	847.50	847.50	销售部	王丽华	
合计					847.50	847.50	847.50			

2020-01-24

单据日期	单据类型	单据编号	客户	币种	原币金额	原币余额	对冲金额	部门	业务员	合同名称
2020-01-18	销售专用发票	27061312	沃尔玛超市	人民币	8,475.00	8,475.00	847.50	销售部	王丽华	
2019-12-03	销售专用发票	54263891	沃尔玛超市	人民币	149,160.00	149,160.00		销售部	王丽华	
2020-01-23	销售专用发票	81785127	沃尔玛超市	人民币	41,019.00	36,917.10		销售部	王丽华	
合计					198,654.00	194,552.10	847.50			

图 2-2-206 【红票对冲】对话框

（3）系统提示【是否立即制单】，单击【否】按钮。

8. 收款单、红票对冲单合并制单

（1）2020 年 1 月 24 日，财务部【W02 王思敏】在企业应用平台中执行【业务工作】【财务会计】【应收款管理】【制单处理】命令，打开【制单查询】对话框，选择【收付款单制单】

和【红票对冲制单】。

(2) 单击【确定】按钮,系统弹出【应收制单】窗口,选择【广州市天河区沃尔玛超市有限公司】的【收款单】与【红票对冲】,如图 2-2-207 所示。

应收制单

凭证类别 记账凭证　　制单日期 2020-01-24　　共 2 条

选择标志	凭证类别	单据类型	单据号	日期	客户编码	客户名称	部门	业务员	金额
1	记账凭证	收款单	0000000016	2020-01-24	0004	广州市天河区沃尔玛...	销售部	王丽华	7,627.50
2	记账凭证	红票对冲	96601160	2020-01-24	0004	广州市天河区沃尔玛...	销售部	王丽华	847.50

图 2-2-207 【应收制单】窗口

(3) 单击【合并制单】按钮,系统自动生成一张凭证,单击【保存】按钮,如图 2-2-208 所示。

已生成

记 账 凭 证

记 字 0077　　制单日期: 2020.01.24　　审核日期:　　附单据数: 2

摘要	科目名称	借方金额	贷方金额
收款单	银行存款	762750	
红票对冲	应收账款/国内客户	84750	
红票对冲	应收账款/国内客户	84750	
收款单	应收账款/国内客户		762750
票号 201 - 38677686 日期 2020.01.24　数量 单价	合 计	762750	762750

备注　项 目　　部 门
　　　个 人　　客 户
　　　业务员

记账　　审核　　出纳　　制单 王思敏

图 2-2-208 【记账凭证】窗口

任务五　零售日报销售业务处理

微课

零售日报销售业务处理

〖业务描述〗2020 年 1 月 25 日,本公司销售广州市天河区花园街专卖店零售产品一批,销售清单如表 2-2-1 所示,并于当日收到现金款项,取得与该业务相关的凭证如图 2-2-209 至图 2-2-211 所示。

表 2-2-1　　销售日报表

填表日期:2020 年 01 月 25 日

销售日期	存货编码	货品名称	规格型号	单位	数量	单价(元)	金额(元)
2020-01-25	0402	长虹电视	40 寸	台	2	6 800.00	13 000.00
2020-01-25	0403	长虹电视	42 寸	台	1	8 500.00	8 500.00
2020-01-25	0201	美的电饭煲	6L	个	3	300.00	900.00
2020-01-25	0202	美的电磁炉	2000W	个	3	520.00	1 560.00
2020-01-25	0204	美的电高压锅	5L	个	2	200.00	400.00
合计							25 020.00

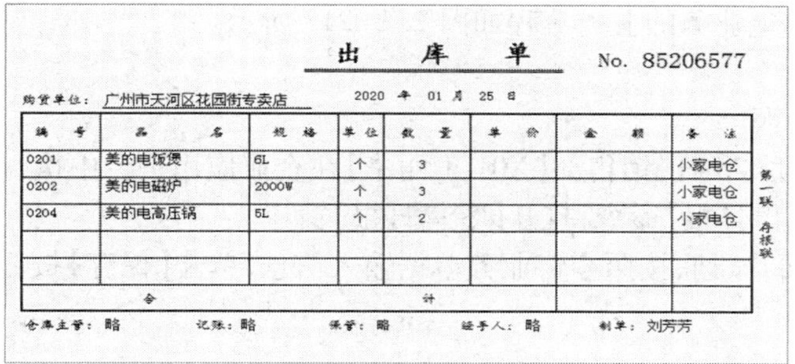

出　库　单　No. 85206577

购货单位：广州市天河区花园街专卖店　　2020 年 01 月 25 日

编　号	品　名	规　格	单位	数　量	单　价	金　额	备　注
0201	美的电饭煲	6L	个	3			小家电仓
0202	美的电磁炉	2000W	个	3			小家电仓
0204	美的电高压锅	5L	个	2			小家电仓
合				计			

仓库主管：略　记账：略　保管：略　经手人：略　制单：刘芳芳

第一联　存根联

图 2-2-209　【出库单】凭证

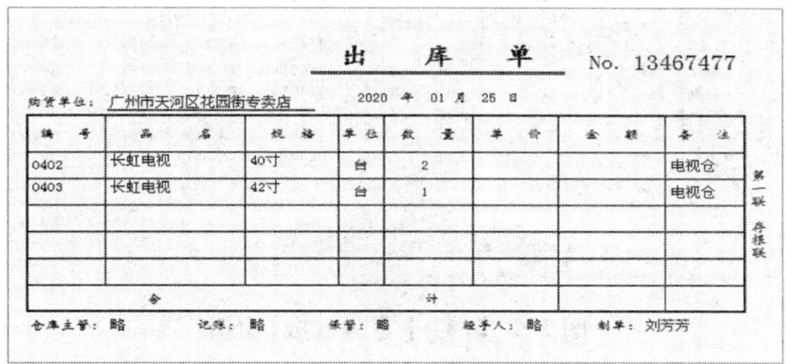

出　库　单　No. 13467477

购货单位：广州市天河区花园街专卖店　　2020 年 01 月 25 日

编　号	品　名	规　格	单位	数　量	单　价	金　额	备　注
0402	长虹电视	40寸	台	2			电视仓
0403	长虹电视	42寸	台	1			电视仓
合				计			

仓库主管：略　记账：略　保管：略　经手人：略　制单：刘芳芳

第一联　存根联

图 2-2-210　【出库单】凭证

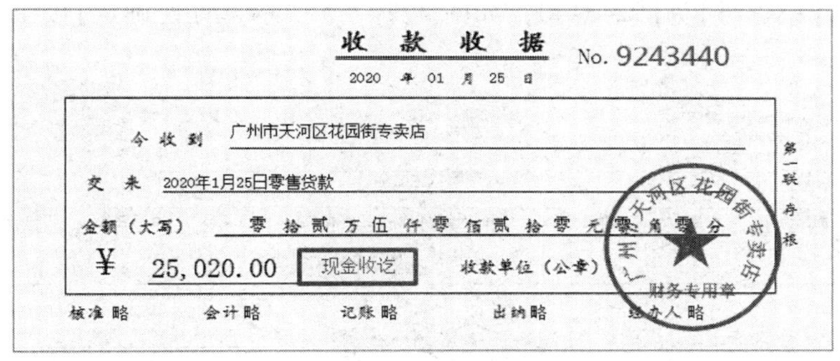

收　款　收　据　No. 9243440

2020 年 01 月 25 日

今收到　广州市天河区花园街专卖店

交来　2020年1月25日零售货款

金额（大写）　零 拾 贰 万 伍 仟 零 佰 贰 拾 零 元 零 角 零 分

¥ 25,020.00　现金收讫　收款单位（公章）　广州市天河区花园街专卖店 财务专用章

核准 略　会计 略　记账 略　出纳 略　经办人 略

第一联　存根

图 2-2-211　【收据】凭证

〖**业务解析**〗本笔业务是零售按日统计出库并开票收款的销售业务。

〖**岗位操作说明**〗本笔业务各岗位的具体操作流程如图 2-2-212 所示。

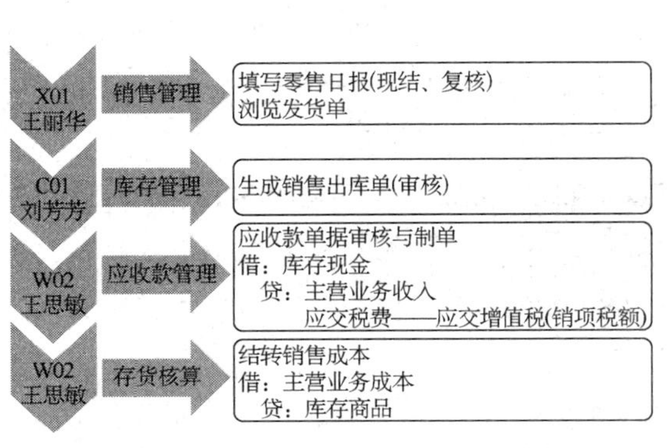

图 2-2-212　岗位操作流程

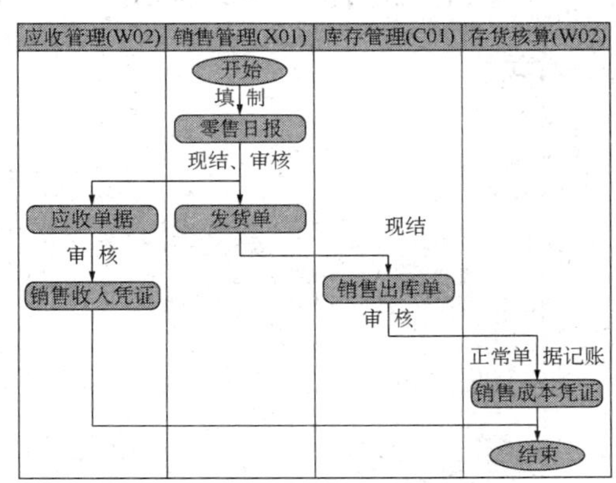

图 2-2-213　业务流程

〖**业务流程**〗本笔业务的业务流程如图 2-2-213 所示。

〖**操作指引**〗

1. 填制零售日报

（1）2020 年 1 月 25 日，销售部【X01 王丽华】在企业应用平台中执行【业务工作】【供应链】【销售管理】【零售日报】命令，打开【零售日报】窗口。

（2）单击【增加】按钮，按照零售业务单据输入信息，单击【保存】按钮。

零售日报

打印模版 销售零售日报打印模版

表体排序

合并显示 □

日报号 2020-01-25　日报日期 2020-01-25　销售类型 普通销售

客户简称 花园街专卖店　销售部门 销售部　业务员 王丽华

客户地址 广州市天河区天河北路100号　税率 13.00　备注

	仓库名称	存货编码	存货名称	规格型号	主计量	数量	报价	含税单价	无税单价	无税金额	税额	价税合计	税率（%）
1	电视仓	0402	长虹电视	40寸	台	2.00	6800.00	6800.00	6017.70	12035.40	1564.60	13600.00	13.00
2	电视仓	0403	长虹电视	42寸	台	1.00	8500.00	8500.00	7522.12	7522.12	977.88	8500.00	13.00
3	小家电仓	0201	美的电饭煲	6L	个	3.00	300.00	300.00	265.49	796.46	103.54	900.00	13.00
4	小家电仓	0202	美的电磁炉	2000W	个	3.00	520.00	520.00	460.18	1380.53	179.47	1560.00	13.00
5	小家电仓	0204	美的电高…	5L	个	2.00	230.00	230.00	203.54	407.08	52.92	460.00	13.00
6													
7													
合计						11.00				22141.59	2878.41	25020.00	

制单人 王丽华　复核人

图 2-2-214 【零售日报】窗口

（3）单击【现结】按钮，打开【现结】对话框，选择【结算方式】为【1-现金】，【原币金额】为【25 020.00】，【票据号】为【9243440】，如图 2-2-215 所示，单击【确定】按钮。

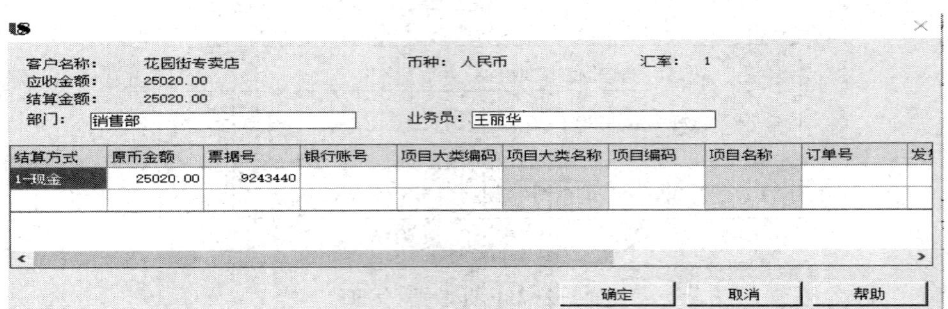

客户名称：花园街专卖店　币种：人民币　汇率：1

应收金额：25020.00

结算金额：25020.00

部门：销售部　业务员：王丽华

结算方式	原币金额	票据号	银行账号	项目大类编码	项目大类名称	项目编码	项目名称	订单号
1-现金	25020.00	9243440						

确定　取消　帮助

图 2-2-215 【现结】对话框

（4）单击【确定】按钮，系统提示【零售日报已现结】，单击【复核】按钮，如图 2-2-216 所示。

现结

零售日报

打印模版 销售零售日报打印模版

表体排序

合并显示 □

日报号 2020-01-25　日报日期 2020-01-25　销售类型 普通销售

客户简称 花园街专卖店　销售部门 销售部　业务员 王丽华

客户地址 广州市天河区天河北路100号　税率 13.00　备注

	仓库名称	存货编码	存货名称	规格型号	主计量	数量	报价	含税单价	无税单价	无税金额	税额	价税合计	税率（%）
1	电视仓	0402	长虹电视	40寸	台	2.00	6800.00	6800.00	6017.70	12035.40	1564.60	13600.00	13.00
2	电视仓	0403	长虹电视	42寸	台	1.00	8500.00	8500.00	7522.12	7522.12	977.88	8500.00	13.00
3	小家电仓	0201	美的电饭煲	6L	个	3.00	300.00	300.00	265.49	796.46	103.54	900.00	13.00
4	小家电仓	0202	美的电磁炉	2000W	个	3.00	520.00	520.00	460.18	1380.53	179.47	1560.00	13.00
5	小家电仓	0204	美的电高…	5L	个	2.00	230.00	230.00	203.54	407.08	52.92	460.00	13.00
6													
7													
合计						11.00				22141.59	2878.41	25020.00	

制单人 王丽华　复核人 王丽华

图 2-2-216 【零售日报】窗口

2. 浏览发货单

（1）2020 年 1 月 25 日，销售部【X01 王丽华】在企业应用平台中执行【业务工作】【供应链】【销售管理】【销售发货】命令，打开【发货单】窗口。

（2）单击【浏览】按钮，可以查看系统根据零售日报自动生成并审核的发货单，如图 2-2-217 所示。

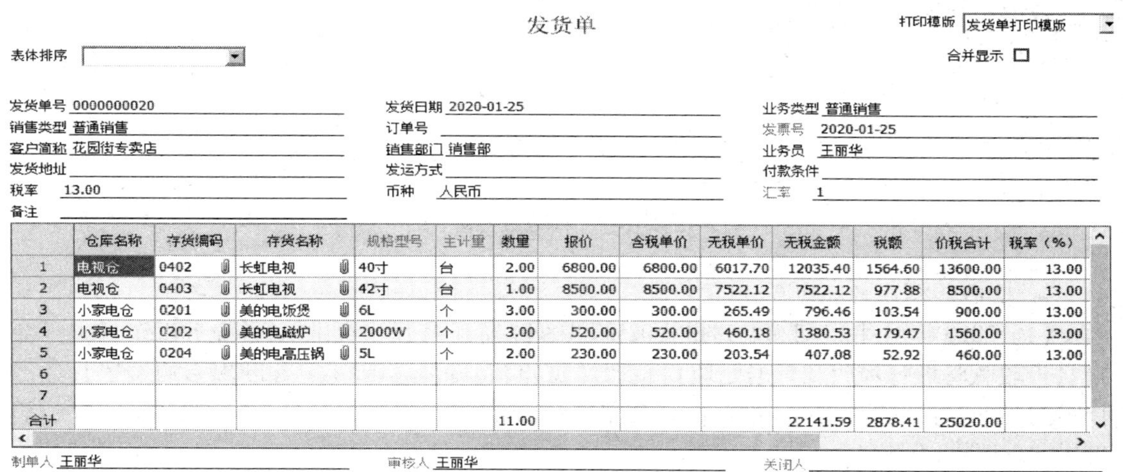

发货单

打印模版 发货单打印模版

表体排序

合并显示 □

发货单号 0000000020　发货日期 2020-01-25　业务类型 普通销售
销售类型 普通销售　订单号　发票号 2020-01-25
客户简称 花园街专卖店　销售部门 销售部　业务员 王丽华
发货地址　发运方式　付款条件
税率 13.00　币种 人民币　汇率 1
备注

	仓库名称	存货编码	存货名称	规格型号	主计量	数量	报价	含税单价	无税单价	无税金额	税额	价税合计	税率（%）
1	电视仓	0402	长虹电视	40寸	台	2.00	6800.00	6800.00	6017.70	12035.40	1564.60	13600.00	13.00
2	电视仓	0403	长虹电视	42寸	台	1.00	8500.00	8500.00	7522.12	7522.12	977.88	8500.00	13.00
3	小家电仓	0201	美的电饭煲	6L	个	3.00	300.00	300.00	265.49	796.46	103.54	900.00	13.00
4	小家电仓	0202	美的电磁炉	2000W	个	3.00	520.00	520.00	460.18	1380.53	179.47	1560.00	13.00
5	小家电仓	0204	美的电高压锅	5L	个	2.00	230.00	230.00	203.54	407.08	52.92	460.00	13.00
6													
7													
合计						11.00				22141.59	2878.41	25020.00	

制单人 王丽华　审核人 王丽华　关闭人

图 2-2-217 【发货单】窗口

3. 生成销售出库单

（1）2020 年 1 月 25 日，仓储部【C01 刘芳芳】在企业应用平台中执行【业务工作】【供应链】【库存管理】【出库业务】命令，打开【销售出库单】窗口。

（2）执行【生单】【销售生单】命令，打开【查询条件选择—销售发货单列表】对话框，单击【确定】按钮。

（3）打开【销售生单】窗口，选择相应的【发货单】，单击【确定】按钮，系统自动生成 2 张销售出库单。

（4）单击【审核】按钮，如图 2-2-218 和图 2-2-219 所示。

销售出库单

销售出库单打印模版

表体排序

◉ 蓝字
○ 红字

合并显示 □

出库单号 0000000016　出库日期 2020-01-25　仓库 电视仓
出库类别 销售出库　业务类型 普通销售　业务号 2020-01-25
销售部门 销售部　业务员 王丽华　客户 花园街专卖店
审核日期 2020-01-25　备注

	存货编码	存货名称	规格型号	主计量单位	数量	单价	金额
1	0402	长虹电视	40寸	台	2.00		
2	0403	长虹电视	42寸	台	1.00		
3							
4							
5							
6							
7							
合计					3.00		

制单人 刘芳芳　审核人 刘芳芳
现存量 8.00

图 2-2-218 【销售出库单】窗口

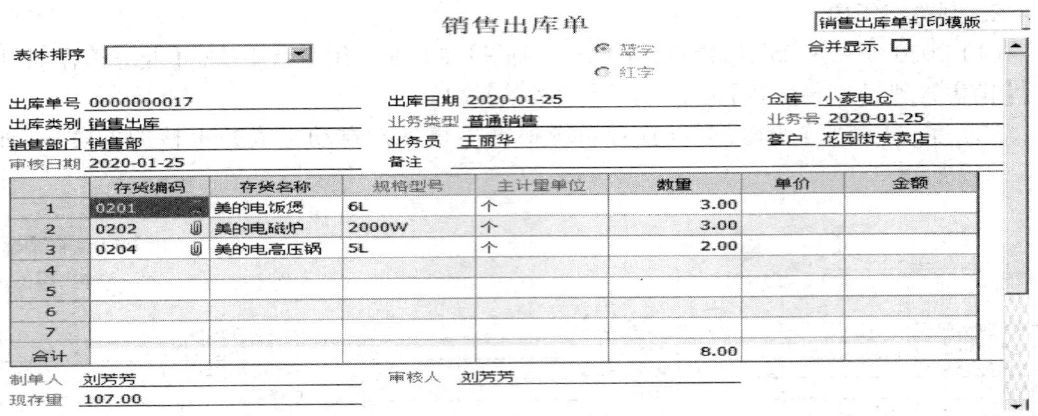

销售出库单

销售出库单打印模版

表体排序　　◉ 蓝字　○ 红字　　合并显示 □

出库单号 0000000017　　出库日期 2020-01-25　　仓库 小家电仓
出库类别 销售出库　　业务类型 普通销售　　业务号 2020-01-25
销售部门 销售部　　业务员 王丽华　　客户 花园街专卖店
审核日期 2020-01-25　　备注

	存货编码	存货名称	规格型号	主计量单位	数量	单价	金额
1	0201	美的电饭煲	6L	个	3.00		
2	0202	美的电磁炉	2000W	个	3.00		
3	0204	美的电高压锅	5L	个	2.00		
4							
5							
6							
7							
合计					8.00		

制单人 刘芳芳　　审核人 刘芳芳
现存量 107.00

图 2-2-219 【销售出库单】窗口

4. 应收单据审核与制单

(1) 2020 年 1 月 25 日,财务部【W02 王思敏】在企业应用平台中执行【业务工作】【财务会计】【应收款管理】【应收款单据处理】【应收单据审核】命令,勾选【包含已现结的发票】,单击【确定】按钮,打开【应收单据列表】窗口,单击【全选】按钮,单击【审核】按钮,如图 2-2-220 所示。

应收单据列表

记录总数: 1

选择	审核人	单据日期	单据类型	单据号	客户名称	部门	业务员	制单人	币种	汇率	原币金额	本币金额	备注
	王思敏	2020-01-25	销售零售日报	2020-01-25	广州市天河区花园街专卖店	销售部	王丽华	王丽华	人民币	1.00000000	25,020.00	25,020.00	
合计											25,020.00	25,020.00	

图 2-2-220 【应收单据列表】窗口

(2) 执行【制单处理】命令,选择【现结制单】,单击【确定】按钮,选择需要制单的记录,凭证类别选中【记账凭证】,单击【制单】按钮,系统生成相关凭证,单击【保存】按钮,如图 2-2-221 所示。

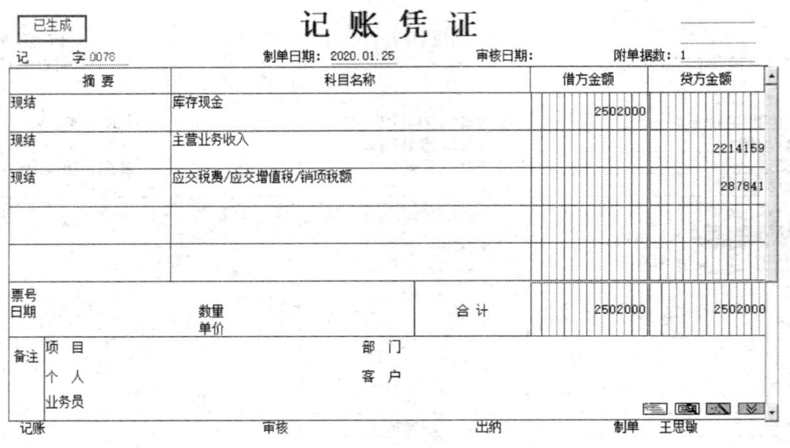

已生成

记 账 凭 证

记　字 0076　　制单日期: 2020.01.25　　审核日期:　　附单据数: 1

摘 要	科目名称	借方金额	贷方金额
现结	库存现金	2502000	
现结	主营业务收入		2214159
现结	应交税费/应交增值税/销项税额		287841
票号 日期	数量 单价　合 计	2502000	2502000

备注　项 目　　部 门
　　　个 人　　客 户
　　　业务员

记账　　审核　　出纳　　制单 王思敏

图 2-2-221 【记账凭证】窗口

5. 结转销售成本

（1）2020 年 1 月 25 日，财务部【W02 王思敏】在企业应用平台中执行【业务工作】【供应链】【存货核算】【业务核算】【正常单据记账】命令，打开【查询条件选择】对话框。

（2）单击【确定】按钮，打开【正常单据记账列表】窗口，单击【全选】按钮，如图 2-2-222 所示。

（3）单击【记账】按钮，将销售日报记账，系统提示【记账成功！】。

（4）执行【财务核算】【生成凭证】命令，打开【查询条件】对话框，单击【确定】按钮，打开【未生成凭证单据一览表】窗口。

正常单据记账列表

记录总数：6

选择	日期	单据号	存货编码	存货名称	规格型号	存货代码	单据类型	仓库名称	收发类别	数量	单价	金额
	2020-01-24	96601160	0203	美的电烧水壶	1000W		专用发票	小家电仓	销售出库	-5.00		
Y	2020-01-25	2020-01-25	0201	美的电饭煲	6L		销售日报	小家电仓	销售出库	3.00		
Y	2020-01-25	2020-01-25	0202	美的电磁炉	2000W		销售日报	小家电仓	销售出库	3.00		
Y	2020-01-25	2020-01-25	0204	美的电高压锅	5L		销售日报	小家电仓	销售出库	2.00		
Y	2020-01-25	2020-01-25	0402	长虹电视	40寸		销售日报	电视仓	销售出库	2.00		
Y	2020-01-25	2020-01-25	0403	长虹电视	42寸		销售日报	电视仓	销售出库	1.00		
小计										6.00		

图 2-2-222 【正常单据记账列表】窗口

（5）单击【选择】栏或单击【全选】按钮，选中待生成凭证的单据，单击【确定】按钮，凭证类别选择【记 记账凭证】，如图 2-2-223 所示。

凭证类别 记 记账凭证

选择	单据类型	单据号	摘要	科目类型	科目编码	科目名称	借方金额	贷方金额	借方数量	贷方数量	科目方向	存货编码	存货名称	规格型号
1	销售日报	2020-01-25	销售日报	对方	6401	主营业务成本	450.00		3.00		1	0201	美的电饭煲	6L
				存货	1405	库存商品		450.00		3.00	2	0201	美的电饭煲	6L
				对方	6401	主营业务成本	900.00		3.00		1	0202	美的电磁炉	2000W
				存货	1405	库存商品		900.00		3.00	2	0202	美的电磁炉	2000W
				对方	6401	主营业务成本	240.00		2.00		1	0204	美的电高压锅	5L
				存货	1405	库存商品		240.00		2.00	2	0204	美的电高压锅	5L
				对方	6401	主营业务成本	8,000.00		2.00		1	0402	长虹电视	40寸
				销售日报	1405	库存商品		8,000.00		2.00	2	0402	长虹电视	40寸
				对方	6401	主营业务成本	5,000.00		1.00		1	0403	长虹电视	42寸
				存货	1405	库存商品		5,000.00		1.00	2	0403	长虹电视	42寸
合计							14,590.00	14,590.00						

图 2-2-223 【生成凭证】窗口

（6）单击【生成】按钮，生成一张记账凭证，单击【保存】按钮，如图 2-2-224 所示。

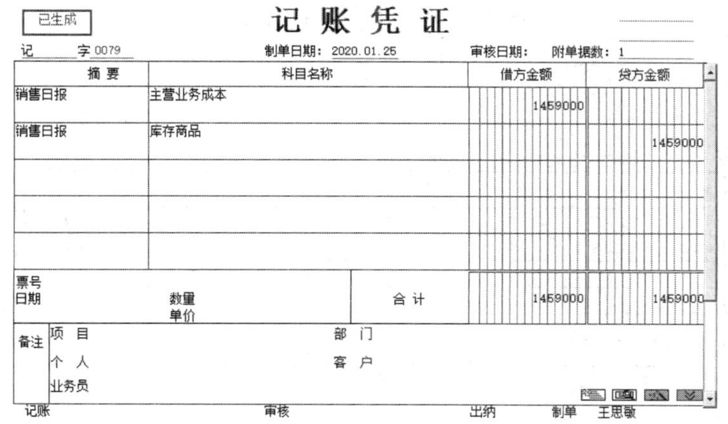
已生成

记账凭证

记 字 0079 制单日期：2020.01.25 审核日期： 附单据数：1

摘要	科目名称	借方金额	贷方金额
销售日报	主营业务成本	1459000	
销售日报	库存商品		1459000
票号 日期	数量 单价 合计	1459000	1459000

备注 项目 部门

个人 客户

业务员

记账 审核 出纳 制单 王思敏

图 2-2-224 【记账凭证】窗口

任务六 委托代销业务处理

业务一 支付手续费的委托代销业务

操作视频

微课

委托代销业务处理

一、发出委托代销商品

〖业务描述〗2020 年 1 月 27 日，销售部【X01 王丽华】与广州市海珠区恒鑫商贸有限公司签订购销合同，委托销售格力立式空调一批，取得与该业务相关的凭证如图 2-2-225 和图2-2-226 所示。

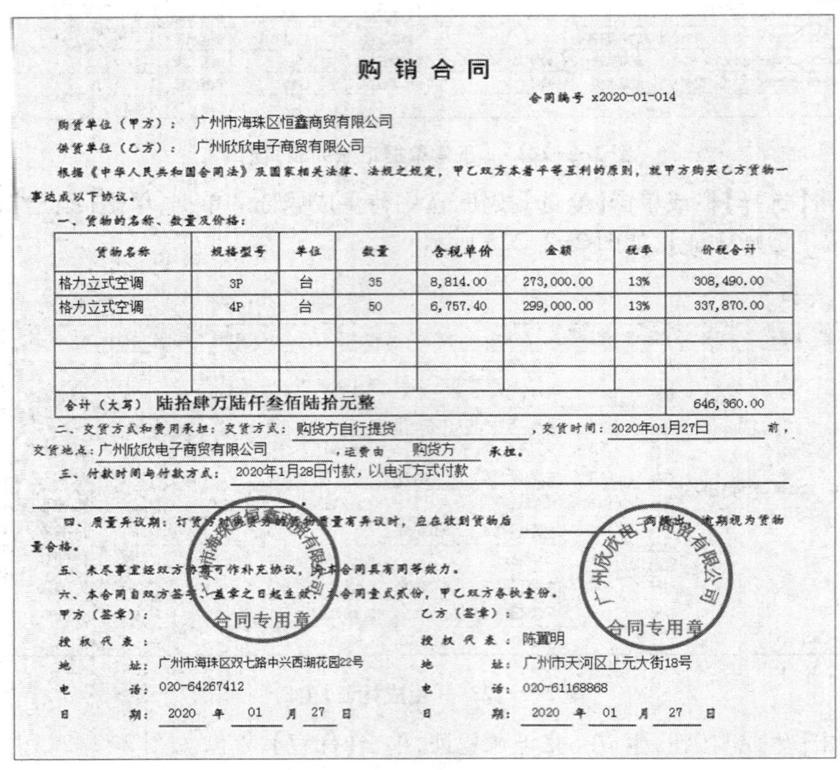

购 销 合 同

合同编号 x2020-01-014

购货单位（甲方）： 广州市海珠区恒鑫商贸有限公司

供货单位（乙方）： 广州欣欣电子商贸有限公司

根据《中华人民共和国合同法》及国家相关法律、法规之规定，甲乙双方本着平等互利的原则，就甲方购买乙方货物一事达成以下协议。

一、货物的名称、数量及价格：

货物名称	规格型号	单位	数量	含税单价	金额	税率	价税合计
格力立式空调	3P	台	35	8,814.00	273,000.00	13%	308,490.00
格力立式空调	4P	台	50	6,757.40	299,000.00	13%	337,870.00
合计（大写） 陆拾肆万陆仟叁佰陆拾元整							646,360.00

二、交货方式和费用承担：交货方式： 购货方自行提货 ，交货时间： 2020年01月27日 前，交货地点：广州欣欣电子商贸有限公司 ，运费由 购货方 承担。

三、付款时间与付款方式： 2020年1月28日付款，以电汇方式付款 。

四、质量异议期：订货[illegible]货物质量有异议时，应在收到货物后 ____ [illegible]提出，逾期视为货物质量合格。

五、未尽事宜经双方[illegible]可作补充协议，[illegible]合同具有同等效力。

六、本合同自双方签[illegible]、盖章之日起生效；[illegible]合同壹式贰份，甲乙双方各执壹份。

甲方（签章）：

授权代表：

地 址：广州市海珠区双七路中兴西湖花园22号

电 话：020-64267412

日 期： 2020 年 01 月 27 日

乙方（签章）：

授权代表：陈翼明

地 址：广州市天河区上元大街18号

电 话：020-61168868

日 期： 2020 年 01 月 27 日

合同专用章

广州欣欣电子商贸有限公司

合同专用章

图 2-2-225 【购销合同】凭证

出 库 单 No. 07022516

购货单位： 广州市海珠区恒鑫商贸有限公司 2020 年 01 月 27 日

编 号	品 名	规 格	单位	数 量	单 价	金 额	备 注
0101	格力立式空调	3P	台	35			空调仓
0102	格力立式空调	4P	台	50			空调仓
合 计							

第一联 存根联

仓库主管：略 记账：略 保管：略 经手人：略 制单：刘芳芳

图 2-2-226 【出库单】凭证

〖**业务解析**〗本笔业务是签订以支付代销手续费方式的委托代销合同、发出代销商品的业务。

〖**岗位操作说明**〗本笔业务各岗位的具体操作流程如图 2-2-227 所示。

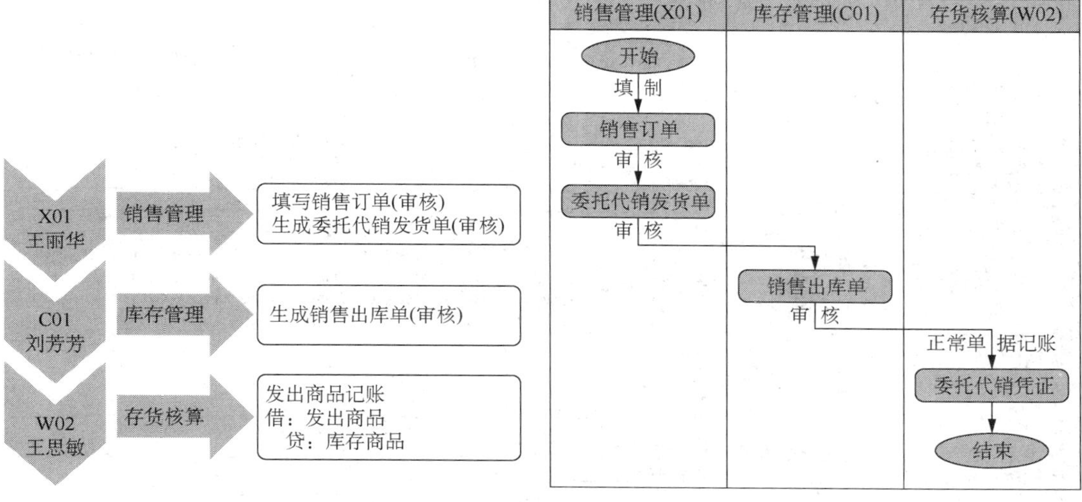

图 2-2-227 岗位操作说明

图 2-2-228 业务流程

〖**业务流程**〗本笔业务的业务流程如图 2-2-228 所示。

1. 填制销售订单

(1) 2020 年 1 月 27 日，销售部【X01 王丽华】在企业应用平台中执行【业务工作】【供应链】【销售管理】【销售订货】命令，打开【销售订单】窗口。

(2) 单击【增加】按钮，修改【订单编号】为【X2020-01-014】，【业务类型】选择【委托代销】，【销售类型】选择【委托销售】，按照购销合同录入订单信息，单击【保存】按钮，单击【审核】按钮，审核填制的销售订单，如图 2-2-229 所示。

销售订单

打印模版 销售订单打印模版

表体排序

合并显示 □

订单号 X2020-01-014　订单日期 2020-01-27　业务类型 委托代销
销售类型 委托代销　客户简称 恒鑫商贸　付款条件
销售部门 销售部　业务员 王丽华　税率 13.00
币种 人民币　汇率 1　备注

	存货编码	存货名称	规格型号	主计量	数量	报价	含税单价	无税单价	无税金额	税额	价税合计	税率(%)	折扣额	扣率(%)	扣率2(%)	预发货日期
1	0101	格力立式空调	3P	台	35.00	8814.00	8814.00	7800.00	273000.00	35490.00	308490.00	13.00	0.00	100.00	100.00	2020-01-27
2	0102	格力立式空调	4P	台	50.00	6757.40	6757.40	5980.00	299000.00	38870.00	337870.00	13.00	0.00	100.00	100.00	2020-01-27
3																
4																
5																
6																
7																
合计					85.00				572000.00	74360.00	646360.00		0.00			

制单人 王丽华　审核人 王丽华　关闭人

图 2-2-229 【销售订单】窗口

2. 生成委托代销发货单

(1) 2020 年 1 月 27 日，销售部【X01 王丽华】在企业应用平台中执行【业务工作】【供应链】【销售管理】【委托代销】【委托代销发货单】命令,打开【委托代销发货单】窗口。

(2) 单击【增加】按钮,系统弹出【查询条件选择—参照订单】对话框,选择相应的订单,单击【确定】按钮,系统生成一张委托代销发货单,修改表体【仓库名称】为【空调仓】,单击【保存】按钮,单击【审核】按钮,如图 2-2-230 所示。

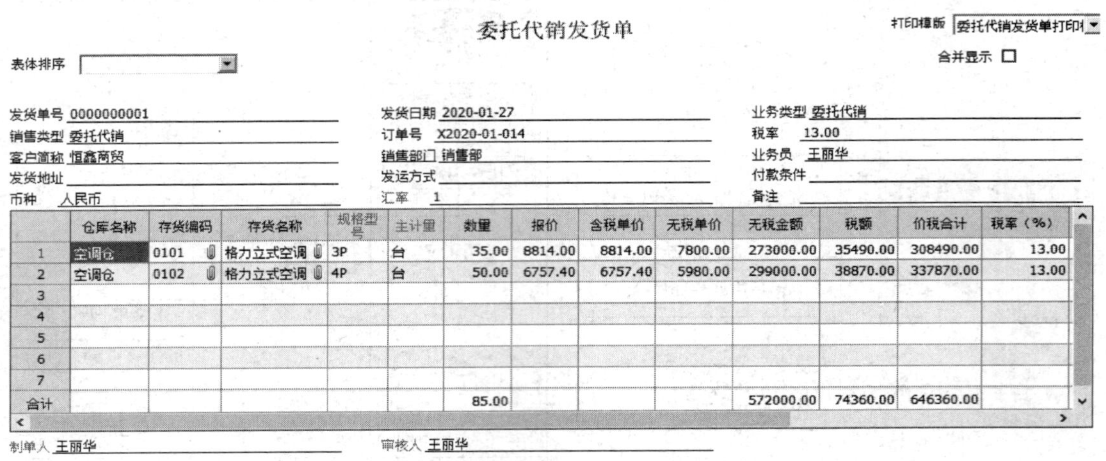

委托代销发货单

打印模版 委托代销发货单打印

表体排序 合并显示 □

发货单号 0000000001　发货日期 2020-01-27　业务类型 委托代销
销售类型 委托代销　订单号 X2020-01-014　税率 13.00
客户简称 恒鑫商贸　销售部门 销售部　业务员 王丽华
发货地址　发运方式　付款条件
币种 人民币　汇率 1　备注

	仓库名称	存货编码	存货名称	规格型号	主计量	数量	报价	含税单价	无税单价	无税金额	税额	价税合计	税率（%）
1	空调仓	0101	格力立式空调	3P	台	35.00	8814.00	8814.00	7800.00	273000.00	35490.00	308490.00	13.00
2	空调仓	0102	格力立式空调	4P	台	50.00	6757.40	6757.40	5980.00	299000.00	38870.00	337870.00	13.00
3													
4													
5													
6													
7													
合计						85.00				572000.00	74360.00	646360.00	

制单人 王丽华　审核人 王丽华

图 2-2-230 【委托代销发货单】窗口

3. 生成销售出库单

(1) 2020 年 1 月 27 日,仓储部【C01 刘芳芳】在企业应用平台中执行【业务工作】【供应链】【库存管理】【出库业务】命令,打开【销售出库单】窗口。

(2) 选择【业务类型】为【委托代销】,【出库类型】选择【委托代销出库】,执行【生单】【销售生单】命令,打开【查询条件选择—销售发货单列表】对话框,单击【确定】按钮。

(3) 打开【销售生单】窗口,选择相应的【发货单】,单击【确定】按钮,系统自动生成销售出库单。

(4) 单击【审核】按钮,如图 2-2-231 所示。

销售出库单

销售出库单打印模版

表体排序　◉ 蓝字　○ 红字　合并显示 □

出库单号 0000000018　出库日期 2020-01-27　仓库 空调仓
出库类别 委托代销出库　业务类型 委托代销　业务号 0000000001
销售部门 销售部　业务员 王丽华　客户 恒鑫商贸
审核日期 2020-01-27　备注

	存货编码	存货名称	规格型号	主计量单位	数量	单价	金额
1	0101	格力立式空调	3P	台	35.00		
2	0102	格力立式空调	4P	台	50.00		
3							
4							
5							
6							
7							
合计					85.00		

制单人 刘芳芳　审核人 刘芳芳
现存量 25.00

图 2-2-231 【销售出库单】

4. 存货核算

(1) 2020 年 1 月 27 日，财务部【W02 王思敏】在企业应用平台中执行【业务工作】【供应链】【库存核算】【业务核算】【发出商品记账】命令，打开【查询条件选择】对话框。

(2) 单击【确定】按钮，打开【发出商品记账】窗口，单击【全选】按钮，如图 2-2-232 所示。

发出商品记账

记录总数：2

选择	日期	单据号	仓库名称	收发类别	存货编码	存货名称	规格型号	单据类型	计量单位	数量	单价
Y	2020-01-27	0000000001	空调仓	委托代销出库	0101	格力立式空调	3P	委托代销发货单	台	35.00	
Y	2020-01-27	0000000001	空调仓	委托代销出库	0102	格力立式空调	4P	委托代销发货单	台	50.00	
小计										85.00	

图 2-2-232 【发出商品记账】窗口

(3) 单击【记账】按钮，选择【委托代销发货单记账】，系统提示【记账成功!】。

(4) 执行【财务核算】【生成凭证】命令，打开【查询条件】对话框。

(5) 单击【确定】按钮，打开【未生成凭证单据一览表】窗口。

(6) 单击【选择】栏或单击【全选】按钮，选中待生成凭证的单据，单击【确定】按钮，凭证类别选择【记 记账凭证】，如图 2-2-233 所示。

凭证类别 记 记账凭证

选择	单据类型	单据号	摘要	科目类型	科目编码	科目名称	借方金额	贷方金额	借方数量	贷方数量	科目方向	存货编码	存货名称	规格型号	部门名称	业务员名称
1	委托代销发货单	0000000001	委托代销发货单	发出商品	1406	发出商品	60,000.00		10.00		1	0101	格力立式空调	3P	销售部	王丽华
				存货	1405	库存商品		60,000.00		10.00	2	0101	格力立式空调	3P	销售部	王丽华
				发出商品	1406	发出商品	150,000.00		25.00		1	0101	格力立式空调	3P	销售部	王丽华
				存货	1405	库存商品		150,000.00		25.00	2	0101	格力立式空调	3P	销售部	王丽华
				发出商品	1406	发出商品	230,000.00		50.00		1	0102	格力立式空调	4P	销售部	王丽华
				存货	1405	库存商品		230,000.00		50.00	2	0102	格力立式空调	4P	销售部	王丽华
合计							440,000.00	440,000.00								

图 2-2-233 【生成凭证】窗口

(7) 单击【生成】按钮，生成一张记账凭证，单击【保存】按钮，如图 2-2-234 所示。

已生成

记账凭证

记 字 0080 制单日期：2020.01.27 审核日期： 附单据数：1

摘要	科目名称	借方金额	贷方金额
委托代销发货单	发出商品	44000000	
委托代销发货单	库存商品		44000000
票号 日期	数量 单价 合计	44000000	44000000

备注 项目 部门

个人 客户

业务员

记账 审核 出纳 制单 王思敏

图 2-2-234 【记账凭证】窗口

二、开具代销清单业务

〖业务描述〗2020 年 1 月 28 日收到代销结算清单,开出销售发票,并收到广州市海珠区恒鑫商贸有限公司工具的 10%手续费发票,当日以电汇方式收到结算货款,取得与该业务相关的凭证如图 2-2-235 至图 2-2-238 所示。

商品代销清单

结算日期:2020年1月28日　　　　NO:263729

委托方	广州欣欣电子商贸有限公司	受托方	广州市海珠区恒鑫商贸有限公司					
账号	6220987022300068	账号	6220987022300068					
开户银行	中国工商银行广州市上元大街支行	开户银行	中国建设银双七路中兴西湖花园支行					
代销货物	代销货物名称	规格型号	计量单位	数量	单价(不含税)	金额(不含税)	税率	金　额(含税)
	格力立式空调	3P	台	35	7800	273000	13%	308490
	格力立式空调	4P	台	50	5980	299000	13%	337870
	价税合计	大写:陆拾肆万陆仟叁佰陆拾元整				小写:646360		
代销方式		受托代销按销售货款(不含税)的10%收取手续费						
代销款结算时间		根据代销货物销售情况与每月31日结算一次货款						
代销款结算方式		以电汇方式结算						
本月代销货物销售情况	代销货物名称	规格型号	计量单位	数量	单价(不含税)	金额(不含税)	税率	金　额(含税)
	格力立式空调	3P	台	20	7800	156000	13%	176280
	格力立式空调	4P	台	20	5980	119600	13%	135148
	价税合计	大写:叁拾壹万壹仟肆佰贰拾捌元整				小写:311428		
本月代销款结算金额		大写:叁拾壹万壹仟肆佰贰拾捌元整				小写:311428		
	主管:蓝英	审核:蓝英		制单:王思敏		受托方(盖章)		

图 2-2-235 【商品代销清单】凭证

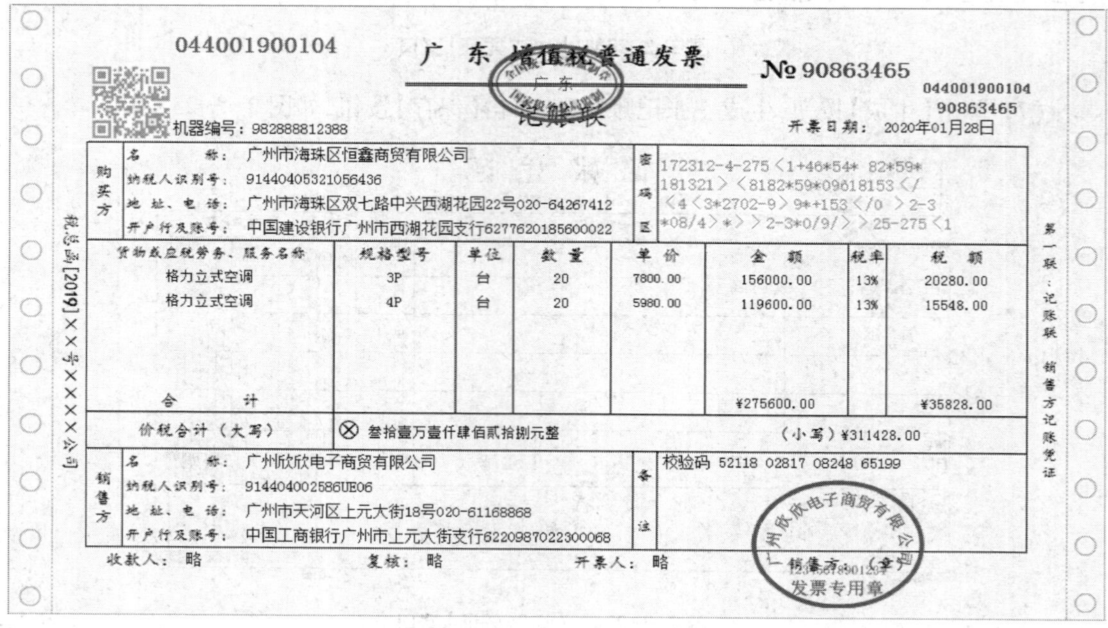

044001900104　　广　东　增值税普通发票　　№ 90863465

044001900104
90863465

记账联

机器编号:982888812388　　　　开票日期:2020年01月28日

购买方	名　　称:广州市海珠区恒鑫商贸有限公司 纳税人识别号:91440405321056436 地址、电话:广州市海珠区双七路中兴西湖花园22号020-64267412 开户行及账号:中国建设银行广州市西湖花园支行6277620185600022	密码区	172312-4-275 <1+46*54* 82*59* 181321 > <8182*59*09618153 </ <4 <3*2702-9 > 9*+153 </0 > 2-3 *08/4 > * > > 2-3*0/9/ > > 25-275 <1

货物或应税劳务、服务名称	规格型号	单位	数量	单价	金额	税率	税额
格力立式空调	3P	台	20	7800.00	156000.00	13%	20280.00
格力立式空调	4P	台	20	5980.00	119600.00	13%	15548.00
合　　计					¥275600.00		¥35828.00
价税合计(大写)	⊗ 叁拾壹万壹仟肆佰贰拾捌元整				(小写)¥311428.00		

销售方	名　　称:广州欣欣电子商贸有限公司 纳税人识别号:914404002586UE06 地址、电话:广州市天河区上元大街18号020-61168868 开户行及账号:中国工商银行广州市上元大街支行6220987022300068	备注	校验码 52118 02817 08248 65199

收款人:略　　复核:略　　开票人:略　　销售方:(章)

税总函[2019]××号××××公司

第一联:记账联　销售方记账凭证

图 2-2-236 【增值税专用发票】凭证

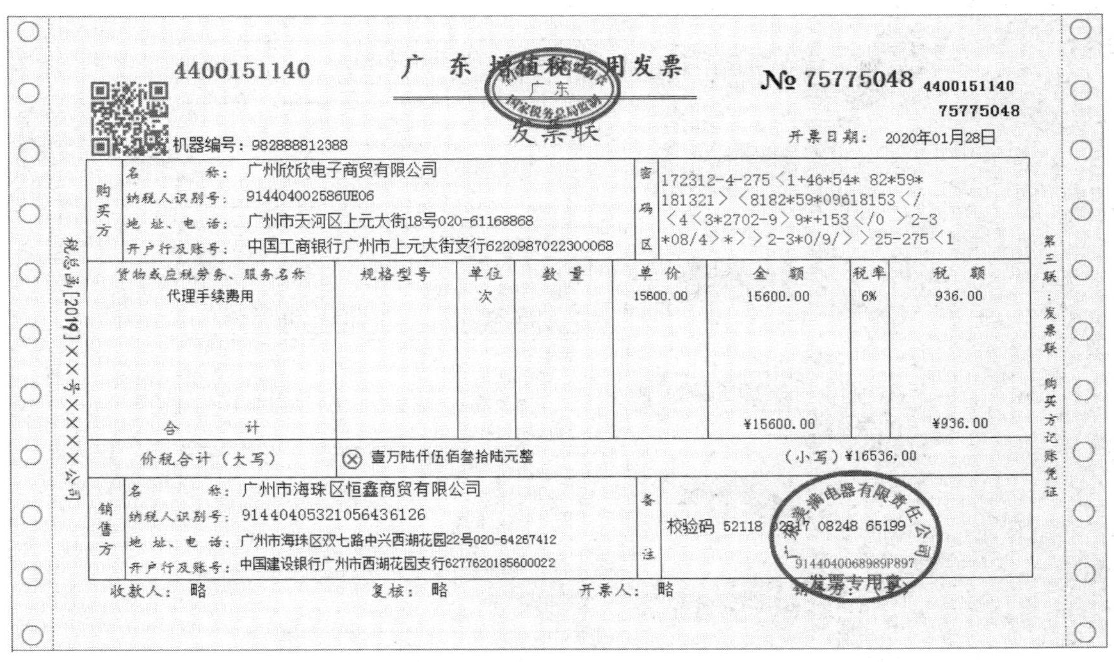

4400151140　　**广东增值税专用发票**　　№ 75775048　4400151140　75775048

发票联

机器编号：982888812388　　开票日期：2020年01月28日

购买方	名称：广州欣欣电子商贸有限公司 纳税人识别号：914404002586UE06 地址、电话：广州市天河区上元大街18号020-61168868 开户行及账号：中国工商银行广州市上元大街支行6220987022300068	密码区	172312-4-275<1+46*54* 82*59* 181321><8182*59*09618153</ <4<3*2702-9>9*+153</0 >2-3 *08/4>*>>2-3*0/9/>>25-275<1

货物或应税劳务、服务名称	规格型号	单位	数量	单价	金额	税率	税额
代理手续费用		次		15600.00	15600.00	6%	936.00
合计					¥15600.00		¥936.00
价税合计（大写）	⊗壹万陆仟伍佰叁拾陆元整				（小写）¥16536.00		

销售方	名称：广州市海珠区恒鑫商贸有限公司 纳税人识别号：91440405321056436126 地址、电话：广州市海珠区双七路中兴西湖花园22号020-64267412 开户行及账号：中国建设银行广州市西湖花园支行6277620185600022	备注	校验码 52118 02817 08248 65199 9144040068989P897 发票专用章

收款人：略　　复核：略　　开票人：略

税总函[2019]××号××××公司

第三联：发票联　购买方记账凭证

图 2-2-237 【增值税专用发票】凭证

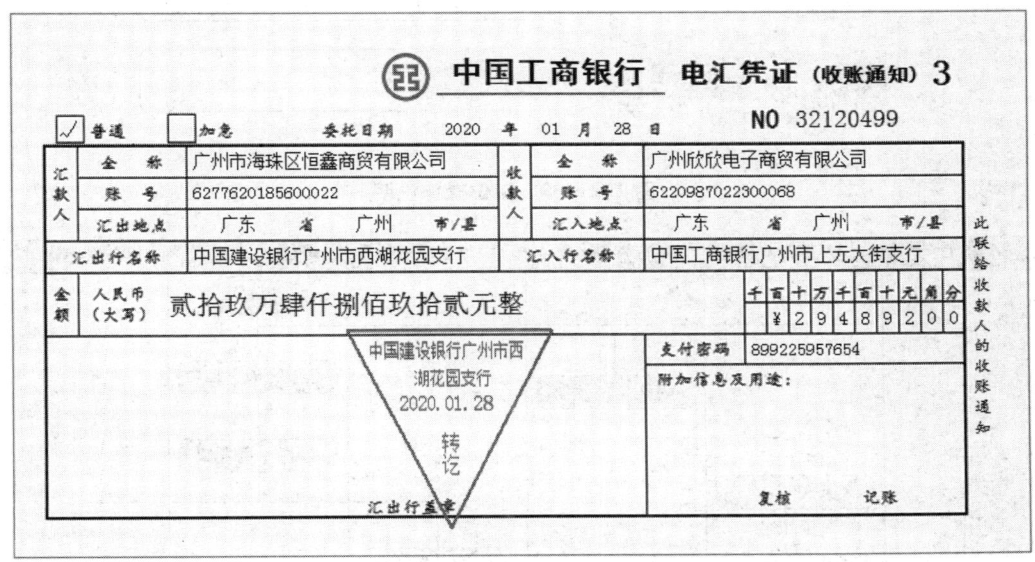

中国工商银行　电汇凭证（收账通知）3

☑普通　□加急　　委托日期　2020年01月28日　　NO 32120499

汇款人	全称	广州市海珠区恒鑫商贸有限公司	收款人	全称	广州欣欣电子商贸有限公司
	账号	6277620185600022		账号	6220987022300068
	汇出地点	广东省 广州市/县		汇入地点	广东省 广州市/县
汇出行名称		中国建设银行广州市西湖花园支行	汇入行名称		中国工商银行广州市上元大街支行
金额	人民币（大写）	贰拾玖万肆仟捌佰玖拾贰元整	千百十万千百十元角分		¥29489200
中国建设银行广州市西湖花园支行 2020.01.28 转讫　汇出行盖章			支付密码		899225957654
			附加信息及用途：		复核　记账

此联给收款人的收账通知

图 2-2-238 【电汇回单】凭证

〖**业务解析**〗本笔业务是收到代销清单、支付代销收费、开出销售发票的业务。

〖**岗位操作说明**〗本笔业务各岗位的具体操作流程如图 2-2-239 所示。

〖**业务流程**〗本笔业务的业务流程如图 2-2-240 所示。

〖**操作指引**〗

1. 填制委托代销结算单

（1）2020 年 1 月 28 日，销售部【X01 王丽华】在企业应用平台中执行【业务工作】【供应链】【销售管理】【委托代销】【委托代销结算单】命令，打开【委托代销结算单】窗口。

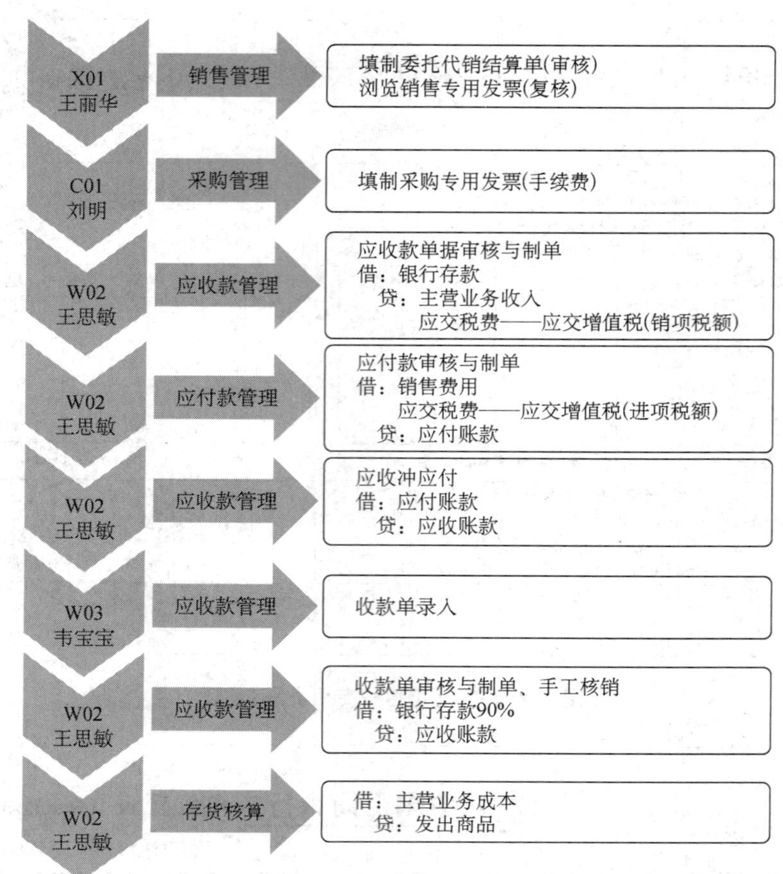

图 2-2-239　岗位操作说明

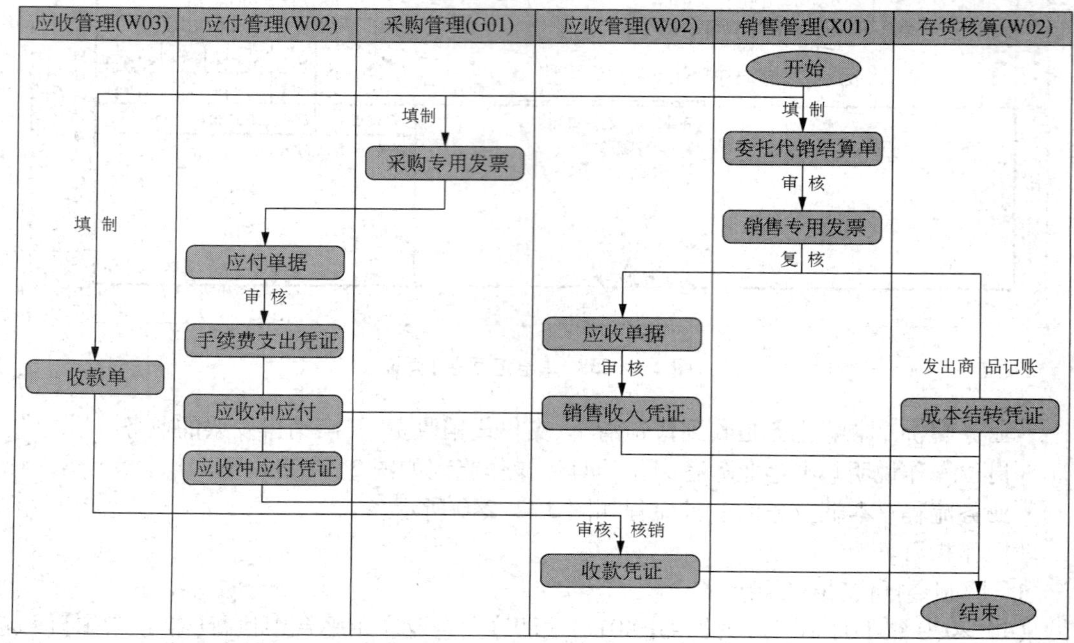

图 2-2-240　业务流程

（2）单击【增加】按钮，系统弹出【查询条件选择—委托代销结算参照发货单】对话框。

（3）单击【确定】按钮，系统弹出【参照生单】窗口，选择相应的发货单，单击【确定】按钮，系统生成一张委托代销结算单，按照委托代销清单修改【数量】均为【20.00】，修改表头【发票号】为【90863465】，单击【保存】按钮，如图 2-2-241 所示。

委托代销结算单

打印模版 委托代销结算单打印

表体排序　　　　合并显示 □

结算单号 0000000001　结算日期 2020-01-28　销售类型 委托代销
客户简称 恒鑫商贸　销售部门 销售部　业务员 王丽华
付款条件　币种 人民币　汇率 1
税率 13.00　备注　发票号 90863465

	仓库名称	货物编码	存货名称	规格型号	主计量	数量	报价	含税单价	无税单价	无税金额	税额	价税合计	税率（%）
1	空调仓	0101	格力立式空调	3P	台	20.00	8814.00	8814.00	7800.00	156000.00	20280.00	176280.00	13.00
2	空调仓	0102	格力立式空调	4P	台	20.00	6757.40	6757.40	5980.00	119600.00	15548.00	135148.00	13.00
3													
4													
5													
6													
7													
合计						40.00				275600.00	35828.00	311428.00	

制单人 王丽华　审核 王丽华　本单位开户银行 中国工商银行广州市上元大
银行账号 6220987022300068

图 2-2-241　【委托代销结算单】窗口

（4）单击【审核】按钮，系统弹出【请选择发票类型】窗口，选择【专用发票】。

（5）单击【确定】按钮，系统生成一张销售专用发票，执行【销售管理】【销售开票】【销售专用发票】命令，打开【销售专用发票】窗口，单击【⬅】按钮，找到发票号为【90863465】的发票，单击【复核】按钮，如图 2-2-242 所示。

销售专用发票

打印模版 销售专用发票打印模

表体排序　　　　合并显示 □

发票号 90863465　开票日期 2020-01-28　业务类型 委托
销售类型 委托代销　订单号 X2020-01-014　发货单号 0000000001
客户简称 恒鑫商贸　销售部门 销售部　业务员 王丽华
付款条件　客户地址 广州市海珠区双七路中兴西湖花园　联系电话 020-64267412
开户银行 中国建设银行广州市西湖花园支行　账号 6277620185600022　税号 91440405321056436126
币种 人民币　汇率 1　税率 13.00
备注

	仓库名称	存货编码	存货名称	规格型号	主计量	数量	报价	含税单价	无税单价	无税金额	税额	价税合计	税率（%）
1	空调仓	0101	格力立式空调	3P	台	20.00	8814.00	8814.00	7800.00	156000.00	20280.00	176280.00	13.00
2	空调仓	0102	格力立式空调	4P	台	20.00	6757.40	6757.40	5980.00	119600.00	15548.00	135148.00	13.00
3													
4													
5													
6													
7													
合计						40.00				275600.00	35828.00	311428.00	

单位名称 广州欣欣电子商贸有限公司　本单位税号 914404002586UE06　本单位开户银行 中国工商银行广州市上元大
制单人 王丽华　复核人 王丽华　银行账号 6220987022300068

图 2-2-242　【销售专用发票】窗口

2. 填制采购专用发票

（1）2020 年 1 月 28 日，采购部【G01 刘明】在企业应用平台中执行【业务工作】【供应链】【采购管理】【采购发票】【专用采购发票】命令，打开【专用发票】窗口。

(2) 单击【增加】按钮,按照采购专用发票信息录入,单击【保存】按钮,如图 2-2-243 所示。

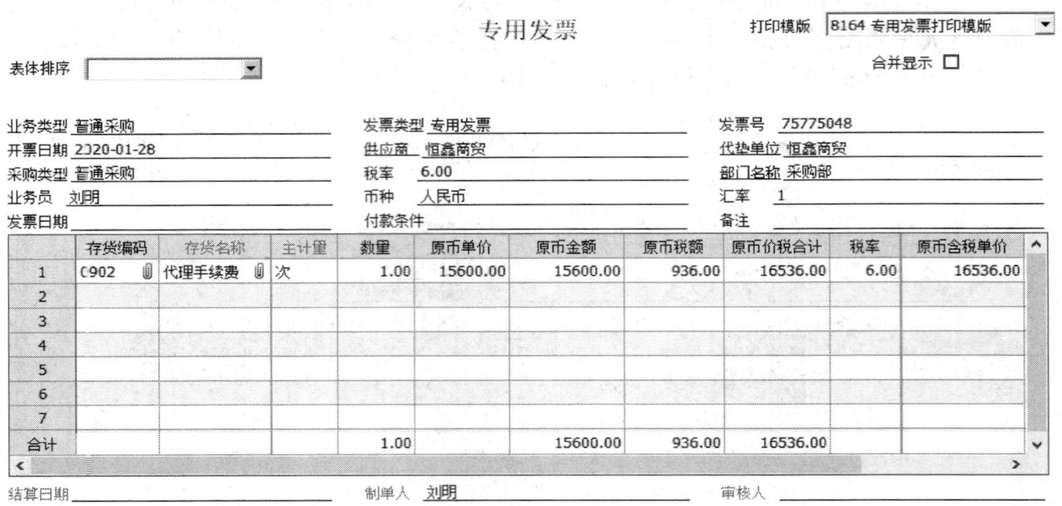

专用发票

打印模版 8164 专用发票打印模版

表体排序

合并显示 □

业务类型 普通采购　　发票类型 专用发票　　发票号 75775048
开票日期 2020-01-28　　供应商 恒鑫商贸　　代垫单位 恒鑫商贸
采购类型 普通采购　　税率 6.00　　部门名称 采购部
业务员 刘明　　币种 人民币　　汇率 1
发票日期　　付款条件　　备注

	存货编码	存货名称	主计量	数量	原币单价	原币金额	原币税额	原币价税合计	税率	原币含税单价
1	0902	代理手续费	次	1.00	15600.00	15600.00	936.00	16536.00	6.00	16536.00
2										
3										
4										
5										
6										
7										
合计				1.00		15600.00	936.00	16536.00		

结算日期　　制单人 刘明　　审核人

图 2-2-243 【采购专用发票】窗口

3. 应收单据审核与制单

(1) 2020 年 1 月 28 日,财务部【W02 王思敏】在企业应用平台中执行【业务工作】【财务会计】【应收款管理】【应收款单据处理】【应收单据审核】命令,单击【确定】按钮,打开【应收单据列表】窗口,单击【全选】按钮,单击【审核】按钮,如图 2-2-244 所示。

应收单据列表

记录总数:1

选择	审核人	单据日期	单据类型	单据号	客户名称	部门	业务员	制单人	币种	汇率	原币金额	本币金额	备注
	王思敏	2020-01-28	销售专用发票	90863465	广州市海珠区恒鑫商贸有限公司	销售部	王丽华	王丽华	人民币	1.00000000	311,428.00	311,428.00	
合计											311,428.00	311,428.00	

图 2-2-244 【应收单据列表】窗口

(2) 执行【制单处理】命令,选择【发票制单】,单击【确定】按钮,选择需要制单的记录,凭证类别选中【记账凭证】,单击【制单】按钮,系统生成相关记账凭证,单击【保存】按钮,如图 2-2-245 所示。

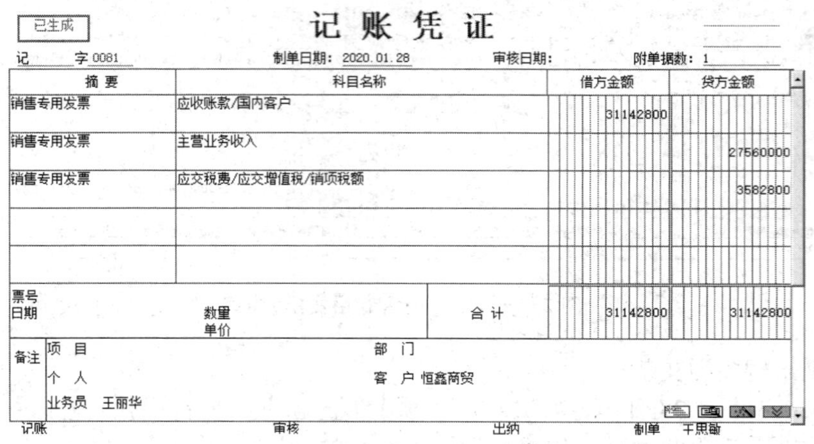

已生成

记 账 凭 证

记 字 0081　　制单日期: 2020.01.28　　审核日期:　　附单据数: 1

摘 要	科目名称	借方金额	贷方金额
销售专用发票	应收账款/国内客户	31142800	
销售专用发票	主营业务收入		27560000
销售专用发票	应交税费/应交增值税/销项税额		3582800
票号 日期	数量 单价 合 计	31142800	31142800

备注 项 目　　部 门
个 人　　客 户 恒鑫商贸
业务员 王丽华

记账　　审核　　出纳　　制单 王思敏

图 2-2-245 【记账凭证】窗口

4. 应付单审核并制单

（1）2020 年 1 月 28 日，财务部【W02 王思敏】在企业应用平台中执行【业务工作】【财务会计】【应付款管理】【应付单据处理】【应付单据审核】命令，勾选【未完全报销】，单击【确定】按钮，打开【应付单据列表】窗口，单击【全选】按钮，单击【审核】按钮，如图 2-2-246 所示。

应付单据列表

记录总数：1

选择	审核人	单据日期	单据类型	单据号	供应商名称	部门	业务员	制单人	币种	汇率	原币金额	本币金额	备注
	王思敏	2020-01-28	采购专用发票	75775048	广州市海珠区恒鑫商贸有限公司	采购部	刘明	刘明	人民币	1.00000000	16,536.00	16,536.00	
合计											16,536.00	16,536.00	

图 2-2-246 【应付单据列表】窗口

（2）执行【制单处理】命令，选择【应付单制单】，单击【确定】按钮，选择需要制单的记录，凭证类别选中【记账凭证】，单击【制单】按钮，系统生成相关记账凭证，单击【保存】按钮，如图 2-2-247 所示。

已生成

记 账 凭 证

记　字 0082　　制单日期：2020.01.28　　审核日期：　　附单据数：1

摘要	科目名称	借方金额	贷方金额
采购专用发票	销售费用/代销手续费用	1560000	
采购专用发票	应交税费/应交增值税/进项税额	93600	
采购专用发票	应付账款/一般应付款/国内供应商		1653600
票号 日期	数量 单价 合计	1653600	1653600

备注　项　目　　部　门

个　人　　客　户

业务员

记账　　审核　　出纳　　制单　王思敏

图 2-2-247 【记账凭证】窗口

5. 应收冲应付

（1）2020 年 1 月 28 日，财务部【W02 王思敏】在企业应用平台中执行【业务工作】【财务会计】【应收款管理】【转账】【应收冲应付】命令，打开【应收冲应付】对话框，在应收页面选择【客户】为【0007—广州市海珠区恒鑫商贸有限公司】，在应付页面选择供应商为【0006—广州市海珠区恒鑫商贸有限公司】。

（2）单击【确定】按钮，打开【应收冲应付】窗口，输入转账金额，如图 2-2-248 所示。

（3）单击【保存】按钮，系统弹出【是否立即制单？】提示，单击【是】按钮，系统生成相关记账凭证，单击【保存】按钮，如图 2-2-249 所示。

6. 填制收款单

2020 年 1 月 28 日，财务部【W03 韦宝宝】在企业应用平台中执行【业务工作】【财务会计】【应收款管理】【收款单据处理】【收款单据录入】命令，打开【收款单】窗口，单击【增加】按钮，按照进账单的信息录入，在表体中选择【款项类型】为【应收款】，单击【保存】按钮，如

图 2-2-250 所示。

转账总金额

单据日期	单据类型	单据编号	原币余额	合同号	合同名称	项目编码	项目	转账金额
2020-01-28	销售专用发票	90863465	311,428.00					16,536.00
合计			311,428.00					16,536.00

单据日期	单据类型	单据编号	原币余额	合同号	合同名称	项目编码	项目	转账金额
2020-01-28	采购专用发票	75775048	16,536.00					16,536.00
合计			16,536.00					16,536.00

图 2-2-248 【应收冲应付】窗口

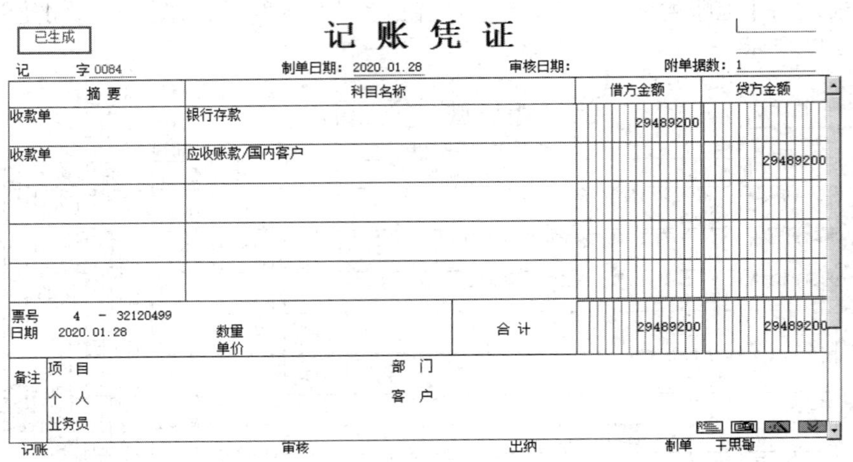

已生成

记账凭证

记 字 0084　制单日期: 2020.01.28　审核日期:　附单据数: 1

摘要	科目名称	借方金额	贷方金额
收款单	银行存款	29489200	
收款单	应收账款/国内客户		29489200
票号 4 - 32120499 日期 2020.01.28　数量 单价	合计	29489200	29489200

备注　项目　部门　个人　客户　业务员

记账　审核　出纳　制单 于思敏

图 2-2-249 【记账凭证】窗口

收款单

打印模版 应收收款单打印模板

表体排序

单据编号 0000000017　日期 2020-01-28　客户 恒鑫商贸

结算方式 电汇　结算科目 1002　币种 人民币

汇率 1　金额 294892.00　本币金额 294892.00

客户银行 中国建设银行广州市西湖花园支行　客户账号 6277620185600022　票据号 32120499

部门 销售部　业务员 王丽华　项目

摘要　订单号

	款项类型	客户	部门	业务员	金额	本币金额	科目	本币余额	余额
1	应收款	恒鑫商贸	销售部	王丽华	294892.00	294892.00	112201	294892.00	294892.00
2									
3									
4									
5									
6									
7									
合计					294892.00	294892.00		294892.00	294892.00

录入人 韦宝宝　审核人　核销人

图 2-2-250 【收款单】窗口

7. 收款单审核并制单

（1）2020 年 1 月 28 日，财务部【W02 王思敏】在企业应用平台中执行【业务工作】【财务会计】【应收款管理】【收款单据处理】【收款单据审核】命令，单击【确定】按钮，打开【收付款单列凭证表】窗口，单击【全选】按钮，单击【审核】按钮，如图 2-2-251 所示。

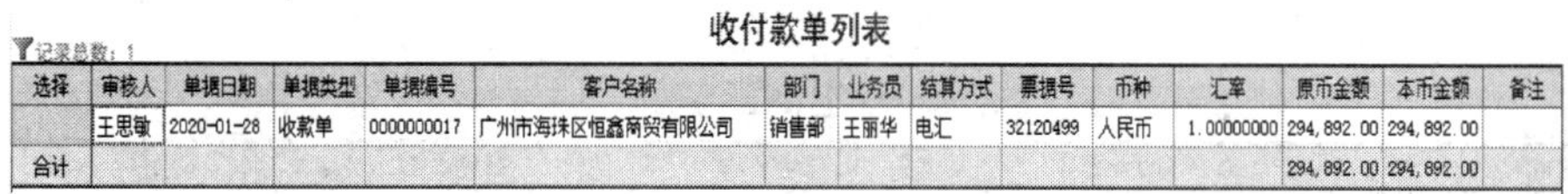
收付款单列表

记录总数：1

选择	审核人	单据日期	单据类型	单据编号	客户名称	部门	业务员	结算方式	票据号	币种	汇率	原币金额	本币金额	备注
	王思敏	2020-01-28	收款单	0000000017	广州市海珠区恒鑫商贸有限公司	销售部	王丽华	电汇	32120499	人民币	1.00000000	294,892.00	294,892.00	
合计												294,892.00	294,892.00	

图 2-2-251 【收付款单列表】窗口

（2）执行【制单处理】命令，选择【收付款单制单】，单击【确定】按钮，选择需要制单的记录，凭证类别选择【记账凭证】，单击【制单】按钮，系统生成相关记账凭证，单击【保存】按钮，如图 2-2-252 所示。

已生成

记账凭证

记 字 0084　　制单日期：2020.01.28　　审核日期：　　附单据数：1

摘要	科目名称	借方金额	贷方金额
收款单	银行存款	29489200	
收款单	应收账款/国内客户		29489200
票号 4 － 32120499 日期 2020.01.28	数量 单价	合计 29489200	29489200

备注　项 目　　部 门

个 人　　客 户

业务员

记账　　审核　　出纳　　制单 王思敏

图 2-2-252 【记账凭证】窗口

8. 手工核销

（1）2020 年 1 月 28 日，财务部【W02 王思敏】在企业应用平台中执行【业务工作】【财务会计】【应收款管理】【核销处理】【手工核销】命令，打开【核销条件】对话框，单击【通用】按钮，选择客户为【0007—广州市海珠区恒鑫商贸有限公司】。

（2）单击【确定】按钮，打开【单据核销】窗口，输入本次结算金额为【294 892.00】，如图 2-2-253 所示，单击【保存】按钮。

单据日期	单据类型	单据编号	客户	款项类型	结算方式	币种	汇率	原币金额	原币余额	本次结算金额	订单号
2020-01-28	收款单	0000000017	恒鑫商贸	应收款	电汇	人民币	1.00000000	294,892.00	294,892.00	294,892.00	
合计								294,892.00	294,892.00	294,892.00	

单据日期	单据类型	单据编号	到期日	客户	币种	原币金额	原币余额	可享受折扣	本次折扣	本次结算	订单号	凭证号
2020-01-28	销售专用发票	90863465	2020-01-28	恒鑫商贸	人民币	311,428.00	294,892.00	0.00	0.00	294,892.00	X2020-01-014	记-0083
合计						311,428.00	294,892.00	0.00		294,892.00		

图 2-2-253 【单据核销】对话框

9. 存货核算

(1) 2020 年 1 月 28 日,财务部【W02 王思敏】在企业应用平台中执行【业务工作】【供应链】【存货核算】【业务核算】【发出商品记账】命令,打开【查询条件选择】对话框。

(2) 单击【确定】按钮,打开【发出商品记账】窗口,单击【全选】按钮,如图 2-2-254 所示。

发出商品记账

记录总数:2

选择	日期	单据号	仓库名称	收发类别	存货编码	存货名称	规格型号	单据类型	计量单位	数量	单价	金额
Y	2020-01-28	90863465	空调仓	委托代销出库	0101	格力立式空调	3P	专用发票	台	20.00		
Y	2020-01-28	90863465	空调仓	委托代销出库	0102	格力立式空调	4P	专用发票	台	20.00		
小计										40.00		

图 2-2-254 【发出商品记账】对话框

(3) 单击【记账】按钮,将销售专用发票记账,系统提示【记账成功!】。

(4) 执行【财务核算】【生成凭证】命令,打开【查询条件】对话框。

(5) 单击【确定】按钮,打开【未生成凭证单据一览表】窗口。

(6) 单击【选择】栏或单击【全选】按钮,选中待生成凭证的单据,单击【确定】按钮,凭证类别选择【记账凭证】,如图 2-2-255 所示。

凭证类别 记 记账凭证

选择	单据类型	单据号	摘要	科目类型	科目编码	科目名称	借方金额	贷方金额	借方数量	贷方数量	科目方向	存货编码	存货名称	规格型号	部门名称	业务员名称
1	专用发票	90863465	专用发票	对方	6401	主营业务成本	120,000.00		20.00		1	0101	格力立式空调	3P	销售部	王丽华
				发出商品	1406	发出商品		120,000.00		20.00	2	0101	格力立式空调	3P	销售部	王丽华
				对方	6401	主营业务成本	92,000.00		20.00		1	0102	格力立式空调	4P	销售部	王丽华
				发出商品	1406	发出商品		92,000.00		20.00	2	0102	格力立式空调	4P	销售部	王丽华
合计							212,000.00	212,000.00								

图 2-2-255 【生成凭证】对话框

(7) 单击【生成】按钮,生成一张记账凭证,单击【保存】按钮,如图 2-2-256 所示。

已生成

记账凭证

记 字 0085 制单日期:2020.01.28 审核日期: 附单据数:1

摘要	科目名称	借方金额	贷方金额
专用发票	主营业务成本	21200000	
专用发票	发出商品		21200000
票号 日期	数量 单价 合计	21200000	21200000

备注 项目 部门

个人 客户

业务员

记账 审核 出纳 制单 王思敏

图 2-2-256 【记账凭证】对话框

业务二　视同买断的委托代销业务

一、发出委托代销商品业务

〖业务描述〗2020 年 1 月 28 日，销售部【X01 王丽华】与广州市天河区金联强商贸有限公司签订购销合同，委托销售格力挂式空调一批，当日发出代销商品，取得与该业务相关的凭证如图2-2-257 和图 2-2-258 所示。

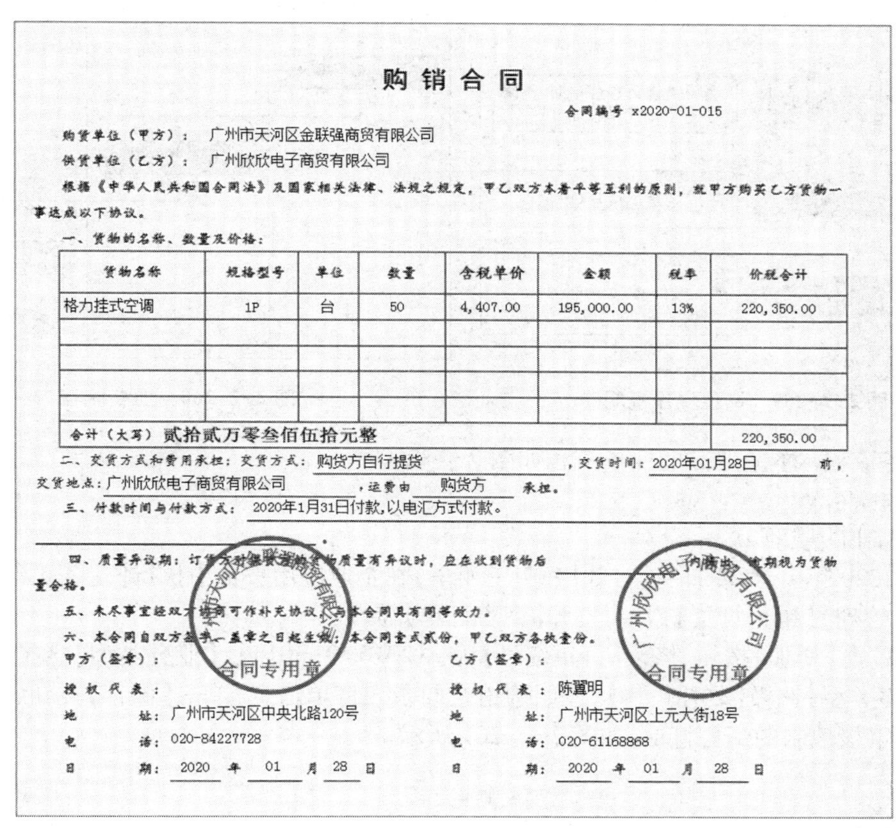

购销合同

合同编号 x2020-01-015

购货单位（甲方）： 广州市天河区金联强商贸有限公司

供货单位（乙方）： 广州欣欣电子商贸有限公司

根据《中华人民共和国合同法》及国家相关法律、法规之规定，甲乙双方本着平等互利的原则，就甲方购买乙方货物一事达成以下协议。

一、货物的名称、数量及价格：

货物名称	规格型号	单位	数量	含税单价	金额	税率	价税合计
格力挂式空调	1P	台	50	4,407.00	195,000.00	13%	220,350.00
合计（大写）贰拾贰万零叁佰伍拾元整							220,350.00

二、交货方式和费用承担：交货方式： 购货方自行提货 ，交货时间： 2020年01月28日 前，交货地点： 广州欣欣电子商贸有限公司 ，运费由 购货方 承担。

三、付款时间与付款方式： 2020年1月31日付款，以电汇方式付款。

四、质量异议期：订货方对供货方的货物质量有异议时，应在收到货物后____内提出，逾期视为货物质量合格。

五、未尽事宜经双方协商可作补充协议，与本合同具有同等效力。

六、本合同自双方签字、盖章之日起生效；本合同壹式贰份，甲乙双方各执壹份。

甲方（签章）：（广州市天河区金联强商贸有限公司 合同专用章）
授权代表：
地址：广州市天河区中央北路120号
电话：020-84227728
日期：2020 年 01 月 28 日

乙方（签章）：（广州欣欣电子商贸有限公司 合同专用章）
授权代表：陈瑁明
地址：广州市天河区上元大街18号
电话：020-61168868
日期：2020 年 01 月 28 日

图 2-2-257 【购销合同】凭证

出　库　单　　No. 84275486

购货单位：广州市天河区金联强商贸有限公司　　2020 年 01 月 28 日

编号	品名	规格	单位	数量	单价	金额	备注
0103	格力挂式空调	1P	台	50			空调仓
合计							

第一联　存根联

仓库主管：略　记账：略　保管：略　经手人：略　制单：刘芳芳

图 2-2-258 【出库单】凭证

〖**业务解析**〗本笔业务是签订视同买断的委托代销合同,代销商品已发出的业务。

〖**岗位操作说明**〗本笔业务各岗位的具体操作流程如图 2-2-259 所示。

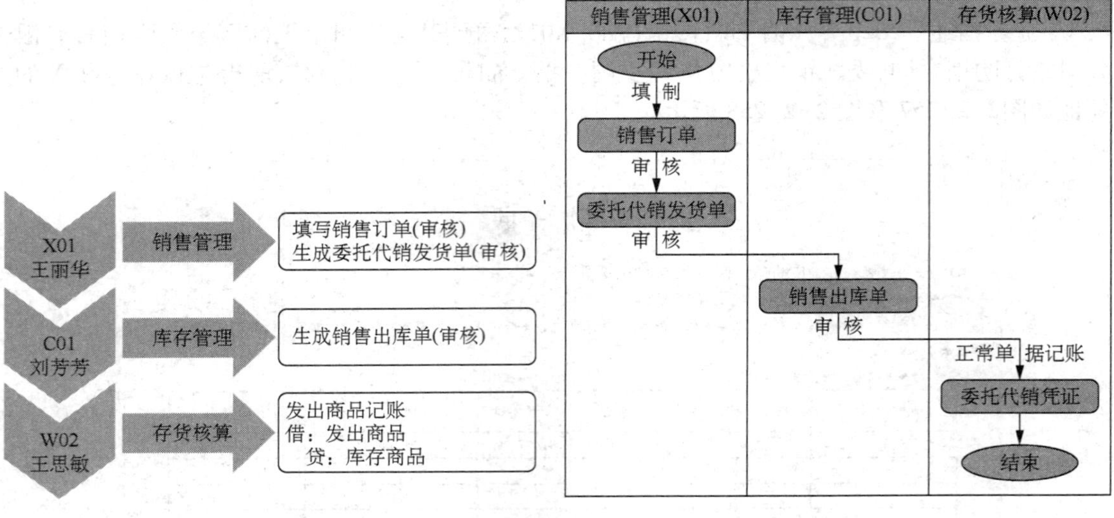

图 2-2-259 岗位操作说明

图 2-2-260 业务流程

〖**业务流程**〗本笔业务的业务流程如图 2-2-260 所示。

〖**操作指引**〗

1. 填制销售订单

(1) 2020 年 1 月 28 日,销售部【X01 王丽华】在企业应用平台中执行【业务工作】【供应链】【销售管理】【销售订货】命令,打开【销售订单】窗口。

(2) 单击【增加】按钮,修改【订单编号】为【X2020-01-015】,【业务类型】选择【委托代销】,【销售类型】选择【委托销售】,按照购销合同录入订单信息,单击【保存】按钮,单击【审核】按钮,审核填制的销售订单,如图 2-2-261 所示。

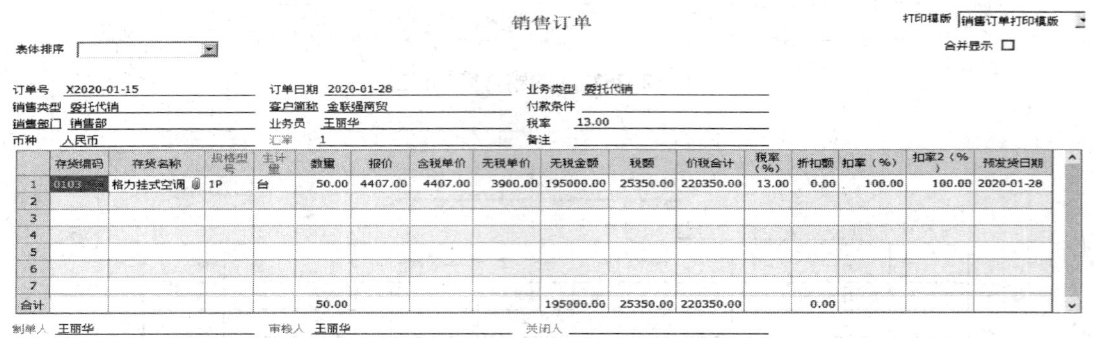

销售订单

打印模版 销售订单打印模版

表体排序

合并显示 □

订单号 X2020-01-15　订单日期 2020-01-28　业务类型 委托代销

销售类型 委托代销　客户简称 金联强商贸　付款条件

销售部门 销售部　业务员 王丽华　税率 13.00

币种 人民币　汇率 1　备注

	存货编码	存货名称	规格型号	主计量	数量	报价	含税单价	无税单价	无税金额	税额	价税合计	税率(%)	折扣额	扣率(%)	扣率2(%)	预发货日期
1	0103	格力挂式空调	1P	台	50.00	4407.00	4407.00	3900.00	195000.00	25350.00	220350.00	13.00	0.00	100.00	100.00	2020-01-28
2																
3																
4																
5																
6																
7																
合计					50.00				195000.00	25350.00	220350.00		0.00			

制单人 王丽华　审核人 王丽华　关闭人

图 2-2-261 【销售订单】窗口

2. 生成委托代销发货单

(1) 2020 年 1 月 28 日,销售部【X01 王丽华】在企业应用平台中执行【业务工作】【供应链】【销售管理】【委托代销】【委托代销发货单】命令,打开【委托代销发货单】窗口。

（2）单击【增加】按钮，系统弹出【查询条件选择—参照订单】对话框，选择相应的订单，单击【确定】按钮，系统生成一张委托代销发货单，修改表体【仓库名称】为【空调仓】，单击【保存】按钮，单击【审核】按钮，如图 2-2-262 所示。

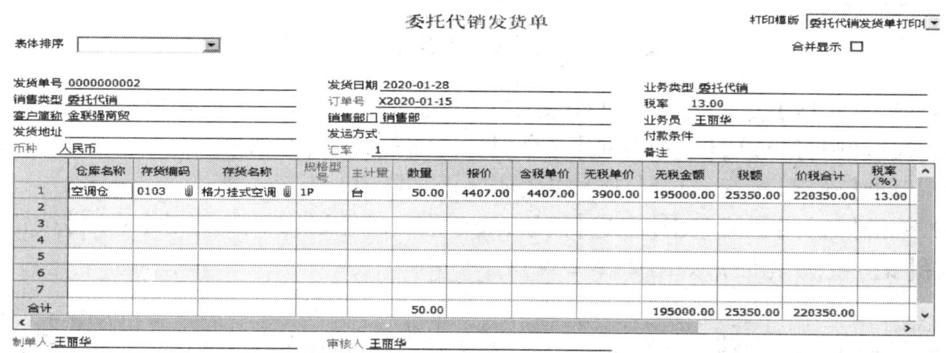

委托代销发货单

打印模版 委托代销发货单打印模版

表体排序

合并显示 □

发货单号 0000000002　发货日期 2020-01-28　业务类型 委托代销

销售类型 委托代销　订单号 X2020-01-15　税率 13.00

客户简称 金联强商贸　销售部门 销售部　业务员 王丽华

发货地址　发运方式　付款条件

币种 人民币　汇率 1　备注

	仓库名称	存货编码	存货名称	规格型号	主计量	数量	报价	含税单价	无税单价	无税金额	税额	价税合计	税率（%）
1	空调仓	0103	格力挂式空调	1P	台	50.00	4407.00	4407.00	3900.00	195000.00	25350.00	220350.00	13.00
2													
3													
4													
5													
6													
7													
合计						50.00				195000.00	25350.00	220350.00	

制单人 王丽华　审核人 王丽华

图 2-2-262 【委托代销发货单】窗口

3. 生成销售出库单

（1）2020 年 1 月 28 日，仓储部【C01 刘芳芳】在企业应用平台中执行【业务工作】【供应链】【库存管理】【出库业务】命令，打开【销售出库单】窗口。

（2）执行【生单】【销售生单】命令，打开【查询条件选择—销售发货单列表】对话框，单击【确定】按钮。

（3）打开【销售生单】窗口，选择相应的【发货单】，单击【确定】按钮，系统自动生成销售出库单。

（4）单击【审核】按钮，如图 2-2-263 所示。

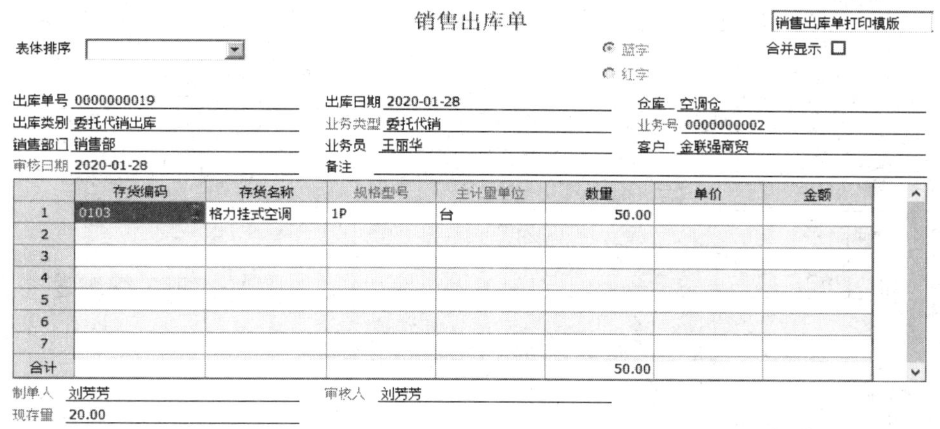

销售出库单

销售出库单打印模版

表体排序

◉ 蓝字　○ 红字

合并显示 □

出库单号 0000000019　出库日期 2020-01-28　仓库 空调仓

出库类别 委托代销出库　业务类型 委托代销　业务号 0000000002

销售部门 销售部　业务员 王丽华　客户 金联强商贸

审核日期 2020-01-28　备注

	存货编码	存货名称	规格型号	主计量单位	数量	单价	金额
1	0103	格力挂式空调	1P	台	50.00		
2							
3							
4							
5							
6							
7							
合计					50.00		

制单人 刘芳芳　审核人 刘芳芳

现存量 20.00

图 2-2-263 【销售出库单】窗口

4. 存货核算

（1）2020 年 1 月 28 日，财务部【W02 王思敏】在企业应用平台中执行【业务工作】【供应链】【库存核算】【业务核算】【发出商品记账】命令，打开【查询条件选择】对话框。

（2）单击【确定】按钮，打开【发出商品记账】窗口，单击【全选】按钮，如图 2-2-264 所示。

发出商品记账

记录总数：1

选择	日期	单据号	仓库名称	收发类别	存货编码	存货名称	规格型号	单据类型	计量单位	数量
Y	2020-01-28	0000000002	空调仓	委托代销出库	0103	格力挂式空调	1P	委托代销发货单	台	50.00
小计										50.00

图 2-2-264 【发出商品记账】窗口

(3) 单击【记账】按钮,将委托代销发货单记账,系统提示【记账成功!】。

(4) 执行【财务核算】【生成凭证】命令,打开【查询条件】对话框。

(5) 单击【确定】按钮,打开【未生成凭证单据一览表】窗口。

(6) 单击【选择】栏或单击【全选】按钮,选中待生成凭证的单据,单击【确定】按钮,凭证类别选择【记　记账凭证】,如图 2-2-265 所示。

凭证类别 记 记账凭证

选择	单据类型	单据号	摘要	科目类型	科目编码	科目名称	借方金额	贷方金额	借方数量	贷方数量	科目方向	存货编码	存货名称	规格型号	部门名称	业务员名称
1	委托代销发货单	0000000002	委托代销发货单	发出商品	1406	发出商品	30,000.00		10.00		1	0103	格力挂式空调	1P	销售部	王丽华
				存货	1405	库存商品		30,000.00		10.00	2	0103	格力挂式空调	1P	销售部	王丽华
				发出商品	1406	发出商品	120,000.00		40.00		1	0103	格力挂式空调	1P	销售部	王丽华
				存货	1405	库存商品		120,000.00		40.00	2	0103	格力挂式空调	1P	销售部	王丽华
合计							150,000.00	150,000.00								

图 2-2-265 【生成凭证】窗口

(7) 单击【生成】按钮,生成一张记账凭证,单击【保存】按钮,如图 2-2-266 所示。

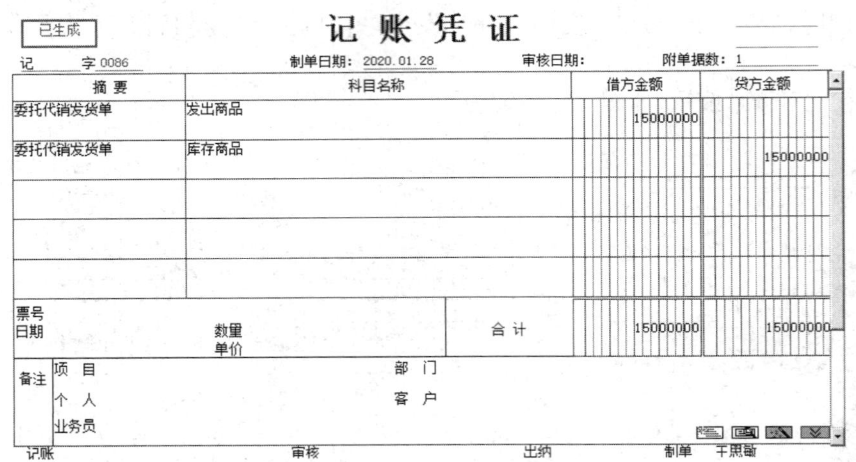

已生成

记账凭证

记　字 0086　　制单日期: 2020.01.28　　审核日期:　　附单据数: 1

摘要	科目名称	借方金额	贷方金额
委托代销发货单	发出商品	15000000	
委托代销发货单	库存商品		15000000
票号 日期	数量 单价 合计	15000000	15000000

备注　项目　部门　个人　客户　业务员

记账　审核　出纳　制单 王思敏

图 2-2-266 【记账凭证】窗口

二、委托代销结算业务

〖业务描述〗2020 年 1 月 31 日,收到委托代销清单,开出销售发票,货款尚未支付,取得与该业务相关的凭证如图 2-2-267 和图 2-2-268 所示。

〖业务解析〗本笔业务是收到代销清单、开出销售发票的业务。

〖岗位操作说明〗本笔业务各岗位的具体操作流程如图 2-2-269 所示。

〖业务流程〗本笔业务的业务流程如图 2-2-270 所示。

商品代销清单

结算日期：2020年1月31日　　　　NO:263729

委托方	广州欣欣电子商贸有限公司	受托方	广州市天河区金联强商贸有限公司					
账号	6220987022300068	账号	6209860912456418					
开户银行	中国工商银行广州市上元大街支行	开户银行	中国工商银行鼓楼区中央北路支行					
代销货物	代销货物名称	规格型号	计量单位	数量	单价（不含税）	金额（不含税）	税率	金　额（含税）
	格力立式空调	1P	台	50	3900	195000	13%	220350
	价税合计	大写：贰拾贰万零叁佰伍拾元整				小写：220350		
代销方式		受托代销						
代销款结算时间		根据代销货物销售情况与每月31日结算一次货款						
代销款结算方式		以电汇方式结算						
本月代销货物销售情况	代销货物名称	规格型号	计量单位	数量	单价（不含税）	金额（不含税）	税率	金　额（含税）
	格力立式空调	1P	台	15	3900	58500	13%	66105
	价税合计	大写：陆万陆仟壹佰零伍元整				小写：66105		
本月代销款结算金额		大写：陆万陆仟壹佰零伍元整				小写：66105		

主管：蓝英　　审核：蓝英　　制单：王思敏　　受托方（盖章）

广州市天河区金联强商贸有限公司

图 2-2-267　【商品代销清单】凭证

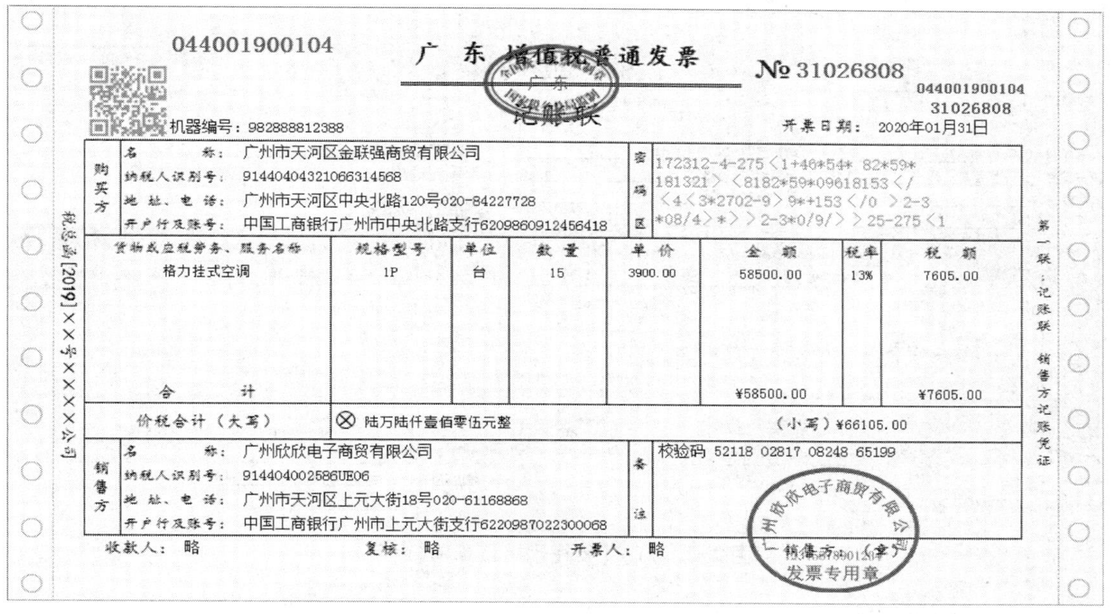

044001900104

广东增值税普通发票

№ 31026808

044001900104
31026808

记账联

机器编号：982888812388　　　开票日期：2020年01月31日

购买方	名称：广州市天河区金联强商贸有限公司 纳税人识别号：91440404321066314568 地址、电话：广州市天河区中央北路120号020-84227728 开户行及账号：中国工商银行广州市中央北路支行6209860912456418	密码区	172312-4-275＜1+46*54* 82*59*181321＞＜8182*59*09618153＜/＜4＜3*2702-9＞9*+153＜/0 ＞2-3*08/4＞*＞＞2-3*0/9/＞＞25-275＜1

货物或应税劳务、服务名称	规格型号	单位	数量	单价	金额	税率	税额
格力挂式空调	1P	台	15	3900.00	58500.00	13%	7605.00
合　计					¥58500.00		¥7605.00
价税合计（大写）	⊗陆万陆仟壹佰零伍元整				（小写）¥66105.00		

销售方	名称：广州欣欣电子商贸有限公司 纳税人识别号：914404002586UE06 地址、电话：广州市天河区上元大街18号020-61168868 开户行及账号：中国工商银行广州市上元大街支行6220987022300068	备注	校验码 52118 02817 08248 65199

收款人：略　　复核：略　　开票人：略　　销售方：（章）

广州欣欣电子商贸有限公司 发票专用章

税总函[2019]××号×××××公司

第一联：记账联　销售方记账凭证

图 2-2-268　【增值税专用发票】凭证

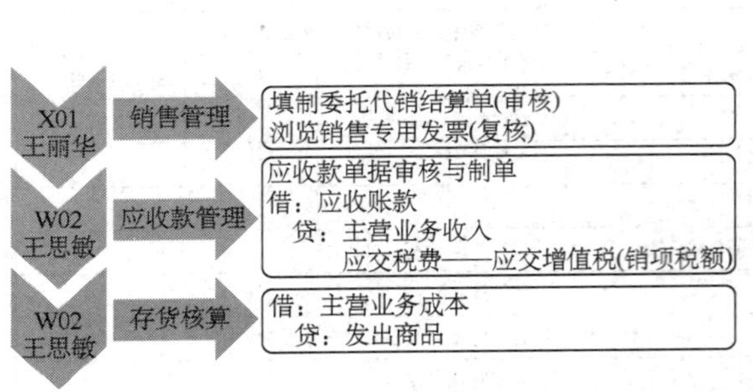

图 2-2-269　岗位操作说明

应收管理(W02)　销售管理(X01)　存货核算(W02)

开始 → 填制 → 委托代销结算单 → 审核 → 销售专用发票 → 复核 → 应收单据 → 审核 → 销售收入凭证；正常单据记账 → 成本结转凭证 → 结束

图 2-2-270　业务流程

〖操作指引〗

1. 填制委托代销结算单

(1) 2020 年 1 月 31 日，销售部【X01 王丽华】在企业应用平台中执行【业务工作】【供应链】【销售管理】【委托代销】【委托代销结算单】命令，打开【委托代销结算单】窗口。

(2) 单击【增加】按钮，系统弹出【查询条件选择—委托代销结算参照发货单】对话框。

(3) 单击【确定】按钮，系统弹出【参照生单】窗口，选择相应的发货单，单击【确定】按钮，系统生成一张委托代销结算单，按照委托代销清单修改【数量】为【15.00】，修改表头【发票号】为【31026808】，单击【保存】按钮，如图 2-2-271 所示。

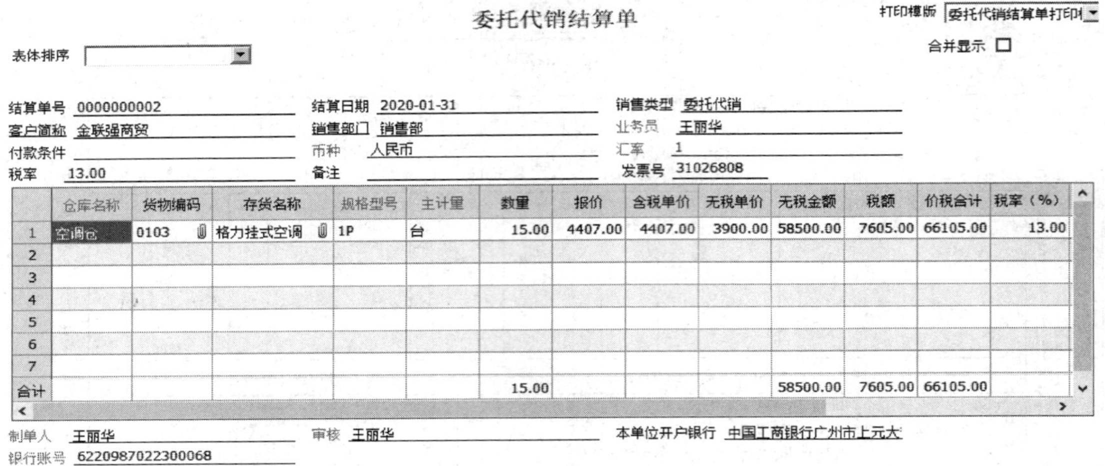

委托代销结算单

打印模版 委托代销结算单打印模

表体排序　　　　合并显示 □

结算单号 0000000002　结算日期 2020-01-31　销售类型 委托代销
客户简称 金联强商贸　销售部门 销售部　业务员 王丽华
付款条件　币种 人民币　汇率 1
税率 13.00　备注　发票号 31026808

	仓库名称	货物编码	存货名称	规格型号	主计量	数量	报价	含税单价	无税单价	无税金额	税额	价税合计	税率(%)
1	空调仓	0103	格力挂式空调	1P	台	15.00	4407.00	4407.00	3900.00	58500.00	7605.00	66105.00	13.00
2													
3													
4													
5													
6													
7													
合计							15.00				58500.00	7605.00	66105.00	

制单人 王丽华　审核 王丽华　本单位开户银行 中国工商银行广州市上元大
银行账号 6220987022300068

图 2-2-271　【委托代销结算单】窗口

(4) 单击【审核】按钮，系统弹出【请选择发票类型】，选择【专用发票】。

(5) 单击【确定】按钮，系统生成一张销售专用发票，执行【销售管理】【销售开票】【销售专用发票】命令，打开【销售专用发票】窗口，单击浏览【⬅】按钮，找到发票号为【31026808】的发票，单击【复核】按钮，如图 2-2-272 所示。

销售专用发票

打印模版 销售专用发票打印模版

表体排序

合并显示 □

发票号 31026808　开票日期 2020-01-31　业务类型 委托
销售类型 委托代销　订单号 X2020-01-15　发货单号 0000000002
客户简称 金联强商贸　销售部门 销售部　业务员 王丽华
付款条件　客户地址 广州市天河区中央北路120号　联系电话 020-84227728
开户银行 中国工商银行广州市中央北路支行　账号 6209860912456418　税号 91440404321066314568
币种 人民币　汇率 1　税率 13.00
备注

	仓库名称	存货编码	存货名称	规格型号	主计量	数量	报价	含税单价	无税单价	无税金额	税额	价税合计	税率（%）
1	空调仓	0103	格力挂式空调	1P	台	15.00	4407.00	4407.00	3900.00	58500.00	7605.00	66105.00	13.00
2													
3													
4													
5													
6													
7													
合计						15.00				58500.00	7605.00	66105.00	

单位名称 广州欣欣电子商贸有限公司　本单位税号 914404002586UE06　本单位开户银行 中国工商银行广州市上元大
制单人 王丽华　复核人 王丽华　银行账号 6220987022300068

图 2-2-272 【销售专用发票】窗口

2. 应收单据审核与制单

（1）2020 年 1 月 31 日，财务部【W02 王思敏】在企业应用平台中执行【业务工作】【财务会计】【应收款管理】【应收款单据处理】【应收单据审核】命令，单击【确定】按钮，打开【应收单据列表】窗口，单击【全选】按钮，单击【审核】按钮，如图 2-2-273 所示。

应收单据列表

记录总数：1

选择	审核人	单据日期	单据类型	单据号	客户名称	部门	业务员	制单人	币种	汇率	原币金额	本币金额	备注
	王思敏	2020-01-31	销售专用发票	31026808	广州市天河区金联强商贸有限公司	销售部	王丽华	王丽华	人民币	1.00000000	66,105.00	66,105.00	
合计											66,105.00	66,105.00	

图 2-2-273 【应收单据列表】窗口

（2）执行【制单处理】命令，选择【发票制单】，单击【确定】按钮，选择需要制单的记录，凭证类别选中【记账凭证】，单击【制单】按钮，系统生成相关记账凭证，单击【保存】按钮，如图 2-2-274 所示。

已生成

记 账 凭 证

记 字 0087　制单日期：2020.01.31　审核日期：　附单据数：1

摘要	科目名称	借方金额	贷方金额
销售专用发票	应收账款/国内客户	6610500	
销售专用发票	主营业务收入		5850000
销售专用发票	应交税费/应交增值税/销项税额		760500
票号 日期	数量 单价 合计	6610500	6610500

备注　项目　部门
个人　客户 金联强商贸
业务员 王丽华

记账　审核　出纳　制单 王思敏

图 2-2-274 【记账凭证】窗口

3. 存货核算

(1) 2020 年 1 月 31 日,财务部【W02 王思敏】在企业应用平台中执行【业务工作】【供应链】【存货核算】【业务核算】【发出商品记账】命令,打开【查询条件选择】对话框。

(2) 单击【确定】按钮,打开【发出商品记账】窗口,单击【全选】按钮,如图 2-2-275 所示。

发出商品记账

记录总数：1

选择	日期	单据号	仓库名称	收发类别	存货编码	存货名称	规格型号	单据类型	计量单位	数量
Y	2020-01-31	31026808	空调仓	委托代销出库	0103	格力挂式空调	1P	专用发票	台	15.00
小计										15.00

图 2-2-275 【发出商品记账】对话框

(3) 单击【记账】按钮,将销售专用发票记账,系统提示【记账成功!】。

(4) 执行【财务核算】【生成凭证】命令,打开【查询条件】对话框。

(5) 单击【确定】按钮,打开【未生成凭证单据一览表】窗口。

(6) 单击【选择】栏或单击【全选】按钮,选中待生成凭证的单据,单击【确定】按钮,凭证类别选择【记　记账凭证】,如图 2-2-276 所示。

凭证类别　记 记账凭证

选择	单据类型	单据号	摘要	科目类型	科目编码	科目名称	借方金额	贷方金额	借方数量	贷方数量	科目方向	存货编码	存货名称	规格型号	部门名称	业务员名称
1	专用发票	31026808	专用发票	对方	6401	主营业务成本	45,000.00		15.00		1	0103	格力挂式空调	1P	销售部	王丽华
				发出商品	1406	发出商品		45,000.00		15.00	2	0103	格力挂式空调	1P	销售部	王丽华
合计							45,000.00	45,000.00								

图 2-2-276 【生成凭证】对话框

(7) 单击【生成】按钮,生成一张记账凭证,单击【保存】按钮,如图 2-2-277 所示。

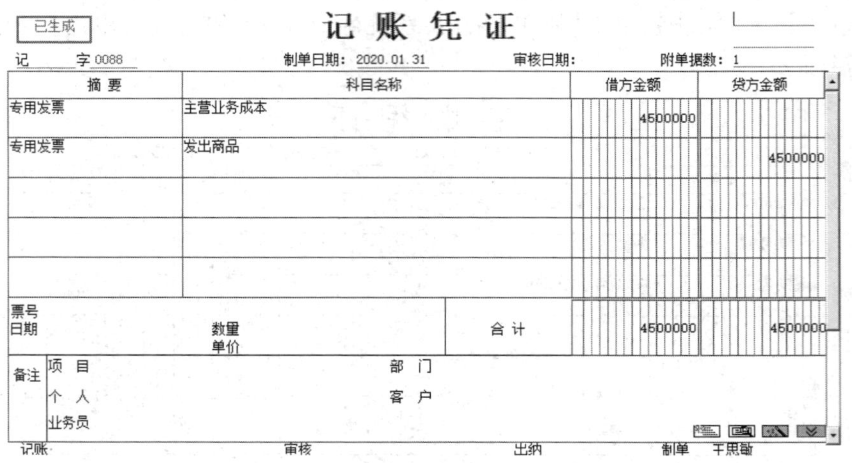
已生成

记 账 凭 证

记 字 0088　制单日期: 2020.01.31　审核日期:　附单据数: 1

摘要	科目名称	借方金额	贷方金额
专用发票	主营业务成本	4500000	
专用发票	发出商品		4500000
票号 日期	数量 单价 合计	4500000	4500000

备注　项 目　部 门　个 人　客 户　业务员

记账　审核　出纳　制单 王思敏

图 2-2-277 【记账凭证】对话框

任务七　销售单据错误逆向业务处理

业务一　赊销销售业务(订单错误)

销售单据错误逆向业务处理

〖业务描述〗2020 年 1 月 31 日,销售部【X01 王丽华】与广州市白云区日新商贸有限公司签订购销合同,销售美的长虹电视一批,当日以电汇方式收到其款项,取得与该业务相关的凭证如图 2-2-278 至图 2-2-281 所示。

购销合同

合同编号 x2020-01-016

购货单位（甲方）： 广州市白云区日新商贸有限公司

供货单位（乙方）： 广州欣欣电子商贸有限公司

根据《中华人民共和国合同法》及国家相关法律、法规之规定，甲乙双方本着平等互利的原则，就甲方购买乙方货物一事达成以下协议。

一、货物的名称、数量及价格：

货物名称	规格型号	单位	数量	含税单价	金额	税率	价税合计
长虹电视	42寸	台	5	8,475.00	37,500.00	13%	42,375.00
合计（大写）	肆万贰仟叁佰柒拾伍元整						42,375.00

二、交货方式和费用承担：交货方式： 销货方送货 ，交货时间： 2020年01月31日 前，交货地点： 广州市白云区上城区开元路19号 ，运费由 销货方 承担。

三、付款时间与付款方式： 2020年1月31日付款，以电汇方式付款。

四、质量异议期：订货方对供货方的货物质量有异议时，应在收到货物后 内提出，逾期视为货物质量合格。

五、未尽事宜经双方协商可作补充协议，与本合同具有同等效力。

六、本合同自双方签字、盖章之日起生效；本合同壹式贰份，甲乙双方各执壹份。

甲方（签章）：（广州市白云区日新商贸有限公司 合同专用章）
授权代表：
地　　址： 广州市白云区上城区开元路19号
电　　话： 020-87014880
日　　期： 2020 年 01 月 31 日

乙方（签章）：（广州欣欣电子商贸有限公司 合同专用章）
授权代表： 陈翼明
地　　址： 广州市天河区上元大街18号
电　　话： 020-61168868
日　　期： 2020 年 01 月 31 日

图 2-2-278 【购销合同】对话框

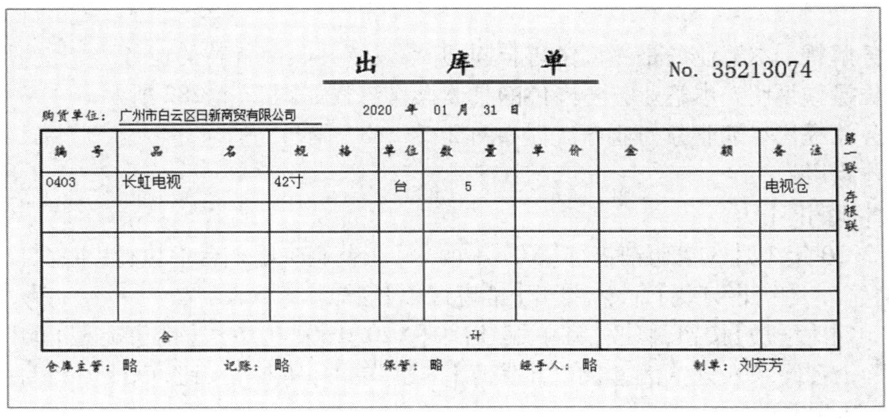

出　　库　　单　　No. 35213074

购货单位： 广州市白云区日新商贸有限公司　　2020 年 01 月 31 日

编号	品名	规格	单位	数量	单价	金额	备注
0403	长虹电视	42寸	台	5			电视仓
合计							

第一联 存根联

仓库主管： 略　　记账： 略　　保管： 略　　经手人： 略　　制单： 刘芳芳

图 2-2-279 【出库单】凭证

4400151140　　**广　东　增值税专用发票**　　№ 66458719　4400151140　66458719

此联不作报销、扣税凭证使用

机器编号：982888812388　　　　开票日期：2020年01月31日

购买方	
名　　称：	广州市白云区日新商贸有限公司
纳税人识别号：	91440406321067218126
地 址、电 话：	广州市白云区上城区开元路19号020-87014880
开户行及账号：	中国农业银行广州市上城区开元路支行6210890611200268

密码区：172312-4-275 <1+46*54* 82*59* 181321> <8182*59*09618153 </ <4 <3*2702-9> 9*+153 </0 >2-3 *08/4>*> >2-3*0/9/> >25-275 <1

货物或应税劳务、服务名称	规格型号	单位	数量	单价	金额	税率	税额
长虹电视	42寸	台	5	7500.00	37500.00	13%	4875.00
合　计					¥37500.00		¥4875.00
价税合计（大写）	⊗ 肆万贰仟叁佰柒拾伍元整				（小写）¥42375.00		

销售方	
名　　称：	广州欣欣电子商贸有限公司
纳税人识别号：	914404002586UE06
地 址、电 话：	广州市天河区上元大街18号020-61168868
开户行及账号：	中国工商银行广州市上元大街支行6220987022300068

备注：校验码 52118 02817 08248 65189

收款人：略　　复核：略　　开票人：略　　销售方：（章）

第一联：记账联　销售方记账凭证

图 2-2-280 【增值税发专用发票】凭证

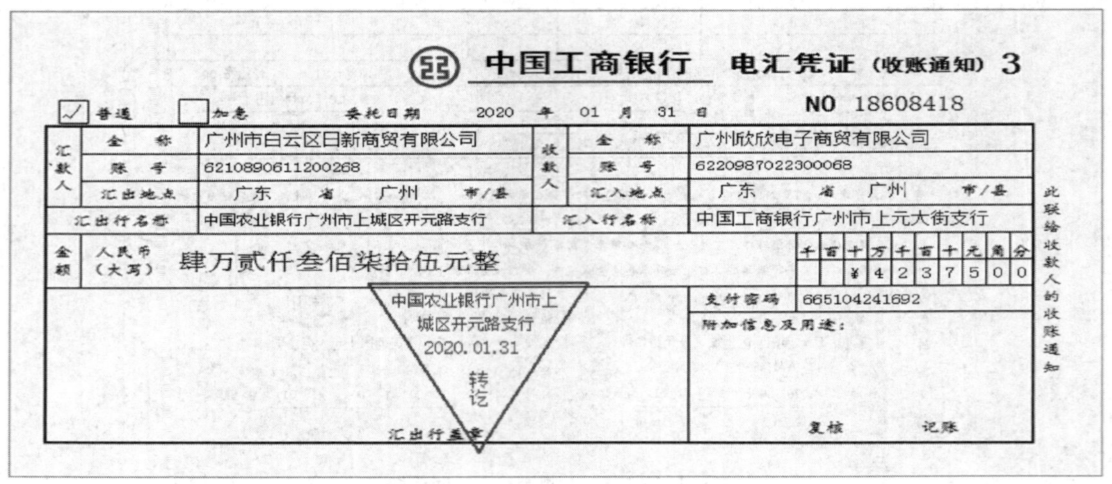

中国工商银行　电汇凭证（收账通知）3

NO 18608418

☑普通　☐加急　　委托日期 2020 年 01 月 31 日

汇款人		收款人	
全　称	广州市白云区日新商贸有限公司	全　称	广州欣欣电子商贸有限公司
账　号	6210890611200268	账　号	6220987022300068
汇出地点	广东 省 广州 市/县	汇入地点	广东 省 广州 市/县
汇出行名称	中国农业银行广州市上城区开元路支行	汇入行名称	中国工商银行广州市上元大街支行

金额 人民币（大写）肆万贰仟叁佰柒拾伍元整　　¥4237500（千百十万千百十元角分）

支付密码：665104241692

附加信息及用途：

中国农业银行广州市上城区开元路支行 2020.01.31 转讫

汇出行签章　　复核　　记账

此联给收款人的收账通知

图 2-2-281 【电汇回单】凭证

〖**业务解析**〗本笔业务是签订销售合同、开票发货并收回货款的业务。

〖**岗位操作说明**〗本笔业务各岗位的具体操作流程如图 2-2-282 所示。

〖**业务流程**〗本笔业务的业务流程如图 2-2-283 所示。

〖**操作指引**〗

1. 填制销售订单

(1) 2020 年 1 月 31 日，销售部【X01 王丽华】在企业应用平台中执行【业务工作】【供应链】【销售管理】【销售订货】命令，打开【销售订单】窗口。

(2) 单击【增加】按钮，修改【订单编号】为【X2020-01-016】，【销售类型】选择【普通销售】按照购销合同录入订单信息，单击【保存】按钮，单击【审核】按钮，审核填制的销售订单，如图 2-2-284 所示。

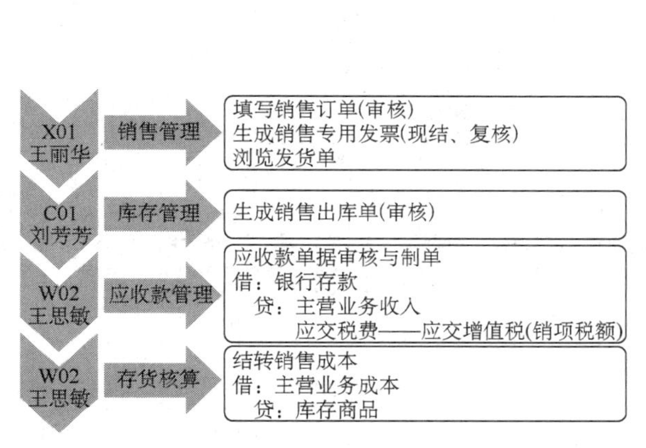

图 2-2-282 岗位操作说明

应收管理(W02) 销售管理(X01) 库存管理(C01) 存货核算(W02)
开始
填制
销售订单
审核
销售专用发票
现结 复核
应收单据
发货单
审核
销售收入凭证
销售出库单
审核
正常单据记账
销售成本凭证
结束

图 2-2-283 业务流程

销售订单

打印模版 销售订单打印模版

表体排序

合并显示 □

订单号 X2020-01-016　订单日期 2020-01-31　业务类型 普通销售
销售类型 普通销售　客户简称 日新商贸　付款条件
销售部门 销售部　业务员 王丽华　税率 13.00
币种 人民币　汇率 1　备注

	存货编码	存货名称	规格型号	主计量	数量	报价	含税单价	无税单价	无税金额	税额	价税合计	税率(%)	折扣额	扣率(%)	扣率2(%)	预发货日期
1	0403	长虹电视	42寸	台	5.00	8475.00	8475.00	7500.00	37500.00	4875.00	42375.00	13.00	0.00	100.00	100.00	2020-01-31
2																
3																
4																
5																
6																
7																
合计					5.00				37500.00	4875.00	42375.00		0.00			

制单人 王丽华　审核人 王丽华　关闭人

图 2-2-284 【销售订单】窗口

2. 生成销售专用发票

(1) 2020 年 1 月 31 日，销售部【X01 王丽华】在企业应用平台中执行【业务工作】【供应链】【销售管理】【销售开票】命令，打开【销售专用发票】窗口。

(2) 单击【增加】按钮，系统弹出【查询条件选择—参照订单】对话框，选择相应的订单，单击【确定】按钮，修改【发票号】为【66458719】，修改表体【仓库名称】为【电视仓】，单击【保存】按钮。

(3) 单击【现结】按钮，打开【现结】对话，按照进账单的信息录入，单击【确定】按钮。

(4) 系统提示【发票已现结】，单击【复核】按钮，复核已现结的销售专用发票，如图 2-2-285 所示。

3. 浏览发货单

(1) 2020 年 1 月 31 日，销售部【X01 王丽华】在企业应用平台中执行【业务工作】【供应链】【销售管理】【销售发货】命令，打开【发货单】窗口。

(2) 单击【浏览】按钮，可以查看系统根据销售专用发票自动生成并已审核的发货单。

4. 生成销售出库单

(1) 2020 年 1 月 31 日，仓储部【C01 刘芳芳】在企业应用平台中执行【业务工作】【供应

现结

销售专用发票

打印模版 销售专用发票打印模版

表体排序

合并显示 □

发票号 66458719　开票日期 2020-01-31　业务类型 普通销售
销售类型 普通消售　订单号 X2020-01-016　发货单号 0000000021
客户简称 日新商贸　销售部门 销售部　业务员 王丽华
付款条件　客户地址　联系电话 020-87014880
开户银行 中国农业银行广州市上城区开元路　账号 6210890611200268　税号 91440406321067218126
币种 人民币　汇率 1　税率 13.00
备注

	仓库名称	存货编码	存货名称	规格型号	主计量	数量	报价	含税单价	无税单价	无税金额	税额	价税合计	税率（%）
1	电视仓	0403	长虹电视	42寸	台	5.00	8475.00	8475.00	7500.00	37500.00	4875.00	42375.00	13.00
2													
3													
4													
5													
6													
7													
8													
9													
10													
合计						5.00				37500.00	4875.00	42375.00	

单位名称 广州欣欣电子商贸有限公司　本单位税号 914404002586UE06　本单位开户银行 中国工商银行广州市上元大
制单人 王丽华　复核人 王丽华　银行账号 6220987022300068

图 2-2-285 【销售专用发票】窗口

链】【库存管理】【出库业务】命令，打开【销售出库单】窗口。

(2) 执行【生单】【销售生单】命令，打开【查询条件选择—销售发货单列表】对话框，单击【确定】按钮。

(3) 打开【销售生单】窗口，选择相应的【发货单】，单击【确定】按钮，系统自动生成销售出库单，单击【审核】按钮，如图 2-2-286 所示。

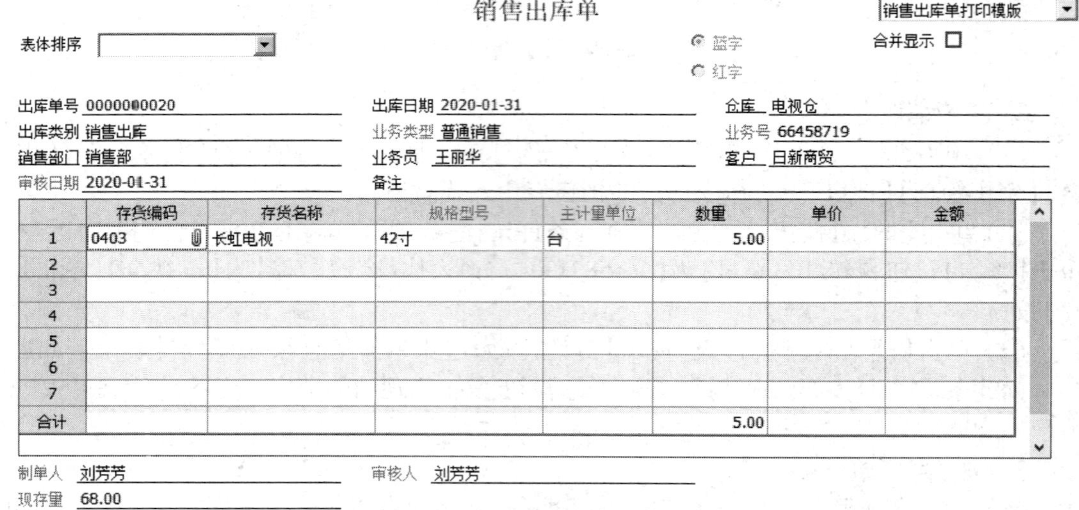

销售出库单

销售出库单打印模版

表体排序

◉ 蓝字　○ 红字

合并显示 □

出库单号 0000000020　出库日期 2020-01-31　仓库 电视仓
出库类别 销售出库　业务类型 普通销售　业务号 66458719
销售部门 销售部　业务员 王丽华　客户 日新商贸
审核日期 2020-01-31　备注

	存货编码	存货名称	规格型号	主计量单位	数量	单价	金额
1	0403	长虹电视	42寸	台	5.00		
2							
3							
4							
5							
6							
7							
合计					5.00		

制单人 刘芳芳　审核人 刘芳芳
现存量 68.00

图 2-2-286 【销售出库单】窗口

5. 应收单审核与制单

(1) 202C 年 1 月 31 日，财务部【W02 王思敏】在企业应用平台中执行【业务工作】【财务会计】【应收款管理】【应收款单据处理】【应收单据审核】命令，勾选【包含已现结的发票】，单击【全选】按钮，单击【审核】按钮，如图 2-2-287 所示。

应收单据列表

记录总数：1

选择	审核人	单据日期	单据类型	单据号	客户名称	部门	业务员	制单人	币种	汇率	原币金额	本币金额	备注
	王思敏	2020-01-31	销售专用发票	66458719	广州市白云区日新商贸有限公司	销售部	王丽华	王丽华	人民币	1.00000000	42,375.00	42,375.00	
合计											42,375.00	42,375.00	

图 2-2-287 【应收单据列表】窗口

（2）执行【制单处理】命令，选择【现结制单】，单击【确定】按钮，选择需要制单的记录，凭证类别选中【记账凭证】，单击【制单】按钮，系统生成相关记账凭证，单击【保存】按钮，如图 2-2-288 所示。

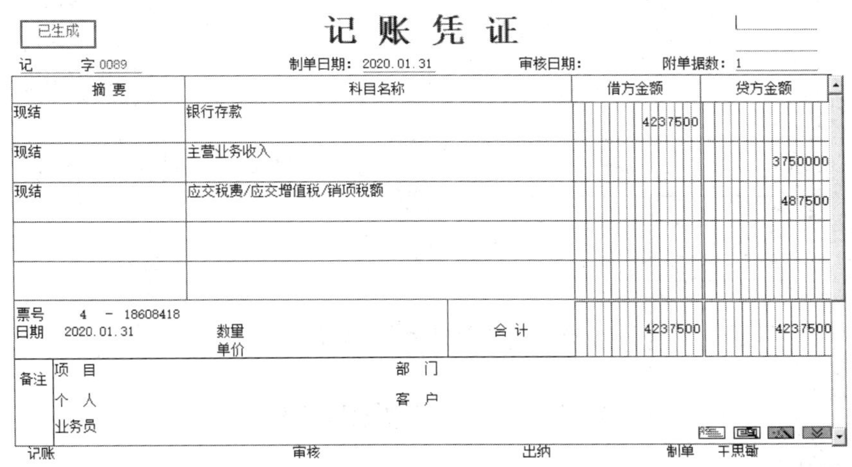

已生成

记 账 凭 证

记 字 0089　　制单日期：2020.01.31　　审核日期：　　附单据数：1

摘要	科目名称	借方金额	贷方金额
现结	银行存款	4237500	
现结	主营业务收入		3750000
现结	应交税费/应交增值税/销项税额		487500
票号 4 - 18608418 日期 2020.01.31　数量 单价	合 计	4237500	4237500

备注　项　目　　部　门
个　人　　客　户
业务员

记账　　审核　　出纳　　制单　王思敏

图 2-2-288 【记账凭证】窗口

6. 结转销售成本

（1）2020 年 1 月 31 日，财务部【W02 王思敏】在企业应用平台中执行【业务工作】【供应链】【存货核算】【业务核算】【正常单据记账】命令，打开【查询条件选择】对话框。

（2）单击【确定】按钮，打开【正常单据记账列表】窗口，单击【全选】按钮，如图 2-2-289 所示。

正常单据记账列表

记录总数：1

选择	日期	单据号	存货编码	存货名称	规格型号	存货代码	单据类型	仓库名称	收发类别	数量	单价	金额	计划单价	计划金额
Y	2020-01-31	66458719	0403	长虹电视	42寸		专用发票	电视仓	销售出库	5.00				
小计										5.00				

图 2-2-289 【正常单据记账列表】窗口

（3）单击【记账】按钮，将销售专用发票记账，系统提示【记账成功!】

（4）执行【财务核算】【生成凭证】命令，打开【查询条件】对话框。

（5）单击【确定】按钮，打开【未生成凭证单据一览表】窗口，单击【选择】栏或单击【全选】按钮，选中待生成凭证的单据，单击【确定】按钮。

（6）凭证类别选择【记　记账凭证】，如图 2-2-290 所示。

（7）单击【生成】按钮，生成一张记账凭证，单击【保存】按钮，如图 2-2-291 所示。

凭证类别 记 记账凭证

选择	单据类型	单据号	摘要	科目类型	科目编码	科目名称	借方金额	贷方金额	借方数量	贷方数量	科目方向	存货编码	存货名称	规格型号	部门名称	业务员名称
1	专用发票	66458719	专用发票	对方	6401	主营业务成本	25,000.00		5.00		1	0403	长虹电视	42寸	销售部	王丽华
				存货	1405	库存商品		25,000.00		5.00	2	0403	长虹电视	42寸	销售部	王丽华
合计							25,000.00	25,000.00								

图 2-2-290 【生成凭证】窗口

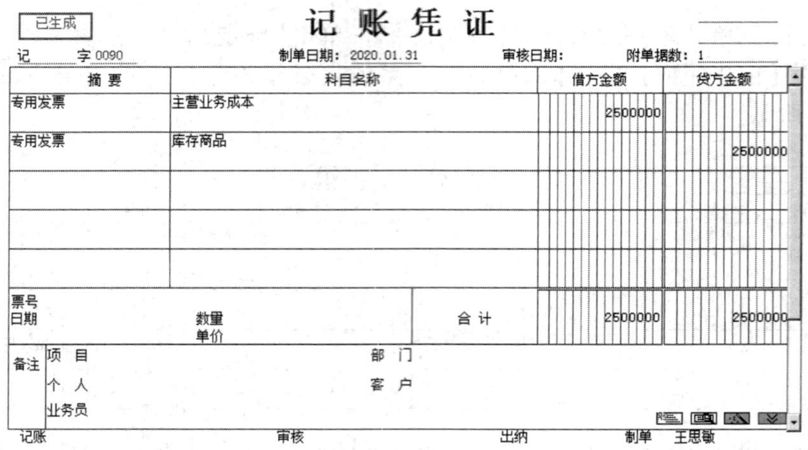

已生成

记账凭证

记 字 0090 制单日期: 2020.01.31 审核日期: 附单据数: 1

摘要	科目名称	借方金额	贷方金额
专用发票	主营业务成本	2500000	
专用发票	库存商品		2500000
票号 日期	数量 单价 合计	2500000	2500000

备注 项目 部门 个人 客户 业务员

记账 审核 出纳 制单 王思敏

图 2-2-291 【记账凭证】窗口

业务二 销售逆向操作业务

〖**业务描述**〗发现此任务的业务一的订单已取消,需要进行取消业务处理。

〖**业务解析**〗本笔业务是销售订单逆向操作的业务。

〖**岗位操作说明**〗本笔业务各岗位的具体操作流程如图 2-2-292 所示。

〖**业务流程**〗本笔业务的业务流程如图 2-2-293 所示。

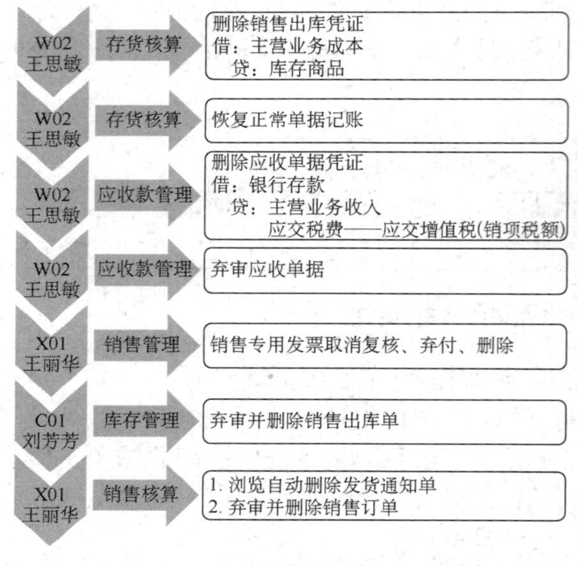

图 2-2-292 岗位操作说明

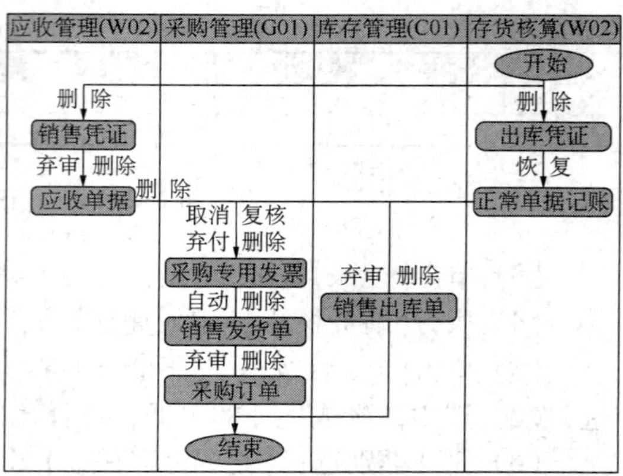

图 2-2-293 业务流程

〖操作指引〗

一、存货核算逆向操作

1. 删除销售出库业务凭证

（1）2020年1月31日，财务部【W02王思敏】在企业应用平台中执行【业务工作】【供应链】【存货核算】【财务核算】【凭证列表】命令，打开【查询条件】窗口，单击【确定】按钮，显示凭证列表如图2-2-294所示。

凭证列表 ×

选择	凭证日期	凭证类型	凭证号	凭证摘要	业务号	制单人	审核人	记账人	状态	来源
	2020-01-13	记	29	采购入库单	2020IA000000000016	王思敏			正常	存货系统
	2020-01-14	记	31	专用发票	2020IA000000000017	王思敏			正常	存货系统
	2020-01-15	记	38	采购入库单	2020IA000000000018	王思敏			正常	存货系统
	2020-01-15	记	40	采购入库单	2020IA000000000019	王思敏			正常	存货系统
	2020-01-15	记	42	采购入库单	2020IA000000000020	王思敏			正常	存货系统
	2020-01-15	记	46	采购入库单	2020IA000000000021	王思敏			正常	存货系统
	2020-01-15	记	48	专用发票	2020IA000000000023	王思敏			正常	存货系统
	2020-01-17	记	52	专用发票	2020IA000000000024	王思敏			正常	存货系统
	2020-01-17	记	54	专用发票	2020IA000000000025	王思敏			正常	存货系统
	2020-01-18	记	56	专用发票	2020IA000000000026	王思敏			正常	存货系统
	2020-01-19	记	58	专用发票	2020IA000000000027	王思敏			正常	存货系统
	2020-01-19	记	61	专用发票	2020IA000000000028	王思敏			正常	存货系统
	2020-01-20	记	63	专用发票	2020IA000000000029	王思敏			正常	存货系统
	2020-01-21	记	65	发货单	2020IA000000000030	王思敏			正常	存货系统
	2020-01-21	记	66	专用发票	2020IA000000000031	王思敏			正常	存货系统
	2020-01-23	记	70	专用发票	2020IA000000000032	王思敏			正常	存货系统
	2020-01-23	记	72	专用发票	2020IA000000000033	王思敏			正常	存货系统
	2020-01-25	记	79	销售日报	2020IA000000000034	王思敏			正常	存货系统
	2020-01-27	记	80	委托代销发货单	2020IA000000000035	王思敏			正常	存货系统
	2020-01-28	记	85	专用发票	2020IA000000000036	王思敏			正常	存货系统
	2020-01-28	记	86	委托代销发货单	2020IA000000000037	王思敏			正常	存货系统
	2020-01-31	记	88	专用发票	2020IA000000000038	王思敏			正常	存货系统
Y	2020-01-31	记	90	专用发票	2020IA000000000039	王思敏			正常	存货系统

图2-2-294 【凭证列表】窗口

（2）单击选择相应业务的凭证号为【记—0090】，显示【Y】，单击【删除】按钮，单击【确定】按钮，删除相应的凭证。

2. 恢复记账

（1）2020年1月31日，财务部【W02王思敏】在企业应用平台中执行【业务工作】【供应链】【存货核算】【业务核算】【恢复记账】命令，打开【查询条件选择】窗口，单击【确定】按钮，打开【恢复记账】窗口，单击【选择】栏，选中单据号为【66458719】的销售出库单，如图2-2-295所示。

（2）单击【恢复】按钮，系统显示恢复记账成功，单击【确定】按钮，完成该笔销售出库单的恢复记账。

二、应收款管理逆向操作

1. 删除销售专用发票凭证

（1）2020年1月31日，财务部【W02王思敏】在企业应用平台中执行【业务工作】

恢复记账

记录总数：55

选择	记账日期	单据号	仓库名称	仓库所属部门	单据类型	收发类别	存货编码	存货代码	存货名称	规格型号	计量单位
	2020-01-31	31026808	空调仓		专用发票	委托代销出库	0103		格力挂式空调	1P	台
	2020-01-28	90863465	空调仓		专用发票	委托代销出库	0102		格力立式空调	4P	台
	2020-01-28	90863465	空调仓		专用发票	委托代销出库	0101		格力立式空调	3P	台
	2020-01-21	51866114	电视仓		专用发票	销售出库	0403		长虹电视	42寸	台
Y	2020-01-31	66458719	电视仓		专用发票	销售出库	0403		长虹电视	42寸	台
	2020-01-28	0000000002	空调仓		委托代销发货单	委托代销出库	0103		格力挂式空调	1P	台
	2020-01-27	0000000001	空调仓		委托代销发货单	委托代销出库	0102		格力立式空调	4P	台
	2020-01-27	0000000001	空调仓		委托代销发货单	委托代销出库	0101		格力立式空调	3P	台
	2020-01-25	2020-01-25	电视仓		销售日报	销售出库	0403		长虹电视	42寸	台
	2020-01-25	2020-01-25	电视仓		销售日报	销售出库	0402		长虹电视	40寸	台
	2020-01-25	2020-01-25	小家电仓		销售日报	销售出库	0204		美的电高压锅	5L	个
	2020-01-25	2020-01-25	小家电仓		销售日报	销售出库	0202		美的电磁炉	2000W	个
	2020-01-25	2020-01-25	小家电仓		销售日报	销售出库	0201		美的电饭煲	6L	个
	2020-01-23	81785127	小家电仓		专用发票	销售出库	0202		美的电磁炉	2000W	个
	2020-01-23	81785127	小家电仓		专用发票	销售出库	0201		美的电饭煲	6L	个
	2020-01-23	923377694			专用发票	销售出库	0201		美的电饭煲	6L	个
	2020-01-23	99711626			采购发票	采购入库	0201		美的电饭煲	6L	个
	2020-01-21	0000000013	电视仓		发货单	销售出库	0403		长虹电视	42寸	台
	2020-01-20	94795459	赠品仓		专用发票	销售出库	0801		小音箱		对
	2020-01-20	94795459	电视仓		专用发票	销售出库	0401		长虹电视	32寸	台
	2020-01-19	89643418	小家电仓		专用发票	销售出库	0204		美的电高压锅	5L	个
	2020-01-19	83584933	小家电仓		专用发票	销售出库	0205		智能洗碗机		台

图 2-2-295 【存货核算恢复记账】窗口

【财务会计】【应收款管理】【单据查询】【凭证查询】命令，打开【凭证查询条件】对话框，单击【确定】按钮。显示【凭证查询】对话框，选中【记—0089】凭证，如图 2-2-296 所示。

(2) 单击【删除】按钮，系统弹出【确实要删除此凭证吗?】提示，单击【是】按钮，凭证删除成功。

凭证查询

凭证总数：29 张

业务日期	业务类型	业务号	制单人	凭证日期	凭证号	标志
2020-01-19	销售专用发票	83584933	王思敏	2020-01-19	记-0057	
2020-01-19	销售专用发票	89643418	王思敏	2020-01-19	记-0059	
2020-01-19	收款单	0000000008	王思敏	2020-01-19	记-0060	
2020-01-20	现结	0000000009	王思敏	2020-01-20	记-0062	
2020-01-21	现结	0000000010	王思敏	2020-01-21	记-0064	
2020-01-22	收款单	ZKAR000...	王思敏	2020-01-22	记-0067	
2020-01-23	现结	0000000012	王思敏	2020-01-23	记-0069	
2020-01-23	销售专用发票	81785127	王思敏	2020-01-23	记-0071	
2020-01-24	销售专用发票	83214094	王思敏	2020-01-24	记-0073	
2020-01-24	红票对冲	83214094	王思敏	2020-01-24	记-0074	
2020-01-24	收款单	0000000013	王思敏	2020-01-24	记-0075	
2020-01-24	销售专用发票	96601160	王思敏	2020-01-24	记-0076	
2020-01-24	收款单	96601160	王思敏	2020-01-24	记-0077	
2020-01-25	现结	0000000016	王思敏	2020-01-25	记-0078	
2020-01-28	销售专用发票	90863465	王思敏	2020-01-28	记-0081	
2020-01-28	应收冲应付	90863465	王思敏	2020-01-28	记-0083	
2020-01-28	收款单	0000000017	王思敏	2020-01-28	记-0084	
2020-01-31	销售专用发票	31026808	王思敏	2020-01-31	记-0087	
2020-01-31	现结	0000000018	王思敏	2020-01-31	记-0089	

图 2-2-296 【凭证查询】窗口

2. 应收单据审核弃审

（1）2020 年 1 月 31 日，财务部【W02 王思敏】在企业应用平台中执行【业务工作】【财务会计】【应收款管理】【应收单据处理】【应收单据审核】命令，打开【应收单查询条件】对话框，勾选【已审核】和【包含已现结发票】复选框。

（2）单击【确定】按钮。显示【应收单据列表】对话框，选中单据号为【66458719】的发票，如图 2-2-297 所示。

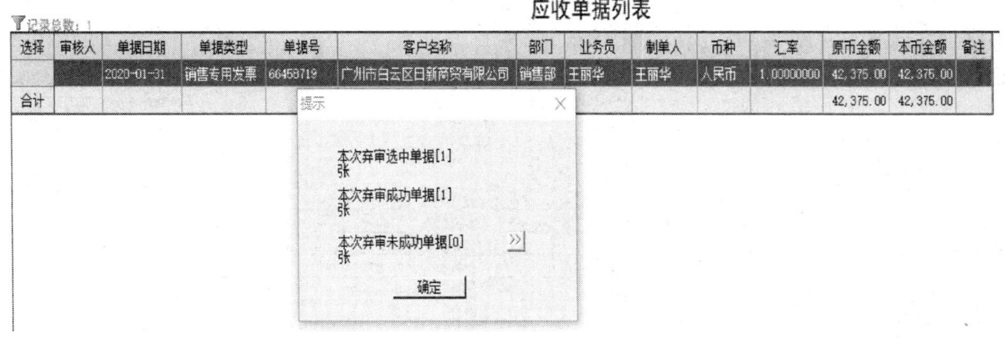

图 2-2-297 【应收单据列表】窗口

（3）单击选择相应业务，显示【Y】，单击【弃审】按钮，提示本次弃审选中单据【1】，弃审成功，单击【确定】按钮，完成应收单据弃审。

三、删除销售出库单

（1）2020 年 1 月 31 日，仓储部【C01 刘芳芳】在企业应用平台中执行【业务工作】【供应链】【库存管理】【出库业务】命令，打开【销售出库单】窗口，单击【弃审】按钮，系统弹出【弃审成功】提示，单击【确定】按钮。

（2）单击【删除】按钮，系统弹出【确实要删除该张单据吗？】提示，如图 2-2-298 所示，单击【确定】按钮，销售出库单删除成功。

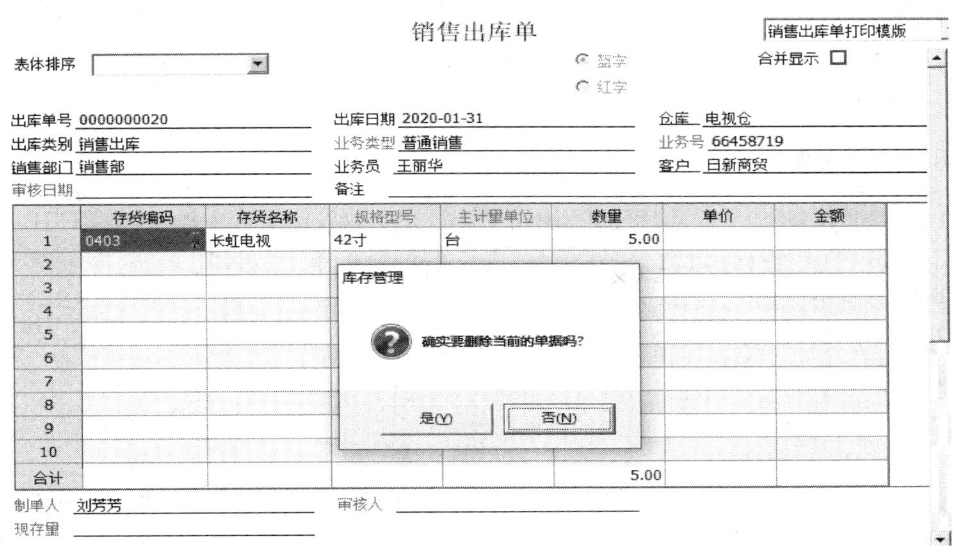

图 2-2-298 【销售出库单“删除”】窗口

四、删除销售专用发票与发货单处理

1. 删除销售专用发票

(1) 2020 年 1 月 31 日,销售部【X01 王丽华】在企业应用平台中执行【业务工作】【供应链】【销售管理】【销售发票】【销售专用发票】命令,打开【销售专用发票】窗口,单击【弃复】按钮,再点击【弃结】按钮,系统弹出【弃结成功】提示,单击【确定】按钮。

(2) 单击【删除】按钮,系统弹出【确实要删除该张单据吗?】提示,如图 2-2-299 所示,单击【确定】按钮,票据销售专用发票删除成功。

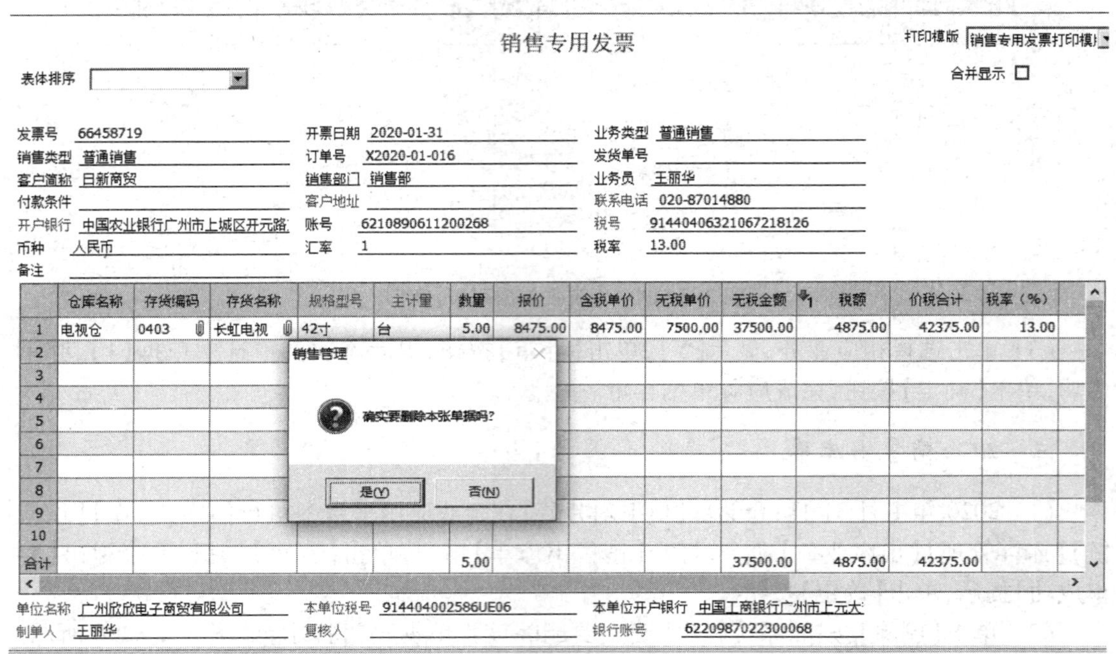

图 2-2-299 【销售专用发票“删除”】窗口

2. 浏览发货单

发现对应的发货单已被删除。

五、删除销售订单

(1) 2020 年 1 月 15 日,销售部【X01 王丽华】在企业应用平台中执行【业务工作】【供应链】【销售管理】【销售订货】命令,打开【销售订单】窗口,单击【弃审】按钮,系统弹出【弃审成功!】提示,单击【确定】按钮。

(2) 单击【删除】按钮,系统弹出【确实要删除该张单据吗?】提示,如图 2-2-300 所示,单击【确定】按钮,销售订单删除成功。

六、整理凭证

(1) 2020 年 1 月 15 日,账套主管张明明在企业应用平台中执行【业务工作】【财务会计】【总账】【凭证】【填制凭证】命令,打开【记账凭证】窗口,单击【整理凭证】按钮,系统弹出【凭证期间选择】提示,单击【确定】按钮。

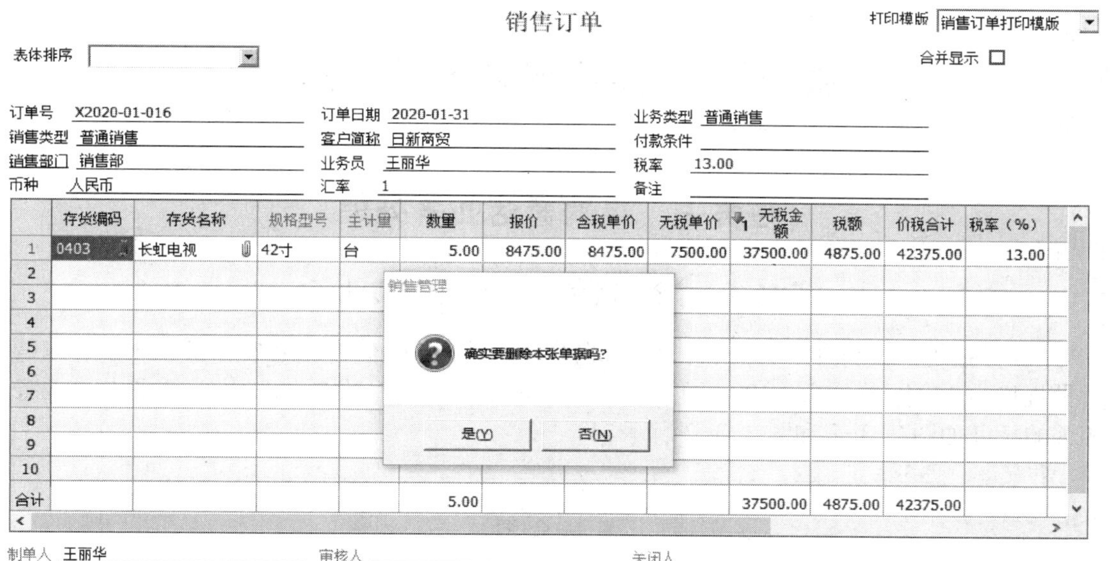

图 2-2-300 【销售订单“删除”】窗口

（2）显示作废凭证表，单击【全选】按钮，如图 2-2-301 所示。

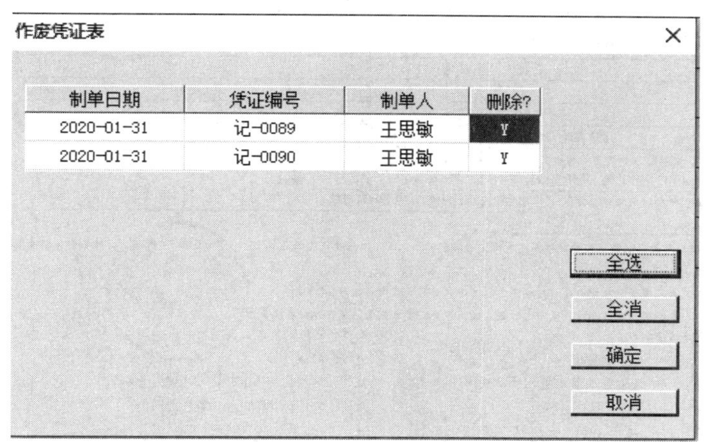

制单日期	凭证编号	制单人	删除?
2020-01-31	记-0089	王思敏	Y
2020-01-31	记-0090	王思敏	Y

图 2-2-301 【总账作废凭证表】窗口

（3）单击【确定】按钮，系统弹出【是否还需整理凭证断号】提示，如图 2-2-302 所示，单击【是】按钮，完成凭证整理工作。

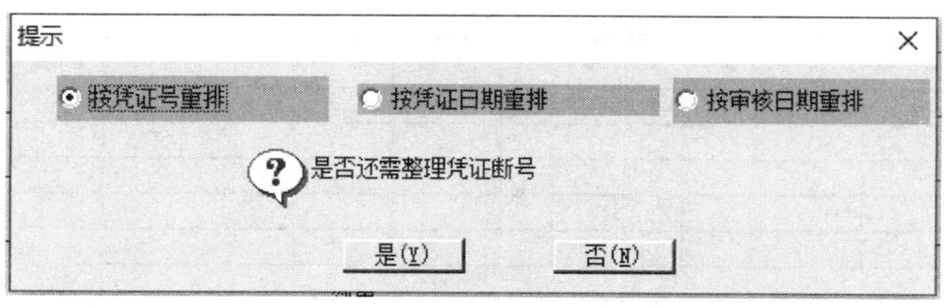

图 2-2-302 【总账整理凭证断号】窗口

项目三　存货核算业务处理

任务一　采购暂估业务处理

采购暂估业务处理

业务一　当期货到票未到的暂估业务

〖**业务描述**〗2020 年 1 月 31 日，采购部【G01 刘明】向广东长虹电视有限责任公司采购一批规格为 40 寸、单价为 4 100 元的长虹电视，货已验收入库，发票仍未收到，取得与该业务相关的凭证如图 2-3-1 和图 2-3-2 所示。

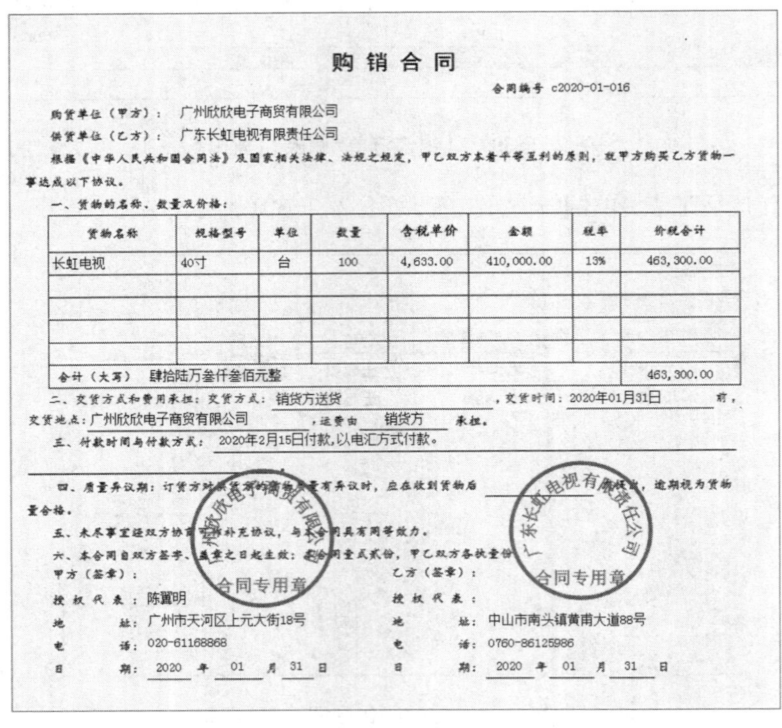

购销合同

合同编号 c2020-01-016

购货单位（甲方）：　广州欣欣电子商贸有限公司

供货单位（乙方）：　广东长虹电视有限责任公司

根据《中华人民共和国合同法》及国家相关法律、法规之规定，甲乙双方本着平等互利的原则，就甲方购买乙方货物一事达成以下协议。

一、货物的名称、数量及价格：

货物名称	规格型号	单位	数量	含税单价	金额	税率	价税合计
长虹电视	40寸	台	100	4,633.00	410,000.00	13%	463,300.00
合计（大写）　肆拾陆万叁仟叁佰元整							463,300.00

二、交货方式和费用承担：交货方式：销货方送货，交货时间：2020年01月31日前，交货地点：广州欣欣电子商贸有限公司，运费由 销货方 承担。

三、付款时间与付款方式：2020年2月15日付款，以电汇方式付款。

四、质量异议期：订货方对供货方的商品质量有异议时，应在收到货物后____内提出，逾期视为货物质量合格。

五、未尽事宜经双方协商可作补充协议，与本合同具有同等效力。

六、本合同自双方签字、盖章之日起生效；本合同壹式贰份，甲乙双方各执壹份。

甲方（签章）：（广州欣欣电子商贸有限公司 合同专用章）

授权代表：陈置明

地　址：广州市天河区上元大街18号

电　话：020-61168868

日　期：2020 年 01 月 31 日

乙方（签章）：（广东长虹电视有限责任公司 合同专用章）

授权代表：

地　址：中山市南头镇黄甫大道88号

电　话：0760-86125986

日　期：2020 年 01 月 31 日

图 2-3-1　【购销合同】凭证

入　库　单　　No. 63813547

2020 年 01 月 31 日

供货单位：广东长虹电视有限责任公司

编号	品名	规格	单位	数量	单价	金额	备注
0402	长虹电视	40寸	台	100			电视仓
	合		计				

仓库主管：略　　记账：略　　保管：略　　经手人：略　　制单：刘芳芳

图 2-3-2　【入库单】凭证

〖**岗位操作说明**〗本笔业务各岗位的操作流程如图 2-3-3 所示。

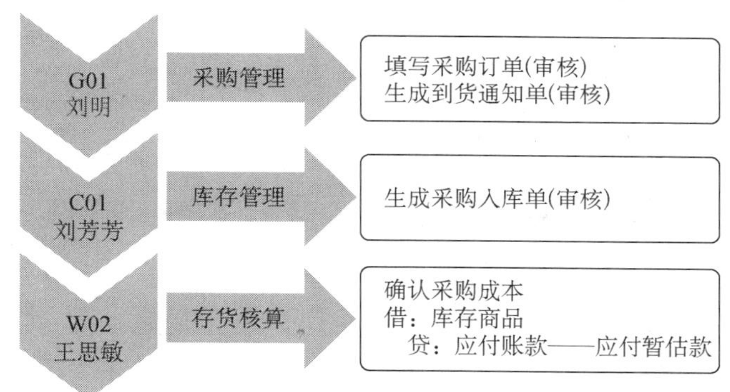

图 2-3-3 岗位操作说明

〖**业务流程**〗本笔业务的业务流程如图 2-3-4 所示。

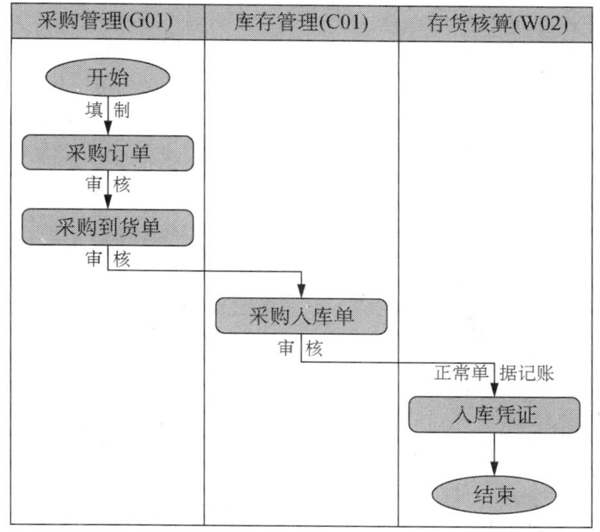

图 2-3-4 业务流程

〖**操作指引**〗

1. 填制采购订单

（1）2020 年 1 月 31 日，采购部【G01 刘明】在企业应用平台中执行【业务工作】【供应链】【采购管理】【采购订货】命令，打开【采购订单】窗口。

（2）单击【增加】按钮，修改【订单编号】为【C2020-01-016】，【采购类型】选择【普通采购】，【供应商】选择【长虹电视】，【部门】选择【采购部】，【业务员】选择【刘明】；在表体中，选择【存货编码】为【0402】，输入【数量】为【100.00】，【原币含税单价】为【4 633.00】，修改【计划到货日期】为【2020-01-31】，其他信息由系统自动带出，单击【保存】按钮。

（3）单击【审核】按钮，审核填制的采购订单，如图 2-3-5 所示。

2. 生成采购到货单

（1）2020 年 1 月 31 日，采购部【G01 刘明】在企业应用平台中执行【业务工作】【供应链】【采购管理】【采购到货】命令，打开【到货单】窗口。

（2）单击【增加】按钮，执行【生单】【采购订单】命令，打开【查询条件选择—采购订单列表过滤】窗口，单击【确定】按钮。

（3）系统弹出【拷贝并执行】窗口，选中所要拷贝的采购订单，单击【确定】按钮，系统自动生成到货单，单击【保存】按钮。

（4）单击【审核】按钮。根据采购订单生成的采购到货单，如图 2-3-6 所示。

3. 生成采购入库单

（1）2020 年 1 月 31 日，仓储部【C01 刘芳芳】在企业应用平台中执行【业务工作】【供应

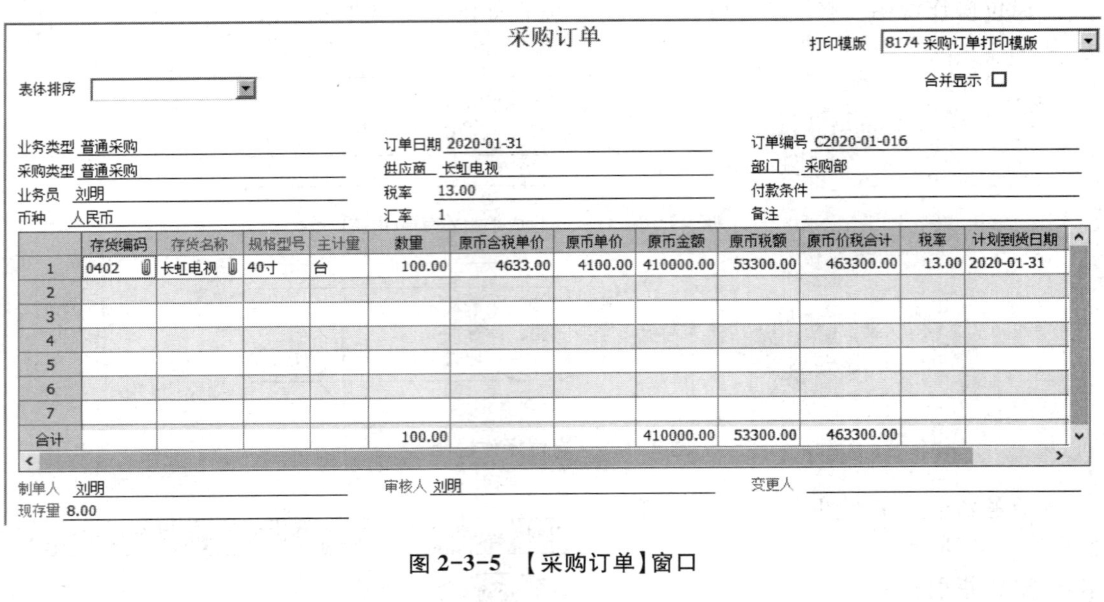

采购订单

打印模版 8174 采购订单打印模版

表体排序　　　　合并显示 □

业务类型 普通采购　　订单日期 2020-01-31　　订单编号 C2020-01-016

采购类型 普通采购　　供应商 长虹电视　　部门 采购部

业务员 刘明　　税率 13.00　　付款条件

币种 人民币　　汇率 1　　备注

	存货编码	存货名称	规格型号	主计量	数量	原币含税单价	原币单价	原币金额	原币税额	原币价税合计	税率	计划到货日期
1	0402	长虹电视	40寸	台	100.00	4633.00	4100.00	410000.00	53300.00	463300.00	13.00	2020-01-31
2												
3												
4												
5												
6												
7												
合计					100.00			410000.00	53300.00	463300.00		

制单人 刘明　　审核人 刘明　　变更人

现存量 8.00

图 2-3-5 【采购订单】窗口

到货单

打印模版 8170 到货单打印模版

表体排序　　　　合并显示 □

业务类型 普通采购　　单据号 0000000017　　日期 2020-01-31

采购类型 普通采购　　供应商 长虹电视　　部门 采购部

业务员 刘明　　币种 人民币　　汇率 1

运输方式　　税率 13.00　　备注

	存货编码	存货名称	规格型号	主计量	数量	原币含税单价	原币单价	原币金额	原币税额	原币价税合计	税率	订单号
1	0402	长虹电视	40寸	台	100.00	4633.00	4100.00	410000.00	53300.00	463300.00	13.00	C2020-01-016
2												
3												
4												
5												
6												
7												
合计					100.00			410000.00	53300.00	463300.00		

制单人 刘明　　现存量 8.00

图 2-3-6 【到货单】窗口

链】【库存管理】【入库业务】命令,打开【采购入库单】窗口。

(2) 执行【生单】【采购到货单(蓝字)】命令,打开【查询条件选择—采购到货单列表】窗口,单击【确定】按钮。

(3) 打开【到货单生单列表】,选择相应的【到货单生单表头】,单击【确定】按钮,系统自动生成采购入库单,修改仓库为【电视仓】,单击【保存】按钮,单击【审核】按钮,如图 2-3-7 所示。

4. 暂估成市录入

(1) 2020 年 1 月 31 日,财务部【W02 王思敏】在企业应用平台中执行【业务工作】【供应链】【存货核算】【业务核算】【暂估成本录入】命令,包括已有暂估金额的单据选择【是】,打开【采购入库单成本成批录入查询】对话框。

(2) 选中【电视仓】,单击【确定】按钮,打开【哲估成本录入】窗口,在【单价】中输入【4 100.00】,如图 2-3-8 所示。

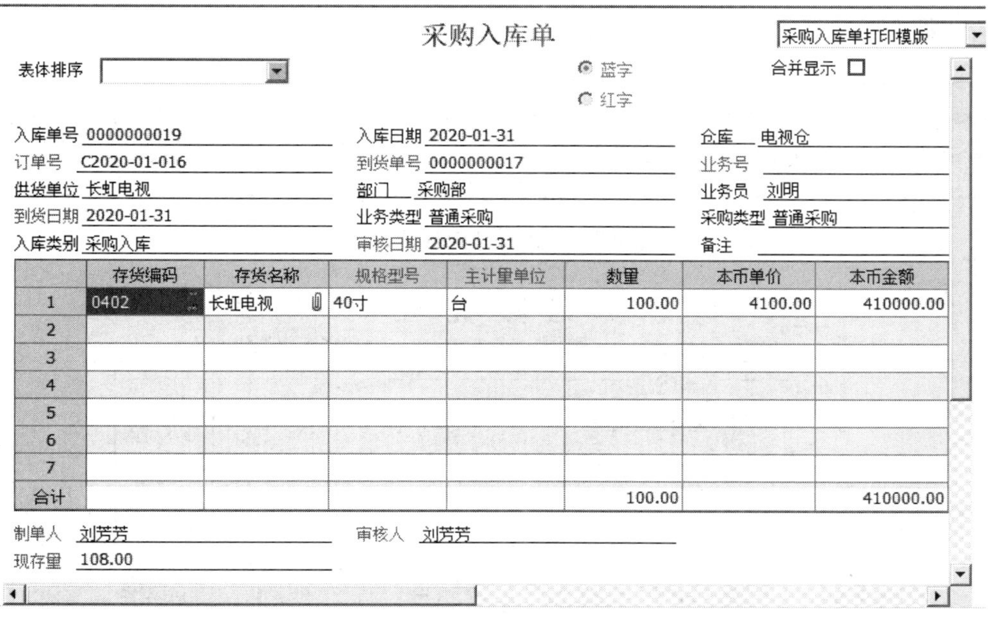

采购入库单

采购入库单打印模版

表体排序 ● 蓝字 ○ 红字 合并显示 □

入库单号 0000000019　入库日期 2020-01-31　仓库 电视仓
订单号 C2020-01-016　到货单号 0000000017　业务号
供货单位 长虹电视　部门 采购部　业务员 刘明
到货日期 2020-01-31　业务类型 普通采购　采购类型 普通采购
入库类别 采购入库　审核日期 2020-01-31　备注

	存货编码	存货名称	规格型号	主计量单位	数量	本币单价	本币金额
1	0402	长虹电视	40寸	台	100.00	4100.00	410000.00
2							
3							
4							
5							
6							
7							
合计					100.00		410000.00

制单人 刘芳芳　审核人 刘芳芳
现存量 108.00

图 2-3-7 【采购入库单】窗口

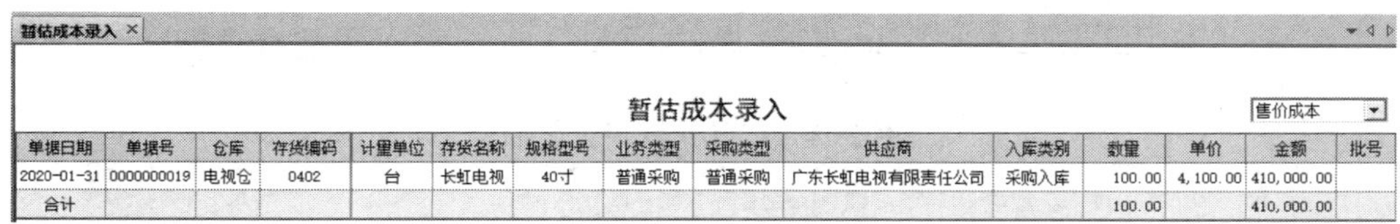

暂估成本录入

单据日期	单据号	仓库	存货编码	计量单位	存货名称	规格型号	业务类型	采购类型	供应商	入库类别	数量	单价	金额	批号
2020-01-31	0000000019	电视仓	0402	台	长虹电视	40寸	普通采购	普通采购	广东长虹电视有限责任公司	采购入库	100.00	4,100.00	410,000.00	
合计											100.00		410,000.00	

图 2-3-8 【暂估成本录入】窗口

(3) 单击【保存】按钮,再单击【退出】按钮,退出【暂估成本录入】窗口。

5. 正常单据记账

(1) 2020 年 1 月 31 日,财务部【W02 王思敏】在企业应用平台中执行【业务工作】【供应链】【存货核算】【业务核算】【正常单据记账】命令,打开【查询条件选择】对话框。

(2) 单击【确定】按钮,打开【正常单据记账列表】窗口,如图 2-3-9 所示。

正常单据记账列表

记录总数：2

选择	日期	单据号	存货编码	存货名称	规格型号	单据类型	仓库名称	收发类别	数量	单价	金额	供应商简称	计量单位
	2020-01-24	96601160	0203	美的电烧水壶	1000W	专用发票	小家电仓	销售出库	-5.00				个
Y	2020-01-31	0000000019	0402	长虹电视	40寸	采购入库单	电视仓	采购入库	100.00	4,100.00	410,000.00	长虹电视	台
小计									95.00		410,000.00		

图 2-3-9 【正常单据记账列表】窗口

(3) 单击【全选】按钮,再单击【记账】按钮。

6. 生成暂估凭证

(1) 2020 年 1 月 31 日,财务部【W02 王思敏】在企业应用平台中执行【业务工作】【供应链】【存货核算】【财务核算】【生成凭证】命令,打开【生成凭证】窗口。

(2) 单击【选择】按钮,打开【查询条件】对话框,选择【采购入库单(暂估记账)】。

(3) 单击【确定】按钮,打开【选择单据】对话框。

(4) 单击【全选】按钮,再单击【确定】,打开【生成凭证】窗口,如图 2-3-10 所示。

(5) 单击【生成】按钮,生成暂估凭证,单击【保存】按钮,凭证显示【已生成】,如图

2-3-11 所示。

凭证类别 记 记账凭证

选择	单据类型	单据号	摘要	科目类型	科目编码	科目名称	借方金额	贷方金额	借方数量	贷方数量	科目方向	存货编码	存货名称	规格型号	部门名称	业务员名称
1	采购入库单	0000000019	采购入库单	存货	1405	库存商品	410,000.00		100.00		1	0402	长虹电视	40寸	采购部	刘明
				应付暂估	220202	暂估应付款		410,000.00		100.00	2	0402	长虹电视	40寸	采购部	刘明
合计							410,000.00	410,000.00								

图 2-3-10 【生成凭证】窗口

已生成

记账凭证

记 字 0089　制单日期：2020.01.31　审核日期：　附单据数：1

摘要	科目名称	借方金额	贷方金额
采购入库单	库存商品	41000000	
采购入库单	应付账款/暂估应付款		41000000
票号 日期　数量 单价	合计	41000000	41000000

备注　项目　部门　个人　客户　业务员

记账　审核　出纳　制单 王思敏

图 2-3-11 【记账凭证】窗口

业务二　本期到票冲上期暂估业务

〖**业务描述**〗2020 年 1 月 31 日，收到 2019 年 12 月 18 日入库的长虹电视，规格 32 寸的发票，取得与该业务相关的凭证如图 2-3-12 所示。

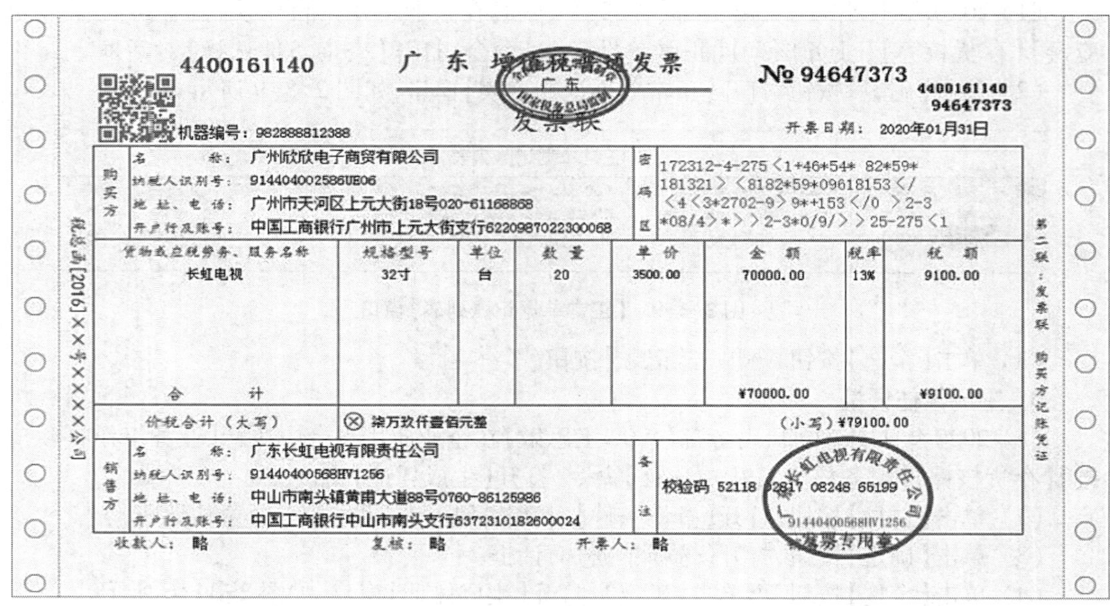

4400161140　广东增值税普通发票　№ 94647373　4400161140 94647373

发票联

机器编号：982888812388　开票日期：2020年01月31日

购买方　名称：广州欣欣电子商贸有限公司
纳税人识别号：914404002586UE06
地址、电话：广州市天河区上元大街18号020-61168868
开户行及账号：中国工商银行广州市上元大街支行6220987022300068

密码区：172312-4-275 <1+46*54* 82*59* 181321> <8182*59*09618153</ <4<3*2702-9> 9*+153</0 >2-3 *08/4>*>>2-3*0/9/>>25-275<1

货物或应税劳务、服务名称	规格型号	单位	数量	单价	金额	税率	税额
长虹电视	32寸	台	20	3500.00	70000.00	13%	9100.00
合计					¥70000.00		¥9100.00

价税合计（大写）ⓧ柒万玖仟壹佰元整　（小写）¥79100.00

销售方　名称：广东长虹电视有限责任公司
纳税人识别号：91440400568HV1256
地址、电话：中山市南头镇黄甫大道88号0760-86125986
开户行及账号：中国工商银行中山市南头支行6372310182600024

备注：校验码 52118 02817 08248 65199

收款人：略　复核：略　开票人：略　销售方：（章）

税总函[2016]××号××××公司

第二联：发票联　购买方记账凭证

图 2-3-12 【增值税普通发票】窗口

〖业务解析〗本笔业务是期初入库、本期收到采购专用发票的暂估处理业务。

〖岗位操作说明〗本笔业务各岗位的操作流程如图 2-3-13 所示，采购部【G01 刘明】填制采购专用发票，财务部【W02 王思敏】审核发票、结算成本处理并制单。

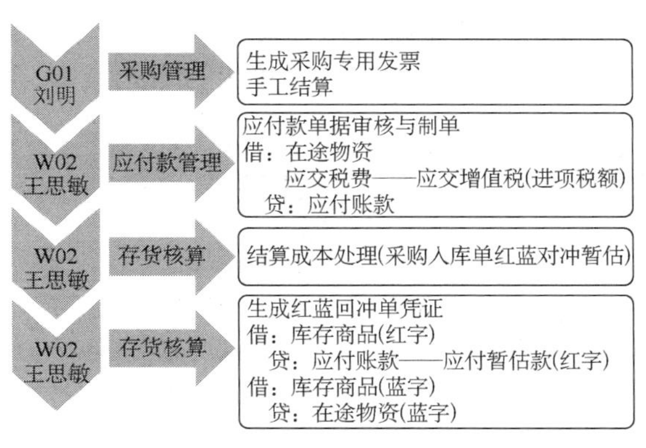

图 2-3-13 岗位操作说明

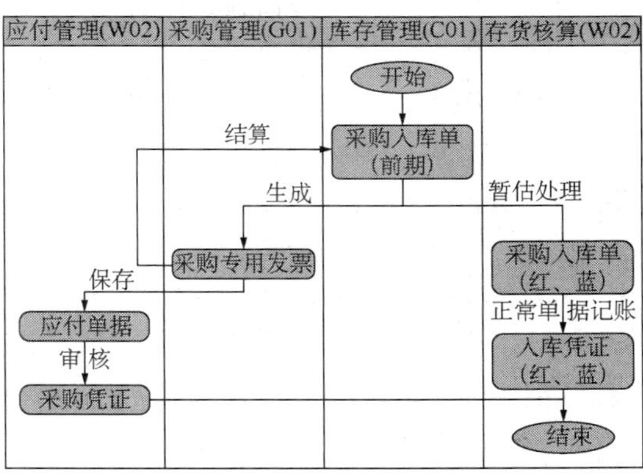

图 2-3-14 业务流程

〖业务流程〗本笔业务的业务流程如图 2-3-14 所示。

〖操作指导〗

1. 生成采购专用发票

(1) 2020 年 1 月 31 日，采购部【G01 刘明】在企业应用平台中执行【业务工作】【供应链】【采购管理】【采购发票】【专用采购发票】命令，打开【采购专用发票】窗口。

(2) 单击【增加】按钮，选择【生单】【入库单】命令，打开【查询条件选择—采购入库单列表过滤】对话框，单击【确定】按钮。

(3) 系统弹出【拷贝并执行】对话框，选中所要拷贝的采购入库单，单击【确定】按钮，系统自动生成采购专用发票，修改发票号为【94647373】，如图 2-3-15 所示，单击【保存】按钮。

专用发票

打印模版 8164 专用发票打印模版

表体排序

合并显示 □

业务类型 普通采购	发票类型 专用发票	发票号 94647373
开票日期 2020-01-31	供应商 长虹电视	代垫单位 长虹电视
采购类型 普通采购	税率 13.00	部门名称 采购部
业务员 刘明	币种 人民币	汇率 1
发票日期	付款条件	备注

	存货编码	存货名称	规格型号	主计量	数量	原币单价	原币金额	原币税额	原币价税合计	税率	原币含税单价
1	0401	长虹电视	32寸	台	20.00	3500.00	70000.00	9100.00	79100.00	13.00	3955.00
2											
3											
4											
5											
6											
7											
合计					20.00		70000.00	9100.00	79100.00		

结算日期 制单人 刘明 审核人

图 2-3-15 【专用发票】窗口

2. 采购结算(手工结算)

(1) 2020 年 1 月 31 日,采购部【G01 刘明】在企业应用平台中执行【业务工作】【供应链】【采购管理】【采购结算】【手工结算】,打开【手工结算】窗口。

(2) 单击【选单】按钮,打开【结算选单】窗口。

(3) 单击【查询】按钮,打开【查询条件选择—采购手工结算】对话框。

(4) 选择相应的【采购发票】和【入库单】,如图 2-3-16 所示,单击【确定】按钮。

结算选发票列表

☑ 扣税类别不同时给出提示

记录总数: 3

选择	供应商简称	存货名称	制单人	发票号	供应商编号	供应商名称	开票日期	存货编码	规格型号	币种	数量	计量单位	单价	金额	项目名称
	美的电器	折扣与折让	刘明	36544521	0002	广州美的电器股份有限公司	2020-01-15	0903		人民币	-1.00	次	4,500.00	-4,500.00	
	恒鑫商贸	代理手续费	刘明	75775048	0006	广州市海珠区恒鑫商贸有限公司	2020-01-28	0902		人民币	1.00	次	15,600.00	15,600.00	
Y	长虹电视	长虹电视	刘明	94647373	0004	广东长虹电视有限责任公司	2020-01-31	0401	32寸	人民币	20.00	台	3,500.00	70,000.00	
合计															

结算选入库单列表

记录总数: 2

选择	供应商简称	存货名称	仓库名称	入库单号	供货商编码	供应商名称	入库日期	仓库编码	制单人	币种	存货编码	规格型号	入库数量	计量单位	件数	单价	金额	暂估金额	本币价税合计	本币税额
Y	长虹电视	长虹电视	电视仓	0000000001	0004	广东长虹电视有限责任公司	2019-12-18	04	张明明	人民币	0401	32寸	20.00	台	0.00	3,500.00	70,000.00	70,000.00	79,100.00	9,100.00
	长虹电视	长虹电视	电视仓	0000000019	0004	广东长虹电视有限责任公司	2020-01-31	04	刘芳芳	人民币	0402	40寸	100.00	台	0.00	4,100.00	410,000.00	410,000.00	463,300.00	53,300.00
合计																				

图 2-3-16 【结算选发票及入库单列表】窗口

(5) 系统回到【手工结算】窗口,单击【结算】按钮,如图 2-3-17 所示,系统显示【完成结算】。

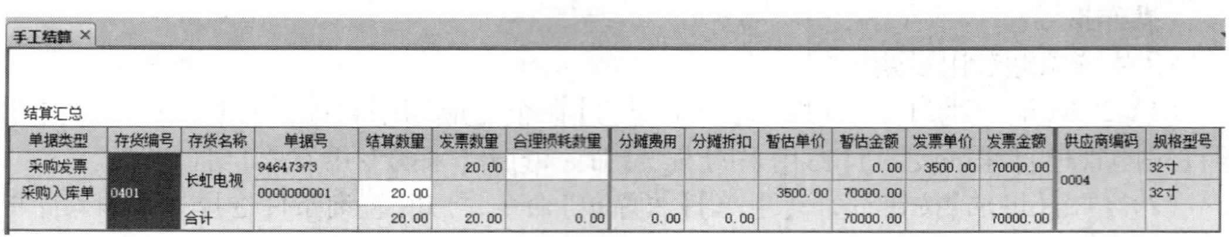
手工结算

结算汇总

单据类型	存货编号	存货名称	单据号	结算数量	发票数量	合理损耗数量	分摊费用	分摊折扣	暂估单价	暂估金额	发票单价	发票金额	供应商编码	规格型号
采购发票	0401	长虹电视	94647373		20.00					0.00	3500.00	70000.00	0004	32寸
采购入库单			0000000001	20.00					3500.00	70000.00				32寸
		合计		20.00	20.00	0.00	0.00	0.00		70000.00		70000.00		

图 2-3-17 【手工结算】窗口

3. 应付单据审核与制单

(1) 2020 年 1 月 31 日,财务部【W02 王思敏】在企业应用平台中执行【业务工作】【财务会计】【应付款管理】【应付单据处理】【应付单据审核】命令,打开【应付单据查询条件】对话框。

(2) 单击【确定】按钮,系统弹出【应付单据列表】窗口。

(3) 双击【选择】栏,或单击【全选】按钮,单击【审核】按钮,系统完成审核并给出审核报告,单击【确定】按钮后退出,如图 2-3-18 所示。

应付单据列表

记录总数: 1

选择	审核人	单据日期	单据类型	单据号	供应商名称	部门	业务员	制单人	币种	汇率	原币金额	本币金额	备注
	王思敏	2020-01-31	采购专用发票	94647373	广东长虹电视有限责任公司	采购部	刘明	刘明	人民币	1.00000000	79,100.00	79,100.00	
合计											79,100.00	79,100.00	

图 2-3-18 【应付单据列表】窗口

(4) 执行【制单处理】,打开【制单查询】对话框,选择【发票制单】。

(5) 单击【确定】按钮,打开【采购发票制单】窗口。

(6) 选择【记账凭证】,再单击【全选】按钮,选中要制单的【采购专用发票】。

(7) 单击【制单】按钮,生成一张记账凭证,单击【保存】按钮,如图 2-3-19 所示。

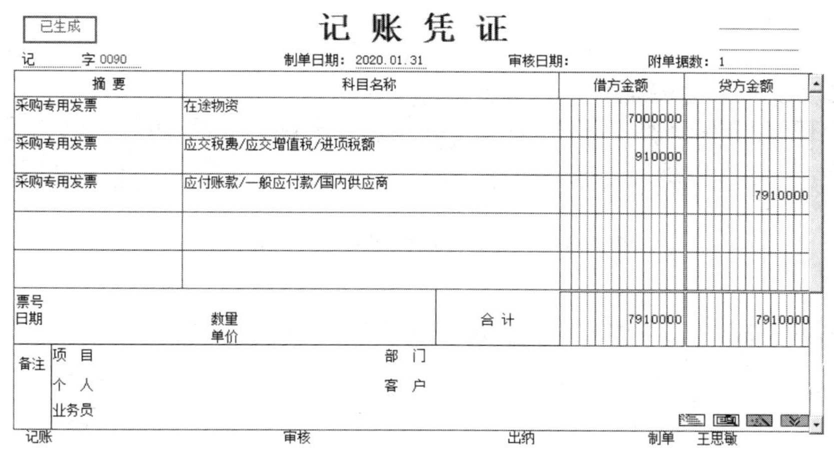
已生成

记 账 凭 证

记 字 0090　　制单日期：2020.01.31　　审核日期：　　附单据数：1

摘 要	科目名称	借方金额	贷方金额
采购专用发票	在途物资	7000000	
采购专用发票	应交税费/应交增值税/进项税额	910000	
采购专用发票	应付账款/一般应付款/国内供应商		7910000
票号 日期	数量 单价 合计	7910000	7910000

备注　项 目　　部 门
　　　个 人　　客 户
　　　业务员

记账　　审核　　出纳　　制单 王思敏

图 2-3-19 【记账凭证】窗口

4. 结算成市处理

（1）2020 年 1 月 31 日，财务部【W02 王思敏】在企业应用平台中执行【业务工作】【供应链】【存货核算】【业务核算】【结算成本处理】命令，打开【暂估处理查询】对话框。

（2）选中【电视仓】前的复选框，再选中未全部结算完的单据是否显示。

（3）单击【确定】按钮，打开【暂估结算表】窗口。

（4）单击【选择】栏或单击【全选】按钮，选中要暂估结算的结算单，如图 2-3-20 所示，再单击【暂估】按钮。

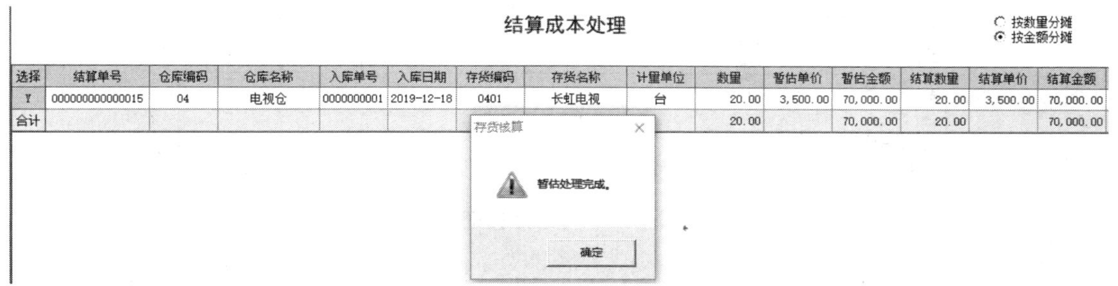
结算成本处理

○ 按数量分摊
◉ 按金额分摊

选择	结算单号	仓库编码	仓库名称	入库单号	入库日期	存货编码	存货名称	计量单位	数量	暂估单价	暂估金额	结算数量	结算单价	结算金额
Y	000000000000015	04	电视仓	0000000001	2019-12-18	0401	长虹电视	台	20.00	3,500.00	70,000.00	20.00	3,500.00	70,000.00
合计									20.00		70,000.00	20.00		70,000.00

图 2-3-20 【结算成本处理】窗口

5. 生成红蓝回冲单凭证

（1）2020 年 1 月 31 日，财务部【W02 王思敏】在企业应用平台中执行【业务工作】【供应链】【存货核算】【财务核算】【生成凭证】命令，打开【生成凭证】窗口。

（2）单击【选择】按钮，打开【查询条件】对话框。

（3）选中【红字回冲单】和【蓝字回冲单】复选框。

（4）单击【确定】按钮，打开【未生成凭证单据一览表】窗口。

（5）单击【选择】栏，如图 2-3-21 所示。

（6）单击【确定】按钮，打开【生成凭证】窗口，如图 2-3-22 所示。

（7）单击【生成】按钮，生成两张记账凭证，单击【保存】按钮，如图 2-3-23 和图 2-3-24 所示。

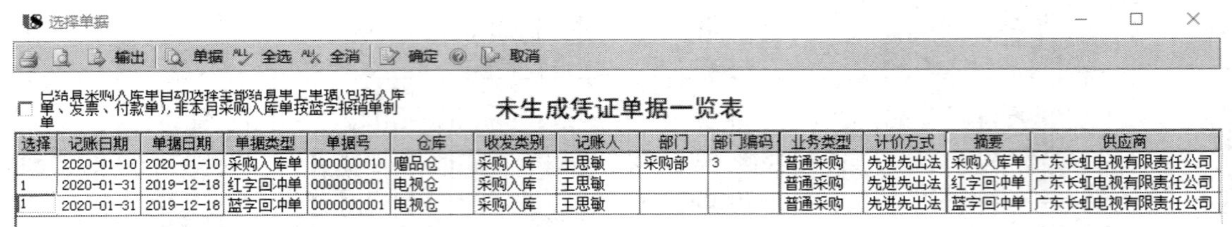

选择单据

输出 单据 全选 全消 确定 取消

□ 已结算采购入库单自动选择全部结算单上单据(包括入库单、发票、付款单),非本月采购入库单按蓝字报销单制单

未生成凭证单据一览表

选择	记账日期	单据日期	单据类型	单据号	仓库	收发类别	记账人	部门	部门编码	业务类型	计价方式	摘要	供应商
	2020-01-10	2020-01-10	采购入库单	0000000010	赠品仓	采购入库	王思敏	采购部	3	普通采购	先进先出法	采购入库单	广东长虹电视有限责任公司
1	2020-01-31	2019-12-18	红字回冲单	0000000001	电视仓	采购入库	王思敏			普通采购	先进先出法	红字回冲单	广东长虹电视有限责任公司
1	2020-01-31	2019-12-18	蓝字回冲单	0000000001	电视仓	采购入库	王思敏			普通采购	先进先出法	蓝字回冲单	广东长虹电视有限责任公司

图 2-3-21 【未生成凭证单据一览表】窗口

凭证类别 记 记账凭证

选择	单据类型	单据号	摘要	科目类型	科目编码	科目名称	借方金额	贷方金额	借方数量	贷方数量	科目方向	存货编码	存货名称	规格型号	部门名称	业务员名称
1	红字回冲单	0000000001	红字回冲单	存货	1405	库存商品	-70,000.00		-20.00		1	0401	长虹电视	32寸		刘明
				应付暂估	220202	暂估应付款		-70,000.00		-20.00	2	0401	长虹电视	32寸		刘明
	蓝字回冲单		蓝字回冲单	存货	1405	库存商品	70,000.00		20.00		1	0401	长虹电视	32寸		刘明
				对方	1402	在途物资		70,000.00		20.00	2	0401	长虹电视	32寸		刘明
合计							0.00	0.00								

图 2-3-22 【生成凭证】窗口

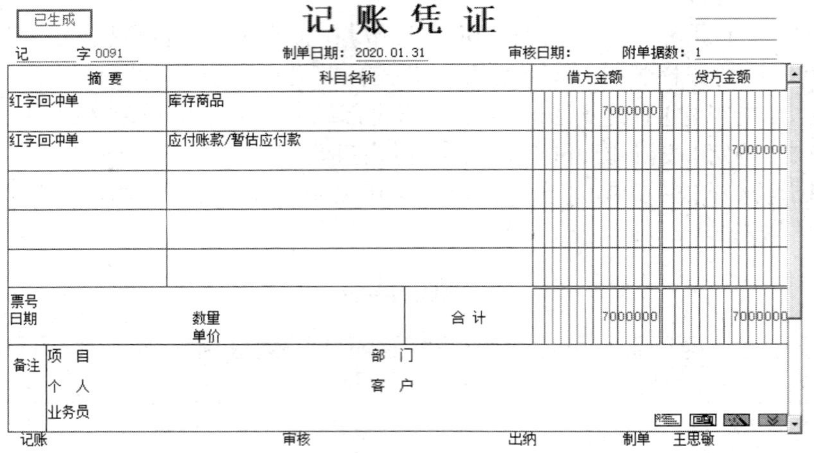

已生成

记账凭证

记 字 0091 制单日期: 2020.01.31 审核日期: 附单据数: 1

摘要	科目名称	借方金额	贷方金额
红字回冲单	库存商品	7000000	
红字回冲单	应付账款/暂估应付款		7000000
票号 日期	数量 单价 合计	7000000	7000000

备注 项目 部门 个人 客户 业务员

记账 审核 出纳 制单 王思敏

图 2-3-23 【记账凭证】窗口

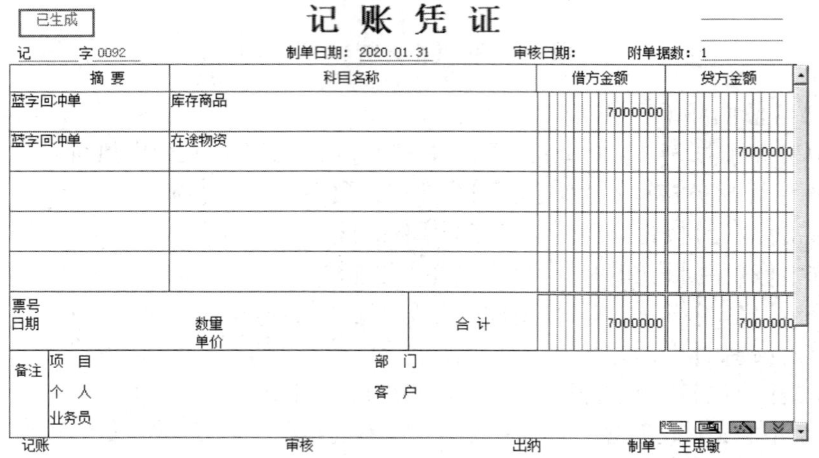

已生成

记账凭证

记 字 0092 制单日期: 2020.01.31 审核日期: 附单据数: 1

摘要	科目名称	借方金额	贷方金额
蓝字回冲单	库存商品	7000000	
蓝字回冲单	在途物资		7000000
票号 日期	数量 单价 合计	7000000	7000000

备注 项目 部门 个人 客户 业务员

记账 审核 出纳 制单 王思敏

图 2-3-24 【记账凭证】窗口

任务二　期末检查单据记账业务处理

〖**业务描述**〗2020 年 1 月 31 日，将所有单据业务（包括正常单据、发出商品、直运销售、特殊单据）进行记账。

期末检查单据记账业务处理

〖**业务解析**〗本笔业务是期末对所有单据是否记账进行检查和处理。财务部【W02 王思敏】在业务核算下分别进行正常单据记账、发出商品记账、直运销售记账、特殊单据记账处理操作。

〖**岗位操作说明**〗本笔业务各岗位的具体操作说明如图 2-3-25 所示。

〖**业务流程**〗本笔业务的业务流程如图 2-3-26 所示。

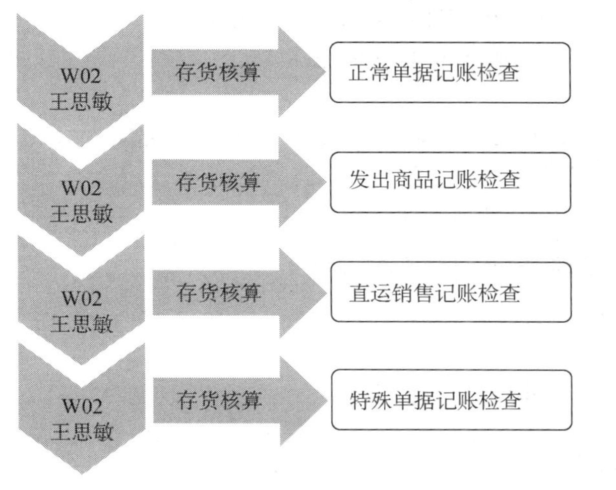

图 2-3-25　岗位操作说明

存货核算(W02)
开始
检查
正常单据记账
发出商品记账
直运销售记账
特殊单据记账
结束

图 2-3-26　业务流程

〖**操作指引**〗

1. 检查正常单据记账

（1）2020 年 1 月 31 日，财务部【W02 王思敏】在企业应用平台中执行【业务工作】【供应链】【存货核算】【业务核算】【正常单据记账】命令，打开【查询条件选择】对话框。

（2）单击【确定】，打开【正常单据记账列表】窗口，发现有退货业务单据尚未记账。

（3）单击【全选】按钮，如图 2-3-27 所示。

正常单据记账列表

记录总数：1

选择	日期	单据号	存货编码	存货名称	规格型号	存货代码	单据类型	仓库名称	收发类别	数量
Y	2020-01-24	96601160	0203	美的电烧水壶	1000W		专用发票	小家电仓	销售出库	-5.00
小计										-5.00

图 2-3-27　【正常单据记账列表】窗口

（4）单击【记账】，出现【手工单价列表】窗口，手动输入单价【95.00】，如图 2-3-28 所示。

手工输入单价列表

记录总数：1

选择	存货编码	存货名称	规格型号	部门编码	仓库编码	仓库名称	部门名称	单价
Y	0203	美的电烧水壶	1000W		02	小家电仓		95.00
小计								

图 2-3-28　【手工输入单价列表】窗口

(5) 单击【确定】按钮,将销售出库单记账,系统提示【记账成功!】。

(6) 执行【财务核算】【生成凭证】命令,打开【查询条件】对话框。

(7) 单击【确定】按钮,打开【末生成凭证单据一览表】,如图 2-3-29 所示。

□ 已结算采购入库单自动选择全部结算单上单据(包括入库单、发票、付款单),非本月采购入库单按蓝字报销单制单

末生成凭证单据一览表

选择	记账日期	单据日期	单据类型	单据号	仓库	收发类别	记账人	部门	部门编码	业务单号	业务类型	计价方式	备注	摘要	供应商	客户
	2020-01-10	2020-01-10	采购入库单	0000000009	赠品仓	采购入库	王思敏	采购部	3		普通采购	先进先出法		采购入库单	广东长虹电	
1	2020-01-31	2020-01-24	专用发票	96601160	小家电仓	销售出库	王思敏	销售部	4		普通销售	先进先出法		专用发票		广州市天河

图 2-3-29 【末生成凭证单据一览表】窗口

(8) 单击【选择】栏,选中待生成凭证的单据,单击【确定】按钮。

(9) 凭证类别选择【记账凭证】,如图 2-3-30 所示。

凭证类别 记 记账凭证

选择	单据类型	单据号	摘要	科目类型	科目编码	科目名称	借方金额	贷方金额	借方数量	贷方数量	科目方向	存货编码	存货名称	规格型号	部门名称	业务员名称
1	专用发票	96601160	专用发票	对方	6401	主营业务成本	-475.00		-5.00		1	0203	美的电烧水壶	1000W	销售部	王丽华
				存货	1405	库存商品		-475.00		-5.00	2	0203	美的电烧水壶	1000W	销售部	王丽华
合计							-475.00	-475.00								

图 2-3-30 【生成凭证】窗口

(10) 单击【生成】按钮,生成一张记凭证,单击【保存】按钮,如图 2-3-31 所示。

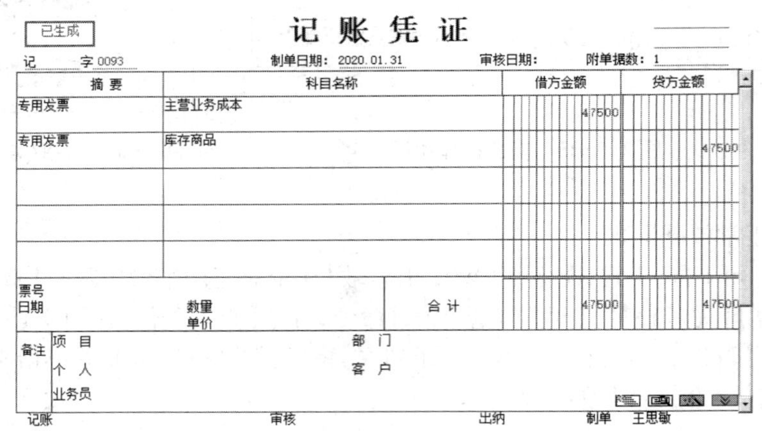
已生成

记账凭证

记 字 0093 制单日期: 2020.01.31 审核日期: 附单据数: 1

摘要	科目名称	借方金额	贷方金额
专用发票	主营业务成本	47500	
专用发票	库存商品		47500
票号 日期	数量 单价 合计	47500	47500

备注 项目 部门

个人 客户

业务员

记账 审核 出纳 制单 王思敏

图 2-3-31 【记账凭证】窗口

2. 检查发出商品单据记账

(1) 2020 年 1 月 31 日,财务部【W02 王思敏】在企业应用平台中执行【业务工作】【供应链】【存货核算】【业务核算】【发出商品单据记账】命令,打开【查询条件选择】对话框。

(2) 单击【确定】按钮,打开【发出商品单据记账】窗口,没有发现尚未记账单据,如图 2-3-32 所示。

发出商品记账

记录总数: 0

选择	日期	单据号	仓库名称	收发类别	存货编码	存货代码	存货名称	规格型号	单据类型	计量单位	数量
小计											

图 2-3-32 【发出商品记账】窗口

3. 检查直运销售单据记账

（1）2020 年 1 月 31 日，财务部【W02 王思敏】在企业应用平台中执行【业务工作】【供应链】【存货核算】【业务核算】【直运销售单据记账】命令，打开【查询条件选择】对话框，选择单据类型为【采购发票】和【销售发票】。

（2）单击【确定】按钮，打开【直运销售单据记账】窗口，没有发现尚未记账单据，如图 2-3-33 所示。

直运销售记账

记录总数：0

选择	日期	单据号	存货编码	存货名称	规格型号	收发类别	单据类型	数量	单价	金额
小计										

图 2-3-33　【直运销售记账】窗口

（3）单击【记账】按钮，系统显示【记账成功】，单击【确定】按钮。

4. 检查特殊单据记账

（1）2020 年 1 月 31 日，财务部【W02 王思敏】在企业应用平台中执行【业务工作】【供应链】【存货核算】【业务核算】【特殊单据记账】命令，打开【查询条件选择】对话框，选择单据类型为【调拨单】。

（2）单击【确定】按钮，打开【特殊单据记账】窗口，没有发现尚未记账单据，如图 2-3-34 所示。

特殊单据记账

记录总数：0

选择	单据号	单据日期	转入仓库	转出仓库	转入部门	转出部门	经手人	审核人	制单人
小计	单据号								

图 2-3-34　【特殊单据记账】窗口

任务三　存货暂估成本录入及结算成本处理

〖业务描述〗2020 年 1 月 31 日，检查是否有入库单存货尚无价格，并给这些单据录入价格；2020 年 1 月 31 日，检查本期进行采购结算，需要进行结算成本暂估处理的单据，并对其进行暂估处理。

存货暂估成本录入及结算成本处理

〖业务解析〗本笔业务是期末结账前进行存货暂估成本录入和结算成本处理。财务部【W02 王思敏】存货暂估成本检查并录入和结算成本处理操作。

〖岗位操作说明〗本笔业务各岗位的具体操作说明如图2-3-35所示。

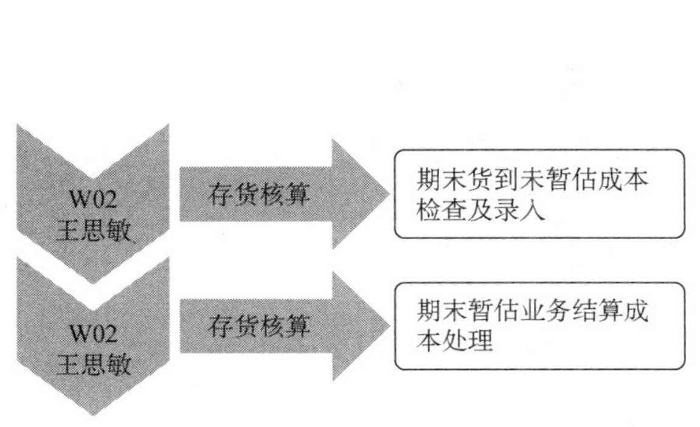

图 2-3-35　岗位操作流程

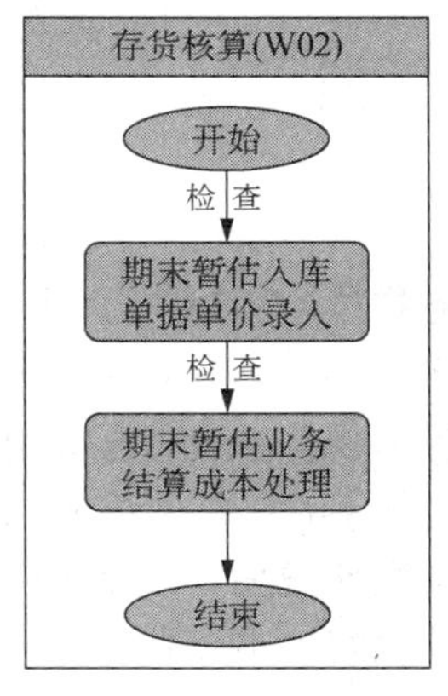

图 2-3-36　业务流程

〖**业务流程**〗本笔业务的业务流程如图2-3-36 所示。

〖**操作指引**〗

1. 检查是否有入库单存货暂估单价录入

（1）2020 年 1 月 31 日，财务部【W02 王思敏】在企业应用平台中执行【业务工作】【供应链】【存货核算】【业务核算】【暂估成本录入】命令，打开〔查询条件选择】对话框。

（2）单击【确定】按钮，打开【暂估成本录入】窗口，如果有需要录入单价的存货，录入单价信息，单击【保存】按钮，如图 2-3-37 所示。

暂估成本录入

单据日期	单据号	仓库	存货编码	存货代码	计量单位	存货名称	规格型号	业务类型	采购类型	供应商	入库类别	数量	单价	金额	批号
合计															

图 2-3-37 【暂估成本录入】窗口

2. 检查期末结算成本处理

（1）2020 年 1 月 31 日，财务部【W02 王思敏】在企业应用平台中执行【业务工作】【供应链】【存货核算】【业务核算】【结算成本处理】命令，打开【暂估处理查询】对话框，如图 2-3-38 所示。

（2）选择所有的仓库，其他条件为默认，单击【确定】按钮后退出，完成期末成本处理的检查。

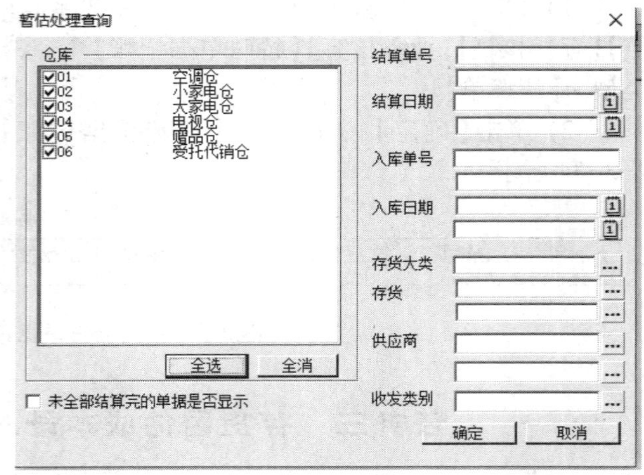

图 2-3-38 【暂估处理查询】窗口

项目四 库存管理系统业务处理

任务一 调拨业务处理

操作视频

微课

调拨业务处理

〖**业务描述**〗2020 年 1 月 31 日，因受托代销仓需要维修，本公司将存货编码为【0301】的 125 台【40L 美满电热水器】从受托代销仓调拨到大家电仓。

〖**业务解析**〗本笔业务是仓库调拨业务。仓储部【C01 刘芳芳】填制其他出库单；财务部【W02 王思敏】正常单据记账、制单处理。

〖**岗位操作说明**〗本笔业务各岗位的具体操作说明如图 2-4-1 所示。

〖**业务流程**〗本笔业务的业务流程如图 2-4-2 所示。

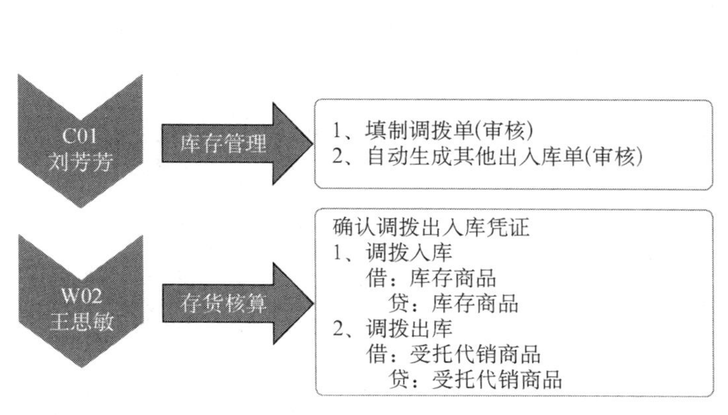

图 2-4-1　岗位操作说明

库存管理(C01)　存货核算(W02)
开始
填制
调拨单
审核
其他入库单
其他出库单
审核
正常单据记账
盘盈/盈亏凭证
结束

图 2-4-2　业务流程

〖操作指引〗

1. 审核调拨单

(1) 2020 年 1 月 31 日，仓储部【C01 刘芳芳】在企业应用平台中执行【业务工作】【供应链】【库存管理】【调拨业务】命令，打开【调拨单】窗口。

(2) 单击【增加】按钮，选择【转出仓库】为【受托代销仓】，【转入仓库】为【大家电仓】，输入【存货编码】为【0301】的调拨数量为【125.00】，单击【保存】按钮。

(3) 单击【审核】按钮，审核填制的调拨单，如图 2-4-3 所示。

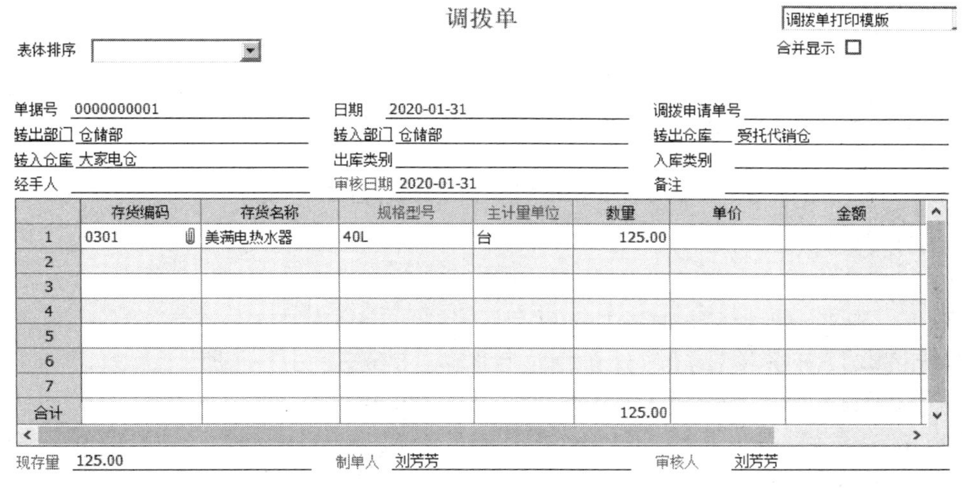

调拨单　　调拨单打印模版

表体排序　　合并显示 □

单据号 0000000001　日期 2020-01-31　调拨申请单号
转出部门 仓储部　转入部门 仓储部　转出仓库 受托代销仓
转入仓库 大家电仓　出库类别　入库类别
经手人　审核日期 2020-01-31　备注

	存货编码	存货名称	规格型号	主计量单位	数量	单价	金额
1	0301	美满电热水器	40L	台	125.00		
2							
3							
4							
5							
6							
7							
合计					125.00		

现存量 125.00　制单人 刘芳芳　审核人 刘芳芳

图 2-4-3　【调拨单】窗口

2. 审核其他入库单

2020 年 1 月 31 日，仓储部【C01 刘芳芳】在企业应用平台中执行【业务工作】【供应链】【库存管理】【入库业务】【其他入库单】命令，单击【浏览】按钮，找到调拨单自动生成的其他入库单，单击【审核】按钮，如图 2-4-4 所示。

3. 审核其他出库单

2020 年 1 月 31 日，仓储部【C01 刘芳芳】在企业应用平台中执行【业务工作】【供应链】【库存管理】【出库业务】【其他出库单】命令，单击【浏览】按钮，找到调拨单自动生成的其他出库单,单击【审核】按钮,如图 2-4-5 所示。

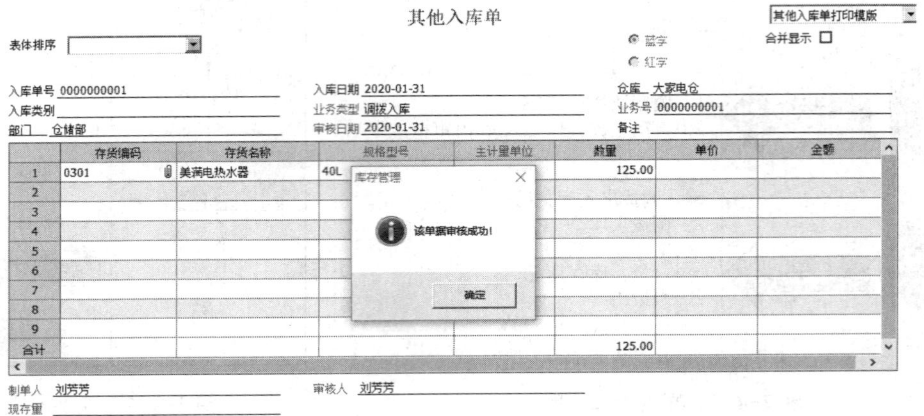

图 2-4-4 【其他入库单】窗口

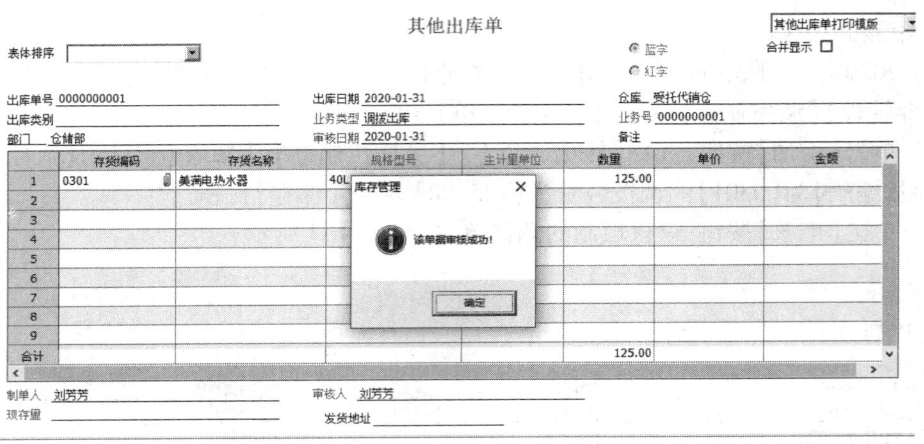

图 2-4-5 【其他出库单】窗口

4. 存货核算

(1) 2020 年 1 月 31 日,财务部【W02 王思敏】在企业应用平台中执行【业务工作】【供应链】【存货核算】【业务核算】【特殊单据记账】命令,打开【特殊单据记账条件】对话框。如图 2-4-6 所示。

(2) 单击【确定】按钮,打开【特殊单据记账列表】窗口,单击【全选】按钮,如图 2-4-7 所示。

(3) 单击【记账】按钮,将调拨单记账,系统提示【记账成功!】。

(4) 执行【财务核算】【生成凭证】命令,打开【查询条件】对话框。

(5) 单击【确定】按钮,打开【未生成凭证单据一览表】窗口,如图 2-4-8 所示。

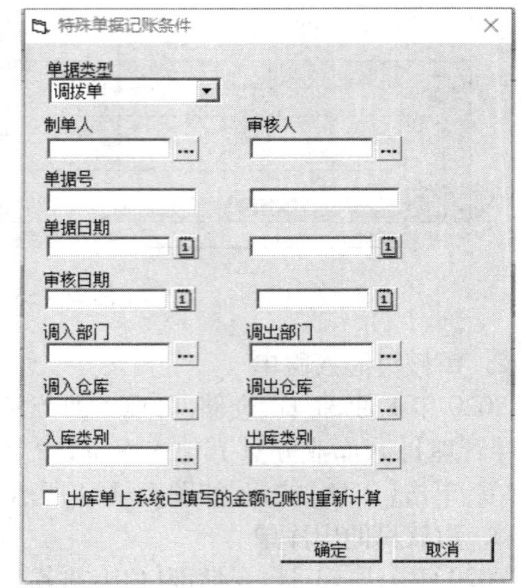

图 2-4-6 【特殊单据记账条件】窗口

特殊单据记账

记录总数：1

选择	单据号	单据日期	转入仓库	转出仓库	转入部门	转出部门	经手人	审核人	制单人
Y	0000000001	2020-01-31	大家电仓	受托代销仓	仓储部	仓储部		刘芳芳	刘芳芳
小计									

图 2-4-7 【特殊单据记账】窗口

□ 已结算采购入库单自动选择全部结算单上单据(包括入库单、发票、付款单)，非本月采购入库单按蓝字报销单制单

未生成凭证单据一览表

选择	记账日期	单据日期	单据类型	单据号	仓库	收发类别	记账人	部门	部门编码	业务单号	业务类型	计价方式	备注	摘要	供应商
	2020-01-10	2020-01-10	采购入库单	0000000009	赠品仓	采购入库	王思敏	采购部	3		普通采购	先进先出法		采购入库单	广东长虹电
1	2020-01-31	2020-01-31	其他出库单	0000000001	受托代销仓		王思敏	仓储部	5	0000000001	调拨出库	先进先出法		其他出库单	
1	2020-01-31	2020-01-31	其他入库单	0000000001	大家电仓		王思敏	仓储部	5	0000000001	调拨入库	先进先出法		其他入库单	

图 2-4-8 【未生成凭证单据一览表】窗口

（6）单击【选择】栏，选中待生成凭证的单据，单击【确定】按钮。

（7）凭证类别选择【记 记账凭证】，其他出库单对方科目录入【受托代销商品】，其他入库单对方科目录入【库存商品】如图 2-4-9 所示。

凭证类别 记 记账凭证

选择	单据类型	单据号	摘要	科目类型	科目编码	科目名称	借方金额	贷方金额	借方数量	贷方数量	科目方向	存货编码	存货名称	规格型号	部门名称
1	其他出库单	0000000001	其他出库单	对方	1321	受托代销商品	55,000.00		25.00		1	0301	美满电热水器	40L	仓储部
				存货	1321	受托代销商品		55,000.00		25.00	2	0301	美满电热水器	40L	仓储部
				对方	1321	受托代销商品	220,000.00		100.00		1	0301	美满电热水器	40L	仓储部
				存货	1321	受托代销商品		220,000.00		100.00	2	0301	美满电热水器	40L	仓储部
	其他入库单		其他入库单	存货	1405	库存商品	275,000.00		125.00		1	0301	美满电热水器	40L	仓储部
				对方	1405	库存商品		275,000.00		125.00	2	0301	美满电热水器	40L	仓储部
合计							550,000.00	550,000.00							

图 2-4-9 【生成凭证】窗口

（8）单击【生成】按钮，生成两张记账凭证，单击【保存】按钮，如图 2-4-10 和 2-4-11 所示。

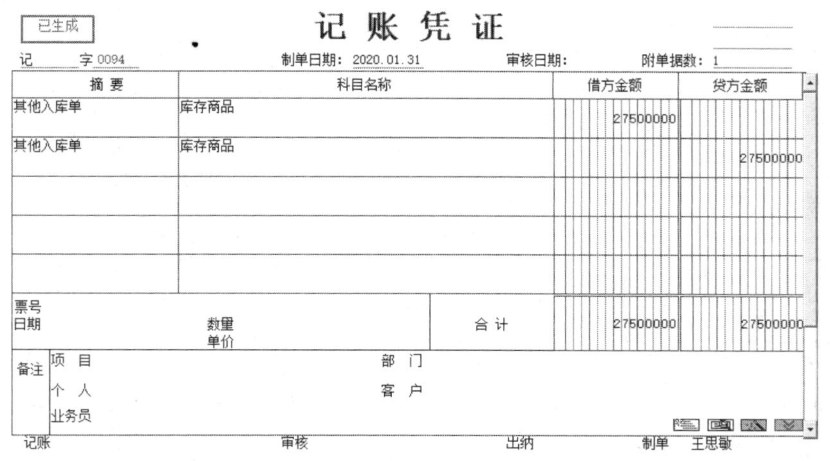

已生成

记 账 凭 证

记 字 0094　制单日期：2020.01.31　审核日期：　附单据数：1

摘要	科目名称	借方金额	贷方金额
其他入库单	库存商品	27500000	
其他入库单	库存商品		27500000
票号 日期	数量 单价 合计	27500000	27500000

备注　项 目　部 门

个 人　客 户

业务员

记账　审核　出纳　制单 王思敏

图 2-4-10 【记账凭证】窗口

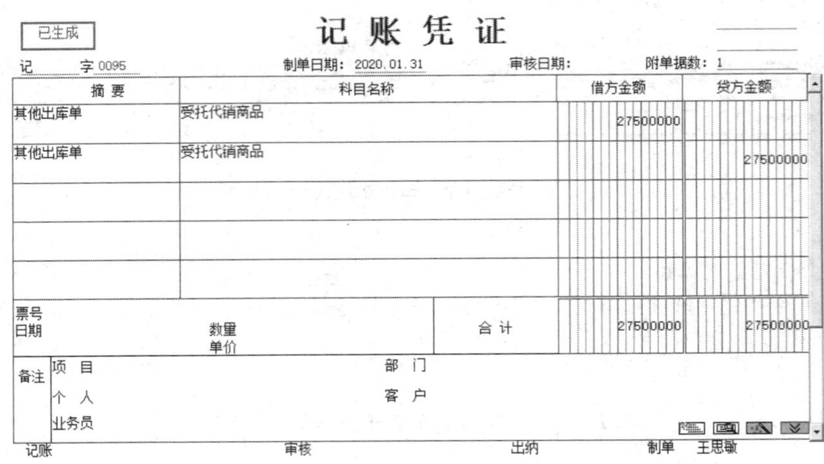

已生成

记账凭证

记 字 0095　　制单日期：2020.01.31　　审核日期：　　附单据数：1

摘要	科目名称	借方金额	贷方金额
其他出库单	受托代销商品	27500000	
其他出库单	受托代销商品		27500000
票号 日期　数量 单价	合计	27500000	27500000

备注　项目　　部门
　　　个人　　客户
　　　业务员

记账　　审核　　出纳　　制单　王思敏

图 2-4-11 【记账凭证】窗口

任务二　盘点业务处理

操作视频

微课

盘点业务处理

〖**业务描述**〗2020 年 1 月 31 日所有商品进行实地盘点，盘点表如表 2-4-1 所示；2020 年 1 月 31 日，盘亏的存货损失经批准，50%由仓库员承担计入其他应收款，50%由公司承担计入营业外支出；2020 年 1 月 31 日，盘盈的存货请批准冲减管理费用。

表 2-4-1　　　　存货盘点表

盘点日期：2C20-1-31　　　　盘点人：刘芳芳、王思敏

序号	盘点仓库	存货编码	存货名称	规格型号	主计量单位	账面数量	实盘数量	差异	备注
1	空调仓	0101	格力立式空调	3P	台	25	25	0	
2	空调仓	0102	格力立式空调	4P	台	25	25	0	
3	空调仓	0103	格力挂式空调	1P	台	20	20	0	
4	空调仓	0104	格力挂式空调	2P	台	10	10	0	
5	小家电仓	0201	美的电饭煲	6L	个	107	105	-2	
6	小家电仓	0202	美的电磁炉	2000W	个	117	117	0	
7	小家电仓	0203	美的电烧水壶	1000W	个	88	90	2	
8	小家电仓	0204	美的电高压锅	5L	个	44	44	0	
9	小家电仓	0301	美满电热水器	40L	台	125	125	0	
10	大家电仓	0401	长虹电视	32 寸	台	73	73	0	
11	电视仓	0402	长虹电视	40 寸	台	108	108	0	
12	电视仓	0403	长虹电视	42 寸	台	73	73	0	
13	受托代销仓	0301	美满电热水器	40L	台	140	140	0	
14	受托代销仓	0302	美满电热水器	50L	台	145	145	0	

〖**业务解析**〗本笔业务是存货盘点业务。

〖**岗位操作说明**〗本笔业务各岗位的具体操作如图 2-4-12 所示。

〖**业务流程**〗本笔业务的业务流程如图 2-4-13 所示。

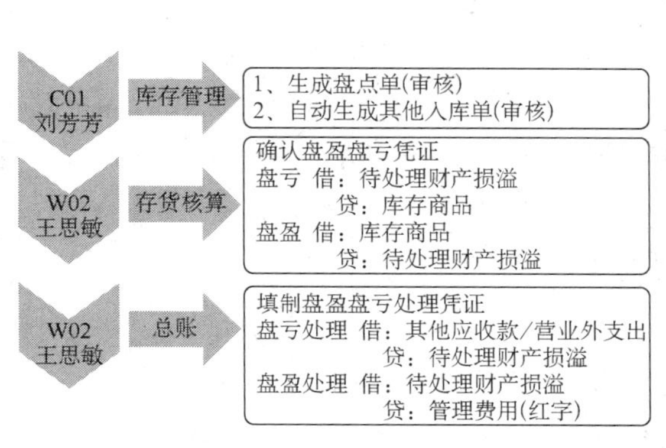

图 2-4-12 岗位操作流程

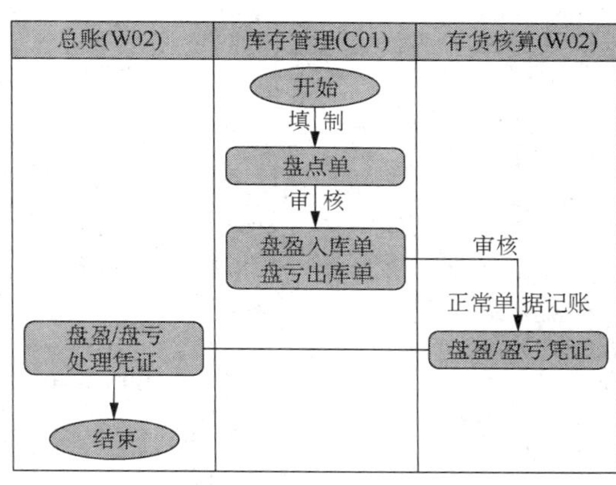

图 2-4-13 业务流程

〖操作指引〗

1. 获取盘点数据

从系统导出盘点单账面数据，进行实地盘点，取得盘点数据，如存货盘点表 2-4-1 所示。

2. 填制盘点单，将实盘数据录入系统

（1）2020 年 1 月 31 日，盘点完毕，仓储部【C01 刘芳芳】在企业应用平台中执行【业务工作】【供应链】【库存管理】【盘点业务】命令，打开【盘点单】窗口。

（2）单击【增加】按钮，【盘点仓库】选择【空调仓】，【出库类别】选择【盘亏出库】，【入库类别】选择【盘盈入库】，【经手人】选择【C01 刘芳芳】，单击【盘库】按钮，弹出【盘库将删除示保存的所有记录，是否继续?】按钮。

（3）选择【是】按钮，出现盘点处理界面，选择【按仓库盘点】，如图 2-4-14 所示。

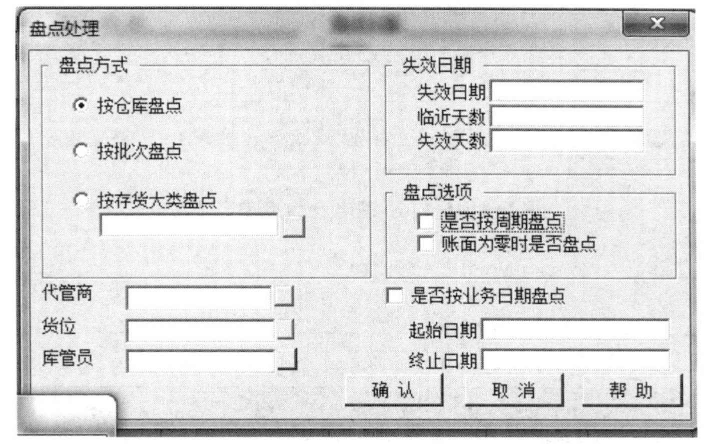

图 2-4-14 【盘点处理】窗口

（4）点击【确认】按钮，根据实地盘点表内容，检查并输入各存货实盘数据，单击【保存】按钮，单击【审核】按钮，审核填制的盘点单，完成【空调仓】的系统盘点操作，如图 2-4-15 所示。

（5）按以上操作步骤，根据盘点表 2-4-1 的数据，将所有仓库的盘点单进行处理，如图 2-4-16至图 2-4-19 所示。

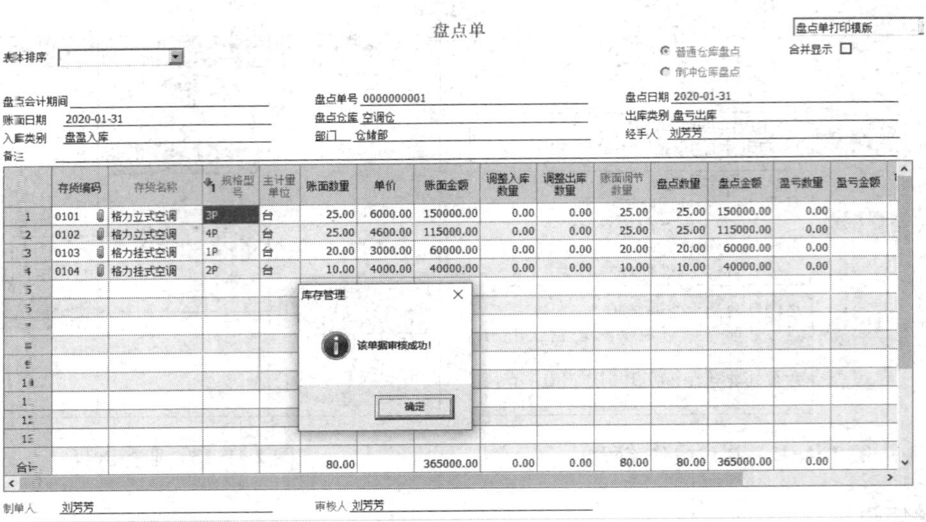

盘点单

盘点单打印模版

表体排序　　◉ 普通仓库盘点　◯ 倒冲仓库盘点　　合并显示 □

盘点会计期间　　盘点单号 0000000001　　盘点日期 2020-01-31
账面日期 2020-01-31　　盘点仓库 空调仓　　出库类别 盘亏出库
入库类别 盘盈入库　　部门 仓储部　　经手人 刘芳芳
备注

	存货编码	存货名称	规格型号	主计量单位	账面数量	单价	账面金额	调整入库数量	调整出库数量	账面调节数量	盘点数量	盘点金额	盈亏数量	盈亏金额
1	0101	格力立式空调	3P	台	25.00	6000.00	150000.00	0.00	0.00	25.00	25.00	150000.00	0.00	
2	0102	格力立式空调	4P	台	25.00	4600.00	115000.00	0.00	0.00	25.00	25.00	115000.00	0.00	
3	0103	格力挂式空调	1P	台	20.00	3000.00	60000.00	0.00	0.00	20.00	20.00	60000.00	0.00	
4	0104	格力挂式空调	2P	台	10.00	4000.00	40000.00	0.00	0.00	10.00	10.00	40000.00	0.00	
合计					80.00		365000.00	0.00	0.00	80.00	80.00	365000.00	0.00	

制单人 刘芳芳　　审核人 刘芳芳

图 2-4-15 【空调仓盘点单】窗口

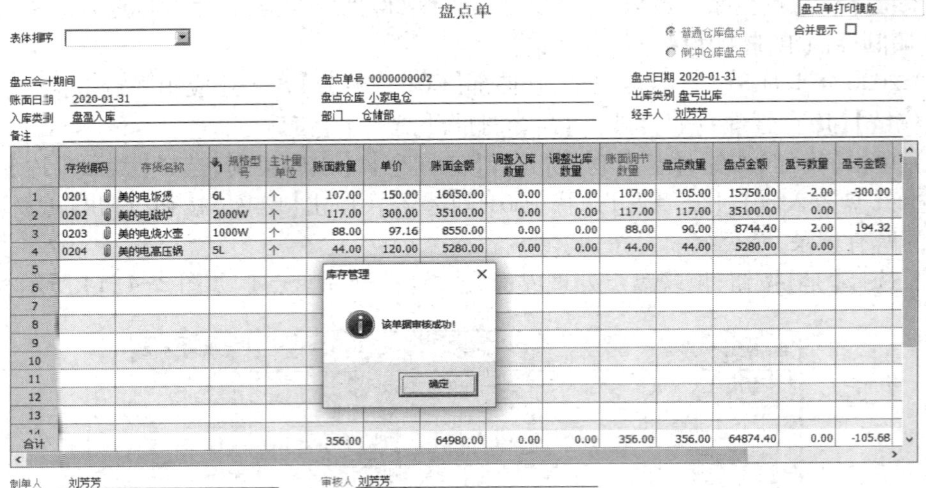

盘点单

盘点单打印模版

表体排序　　◉ 普通仓库盘点　◯ 倒冲仓库盘点　　合并显示 □

盘点会计期间　　盘点单号 0000000002　　盘点日期 2020-01-31
账面日期 2020-01-31　　盘点仓库 小家电仓　　出库类别 盘亏出库
入库类别 盘盈入库　　部门 仓储部　　经手人 刘芳芳
备注

	存货编码	存货名称	规格型号	主计量单位	账面数量	单价	账面金额	调整入库数量	调整出库数量	账面调节数量	盘点数量	盘点金额	盈亏数量	盈亏金额
1	0201	美的电饭煲	6L	个	107.00	150.00	16050.00	0.00	0.00	107.00	105.00	15750.00	-2.00	-300.00
2	0202	美的电磁炉	2000W	个	117.00	300.00	35100.00	0.00	0.00	117.00	117.00	35100.00	0.00	
3	0203	美的电烧水壶	1000W	个	88.00	97.16	8550.00	0.00	0.00	88.00	90.00	8744.40	2.00	194.32
4	0204	美的电高压锅	5L	个	44.00	120.00	5280.00	0.00	0.00	44.00	44.00	5280.00	0.00	
合计					356.00		64980.00	0.00	0.00	356.00	356.00	64874.40	0.00	-105.68

制单人 刘芳芳　　审核人 刘芳芳

图 2-4-16 【小家电仓盘点单】窗口

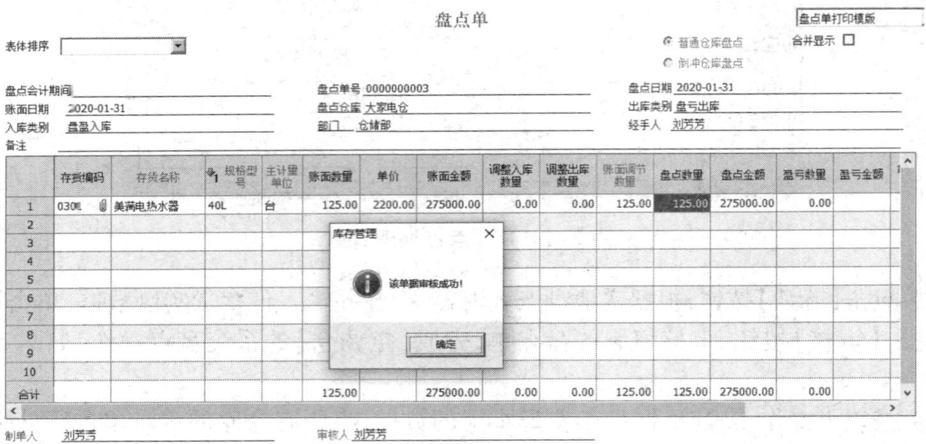

盘点单

盘点单打印模版

表体排序　　◉ 普通仓库盘点　◯ 倒冲仓库盘点　　合并显示 □

盘点会计期间　　盘点单号 0000000003　　盘点日期 2020-01-31
账面日期 2020-01-31　　盘点仓库 大家电仓　　出库类别 盘亏出库
入库类别 盘盈入库　　部门 仓储部　　经手人 刘芳芳
备注

	存货编码	存货名称	规格型号	主计量单位	账面数量	单价	账面金额	调整入库数量	调整出库数量	账面调节数量	盘点数量	盘点金额	盈亏数量	盈亏金额
1	0301	美满电热水器	40L	台	125.00	2200.00	275000.00	0.00	0.00	125.00	125.00	275000.00	0.00	
合计					125.00		275000.00	0.00	0.00	125.00	125.00	275000.00	0.00	

制单人 刘芳芳　　审核人 刘芳芳

图 2-4-17 【大家电仓盘点单】窗口

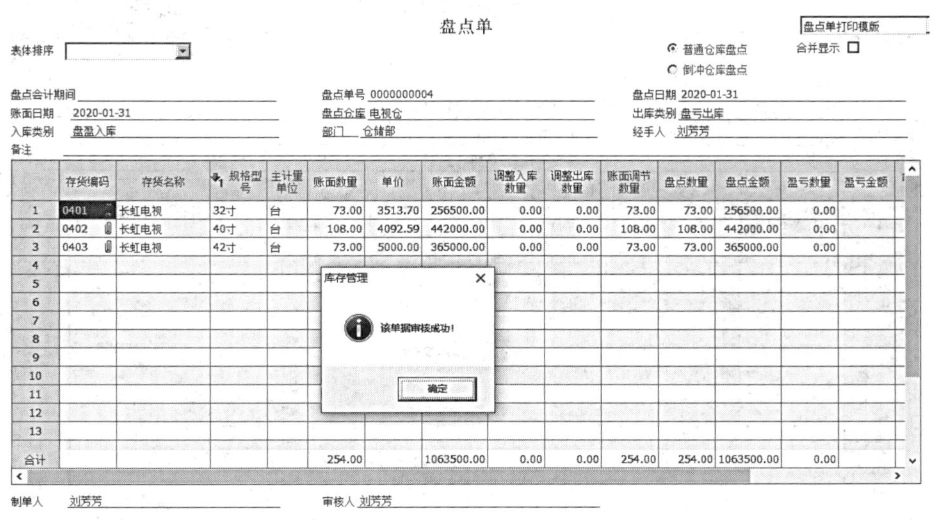

图 2-4-18 【电视仓盘点单】窗口

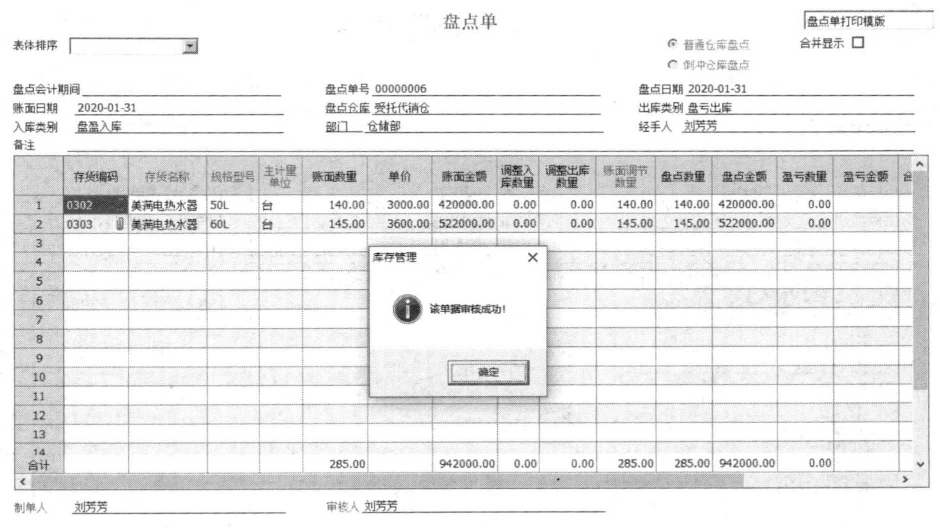

图 2-4-19 【受托代销仓盘点单】窗口

3. 审核其他出入库单

(1) 2020 年 1 月 31 日,盘点完毕,发现【小家电仓】中,存货编码为【0201 美的电饭煲】盘亏数量为【-2.00】,存货编码为【0203 美的电烧水壶】盘盈数量为【2.00】。

(2) 仓储部【C01 刘芳芳】在企业应用平台中执行【业务工作】【供应链】【库存管理】【入库业务】【其他入库单】命令,单击【浏览】按钮,找到盘点单自动生成的其他入库单,单击【审核】按钮,如图 2-4-20 所示。

(3) 仓储部【C01 刘芳芳】在企业应用平台中执行【业务工作】【供应链】【库存管理】【出库业务】【其他出库单】命令,单击【浏览】按钮,找到盘点单自动生成的其他出库单,单击【审核】按钮,如图 2-4-21 所示。

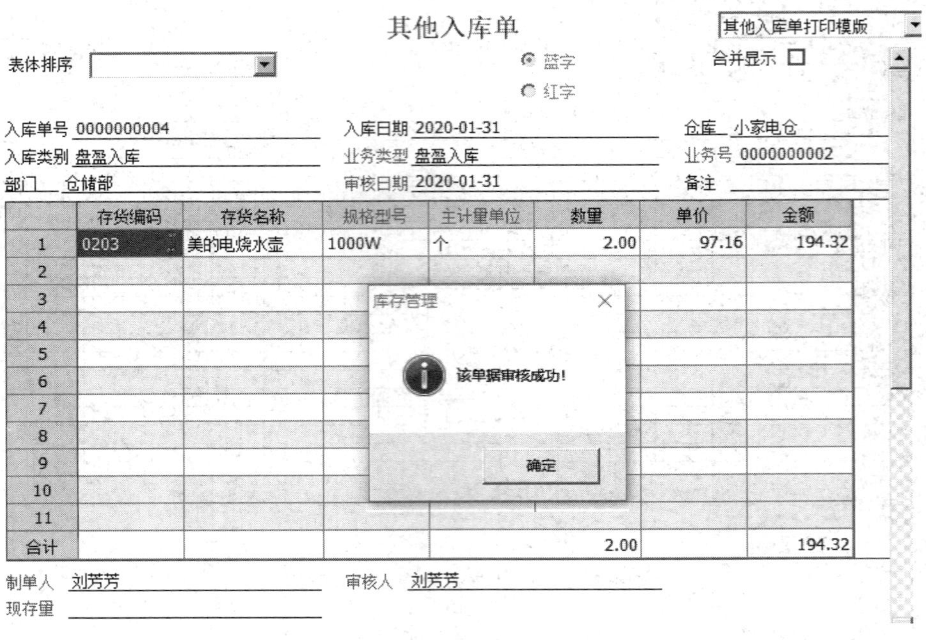

图 2-4-20 【其他入库单审核】窗口

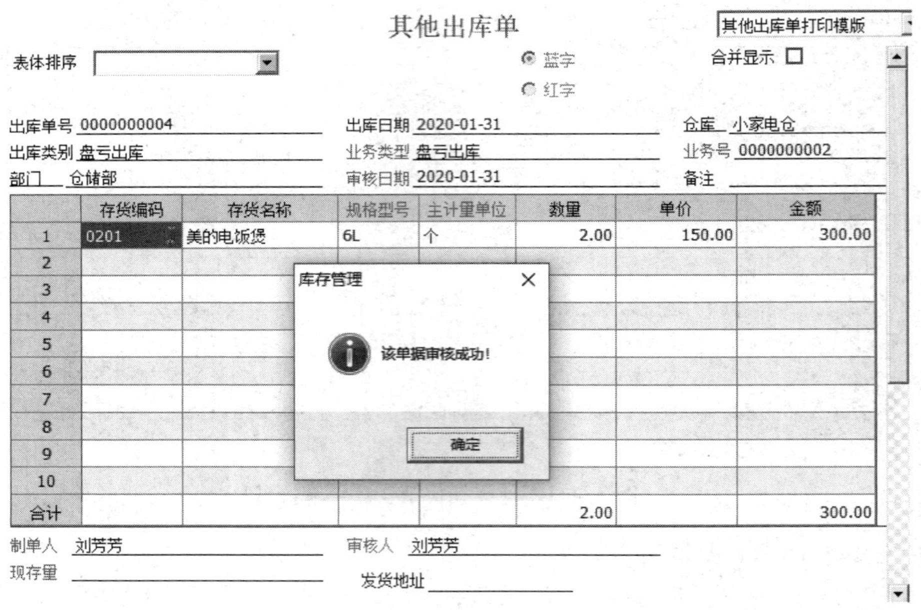

图 2-4-21 【其他出库单审核】窗口

4. 存货核算

(1) 2020 年 1 月 31 日,财务部【W02 王思敏】在企业应用平台中执行【业务工作】【供应链】【存货核算】【业务核算】【正常单据记账】命令,打开【查询条件选择】对话框。

(2) 单击【确定】按钮,打开【正常单据记账列表】窗口。

(3) 单击【全选】按钮,如图 2-4-22 所示。

(4) 单击【记账】按钮,将其他出库单记账,系统提示【记账成功!】。

正常单据记账列表

记录总数：2

选择	日期	单据号	存货编码	存货名称	规格型号	存货代码	单据类型	仓库名称	收发类别	数量	单价	金额
Y	2020-01-31	0000000002	0203	美的电烧水壶	1000W		其他入库单	小家电仓		2.00	97.16	194.32
Y	2020-01-31	0000000003	0201	美的电饭煲	6L		其他出库单	小家电仓		2.00	150.00	300.00
小计										4.00		494.32

图 2-4-22 【正常单据记账】窗口

（5）执行【财务核算】【生成凭证】命令，打开【查询条件】对话框。

（6）单击【确定】按钮，打开【未生成凭证单据一览表】窗口，如图 2-4-23 所示。

□ 已结算采购入库单自动选择全部结算单上单据（包括入库单、发票、付款单），非本月采购入库单按蓝字报销单制单

未生成凭证单据一览表

选择	记账日期	单据日期	单据类型	单据号	仓库	收发类别	记账人	部门	部门编码	业务单号	业务类型	计价方式	备注	摘要	供应商	客户
	2020-01-10	2020-01-10	采购入库单	0000000009	赠品仓	采购入库	王思敏	采购部	3		普通采购	先进先出法		采购入库单	广东长虹电	
1	2020-01-31	2020-01-31	其他出库单	0000000003	小家电仓		王思敏				盘亏出库	先进先出法		其他出库单		
1	2020-01-31	2020-01-31	其他入库单	0000000002	小家电仓		王思敏				盘盈入库	先进先出法		其他入库单		

图 2-4-23 【未生成凭证单据一览表】窗口

（7）单击【选择】栏或单击【全选】按钮，选中待生成凭证的单据，单击【确定】按钮。

（8）凭证类别选择【记 记账凭证】，补充其他出入库单对方科目为【1901 待处理财产损溢】，如图 2-4-24 所示。

凭证类别 记 记账凭证

选择	单据类型	单据号	摘要	科目类型	科目编码	科目名称	借方金额	贷方金额	借方数量	贷方数量	科目方向	存货编码	存货名称	规格型号	部门名称	业务员名称
1	其他出库单	0000000004	其他出库单	对方	1901	待处理财产损溢	300.00		2.00		1	0201	美的电饭煲	6L	仓储部	刘芳芳
				存货	1405	库存商品		300.00		2.00	2	0201	美的电饭煲	6L	仓储部	刘芳芳
	其他入库单		其他入库单	存货	1405	库存商品	194.32		2.00		1	0203	美的电烧...	1000W	仓储部	刘芳芳
				对方	1901	待处理财产损溢		194.32		2.00	2	0203	美的电烧...	1000W	仓储部	刘芳芳
合计							494.32	494.32								

图 2-4-24 【生成凭证】窗口

（9）单击【生成】按钮，生成两张记账凭证，分别单击【保存】按钮，生成凭证如图2-4-25 和图 2-4-26 所示。

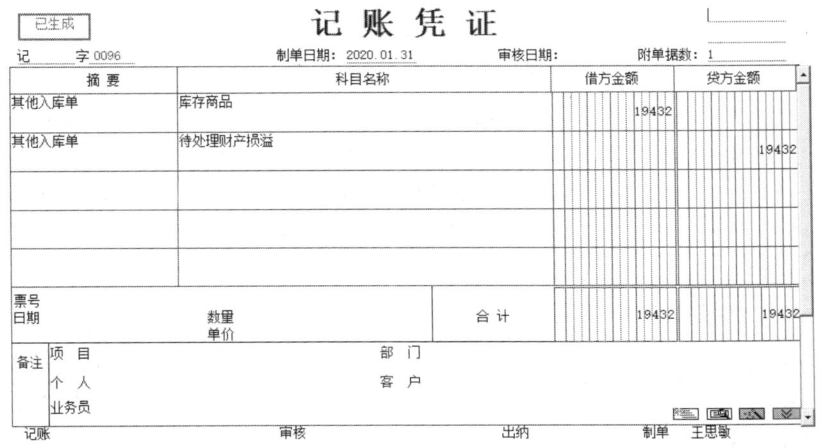

已生成

记 账 凭 证

记 字 0096　制单日期：2020.01.31　审核日期：　附单据数：1

摘要	科目名称	借方金额	贷方金额
其他入库单	库存商品	19432	
其他入库单	待处理财产损溢		19432
票号 日期	数量 单价	合计 19432	19432

备注　项 目　部 门

个 人　客 户

业务员

记账　审核　出纳　制单 王思敏

图 2-4-25 【记账凭证】窗口

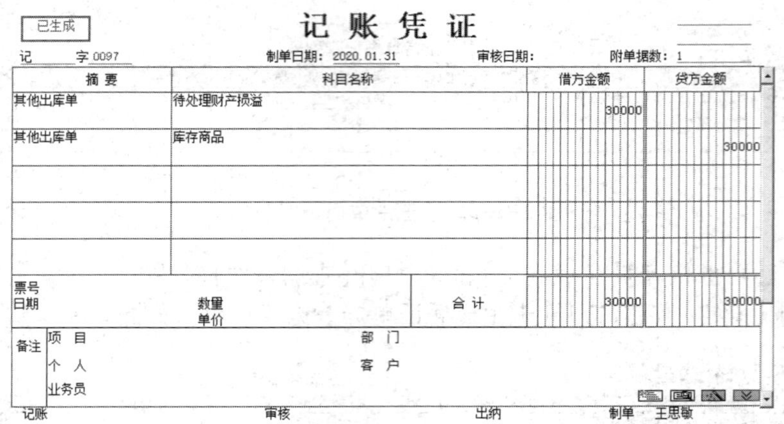

已生成

记 账 凭 证

记 字 0097　　制单日期：2020.01.31　　审核日期：　　附单据数：1

摘要	科目名称	借方金额	贷方金额
其他出库单	待处理财产损溢	30000	
其他出库单	库存商品		30000
票号 日期	数量 单价 合计	30000	30000

备注　项目　　部门
　　　个人　　客户
　　　业务员

记账　审核　出纳　制单　王思敏

图 2-4-26　【记账凭证】窗口

5. 盘盈盘亏处理、填制总账凭证

(1) 2020 年 1 月 31 日，财务部【W02 王思敏】在企业应用平台中执行【业务工作】【财务会计】【总账】【凭证处理】【填制凭证】命令，打开【填制凭证】窗口，填制一张盘盈记账凭证，将管理费用科目的发生额调整为【借方红字】，单击【保存】按钮，如图 2-4-27 所示。

(2) 再填制一张盘亏记账凭证，单击【保存】按钮，如图 2-4-28 所示。

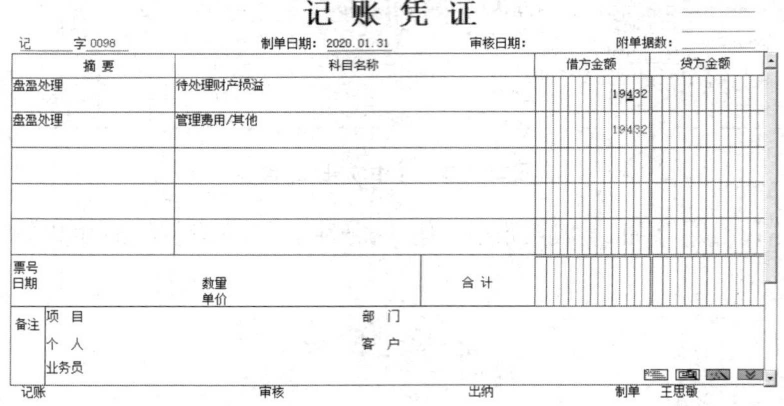

记 账 凭 证

记 字 0098　　制单日期：2020.01.31　　审核日期：　　附单据数：

摘要	科目名称	借方金额	贷方金额
盘盈处理	待处理财产损溢	19432	
盘盈处理	管理费用/其他	19432	
票号 日期	数量 单价 合计		

备注　项目　　部门
　　　个人　　客户
　　　业务员

记账　审核　出纳　制单　王思敏

图 2-4-27　【记账凭证】窗口

记 账 凭 证

记 字 0099　　制单日期：2020.01.31　　审核日期：　　附单据数：

摘要	科目名称	借方金额	贷方金额
盘点亏损，仓管员承担50%，公司承担50%	营业外支出	16950	
盘点亏损，仓管员承担50%，公司承担50%	其他应收款	16950	
盘点亏损，仓管员承担50%，公司承担50%	待处理财产损溢		30000
盘点亏损，仓管员承担50%，公司承担50%	应交税费/应交增值税/进项税额转出		3900
票号 日期	数量 单价 合计	33900	33900

备注　项目　　部门
　　　个人　　客户
　　　业务员

记账　审核　出纳　制单　王思敏

图 2-4-28　【记账凭证】窗口

任务三　仓库报损业务处理

〖**业务描述**〗2020 年 1 月 31 日，由于公司保管不当，造成美的电磁炉损失 2 件，仓储部制作出库单，如图 2-4-29 所示。经公司批准将损失由公司承担计入管理费用。

操作视频　微课　仓库报损业务处理

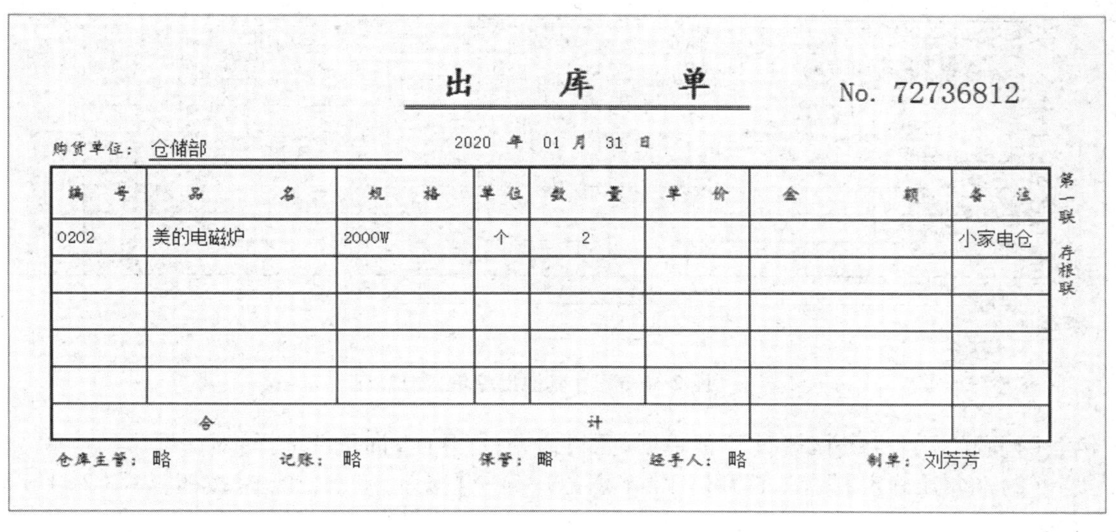

出　库　单　No. 72736812

购货单位：仓储部　　2020 年 01 月 31 日

编号	品名	规格	单位	数量	单价	金额	备注
0202	美的电磁炉	2000W	个	2			小家电仓
合				计			

第一联　存根联

仓库主管：略　记账：略　保管：略　经手人：略　制单：刘芳芳

图 2-4-29　【出库单】窗口

〖**业务解析**〗本笔业务是存货损失及其处理业务。

〖**岗位操作说明**〗本笔业务各岗位的具体操作说明如图 2-4-30 所示。

〖**业务流程**〗本笔业务的业务流程如图 2-4-31 所示。

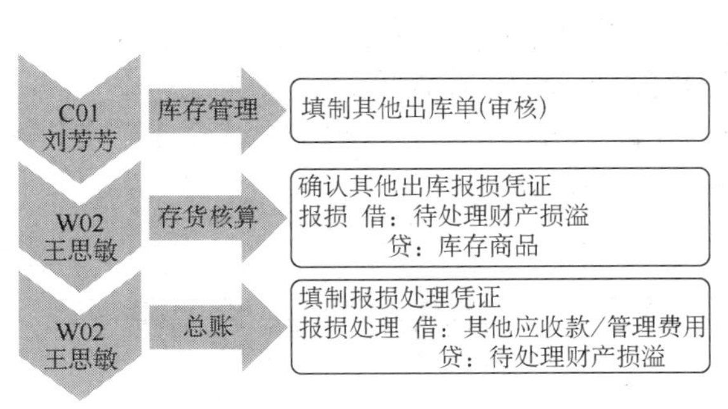

图 2-4-30　岗位操作说明

总账(W02)	库存管理(C01)	存货核算(W02)
报损处理凭证 → 结束	开始 → 填制 → 其他出库单 → 审核	正常单据记账 → 报损出库凭证

图 2-4-31　业务流程

〖**操作指引**〗

1. 填制其他出库单

2020 年 1 月 31 日，仓储部【C01 刘芳芳】在企业应用平台中执行【业务工作】【供应链】【库存管理】【出库业务】【其他出库单】命令，打开【其他出库单】窗口，单击【增加】按钮，按照出库单的信息录入，单击【保存】按钮，单击【审核】按钮，如图 2-4-32 所示。

2. 存货核算

(1) 2020 年 1 月 31 日，财务部【W02 王思敏】在企业应用平台中执行【业务工作】【供应

其他出库单

其他出库单打印模版

表体排序

◉ 蓝字 ○ 红字 　合并显示 □

出库单号 0000000005　出库日期 2020-01-31　仓库 小家电仓

出库类别 其他出库　业务类型 其他出库　业务号

部门 仓储部　审核日期 2020-01-31　备注

	存货编码	存货名称	规格型号	主计量单位	数量	单价	金额
1	0202	美的电磁炉	2000W	个	2.00	300.00	600.00
2							
3							
4							
5							
6							
7							
合计					2.00		600.00

制单人 刘芳芳　审核人 刘芳芳

现存量　发货地址

图 2-4-32 【其他出库单】窗口

链】【存货核算】【业务核算】【正常单据记账】命令,打开【查询条件选择】对话框。

(2) 单击【确定】按钮,打开【正常单据记账列表】窗口,单击【全选】按钮,如图 2-4-33 所示。

正常单据记账列表

记录总数：1

选择	日期	单据号	存货编码	存货名称	规格型号	单据类型	仓库名称	收发类别	数量	单价	金额
Y	2020-01-31	0000000005	0202	美的电磁炉	2000W	其他出库单	小家电仓	其他出库	2.00	300.00	600.00
小计									2.00		600.00

图 2-4-33 【正常单据记账列表】窗口

(3) 单击【记账】按钮,将其他出库单记账,系统提示【记账成功】。

(4) 执行【财务核算】【生成凭证】命令,打开【查询条件】对话框。

(5) 单击【确定】按钮,打开【未生成凭证单据一览表】窗口,单击【选择】栏或单击【全选】,选中待生成凭证的单据,如图 2-4-34 所示。

□ 已结算采购入库单自动选择全部结算单上单据(包括入库单、发票、付款单),非本月采购入库单按蓝字报销单制单

未生成凭证单据一览表

选择	记账日期	单据日期	单据类型	单据号	仓库	收发类别	记账人	部门	部门编码	业务单号	业务类型	计价方式	备注	摘要	供应商	客户
	2020-01-10	2020-01-10	采购入库单	0000000009	赠品仓	采购入库	王思敏	采购部	3		普通采购	先进先出法		采购入库单	广东长虹电	
1	2020-01-31	2020-01-31	其他出库单	0000000005	小家电仓	其他出库	王思敏	仓储部	5		其他出库	先进先出法		其他出库单		

图 2-4-34 【未生成凭证单据一览表】窗口

(6) 单击【确定】按钮,凭证类别选择【记　记账凭证】,补充其他出库单对方科目为【1901 待处理财产损溢】,如图 2-4-35 所示。

凭证类别 记 记账凭证

选择	单据类型	单据号	摘要	科目类型	科目编码	科目名称	借方金额	贷方金额	借方数量	贷方数量	科目方向	存货编码	存货名称	规格型号	部门编码	部门名称
1	其他出库单	0000000005	其他出库单	对方	1901	待处理财产损溢	600.00		2.00		1	0202	美的电磁炉	2000W	5	仓储部
				存货	1405	库存商品		600.00		2.00	2	0202	美的电磁炉	2000W	5	仓储部
合计							600.00	600.00								

图 2-4-35 【生成凭证】窗口

（7）单击【生成】按钮，生成一张记账凭证，单击【保存】按钮，如图 2-4-36 所示。

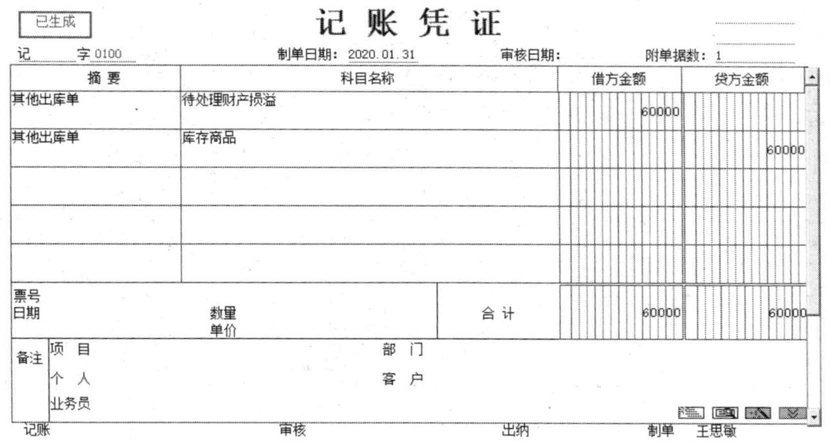

已生成

记 账 凭 证

记 字 0100　　制单日期：2020.01.31　　审核日期：　　附单据数：1

摘 要	科目名称	借方金额	贷方金额
其他出库单	待处理财产损溢	60000	
其他出库单	库存商品		60000
票号 日期　数量 单价	合 计	60000	60000

备注　项 目　　部 门
　　　个 人　　客 户
　　　业务员

记账　　审核　　出纳　　制单 王思敏

图 2-4-36 【记账凭证】窗口

（8）2020 年 1 月 31 日，财务部【W02 王思敏】在企业应用平台中执行【业务工作】【财务会计】【总账】【凭证处理】【填制凭证】命令，打开【填制凭证】窗口，填制一张记账凭证，单击【保存】按钮，如图 2-4-37 所示。

记 账 凭 证

记 字 0101　　制单日期：2020.01.31　　审核日期：　　附单据数：

摘 要	科目名称	借方金额	贷方金额
管理不善存货损失	管理费用/其他	67800	
管理不善存货损失	待处理财产损溢		60000
管理不善存货损失	应交税费/应交增值税/进项税额转出		7800
票号 日期　数量 单价	合 计	67800	67800

备注　项 目　　部 门
　　　个 人　　客 户
　　　业务员

记账　　审核　　出纳　　制单 王思敏

图 2-4-37 【记账凭证】窗口

任务四 职工福利发放业务处理

〖**业务描述**〗2020 年 1 月 31 日，公司用库存商品发放元旦福利，如表 2-4-2 和图 2-4-38 所示。

〖**业务解析**〗本笔业务是职工福利发放处理业务。

〖**岗位流程说明**〗本笔业务各岗位的具体操作流程如图 2-4-39 所示。

〖**业务流程**〗本笔业务的业务流程如图 2-4-40 所示。

职工福利发放业务处理

表 2-4-2　　职工节日发放福利分配表

序号	人员编码	姓名	行政部门名称	人员类别	领用产品	数量	单价	金额	费用分配
1	A01	张明明	部经办	管理人员	美的电饭煲	1	169.50	169.50	管理费用
2	C01	刘芳芳	仓储部	管理人员	美的电烧水壶	1	109.79	109.79	
3	G01	刘　明	采购部	采购人员	美的电烧水壶	1	109.79	109.79	
4	W01	蓝英	财务部	管理人员	美的电饭煲	1	169.50	169.50	
5	W02	王思敏	财务部	管理人员	美的电烧水壶	1	109.79	109.79	
6	W03	韦宝宝	财务部	管理人员	美的电烧水壶	1	109.79	109.79	
7	Y01	陈丽丽	运输部	管理人员	美的电烧水壶	1	109.79	109.79	
管理部合计				管理人员	美的电烧水壶	7	887.95	887.95	
8	X01	王丽华	销售部	销售人员	美的电烧水壶	1	109.79	109.79	销售费用
销售部合计						1	109.79	109.79	
合计						8	997.74	997.74	

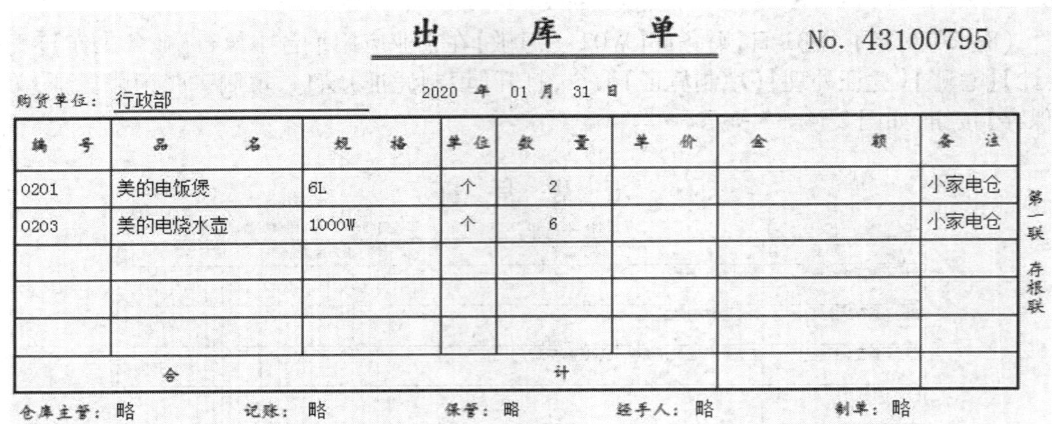
出 库 单　No. 43100795

购货单位：行政部　　2020 年 01 月 31 日

编号	品名	规格	单位	数量	单价	金额	备注
0201	美的电饭煲	6L	个	2			小家电仓
0203	美的电烧水壶	1000W	个	6			小家电仓
合计							

第一联　存根联

仓库主管：略　记账：略　保管：略　经手人：略　制单：略

图 2-4-38 【出库单】窗口

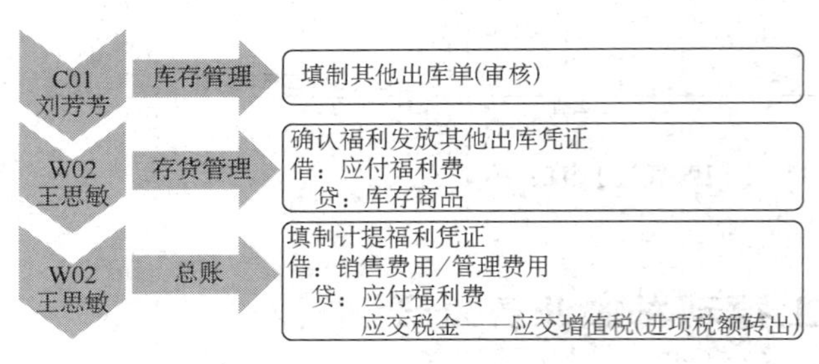

图 2-4-39　岗位操作说明

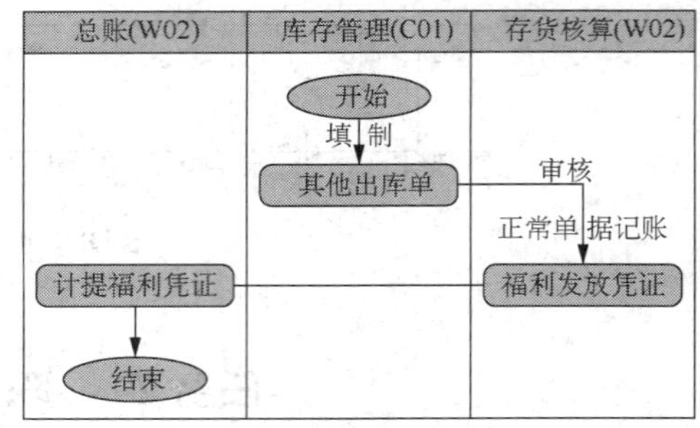

图 2-4-40　业务流程

〖操作指引〗

1. 填制其他出库单

(1) 2020 年 1 月 31 日，仓储部【C01 刘芳芳】在企业应用平台中执行【业务工作】【供应链】【库存管理】【出库业务】【其他出库单】命令，打开【其他出库单】窗口，单击【增加】按钮，按照出库单的信息录入，单击【保存】按钮，单击【审核】按钮，如图 2-4-41 所示。

其他出库单

其他出库单打印模版

表体排序

◉ 蓝字　○ 红字　　合并显示 □

出库单号 0000000006　　出库日期 2020-01-31　　仓库 小家电仓

出库类别 其他出库　　业务类型 其他出库　　业务号

部门 仓储部　　审核日期 2020-01-31　　备注

	存货编码	存货名称	规格型号	主计量单位	数量	单价	金额
1	0201	美的电饭煲	6L	个	2.00	150.00	300.00
2	0203	美的电烧水壶	1000W	个	6.00	97.16	582.96
3							
4							
5							
6							
7							
合计					8.00		882.96

制单人 刘芳芳　　审核人 刘芳芳

现存量　　发货地址

图 2-4-41 【其他出库单】窗口

2. 存货核算

（1）2020 年 1 月 31 日，财务部【W02 王思敏】在企业应用平台中执行【业务工作】【供应链】【存货核算】【业务核算】【正常单据记账】命令，打开【查询条件选择】对话框。

（2）单击【确定】按钮，打开【正常单据记账列表】窗口，单击【全选】按钮，如图 2-4-42 所示。

正常单据记账列表

记录总数：2

选择	日期	单据号	存货编码	存货名称	规格型号	单据类型	仓库名称	收发类别	数量	单价	金额
Y	2020-01-31	0000000006	0201	美的电饭煲	6L	其他出库单	小家电仓	其他出库	2.00	150.00	300.00
Y	2020-01-31	0000000006	0203	美的电烧水壶	1000W	其他出库单	小家电仓	其他出库	6.00	97.16	582.96
小计									8.00		882.96

图 2-4-42 【正常单据记账列表】窗口

（3）单击【记账】按钮，将其他出库单记账，系统提示【记账成功】。

（4）执行【财务核算】【生成凭证】命令，打开【查询条件】对话框。

（5）单击【确定】按钮，打开【未生成凭证单据一览表】窗口，单击【选择】栏，选中待生成凭证的单据，如图 2-4-43 所示。

输出　单据　全选　全消　确定　取消

未生成凭证单据一览表

选择	记账日期	单据日期	单据类型	单据号	仓库	收发类别	记账人	部门	业务类型	计价方式	摘要	供应商
	2020-01-10	2020-01-10	采购入库单	0000000010	赠品仓	采购入库	王思敏	采购部	普通采购	先进先出法	采购入库单	广东长虹电视有限责任公司
1	2020-01-31	2020-01-31	其他出库单	0000000006	小家电仓	其他出库	王思敏	仓储部	其他出库	先进先出法	其他出库单	

共2条单据

图 2-4-43 【未生成凭证单据一览表】窗口

（6）单击【确定】，凭证类别选择【记　记账凭证】，如图 2-4-44 所示。

凭证类别 记 记账凭证

选择	单据类型	单据号	摘要	科目类型	科目编码	科目名称	借方金额	贷方金额	借方数量	贷方数量	科目方向	存货编码	存货名称	规格型号	部门名称
1	其他出库单	0000000006	其他出库单	对方	221101	非货币性福利	300.00		2.00		1	0201	美的电饭煲	6L	仓储部
				存货	1405	库存商品		300.00		2.00	2	0201	美的电饭煲	6L	仓储部
				对方	221101	非货币性福利	582.96		6.00		1	0203	美的电烧水壶	1000W	仓储部
				存货	1405	库存商品		582.96		6.00	2	0203	美的电烧水壶	1000W	仓储部
合计							882.96	882.96							

图 2-4-44 【生成凭证】窗口

(7) 补充其他出库单对方科目为【应付职工薪酬/非货币性福利】,单击【生成】按钮,生成一张记账凭证,单击【保存】按钮,如图 2-4-45 所示。

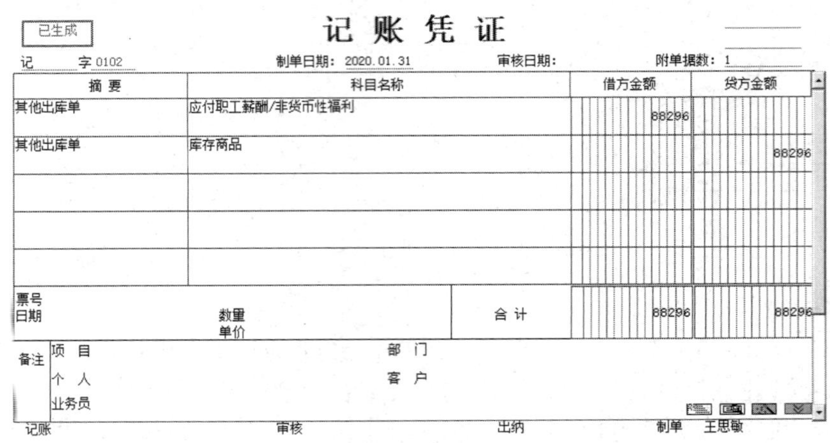

已生成

记账凭证

记 字 0102 制单日期: 2020.01.31 审核日期: 附单据数: 1

摘要	科目名称	借方金额	贷方金额
其他出库单	应付职工薪酬/非货币性福利	88296	
其他出库单	库存商品		88296
票号 日期 数量 单价	合计	88296	88296

备注 项目 部门 个人 客户 业务员

记账 审核 出纳 制单 王思敏

图 2-4-45 【记账凭证】窗口

(8) 2020 年 1 月 31 日,财务部【W02 王思敏】在企业应用平台中执行【业务工作】【财务会计】【总账】【凭证处理】【填制凭证】命令,打开【填制凭证】窗口,填制一张记账凭证,如图 2-4-46 所示,单击【保存】按钮。

记账凭证

记 字 0103 制单日期: 2020.01.31 审核日期: 附单据数:

摘要	科目名称	借方金额	贷方金额
发放职工非货币性福利	管理费用/职工福利费	88795	000
发放职工非货币性福利	销售费用/职工福利费	10979	
发放职工非货币性福利	应付职工薪酬/非货币性福利		88296
发放职工非货币性福利	应交税费/应交增值税/进项税额转出		11478
票号 日期 数量 单价	合计	99774	99774

备注 项目 部门 个人 客户 业务员

记账 审核 出纳 制单 王思敏

图 2-4-46 【记账凭证】窗口

模块三

企业期末业务处理

项目一　期末结账业务处理

任务一　业务部门期末处理

微课

业务部门期末处理理

〖业务描述〗供应链各业务管理系统月末结账是指在每个会计期间结束时,将每个月的相关单据及数据封存起来,并将当月的数据记入相关的账表中。

〖操作指引〗

一、采购管理月末结账

(1) 2020 年 1 月 31 日,采购部【G01 刘明】在企业应用平台中执行【业务工作】【供应链】【采购管理】【月末结账】命令,打开【结账】对话框,如图 3-1-1 所示。

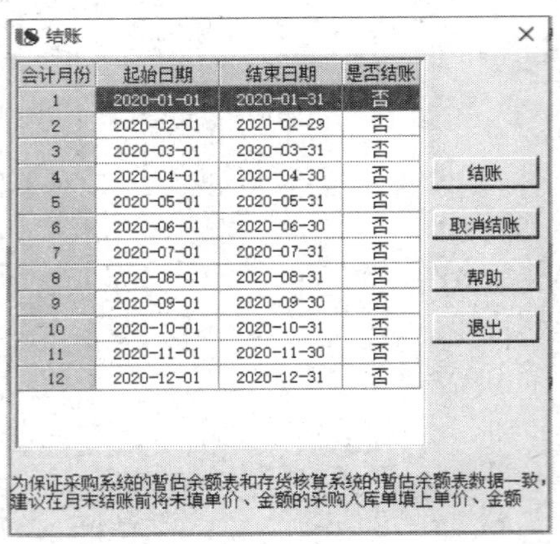

图 3-1-1　【结账】对话框

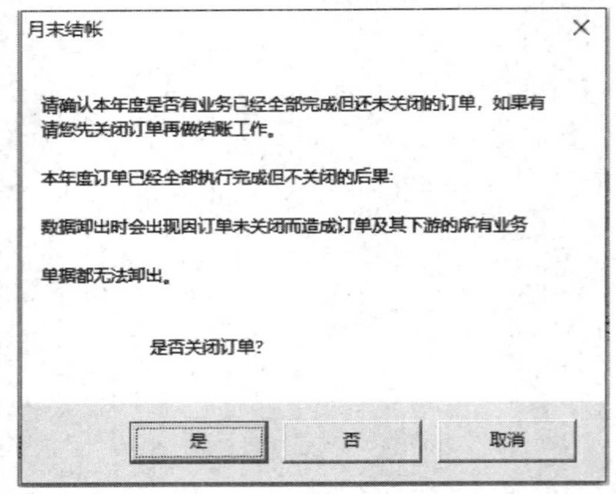

图 3-1-2　【月末结账】提示对话框

(2) 单击【结账】按钮,系统弹出【月末结账】提示,如图 3-1-2 所示。

结账

会计月份	起始日期	结束日期	是否结账
1	2020-01-01	2020-01-31	是
2	2020-02-01	2020-02-29	否
3	2020-03-01	2020-03-31	否
4	2020-04-01	2020-04-30	否
5	2020-05-01	2020-05-31	否
6	2020-06-01	2020-06-30	否
7	2020-07-01	2020-07-31	否
8	2020-08-01	2020-08-31	否
9	2020-09-01	2020-09-30	否
10	2020-10-01	2020-10-31	否
11	2020-11-01	2020-11-30	否
12	2020-12-01	2020-12-31	否

结账　取消结账　帮助　退出

为保证采购系统的暂估余额表和存货核算系统的暂估余额表数据一致,建议在月末结账前将未填单价、金额的采购入库单填上单价、金额

图 3-1-3　【结账】对话框

图 3-1-4　【结账】对话框

（3）单击【否】按钮，2020年1月是否结账显示【是】，如图3-1-3所示。

二、销售管理月末结账

（1）2020年1月31日，销售部【X01 王丽华】在企业应用平台中执行【业务工作】【供应链】【销售管理】【月末记账】命令，弹出【结账】对话框。如图3-1-4所示。

（2）单击【结账】按钮，系统弹出【销售管理】对话框，如图3-1-5所示。

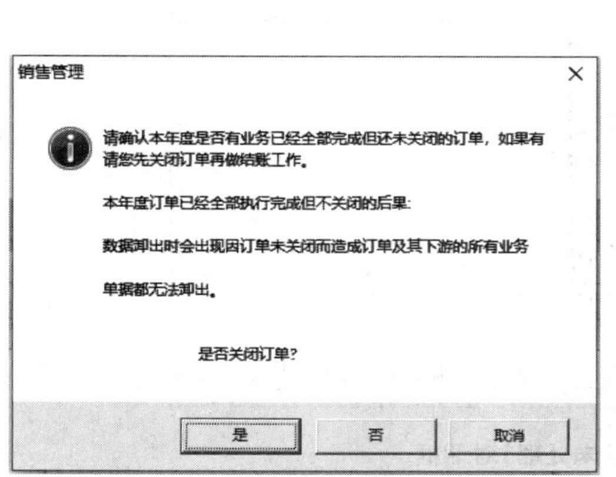

图3-1-5　【是否关闭订单?】对话框

结账

会计月份	起始日期	结束日期	是否结账
1	2020-01-01	2020-01-31	是
2	2020-02-01	2020-02-29	否
3	2020-03-01	2020-03-31	否
4	2020-04-01	2020-04-30	否
5	2020-05-01	2020-05-31	否
6	2020-06-01	2020-06-30	否
7	2020-07-01	2020-07-31	否
8	2020-08-01	2020-08-31	否
9	2020-09-01	2020-09-30	否
10	2020-10-01	2020-10-31	否
11	2020-11-01	2020-11-30	否
12	2020-12-01	2020-12-31	否

结账　取消结账　帮助　退出

如果《应收款管理》按照单据日期记账，《销售管理》本月有未复核的发票，月末结账后，这些未复核的发票在《应收款管理》就不能按照单据日期记账了，除非在《应收款管理》改成按业务日期记账。

图3-1-6　【结账】对话框

（3）单击【否】按钮，2020年1月是否结账显示【是】，如图3-1-6所示。

三、库存管理月末结账

（1）2020年1月31日，仓储部【C01 刘芳芳】在企业应用平台中执行【业务工作】【供应链】【库存管理】【月末结账】命令，弹出【结账】对话框。

（2）选择【会计月份】为【1】，单击【结账】按钮，系统弹出【库存管理】提示框，如图3-1-7所示。

（3）单击【是】按钮，2020年1月是否结账显示【是】，如图3-1-8所示。

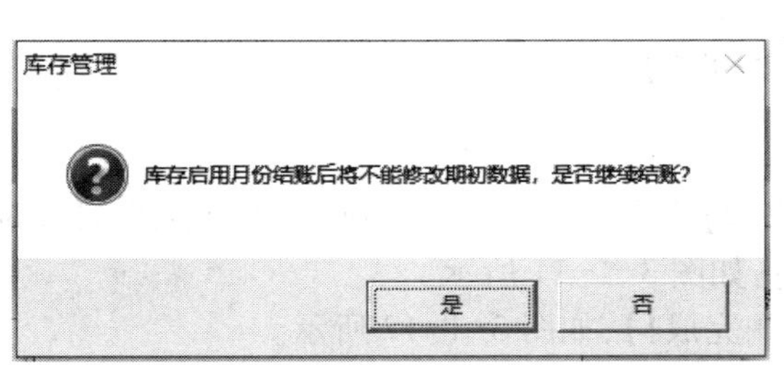

图3-1-7　【结账】提示对话框

结账

会计月份	起始日期	结束日期	是否结账
1	2020-01-01	2020-01-31	是
2	2020-02-01	2020-02-29	否
3	2020-03-01	2020-03-31	否
4	2020-04-01	2020-04-30	否
5	2020-05-01	2020-05-31	否
6	2020-06-01	2020-06-30	否
7	2020-07-01	2020-07-31	否
8	2020-08-01	2020-08-31	否
9	2020-09-01	2020-09-30	否
10	2020-10-01	2020-10-31	否
11	2020-11-01	2020-11-30	否
12	2020-12-01	2020-12-31	否

结账　取消结账　帮助　退出

图3-1-8　【结账】对话框

四、存货核算月末结账

1. 期末处理

(1) 2020 年 1 月 31 日,财务部【W02 王思敏】在企业应用平台中执行【业务工作】【供应链】【业务核算】【期末处理】命令,弹出【期末处理】操作窗口,如图 3-1-9 所示。

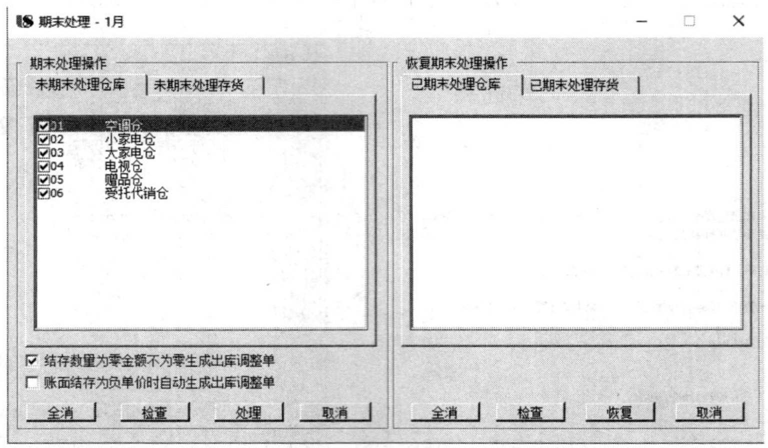

图 3-1-9 【期末处理】对话框

(2) 执行【全选】按钮,再单击【处理】按钮,系统弹出【期末处理完毕!】提示框。

(3) 单击【确定】按钮,系统提示已期末处理仓库,如图 3-1-10 所示。

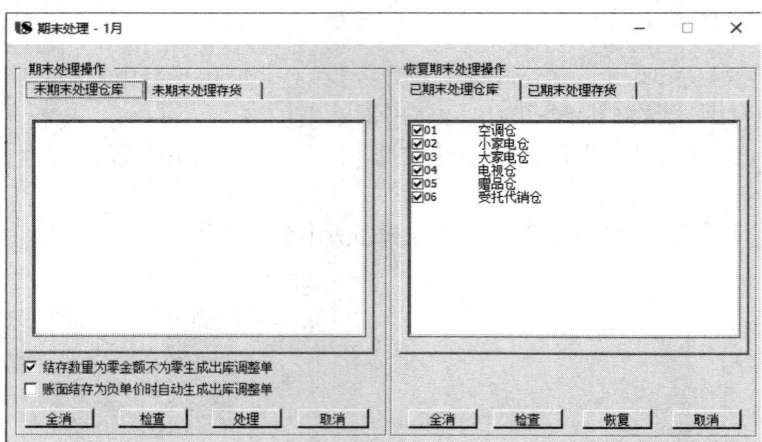

图 3-1-10 【期末处理】对话框

2. 月末结账

(1) 2020 年 1 月 31 日,财务部【W02 王思敏】在企业应用平台中执行【业务工作】【供应链】【业务核算】【月末结账】命令,打开【结账】,如图 3-1-11 所示。

(2) 单击【结账】按钮,系统提示【月末结账完成!】,如图 3-1-12 所示。

(3) 单击【确定】按钮,完成存货核算的月末结账处理。

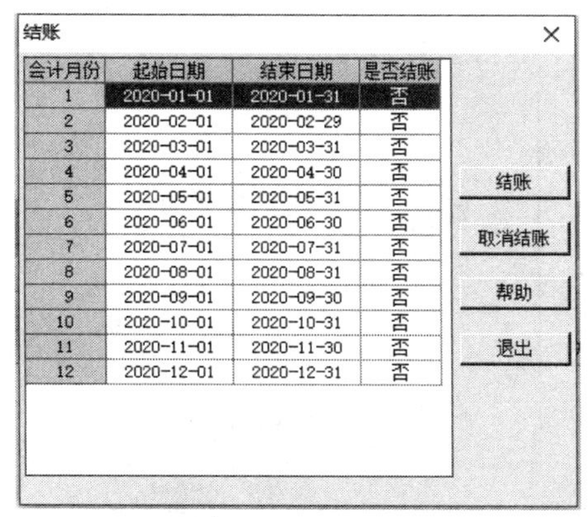

结账

会计月份	起始日期	结束日期	是否结账
1	2020-01-01	2020-01-31	否
2	2020-02-01	2020-02-29	否
3	2020-03-01	2020-03-31	否
4	2020-04-01	2020-04-30	否
5	2020-05-01	2020-05-31	否
6	2020-06-01	2020-06-30	否
7	2020-07-01	2020-07-31	否
8	2020-08-01	2020-08-31	否
9	2020-09-01	2020-09-30	否
10	2020-10-01	2020-10-31	否
11	2020-11-01	2020-11-30	否
12	2020-12-01	2020-12-31	否

图 3-1-11 【结账】对话框

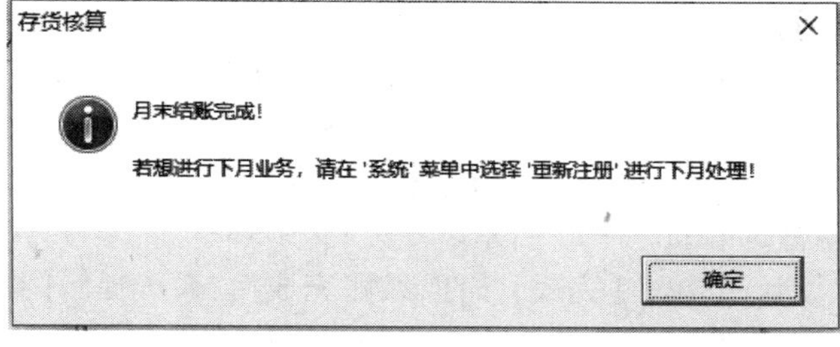

图 3-1-12 【结账完成】对话框

任务二 财务部门月末结账

〖**业务描述**〗财务会计各管理系统月末结账是指在每个会计期间结束时，将每个月的相关单据及数据封存起来，并将当月的数据记入相关的账表中。

财务部门月末结账

〖**操作指引**〗

一、应收款管理月末结账

（1）2020 年 1 月 31 日，财务部【W02 王思敏】在企业应用平台中执行【业务工作】【财务会计】【应收款管理】【期末处理】【月末结账】命令，打开【月末处理】对话框，选择结账的月份，在结账标记处双击后显示【Y】，如图 3-1-13 所示。

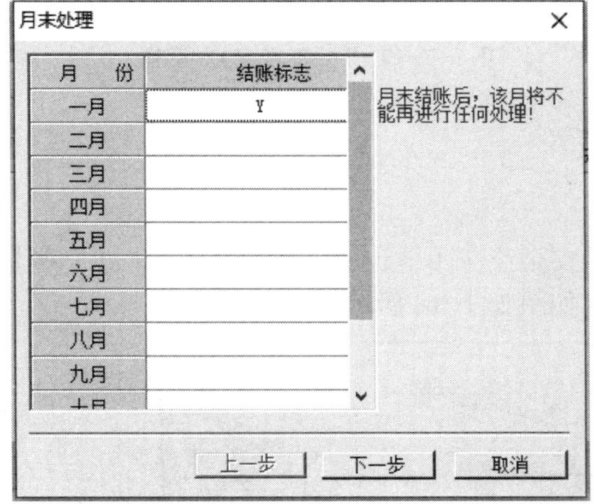

图 3-1-13 【月末处理】对话框

月末处理

处理类型	处理情况
截止到本月应收单据全部记账	是
截止到本月收款单据全部记账	是
截止到本月应收单据全部制单	是
截止到本月收款单据全部制单	是
截止到本月票据处理全部制单	是
截止到本月其他处理全部制单	是

上一步 完成 取消

图 3-1-14 【月末处理】对话框

（2）单击【下一步】按钮，系统弹出【月末处理】对话框，如图 3-1-14 所示。

（3）单击【完成】按钮，结账完成后，系统提示【1 月份结账成功】，单击【确定】按钮，如图 3-1-15 所示。

二、应付款管理月末结账

(1) 2020 年 1 月 31 日,财务部【W02 王思敏】在企业应用平台中执行【业务工作】【财务会计】【应付款管理】【期末处理】【月末结账】命令,打开【月末处理】对话框,选择结账的月份,在结账标记处双击后显示【Y】,如图 3-1-16 所示。

(2) 单击【下一步】按钮,系统弹出【月末处理】对话框,如图 3-1-17 所示。

(3) 单击【完成】按钮,结账完成后,系统提示【1 月份结账成功】,单击【确定】按钮,完成应付款管理月末结账处理。

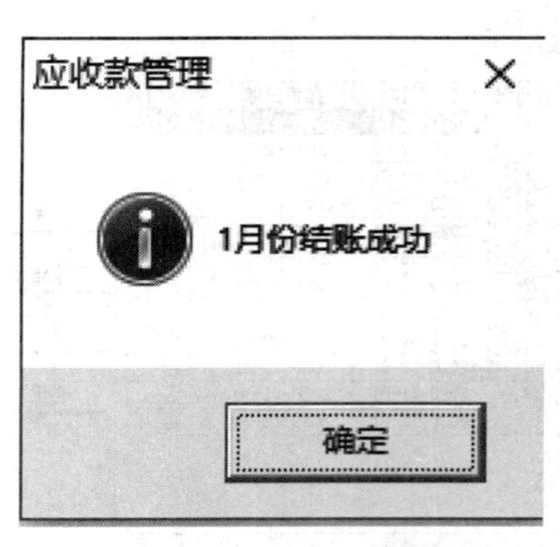

图 3-1-15 【1 月份结账成功】提示框

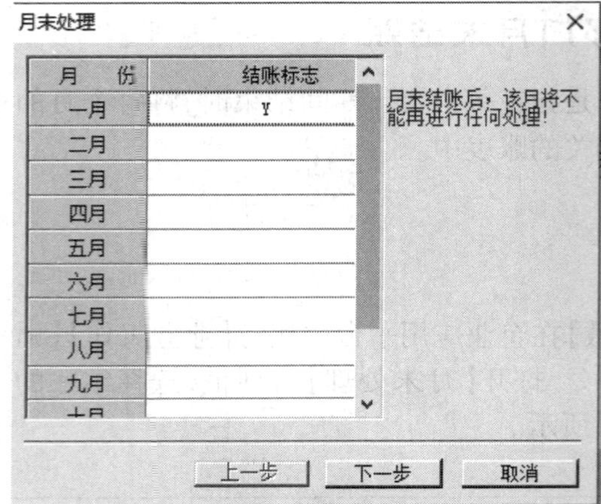
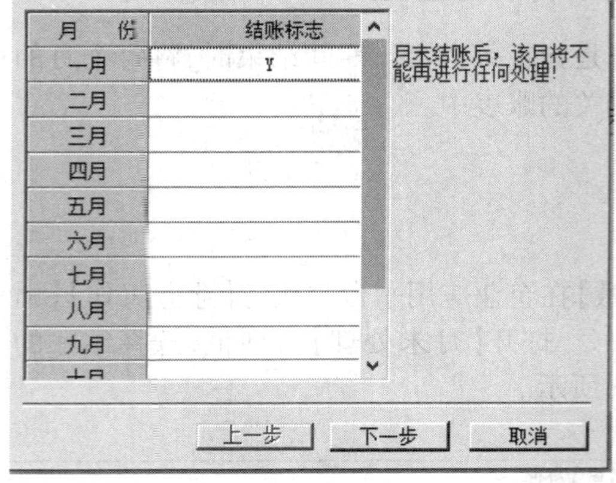

图 3-1-16 【月末处理】对话框

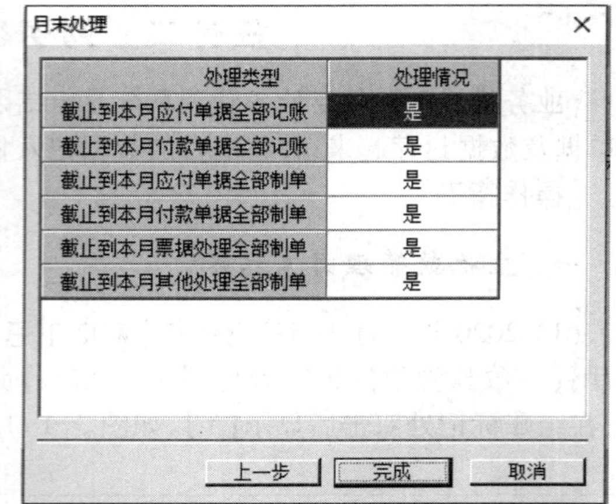

月末处理

处理类型	处理情况
截止到本月应付单据全部记账	是
截止到本月付款单据全部记账	是
截止到本月应付单据全部制单	是
截止到本月付款单据全部制单	是
截止到本月票据处理全部制单	是
截止到本月其他处理全部制单	是

上一步　完成　取消

图 3-1-17 【处理情况】对话框

三、总账月末结账

1. 审核凭证

(1) 2020 年 1 月 31 日,财务部【W01 蓝英】在企业应用平台中选择【财务会计】【总账】【凭证】【审核凭证】命令,弹出【凭证审核】窗口,如图 3-1-18 所示。

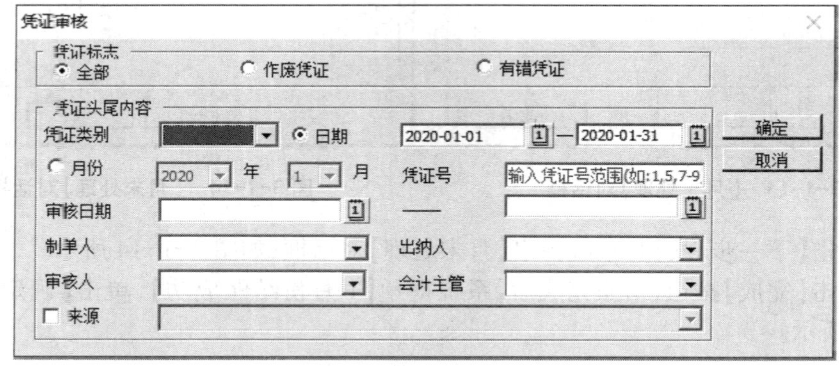

图 3-1-18 【凭证审核】窗口

（2）选择【月份】为【2020 年 1 月】，单击【确定】按钮，进入【凭证审核列表】窗口，如图 3-1-19 所示。

（3）双击待审核的第一张【记账凭证】，执行【批处理】【成批审核凭证】命令，弹出【批量处理凭证】，如图 3-1-20 所示。

凭证审核列表 ×

凭证共 90张　已审核 0 张　未审核 90 张　⊙ 凭证号排序　○ 制单日期排序

制单日期	凭证编号	摘要	借方金额合计	贷方金额合计	制单人	审核人	系统名	备注	审核日期	年度
2020-01-01	记 - 0001	现结	858,800.00	858,800.00	王思敏		应付系统			2020
2020-01-01	记 - 0002	采购入库单	760,000.00	760,000.00	王思敏		存货核算系统			2020
2020-01-03	记 - 0003	付款单	100,000.00	100,000.00	王思敏		应付系统			2020
2020-01-05	记 - 0004	采购专用发票	50,850.00	50,850.00	王思敏		应付系统			2020
2020-01-05	记 - 0005	采购入库单	45,000.00	45,000.00	王思敏		存货核算系统			2020
2020-01-06	记 - 0006	采购专用发票	5,367.50	5,367.50	王思敏		应付系统			2020
2020-01-06	记 - 0007	采购入库单	4,750.00	4,750.00	王思敏		存货核算系统			2020
2020-01-06	记 - 0008	采购专用发票	16,272.00	16,272.00	王思敏		应付系统			2020
2020-01-06	记 - 0009	背书冲应付	16,272.00	16,272.00	王思敏		应收系统			2020
2020-01-06	记 - 0010	采购入库单	14,400.00	14,400.00	王思敏		存货核算系统			2020
2020-01-07	记 - 0011	采购专用发票	38,702.50	38,702.50	王思敏		应付系统			2020
2020-01-07	记 - 0012	采购入库单	34,250.00	34,250.00	王思敏		存货核算系统			2020
2020-01-07	记 - 0013	采购专用发票	50,850.00	50,850.00	王思敏		应付系统			2020
2020-01-07	记 - 0014	采购入库单	45,000.00	45,000.00	王思敏		存货核算系统			2020
2020-01-10	记 - 0015	核销	49,833.00	49,833.00	王思敏		应付系统			2020
2020-01-10	记 - 0016	采购专用发票	395,500.00	395,500.00	王思敏		应付系统			2020
2020-01-10	记 - 0017	付款单	395,500.00	395,500.00	王思敏		应付系统			2020
2020-01-10	记 - 0018	采购入库单	350,000.00	350,000.00	王思敏		存货核算系统			2020
2020-01-10	记 - 0019	现结	429,400.00	429,400.00	王思敏		应付系统			2020
2020-01-10	记 - 0020	预付冲应付	0.00	0.00	王思敏		应付系统			2020
2020-01-10	记 - 0021	采购入库单	380,000.00	380,000.00	王思敏		存货核算系统			2020
2020-01-10	记 - 0022	采购入库单	520,000.00	520,000.00	王思敏		存货核算系统			2020
2020-01-12	记 - 0023	现结	58,760.00	58,760.00	王思敏		应收系统			2020
2020-01-12	记 - 0024	专用发票	52,000.00	52,000.00	王思敏		存货核算系统			2020
2020-01-13	记 - 0025	采购专用发票	58,760.00	58,760.00	王思敏		应付系统			2020
2020-01-13	记 - 0026	销售专用发票	5,512.00	5,512.00	王思敏		应收系统			2020

图 3-1-19　【凭证审核列表】窗口

图 3-1-20　【批量处理凭证】对话框

（4）单击【确定】按钮，凭证审核完成，系统弹出【是否重新刷新凭证列表数据】提示，单击【是】按钮，完成凭证列表刷新。

2. 记账

（1）2020 年 1 月 31 日，财务部【W01 蓝英】在企业应用平台中执行【财务会计】【总账】【凭证】【记账】命令，打开【记账】对话框，如图 3-1-21 所示。

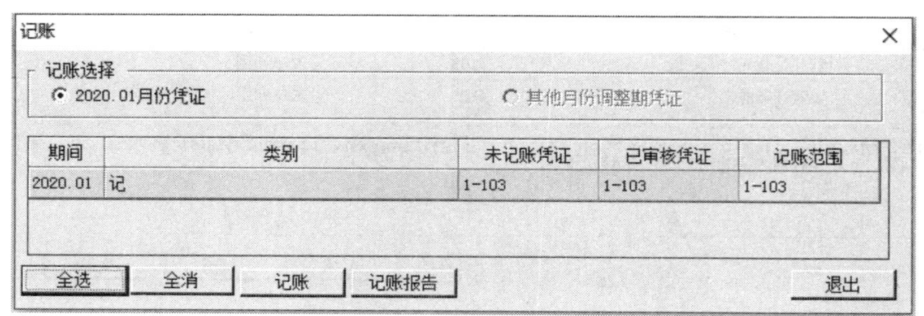

图 3-1-21　【记账】对话框

（2）单击【记账】按钮，打开【期初试算平衡表】，如图 3-1-22 所示。

（3）单击【确定】按钮，系统进行记账，记账完毕后，系统弹出【记账完毕！】信息提示框，单击【确定】按钮，完成凭证记账。

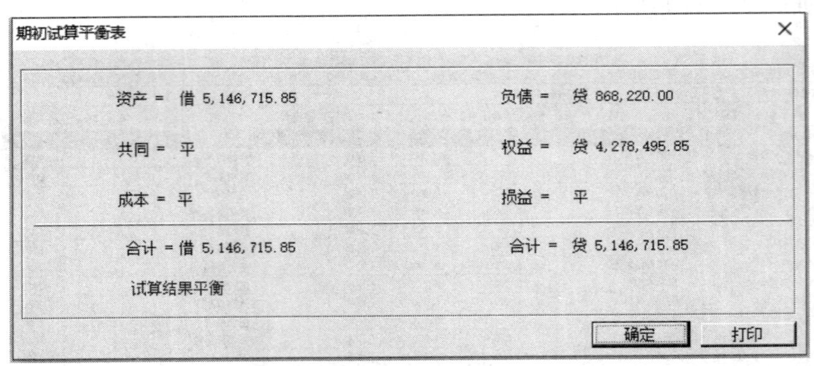

图 3-1-22 【期初试算平衡表】对话框

3. 结转期间损益

（1）2020 年 1 月 31 日，财务部【W02 王思敏】在企业应用平台中执行【业务工作】【财务会计】【总账】【期末】【转账定义】命令，打开【期间损益转账设置】对话框，在本年利润科目输入【4103】，单击【确定】按钮，如图 3-1-23 所示。

（2）单击【转账生成】按钮，选择【期间损益结转】，单击【全选】按钮，如图 3-1-24 所示。

（3）单击【确定】按钮，系统弹出【生成凭证】窗口，单击【保存】按钮，凭证保存成功，如图 3-1-25 所示。

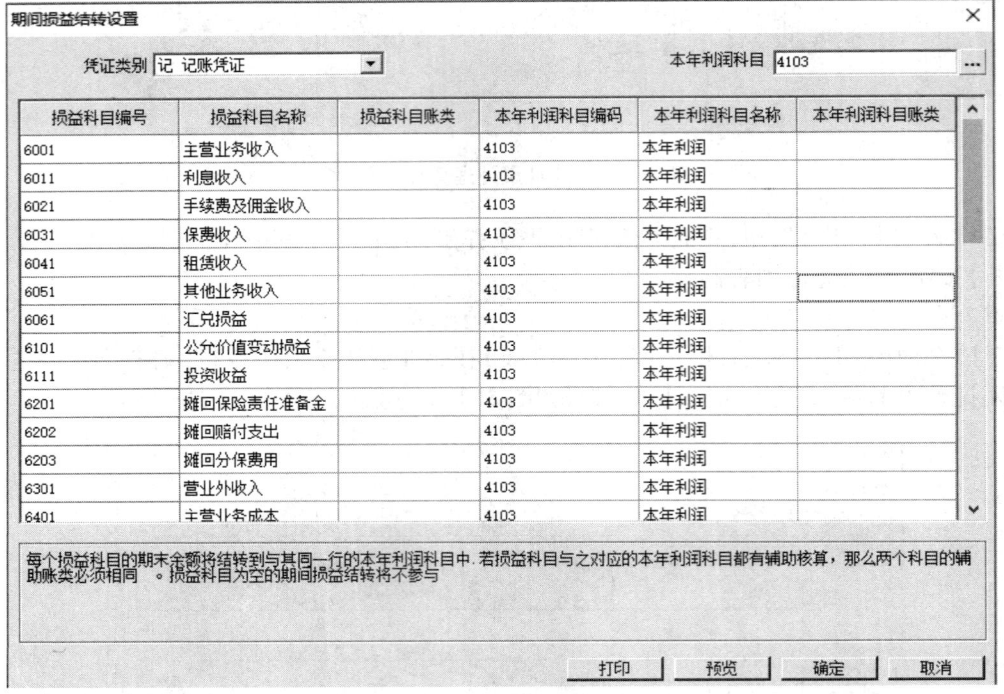

期间损益结转设置

凭证类别 记 记账凭证　　本年利润科目 4103

损益科目编号	损益科目名称	损益科目账类	本年利润科目编码	本年利润科目名称	本年利润科目账类
6001	主营业务收入		4103	本年利润	
6011	利息收入		4103	本年利润	
6021	手续费及佣金收入		4103	本年利润	
6031	保费收入		4103	本年利润	
6041	租赁收入		4103	本年利润	
6051	其他业务收入		4103	本年利润	
6061	汇兑损益		4103	本年利润	
6101	公允价值变动损益		4103	本年利润	
6111	投资收益		4103	本年利润	
6201	摊回保险责任准备金		4103	本年利润	
6202	摊回赔付支出		4103	本年利润	
6203	摊回分保费用		4103	本年利润	
6301	营业外收入		4103	本年利润	
6401	主营业务成本		4103	本年利润	

每个损益科目的期末余额将结转到与其同一行的本年利润科目中.若损益科目与之对应的本年利润科目都有辅助核算，那么两个科目的辅助账类必须相同　。损益科目为空的期间损益结转将不参与

打印　预览　确定　取消

图 3-1-23 【期间损益结转设置】对话框

图 3-1-24　【转账生成】对话框

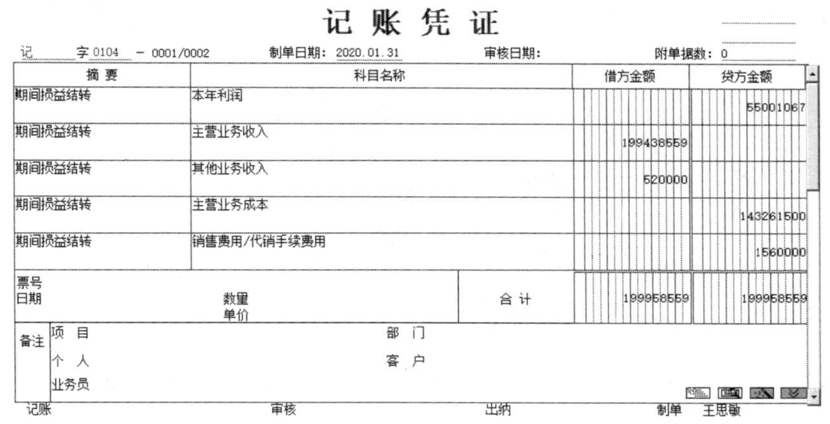

图 3-1-25　【记账凭证】窗口

4. 结转损益凭证审核

（1）2020 年 1 月 31 日，财务部【W01 蓝英】在企业应用平台中执行【业务工作】【财务会计】【总账】【凭证】【审核凭证】命令，打开【凭证审核列表】对话框，如图 3-1-26 所示。

图 3-1-26　【凭证审核列表】对话框

（2）双击凭证，点击【审核】按钮，凭证审核成功，如图 3-1-27 所示。

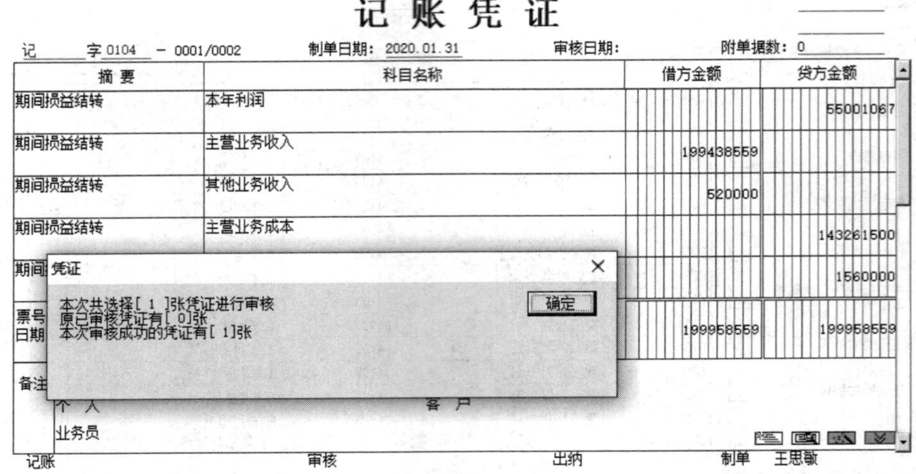

图 3-1-27 【凭证审核成功】对话框

(3) 系统弹出【是否重新刷新凭证列表数据】,单击【是】按钮。

5. 结转损益凭证记账

(1) 2020 年 1 月 31 日,财务部【W01 蓝英】在企业应用平台中执行【业务工作】【财务会计】【总账】【凭证】【记账】命令,打开【记账】对话框,点击【全选】按钮,如图 3-1-28 所示。

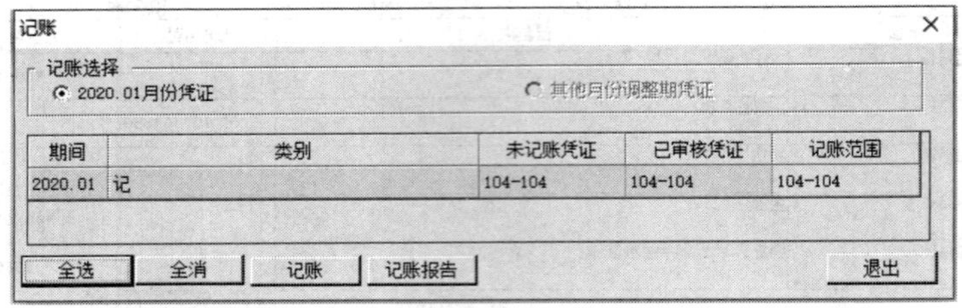

图 3-1-28 【记账】对话框

(2) 单击【记账】按钮,系统弹出【记账完毕!】提示,如图 3-1-29 所示,单击【确定】按钮。

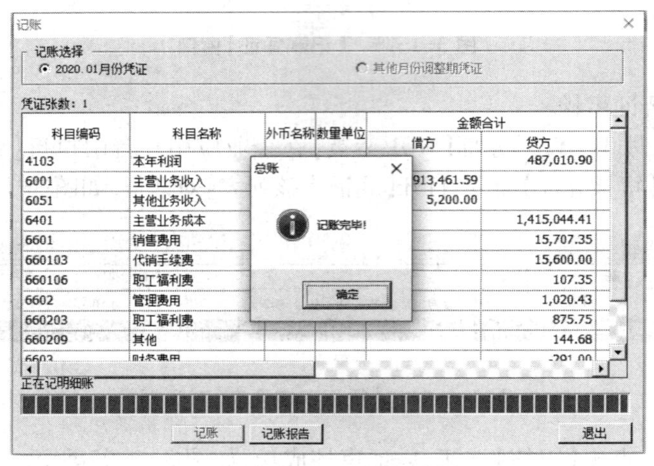

图 3-1-29 【记账完毕】对话框

4. 结账

(1) 2020 年 1 月 31 日,财务部【W01 蓝英】在企业应用平台中执行【财务会计】【总账】【期末】【结账】命令,打开【结账】对话框,如图 3-1-30 所示。

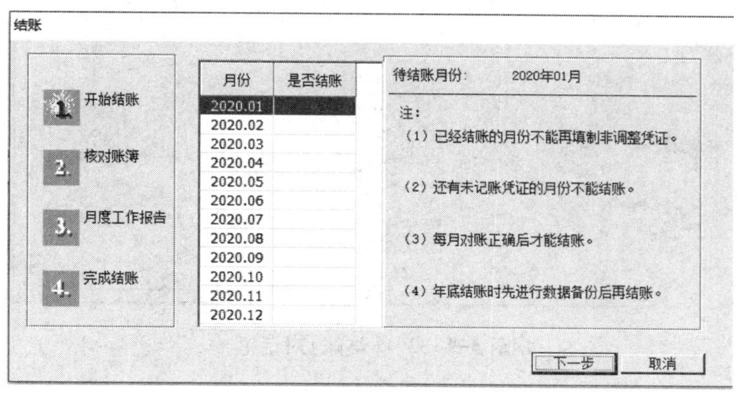

图 3-1-30 【结账】对话框

(2) 单击【下一步】按钮,单击【对账】按钮,系统显示对账成功,如图 3-1-31 所示。

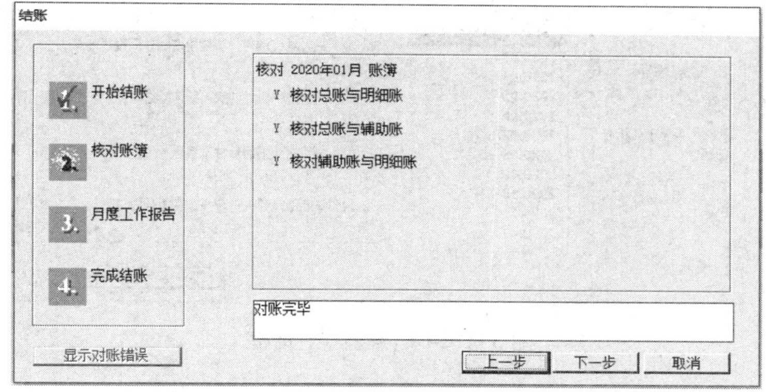

图 3-1-31 【结账】对话框

(3) 再单击【下一步】按钮,系统提示【本月损益类未结转为零的一级科目】,如图 3-1-32 所示。

图 3-1-32 【结账】对话框

(4) 单击【下一步】按钮,系统提示请做好会计档案备份工作,如图 3-1-33 所示。

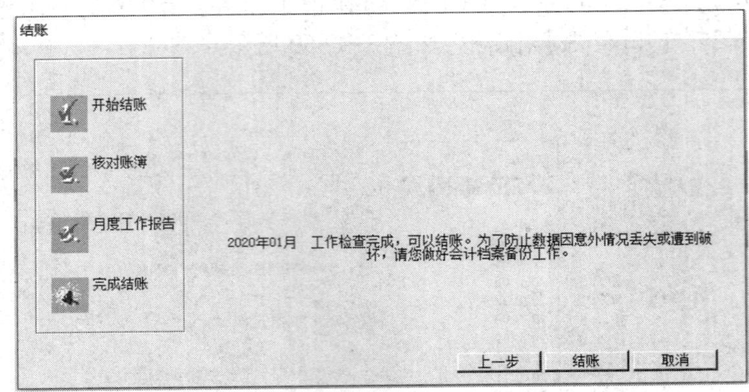

图 3-1-33 【结账】对话框

(5) 单击【结账】按钮,总账结账完成,如图 3-1-34 所示。

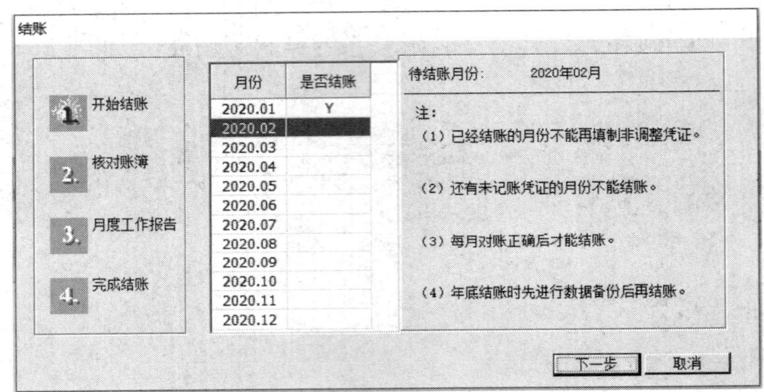

图 3-1-34 【结账】对话框

项目二 账表查询及运用

任务一 查询并运用业务数据账

查询并运用业务数据账

一、查询销售汇总表

〖业务描述〗2020 年 1 月 31 日,对本期发生的销售业务账表进行查询和分析运用。

〖操作指引〗

1. 销售统计分析

2020 年 1 月 31 日,财务部【W01 蓝英】在企业应用平台中执行【业务工作】【供应链】【销售管理】【账表管理】【报表】【统计表】【销售统计表】命令,打开【销售统计表查询】对话框,单击【确定】按钮,系统显示【销售统计表】,如图 3-2-1 所示。

销售统计表

开票日期：　　　　结算日期

部门名称	业务员	存货名称	数量	单价	金额	税额	价税合计	折扣	成本	毛利	毛利率
销售部	王丽华	代理手续费用	1.00	5,200.00	5,200.00	312.00	5,512.00			5,200.00	100.00%
销售部	王丽华	长虹电视	100.00	5,250.00	525,000.00	68,250.00	593,250.00		350,000.00	175,000.00	33.33%
销售部	王丽华	小音箱	100.00								
销售部	王丽华	长虹电视	15.00	7,500.00	112,500.00	14,625.00	127,125.00		75,378.90	37,121.10	33.00%
销售部	王丽华	格力立式空调	40.00	6,890.00	275,600.00	35,828.00	311,428.00		212,000.00	63,600.00	23.08%
销售部	王丽华	美满电热水器	20.00	3,900.00	78,000.00	10,140.00	88,140.00		52,000.00	26,000.00	33.33%
销售部	王丽华	格力立式空调	70.00	6,500.00	455,000.00	59,150.00	514,150.00		350,000.00	105,000.00	23.08%
销售部	王丽华	美的电饭煲	100.00	250.00	25,000.00	3,250.00	28,250.00		9,500.00	15,500.00	62.00%
销售部	王丽华	格力挂式空调	15.00	3,900.00	58,500.00	7,605.00	66,105.00		45,000.00	13,500.00	23.08%
销售部	王丽华	美满电热水器	5.00	5,400.00	27,000.00	3,510.00	30,510.00		18,000.00	9,000.00	33.33%
销售部	王丽华	格力挂式空调	70.00	4,828.57	338,000.00	43,940.00	381,940.00		260,000.00	78,000.00	23.08%
销售部	王丽华	美的电高压锅	100.00	180.00	18,000.00	2,340.00	20,340.00		12,000.00	6,000.00	33.33%
销售部	王丽华	美的电磁炉	100.00	450.00	45,000.00	5,850.00	50,850.00		30,000.00	15,000.00	33.33%
销售部	王丽华	美的电饭煲	120.00	230.00	27,600.00	3,588.00	31,188.00		18,000.00	9,600.00	34.78%
销售部	王丽华	美的电烧水壶	45.00	150.00	6,750.00	877.50	7,627.50		4,275.00	2,475.00	36.67%
销售部	王丽华	商品折让			-3,630.00	-471.90	-4,101.90			-3,630.00	100.00%
销售部	王丽华	长虹电视	3.00	6,519.17	19,557.52	2,542.48	22,100.00		13,050.51	6,507.01	33.27%
销售部	王丽华	美的电磁炉	3.00	460.18	1,380.53	179.47	1,560.00		900.00	480.53	34.81%
销售部	王丽华	美的电饭煲	3.00	265.49	796.46	103.54	900.00		450.00	346.46	43.50%
销售部	王丽华	美的电高压锅	2.00	203.54	407.08	52.92	460.00		240.00	167.08	41.04%
销售部	王丽华	智能洗碗机	100.00	80.00	8,000.00	1,040.00	9,040.00		34,250.00	-26,250.00	-328.13%
总计			1,012.00	1,999.67	2,023,661.59	262,712.01	2,286,373.60		1,485,044···	538,617.18	26.62%

图 3-2-1　【销售统计表】窗口

2. 产品销售排名

2020 年 1 月 31 日，财务部【W01 蓝英】在企业应用平台中执行【业务工作】【供应链】【销售管理】【账表管理】【报表】【客户分析】【产品销售排名】命令，打开【产品销售排名】对话框，单击【确定】按钮，系统显示【产品销售排名】，如图 3-2-2 所示。

产品销售排名

销售实现标志：开票；

序号	存货编码	存货代码	存货名称	规格型号	计量单位	销售数量	销售数量百分比	销售金额	销售金额百分比	销售排名
1	0401		长虹电视	32寸	台	100.00	9.88%	593,250.00	25.95%	1
2	0102		格力立式空调	4P	台	70.00	6.92%	473,018.00	20.69%	2
3	0101		格力立式空调	3P	台	40.00	3.95%	352,560.00	15.42%	3
4	0104		格力挂式空调	2P	台	50.00	4.94%	293,800.00	12.85%	4
5	0103		格力挂式空调	1P	台	35.00	3.46%	154,245.00	6.75%	5
6	0403		长虹电视	42寸	台	16.00	1.58%	135,625.00	5.93%	6
7	0201		美的电饭煲	6L	个	223.00	22.04%	60,338.00	2.64%	7
8	0202		美的电磁炉	2000W	个	103.00	10.18%	52,410.00	2.29%	8
9	0302		美满电热水器	50L	台	10.00	0.99%	50,850.00	2.22%	9
10	0301		美满电热水器	40L	台	10.00	0.99%	37,290.00	1.63%	10
11	0303		美满电热水器	60L	台	5.00	0.49%	30,510.00	1.33%	11
12	0204		美的电高压锅	5L	个	102.00	10.08%	20,800.00	0.91%	12
13	0402		长虹电视	40寸	台	2.00	0.20%	13,600.00	0.59%	13
14	0205		智能洗碗机		台	100.00	9.88%	9,040.00	0.40%	14
15	0203		美的电烧水壶	1000W	个	45.00	4.45%	7,627.50	0.33%	15
16	0902		代理手续费用		次	1.00	0.10%	5,512.00	0.24%	16
17	0801		小音箱		对	100.00	9.88%	0.00	0.00%	17
18	0901		运输费		次	0.00	0.00%	0.00	0.00%	17
19	0903		商品折让		次	0.00	0.00%	-4,101.90	-0.18%	19
总计						1,012.00		2,286,373.60		

图 3-2-2　【产品销售排名】窗口

3. 销售收入明细账

2020 年 1 月 31 日,财务部【W01 蓝英】在企业应用平台中执行【业务工作】【供应链】【销售管理】【账表管理】【报表】【明细表】【销售收入明细账】命令,打开【销售收入明细账查询】对话框,单击【确定】按钮,系统显示【销售收入明细账】,如图 3-2-3 所示。

销售收入明细账

日期：　　　　部门：　　　　客户 ：　　　　到

业务员：

年	月	日	销售类型	单据类型	发票号	存货名称	数量	无税单价	含税单价	金额	税额	价税合计	折扣
2020	1	19	普通销售	销售专用发票	89643418	美的电高压锅	100.00	180.00	203.40	18,000.00	2,340.00	20,340.00	
2020	1	20	普通销售	销售专用发票	94795459	长虹电视	100.00	5,250.00	5,932.50	525,000.00	68,250.00	593,250.00	
2020	1	20	普通销售	销售专用发票	94795459	小音箱	100.00						
2020	1	21	普通销售	销售专用发票	51866114	长虹电视	15.00	7,500.00	8,475.00	112,500.00	14,625.00	127,125.00	
2020	1	23	普通销售	销售专用发票	81785127	美的电磁炉	50.00	450.00	508.50	22,500.00	2,925.00	25,425.00	
2020	1	23	普通销售	销售专用发票	81785127	美的电饭煲	60.00	230.00	259.90	13,800.00	1,794.00	15,594.00	
2020	1	23	直运销售	销售专用发票	92337694	美的电饭煲	100.00	250.00	282.50	25,000.00	3,250.00	28,250.00	
2020	1	24	普通销售	销售专用发票	83214094	商品折让				-3,630.00	-471.90	-4,101.90	
2020	1	24	普通销售	销售专用发票	96601160	美的电烧水壶	-5.00	150.00	169.50	-750.00	-97.50	-847.50	
2020	1	25	普通销售	销售零售日报	2020-01-25	长虹电视	3.00	6,519.17	7,366.67	19,557.52	2,542.48	22,100.00	
2020	1	25	普通销售	销售零售日报	2020-01-25	美的电磁炉	3.00	460.18	520.00	1,380.53	179.47	1,560.00	
2020	1	25	普通销售	销售零售日报	2020-01-25	美的电饭煲	3.00	265.49	300.00	796.46	103.54	900.00	
2020	1	25	普通销售	销售零售日报	2020-01-25	美的电高压锅	2.00	203.54	230.00	407.08	52.92	460.00	
2020	1	28	委托代销	销售专用发票	90863465	格力立式空调	40.00	6,890.00	7,785.70	275,600.00	35,828.00	311,428.00	
2020	1	31	委托代销	销售专用发票	31026808	格力挂式空调	15.00	3,900.00	4,407.00	58,500.00	7,605.00	66,105.00	
2020	(…						1,012.00	1,999.67	2,259.26	2,023,661.59	262,712.01	2,286,373.60	
(…							1,012.00	1,999.67	2,259.26	2,023,661.59	262,712.01	2,286,373.60	
总计							1,012.00	1,999.67	2,259.26	2,023,661.59	262,712.01	2,286,373.60	

图 3-2-3 【销售收入明细账】窗口

二、查询采购汇总表

〖业务描述〗2020 年 1 月 31 日,对本期发生的采购业务账表进行查询和分析运用。

〖操作指引〗

1. 采购执行进度

2020 年 1 月 31 日,财务部【W01 蓝英】在企业应用平台中执行【业务工作】【供应链】【采购管理】【报表】【统计表】【采购执行进度表】命令,打开【采购执行进度表查询】对话框,单击【确定】按钮,系统显示【采购执行进度表】,如图 3-2-4 所示。

采购执行进度表

记录总数：22

业务类型	订单编号	日期	供应商	部门	业务员	币种	存货编号	存货名称	规格型号	主计量	数量	原币含税单价	原币单价	原币金额	原币税额
普通采购	c2020-01-001	2020-01-01	格力空调	采购部	刘明	人民币	0101	格力立...	3P	台	50.00	6,780.00	6,000.00	300,000.00	39,000.0
普通采购	c2020-01-001	2020-01-01	格力空调	采购部	刘明	人民币	0102	格力立...	4P	台	100.00	5,198.00	4,600.00	460,000.00	59,800.0
普通采购	c2020-01-001	2020-01-03	格力空调	采购部	刘明	人民币	0103	格力挂...	1P	台	60.00	3,390.00	3,000.00	180,000.00	23,400.0
普通采购	c2020-01-002	2020-01-03	格力空调	采购部	刘明	人民币	0104	格力挂...	2P	台	50.00	4,520.00	4,000.00	200,000.00	26,000.0
普通采购	c2020-01-003	2020-01-05	美的电器	采购部	刘明	人民币	0201	美的电饭煲	6L	个	100.00	169.50	150.00	15,000.00	1,950.0
普通采购	c2020-01-003	2020-01-05	美的电器	采购部	刘明	人民币	0202	美的电磁炉	2000W	个	100.00	339.00	300.00	30,000.00	3,900.0
普通采购	c2020-01-004	2020-01-06	美的电器	采购部	刘明	人民币	0203	美的电...	1000W	个	50.00	107.35	95.00	4,750.00	617.5
普通采购	c2020-01-005	2020-01-06	美的电器	采购部	刘明	人民币	0204	美的电...	5L	个	120.00	135.60	120.00	14,400.00	1,872.0
普通采购	c2020-01-006	2020-01-07	美国OK智能	采购部	刘明	美元	0205	智能洗碗机		台	100.00	56.50	50.00	5,000.00	650.0
普通采购	c2020-01-007	2020-01-07	美的电器	采购部	刘明	人民币	0201	美的电饭煲	6L	个	100.00	169.50	150.00	15,000.00	1,950.0

到货明细　入库明细　发票明细　付款明细

采购执行进度表(到货明细)

记录总数：1

业务类型	单据号	日期	供应商	币种	存货编码	存货名称	规格型号	主计量	数量	原币含税单价	原币单价	原币金额	原币税额	原币价税合计	表体税率
普通采购	0000000002	2020-01-05	美的电器	人民币	0201	美的电饭煲	6L	个	100.00	169.50	150.00	15,000.00	1,950.00	16,950.00	13.00
小计									100.00			15,000.00	1,950.00	16,950.00	

图 3-2-4 【采购执行进度表】窗口

2. 采购资金比重分析

2020 年 1 月 31 日，财务部【W01 蓝英】在企业应用平台中执行【业务工作】【供应链】【采购管理】【报表】【采购分析】【采购资金比重分析】命令，打开【采购资金比重分析查询】对话框，单击【确定】按钮，系统显示【采购资金比重分析】，如图 3-2-5 所示。

采购资金比重分析

日… 至 存货: 到

供应商 到

供应商简称	存货名称	规格型号	主计量	项目分类编码	项目分类名称	项目编码	项目名称	发票数量	本币金额	资金百分比%	数量百分比%
美的电器	美的电饭煲	6L	个					100.00	15,000.00	0.61%	6.76%
美的电器	美的电磁炉	2000W	个					100.00	30,000.00	1.22%	6.76%
美的电器	美的电磁炉	2000W	个					100.00	30,000.00	1.22%	6.76%
美的电器	美的电烧水壶	1000W	个					50.00	4,750.00	0.19%	3.38%
美的电器	美的电烧水壶	1000W	个					-5.00	-475.00	-0.02%	-0.34%
美的电器	美的电烧水壶	1000W	个					60.00	5,700.00	0.23%	4.06%
美的电器	美的电高压锅	5L	个					120.00	14,400.00	0.59%	8.11%
美国OK智能	智能洗碗机		台					100.00	34,250.00	1.39%	6.76%
美满电器	美满电热水器	40L	台					10.00	22,000.00	0.89%	0.68%
美满电器	美满电热水器	50L	台					10.00	30,000.00	1.22%	0.68%
美满电器	美满电热水器	60L	台					5.00	18,000.00	0.73%	0.34%
长虹电视	长虹电视	32寸	台					20.00	70,000.00	2.85%	1.35%
长虹电视	长虹电视	32寸	台					100.00	350,000.00	14.24%	6.76%
长虹电视	长虹电视	32寸	台					50.00	175,000.00	7.12%	3.38%
长虹电视	长虹电视	42寸	台					100.00	500,000.00	20.34%	6.76%
长虹电视	小音箱		对					100.00			6.76%
美的电器	商品折让		次					-1.00	-4,500.00	-0.18%	-0.07%
总计								1,479.00	2,458,625.00	100.00%	100.00%

图 3-2-5 【采购资金比重分析】窗口

三、查询库存汇总表

〖**业务描述**〗2020 年 1 月 31 日，对本期发生的库存业务账表进行查询和分析运用。

〖**操作指引**〗

1. 现存量查询

2020 年 1 月 31 日，财务部【W01 蓝英】在企业应用平台中执行【业务工作】【供应链】【库存管理】【报表】【库存账】【现存量查询】命令，打开【现存量查询】对话框，单击【确定】按钮，系统显示【现存量查询】，如图 3-2-6 所示。

2. 查询收发存汇总表

2020 年 1 月 31 日，总经理张明明在企业应用平台中执行【业务工作】【供应链】【存货核算】【汇总表】【收发存汇总表】命令，打开【收发存汇总表查询】对话框，单击【确定】按钮，系统显示【收发存汇总表】，如图 3-2-7 所示。

四、查询存货核算汇总表

〖**业务描述**〗2020 年 1 月 31 日，对本期发生的存货核算业务账表进行查询和分析运用。

〖**操作指引**〗

1. 查询存货流水账

2020 年 1 月 31 日，财务部【W02 王思敏】在企业应用平台中执行【业务工作】【供应链】

现存量查询

仓库编码	存货编码	现存数量	其中冻结数量	到货/在检数量	预计入库数量合计	待发货数量	调拨待发数量	预计出库数量	不合格品数量	可用数量
01	0101	25.00								25.00
01	0102	25.00								25.00
01	0103	20.00								20.00
01	0104	10.00								10.00
02	0201	103.00								103.00
02	0202	115.00								115.00
02	0203	84.00								84.00
02	0204	44.00								44.00
02	0205									
03	0301	125.00								125.00
03	0302									
03	0303									
04	0401	73.00								73.00
04	0402	108.00								108.00
04	0403	73.00								73.00
05	0801									
06	0301									
06	0302	140.00								140.00
06	0303	145.00								145.00
总计		1,090.00								1,090.00

图 3-2-6 【现存量查询】窗口

收发存汇总表

仓库名称	存货编码	货代码	存货名称	规格型号	存货大类编码	主计量单位	存货分类名称	期初结存数量	结存金	总计_入库数量	计_入库金	总计_出库数量	计_出库金	期末结存数量	末结存金额
空调仓	01… 存货编码		格力立式空调	3P	0101	台	空调	30.00		50.00		55.00		25.00	
空调仓	0102		格力立式空调	4P	0101	台	空调	25.00		100.00		100.00		25.00	
空调仓	0103		格力挂式空调	1P	0101	台	空调	30.00		60.00		70.00		20.00	
空调仓	0104		格力挂式空调	2P	0101	台	空调	10.00		50.00		50.00		10.00	
小家电仓	0201		美的电饭煲	6L	0102	个	小家电	30.00		200.00		127.00		103.00	
小家电仓	0202		美的电磁炉	2000W	0102	个	小家电	20.00		200.00		105.00		115.00	
小家电仓	0203		美的电烧水壶	1000W	0102	个	小家电	30.00		105.00		51.00		84.00	
小家电仓	0204		美的电高压锅	5L	0102	个	小家电	26.00		120.00		102.00		44.00	
小家电仓	0205		智能洗碗机		0102	台	小家电			100.00		100.00			
大家电仓	0301		美满电热水器	40L	0103	台	大家电			125.00				125.00	
电视仓	0401		长虹电视	32寸	0104	台	电视	23.00		150.00		100.00		73.00	
电视仓	0402		长虹电视	40寸	0104	台	电视	10.00		100.00		2.00		108.00	
电视仓	0403		长虹电视	42寸	0104	台	电视	25.00		99.00		51.00		73.00	
赠品仓	0801		小音箱		09	对	其他			100.00		100.00			
受托代销仓	0301		美满电热水器	40L	0103	台	大家电	35.00		100.00		135.00			
受托代销仓	0302		美满电热水器	50L	0103	台	大家电	50.00		100.00		10.00		140.00	
受托代销仓	0303		美满电热水器	60L	0103	台	大家电	50.00		100.00		5.00		145.00	
合 计								394.00		1,859.00		1,163.00		1,090.00	

图 3-2-7 【收发存汇总表】窗口

【存货管理】【账簿】【流水账】命令,打开【流水账查询】对话框,单击【确定】按钮,系统显示【流水账】,如图 3-2-8 所示。

2. 查询收发存汇总表

2020 年 1 月 31 日,财务部【W02 王思敏】在企业应用平台中执行【业务工作】【供应链】【存货管理】【汇总表】【收发存汇总表】命令,打开【收发存汇总表查询】对话框,单击【确定】按钮,系统显示【收发存汇总表】,如图 3-2-9 所示。

流水账

单据日期	单据号	记账日期	记账人	凭证号	凭证摘要	业务类型	仓库编码	仓库	客户	供应商	存货名称	经手人	规格型号	主计量单位	收入数量	收入单价	收入金额
2020-01-01	0000000002	2020-01-01	王思敏	2	采购入库单	业务类型	01	空调仓		珠海格力空调...	格力立式空调		3P	台	50.00	6,000.00	300,000.00
2020-01-01	0000000002	2020-01-01	王思敏	2	采购入库单	普通采购	01	空调仓		珠海格力空调...	格力立式空调		4P	台	100.00	4,600.00	460,000.00
2020-01-05	0000000003	2020-01-05	王思敏	5	采购入库单	普通采购	02	小家电仓		广州美的电器...	美的电饭煲	刘芳芳	6L	个	100.00	150.00	15,000.00
2020-01-05	0000000003	2020-01-05	王思敏	5	采购入库单	普通采购	02	小家电仓		广州美的电器...	美的电磁炉	刘芳芳	2000W	个	100.00	300.00	30,000.00
2020-01-06	0000000004	2020-01-06	王思敏	7	采购入库单	普通采购	02	小家电仓		广州美的电器...	美的电烧水壶	刘芳芳	1000W	个	50.00	95.00	4,750.00
2020-01-06	0000000005	2020-01-06	王思敏	10	采购入库单	普通采购	02	小家电仓		广州美的电器...	美的电高压锅	刘芳芳	5L	个	120.00	120.00	14,400.00
2020-01-07	0000000007	2020-01-07	王思敏	12	采购入库单	普通采购	02	小家电仓		美国OK智能家...	智能洗碗机	刘芳芳		台	100.00	342.50	34,250.00
2020-01-07	0000000008	2020-01-07	王思敏	14	采购入库单	普通采购	02	小家电仓		广州美的电器...	美的电饭煲	刘芳芳	6L	个	100.00	150.00	15,000.00
2020-01-07	0000000008	2020-01-07	王思敏	14	采购入库单	普通采购	02	小家电仓		广州美的电器...	美的电磁炉	刘芳芳	2000W	个	100.00	300.00	30,000.00
2020-01-10	0000000009	2020-01-10	王思敏	18	采购入库单	普通采购	04	电视仓		广东长虹电视...	长虹电视	刘芳芳	32寸	台	100.00	3,500.00	350,000.00
2020-01-10	0000000010	2020-01-10	王思敏			普通采购	05	赠品仓		广东长虹电视...	小音箱	刘芳芳		对	100.00		
2020-01-10	0000000011	2020-01-10	王思敏	21	采购入库单	普通采购	01	空调仓		珠海格力空调...	格力挂式空调	刘芳芳	1P	台	60.00	3,000.00	180,000.00
2020-01-10	0000000011	2020-01-10	王思敏	21	采购入库单	普通采购	01	空调仓		珠海格力空调...	格力挂式空调	刘芳芳	2P	台	50.00	4,000.00	200,000.00
2020-01-10	0000000012	2020-01-10	王思敏	22	采购入库单	受托代销	06	受托代销仓		广东美满电器...	美满电热水器	刘芳芳	40L	台	100.00	2,200.00	220,000.00
2020-01-10	0000000012	2020-01-10	王思敏	22	采购入库单	受托代销	06	受托代销仓		广东美满电器...	美满电热水器	刘芳芳	50L	台	100.00	3,000.00	300,000.00
2020-01-12	35157649	2020-01-12	王思敏	24	专用发票	普通销售	06	受托代销仓	广东美满电...		美满电热水器		40L	台			
2020-01-12	35157649	2020-01-12	王思敏	24	专用发票	普通销售	06	受托代销仓	广东美满电...		美满电热水器		50L	台			
2020-01-13	0000000013	2020-01-13	王思敏	29	采购入库单	受托代销	06	受托代销仓		广东美满电器...	美满电热水器		60L	台	100.00	3,600.00	360,000.00
2020-01-14	66654996	2020-01-14	王思敏	31	专用发票	普通销售	06	受托代销仓	广州市天河...		美满电热水器		60L	台			
2020-01-15	0000000001	2020-01-15	王思敏			暂估报销	06	受托代销仓		广东美满电器...	美满电热水器	刘芳芳	40L	台			
2020-01-15	0000000002	2020-01-15	王思敏			暂估报销	06	受托代销仓		广东美满电器...	美满电热水器	刘芳芳	50L	台			
2020-01-15	0000000003	2020-01-15	王思敏			暂估报销	06	受托代销仓		广东美满电器...	美满电热水器		60L	台			
2020-01-15	0000000014	2020-01-15	王思敏	38	采购入库单	普通采购	02	小家电仓		广州美的电器...	美的电烧水壶	刘芳芳	1000W	个	-5.00	95.00	-475.00
2020-01-15	0000000015	2020-01-15	王思敏	40	采购入库单	普通采购	02	小家电仓		广州美的电器...	美的电烧水壶	刘芳芳	1000W	个	58.00	98.28	5,700.00
2020-01-15	0000000016	2020-01-15	王思敏	42	采购入库单	普通采购	04	电视仓		广东长虹电视...	长虹电视	刘芳芳	42寸	台	99.00	5,000.00	495,000.00
2020-01-15	0000000017	2020-01-15	王思敏	46	采购入库单	普通采购	04	电视仓		广东长虹电视...	长虹电视	刘芳芳	32寸	台	50.00	3,520.00	176,000.00

图 3-2-8　【流水账】窗口

收发存汇总表

记账日期：全部
仓库：全部

存货				期初			收入			发出			结存		
编码	名称	规格	单位	数量	单价	金额	数量	单价	金额	数量	单价	金额	数量	单价	金额
0101	格力立式空调	3P	台	30.00	6,000.00	180,000.00	50.00	6,000.00	300,000.00	55.00	6,000.00	330,000.00	25.00	6,000.00	150,000.00
0102	格力立式空调	4P	台	25.00	4,600.00	115,000.00	100.00	4,600.00	460,000.00	100.00	4,600.00	460,000.00	25.00	4,600.00	115,000.00
0103	格力挂式空调	1P	台	30.00	3,000.00	90,000.00	60.00	3,000.00	180,000.00	70.00	3,000.[illegible]	[illegible]000.00	20.00	3,000.00	60,000.00
0104	格力挂式空调	2P	台	10.00	4,000.00	40,000.00	50.00	4,000.00	200,000.00	50.00	4,000.[illegible]	[illegible]000.00	10.00	4,000.00	40,000.00
0201	美的电饭煲	6L	个	30.00	150.00	4,500.00	200.00	150.00	30,000.00	127.00	150.00	19,050.00	103.00	150.00	15,450.00
0202	美的电磁炉	2000W	个	20.00	300.00	6,000.00	200.00	300.00	60,000.00	105.00	300.00	31,500.00	115.00	300.00	34,500.00
0203	美的电烧水壶	1000W	个	30.00	95.00	2,850.00	105.00	96.85	10,169.32	51.00	95.00	4,845.00	84.00	97.31	8,174.32
0204	美的电高压锅	5L	个	26.00	120.00	3,120.00	120.00	120.00	14,400.00	102.00	120.00	12,240.00	44.00	120.00	5,280.00
0205	智能洗碗机		台				100.00	342.50	34,250.00	100.00	342.50	34,250.00			
0301	美满电热水器	40L	台	35.00	2,200.00	77,000.00	225.00	2,200.00	495,000.00	135.00	2,200.00	297,000.00	125.00	2,200.00	275,000.00
0302	美满电热水器	50L	台	50.00	3,000.00	150,000.00	100.00	3,000.00	300,000.00	10.00	3,000.00	30,000.00	140.00	3,000.00	420,000.00
0303	美满电热水器	60L	台	50.00	3,600.00	180,000.00	100.00	3,600.00	360,000.00	5.00	3,600.00	18,000.00	145.00	3,600.00	522,000.00
0401	长虹电视	32寸	台	23.00	3,500.00	80,500.00	150.00	3,506.67	526,000.00	100.00	3,500.00	350,000.00	73.00	3,513.70	256,500.00
0402	长虹电视	40寸	台	10.00	4,000.00	40,000.00	100.00	4,100.00	410,000.00	2.00	4,000.00	8,000.00	108.00	4,092.59	442,000.00
0403	长虹电视	42寸	台	25.00	5,000.00	125,000.00	99.00	5,050.51	500,000.00	51.00	5,025.75	256,313.26	73.00	5,050.50	368,686.74
0801	小音箱		对				100.00			100.00					
合计				394.00		1,093,9...	1,859.00		3,879,819.32	1,16...		2,261,198.26	1,090.00		2,712,591.06

4,600.00

图 3-2-9　【收发存汇总表】窗口

任务二　查询财务数据

一、查询应收汇总表

查询财务数据

〖业务描述〗2020 年 1 月 31 日，对本期发生的应收账款业务账表进行查询和分析运用。

〖操作指导〗

1. 查询应收余额表

2020 年 1 月 31 日，财务部【W01 蓝英】在企业应用平台中执行【业务工作】【财务会计】【应收款管理】【账表管理】【业务账表】【业务余额表】命令，打开【应收余额表查询】对话框，单击【确定】按钮，系统显示【应收余额表】，如图 3-2-10 所示。

2. 查询本月的应收明细账

（1）2020 年 1 月 31 日，财务部【W01 蓝英】在企业应用平台中执行【业务工作】【财务会计】【应收款管理】【账表管理】【业务账表】【业务明细账】命令，打开【应收明细账查询】对话框，单击【确定】按钮，系统显示【应收明细账】，如图 3-2-11 所示。

（2）单击【单据】按钮，系统显示出相应的单据信息，如图 3-2-12 所示。

应收余额表

币种:

期间: 2020 . 1 - 2020 . 1

客户编码	客户名称	期初	本期应收	本期收回	余额	周转率	周转天数
		本币	本币	本币	本币	本币	本币
0001	广州市天河区家乐福超市有限公司	542,400.00	0.00	0.00	542,400.00	0.00	0.00
(小计)…		542,400.00	0.00	0.00	542,400.00		
0002	广州市天河区金润发超市有限公司	-40,000.00	50,000.00	50,000.00	-40,000.00	-1.25	-24.00
(小计)…		-40,000.00	50,000.00	50,000.00	-40,000.00		
0003	广州市天河区市华润苏果有限公司	0.00	20,340.00	20,340.00	0.00	0.00	0.00
(小计)…		0.00	20,340.00	20,340.00	0.00		
0004	广州市天河区市沃尔玛超市有限…	149,160.00	85,563.60	85,563.60	149,160.00	0.57	52.63
(小计)…		149,160.00	85,563.60	85,563.60	149,160.00		
0005	阳光进出口贸易公司	0.00	9,040.00	0.00	9,040.00	2.00	15.00
(小计)…		0.00	9,040.00	0.00	9,040.00		
0006	广州市天河区金联强商贸有限公司	0.00	66,105.00	0.00	66,105.00	2.00	15.00
(小计)…		0.00	66,105.00	0.00	66,105.00		
0007	广州市海珠区恒鑫商贸有限公司	0.00	311,428.00	311,428.00	0.00	0.00	0.00
(小计)…		0.00	311,428.00	311,428.00	0.00		
0010	广东美满电器有限责任公司	0.00	5,512.00	5,512.00	0.00	0.00	0.00
(小计)…		0.00	5,512.00	5,512.00	0.00		
总计		651,560.00	547,988.60	472,843.60	726,705.00		

图 3-2-10 【应收余额表】窗口

应收明细账

币种: 全部

期间: 1 - 1

年	月	日	凭证号	客户编码	客户名称	摘要	订单号	发货单	出库单	单据类型	单据号	币种	本期应收 本币	本期收回 本币	余额 本币	到期日
				0004	广州市天河区市沃尔...	期初余额									149,160.00	
2020	1	17	记-0053	0004	广州市天河区市沃尔...	销售专...	x2020-0...	0000000009	0000000005	销售专...	16565335	人民币	41,019.00		190,179.00	2020-02-16
2020	1	18	记-0055	0004	广州市天河区市沃尔...	销售专...	x2020-0...	0000000010	0000000006	销售专...	27061312	人民币	8,475.00		198,654.00	2020-01-18
2020	1	22	记-0067	0004	广州市天河区市沃尔...	收款单				收款单	0000000013	人民币		40,293.00	158,361.00	2020-01-22
2020	1	22	记-0067	0004	广州市天河区市沃尔...	销售专...	x2020-0...	0000000009	0000000005	核销	HXAR0000...	人民币		726.00	157,635.00	2020-02-16
2020	1	23	记-0071	0004	广州市天河区市沃尔...	销售专...	x2020-0...	0000000017	0000000013	销售专...	81785127	人民币	41,019.00		198,654.00	2020-01-23
2020	1	24	记-0073	0004	广州市天河区市沃尔...	销售专...		0000000018		销售专...	83214094	人民币	-4,101.90		194,552.10	2020-01-24
2020	1	24	记-0075	0004	广州市天河区市沃尔...	收款单				收款单	0000000015	人民币		36,917.10	157,635.00	2020-01-24
2020	1	24	记-0076	0004	广州市天河区市沃尔...	销售专...	x2020-0...	0000000019	0000000015	销售专...	96601160	人民币	-647.50		156,787.50	2020-01-24
2020	1	24	记-0077	0004	广州市天河区市沃尔...	收款单				收款单	0000000016	人民币		7,627.50	149,160.00	2020-01-24
				(0004)...									85,563.60	85,563.60	149,160.00	
合...													85,563.60	85,563.60	149,160.00	

图 3-2-11 【应收明细账】窗口

销售专用发票

打印模版: 销售专用发票打印模版

发票号 16565335　开票日期 2020-01-17　业务类型 普通销售

销售类型 普通销售　订单号 x2020-01-005　发货单号 0000000009

客户简称 沃尔玛超市　销售部门 销售部　业务员 王丽华

付款条件 2/10,1/20,n/30　客户地址 广州市白下区龙蟠中路260号　联系电话 0756-84585656

开户银行 中国农业银行白下区龙蟠中路支行　账号 4180903457821082　税号 91440403321066

币种 人民币　汇率 1.00000000　税率 13.00

备注

	仓库名称	存货编码	存货名称	规格型号	主计量	数量	报价	含税单价	无税单价
1	小家电仓	0201	美的电饭煲	6L	个	60.00	259.90	259.90	230.0
2	小家电仓	0202	美的电磁炉	2000W	个	50.00	508.50	508.50	450.0
3									

图 3-2-12 【销售专用发票】对话框

（3）单击【凭证】按钮，系统显示出相应的记账凭证信息，如图 3-2-13 所示。

图 3-2-13 【记账凭证】对话框

（4）单击【余额表】按钮，系统显示出相应的应收余额表信息，如图 3-2-14 所示。

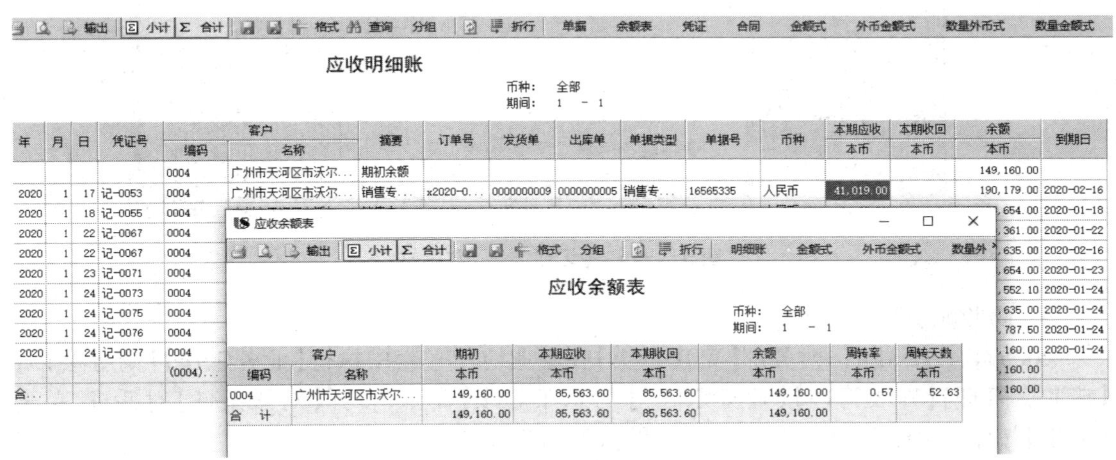

图 3-2-14 【应收余额表】对话框

3. 查询本月应收对账单

（1）2020 年 1 月 31 日，财务部【W01 蓝英】在企业应用平台中执行【业务工作】【财务会计】【应收款管理】【账表管理】【业务账表】【对账单】命令，打开【应收对账单查询】对话框，选择客户【恒鑫商贸】，单击【确定】按钮，系统显示【应收对账单】，如图 3-2-15 所示。

（2）单击【凭证】按钮，系统显示出相应的记账凭证信息，如图 3-2-16 所示。

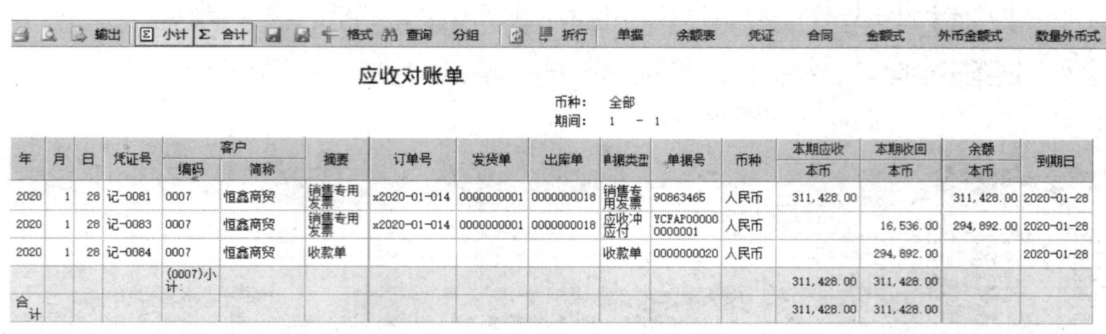

应收对账单

币种: 全部
期间: 1 - 1

年	月	日	凭证号	客户编码	客户简称	摘要	订单号	发货单	出库单	单据类型	单据号	币种	本期应收本币	本期收回本币	余额本币	到期日
2020	1	28	记-0081	0007	恒鑫商贸	销售专用发票	x2020-01-014	0000000001	0000000018	销售专用发票	90863465	人民币	311,428.00		311,428.00	2020-01-28
2020	1	28	记-0083	0007	恒鑫商贸	销售专用发票	x2020-01-014	0000000001	0000000018	应收冲应付	YCFAP000000000001	人民币		16,536.00	294,892.00	2020-01-28
2020	1	28	记-0084	0007	恒鑫商贸	收款单				收款单	0000000020	人民币		294,892.00		2020-01-28
				(0007)小计:									311,428.00	311,428.00		
合计													311,428.00	311,428.00		

图 3-2-15 【应收对账单】窗口

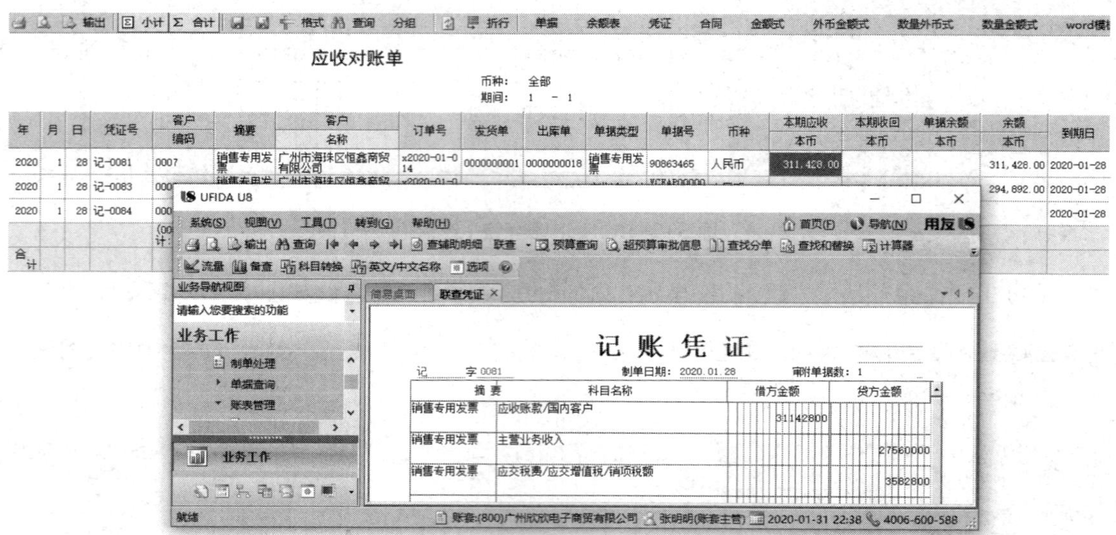

图 3-2-16 【记账凭证】对话框

4. 应收账款与总账对账

2020 年 1 月 31 日,财务部【W01 蓝英】在企业应用平台中执行【业务工作】【财务会计】【应收款管理】【账表管理】【业务账表】【与总账对账】命令,打开【对账条件】对话框,单击【确定】按钮,系统显示【与总账对账结果】,如图 3-2-17 所示。

与总账对账结果

金额式
对账不平
日期: 2020-01-01至2020-01-31

客户编号	客户名称	币种	应收系统期初本币	应收系统借方本币	应收系统贷方本币	应收系统期末本币	总账系统期初本币	总账系统借方本币	总账系统贷方本币	总账系统期末本币	差额(应收-总账)期初本币	差额借方本币	差额贷方本币	差额期末本币
0001	广州市天河区家乐福超市	人民币	542,400.00			542,400.00	542,400.00			542,400.00				
0002	广州市天河区金润发超市	人民币	-40,000.00	50,000.00	50,000.00	-40,000.00	-40,000.00	50,000.00	50,000.00	-40,000.00				
0003	广州市天河区市华润苏果	人民币	16,272.00	40,680.00	36,612.00	20,340.00	16,272.00	40,680.00	36,612.00	20,340.00				
0004	广州市天河区市沃尔玛超	人民币	149,160.00	85,563.60	85,563.60	149,160.00	149,160.00	85,563.60	85,563.60	149,160.00				
0005	阳光进出口贸易公司	人民币		9,040.00		9,040.00		9,040.00		9,040.00				
0006	广州市天河区金联强商贸	人民币		66,105.00		66,105.00		66,105.00		66,105.00				
0007	广州市海珠区恒鑫商贸有	人民币		311,428.00	311,428.00			311,428.00	311,428.00					
0010	广东美满电器有限责任公	人民币		5,512.00	5,512.00			5,512.00	5,512.00					
	合计		667,832.00	568,328.60	489,115.60	747,045.00	667,832.00	568,328.60	489,115.60	747,045.00				

图 3-2-17 【与总账对账结果】窗口

5. 应收账龄分析表

2020 年 1 月 31 日，财务部【W01 蓝英】在企业应用平台中执行【业务工作】【财务会计】【应收款管理】【账表管理】【统计分析】【应收账龄分析】命令，打开【应收账龄分析查询】对话框，单击【确定】按钮，系统显示【应收账龄分析】，如图 3-2-18 所示。

应收账龄分析

金额式

客户 全部　　币种：全部

截止日期：2020-01-31

客户		本币余额	账期内		1-30		31-60		61-90		91-180	
编号	名称		本币金额	%	本币金额	%	本币金额	%	本币金额	%	本币金额	%
0001	广州市天河区家乐福超市有限么	542,400.00					542,400.00	100.00				
0004	广州市天河区市沃尔玛超市有阝	193,704.60			44,544.60	23.00	149,160.00	77.00				
0005	阳光进出口贸易公司	9,040.00			9,040.00	100.00						
0006	广州市天河区金联强商贸有限么	66,105.00	66,105.00	100.00								
数量			1		2		2					
金额		811,249.60	66,105.00	8.15	53,584.60	6.61	691,560.00	85.25				

图 3-2-18　【应收账龄分析】窗口

6. 欠账分析表

2020 年 1 月 31 日，财务部【W01 蓝英】在企业应用平台中执行【业务工作】【财务会计】【应收款管理】【账表管理】【统计分析】【欠款分析】命令，打开【欠款分析】对话框，单击【确定】按钮，系统显示【欠款分析】，如图 3-2-19 所示。

欠款分析

客户 全部　　币种：　　截止日期：2020-01-31

客户		欠款总计	信用额度	信用余额	货款	预收款
编号	名称				金额	金额
0001	广州市天河区家乐福超市有	542,400.00	100,000.00	-442,400.00	542,400.00	
0004	广州市天河区市沃尔玛超市	149,160.00	200,000.00	50,840.00	193,704.60	44,544.6
0006	广州市天河区金联强商贸有	66,105.00	60,000.00	-6,105.00	66,105.00	
0005	阳光进出口贸易公司	9,040.00		-9,040.00	9,040.00	
0002	广州市天河区金润发超市有	-40,000.00	50,000.00	90,000.00		40,000.0
总计		726,705.00			811,249.60	84,544.6

图 3-2-19　【欠款分析】窗口

7. 查询科目明细账

2020 年 1 月 31 日，财务部【W01 蓝英】在企业应用平台中执行【业务工作】【财务会计】【应收款管理】【账表管理】【科目账查询】【科目明细账】命令，打开【客户往来科目明细账】对话框，单击【确定】按钮，系统显示【科目明细账】，如图 3-2-20 所示。

8. 查询科目余额表

2020 年 1 月 31 日，财务部【W01 蓝英】在企业应用平台中执行【业务工作】【财务会计】【应收款管理】【账表管理】【科目账查询】【科目余额表】命令，打开【客户往来科目明细账】对话框，单击【确定】按钮，系统显示【科目余额表】，如图 3-2-21 所示。

单位往来科目明细账

科目明细账

科目 全部　　金额式　　期间：2020. 01-202...

			凭证号	科目		客户		摘　要	借方	贷方	方向	余　额
年	月	日		编　号	名　称	编　号	名　称		本币	本币		本币
				112101	银行承兑汇票	0003	广州市天河区市华润苏果	期初余额			借	16,272.00
2020	01	06	记-0008	112101	银行承兑汇票	0003	广州市天河区市华润苏果	票据背书		16,272.00	平	
2020	01	19	记-0060	112101	银行承兑汇票	0003	广州市天河区市华润苏果	收款单	20,340.00		借	20,340.00
2020	01			112101	银行承兑汇票	0003	广州市天河区市华润苏果	本月合计	20,340.00	16,272.00	借	20,340.00
2020	01			112101	银行承兑汇票	0003	广州市天河区市华润苏果	本年累计	20,340.00	16,272.00	借	20,340.00
				112101	银行承兑汇票			合　计	20,340.00	16,272.00	借	20,340.00
				112101	银行承兑汇票			累　计	20,340.00	16,272.00	借	20,340.00
				112201	国内客户	0001	广州市天河区家乐福超市	期初余额			借	542,400.00
2020	01	17	记-0050	112201	国内客户	0002	广州市天河区金润发超市	现结	50,000.00		借	50,000.00
2020	01	17	记-0051	112201	国内客户	0002	广州市天河区金润发超市	预收冲应收		50,000.00	平	
2020	01			112201	国内客户	0002	广州市天河区金润发超市	本月合计	50,000.00	50,000.00	平	
2020	01			112201	国内客户	0002	广州市天河区金润发超市	本年累计	50,000.00	50,000.00	平	
2020	01	19	记-0059	112201	国内客户	0003	广州市天河区市华润苏果	销售专用发票	20,340.00		借	20,340.00
2020	01	19	记-0060	112201	国内客户	0003	广州市天河区市华润苏果	收款单		20,340.00	平	
2020	01			112201	国内客户	0003	广州市天河区市华润苏果	本月合计	20,340.00	20,340.00	平	
2020	01			112201	国内客户	0003	广州市天河区市华润苏果	本年累计	20,340.00	20,340.00	平	
				112201	国内客户	0004	广州市天河区市沃尔玛超	期初余额			借	149,160.00
2020	01	17	记-0053	112201	国内客户	0004	广州市天河区市沃尔玛超	销售专用发票	41,019.00		借	190,179.00

图 3-2-20 【科目明细账】对话框

单位往来科目余额表

科目余额表

科目 全部　　金额式　　期间：2020. 01-2020. 01

科目		客户		方向	期初余额	借　方	贷　方	方向	期末余额
编　号	名　称	编　号	名　称		本币	本币	本币		本币
112101	银行承兑汇票	0003	广州市天河区市华润苏果有限	借	16,272.00	20,340.00	16,272.00	借	20,340.00
小计:				借	16,272.00	20,340.00	16,272.00	借	20,340.00
112201	国内客户	0001	广州市天河区家乐福超市有限	借	542,400.00			借	542,400.00
112201	国内客户	0002	广州市天河区金润发超市有限	平		50,000.00	50,000.00	平	
112201	国内客户	0003	广州市天河区市华润苏果有限	平		20,340.00	20,340.00	平	
112201	国内客户	0004	广州市天河区市沃尔玛超市有	借	149,160.00	85,563.60	85,563.60	借	149,160.00
112201	国内客户	0005	阳光进出口贸易公司	平		9,040.00		借	9,040.00
112201	国内客户	0006	广州市天河区金联强商贸有限	平		66,105.00		借	66,105.00
112201	国内客户	0007	广州市海珠区恒鑫商贸有限公	平		311,428.00	311,428.00	平	
112201	国内客户	0010	广东美满电器有限责任公司	平		5,512.00	5,512.00	平	
小计:				借	691,560.00	547,988.60	472,843.60	借	766,705.00
220301	人民币	0002	广州市天河区金润发超市有限	贷	40,000.00			贷	40,000.00
小计:				贷	40,000.00			贷	40,000.00
合计:				借	667,832.00	568,328.60	489,115.60	借	747,045.00

图 3-2-21 【科目余额表】对话框

二、查询应付汇总表

〖**业务描述**〗2020 年 1 月 31 日，对本期发生的应付账款业务账表进行查询和分析运用。

〖**操作指导**〗

1. 查询应付对账单

2020 年 1 月 31 日，财务部【W01 蓝英】在企业应用平台中执行【业务工作】【财务会计】【应付款管理】【账表管理】【业务账表】【对账单】命令，打开【应付对账单查询】对话框，选择客户【恒鑫商贸】，单击【确定】按钮，系统显示【应付对账单】，如图 3-2-22 所示。

2. 应付账款与总账对账

2020 年 1 月 31 日，财务部【W01 蓝英】在企业应用平台中执行【业务工作】【财务会计】【应付款管理】【账表管理】【业务账表】【与总账对账】命令，打开【对账条件】对话框，单击【确定】按钮，系统显示【与总账对账结果】，如图 3-2-23 所示。

应付对账单

币种：　全部
期间：　1　－　1

年	月	日	凭证号	供应商		摘要	订单号	单据类型	单据号	币种	本期应付	本期付款	单据余额	余额	到期日
				编码	名称						本币	本币	本币	本币	
				0001	珠海格力空调股份...	期初余额								169, 500. 00	
2020	1	3	记-0003	0001	珠海格力空调股份...			付款单	0000000003	人民币		100, 000. 00		69, 500. 00	2020-01-03
2020	1	10	记-0020	0001	珠海格力空调股份...	现结	c2020-0...	采购专...	28454503	人民币	100, 000. 00			169, 500. 00	2020-01-10
				(000...							100, 000. 00	100, 000. 00		169, 500. 00	
				0002	广州美的电器股份...	期初余额								-50, 000. 00	
2020	1	5	记-0004	0002	广州美的电器股份...	采购专用发票	c2020-0...	采购专...	12574491	人民币	50, 850. 00			850. 00	2020-01-05
2020	1	6	记-0006	0002	广州美的电器股份...	采购专用发票	c2020-0...	采购专...	79717730	人民币	5, 367. 50			6, 217. 50	2020-01-06
2020	1	6	记-0009	0002	广州美的电器股份...	采购专用发票	c2020-0...	采购专...	43681485	人民币	16, 272. 00			22, 489. 50	2020-01-06
2020	1	6	记-0008	0002	广州美的电器股份...	背书冲应付	c2020-0...	票据背书	PJBAR00...	人民币		16, 272. 00		6, 217. 50	2020-01-06
2020	1	7	记-0013	0002	广州美的电器股份...	采购专用发票	c2020-0...	采购专...	53063757	人民币	50, 850. 00			57, 067. 50	2020-02-06
2020	1	10	记-0015	0002	广州美的电器股份...	核销		付款单	0000000004	人民币		49, 833. 00		7, 234. 50	2020-01-10
2020	1	10	记-0015	0002	广州美的电器股份...	核销	c2020-0...	核销	HXAP000...	人民币		1, 017. 00		6, 217. 50	2020-02-06
2020	1	15	记-0034	0002	广州美的电器股份...	采购专用发票		采购专...	36544521	人民币	-5, 085. 00			1, 132. 50	2020-01-15
2020	1	15	记-0035	0002	广州美的电器股份...	付款单		付款单	0000000009	人民币		45, 765. 00		-44, 632. 50	2020-01-15
2020	1	15	记-0036	0002	广州美的电器股份...	采购专用发票	c2020-0...	采购专...	15804202	人民币	-536. 75			-45, 169. 25	2020-01-15
2020	1	15	记-0037	0002	广州美的电器股份...	付款单		付款单	0000000010	人民币		4, 830. 75		-50, 000. 00	2020-01-15
2020	1	15	记-0038	0002	广州美的电器股份...	采购专用发票	c2020-0...	采购专...	06145709	人民币	6, 441. 00			-43, 559. 00	2020-01-15
2020	1	23	记-0068	0002	广州美的电器股份...	采购专用发票	c2020-0...	采购专...	99711626	人民币	10, 735. 00			-32, 824. 00	2020-01-23
				(000...							134, 893. 75	117, 717. 75		-32, 824. 00	
				0003	广东美满电器有限...	期初余额								162, 720. 00	
2020	1	13	记-0025	0003	广东美满电器有限...	采购专用发票	c2020-0...	采购专...	93337508	人民币	58, 760. 00			221, 480. 00	2020-01-13
2020	1	13	记-0027	0003	广东美满电器有限...	采购专用发票	c2020-0...	应付冲应收	FCYAR00...	人民币		5, 512. 00		215, 968. 00	2020-01-13
2020	1	13	记-0028	0003	广东美满电器有限...	付款单		付款单	0000000007	人民币		53, 248. 00		162, 720. 00	2020-01-13
2020	1	15	记-0032	0003	广东美满电器有限...	采购专用发票	c2020-0...	采购专...	07955948	人民币	20, 340. 00			183, 060. 00	2020-01-15
2020	1	15	记-0033	0003	广东美满电器有限...	付款单		付款单	0000000008	人民币		20, 340. 00		162, 720. 00	2020-01-15

图 3-2-22　【应付对账单】对话框

与总账对账结果

金额式

对账不平

日期：2020-01-01至2020-01-31

供应商		币种	应付系统				总账系统				差额(应付-总账)			
编号	名称		期初本币	借方本币	贷方本币	期末本币	期初本币	借方本币	贷方本币	期末本币	期初本币	借方本币	贷方本币	期末本币
0001	珠海格力空调股份有限公	人民币	169,500.00	100,000.00	100,000.00	169,500.00	169,500.00	100,000.00	100,000.00	169,500.00				
0002	广州美的电器股份有限公	人民币	-50,000.00	117,717.75	134,893.75	-32,824.00	-50,000.00	117,717.75	134,893.75	-32,824.00				
0003	广东美满电器有限责任公	人民币	162,720.00	79,100.00	79,100.00	162,720.00	162,720.00	79,100.00	79,100.00	162,720.00				
0004	广东长虹电视有限责任公	人民币	226,000.00	395,500.00	1,632,850.00	1,463,350.00	226,000.00	395,500.00	1,632,850.00	1,463,350.00				
0005	美国OK智能家电公司	美元			38,702.50	38,702.50			38,702.50	38,702.50				
0006	广州市海珠区恒鑫商贸有	人民币		16,536.00	16,536.00			16,536.00	16,536.00					
	合计		508,220.00	708,853.75	2,002,082.25	1,801,448.50	508,220.00	708,853.75	2,002,082.25	1,801,448.50				

图 3-2-23　【与总账对账结果】对话框

3. 欠账分析表

2020 年 1 月 31 日，财务部【W01 蓝英】在企业应用平台中执行【业务工作】【财务会计】【应付款管理】【账表管理】【统计分析】【欠账分析】命令，打开【欠款分析】对话框，单击【确定】按钮，系统显示【欠款分析】，如图 3-2-24 所示。

欠款分析

供应商　全部　　　币种：　　　截止日期：2020-01-31

供应商		欠款总计	信用额度	信用余额	货款	应付款	预付款
编号	名称				金额	金额	金额
0004	广东长虹电视有限责	841,850.00		-841,850.00	841,850.00		
0001	珠海格力空调股份有	169,500.00		-169,500.00	169,500.00		
0003	广东美满电器有限责	162,720.00		-162,720.00	162,720.00		
0005	美国OK智能家电公司	38,702.50		-38,702.50	38,702.50		
0002	广州美的电器股份有	-32,824.00		32,824.00	67,771.75		100,595.75
总计		1,179,948.50			1,280,544.25		100,595.75

图 3-2-24　【欠款分析】对话框